代理法の研究

高森哉子著

法律文化社

はしがき

第一部　イギリス代理法と表見代理

日本法において、代理とは、ある人のした意思表示の効果を直接他の人に帰属せしめる法律制度（民法九九条）である。これは、「直接代理」とよばれる。他方、問屋（商法五五一条）や仲買人の取引のように、他人の計算において行為するが、他人の名ではなく、自己の名において行為する場合を「間接代理」という。「間接代理」は社会的経済的機能において「直接代理」に類似するが、行為の効果はいったん問屋自身に帰属し、これを改めて本人に移転させなければならない点において、「直接代理」と区別される。日本法において、通常「代理」という場合には、「直接代理」を念頭において論じられる。民法九九条の、「代理人がその権限内において」とは与えられた代理権の範囲でという意味であり、「本人のためにすることを示して」とは「本人の名において」という意味である。本人の名における行為、つまり代理行為とそれをする権限たる代理権とが民法上代理の本質を構成している。

代理を本人の代理人に対する代理権授与の有無によって区分すれば、代理は大きく二つに、つまり「有権代理」と「無権代理」に峻別される。「無権代理」とは、代理権がないのに（代理権が全く不存在の場合と代理権の範囲を越えた場合とを含む）、代理人と称する者が代理行為を行うことをいう。そして無権代理ではあるが、一定の場合に本人が責任を負うのが「表見代理」であり（民法一〇九条、一一〇条、一一二条）、表見代理は無権代理のなかに位置づけられる。

これに対して、イギリス法においては、ある人が他の人のために第三者との間でした行為が、他の人の法的地位（第三者に対する他の人の権利や第三者に対する他の人の義務）に影響を与えるときに、代理が成立するとみる（他の人＝本人＝principal 以下Pと略する、ある人＝代理人＝agent 以下Aと略する、第三者＝third party 以下Tと略する）。したがって、日本法では通常の代理と区別される「間接代理」（商法五五一条）のみならず、即時取得（民法一九二条）、事務管理（民法六九七条）、不当利得（民法七〇三条）、使用者責任（民法七一五条）などの成否をもって論じられる問題までもが、代理の成否というかたちで代理法の領域内で論じられている。イギリス法における「代理」の概念は、日本法における「代理」の概念よりも、はるかに幅広い。

また、「表見代理」を英訳すれば apparent agency になるであろうが、イギリス法においては、apparent authority という用語は用いられても、apparent agency という用語が用いられることは、あまりない。同様に、代理人の authorised acts や unauthorised acts を問題にしても、authorised agency や unauthorised agency とはいわない。つまり、代理を、authorised agency と unauthorised agency に区分したりはしないし、apparent agency を unauthorised agency のなかに位置づけたりはしないのである。なぜなら、帰納的に考察すれば、代理の成否が争われている訴訟においては、AがPのためにTとの間でした行為に基づいて、TがPに責任を負わせることができるか否かが、結論的に問題となっているからである。PがAの行為に基づいてTに責任を負うときは、「代理が成立する」と考えれば足りる。「第一部イギリス代理法と表見代理」における「第一章　イギリス代理法における代理の成立」は、イギリス法において、いかなる場合に代理が成立すると考えられているのかを中心に考察するものである。

イギリス法において、「代理が成立する」と一般的に考えられているのは、次の五つのいずれかの場合であり、各々の場合において、Aがもつとされる authority の種類、性質は異なる（イギリス法における「代理」は、日本法におけるように「直接代理」に限定されないので、authority＝代理権、代理権限などと置き換えることは、必ずしも正確ではない）。先ず、第一は、同意による代理であり、Ｐ・Ａ間に代理関係をつくるためのＰの同意が存在する場合である。このときにＡがもつauthorityがactual authority（real authorityとも称される）であり、これは、express authority, implied authority, usual authorityないしcustomary authorityに細別される。usual authorityとは、ＰがＡを、本人のために一定の種類や範囲の取引や業務をするauthorityを普通に伴っている地位（例えば、取締役や支配人など）に任命することによって代理人にした場合に、その取引や業務や市場の慣行においては普通である行為をするauthority、その地位にある代理人ならば、客観的にみて、誰でもがもつことを期待されるところの定型的な範囲のactual authorityのことをいう。第二は、追認による代理であり、事前の同意はなかったがＰが追認（事後の同意）をした場合である。追認がなされれば、その効果は契約時に遡及して、もしＡがＴと契約したときにＰから事前に同意を与えられていたならば、ＰとＴが立つであろう地位とまさしく同じ地位（契約当事者の地位）にＡを置く。このときＡがもつauthorityは、actual authorityである。第三は、estoppelによる代理である。ＰとＡとの間に、本人と代理人の関係に立つという同意がないにもかかわらず、Ｐが自らの言葉や行動でもって、当該の取引について、ＰはＡにauthorityを与えていると、Ｔが推断することができるような行為をした場合に、それに導かれて、ＴがＡをＰの代理人として取引したときは、ＰとＡとの間に本人と代理人の関係が存在するという合理的推断に基づいて行為をしたＴを保護するために、estoppelの法理により、Ｐは後になってＴの請求を拒絶することはできない。Ｐは、Ｐのために行為するauthorityをもつと表示したＡを、代理人としてholding outしたといわれ、代理関係が成立し、代理人はapparent authorityをもつ。すなわちＰの同意はないが、Ｐは自らの言葉や行動でもって、当該の取引について、ＰはＡにauthorityを与えていると、Ｔが推断することができるような行為（holding out）をしたことによって、Ａのapparent authorityをつくったのである。それゆえ、estoppel による代理は、holding out による代理ともいわれる。第四は、共同生活から推定される代理である。夫と共同生活をしている妻は、生活必需品を購入するために夫の信用を担保にする authority をもつと推定される。生活必需品であれ、その範囲を越えるぜいたく品であれ、夫の相手方に対する holding out が存在し、その結果、相手方が妻の authority を信頼して取引したのであれば、夫は相手方に対して責任を負うことになり、前述した第三の estoppel による代理が成立する。しかし、第四の共同生活から推定される代理は、holding out が存在していない場合でも、夫と共同生活をしている妻が、夫の信用を担保にして生活必需品を購入するときは、推定を覆す事実が立証されなければ、成立するのである。このとき妻がもつとされる authority の種類、性質は、implied authority, apparent authority, usual authority, presumed authority 等と、論者により様々に理解されている。第五は、必需代理である。必需代理とは、緊急性のある事情の下で、AがPの財産や利益のために必要性がある行為をした場合に、Pの同意がなかったにもかかわらず、Aの行為はPの authority に基づいてなされたものであるとみなして、PとAとの間に代理関係の成立を認めることをいう。必需代理の成立が典型的に承認されてきたケースとして、船荷が急速に腐りかけて目的地に到着するまでには無価値なものとなるほどの緊急事態が生じたときに、船長Aが船荷の所有者Pのために必要性がある契約（最も近い港に入港し、それらが得られる最高の価格で船荷をTに売却するなど）を結んだ場合には、たとえその契約がPの同意に基づくものではなかったとしても、PはAがTと結んだ契約に拘束されるのである。また、Aの行為は違法性が阻却され、PはAに対して損害賠償請求ができなくなるし、逆にAはPに対して費用の償還請求が可能になる。この必需代理の成立が認められるためには、①necessity（緊急性、必要性）があること、②本人との連絡が不能であること、③本人の利益のために誠実に行為したこと、が立証されなければならない。

以上の五つのいずれかの場合に代理は成立するが、estoppel による代理が、特に日本法との関係が深い。中島玉吉博士は estoppel による代理の研究により、民法一〇九条、一一〇条、一一二条の三ヵ条をまとめて表見代理規定であると位置づけ、本人の表見的行為が本人に責任を生ぜしめる根拠であると指摘したからである。estoppel による代理とは、すなわち holding out による代理であり、当該取引について、本人は代理人に authority を与えていると、相手方が推断することができるような本人の相手方に対する行動が存在しなければ、estoppel による代理は成立しない。しかし、我が国の通説は、民法一〇九条、一一〇条、一一二条の三ヵ条をまとめて表見代理規定であると位置づけた点だけは、中島表見代理論を継承したが、一一〇条の「正当理由」の成立には本人の行為は不要であると解したために、本人の相手方に対するどのような行動が holding out に相当するのかという検証はなされてこなかった。そこで、民法一〇九条、一一〇条、一一二条の表見代理規定相互の関係を明確化するという観点から、イギリス代理法を比較法的に考察するに際しては、第一に、本人の相手方に対するどのような行動が holding out に相当すると判断されたかを、判例の事案との関係で具体的に検討し、それを事案の種類ごとに類型化することが、先ず重要である。また、日本民法における表見代理規定は、イギリス代理法の概念では、estoppel による代理に相当すると一般的に考えられたために、authority の種類のなかでは、従来 apparent authority のみに顧慮が払われてきたように思われる。しかし、PがAを一定範囲の authority を伴う地位（例えば、取締役や支配人など）につけたと holding out していたような事案類型においては、Aがもつ authority は apparent authority なのであるが、それが usual authority であると誤解されることが多い（PがAを真に取締役や支配人の地位につけていた場合には、Aのもつ authority は usual authority である）。usual authority の概念は、法定代理であると誤解されがちな会社法一一条の支配人の代理権について考察する上でも意義を有するが、apparent authority と usual authority とを明確に区別することが、表見代理三規定の関係を整序するためにも重要である。

ところで、イギリス代理法においては、夫から個別的に authority を授与されていない妻の行為について、ある種のケースでは holding out があったと判断されて、estoppel による代理が成立し夫の責任が肯定されているし、holding out がないケースにおいても、夫と共同生活をしている妻は、生活必需品を購入するために夫の信用を担保にする authority をもつと推定され、夫が推定を覆す事実の立証に成功しなかった結果、共同生活から推定される代理が成立すると夫は責任を負わなければならない。そして後者の共同生活から推定される妻の authority については、その性質が論者により、implied authority, apparent authority, usual authority, presumed authority 等と様々に理解されている。これに対して、民法七六一条は、「夫婦の一方が日常の家事に関して第三者と法律行為をしたときは、他の一方は、これによって生じた債務について、連帯してその責任を負う。ただし、第三者に対し責任を負わない旨を予告した場合は、この限りでない」と規定する。七六一条は連帯責任という形で規定するのみであるが、通説、判例ともに日常家事代理権を肯定している（ただし、通説はその性質を法定代理と解しているが、筆者は任意代理であると考えている）。そして、夫婦の一方が他方に無断で他方を代理してした行為が、日常家事の範囲を越えると判断されたときに、一一〇条の表見代理の成否が問題とされる。

そこで、「第二章　イギリス代理法と表見代理　—妻の authority を中心に—」では、第一に、夫の相手方に対するいかなる行動が holding out に相当すると判断されたのかを検討し、第二に、共同生活から推定される妻の authority の内容、妻の authority を奪う事実、それについての夫の相手方に対する notice の要否を検討した上で、各論者による authority の分類、妻の authority の分類上の位置づけを論じ、それを apparent authority と usual authority の内容を解明する手がかりとして、日常家事行為と表見代理に関する日本民法との比較法的考察を試みた。その結果、夫と共同生活をしている妻が、生活必需品の購入のために夫の信用を担保にするauthorityの性質は、イギリス法ではimplied authorityと解さねばならないが、民法七六一条の日常家事代理権の性質は、支配人などの商業使用人の代理権（会社法一一条）と同様に、イギリス法上の概念ではusual authorityであると解することができるという結論に到達した。usual authorityとは、PがAを、本人のために一定の種類や範囲の取引や業務をするauthorityを普通に伴っている地位（例えば、取締役や支配人など）に任命することによって代理人にした場合に、その代理人がもつauthorityであり、そのauthorityの範囲は客観的に判断され、ある程度定型性を有するものである。日本の通常の家庭における夫婦の実態をみれば、夫は妻に所帯のやりくりを任せており、domestic managerの地位においたとみることができる。その権限の範囲は、夫婦の資産、収入、職業、社会的地位などから客観的に判断されるし、ある程度の定型性を有しているからである。次に、夫と妻を本人と代理人とする事案において、holding outに相当することが判例上肯定された夫の相手方に対する行動は、日常家事の範囲を越える代理行為について一一〇条の正当理由を成立させる具体的事情と共通するものであることを論証した。

「第三章　表見代理理論の新展開」は、「第一章」「第二章」の検討を踏まえ、表見代理理論を我が民法に導入した中島玉吉「表見代理論」と同じ視点で、表見代理制度を考察しようとするものである。英米法のAgency by estoppel（あるいはAgency by holding out）の法理の研究によって、表見代理理論を我が国に導入した中島玉吉「表見代理論」によれば、「本人の表見的行為」がなければ表見代理は成立しない。すなわち、表見代理規定による本人の責任の根拠を、「本人の表見的行為」に求めている。この「表見代理」の由来となった英米法のestoppelの法理による代理は、holding outによる代理である。判例の具体的事案を検討すると、代理人が本人の信用を担保にして相手方との間で行った今回の取引のやり方や内容が、従来の取引のやり方や内容と同様である場合に、本人がそれらの従来の取引を承認し幾度か相手方の請求に応じて支払ってきたという事情がある場合が、holding out の典型例である。また、当該の取引についての本人の相手方に対する認容的言動があれば（例えば契約の履行に積極的な指図を与える等）、それは、holding out に相当すると判断されている。これは、我が国において正当理由が成立すると考えられる具体的事情と共通している。

そもそも、私的自治の原則が支配する近代法においては、欲するがゆえに欲するがままの法律効果を発生させるのが建前であるが、例外的に、人は欲していないにもかかわらず、責任を負わされることがある。例えば、本人が相手方との間で、その代理人を通して、当該取引と同種同量の取引をしたことがあり、これまではそれらの取引を承認し、異議を述べずに履行してきたような場合や、それに準じるような本人の認容的言動がある場合である。このように、「当該取引について、本人は代理人に代理権を与えていると、相手方が推断することができるような本人の相手方に対する行動（holding out）」が存在し、その結果、相手方が、当該取引についての代理人の代理権の存在や範囲を信じ、それに導かれて取引した場合には、代理人の代理権の存在や範囲を示すような本人の行為に導かれて取引した相手方を保護するために、estoppel の法理により、本人は後になって相手方の請求を拒絶することはできない。本人は欲していなかったにもかかわらず、相手方を当該取引へと導いた自らの行為に基づいて、責任を負わされるのである。一一〇条の正当理由が成立する場合とは、そのような場合である。これは、また、わが民法の起草者である梅謙次郎、富井政章両博士があげる一一〇条の正当理由が成立する具体例とも共通する。「第三章」では、中島表見代理論における estoppel の法理によって、表見代理規定における本人の責任を根拠づけるとともに、表見代理三規定相互の適用範囲とそれぞれの規定の第三者保護の要件についても検討した。なお、一一〇条の「代理権ありと信ずべき正当理由」と、無権代理人に対して履行又は損害賠償請求をする際の要件である一一七条二項の「代理権の不存在についての善意・無過失」とは、同一あるいは同程度のものではないことも指摘した。

第二部　日常家事行為と表見代理

筆者は、「第一部」で検証したように、中島表見代理論における estoppel の法理によって、表見代理規定における本人の責任を根拠づけるとともに、起草者の見解及び判例の事案に即した実際の判断プロセスを明らかにすることによって、民法一一〇条の「正当理由」の内容は「本人に代理権の有無・範囲について問い合せをすることが全く不要と感じさせるほどの客観的事情があり」それゆえに「代理権の存在を信じた」ことであると定式化できると提言してきた。具体的には、「相手方がこれまで代理人を通して本人と同種同量の取引をしてきたが、いずれもこれらの取引は本人によって承認され、つつがなく履行されてきた場合」や「これに準じるような本人の認容的言動がある場合」である。このように正当理由が成立する場合には、相手方からみて、「当該取引について、本人は代理人に代理権を与えていると、相手方が推断することができるような本人の相手方に対する行動（holding out）」が存在している。

「第二部」においては、「第一部」での検討を踏まえ、夫婦の一方が他方に無断で七六一条の日常家事の範囲内で代理行為をした場合の効果、及び日常家事の範囲を越えて無権代理行為をした場合の表見代理規定との関係について考察するものである。その前提として、夫婦の一方が他方に無断でした代理行為が日常家事の範囲内であるか否かが問題とされる。日常家事行為の範囲の具体的判断基準の問題である。イギリス法においては、夫と共同生活をしている妻に authority が推定されるのは、妻が夫の信用を担保にして生活必需品を購入する場合に限定される。生活必需品を購入するための借財や夫の資産の売却などは、論外である。これに対して、我が国では、夫婦の一方が他方に無断で借財をしたり他方名義の不動産を売却したりするケースが、日常家事行為との関係で判例上争われることが多い。そこで、**「第一章　借財と日常家事行為」**においては、借財に関する判例を、自己名義と他方名義に分け、後者を基本代理権として日常家事代理権しかない場合と他に基本代理権のある場合とに分け、更に借財の場合、他人の債務についての連帯債務・連帯保証、高利・サラ金、復代理、手形・小切手行為などに分類して、日常家事行為の範囲の具体的判断基準を考察した。同様に、クレジット契約については、**「第二章　クレジット契約と日常家事行為」**において検討した。その上で、日常家事代理権は法定代理権ではなく任意代理権と解すべきこと、イギリス法とは異なり、有権代理と無権代理を峻別するわが民法においては、日常家事の範囲を越えた行為を夫婦の一方が無断で行ったときに、はじめて表見代理の成否が問題とされるが、一一〇条を類推適用しようとする通説・判例は、夫婦の財産的独立を侵害する危険性が極めて高い見解であることを、判例の分析から論証した。なぜなら、一一〇条類推適用説が、夫婦の財産的独立を保護するという意図で付加した「日常の家事に関する法律行為の範囲内に属すると信ずるにつき正当の理由」とは、相手方が行為者（代理人）の説明した使途目的から日常家事行為と誤信してしまったが、このように誤信したのはもっともだと思われるかどうかという程度の内容でしかないが、これでは代理人の詐欺師的言辞が巧妙であればあるほど、正当理由が成立するという結果になってしまうからである。それよりも、相手方からみて、「当該取引について、本人は代理人に代理権を与えていると、相手方が推断することができるような本人の相手方に対する行動（holding out）」が存在していなければ、一一〇条の正当理由は成立しないと解する筆者の見解の方が、夫婦の財産独立の保護に資することになるのである。

第三部　無権代理と相続

無権代理行為がなされた後、本人の追認も追認拒絶もないまま相続が開始し、無権代理人が本人の地位を承継したり（無権代理人相続型）、逆に本人が無権代理人の地位を承継したり（本人相続型）して、本人と無権代理人の地位の同化が生じることがある。「第三部」の目的は、このような場合に生じる諸問題について網羅的に考察することにあるが、まず、その前提として、民法一一七条に定める無権代理人の責任の根拠やその内容について論じるのが、「第一章　無権代理人の責任の本質」である。ここでは、一一七条における無権代理人の責任を「法定の保証責任」として根拠づける。これは、イギリス法における implied warranty of authority を攻究し、そこから得られた成果に基づいて構成された考え方である。なお、「第三部」で考察する主たる問題である、相続による本人の地位と無権代理人の地位の同化に伴う問題は、遺言執行者が選任されるイギリス法においては議論されておらず、その意味でわが国固有の問題である。しかし、「第三部」における考察の基調に「第一部」のイギリス法の考察があることは、いうまでもない。

無権代理行為の後、相続によって、本人の地位と無権代理人の地位の同化が生じる事案には、いくつかの類型が存在するが、それぞれの類型において、当該の無権代理行為の効果、本人の地位と無権代理人の地位との併存が認められるのか、地位の併存が認められるとして本人としての地位に基づいて追認拒絶権を行使できるのか、また無権代理人の相続人としての地位に基づき承継した一一七条の無権代理人の責任の内容、単独相続の場合と共同相続の場合とでは差異があるのか、限定承認がなされた場合はどうか、などが判例・学説上議論されてきた。この問題に関して、近時の最高裁判例（最判平成五年一月二一日民集四七巻一号二六五頁、最判平成一〇年七月一七日民集五二巻五号一二九六頁）は、私見の併存貫徹説にかなり接近してきている。そこで、「第三部」では、「第二章　無権代理と相続」

において、「併存貫徹説」の立場から、無権代理と相続に関する一一判例と諸学説を検討・考察し、無権代理と相続に関する全事案類型において、併存貫徹説の立場で、妥当かつ衡平な解決を図れることを論証した。併存貫徹説とは、無権代理人相続型、本人相続型、二重相続型とを通じて、単純・単独相続であるか単純・共同相続であるかを問わず、可能な限り、本人と無権代理人との地位の併存を貫徹しようとする見解である。すなわち、いずれの場合であっても、本人の地位と無権代理人の地位とは相続によって融合帰一せず、無権代理人相続型では、無権代理人は相続によって承継した本人の地位を主張して追認を拒絶できるが、相手方が善意・無過失のときは、一一七条によって無権代理人は履行又は損害賠償の無過失責任を負う。本人相続型では、本人は本人たる地位で追認を拒絶できるが、相続によって承継した無権代理人の責任を免れることはできないので、一一七条に従い善意・無過失の相手方の選択に応じて、履行又は損害賠償責任を負うことになる。この「第二章」が「第三部」の中心となる章である。

「無権代理と相続」の問題に類似する問題として、「他人物売買と相続」の問題がある。最高裁も、最大判昭和四九年九月四日民集二八巻六号一一六九頁において、従来の判例（最判昭和三八年一二月二七日民集一七巻一二号一八五四頁）を変更し、「権利者は、相続によって売主の義務ないし地位を承継しても、相続前と同様その権利の移転につき諾否の自由を保有し、信義則に反すると認められるような特別の事情のない限り、右売買契約上の売主としての履行義務を拒否することができるものと解するのが相当である。」と判示した。これは、他人物売買の権利者相続型の事案を無権代理の本人相続型の事案と同様に処理しようとするものとして、学説も、この判例変更に概ね好意的に思える。

最大判昭和四九年九月四日は、他人の物の代物弁済予約の事案であり、他人物売買の事案ではないが（しかし、最高裁はこれを他人物売買と同視している）、確かに、他人物売買において権利者が売主の地位を相続する場合と、無権代理において本人が無権代理人の地位を相続する場合とでは、外観上似ているところもないわけではない。しかし、無権代理は、本人の代理人と称して代理行為をした者に実は代理権がなかった場合であり、無権代理行為はもともと無効であって、本人への効果は本来的に不帰属である。それに対して、他人物売買は、他人のものを自分のものとして売買する場合であり、他人物売買はもともと有効である。売主が権利者から追認ないし同意を得られず、または、権利者から権利を譲り受けられなかったとしても、売買の効力には依然影響がなく、単に五六一条以下の規定に従い担保の義務を負うにすぎない。無権代理と他人物売買とでは、外観上の類似性以上に本質的な相違があるので、それぞれに相続が生じた場合の法的処理の仕方も自ずと異なることを論じるのが、**「第三章　他人物売買と相続　—無権代理と相続の問題と比較して—」**である。無権代理と相続の問題では、「併存貫徹説」が妥当するが、他人物売買と相続の問題では、「非権利者の処分行為の追完の理論」（ドイツ民法一八五条）を無視することはできないと考える。

更に、制限能力者の事実上の後見人による無権代理行為の後、その無権代理人が後見人に就任することによって、無権代理人の地位と後見人の地位とが同一人に帰属することがある。この問題も、「無権代理と相続」の問題と共通した論点を含んでいる。無権代理と相続における無権代理人相続型の場合、無権代理人は本人としての地位に基づき、自らの無権代理行為について、追認権あるいは追認拒絶権を行使することができる（一一三条）。他方、後見人は、被後見人の財産を管理し、その財産に関する法律行為について被後見人を代理する権限をもつから（八五九条）、無権代理行為の追認権、追認拒絶権も、後見人の代理権の範囲に含まれる。したがって、無権代理人が後見人に就任すると、自らの無権代理行為について、追認権あるいは追認拒絶権を行使することになるからである。しかし、両者の問題は根本的に異なる。なぜなら、無権代理人相続型において、追認によって生じる本人の責任を負担するのは、無権代理人自身であるが、後者の場合に、後見人の追認によって生じる本人の責任が帰属するのは、被後見人であり、無権代理人は後見人として追認することによって、相手方に対する関係で、自らの無権代理人の責任を免れる結果となるからである。また、後見人は、専ら被後見人の利益のために、善良なる管理者の注意をもって、後見事務を処理する義務を負っているのであるから（八六九条、六四四条）、追認権、追認拒絶権も、被後見人の利益に合致するように行使しなければならない点も、無権代理人相続型の場合とは大きく異なる。

最高裁も、この問題と無権代理人相続型の問題とを同様に扱うことはできないという点について、一応の理解は示しているようだが、無権代理人の資格と後見人の資格とが同一人に帰属し、後見人が信義則上追認拒絶できない結果、就職とともに無権代理行為の効力が確定するとした点（最判昭和四七年二月一八日民集二六巻一号四六頁）は、無権代理人（単独）相続型の判例の影響を受けたといえる。また最判平成六年九月一三日民集四八巻六号一二六三頁は、禁治産者の後見人は、その就職前に禁治産者の無権代理人によって締結された契約の追認を拒絶することができるが、例外的場合には追認拒絶が信義則に反して許されないことがあるとし、後見人が追認拒絶をすることが信義則に反するか否かを判断するについて考慮すべき要素を例示している。しかし、そこで示された判断要素には問題が多い。一般条項である信義則を安易に適用することによって、無能力者の保護を重視するという民法の基本的価値判断を軽視する結果を招いてはならないが、後見人あるいは成人後の本人の追認拒絶を認めることが、正義の観念に反するような具体的事情があるのならば、例外的に、追認拒絶が信義則上許されない場合があることも否定できない。そこで、二つの最高裁判例及び関連する判例の事案の分析を通して、制限能力者の保護を重視するという民法の基本的価値判断を尊重してもなお、追認拒絶が信義則に反して許されないと判断される基準要素について考察するのが、「第四章　就任前の無権代理行為に対する就任後の後見人による追認拒絶の許否」である。

以上、「第三部」は、無権代理と相続の理論的前提となる問題を先ず論じ、無権代理と相続に関する全事案類型を、「併存貫徹説」の立場で考察するとともに、無権代理と相続に類似する問題について考察することによって、その問題状況の違いを明確に指摘しようとするものである。

「第三部」はイギリス法では取り上げられていない、日本法固有の問題に対するアプローチであるが、通奏低音のようにイギリス法研究が基調にある。すなわち、それは、何よりもまず事実（関係）を重んじ、具体的妥当性を導きの糸として帰納的に理論を構築するという学問的態度であり、「取引の安全」の強調のみに傾斜せず、静的安全と動的安全との真の調和を図る視点の徹底である。本書において全編を通して貫かれている姿勢であるといってよい。

読者のご批判・ご叱正をいただければ、幸いである。


なお、本書は、平成一九年三月、筆者が千葉大学より授与された法学博士の学位論文を刊行しようとするものである。追手門学院大学経営学部長福田得夫先生及び前学部長・現学長補佐地代憲弘先生のご尽力により、平成一九年度追手門学院大学研究成果刊行助成金の助成を得て出版することができた。心から感謝し御礼申し上げたい。また、法律文化社社長秋山泰氏にも大変お世話になった。そのご芳情に対し厚く御礼申し上げる。

平成一九年九月一三日

髙　森　哉　子

目次

第二部　日常家事行為と表見代理

第三部　無権代理と相続

第一部　イギリス代理法と表見代理

第一章　イギリス代理法における代理の成立

一　序

筆者は、民法一〇九条、一一〇条、一一二条の表見代理規定相互の関係を明確化するという観点から、イギリス代理法を研究している(1)。表見代理規定を含む代理制度は、我が国においては、民法総則の中に位置づけられているが、イギリスにおいては、大きく分類すれば契約法の中に位置づけられており、やや細かく分類すれば「代理法」として、それ自体ひとつの法領域を構成している。代理法は、さらに代理の成立、代理の効果、代理の終了から構成される。本章は、代理の成立、すなわちイギリス法において、いかなる場合に代理が成立すると考えられているのかを中心に考察するものである。可能な限りにおいて日本法との比較を行いたい。

さて、代理とは、代理人の行為が本人の行為とみなされる関係である（Qui facit per alium, facit per se）。イギリス法においても日本法においても、この点の理解に差異があるわけではない。しかし、イギリス法において代理法の領域内で論じられる代理制度と、日本民法及び商法の規律する代理制度との間には、いくつかの点において、重要な差異が存する。そこで代理の成立について論じる前に、両法の間の差異について、略述しておきたい。

二　イギリス代理法と日本代理法との差異の概要

(一)　「代理法」の法領域

先ず、「代理制度」ないし、「代理法」をもって論じられる法領域に、差異が存する。

(1)　日本法において、代理とは、ある人のした意思表示の効果を直接他の人に帰属せしめる法律制度（民法九九条）である。これを「直接代理」とよぶ。これに対して、問屋（商法五五一条）や仲買人の取引のように、他人の計算において行為するが、他人の名ではなく、自己の名において行為する場合を「間接代理」という。「間接代理」は社会的経済的機能において「直接代理」に類似するが、行為の効果はいったん問屋自身に帰属し、これを改めて本人に移転させなければならない点において、「直接代理」と区別される。日本法において、通常「代理」という場合には、「直接代理」を念頭において論じている。

(2)　これに対して、イギリス法においては、ある人が他の人のために第三者との間でした行為が、他の人の法的地位（第三者に対する他の人の権利や第三者に対する他の人の義務）に影響を与えるときに、代理が成立するとみる（他の人＝本人＝principal 以下Pと略する、ある人＝代理人＝agent 以下Aと略する、第三者＝third party 以下Tと略する）。従って、日本法では通常の代理と区別される「間接代理」の場合でも、イギリス法においては「代理が成立する」のである。それのみならず、日本法においては、即時取得（民法一九二条）、事務管理（六九七条）、不当利得（七〇三条）、使用者責任（七一五条）などの成否をもって論じられる問題が、イギリス法においては、代理の成否というかたちで代理法の領域内で論じられたりする。イギリス法における「代理」の概念は、日本法における「代理」の概念よりも、はるかに幅広い。

(二)　法定代理と任意代理

次に、日本法においては、代理の種類のひとつとして、「法定代理」と「任意代理」という区別がある。

(1)　「法定代理」は、①親権者（民法八一八条）のように、本人との間で一定の身分関係のある者が、法律上当然に代理人となる場合、②協議離婚の際の協議で定められた親権者（八一九条一項）、遺言による指定後見人（八三九条）、遺言執行者（一〇〇六条一項）のように、本人以外の者の協議または指定により代理人の定まる場合、③相続財産管理人（九一八条三項、九五二条）、不在者の財産管理人（二五条一項）、選定後見人（八四一条）のように、裁判所の選任による場合などに発生する。これらは、代理人が代理人となるについて本人の意思に基づかないものであり、その代理権の範囲も法律によって定まる。

「任意代理」は、代理人が本人の意思に基づいて代理人となるものであり、その代理権の範囲も本人の意思によって定まる。代理権の範囲について法律に規定がある場合（例えば会社法一一条の支配人）には、法定代理ではないかと解する見解も多い。しかし、支配人は本人の意思に基づいて、支配人に選任されることにより、本人の代理人となるのであるから、任意代理人である。そして、支配人は、取引慣行上、本人のために一定の種類や範囲の取引や業務をする包括的な代理権を、通常有している。従って、本人が支配人に対して、その代理権の範囲について明示的に指示を与えなかったにしても、支配人に選任したことによって、取引慣行上支配人という地位に通常期待される範囲の代理権を、黙示的に与えているのである。本人の意思によって選任される支配人の代理権の範囲が、法律の規定によらなければ定まらないと考えるのは、おかしい。会社法一一条一項は、本人が明示的または黙示的に支配人に与えている代理権の範囲を、注意的に規定しているにすぎない（一一条三項は、本人が支配人の代理権の範囲を内部的に制限できることを前提としているが、もし支配人が法定代理人であるならば、本人がその代理権の範囲を自らの意思に基づいて制限するなどといったことは、そもそも考えられない）。

(2)　これに対して、イギリス法においては、代理を概念上、法定代理と任意代理に区別するという考え方はないようである。確かに、必需代理（agency of necessity）のように、法の作用（operation of law）によって代理が成立する、と説明される場合もある。しかし、そこにおいて、代理の成否が主として議論されているのは、日本法ならば、事務管理の成否や不当利得返還請求権の有無等をもって論じられる問題（例えば、AがPのために出捐した費用の償還請求を根拠づけるために、P・A間には代理関係が存在していたのだという主張がなされる）が多い。日本法が（前頁①②③のように）法定代理によって処理する事項が、イギリス法において、代理法の領域内で代理の成否という形で論じられることはない。従って、イギリス法において代理が成立する場合に、その成立した代理の性質は（日本法ではそもそも代理の概念に含まれない事項を別にすれば）、日本法の法定代理と任意代理の区別に従うならば、すべて「任意代理」である（例えば、前述した支配人は、本人の同意により代理が成立する場合であり、actual authority の一種としての usual authority をもつとされる）。

㈢　不開示の代理

イギリス法に特徴的な代理制度として、「不開示の代理（undisclosed agency）」がある。

(1)　これは、Aが実際はPの代理人としてTと取引したのであるが、取引の当時、AはPのために行為していることをTに隠しており、それゆえTもPの存在を知らずにAを本人であると思って取引した場合（この場合のPを不開示の本人 undisclosed principal と呼ぶ）に問題となる（なお、ＡはＴに対して本人が存在することは開示しているが、Ｐの名前は挙げていない場合のＰを partially disclosed principal と呼び、undisclosed principal とは区別される）。通常の代理の場合には、代理人は契約当事者ではないのに対し、不開示の代理の場合の代理人は、契約当事者である。従って、その取引に基づいて、ＡはＴに請求し得るし、ＴもＡに請求し得る。しかし、不開示の代理の法理の下では、取引当時Ｔが全然その存在を予期していなかったＰが、直接Ｔに請求することが認められる（但し、Ｔの選択 election に服する）。また、Ａに請求していたＴが、後にＰの存在を発見したときには、Ｐに対しても請求し得る（但し、Ｔの election の後は、Ｔは election しなかった他方に対して請求することは許されない）。

この不開示の代理の法理は、**privity of contract**（直接の契約関係）の原則に反するがゆえに、変則的であるとしばしば批判されてきたが、商業上の便宜と契約がなされたときに authority は存在していなければならないという要件には服しているところから、一般的には（批判されつつも）承認されてきた[2]。

イギリス法において議論されている、不開示の代理の主な問題点は以下の通りである。

①ＰはＡに authority を与えていたが、または、ＰはＡを一定範囲の authority を伴う地位に任命していたが、ある行為については禁止していた場合に、ＡがＰの禁止に違反してＴと取引したとき、ＰはＡに対する禁止にもかかわらず、Ａの行為についてＴに責任を負わされるのか。

②ＡがＰから与えられていた authority の範囲を越えてＴと取引したとき、Ｐは追認し得るのか。

③ＴはＡに対して主張し得た相殺（set–off）の権利を、Ｐに対して対抗し得るのか。

④Ｐ（買主）はＡに代金を支払っていたが、ＡがＴに渡すのを怠った場合に、ＴからＰへの支払請求に対して、Ｐは免責されるのか。逆に、Ｔ（買主）はＡに代金を支払っていたが、ＡがＰに渡すのを怠った場合に、ＰからＴ

への支払請求に対して、Tは免責されるのか。

⑤Tが一方をelectionしたと判断される行為は、具体的にどのような行為なのか。

⑥Tのelectionの権利はいつまで存続するのか（TがPの存在について不知のままAに対する勝訴判決を得たが、債権の満足を得ない状態にあるときに、TがはじめてPの存在を知った場合、TはPに対して請求し得るのか）。

(2)　これに対して、日本法においては、代理行為の効果が本人に帰属するには、代理人は「本人のためにすることを示して」意思表示しなければならない（民法九九条）。これを「代理における顕名主義」という。代理人が「本人のためにすることを示さないで」意思表示をしたときは、行為の効果は代理人に帰属する（一〇〇条本文）が、相手方が「本人のためにすることを」知り、または知ることができたときは九九条が準用されて、本人に効果が帰属する（一〇〇条但書）。

日本法の「顕名主義」については、本人の存在が開示されているか否かの問題（disclosedかundisclosedか）と、本人の名前が挙げられているか否かの問題（namedかunnamedか）とを、明確に区別して議論してこなかったようである。undisclosedでありunnamedである本人（undisclosed principal）と、disclosedではあるがunnamedである本人（partially disclosed principal）という、イギリス法における本人の区別は、民法九九条と一〇〇条との関係を理解する上で、有益な示唆を与えると思われる。

顕名とは「代理意思の表示」である。相手方からすれば、自分が取引しようとしている者が、単なる代理人にすぎないのか、本人なのかという点が、先ず重要なのである。本人の存在が開示されていれば、相手方は自分の目の前にいる者の信用をあてにして取引することはないし、本人の存在がそもそも開示されていなければ、相手方は自分の目の前にいる者の信用をあてにして取引するのが普通である。従って、九九条は、disclosedでありnamed（本人の存在が開示されており、本人の名前も挙げられている）の場合と、disclosed ではあるが unnamed（本人の存在は開示されているが、本人の名前は挙げられていない）の場合とを含んだ規定であるのに対し、一〇〇条は、undisclosed であり unnamed（本人の存在そのものが開示されていない）の場合の規定と考える。

ところで、商行為の代理人については、「本人のためにすることを示さないで」行為したと雖も、その効果は本人に帰属する（商法五〇四条本文）。但し、相手方が「本人のためにすることを」知らなかったときには、相手方は代理人に対して履行の請求が可能である。（同条但書）（民法九九条、一〇〇条及び商法五〇四条の関係を、どのように理解するかについては問題があるが、それはひとまずさておく）。一般的には、商法五〇四条は「非顕名主義」を採用した規定であると理解されており、相手方が代理行為としてなされたことを知らずかつ知り得なかったような場合でも、本人に対して行為の効果が生じ、ただ、善意・無過失の相手方は、代理人に対して選択的に責任を追及することができる、と解されている。

いうまでもなく、民・商法が区別されていないイギリス法においては、不開示の代理の法理が問題とされるのは、ほとんどが日本法でいう商事代理の事案である。そして商法五〇四条が、相手方の代理人に対する選択的な責任追及を認める点は、不開示の代理におけるTの選択 election に共通する。従って、不開示の代理における上記①～⑥の諸点を考察することは、商法五〇四条の問題点を解明する上でも、重要な意義を有する。

(四)　「表見代理」の成立と「代理」の成立

「表見代理」が成立するのか、「代理」が成立するのか、という問題がある。

(1)　日本法においては、本人の代理人に対する代理権授与の有無によって、代理は先ず大きく二つに、つまり有権代理と無権代理とに峻別される。無権代理とは、代理権がないのに（代理権が全く不存在の場合と代理権の範囲を越えた場合とを含む）代理人と称する者が代理行為を行うことをいう。そして無権代理ではあるが、一定の場合に本人が責任を負うのが表見代理であり、（民一〇九条、一一〇条、一一二条）、表見代理は無権代理のなかに位置づけられる。

(2)　「表見代理」を英訳すれば apparent agency になるであろうが、イギリス法においては、apparent authority という用語は用いられても、apparent agency という用語が用いられることは、あまりない。また、代理人の authorised acts や unauthorised acts を問題にしても、authorised agency や unauthorised agency とはいわない。なぜなら、帰納的に考察すれば、代理の成否が争われている訴訟においては、AがPのためにTとの間でした行為に基づいて、TがPに責任を負わせることができるか否かが、結論的に問題となっているからである。従って、イギリス法においては、AがPのためにTとの間でした行為が、Tに対するPの法的地位や関係に影響を与えるとき（すなわち、PがAの行為に基づいてTに責任を負うとき）代理が成立すると考えれば足りるからである。[3]

(五)　authority の定義・概念

authority の定義・概念そのものが、イギリス人のイギリス代理法研究者のなかでも一様ではない。

(1)　例えば、Fridman は、authority の単一の統合された概念は存在せず、そのかわりにいくつかの種類の authority が存在するとみる。即ち、代理は、本人の同意、追認、estoppel の法理、法の作用、によって成立し、これらの代理の成立原因によって、代理人のもつ authority の種類は異なるのである。[4] Fridman の見解については、後述するが、簡潔に要約すれば、①本人の consent（同意）や追認によって代理が成立するときに、代理人がもつ authority が actual authority であり、②本人の consent がないにもかかわらず、estoppel の法理によって代理が成立するときに、代理人がもつ authority が apparent authority、③そして本人の consent も本人の holding out も存在しないが、法の作用によって代理が成立するときに、代理人がもつ authority が presumed authority である。

(2)　これに対して、Powell は authority と power とを明確に区別することを主張する。(5) Powell によれば、apparent とか usual とかいったような形容詞によって修飾されない authority という用語は、代理人が本人のために行為すべきことを、本人が明示的または黙示的に合意したことがら（一般的には actual authority と称されるもの）に限定される。他方 power とは、法の準則によって与えられるところの、行為をすることによって法的関係を生成・変更・消滅させる能力（ability）であり、代理の関係においては、power とは、本人と第三者との法的関係に影響を与える代理人の能力（ability）を意味する。もしAが authority をもつならば、Aは当然に power をもっているが、たとえAが authority をもっていないときでも、Aが apparent authority の範囲内や usual authority の範囲内で行為するときには、やはりAは power をもち、Aの行為はPを拘束すると説明される。代理人の power は、代理人の authority より広いことがあり得るし、そしてしばしば広いのである。

また、注意すべきなのは、Aが apparent authority の範囲内で行為することによって、power をもちPが責任を負う場合には、全く authority が存在していないのに対して、Aが usual authority の範囲内で行為することによって、power をもちPが責任を負う場合には、authority が存在しているときも、存在していないときもあるという点である。(6)

(3)　上記のように authority の概念については、イギリス人のイギリス代理法研究者のなかでも差異がみられるし、「代理法」の法領域において論じたように、イギリス法における「代理」は、日本法におけるように「直接代理」に限定されないので、authority＝代理権、代理権限などと置き換えることは場合によっては正確ではない。本稿では、語義上の無用の混乱を避けるために、authority という用語をそのまま用いることにする。

(六) estoppel による代理と表見代理規定

いうまでもなく、日本民法はイギリス法を継受していないが、イギリス法における estoppel による代理あるいは holding out による代理の研究から、我が国に表見代理の概念を紹介した中島玉吉博士は、我が民法において表見代理思想が認められるのは、一〇九条、一一〇条、一一二条であるとした。(7) この三ヵ条をまとめて表見代理規定であると解する点は、以後、我が国の通説となっている。

(1) ところで、表見代理規定が、estoppel による代理あるいは holding out による代理であると解するならば、その中核的部分である一一〇条の「正当理由」の解釈について、中島博士が、本人の第三者に対する行為を要求した(8)のは、論理必然のことであった。ところが、代理取引における動的安全をとにかく広く保護するという抽象的観念から、あるいは、本人の行為の全く存在しない法定代理に一一〇条を適用することを可能にするために、正当理由が成立するためには本人の作為・不作為は全く不要であると主張していた鳩山秀夫博士によって、中島博士の正当理由の解釈は「原因主義」を採るものであると批判され、(9) この鳩山博士の主張を継承発展させた我妻栄博士が、一一〇条の正当理由に関する通説的見解を形成するに至る。(10) そのためか、一一〇条が表見代理規定であること自体は、我が国の学界においてほぼ異論なく承認されてきたとはいうものの、イギリスの判例の具体的事実との関係で、本人の第三者に対するどのような行為が holding out に相当すると判断されたのかを具体的に検討し、それを一一〇条の正当理由の解釈に導入しようとする考察には、従来あまり関心が注がれてこなかった。

(2) また、中島博士以来一〇九条、一一〇条、一一二条は、表見代理概念を基礎とする表見代理規定であると理解されてきたことから、日本民法における表見代理規定は、イギリス代理法の概念では、estoppel による代理に相当すると一般的には考えられてきた。そのため、estoppel による代理、apparent authority のみに顧慮が払われている。確かに、一一〇条は estoppel による代理、apparent authority に相当すると考えてよい。しかし、一〇九条、一一二条については、apparent authority に加えて、開示の代理の場合の usual authority に関連するものが含まれているようにも思われる。また、開示の代理の場合の usual authority について研究することは、民法五四条の理事の代表権に加えた制限や、法定代理であると誤解されがちな会社法一一条の支配人の代理権について考察する上でも、意義を有すると考える。

(3)　筆者は、日本民法における表見代理規定を理論的に整序することを、研究テーマとしている。その観点からイギリス代理法を比較法的に考察するためには、第一に、従来我が国においては apparent authority の陰に隠れ、あまり注意を払われなかった開示の代理の場合の usual authority の内容を具体的に解明し、それを apparent authority と明確に区別すること、第二に、PのTに対するどのような行動が holding out に相当すると判断され、Aは apparent authority をもつとされたのかを、判例の事案との関係で具体的に検討することが重要である。

三　同意による代理

代理は、一般的に、次の五つの場合のいずれかにおいて、成立すると解されている。

①P・A間に代理関係（agency relationship）をつくるための同意が存在する場合。

②Pが追認（ratification）した場合。

③ estoppel の法理が適用される場合。
④夫と共同生活をしている妻に推定（presumption of fact）される代理が、夫の反証によって覆されなかった場合。
⑤一定の緊急事態が生じたときに、法の作用（operation of law）によって成立する必需代理（agency of necessity）。

上記①～⑤の場合において、Aがもつとされる authority の種類、性質は異なる。以下、これらを順次考察する。

(一)　意　義

AがPのために行為する以前に、P・A間の契約や consent や agreement 等によって、P・A間に代理関係（agency relationship）が存在している場合に、Aがもつ authority が actual authority（real authority とも称される）である。これは、express authority・implied authority・usual authority ないし customary authority に細別される。[11]

(1)　P・A間に代理関係がつくられるとき（PがAを代理人に選任するとき）に、PからAに明示的に与えられる actual authority が、express authority である。express authority は、一般的に口頭で与えられてもよい。しかし、それが、Pのために捺印証書（deed）を作成（execute）するという内容のものであるならば、P・A間の代理関係そのものが、捺印証書によってつくられなければならない。捺印証書の作成を必要とする取引とは、例えば、土地の不動産権の譲渡、三年を越える不動産貸借権、イギリス船舶に対する持分の譲渡等である。[12]

(2)　ところで、代理関係がつくられたときに、PがAに明示的に指示したことがらが、Aによって履行された行為や履行することが必要であるとされる行為を、カバーしないときがある。しかし、すべての代理人は、express authority を行使する通常の方法に従って、express authority を行使するのに必要なかつ通常付随するすべてのことがらをなし得る implied authority をもっている。例えば、ある財産の買主をみつける express authority を与えられた代理人は、その財産の状態について、将来の買主に説明するという implied authority をもっている（しかし、ある財産の買主をみつけ、それについての売買契約を締結する express authority を与えられた代理人は、売買代金を受領する implied authority はもっていないと解されている点に、注意すべきである）[13]。

いわば、implied authority とは、本人が代理人に当該の authority を与えていることを、黙示的に consent しているとみられる場合の actual authority であり、本人が、consent していることを、基礎としているのである。

(二) usual authority

usual authority とは、本人の consent によって代理関係が成立する場合に、代理人がもつ actual authority の一種であり、これは更に二つに分類される。ひとつは、上述した implied authority の一種、その拡張されたものとしての usual authority（及びその usual authority の一種としての customary authority）であり[14]、いまひとつは、後述する不開示の代理の場合の usual authority である[15]。

(1) 前者の implied authority の一種としての usual authority とは、代理人が express authority を行使するため、あるいはそれに必要かつ付随的な authority を行使するために、その取引や営業や職種においては普通である行為をすることを、本人が黙示的に consent したとみられる authority である[16]。

これが問題とされるのは、先ず、ある人が、本人のために一定の種類や範囲の取引や業務をする authority を普通に伴っている地位に、本人によって任命された場合である[17]。例えば、取締役や支配人等は、本人のために一定の種類や範囲の取引や業務をする authority を普通にもっているが、ある人が本人によってその地位に任命されたことによって代理人になった場合には、その代理人は、彼でなくても、取締役や支配人という地位にある代理人ならば、客観的にみて、誰でもがもつことを期待されるところの定型的な範囲の usual authority をもつ。

次に、ある人が、本人のために一定の種類や範囲の取引や業務をする authority を普通にもっている職種の人である場合に、本人がそのある人をその職種に関して、代理人に選任した場合である。[18] 例えば、問屋（factors）、仲立人（brokers）、競売業者（auctioneers）等は、本人のために一定の種類や範囲の取引や業務をする authority を普通にもっているが、本人が、問屋や仲立人や競売業者等をその職種に関して代理人に選任した場合には、その代理人は彼でなくても、問屋や仲立人や競売業者といった職種の人がその職種に関して代理人になったならば、客観的にみて、誰でもがもつことを期待されるところの定型的な範囲の usual authority をもつし、彼が属している職種や市場の合理的でありかつ合法的な慣習や慣行に従って行為する usual authority（これを customary authority という）をもっている。

要約すれば、implied authority の一種としての usual authority とは、本人がある人を、本人のために一定の種類や範囲の取引や業務をする authority を普通に伴っている地位に任命することによって代理人にした場合や、本人が、本人のために一定の種類や範囲の取引や業務をする authority を普通にもっている職種のある人を、その職種に関して代理人に選任した場合に、その取引や業務や職種や市場の慣行においては普通である行為をする authority、その彼でなくても、その地位や職種にある代理人ならば、客観的にみて、誰でもがもつことを期待されるところの定型的な範囲の actual authority である。

(2)　PがAを支配人に任命したとする。上述したように、Aは、支配人という地位にある代理人ならば、客観的にみて、誰でもがもつことを期待されるところの定型的な範囲の usual authority をもつ。しかし、PはAに対して、支配人の usual authority の範囲内に含まれるある取引について、内部的な制限を与えた。それにもかかわらず、AはPの支配人として、Pから制限されていた取引を、Tとの間で行ったとする。この場合、PのAに対する内部的制限について、PがTにnoticeを与えていなかったときは、PはTに対して（Aに対する内部的制限にもかかわらず）責任を負う。

なぜなら、Aのusual authorityの範囲は、支配人という地位から客観的に判断されるものであり、TはAをそのような範囲のusual authorityをもつ支配人と認識して、取引したからである。また、Pもそのような範囲のusual authorityをもつ支配人という地位に、Aを任命したのであるから、自らの意思でTに（内部的制限についての）noticeを与えなかったということは、支配人のusual authorityの範囲内に含まれるAの行為については責任を負うということを、Pは黙示的にconsentしていたとみられるからである（従って、この場合のAのusual authorityも、Pの制限にもかかわらず、やはりactual authorityである）。(19)

(3)　日本においてもイギリスと同様に支配人は、取引慣行上、本人のために一定の種類や範囲の取引や業務をする包括的な代理権を、通常有している（会社法一一条一項、二項は、支配人の代理権の範囲について疑義を生じさせないための注意的な規定である）。支配人と認識して取引する第三者は、その支配人は、支配人という地位に通常期待される範囲の代理権を有していると思って取引する。また、そのような支配人の包括的な代理権は、支配人が支配人としての職責を果たす上で必要かつ通常付随することがらであり、支配人を任命した本人は、支配人がその範囲内の行為をすることを、明示、黙示に期待しているのである。

従って、本人がそれに対して仮に内部的な制限を与えたとしても、包括的な代理権をもつ支配人という地位に任命していた以上は、善意の第三者に対して対抗することはできない（会社法一一条三項）。これは、支配人のusual authorityを内部的に制限しても、本人はその旨のnoticeを得ていない第三者に対して責任を負わされるというイギリス法の法的処理の仕方と同一であり、日本会社法の支配人の代理権の性質は、イギリス法のusual authorityに相当すると考える根拠となる（会社法一四条、同一五条、民法五四条も同様である）。

㈢　不開示の代理の場合

不開示の代理の場合には、Ｔは実際は代理人（例えば支配人）であるＡを、本人であると思って取引する。仮にその取引が、不開示の本人Ｐによって Ａに制限されており、それにもかかわらずＡがＰの制限に違反してＴと取引したのだとしても、Ｐの存在すら知らないＴが、その制限についての notice を得ていることはあり得ない。この場合に、後にＰの存在を知ったＴが、ＰがＡに制限していたその取引について、Ｐに請求することができるのか否かに関して、不開示の代理の場合の usual authority は議論されてきた。

(1)　これに関して引用される著名な判例として、Edmunds v. Bushell & Jones 事件[20]がある。

Ｐはロンドンにおける Ｐの事業の支配人として、Ａを任命したが、その事業は'A&Co'の名前で経営された。支配人が為替手形を振出したり引受たりすることは、そのような事業に通常付随することであったが、ＰはＡに為替手形の振出・引受を禁止していた。しかし、ＡはＰの禁止に違反して'A&Co'の名前で為替手形を引受け、ＰとＡは為替手形の被裏書人であるＴによって訴えられた。Ｐは責任を負うと判示された。Shee 裁判官は「ある人が代理人に ostensible principal（表見的な本人）として事業を経営することを許容する時は、その事業において本人に付随するすべての authority を、本人は代理人に付与したとみるのは、当然の推断である」と述べている[21]。

次に Watteau v. Fenwick 事件[22]においては、醸造会社であるＰは、Ａからビア・ハウスを買ったが、ＰはＡをそのビア・ハウスの支配人に任命し、営業免許もＡの名前で受け、店の看板にもＡの名前だけが記載されていた。ところでＰはＡに対して、びん詰のエイルと鉱水だけは他から買い入れてもよいが、他の商品はすべてＰから供給を受けるようにと指示していた。しかし、ＡはＰの指示に違反して、シガーその他の商品をＴから信用買いした（ビア・ハウスのような事業がシガーを商うことは普通のことである）。ＴはＡがそのビア・ハウスの所有者であり、Ａに対して信用を与えたと思っていたが、後にＰの存在を知り、Ｐに対して代金の支払を請求した。Ｐは責任を負うと判示された。Wills 裁判官は、商品を供給した人が本人の存在を全然知らなかったこの事件においては、authority の holding out があったとはいえないが、authority の holding out があった場合にのみ、本人は拘束されることができるという主張を拒絶した上で、「本人は、本人と代理人との間においてその authority に付された制限にもかかわらず、その種の代理人に普通に委託されている authority の範囲内にあるところの代理人のすべての行為に対して責任を負う。」と述べている(23)。

両事件の共通点としては、①ＰはＡを、Ｐの事業の支配人に任命したこと、②Ｐの事業は、Ａの名前において、経営されていたこと、③ＰはＡに対して、そのような事業の支配人ならば普通はなし得る行為を、禁止したこと、④ＡはＰの禁止に違反して、Ａの名前において、Ｔと取引したこと、⑤後にＰの存在を発見したＴがＰを訴え、ＰはＡに対する禁止にもかかわらず、Ａの行為についてＴに責任を負わされたこと、があげられる。

(2)　Ｔは取引の当時、Ｐの存在を知らなかったのであるから、authority の holding out すなわち、当該の取引について、本人は代理人に authority を与えていると、相手方が推断することができるような本人の相手方に対する行動は存在していない。相手方は、本人の holding out の結果、代理人の authority を信頼して代理人と取引したわけではないから、代理人が相手方との間でした取引に本人が拘束されるとしても、その場合に代理人がもつ authority は apparent authority ではない。

Edmunds v. Bushell & Jones 事件においては、本人が代理人を ostensible principal として holding out していたこと

が、本人が責任を負わされる根拠としてあげられていたのに対して、Watteau v. Fenwick 事件は、不開示の代理のusual authority を肯定した判例であると位置づけられている。(24)

Ｐは A を ostensible principal として holding out していたのだから、A を本人と信頼して取引した T に対して、P が A との間の内部的な制限を主張することは、estoppel によって禁止されると説明するのであれば、P は制限のない責任にさらされる危険性がある。つまり、P は A を真実は支配人に任命していた。従って、P は A に対して、支配人の usual authority の範囲内に含まれるある取引について、内部的な制限を与えていたとしても、（P が不開示の本人であるがゆえに）内部的な制限についての notice を全く得ることのできない T に、P は責任を負うと解するのは妥当である。しかし、およそ本人はすべてのことをなし得る power をもっているのであるから、A が本来 P に与えられていた支配人の usual authority の範囲を越えて、T と取引したとしても、P は A の usual authority の範囲外の行為について、T に責任を負わされることになる。

これに対して、Watteau v. Fenwick 事件のように不開示の代理の場合でも、usual authority という概念を承認するならば、usual authority の範囲内の行為であれば、P は A に与えていた制限にもかかわらず責任を負うが、usual authority の範囲外の行為であれば、責任を負わないということになる。この立場にたてば、不開示の代理の場合に、A が P の禁止にもかかわらず T と取引したとき、P が T に責任を負うのか否かは、結局 usual authority の範囲を取引慣行上、どのように理解するかにかかってくる。

Fridman は、不開示の代理の場合の usual authority を承認する。しかし、T は A を usual authority をもつ代理人と認識して取引したわけではないから、この usual authority は、前述した implied authority の一種としての usual authority ではなく、authority の独立のタイプとして位置づけられている（これは、inherent agency power とよばれるものを意味する[25]。

四　追認による代理

(一)　意　義

AがPからauthorityを与えられていないにもかかわらず、PのためにTと契約したとする。Pが後にその契約を追認（ratification）し、自己のものとして認める（adopt）ならば、PとAとの間に代理関係が生じる。

AはPの代理人として契約し、PをAの本人としようとしていたが、あらかじめ全くPからauthorityを与えられていなかった場合と、契約当時、実際にAはPの代理人であったが、PがAに与えていたauthorityの範囲を越えて契約してしまった場合とが考えられる。いずれの場合においても、追認がなされれば、その効果は契約時に「遡及（relate back）」して、もしAがTと契約した時にPから事前にauthorityを与えられていたならば、PとTがたつであろう地位とまさしく同じ地位（契約当事者の地位）にPをおく。つまりPは追認すれば、その契約がPの利益になるのか否かにかかわらず、その契約に拘束されるのである。Omnis ratihabitio retrotrahitur et priori mandato aequiparatur.（追認はすべて遡及効を有す。従って事前に委任を受けた場合と同一に帰す。）追認によって代理関係が成立するときに、

Aがもつauthorityはactual authorityである。

(二)　要　件

追認の要件は「代理人は、予定されている本人のために、そしてその本人は契約当時存在していなければならな

いのであるが、本人が合法的になし得るようなことがらに関して、代理人として契約したのでなければならない」[26]と要約される。

(1)　先ず、Aは予定されている本人のために、代理人として契約したのでなければならない。契約当時AがPの名前をTに明示していたことまでは、追認の要件として要求されない。しかし、AはPが存在することをTに開示しており、TにとってPは'identifiable'（Pが何人であるのかTは確認が可能である・本人性の確認可能）であったことが要求される[27]。

もし、AがPの存在をTに開示しないまま、Pから与えられていたauthorityの範囲を越えてTと契約したのであれば、不開示の本人であるPは追認できないとされている。Keighley, Maxsted & Co v. Durant 事件[28]においては、穀物商人であるAは、Pとの共同計算で四分の一トンあたり44s.3d.で小麦を購入するauthorityをPから与えられた。しかし、この価格での小麦の購入は困難であったので、Aは四分の一トンあたり44s.6d.で、しかもA自身の名前においてTから小麦を購入することを合意した。Pは翌日その取引を追認したが、小麦の受領を怠ったので、Tは契約違反を理由としてPを訴えた。Aは代理人としてではなく、A自身の名前において契約したのであるから、不開示の本人であるPの追認は効果がなく、従ってPはいかなる契約上の義務も負わないと判示された。

不開示の本人は追認できないというのは、確立された準則であるが、これは不開示の代理の法理に一致していないという指摘がある[29]。つまり、不開示の代理の法理によれば、契約当時Tがその存在を全く予期していなかった不開示の本人Pが、後になって直接Tに請求することが認められる（Tはelectionの権利をもつし、Aに対して有していた抗弁をもってPに対抗できる）。他方、Pが追認をすれば、その効果は契約時に遡及するから、AはPのauthorityをもって行為していたということになり、不開示の代理の法理からすれば、追認したPが直接Tに請求することを、認めてもよいようにみえるからである。

なるほど、追認をすれば、その効果は契約時に遡及するから、AはPのauthorityをもって契約していたと法的には擬制される。しかし、そもそも不開示の代理の法理そのものが、Aの当事者性を承認し、契約当時相手方当事者Tの予期していなかったPの当事者性も認めるという点で、変則的な存在である。それは、商業上の便宜と、契約当時にはauthorityは存在していたのだという理由により、かろうじて肯定される。そうであるならば、不開示の代理の法理が適用されるためには、契約当時に現実にauthorityが存在していたことが必要であり、法的にauthorityが存在していたと擬制されるにすぎない追認の場合には、不開示の代理の法理は適用されない（すなわち、不開示の本人の追認には効果がない）と解するのが妥当であろう。

なお、この要件（Aは予定されている本人のために、代理人として契約したのでなければならない）が満たされるなら、AがPの利益のためではなく、A自身の利益のために契約したのだとしても、Pは追認できる。なお、偽造の署名は、それが法的に無効であるという理由からだけではなく（無効の契約は追認されることはできない）、偽造者は代理人として行為していると称していない（偽造者は被偽造者のふりをしている）という理由からも、追認不能である。(30)

(2)　契約時に能力のある本人が、存在していなければならない。この要件は、会社の成立前に、発起人（promoter）が設立中の会社のために締結した契約（予備的契約 preliminary contract）を、成立後の会社が追認できるのか否かに関して重要である。

Kelner v. Baxter 事件(31)においては、土地の一定区画が入手可能という条件で、自動車修理工場を設立することが企画され、設立中の会社の発起人Aは、設立中の会社のためにTと契約を締結した。成立後の会社Pが、その契約を追認したが破産したので、Tは契約に基づいて、代理人として行為したAを訴えた。Aは、責任は、成立後の会社

Ｐの追認によってＰ会社に移転している（従って代理人であったＡには責任は帰属していない）と主張した。しかし、この主張は認められずＡは敗訴した。Erle 主席裁判官は「会社は後に成立するにいたった時は、その時から、権利と義務を有する全く新しい創造物であり、それ以前になされた何事かによって権利も義務も有することはない。」と述べているし、(32) また、Willes 裁判官は、追認は、行為時に特定している人（現実に存在している人か、あるいは法上存在している人）によってのみなされ得るのであり、会社は成立後の追認によって責任を負うものではない旨を、述べている。(33)

すなわち、発起人が予備的契約を締結した時点においては、会社は現実的にも法的にも存在していなかったのであるから、成立後の会社が追認をしても、会社と第三者との間になんらの契約関係も生じさせることはない。そこで、この契約に基づく発起人自身の責任が問題となる。一九七二年ヨーロッパ共同体法は、会社の設立前に、会社によってまたは会社のために代理人たる者によって締結された契約は、原則として（反対する何らかの合意が存在しない限り）行為者の締結した契約として効果を生ずべきであり、行為者が契約に基づいて個人的責任（personal liability）を負う旨を、規定している。(34) 従って、発起人が第三者に対して個人的責任を負うか否かは、実際のところは「反対する何らかの合意が存在しない限り」という文言に与えられる意味次第であるが、Phonogram Ltd. v. Lane 事件(35)において、控訴院は、代理人が「成立していない会社のために」署名したという事実からは、反対する旨の合意は推断されることはできないと、判示している。(36)

(3)　代理人は、契約時のみならず追認時においても、本人が合法的になし得ることがらに関して、契約したのでなければならない。(37) 例えば、Ａが authority なくしてＰの家屋に火災保険をかけたところ、Ｐの追認以前にその家屋が火災によって消失した場合には、Ｐは追認することはできない。

その他、無効な契約（void contract）は追認できない（例えば、会社の株主は、取締役によってなされたultra vires contractを追認できない）、契約の一部を追認できない（本人は自分の利益に作用しそうな部分だけを選択して追認することはできず、契約の一部の追認は全部の追認と解釈される）、追認は相当期間内になされなければならない等の注意すべき点がある。

㈢ 効　果

追認の効果は、契約が締結された時にさかのぼって生じる。追認の遡及効は、Ｔの契約の申込（offer）に対して、Ａが**authority**なくして承諾（acceptance）した後に、Ｔが申込を撤回（revocation）したが、ＰはＡの承諾を追認したという場合に問題となる。

(1)　**Bolton Partners v. Lambert**事件[38]においては、一二月八日ＴはＰ会社の取締役Ａに対して、Ｐ会社所有の工場を賃借したい旨の申込をした。同月一三日ＡはＴの申込に対して承諾したが、Ａは承諾によってＰ会社を拘束する**authority**をもっていなかった。翌年一月一三日Ｔは申込を撤回したが、Ｐ会社はＴに賃貸借契約の特定履行（specific performance）を求めて訴を提起し、同月二八日Ｐ会社の取締役会はＡの承諾を追認した。Ｔは、Ａは**authority**なくして承諾した（一二月一三日）のであるから、ＰがＡの承諾を追認する（一月二八日）までは、Ｔの申込の撤回（一月一三日）は可能であると主張した。しかし、この主張は認められず、Ｐの追認の効果はＡの承諾の時にさかのぼるから、一二月一三日に賃貸借契約は成立しており、契約成立後になされたＴの申込の撤回は無効である旨判示され、Ｔは敗訴した。

Ｔの申込撤回後になされたＰの追認の効果は、Ａの承諾時まで遡及する。この追認の遡及効により、Ａの承諾時に契約は成立していたことになるから、Ｐの追認前になされたＴの申込撤回は効果を生ぜず、Ｔは契約上の責任を免れることはできない。

しかし、Aが「Pの追認を条件として」Tの申込を承諾した場合や、Aの authority の制限についてTが知っていた場合には、TはPの追認以前のいかなる時にでも申込を撤回できる。(39) このような場合のPの追認は、遡及効のある真の追認ではない。なぜなら、Pが追認するまでは、完全な契約は未だ成立しておらず、Pの追認はTの申込に対する単なる承諾にすぎないからである。従って、Pの追認前になされたTの申込撤回は有効である。(40)

(2)　日本民法においても、無権代理行為の追認は遡及効を有する（一一六条）。無権代理行為はもとより無効であるが、本人がその効果の発生を望むなら、これを拒否する理由もないので、本人は追認により、契約時に遡及して、契約の効果を自己のものとすることができるのである。そうすると、相手方は本人が追認するまでの間、契約は本人の追認がないまま無効なのか、それとも本人の追認により遡及して有効になるのかという、いわば不安定な状態におかれることになる。そこで、民法は、相手方が契約当時、代理人に代理権がないことを知っていたか否かにかかわらず、相手方に催告権を認め（一一四条）、更に、善意の相手方（契約の当時代理人に代理権がないことを知らなかった相手方）は、本人が追認するまでの間、契約を撤回できると規定している（一一五条本文）。しかし、悪意の相手方（契約の当時代理人に代理権がないことを知っていた相手方）は、自分が不安定な状態におかれることを、最初から覚悟していたのであるから、自ら契約を撤回することはできない（一一五条但書）。

すなわち、日本民法においては、①善意の相手方は撤回ができるから、仮に相手方の撤回後に本人が追認しても、その追認には遡及効がないが、②悪意の相手方は撤回できないから、仮に本人の追認前に悪意の相手方の撤回があっても、その撤回は効果を生ぜず、撤回後の本人の追認には遡及効がある。

これに対して、イギリス法においては、前述したように、追認の遡及効が厳格に考えられており、①仮に本人の追認前に相手方が撤回しても（善意の相手方であったとしても）、その撤回は効果を生ぜず、追認の遡及効が貫徹される。しかし例外的に、②（本人の追認が条件にされるなどの）悪意の相手方は撤回ができ、その撤回は効果を生ずるから、仮に相手方の撤回後に本人が追認しても、その追認には遡及効がないことになる。この点に関する法的処理の仕方において、日本法とイギリス法は大きく異なるのである。

五　estoppel による代理

(一)　意　義

PとAとの間に、本人と代理人の関係にたつという真の consent がないにもかかわらず、Pが自らの言葉や行動でもって、当該の取引について、PはAに authority を与えていると、Tが推断することができるような行為をした場合に、その結果TがAをPの代理人として取引したときには、PとAとの間に本人と代理人の関係が存在するという合理的推断に基づいて行為したTを保護するために、estoppel の法理により、Pは後になってTの請求を拒絶することはできない。Pは、Pのために行為する authority をもつと表示したAを、「代理人」として holding out したといわれ、代理関係が成立し、代理人は apparent authority をもつ(41)。すなわち、本人の consent がないにもかかわらず、estoppel の法理によって代理関係が成立するときに、代理人がもつ authority が apparent authority である(42)。

(二)　要　件

Rama Corpn Ltd. v. Proved Tin & General Investments Ltd. 事件において Slade 裁判官は、estoppel による代理の成立

要件を「表示（representation）」「表示に対する信頼（reliance on a representation）」「そのような信頼から生じた当事者の地位の変更」と、要約している。[43]

(1)　先ず、estoppel による代理の成立要件である「表示（representation）」は、本人から生じなければならず、代理人自身からは生じ得ない。[44] Aが自らの言葉や行動でもって、自分はPのために行為する authority をPから与えられていると、Tに対して表示したとしても、apparent authority が生じるわけではない。AはPのために行為する authority をもつ代理人であるという表示に相当する、Pの側の陳述ないし行為がなければならないのである。[45]

また、Pの何らかの行動があるにしても、それが当該取引についての、PからAへの authority の付与に一致すると解釈されないならば、estoppel は生じない。本人の陳述ないし行動は、疑義なく明白に、当該取引についての、本人から代理人への authority の付与に相当すると、解釈されるものでなければならない。そして、この表示は、それを信頼する人に対して、なされなければならない。「holding out は、それを信頼したという特定の個人に対してか、あるいは、それを知りかつそれに基づいて行為したという推断を正当視するような広く知られた事情の下で、なされなければならない。[46]」

holding out とは、語義的には、PがTに対して、AはPのために行為する authority をもつ代理人であると表示することをいうが、判例の事案も考慮して具体的に定義すれば、'holding out'とは「当該取引について、本人は代理人に authority を与えていると、相手方が推断することができるような本人の相手方に対する行動」である。[47]

(2)　そこで、holding out に相当する本人の相手方に対する行動が、問題となる。

(i)　PがAを、一定範囲の authority をもつ地位にある代理人であると、一般的に holding out する場合がある。[48] Freeman & Lockyer v. Buckhurst Park Properties (Mangal), Ltd. 事件においては、P会社の取締役会は、Aを業務執行取締役（managing director）に任命していなかったが、Aが業務執行取締役として行為することを、是認し了解してきた。AはP会社のために、建築会社であるTに仕事を依頼した。TがP会社に対して、この仕事の代金の支払を請求したところ、P会社は、AはP会社のために契約するauthorityをもたないという理由に基づいて、Tの請求を拒絶した。Pの主張は認められず、Pは敗訴した。控訴院は、AはTと契約するactual authorityはもっていないけれども、PはAが業務執行取締役として行為することを許容してきたという自らの行動によって、Aのapparent authorityをつくった旨、判示している。

PはAを業務執行取締役に任命していないから、AはPのためにTと契約するactual authorityはもっていない。しかし、PはAが業務執行取締役として行為することを、従来認容してきたのであるから、PはAを業務執行取締役という地位に任命したと、表示したことになる。つまり、PはAを、業務執行取締役という一定範囲のauthorityをもつ地位にある代理人であると、一般的にholding outした。それにより、Tが、Aを業務執行取締役と信頼して取引したならば、Tの請求を拒絶することは、estoppelによって禁止される。

しかし、当該の取引について、Aが、そのような地位に真実任命されている代理人が、普通行為するであろうような方法で行為していなければ、estoppelは生じないことに注意すべきである。PはAを、業務執行取締役という一定範囲のauthorityをもつ地位にある代理人であると、一般的にholding outしていたにせよ、問題となっている今回の取引について、PのTに対するholding outがあったと判断されるためには、Aは、そのような地位に真実Pによって任命されている代理人が、普通行為するであろうような方法で行為していたことが、重要である。

(ii)　次に、Aが今回の取引の相手方であるTとの間において、過去にPの代理人として取引した経験があり、Pが過去の取引を承認して、そこから生じた責任を引受けてきたならば、PはTに対してAを、そのようなauthority

をもつ代理人であると、holding out したことになる。この場合、Pは、過去の取引において基礎づけられた特定のTに対して、AはPがこれまで承認してきたような取引をする authority をもつ代理人であると、holding out したのであり、Aはそのような authority をもつ地位にある代理人であると、一般的に holding out したわけではない。(49)

例えば、Pは、彼の使用人のAが、Pの信用を担保にして、Tから商品を購入することを、習慣的に承認し、Tからの請求に応じて支払ってきたならば、PはTに対して、AはPがこれまで承認してきたような取引をする authority をもつ代理人であると、holding out したことになる。(50)

Swan & Edgar Ltd. v. Mathieson 事件(51)において、Bucknill 裁判官は、次のような事例を挙げて holding out の有無を論じている。(52)雇主Pは、彼の使用人である料理人Aが、Pの信用を担保にして、Tから肉やその他の食料品を購入することを、一年間にわたって習慣的に承認し、Aの注文に応じてPの家に配達されてきた肉やその他の食料品の代金を、Tに支払ってきた。AはPから解雇された。しかし、Aは、翌日その事実を知らないTの店に行き、Pによって承認されてきた従来のやり方通りに、肉等を注文した。この場合には、従来のやり方通りに、Pの家に配達されてくる肉やその他の食料品については、AはPの信用を担保にして食料を購入する authority をもつPの代理人であることを、PはTに対して holding out していたと判断され、PがTの代金請求を拒絶することは、estoppel によって禁止される。

しかし、右の例で、Aが従来の取引のやり方とは異なって、自分自身がたくさんの食料を持ち帰ったり、TにA個人の家に配達するようにと指示したならば、AはPの信用を担保にして食料を購入する authority をもつPの代理人であることを、PはTに対して holding out していない。

すなわち、問題となっている今回の取引のやり方や内容が、Pが承認してきた従来の取引のやり方や内容と同様であることが、ＰのＴに対する holding out があったと判断されるために、重要である。

(iii) holding out に相当するＰの行動、すなわち、「当該取引について、本人は代理人に authority を与えていると、相手方が推断することができるような本人の相手方に対する行動」が存在する場合に、Ａの authority は、(i)のように、実際は最初から全く存在していなかったということもあるし、(ii)のように、かつては存在していたが、今回の取引の前に内部的に撤回されてしまったということもある。また、Ａの authority の範囲が、今回の取引の前に内部的に制限されたということもあろう。いずれにしても、Ｐはその旨の notice をＴに与えていなければ、Ｐの holding out の結果、Ａの authority を信頼して取引したＴに対して、責任を免れない[(53)]。

(3) holding out に相当するＰの行動が存在していても、Ｐの holding out が、Ｔを誤りに導いた（Ａには authority がないにもかかわらず、authority があると誤信して取引した）主原因（proximate cause）ではなかったならば、estoppel による代理は成立しない。Ａの authority の欠缺について、ＰがＴにその旨の notice を与えていた場合は、これに該当する。

現実にＰがＴに notice を与えていなくても、与えていたのと同様に評価される場合がある。例えば、Ｐは、従来からＰの事業に必要な資金を、Ａを代理人として、Ｔから借財し、Ｔからの請求に応じて弁済してきたならば、ＰはＴに対してＡを、Ｐがこれまで承認してきたようなＰの事業に関する借財をする authority をもつ代理人であると、holding out したことになる。

この場合、ＡがＰによって承認されてきた従来のやり方通りに、Ｔから借財したが、実は、Ｐの事業のためではなく、Ａ自身の利益のために費消したという内部的な事実は、estoppel による代理の成立を妨げない。しかし、その事実（ＡはＰの事業のためではなく、Ａ自身の利益のために費消する意図で、借財しようとしている）を、Ｔが現実に知っていたならば、Ｐの holding out は、Ｔを誤導した主原因ではないから、estoppel による代理は成立しない。

また、AはPのためではなく、A自身の利益のために行為していることを、Tが容易に推測できる事情がある場合も同様である。例えば、Pは、AがPの事業に関してP名義の小切手を振出すことを、承認してきたが、AはA自身の債務のためにP名義の小切手を振出し、Tがその事実を知っていた場合などである。(54)

㈢　apparent authority と usual authority

estoppel による代理が成立する場合に、代理人がもつ apparent authority は、本人の consent がないので、全く actual authority ではない。apparent authority は、本人の consent によって生じるのではなく、本人の holding out の産物である。(55)

(1)　しかし、apparent authority と implied authority とりわけ implied authority の一種としての usual authority との区別は、必ずしも容易ではない。(56) なぜなら、implied authority と apparent authority とは、ともに当該取引についての、本人の代理人に対する明示的な指示がない場合に、その存在が問題とされるし、当該の代理人の行為について、本人は黙示的に authority を与えたと解釈できるのか、あるいは、authority を与えたと相手方が推断できる本人の holding out があったと解釈できるのか、という点において一見共通した面をもつからである。特に、本人が一定範囲の authority を伴う地位に代理人をつけていたり、あるいは、その地位につけたとの表示をしていた場合、本人が明示的に指示していない行為について本人の責任が肯定されるとき、それは代理人が usual authority をもつからなのか、あるいは、apparent authority をもつからなのかは、困難な問題である。

(2)　例えば、P会社の取締役会が彼らのメンバーであるAを、業務執行取締役に任命したときは、Aは、彼でなくても業務執行取締役という地位にある代理人ならば、客観的にみて、誰でもがもつことを期待されるところの定型的な範囲の usual authority をもっている。その業務執行取締役Aが、彼の usual authority の範囲を越える取引を、過去においてTとの間で行い、それらの取引について、取締役会が是認し了解していた場合に、過去の取引と同様の内容である（しかし usual authority の範囲は越えている）AとTとの間の今回の取引について、取締役会が拒絶したにもかかわらず、P会社の責任が肯定されたとき、その業務執行取締役Aのもつ authority の種類は何であるのか、という問題が生じる（これを問題①とする）。

あるいは、AはP会社の取締役会によって、業務執行取締役に任命されていたわけではないが、Aが業務執行取締役の usual authority の範囲内の数々の取引をしているのを、取締役会が是認し了解してきているので、その結果、TはAを業務執行取締役であると信じて、業務執行取締役の usual authority の範囲内の取引をAとの間で行った場合、取締役会が拒絶したにもかかわらず、P会社の責任が肯定されたとき、Aのもつ authority の種類は何であるのか、という問題もある（これを問題②とする）。

これらの問題を混乱させるのは、「取締役会が彼らのメンバーのひとりを、業務執行取締役に任命したときは、彼らは彼に implied authority のみならず、その地位においては usual な範囲内にあるような事柄をすべてする ostensible authority（筆者註；apparent authority と同意語）を与えたことになる」(57) という表現や、取締役会がAを業務執行取締役として表示していたにしても、当該の取引が、業務執行取締役の usual authority の範囲を越えていれば、estoppel は生じない等という説明の仕方である。

(3)　Fridman によれば、両者は明確に区別される。端的にいえば、本人が代理人を、一定の種類や範囲の取引や業務をする authority を普通に伴っている地位に、現実につけた場合に、代理人がもつ autholity が usual authority である。そして、本人が代理人を、その地位に現実につけたのではないが、一定の種類や範囲の取引や業務をする

authority を普通に伴っている地位につけたとの表示をした場合に、代理人がもつ authority が apparent authority である。(58)

後者の場合、取締役会は決してAを業務執行取締役に任命していない。しかし、例えば、Aが業務執行取締役を名乗り、現実に業務執行取締役に任命されている代理人ならば当然に普通にできるが、業務執行取締役に任命されていない者ならば決してできないはずの数々の取引をしているのを、（P会社にとって利益になるので）取締役会が是認し了解していたならば、PはAを業務執行取締役という地位につけたと、表示したことになる。つまり、PはAを、業務執行取締役という一定範囲の authority をもつ地位にある代理人であると、一般的に holding out していた。その結果、TがAを業務執行取締役と信じて、現実に業務執行取締役に任命されている代理人ならば当然に普通にできる取引をしたならば、P会社は責任を負う。この場合、Aがもつ authority は apparent authority である(59)（問題②の場合）。TがAがもっていると信じた authority の範囲は、現実に業務執行取締役に任命されている代理人がもっている usual authority の範囲と一致する。従って、Aの apparent authority と、現実に業務執行取締役に任命されている代理人の usual authority とは、範囲においては一致するのである。(60)

他方、Aが取締役会によって、現実に業務執行取締役に任命されているときは、Aが usual authority をもっていることについては、問題がない。取締役会が内部的にAの usual authority の範囲を制限していても、その旨の notice を得ていないTが、当該取引は業務執行取締役の usual authority の範囲内であると信じてAと取引し、P会社が責任を負わされるのは、Aが usual authority をもっているからである（apparent authority の問題ではない）。これに対して、当該取引は、業務執行取締役の usual authority の範囲を越えるものであっても、Aが過去においてTと同種の取引を行い、それらの取引が、P会社の取締役会によって是認し了解されていたならば、Pは、Aはそのような取引をするauthorityをもつ代理人であると、Tに対してholding outしていたことになる（問題①の場合）。仮に、取締役会が内部的にAに対して、以後は決してTとの間で、そのような取引をしてはならないと禁止していたにしても、その旨のnoticeを得ていないTに対して、Aのapparent authorityの範囲内で責任を負うことになる。このようにapparent authorityは、全くactual authorityが存在しない場合（問題②）にも、Aのactual authorityの範囲を越える場合（問題①）にも生じるのである。

(4)　相手方はusual authorityを立証する場合には、代理人の行為は彼のexpress authorityを行使するのに必要かつ通常付随する行為であるとか、代理人が本人によって与えられている地位からすれば、代理人の行為は、彼でなくてもその地位にある代理人ならば、客観的にみて、誰でもがすることを期待される種類や範囲の行為であることを、立証しなければならない。

これに対して、相手方はapparent authorityを立証する場合には、当該の行為について、代理人は本人からauthorityを与えられていると、相手方が推断できる本人の行動があったこと、その結果、代理人のauthorityを信頼して、代理人と取引したことを、立証しなければならない[61]。

そして、相手方は、usual authorityの場合であれapparent authorityの場合であれ、それが本人によって、内部的に制限または禁止されていることのnoticeを得ていたならば、本人に責任を負わせることはできない[62]。

㈣　holding outに相当する本人の相手方に対する行動

判例上、本人の相手方に対するいかなる行動がholding outに相当すると判断されたかについて、いま少し検討を加え、かつ、その基礎にあるイギリス代理法の基本的考え方について述べたい。

(1)　ここであげる判例は、すべて、本人は夫であり、代理人は妻である。当該取引について、夫が妻に actual authority を与えていれば、夫と妻の間に代理関係が成立することは、いうまでもない（同意による代理）。また、次節において述べるように、夫と共同生活をしている妻は、生活必需品を購入するために、夫の代理人となる authority をもつと推定され、夫が内部的に妻のそのような authority を、禁止または制限していたことの立証に成功しなかった場合にも、夫と妻の間に代理関係が成立する。

しかし、妻が夫の代理人として購入した商品が、生活必需品であれ、その範囲を越えるぜいたく品であれ、その購入について、妻は夫の信用を担保にする authority をもつ夫の代理人であることを、相手方が推断できるような夫の相手方に対する行動＝holding out が存在し、その結果、相手方が妻の authority を信頼して取引したのであれば、代理法の一般原則に従い、夫と妻の間に代理関係が成立し、夫は責任を負う（妻は apparent authority をもつ）。この場合には、共同生活から推定される妻の authority の有無が問題とされることはない。なぜなら、帰納的に考察すれば、代理の成否が争われている訴訟においては、AがPのためにTとの間でした行為に基づいて、TがPに責任を負わせることができるか否かが、結論的に問題となっているからである。従って、生活必需品であれ、その範囲を越えるぜいたく品であれ、夫（P）の holding out が存在し、夫が相手方（T）に対して責任を負うのであれば、代理が成立するのであるから、それ以上に、妻（A）が共同生活から推定される authority を有していたか否かといった点を、問題にする必要はない(63)。

(2)　そこで、先ず、妻が夫の代理人として、特定の商人から商品を信用買いし、商人が夫に請求書を送ったところ、それに対して、夫が従来異議を留めずに支払っていたことは、holding out に相当する典型的な夫の行動であるとされている(64)。この場合に、夫が妻に対して、以後は夫の信用を担保にして商品を信用買いしてはならないと禁止したり、あるいは、一定金額以上の商品については、夫に必ず事前に相談しなければならないというように制限したりしたときには、夫はその旨の notice をその特定の商人に与えていなければ、holding out の結果、妻の authority を信頼して取引した商人に対して、責任を免れない。その notice は、夫から特定の商人に、直接告げる形態でなければ効果はなく、「夫Pは、商人Tに対する妻Aの債務については、以後は責任を負わない」という旨の新聞広告を出したとしても、Tが実際にその新聞広告を読んだということを、Pが立証できる場合を除いては、Tに対する notice としては不十分であり、Pは責任を免れないと解されている[65]。

(i)　Drew v. Nunn 事件[66]においては、Pの妻Aは、一八七二年にPの信用を担保にしてTと取引を始め、Aによって注文されたいくつかの商品について、Pはその取引を承認し代金をTに支払っていた。しかし、Pは一八七三年に病気になり、同年一一月、自分の収入のすべてをAに支払うことを命じ、Pの銀行口座から小切手を振出す権限をAに与えた。翌月一二月、精神異常になったPは、一八七七年四月まで精神病院において拘束された。Pが精神病院にいる間、AはTに商品（ブーツや靴）を注文した。TはPが精神異常のため精神病院に拘束されていることを知らず、また、Pの収入がAに支払われていることも知らずに、Pの信用に基づいてAに商品を掛売りし、Pに支払を請求した。一八七七年四月に回復したPはTの請求を拒絶した。そこでTはPを訴え、Tは勝訴した。控訴院の Brett 裁判官は、Pの精神異常により妻Aの authority は消滅しているが、Pは正気の間にTに対して、Aを自分の代理人であると holding out しており、TはPがつくった表示を信じて、Aの authority が消滅しているという notice を与えられずに、AをPの代理人と信頼して取引したのであるから、Pは責任を負う旨述べている[67]。

Drew v. Nunn 事件においては、妻Aの注文に応じて供給された商品が、生活必需品であったか否かという点は問題とされずに、AがPの信用を担保にしてTから購入したいくつかの商品に対して、Pがそれを承認し支払っていたことが、holding out に相当すると判断されている（但し、PがAの authority を任意的に撤回した場合と異なり、精神異常になったケースでは、PはTに authority の消滅の notice を与えることができないから、authority の消滅についての notice を与えることができなかったPに責任を認めた結論は、不当であるという批判が、Powell からなされている）[68]。

(ii)　Swan & Edgar Ltd. v. Mathieson 事件[69]においては、Pと彼の妻Aは、一九〇九年三月から一九一〇年二月一七日まで共同生活をしていた。その約一年の間、AはPの信用を担保にしてTに商品を注文し、そのようにしてAにより注文された商品は、夫婦が共同生活をしている住所が記載された勘定に記入され、すべての商品は必ずその住所において引渡されており、PはTの請求に応じて支払っていた。そして、Tは取引の初期の段階におけるPへの問い合せによって、その住所は夫婦が共同生活を営んでいる家庭であることを、知っていた。ところが、Aは二月一七日に別の男性と生活するためにPのもとを去り、Pがその駆落ちの事実を発見する前に、Aは二月二三日及び三月一日Tの店に行き、商品（ダブルベッドや掛ぶとん等）を注文した。その際、AはTに対して、それらの商品が、従来の取引と同様に、Pの勘定に記入されるべきこと、しかし従来の取引とは異なって、家庭以外の場所（実はAが駆落ちして別の男性と住んでいた場所）に配達されるべきこと、を指示した。TはAの駆落ちの事実を知らず、また、従来の取引とは異なって家庭以外の他の場所に商品を配達することについて、Pに問い合せずに、Aの指示に従って商品を引渡した。Pはその後すぐ、Aの駆落ちの事実とその理由を知り、もはや妻Aの債務について責任を負わない旨の広告が、タイムズに掲載されるように手配し、その広告は三月九日掲載された。

TはPを訴え、PはAを代理人として holding out していたから、PはAと取引していた者に対して、Aの authority は消滅したという notice を与えるまでは、PはAの行為によって拘束されると主張した。しかし、この主張は認められず、Tは敗訴した。

Bucknill 裁判官は、PとAが共同生活している家に送られる、Tによって供給された商品の代金については、Pは責任を負うが、例えば、一年間ある女性が雇主の家で料理人となり、彼女が働いている家に食料品を配達するように商人に注文し、雇主がそれに対してその商人に代金を支払っていたとしても、彼女が雇主のもとを去った翌日、これまで彼女が習慣的に取引していたその商人の店に行き（その商人は彼女が解雇されたことを知らない）、たくさんの商品を注文し、従来通りに彼女の雇主が代金を支払うと言い、それらの商品を持ち帰ったり、あるいは、彼女個人の住所にそれらを配達するようにと指示したとしても、そのような方法で彼女に供給された商品について、彼女の元の雇主は責任を負わないであろうと同様に、本件のPも責任を負わないと述べている(70)。

本件においては、Pが過去において、Aの注文に応じてTによって家庭に配達されてきた商品に対して、その取引を承認し支払ってきていたとしても、Pが支払を拒絶した今回の取引が、従来の取引とは異なって、家庭以外の他の場所に配達するようにとのAの指示に従い、Tがその点をPに問い合せずに、家庭以外の他の場所に配達した商品である場合には、Pには責任がないと判示された点が、重要である。

本件において、仮に、今回の取引が、従来のやり方通りに、家庭に配達されてくる商品であったなら、AはPの信用を担保にして商品を購入する authority をもつPの代理人であることを、PはTに対して holding out していたといえる。この場合なら、今回の取引の時点では、PはAの authority を禁止、制限していないし、TはAの駆落の事実を知らなかったのであるから、Aの authority を信頼して取引したTに対して、Pは責任を負う。それ以後の三月九日掲載のタイムズの広告は、それ以前になされたTとAとの間の取引に関して、何ら効果はない。また、三月九日掲載のタイムズの広告についても、その広告をTが読んだということを、Pが立証できる場合を除き、PのTに対する notice の効果は生じていない。従って、PはAの authority を禁止したという事実を、直接Tに告げない限り、または、TがPによるAの authority の禁止の事実を知るまでは、三月九日以後であっても、Pがこれまで承認し支払ってきたところの、TとAとの間の従来の取引と、やり方や内容が同様である以後の取引についても、Pは責任を負わされる。

また、仮に、Pがこれまで承認し支払ってきたところの、TとAとの間の従来の取引が、Aが指示する場所にTが商品を配達するというやり方であったならば、今後は家庭に配達されてくる商品でなければ支払わないとPがAに言うことは、Aの authority を内部的に制限したことになる。この場合なら、PがTに対して、その旨の notice を与えなければ、従来と同様にAが指示した場所にTによって配達された商品について、Pは責任を免れない。

しかし、本件において、Pがこれまで承認し支払ってきたところの、TとAとの間の従来の取引は、すべて、PとAが共同生活を営んでいる家庭に配達されてきた商品についての取引である。そして、今回の取引は、家庭以外の他の場所にダブルベッドや掛ぶとん等を配達せよというもので、従来の取引とはやり方が異なっている。すなわち、今回の取引について、PはAに authority を与えていると、Tが推断することができるようなPのTに対する行動=holding out は存在していない。従って、PがTに notice を与えていなくても、責任を免れるのは当然である。今回がはじめての取引ではなくて、従来Pによって承認されてきた幾度かの取引があったとしても、従来の取引とは異なるやり方や内容の今回の取引について、Aに authority がないリスクは、Pに問い合せをしなかったTが負担すべきであると考えられているのである。

(iii)　Swan & Edgar Ltd. v. Mathieson 事件とは異なり、女性A（正式に婚姻した妻ではなく mistress であった）が男性Pと別居した後の取引について、Pの責任を認めたのは、Ryan v. Sams 事件(71)である。PとA夫人は、正式に婚姻しなかったが、一八四三年から一八四六年までの約四年間、夫と妻として共同生活していた。その期間中、彼らは相次いで三つの家で共同生活をしたが、先ず共同生活を始めた最初の家において、家具や造作を備え付けるために、内装メーカーであるTに注文がなされ、仕事の代金をPが支払った。PはAと共同生活をしている間、世間に対しては、正式に婚姻した夫婦であるように装っていたが、Tに対しては、ふたりの真実の関係をほのめかしていたので、TはAがPの単なるmistressにすぎないことを知っていた。PとAは、その後二度転居したが、その転居のたびに、最初の家で備え付けの仕事をしたTに対して、PまたはAから同様の備え付けの仕事の注文がなされ、仕事の代金は、そのつど初回と同様にPが支払っていた。彼らは一八四六年一一月に別れたが、それについてTはPから、いかなるnoticeも与えられなかった。同年翌月である一二月、Aは彼女が最後にPと一緒に生活していた三度目の家にまだ住んでいた。その家にAはTを呼びつけ、これから転居する家に、従来と同様の備え付けの仕事をすることを、注文した。その転居先の家は、実際にはA自身の家であったが、別居のことを何も知らなかったTは、翌年一月に備え付けの仕事をし、従来と同様にPにその代金を請求した。PはAとは別れたことを理由に支払を拒絶したので、TはPを訴えた。T勝訴。

Patteson裁判官は、PとAは次々に三つの場所で共同生活をし、それらの各々において、PまたはAのTに対する注文により同様の備え付けの仕事がなされ、その代金をPが支払っており、別居後のA自身の家での同様の備え付けの仕事についても、Tは別居についてのnoticeをPから与えられておらず、注文も最後に共同生活していた家において与えられたのであるから、Tとしては四度目の家の備え付けの仕事であると思い、AはPの信用を担保にして備え付けの仕事の注文をするauthorityがあると信頼したという理由で、Pの責任を認めている(72)。また、Coleridge裁判官も、彼らの間には住所の三度の変化があり、その各々の移転において同じ種類の注文があったが、各々の例における注文の性質が同様であったことが重要であると述べて、Pの責任を認めている(73)。

本件と同様に、従来Pによって承認されてきた幾度かの取引があったSwan & Edgar Ltd. v. Mathieson事件において holding out が否定されたのに対して、本件において holding out が肯定されたのは、Patteson 及び Coleridge 両裁判官が指摘するように、各々の例における注文の性質が同様であったことが、重要なのである。すなわち、AがTとの間で行った今回の取引は、別居後のA自身の家の備え付けの仕事であった。しかし、Tは四年間という短い期間の間に、今回の取引とやり方や内容が同様であるところの、転居先の家に入居するにあたっての備え付けの仕事を三度もしており、従来の三度の仕事は、PまたはAの注文によってなされ、Pがそのつど支払ってきた。従って、従来の取引とやり方や内容が同様である今回の取引について、PはAに authority を与えていると、Tが推断することができるようなPのTに対する行動＝holding out が存在している。Pは別居によってAの authority を撤回したわけであるが、その旨の notice をTに与えていない。それゆえ holding out の結果、Aの authority を信頼してAと取引したTに対して、Pは責任を免れない。

本件において、代理人が妻であるか、mistress であるかは、holding out の有無の判断に影響を与えない。なぜなら、本人の相手方に対する一定の行動が、具体的に holding out に相当すると判断されるとき、同様の具体的事実があれば、本人と代理人が、夫と妻ではなくて、雇主と使用人であったとしても holding out の存在は肯定されるからである。(74)

(iv)　妻AのT（婦人装身具商）に対する債務（Aのドレスの代金）について、過去において夫Pが、£200のP名義の小切手を振出し、Aに交付して、AがそれをTに渡したことがあったにしても、それだけではPがTに対して、AはPの信用を担保にしてドレスを購入する authority をもつPの代理人であることを、holding out したとはいえないと判断したのは、Durrant v. Holdsworth & Wife 事件(75)である。

PとAは共同生活をしており、それなりの地位（Pは貴族の執事）と資産（Aは結婚セッツルメントの下での所得の他に、遺産について生涯権をもっている）のある夫婦であるが、購入されたドレスが生活必需品であるのか否かは問題とされずに、Pが振出したP名義の£200の小切手が、Aを通してTに支払われたという一度の事実が、holding outに相当するPのTに対する行動であるといえるか否かが、主要な問題とされた。

そもそも、Pは、AはPの信用を担保にして、ドレス等を購入するauthorityをもつPの代理人として、Tと取引したということを承認して、この小切手を振出し、自らTに交付したわけではない。Aが義姉から£400を借財する際に、義姉が付した条件が、貸金をP名義の預金口座に振込むということであったため（PはそれがAの債務の支払にあてられる予定であることは、知っていたようであるが）、PはP名義の小切手を振出すことによって、Aが義姉から借りたお金を引き出して、Aに渡したのである。従って、holding outを否定した判決は、妥当である。

また、仮に、Pが、真実AとTとの間の取引を承認して、P名義の小切手を振出し、自らTに交付したのだとしても、それだけのひとつの事実で、holding outがあったと判断されるかどうかは疑問である。例えば、Barrett v. Irvine事件[76]においては、未成年の息子のために、馬の代金をいったん支払った母親は、それによって息子の将来のすべての馬の購入に関して、息子は彼女の信用を担保にするauthorityをもつ代理人であることを、holding outしたとはいえないと、判断されている。つまり、authorityの一回的な付与は、そのauthorityを永続させないと解されている[77]。

Aが特定の商人Tとの間で行ってきた取引について、Pが真実それらを承認し、幾度かTに支払ったことがあれば、（今回の取引のやり方や内容が、従来の取引と同様である限り）holding outに相当するといってよいが、一度限りの支払それだけでは、holding outに相当しないと解すべきである。

(v)　AとTとの間に、Pが従来承認してきた取引が存在しない場合でも、PがTの面前で商品の選択において積極的な役割を演じ、かつ、契約の履行をTに指図していれば、それは holding out に相当するPのTに対する行動であると解されている。[(78)]

Jetley v. Hill 事件[(79)]においては、Aが夫Pと居住している家に備え付ける家具を購入し、備え付けの仕事をするようにTに注文したが、その際、Pが家具の選択や家でなされた備え付けの仕事に関して、Tに指示を与えていた場合には、Tに対するPのそのような行動は holding out に相当し、たとえ、PとAとの間では、Aが代金を支払うという合意があり、Pが明示的にAに対して、Pの信用を担保にすることを、禁止していたとしても、そのような合意や禁止について notice を与えられていないTに対して、Pは責任を負うと判示された。

このPとAとは共同生活をしているが、供給され備え付けられた家具が、生活必需品であるか否かは問題とされず、Pが商品の選択や契約の履行について積極的な役割を演じ指図していた、つまり、PのTに対するそのような認容的行動が holding out に相当すると判断されたのである。

このPのTに対する認容的行動とは、あくまでも当該の取引について、PがTに authority を与えていると、Tが明白に推断することができるような、PのTに対する認容的行動でなければならない。例えば、Seymour v. Kingscote 事件[(80)]及び Callot & Others v. Nash 事件[(81)]の傍論において述べられているように、Pが従来Tの店でのAの買物に同伴し、服の選択についてAに助言を与えていたり、あるいは、今回代金が請求された服をAが買う時に同伴して、その選択についてAに助言を与えたりしていたとしても、それらは夫が妻に対して示した好意にすぎないから、当該の取引についての、PのTに対する認容的行動であるとは評価されない。

(3)　以上検討してきたように、判例の具体的事案において、holding out に相当すると判断されたPのTに対する行動は、先ず、AがPの信用を担保にしてTとの間で行った今回の取引のやり方や内容が、AがPの信用を担保にしてTとの間で行ってきた従来の取引のやり方や内容と同様である場合に、Pがそれらの従来の取引を承認し、幾度かTの請求に応じて支払ってきたことである。次に、AとTとの間に、Pが従来承認してきた取引が存在しない場合でも、PがTの面前で商品の選択において積極的な役割を演じ、かつ、契約の履行をTに指図する等の、当該の取引についての、明白な認容的行動をしていることである。

(五) holding out と日本民法一一〇条「正当理由」

(1)　このようなPのTに対する行動が、holding out に相当すると判断される基礎には、TがPの信用を担保にしようとするAとはじめて取引する場合には、Pに問い合せもしないTが、AはPから authority を与えられていると推断することはできないし、また、今回がはじめての取引ではなくて、従来Pによって承認されてきたいくつかの取引があったとしても、従来の取引とは異なるやり方や内容でなされる今回の取引について、Pに問い合せもしないTが、AはPから authority を与えられていると推断することはできない、という考え方が存在する。

この考え方を顕著に現すものとして、Debenham v. Mellon 事件の控訴院の判決における Thesiger 裁判官の意見(82)がある（Debenham v. Mellon 事件については次節において再述するが、ロンドンの洋服屋であるTが、Pの妻Aによって注文されたAのドレスの代金を、Pに請求したという事案であり、PとAはホテルの支配人と女支配人として、彼らの勤務先のホテルの部屋で、共同生活をしていた）。「もし商人が夫の信用に基づいて妻と取引したことがあり、夫がそのような取引に対して、異議なく彼に支払っていたなら、商人は反対の notice が欠けている場合、夫が承認していた妻の authority は継続していると推断する権利をもっている。夫の不作為は、このようなケースでは同意に相当し、彼自身の行動が商人に推断することを招いたところの authority を否定することを、禁止する。ちょうど彼のために使用人が商品を注文する習慣があり、その使用人の authority を彼が内部的に撤回しても、その使用人の authority を否定することが禁止されるように。しかし、夫の認識や同意なしに妻と取引する商人のケースにおいては……商人にとっては、夫と妻との単なる関係は、反対の notice が欠けている場合、妻は生活必需品のために夫の信用を担保にする authority をもっているということを、推断する権利を商人に与えるというのは、誤りである。……夫の側へのいかなる問い合せも、夫の認識もなしに、妻と取引する商人は、妻が夫の信用を担保にする authority を事実上与えられていると信頼して妻と取引することを、夫によって導かれたあるいは招かれたと、どうして言い得るのか。もし、夫がそうすることに（単なる共同生活の事実でもって）、商人を導いたあるいは招いたというなら、夫は妻によって信用買いされた生活必需品に関して、妻と初めて取引する商人に対してさえも、絶対的に責任を負わされることになる。しかしこれではそもそも estoppel は必要がない。……商人は少なくとも夫に問い合せる power をもっているし、信用を与えることを避ける power ももっているのに対して、彼の妻は掛売りされるべきではないという公の広告による場合を除き（そのような広告の後でさえ、自分はそれを決して見ていなかったと宣誓することができる商人に対しては、夫は責任を負わされる）、夫は全くコントロールをする power をもたない債務の負担をなげかけられるのは、商人よりもなお困難であり矛盾である。」

Thesiger 裁判官の意見を要約すると以下のようになる。夫が特定の商人に対して、妻が信用買いした商品の代金を、従来異議なく支払ってきたというような行動があれば、すなわち holding out があれば、その商人は反対の notice を夫から受けるまでは、妻の authority は継続していると推断する権利をもっている。これは、本人と代理人が夫と妻ではなくて、雇主と使用人の場合でも全く同様のことである。しかし、夫と一面識もない商人が、妻と取引する際に、夫への問い合せもなしに、妻は生活必需品を購入するために、夫の信用を担保にする authority を夫から与えられていると推断する権利はない。なぜなら、夫と一面識もない商人が、夫の信用を担保にして買物しようとする妻と取引する際には、夫に問い合せればよいのであるし、問い合せをすることが困難なら、取引を避けることもできるのに対して、一面識もない商人に notice を与えようもない夫は、全くコントロールできない妻の行為に対して、初めて妻と取引する商人に対してさえも、絶対的に責任を負わされることになるのは矛盾しているからである。

これらの判例(83)の本人と代理人は夫と妻であるが、本人と代理人が夫と妻という身分関係にあることが、holding out の有無を判断する際に、影響を与えるという趣旨の記述は、判例にも著名なイギリス代理法の著書のなかにも、見受けられない。holding out が存在するのか、あるいは本人の相手方に対するどのような行動が holding out に相当するのかという問題は、代理法の一般原則に従って判断される問題であり、夫と妻という身分関係の特殊性において、論じられる問題ではない点に、注意すべきである。

相手方が信じて取引した代理人の authority が、実際には存在していなかったり、本人によって内部的に撤回されたり制限されたりしていた場合、代理人に authority がなかったことの不利益は、本人に問い合せることができたのに問い合せずに取引してしまった、または、問い合せをすることが困難なら取引を避ければよかったのに取引を避けなかった相手方が、原則として負担する。しかし、例外的に、「当該取引について、本人は代理人に authority を与えていると、相手側が推断することができるような本人の相手方に対する行動」＝holding out があるときには、その特定の相手方に notice を与えることができたのに notice を与えることを怠った本人が、不利益を負担し、holding out の結果、代理人の authority を信頼して取引した相手方が保護される。すなわち、代理人に相手方が信じた authority がなかったことの不利益は、原則として、本人に問い合せをしなかった相手方が負担し、例外的に、本人の相手方に対するholding outの結果、相手方が代理人のauthorityを信頼して取引した場合には、本人に問い合せをしなかった相手方であっても保護され、noticeを与えなかった本人が不利益を負担するというのが、イギリス代理法の基本的な考え（①の考え方とする）である。

(2)　前述したように、中島玉吉博士以来一〇九条、一一〇条、一一二条は、表見代理概念を基礎とする表見代理規定であると理解されてきたことから、日本民法における表見代理規定は、イギリス代理法の概念では、estoppelによる代理に相当すると一般的には考えられてきた。(84) その中核的部分である一一〇条の「正当理由」に関するわが国の通説的見解は、「取引の安全」という見地から、相手方が代理人と取引する際に、いちいち代理人の代理権の有無や範囲について、本人に問い合せをしなくても、相手方は保護されるというのが、一一〇条の趣旨であると考えている。すなわち、代理人に自称する代理権が存在しない場合に、代理人が実印や白紙委任状を所持していれば、それは原則として正当理由を成立させる客観的事情であるから、代理人の代理権を信じた相手方は、原則として、保護される。しかし、例外的な事情があるときには、代理人が実印や白紙委任状を所持していても、問い合せをしなかった相手方に過失があると判断されて、相手方は保護されないというものである。(85) 実印や白紙委任状は、何らかの代理権の授与とともに、本人から代理人に交付されることが多いであろうが、所詮、何らかの代理権の徴表の道具にすぎない。しかるに、何らかの代理権の徴表の道具を所持するだけの代理人の代理権を信じた相手方は、原則として、保護されると考え、例外的に、相手方が保護されない事情を考慮するという通説的見解の基本的考え方（②の考え方とする）は、イギリス代理法の基本的考え方と比較して、原則と例外の捉え方が逆である。

この点が、イギリス代理法におけるholding outによる代理の成立と、日本民法一一〇条の「正当理由」の具体的判断基準に関連して、極めて重要である。

もっとも、わが民法の起草者は、現在の通説的見解のような考え方をしていたわけではない。例えば、梅謙次郎博士は、一一〇条を説明する際に、先ず一一〇条の正当理由が肯定される場合として、次の二類型をあげる。[86] 第一は、代理人が従来同種の法律行為をした場合に、本人がこれを承認しかつてその履行を拒んだ事がない場合（これを梅・第一類型と呼ぶ）であり、第二は、慣習上同種の代理人が皆その権限を有する場合（これを梅・第二類型と呼ぶ）である。代理人と法律行為をしようとする者は、必ず先ずその権限を調査すべきなのであるから、第一類型・第二類型の正当理由が成立するような場合でも、相手方は代理人の権限を調査していれば無権限であることは、わかったはずである。しかし、第一類型・第二類型の正当理由が成立するような場合にまで、いちいちその権限を調査することは実際その煩に耐えないから、特にこのような場合には、権限を調査しなかった相手方を保護することによって、取引の安全を保とうとしたのが、一一〇条の趣旨であると解している[87]（同じく起草者のひとりである富井政章博士の一一〇条に関する見解も梅博士に同旨である）。[88] 両博士が一一〇条を起草したときに、estoppel による代理あるいは holding out による代理を参考にしたという両博士の記述はない。しかし両博士が、相手方は予め必ず代理人の権限について調査していれば、無権限の代理人との取引を回避できたのであるから、代理人に権限がないとき、権限を調査しなかった相手方は保護されないが、特に第一類型・第二類型のように正当理由が成立するような場合には、権限を調査しなかった相手方を例外的に保護すると解した点は、イギリス法の基本的な考え方（①の考え方）と共通する。

(3)　筆者は、起草者である梅・富井両博士及びイギリス法と同じく、①の考え方を基礎とする。すなわち、相手方は代理人を通して本人と取引する際に、取引交渉過程のいちいちにおいて、代理人がいるのに本人の意思を確認する必要などないが、しかし、相手方がその代理人を本人の代理人としてはじめて本人と取引するとき、あるいは、本人によって承認されてきた従前の取引があっても、今回の取引は従前の取引と比較して、質的にも量的にも異なるときは（今回の取引についての本人の認容的言動という客観的事情がない限り）、代理人の代理権の有無・範囲について本人に問い合せるのが、通常の取引形態である。問い合せずに相手方が代理人を通して本人と取引をし、代理人に当該取引についての代理権がなかった場合には、相手方は無権代理の不利益を負う。しかし、相手方がこれまでも代理人を通して本人と今回の取引と同種（同量）の取引をしたことがあり、これまではそれらの取引が本人によって承認されつつがなく履行されてきたので、今回の取引についても本人に問い合せるまでもなく、従来の取引と同様に代理人には代理権があると信じたところ、今回は代理権がなかったというような場合には、「正当理由」を肯定し、特にそのような相手方を保護することによって取引の安全を確保しようとしたのが、一一〇条の立法趣旨である。通説的見解のように、「取引の安全」のみの強調に傾斜するのではなく、静的安全と動的安全との真の調和を図るべきであろう。

また、一一〇条は文言上、相手方に「正当理由」が成立することを要件としているのであり、相手方の善意・無過失を要件として規定しているわけではない。一一〇条の解釈において、「正当理由」を安易に善意・無過失と置き換えるべきではない。「正当理由」は単なる善意・無過失とは異なるのである。従って、相手方が一一〇条によって保護されるか否かを判断するに際しては、（②の考え方を基礎とする通説的見解のように）正当理由の成立を否定する事情（通説的見解のいう相手方の過失の有無）を問題とするよりも、先ず、正当理由を成立させる主要な肯定的ファクターが存在するか否かを、問題にすべきである。正当理由を成立させる主要な肯定的ファクターが存在していなければ、正当理由は成立しない。

このように考えるとき、一一〇条の正当理由の内容は「本人に代理権の有無・範囲について問い合せをすることが全く不要と感じさせるほどの客観的事情があり」それゆえに「代理権の存在を信じた」ことであると定式化できる。正当理由を成立させる主要な肯定的ファクターとは何かを考察するにあたっては、筆者と同じ基本的考え方(①の考え方)をする梅・富井両博士が、相手方に正当理由が成立する場合として例示した、梅・富井・第一類型(富井・第一類型は梅・第一類型と同じである)及び梅・第二類型、富井・第二類型が参考となる。しかし、「慣習上同種の代理人が皆その権限を有する」という梅・第二類型は、usual authority を意味すると思われるし、「委任状を訂正せずに委任事項を制限した」という富井・第二類型は、外部的に明示的に表示された代理権の範囲が内部的に制限されていたという場合であるから、一〇九条で処理されるべき例であると思われる。そうであるならば、両起草者が一致して正当理由が成立する場合として、先ずあげた梅・富井・第一類型を、正当理由を成立させる主要な肯定的ファクターと考えるべきであり、そのように考えることが、一一〇条の立法趣旨に合致する。

従って、相手方がこれまで代理人を通して本人と同種(同量)の取引をしてきたが、いずれもこれらの取引は本人によって承認されつつがなく履行されてきた(梅・富井・第一類型)、あるいはこれに準じるような客観的事情(例えば本人の認容的言動)を、正当理由を成立させる主要な肯定的ファクターと位置づけることができる。実印や白紙委任状や権利証などの所持は、何らかの代理権の徴表にすぎないから、それだけで正当理由を成立させる主要な肯定的ファクターではなく、ひとつの肯定的ファクターにすぎず、しかも他の積極的な肯定的ファクターと合わさって、はじめて正当理由を成立させるところのそれ自体は弱い肯定的ファクターにすぎないと位置づけるべきである。(89)

判例は一見通説的見解と同じ基本的考え方(②の考え方)を採っているようにみえるが、末弘厳太郎博士の判例研究の方法論に従って、(90)判決要旨に惑わされずに(判決要旨は単なる索引にすぎない)、判例の具体的事実を凝視し、ratio decidendi と obiter dictum を厳格に峻別すれば(筆者の判例研究の方法論について、本書第一部第二章「イギリス代理法と表見代理」注(240)参照)、妥当な結論を導いている判例の多くは、私見と共通する考え方(①の考え方)を、実質的判断プロセスとして採用している。[91]

(4)　代理を有権代理と無権代理とに峻別し、表見代理を無権代理のなかに位置づける日本民法においては、日常家事の範囲内では、有権代理であるから（民法七六一条）、表見代理の成否が問題とされる余地はなく、夫婦の一方が無断で他方を代理した行為が、日常家事の範囲を越えると判断されたとき、はじめて表見代理の成否が問題とされることになる。[92]この点は、本人と代理人が夫であるか妻であるかを問わず、また信用買いされた商品が生活必需品であるかぜいたく品であるかを問わずに、holding out の存在を問題とするイギリス法とは異なる。

そこで、一一〇条の正当理由が成立することを肯定できる判例について検討すると、先ず、最判昭和六〇年二月一四日金法一〇九三号四二頁は、夫Aが妻Yの実印を冒用して、Y名義でX農業協同組合と農協取引契約及び消費貸借契約を締結したので、XがYに対して、各契約に基づく貸金の返還を請求したという事件である。各契約の締結に至るまでの経緯として、Aは従前Yの実印を用いてY名義で、Xより八回にわたり金員を借り受け、七回にわたり前渡金を受領し、Xに対するY名義の普通貯金から三一五回にわたり払戻または引落決済を受け、かつ三回A名義の普通預金に振り替える等しており、しかもYはAに対しXとこれらの従前の取引をするための代理権を与えていたという事実が認定されている。この事件では、問題となった今回の取引であるところの農協取引契約や消費貸借契約の内容及び取引額と、これら従前の取引の取引額とが両者とも不明であるが、仮に今回の取引の内容及び取引額が、従前の取引の取引額と、量的に同程度であれば、認定された従前の取引は、まさに梅・富井・第一類型に該当する客観的事情であり、これを主要な肯定的ファクターとして、正当理由を肯定し得る。[93]これは、前述した Ryan v. Sams 事件[94]における holding out の具体的内容（AがPの信用を担保にしてTとの間で行った今回の取引のやり方や内容が、AがPの信用を担保にしてTとの間で行ってきた従来の取引のやり方や内容と同様である場合に、Pがそれらの従来の取引を承認し、幾度かTの請求に応じて支払ってきた）と一致する。

次に、名古屋地判昭和五五年一一月一一日判時一〇一五号一〇七頁は、Yの妻AがB相互銀行からY名義で一五〇万円を借り受けたが、返済しなかったので、Bと損害保険契約を締結しBに代位弁済したX火災保険会社が、Yに対してその支払を求めたという事件である。ここでは、BはYの代理人と称するAと取引するのは初めてであるが、AがBに提出したYの給与証明書は、Bから予め交付された「この証明書は、借入申込書のみの際に提出して下さい。」と付記してある給与証明書用紙をAがYに手渡し、Yが自らその証明書用紙をもってその勤務先の証明を受けた上で、再びAに手渡したものであること、及びBはYの勤務先に電話し、その給与証明書はY自身発行を受けたものであることを確認しているから、若干間接的であるとはいうものの、当該借財についての夫の認容的言動があり、この客観的事実を主要な肯定的ファクター（梅・富井・第一類型に準じるような客観的事情）として、かろうじて正当理由を肯定し得る。(95) これは、前述した **Jetley v. Hill** 事件(96)における **holding out** の具体的内容（AとTとの間に、Pが従来承認してきた取引は存在しないが、PがTの面前で商品の選択において積極的な役割を演じ、かつ、契約の履行をTに指図する等の、当該取引についての明白な認容的行動をしていた）と一致する。

従って、夫と妻を本人と代理人とする事案において、**holding out** に相当することが判例上肯定された夫の相手方に対する行動は、一一〇条の正当理由を成立させる主要な肯定的ファクター、すなわち、梅・富井・第一類型あるいはこれに準じるような客観的事情（例えば本人の認容的言動）と一致するのである。

六　共同生活から推定される代理

㈠　意　義

夫と共同生活をしている妻は、生活必需品を購入するために、夫の信用を担保にする authority をもつと推定される。例えば、Phillipson v. Hayter 事件において Willes 裁判官は、「妻は真に必要であり、かつ夫が選択した生活様式に適合する商品のために契約する authority を、その商品が妻のやりくりに通常委ねられている家事の範囲内に、完全に含まれる限りにおいて有している。」と述べている[97]。

前節で説明したように、生活必需品であれ、その範囲を越えるぜいたく品であれ、夫の相手方に対する holding out が存在し、その結果、相手方が妻の authority を信頼して取引したのであれば、夫は相手方に対して責任を負うことになり、代理が成立する（妻は apparent authority をもつ）のであるから、妻が共同生活から推定される authority を有していたか否かといった点を、問題にする必要はない。しかし、holding out が存在しない場合でも、夫と共同生活をしている妻が、夫の信用を担保にして生活必需品を購入するときは、推定を覆す事実が立証されなければ、代理が成立する可能性がある。そこで、この場合に、相手方が夫に責任を負わせることができるか否かの結論を下すために、共同生活から推定される妻の authority の有無が判断される必要性があるのである。

㈡　要　件

夫と共同生活をしている妻が、生活必需品を購入するために、夫の信用を担保にする authority をもつと推定されるのは、夫と共同生活をしている妻は、夫との共同生活を維持する上で必要な一定の範囲内において、夫から所帯のやりくり（domestic management）を委ねられているのが通常であり、妻が生活必需品を注文し、相手方からの請求には夫が支払うというのが、通常の共同生活の実態であるという推測に基礎づけられる。

(1)　従って、夫婦として共同生活をしていても、所帯のやりくりが存在していなければ、共同生活から推定される妻の authority は存在しない。

この点が問題とされたのは、Debenham v. Mellon 事件[98]である。これは、ロンドンの洋服屋であるTが、Pの妻Aによって注文されたAのドレスの代金を、Pに請求したものであり、PとAはホテルの支配人と女支配人として、彼らの勤務先のホテルの部屋で、子供たちと一緒に共同生活していた。PはAに、Aと子供たちの衣服費として、年に£52（多い年は£62）の allowance を渡しており、その金額を越えて、AがPの信用を担保にして、Aや子供たちの衣服を購入することを、Aに対して明示的に禁止していた。Aの注文したドレスが、生活必需品であったことについては、争いがない。控訴院においては[99]、PがAに衣服費として十分な allowance を与え、衣服をPの信用を担保にして購入することを、Aに対して明示的に禁止していたことを理由として（但し、この禁止についての notice を、TはPから与えられておらず、この点が、共同生活から推定される妻の authority の性質論に関して重要となる）、Tは敗訴した。そして、貴族院においては、その理由に加えて、彼ら夫婦の間には、所帯のやりくり（domestic management）が全く存在していないという理由[100]で、控訴院の判決が支持された。すなわち、P・A夫婦はホテルの支配人であり、ホテルによって彼らのためにあてがわれた全くのまかない付き下宿に住んでいたのであるから[101]、Aが肉やパンを注文し、商人からの請求書に対してPが支払うという、共同生活の通常の状態は存在していない。つまり、推定を生じる根拠に欠けていたのである。

(2)　authority の推定の根拠が、通常の共同生活の実態にあるのならば、男性と共同生活している女性が、正式に婚姻した妻ではなく、mistress にすぎない場合であっても、女性が男性から所帯のやりくりを委ねられた domestic manager である限り、その女性には共同生活から生じる authority が、推定されることになる。(102) Debenham v. Mellon 事件において Selborne 卿は、「もし、domestic manager がいる所帯があれば、妻はたいてい当然に domestic manager であるが、……現実の domestic manager が妻ではなくて、ただ単に男性と共同生活をしている女性であっても、そしてその女性がその男性の妻であると名乗っていても、あるいは名乗らずに共同生活をしていても、同じ推定は生じ得るし、現にしばしば生じている。」と述べている。(103) そして、たとえ男性が女性に彼の妻であると名乗ることを許容していたとしても、彼らの間に全く共同生活が存在していないならば、authority は推定されない。(104)

(3)　婚姻が判決または離婚によって消滅したとき、婚姻無効判決がなされたとき、裁判別居判決の結果としてまたは同居免除の条項を含む治安判事裁判所の命令によって夫婦がもはや共同に生活していないとき、これらの場合に、共同生活から推定される妻の authority は消滅する。(105)

しかし、夫婦が相互の同意によって別居しているときには、夫と共同生活をしていない妻が、生活必需品を購入するために、夫の信用を担保にする authority をもつ場合があるのではないかということが、議論されている。一般的には、相互の同意によって別居した夫婦の間に、扶養に関する合意がなければ、妻が十分な額の独立した資産や収入をもっている場合を除き、妻は生活必需品の購入のために、夫の信用を担保にする authority をもつが、夫婦の間に扶養に関する合意があり、その合意が夫によって滞りなく履行され、かつその合意された金額が十分であるなら、妻は生活必需品の購入のために、夫の信用を担保にする authority をもたないとされる。そして、扶養に関する合意があるにしても、夫が明白にその合意を履行しないなら、やはり妻は生活必需品の購入のために、夫の信用を担保にすることができる。しかし、合意が夫によって履行されてはいるものの、その合意された金額が、妻を扶養するのに十分ではない場合には、妻は生活必需品の購入のために、夫の信用を担保にすることが、はたしてできるか否かは疑問である。(106)

(4)　夫と共同生活をしている妻に authority が推定されるのは、妻が夫の信用を担保にして、生活必需品を購入する場合に限定される。(107)

生活必需品（necessaries）とは、妻が夫から通常委ねられている所帯のやりくりの範囲内に含まれるところの、家族や所帯のために真に必要であり、かつ夫が選択した生活様式に適合する商品である。(108) 具体的には、妻や子どもの衣服、家庭内備品、肉・パン・ワイン等の食料、薬、医療看護等であり、これらの信用買いに限定される。これらの生活必需品を購入する目的で、妻が夫の信用を担保にして借財し、そのお金を現実に生活必需品の購入にあてたとしても、貸主が夫に請求することは、コモン・ロー上認められず、いわんや生活必需品を購入するために、夫の不動産を処分する等は論外であり、議論の対象にすらされていない。(109)

信用買いされた商品が、生活必需品に該当するか否かは、その商品の種類、分量、価格、及び夫の資産、収入、社会的地位、職業等から判断されるが、規準となるのは、必ずしも夫の資産等から当を得ている生活様式ではなくて、夫が妻によそおうことを許した生活様式、夫が選択した生活様式である。(110) そして、生活必需品に該当するか否かの立証の負担は、供給者である商人が負う。例えば、Phillipson v. Hayter 事件(111)においては、Pの妻Aが、文房具商でありかつ楽器商であるTから、Pの信用を担保にして、£2 12s.6d. の金のペン及びペンシルケース、£6 6 s. のギター、£1 11s.9d. の一〇枚の楽譜、£1 5 s. のさいふ等を購入した。Aがある男性と駆落ちした後で、Tはそれらの代金£20 4 s.2d. の支払をPに請求した。Pは clerk で£400の年収があり、年に£70の家賃の家に二人の子供とともに住み、三人の召使いを雇っていた。商品の種類、代金やPの収入、地位等から判断すれば、これらの商品は生活必需品に該当するように思える。実際に陪審は、これらの商品は夫の資産や地位に適合していると評決した。しかし、本件では、Pはこれらの商品を、Aが駆落ちをした後ではじめて、来客用の部屋のロックされたひき出しの中から発見した、という事実が立証されていた。従って、これらの商品は、夫Pが選択していた生活様式に適していた、という点についてのTの立証が不十分であるという理由で、T敗訴の判決がなされている。

Seymour v. Kingscote 事件(112)は、夫Pと妻Aが共同生活をしている間に、コートドレスメーカーであるTによって、Aに供給されたドレス等の代金£360 14s.の支払を、TがPに請求した事件である。Pは、しばしばTの店でのAの買物に同伴し、Aがドレスを選択するのに助言を与えていた。この事実が、holding out の存在を肯定するためには不十分であることは、前節において述べた。しかし、ドレスが生活必需品に該当するか否かを判断するためには重要であり、この事実から、そのドレスは、PがAによそおうことを許した生活様式に適する商品（すなわち、生活必需品）であると判断される。（本件では、この点よりも、後述するように、Aが独立した収入を持っていたという事実が、共同生活から推定される妻の authority を否定するのではないかという点が、主要な争点となっており、結論的にTのPに対する請求は認容されている）。

(三)　推定を覆す事実

夫の信用に基づいて妻に生活必需品を供給し、その代金の支払を請求して夫を訴える商人は、自分が供給した商品は生活必需品であるという事実と、夫と妻は共同生活をしているという事実とを立証すれば、自分に対する prima facie case をつくるという意味において、妻は生活必需品の購入のために、夫の信用を担保にする authority をもつという推定が生じる。

しかしこれは、夫と共同生活をしている妻は、夫の共同生活を維持する上で必要な一定の範囲内において、通常は夫から所帯のやりくりを委ねられており、従ってその範囲内に含まれることがらに関しては、夫の信用を担保にする authority を通常はもっているという推測に基礎づけられる、単なる事実上の推定（presumption of fact）にすぎない。そのような事実上の推定または prima facie case は、妻はその authority をもっていないということが、夫によって立証されるときに覆される。(113)

(1)　先ず、夫が妻に allowance を与え、妻に対して夫の信用を担保にして買物をすることを、明示的に禁止していた場合には、妻は夫の信用を担保にする authority をもっていなかったことになる。これについての notice を、夫が商人に予め与えていたときには、夫がその事実を立証すれば、推定は覆され、夫は責任を免れることについては問題がない。

しかし、夫がその旨の notice を、商人に予め与えていなかった場合でも、夫は妻に allowance を与え妻の authority を内部的に禁止していたことを立証すれば、推定は覆され、夫は責任を免れるのか否かは、重要な問題である。この点が、共同生活から推定される妻の authority の性質論に関連して、判例・学説上議論されてきた。

(i)　Jolly v. Rees 事件(114)では、まさにこの点が問題とされた。これは、Pの妻Aが、一八六一年七月から九月にかけて、自分と四人の息子と二人の娘の普段着を、Pの信用を担保にしてリンネル商人であるTから購入し、TがP（小資産家の紳士）にその代金£21 8 s.4d. の支払を請求したという事件である。

先ず、Tは、注文者であるAがその夫Pと共同生活をしていること、当該の商品はPがAによそおうことを許している地位に適した生活必需品であることを立証した。これによって、Aは夫Pの信用を担保にする authority をもつという推定が存在する。他方Pは、自分はかねてからAの家事費用のやりくりに不満をもち、一八五一年にAに対してPの信用を担保にして信用買いをしてはならないと明示的に禁止し、年に£50のallowanceを与えることにしていたこと、もしAがその金額以上に商品を買うためのお金を必要とするなら、Aはそれを夫であるPに求めるべきであると、Aに対して言っていたことを立証することによって、推定を覆そうとした。そこでTは、自分はそのようなnoticeを予めPから与えられていなかったこと、Pから£50のallowanceは規則正しくAに支払われず、A自身の独立した収入（年に£65）を加えても、生活必需品を購入するためのお金に不足をきたしていたことを立証した。

Erle主席裁判官及び多数意見は、PによるAのauthorityの内部的な禁止についてのnoticeを、Tが予めPから与えられていなかったことや、Pからの£50のallowanceが規則正しくAに支払われなかった結果、Aは生活必需品を購入するためのお金に不足をきたしていたことについては言及せずに、Pの立証によってAのauthorityの推定は覆されたとして、T敗訴の判決をした。[115] 多数意見が、Tにnoticeを与えていなかったPの責任を否定した根拠は、判例集からは必ずしも明白ではないが、生活必需品を購入するための家事費用として、どれだけの金額が合理的に支出されるべきかを決定するのは、最終的に夫であり、その夫が家事費用の一定枠を定め、allowanceとして妻に与え、それ以上は信用買いを禁止したのなら、不足額があるにしても妻は夫に要求すべきであり、夫の意思に反した妻の行為に対して、夫は相手方に責任を負わされるべきではない、というのが実質的理由ではないかと思われる。

しかし、本判決には、Byles裁判官の反対意見がある。それによると「夫を拘束する妻のpowerは、ただ単に彼女のactual authorityのみに基礎づけられるのではなく、夫が共同生活によって妻に付与したapparent authorityに基礎づけられる。夫はそれによって商人に対して、妻を一定の範囲内で夫のdomestic managerであると表示しており、それゆえその apparent authority の範囲内で、彼女の契約に対して責任を負う。……authority の内部的な撤回、または夫と妻との間の内部的な合意は、家事の通常のやり方において、家族のための生活必需品を供給することにより、妻と取引をする商人に対する notice がなければ、妻の apparent authority を信頼する商人の権利に、影響を与えることはできない。」とのことである。(116)

すなわち、Byles 裁判官は、妻と共同生活をしている夫は、共同生活の事実によって、生活必需品を提供する商人に対して、一定の範囲内で妻を domestic manager であると holding out しており、妻はその範囲内で apparent authority を有しているから、夫がそれを内部的に撤回したり制限したりする場合には、それについての notice を商人に与えなければ、夫は責任を免れないという見解を採ったのである。

(ii) Debenham v. Mellon 事件(117)においては、Jolly v. Rees 事件と同じ点が問題とされた。Debenham v. Mellon 事件の事実の概要は前述したが、両事件の共通点として、①いずれの事件においても、夫はそれ以前に原告商人と面識がなく、妻が信用買いした商品の代金を、これまで原告商人に支払ってきた等という夫の行動は存在しない、②信用買いされた商品はいずれも、夫の選択した生活様式に適している生活必需品である、③夫は妻に allowance を与え、妻が夫の信用を担保にして信用買いすることを、妻に対して明示的に禁止していた、④妻の authority を内部的に禁止していたことについての notice を、夫は原告商人に与えていなかった、という点があげられる。相異点としては、①Jolly v. Rees 事件の妻は domestic manager であったが、Debenham v. Mellon 事件の妻はそうではなかった（Debenham v. Mellon 事件の夫と妻は、ホテルの支配人と女支配人であり、彼らは夫婦として共同生活はしていたけれども、彼らの間に所帯のやりくりは全く存在していなかった）、②Debenham v. Mellon 事件においては、夫が妻に与えていた allowance は十分な額であったが、Jolly v. Rees 事件においては、夫からの allowance は必ずしも規則正しくは支払われず、十分ではないときもあった、という点があげられる。

前節において引用した Debenham v. Mellon 事件の控訴院判決における Thesiger 裁判官の意見[118]は、Jolly v. Rees 事件における Byles 裁判官の反対意見に対して、向けられたものである。すなわち、夫Pが特定の商人Tに対して、妻Aが信用買いした商品の代金を従来異議なく支払ってきたというような行動があれば、つまり holding out があれば、その後Aの authority を禁止したPは、Tに対してその旨の notice を与えることができる。しかし、Byles 裁判官がいうように、単なる共同生活の事実でもって、生活必需品の信用買いの範囲内で、PはAを domestic manager として holding out していると解するならば、PはAの authority を禁止していたとしても、これまで面識も取引もなかったTに対して、その旨の notice を与えようもなく、絶対的に責任を負わされる結果となってしまう。従って、単なる共同生活の事実を holding out と解するべきではない。また、Pと面識もないTが、Pの信用を担保にして買物しようとするAと取引する際には、Pに問い合せればAの authority が禁止されている事実を知ることができるし、Pへの問い合せが困難ならAとの取引を避ければよいのであるから、単なる共同生活の事実は holding out に該当しないと解しても、Tに不利益はない。

結論において、Debenham v. Mellon 事件においても、Jolly v. Rees 事件と同様に、原告商人の夫に対する請求は認められなかった。従って、夫が妻に allowance を与え、妻が夫の信用を担保に信用買いすることを、妻に対して明示的に禁止していたと、夫が立証した場合には、妻の authority の推定は覆され、夫はその旨の notice を商人に与えていなくても、責任を免れるというのが、先例拘束力のある ratio decidendi である。

(iii)　Jolly v. Rees 事件及び Debenham v. Mellon 事件と同種の事案の判例を、一例あげると、Morel Brothers & Co., Ltd. v. Earl of Westmoreland & Wife 事件[119]がある。これは、伯爵夫人Aの注文に応じて、一八九七年五月から一九〇

一年九月までの間に、ワインや食料品を供給したTが、その代金£410の支払を請求して、伯爵Pと伯爵夫人Aを訴えたという事件である。

経済観念の乏しいAの注文に応じて、商品を供給する商人達から、支払を請求される夫Pは、所帯の家事費用が、それにあてることが利用可能な所得を超えているという事実に大いに悩まされており、ついに一八九九年七月に、Aと以下のような取り決めをした。それによると、①Pは一年の所帯の家事費用のために、彼の収入（年£2,500）から£2,000の allowance を別にし、その£2,000の allowance は別個の銀行口座に振り込まれ、そこからPまたはAは、所帯の家事費用のみを引き出すことができる、②Aは彼女のドレスや他の個人的な費用は、年に£400の彼女自身の収入から支出すべきであり、Aは許された£2,000を超えて、いかなる所帯の家事費用も負うべきではない、ということであった。Pは合意に基づいて、年に£2,000の額を、銀行口座に振込んでいたが、Tは以上の取り決めについて、Pから notice を与えられていなかった。Tは、Aは彼女自身のためにかつPのための代理人として行為していた、と両者の共同責任を主張し、PとAを訴えた。

Aは抗弁せず、Tは請求した金額全部について Order XIV. の下でA敗訴の判決に署名をした。Pは抗弁したが、第一審においては、供給された商品は生活必需品であったこと、Pは取り決め以後十分な allowance をAに与えていたが、TはAの名前においてPに信用を与えていたこと等の陪審の認定に基づいて、取り決めの前後を問わず、供給された商品の代金について、P敗訴の判決がなされた。しかし、第二審（控訴院）ではP勝訴の判決が下され、貴族院も控訴院の判決を支持した。

控訴院の Collins 記録長官の意見[120]は興味深いので、これを要約しながら本件を検討すると、先ず、一八九九年七月の取り決め（①②）は、Aは一定の金額まではPの信用を担保にする authority をもつという意味ではなく、Aは全くPの信用を担保にする authority をもたないという趣旨であること。Pは取り決めに基づいて、年に£2,000の allowance を銀行口座に振込んでいたのであるから、本件は、夫が妻に allowance を与え、妻が夫の信用を担保にして買物をすることを、妻に対して明示的に禁止していた場合に該当する。従って、これは Jolly v. Rees 事件及び Debenham v. Mellon 事件の先例拘束力が及ぶ範囲内の事件であるから、取り決めについての notice をTはPから与えられていないが、Aの authority の推定は覆され、取り決め以後に、AがPの信用を担保にして、Tから信用買いした生活必需品につき、Pの責任は否定される。

しかし、取り決め以前には、PはAの authority を禁止していなかったのであるから、それ以前の段階で、AがPの信用を担保にして、Tから信用買いした生活必需品については、Pの責任が肯定されてもよいように思える。ところが、TはAは彼女自身のためにかつPのための代理人として行為していた、と両者の共同責任を主張し、抗弁しなかったA敗訴の判決に、署名していた。

これについて Collins 記録長官は、生活必需品を購入するについて、PとAが共同責任を負うことを立証するような証拠は、本件において存在せず（共同生活をしている夫婦が、生活必需品の購入について、共同責任を負う旨の推定は存在しない）、Aは本人として行為しているか、Pの信用に基づいてPの代理人として行為しているかのいずれかであり、TはPまたはAのいずれかを選択して責任を追及しうるのみであるから、A敗訴の判決に署名して、本人として行為したAの責任を選択したなら、更に、AがPの代理人として行為していたという立場に基づいて、Pの責任を追及することはできない、と述べている（もしTが夫婦の共同責任の主張などせずに、最初から夫Pの責任のみを追及していたならば、取り決め以前にTが供給した生活必需品については、推定を覆す事実がPによって立証されていないので、その部分の代金については、Pの責任は肯定されたと思われる）。

(2) 次に、夫が妻に（固定額）の allowance を与えているが、妻に対して夫の信用を担保にして買物をすることを、明示的には禁止していなかった場合には、夫は妻に allowance を与えていたことを立証すれば、推定は覆され、夫はその旨の notice を相手方に与えていなくても、責任を免れるであろうか。

(i) **Remmington v. Broadwood & Another** 事件[121]では、この点が問題とされた。これは、Tが一八九五年から一八九九年までの間に、Aに供給した様々な種類の衣服の残代金£121 6 s.9d.の支払を求めて、Aとその夫Pを訴えた事件である。PはAに、年に£1,800の allowance を与え、そのうちの£500はAの衣服とAの個人的な費用にあてることが合意されていたが、Pの信用を担保にするAの authority を、Aに対して明示的には撤回していなかった。Pは一八九九年五月一一日、その日付以後Aの債務に対して責任を負わないという notice を与える広告を様々な新聞に掲載し、Tはこの広告については知っていた。原審においては、allowance は authority の撤回に相当するという理由に基づいて、TはAに対する勝訴の判決を得たが、Pについては責任がないと判示されたので、双方から上訴がなされた。

控訴院において Alverstone 主席裁判官は、①妻によって負担された債務について、夫が責任を負うかどうかは、代理の問題であるということは、Jolly v. Rees 事件及び Debenham v. Mellon 事件以来、今や明白に確立されており、すべてのそのようなケースにおいて、問題は、妻が夫の代理人であるかどうかということであること、②夫婦が共同生活をしている場合には、妻は生活必需品に対して、夫の信用を担保にできる authority をもつという推定が生じるが、推定を覆す事実が立証されたかどうかが問題であること、③夫の信用を担保にすることを、妻に禁止することに結びついていなければ、単なる allowance それ自体は、推定を覆すのに十分ではないという主張が、Aのためになされているが、Debenham v. Mellon 事件における Selborne 卿及び Blackburn 卿の判決は、すべての必要な費用をまかなうために allowance を与えることは、推定を覆すのに十分であることを、明らかにしていること、④すなわち、彼ら（Selborne 卿及び Blackburn 卿）は、夫による明示的な禁止があったことを、推定を覆す主たる根拠にしたのではなく、むしろ、夫は彼が妻によそおうことを許した地位に適している商品を、妻が購入するのに十分な allowance を妻に与えていたことを根拠にしていたこと、⑤本件においては、Aは彼女の衣服や個人的な費用のために、年£500以上の allowance を夫から与えられていたこと、等の理由に基づいて原審の判決を支持した。[122] 同様に、Collins 記録長官も、Jolly v. Rees 事件のように、明示的な禁止がないことは真実であるが、Aは衣服を購入するのに十分な allowance をPから与えられていたことは立証されているから、原審の判決は正しいと述べている。

(ii)　Slater v. Parker 事件[123]は、肉屋であるTがタクシー運転手であるPに対して、三年間Pの所帯に供給した肉の残代金£27 13s.1d. の支払を請求した事件である。Pは、所帯の生活必需品を購入するために、週に£1の allowance を妻Aに与えており、その金額はP・A夫婦の所帯の維持のために十分な金額であった。肉はAの注文に基づいて供給され、PはそれがTによって供給されたものであることを知っていたが、その代金はAにより現金で支払われていると思っていた。PはAに対して、Pの信用を担保にすることを明示的に禁止していないし、Tに対してAに掛売りすることを禁止してもいなかった。原審においては、PのAに対する明示的な禁止がなかったという理由に基づいて、T勝訴の判決がなされたが、王座部の Darling 裁判官は、Remmington v. Broadwood & Another 事件の Alverstone 主席裁判官の判決を引用して、P勝訴の判決をした。

また、Miss Gray, Ltd. v. Earl Cathcart 事件[124]においては、夫による妻に対する明示的な禁止が認定されているか、[125] McCardie 裁判官は「もし夫が固定額の allowance を与えているなら、たとえ彼が彼の信用を担保にすることを明示的に妻に禁止していなかったにしても、妻の authority は等しく欠けている。これは、そのような allowance のまさしく性質から黙示的に生じる。allowance を与えることの直接的な目的は、夫が彼の経済的な責任を限定することにある。allowance によってまかなわれるべき事柄に対しては、妻は夫の信用を担保にする authority をもつべきでないということが、確かに黙示されているのである。(126)」と述べ、Remmington v. Broadwood & Another 事件の Alverstone 主席裁判官の判決を引用し、Slater v. Parker 事件の Darling 裁判官及び Phillimore 裁判官の判決も同旨であるとした上で、更に「たとえ、allowance が夫と妻との間で合意されていなかったにしても、もし、それが額において固定され、それを与えることが明白に妻に対して告げられているなら、それは夫の信用を担保にする authority を彼女から奪う。夫はもちろん彼の法的地位を保持するために、彼が与えることに同意した allowance を支払わなければならない。(127)」と述べる。

すなわち、夫は彼が選択した生活様式や生活水準に適している生活必需品を、妻が購入するのに十分な固定額の allowance を、継続的に妻に与えていた場合には、妻に対して明示的に信用買いを禁止していなくても、その allowance によってまかなわれるべき品目の生活必需品については、妻がその allowance の金額を限度として現金で購入すべきことを意図していたのである。従って、夫が妻に十分な固定額の allowance を継続的に与えていたということは、その範囲内に夫の経済的な責任を限定しようという趣旨であり、夫の信用を担保にする妻の authority に対する、夫による黙示的な禁止ないしは否定として機能する。(128)そうであるならば、これは Debenham v. Mellon 事件の先例の範囲内に含まれるので、夫は妻に十分な固定額の allowance を与えていたことを立証すれば、推定は覆され、夫はそれについての notice を相手方に与えていなくても、責任を免れることになる。(129)

(3)　独立した所得をもっている妻が、生活必需品ではあるが妻自身の衣服等を信用買いした場合に、商人からその代金の支払を請求された夫は、妻が独立した所得をもっているという事実を立証することによって、推定を覆すことができるのかという問題がある。

(i)　前述した Seymour v. Kingscote 事件[130]では、ドレス等が供給された当時、夫Pと妻Aは共同生活をしており、そのドレス等は生活必需品であると判断されたが、Pは、Aは独立した所得をもっており、Aはいつもそこから A自身の衣服のために支払っていたということを立証することによって、推定を覆そうとした。

これについて王座部の Rowlatt 裁判官は、本件においてはPの主張するような明示的な合意（AはA自身の所得から A自身の衣服に対して支払うべきであり、Pの信用を担保にするべきではないという合意）は立証されていないし、また、Aが A自身の所得から、A自身の衣服に対して支払ったことがあったにしても、彼ら夫婦はその時々の便宜に応じて、彼らの各々の所得から、種々の生活必需品に対して支払うというやり方をしているから、Pの主張するような合意の存在は推論できないとした上で、AがA自身の所得をもっているという単なる事実は、生活必需品（それがA自身の衣服のような生活必需品であるとしても）のために、AがPの信用を担保にする authority をもっていることを否定することにはならず、従って、妻が独立した所得をもっているという単なる事実を夫が立証しても、推定を覆すことはできないと判断している。

(ii)　Callot & Others v. Nash 事件[131]は、ロンドンとパリに店をもつ衣装商会であるTが、Pに対して、妻Aに供給したドレス等の残代金£657の支払を請求した事件である。Pは三五歳の船長であり、一九一九年七月に当時二五歳であったAと結婚した。Aの結婚の歴史は複雑であり、TのPに対する請求にも、直接的な関係をもっている。Aの未婚時代の名字は Donaldson といい、Aの母（未亡人）は裕福なアメリカ人である。Aは、一九一二年一八歳の時に、Kirwan 氏と結婚し、Tとの取引はこの当時 Kirwan 夫人の名前で開始された。Kirwan 氏は裕福な男性らしかったが、この結婚は無効とされた。その次、Aは一九一五年 Sifton 氏と結婚し、AとTとの取引は、Sifton 夫人の名前で継続していた。Sifton 氏も裕福な男性であったが、Aは一九一九年夏 Sifton 氏から離婚を得、P船長と結婚した。Tの店の帳簿上のAの名前は、一九一八年秋にはP夫人に変わっていた。P夫人Aは、非常にぜいたくな女性であり、毎夜毎夜着用するための五〇ないし六〇着のイブニングドレスを含む夥しい数の高価なドレスやアクセサリー、くつやストッキング等をもっており、どんな高価なドレスでさえ、三度しか着用しないほどであった。Pは、一九二〇年晩秋、妻Aの素行に疑いをもつようになり、一九二一年一月初め共同生活をやめ、同月Aの非行を理由として、離婚のための申立をした。PがAとの共同生活をやめる前に、Aは何が起こるかを察したらしく、様々な商人から非常に多額にわたるドレスや毛皮を購入しようとしており、Tからも15,000francs の毛皮のえりまきの引渡を得ている。ちょうどその時、PはAとの共同生活をやめ、その前日にTは、Aに商品を供給しないようにとの警告の手紙を、Pから受け取っていた。

Aは、彼女の父の遺産から、あるいは以前の夫たちのひとりから、または彼女の母から与えられるところの年に約£1,200の独立した収入をもっていたが、王座部の McCardie 裁判官は、「妻が私的な資産をもっているということは、信用が妻に与えられたのか、あるいは夫に与えられたのかを考慮する際に、関係する (Freestone v. Butcher, 9 C. & P., 643) が、しかし、妻が独立した収入をもっているという事実は、たとえそれがどれほど大きくても、それ自体が、妻のドレスの請求書を支払う義務から、夫を免責するのであろうか。その答えは『いいえ』であると思われる。現在の法の下では、妻が年に£2,000あるいはそれ以上の妻自身の収入をもっていても、年に£500の収入の夫は、彼の妻に衣服を着せなければならない。……非常に貧しい夫でも、非常に裕福な妻に、食物や衣服を与えることを法上拘束される。それゆえ夫のみが、家庭生活の規模を決定することができる。……法は多額の収入のある妻と、全く収入のない妻との間に差異をもうけない。……妻は彼女の収入のすべてを貯蓄し、彼女の生存のすべての負担を夫になげかけることができる。これがDavidson v. Wood（32 L. J.,Ch., 400, and 1 De. G.,J.and S.,465）において述べられた法であると思われる。」と述べている。(132)

McCardie裁判官の意見に反対するのは、Biberfeld v. Berens事件(133)におけるDenning裁判官である。Denning裁判官は「妻がほとんどあらゆる点において、夫と平等になっている今日において、彼女は彼女の自由に伴う責任を負うべきである。もし彼女が裕福な女性なら、彼女自身の資産は、夫の資産がそうであるように、family poolに入るべきである。彼らが共同生活をしている時、彼女はもちろん所帯の生活必需品のために、彼の信用を担保にすることができる。しかし、彼女が自分の私的な生活必需品（ドレスや帽子のような）を購入するために、十分な資産をもっているなら、彼女が彼の信用を担保にすることが、できるかどうかは疑わしい。」と述べている。(134)もっとも、Biberfeld v. Berens事件は、夫と共同生活をしている妻に資産があった場合に、妻のauthorityは否定されるのか否かが問題となったケースではなく、遺棄された妻のauthorityが問題とされたケースである。(135)

また、Callot & Others v. Nash事件においても、当該のドレス等は全く生活必需品ではないし、TはAのみに信用を与え、Pには全く信用を与えていなかった（後述する）という理由により敗訴しているから、引用したMcCardie裁判官の意見も、判決理由ではなく、傍論にすぎない。

(iii)　Seymour v. Kingscote事件においてRowlatt裁判官が述べるように、妻が独立した収入をもっており、妻は妻自身の収入から妻自身の衣服に対して支払うべきであって、それについて夫の信用を担保にすべきではないという明示的な合意がある場合には、妻自身の衣服の購入につき夫の信用を担保にする妻のauthorityは否定されるから、夫はその明示的合意を立証すれば、推定は覆される。また、明示的な禁止がなくても、妻は妻自身の収入から妻自身の衣服に対して支払うという合意があり、現実に妻がそういうやり方で自分自身の衣服を購入してきているなら、それについて夫の信用を担保にすべきではないという、黙示的な禁止があったということになり、夫はその事実を立証すれば、推定は覆されることになる。これらの場合、その旨の notice は不要であろう。

しかし、明示的または黙示的な禁止の存在が立証できない場合に、夫は妻が独立した収入をもっているという事実を立証するだけで、十分であるか否か（推定を覆すことができるか否か）に関する判例の現在の立場は、不明確である(136)。

学説においては、妻が独立した収入をもっているという事実を、夫が立証するだけでは、おそらく十分ではないであろうという見解(137)もある反面、少なくともその商品が妻自身の使用のためのものならば、独立した収入をもつ妻は、本人として契約したと考えるのが、現代の社会的意見により調和するとみる見解(138)もある。また、所帯のための生活必需品とは区別される、妻の衣服のような個人的な生活必需品については、裕福な妻は夫の信用を担保にする authority を夫から与えられていると推定されるべきではないが、妻の資産が、売却することを合理的に期待し得ないような（例えば家族の居住家屋）所得を生み出さない資産のみである場合には、局面は異なるとみる見解(139)も存在する。

(4)　生活必需品を購入するについて、夫と妻が共同責任を負う旨の合意がある場合は別として(140)、妻は本人として行為しているか、夫の信用に基づいて夫の代理人として行為しているかのいずれかであるから、相手方商人が信用を妻に与えて、妻を本人として取引したならば、夫に本人としての責任を追求することはできない(141)。

例えば、支払を請求された商品の掛売りの帳簿上の名義人が妻であっても、それだけでは、商人は妻に信用を与えていたとは判断されない(142)。しかし、商人は従来から夫の資産をあてにせずに、妻の資産をあてにしており、妻が商人に対して支払ってきていたのであれば、商人は妻のみに信用を与え、妻を本人として取引していたことになる。

前述した Callot & Others v. Nash 事件では、AはPと結婚するずっと以前からTと取引しており、掛売り帳簿上の名義は、Aの結婚歴に応じて、Kirwan 夫人、Sifton 夫人、P夫人というように変更された。しかし、Tは名義の変更に際して、夫であるPに何ら問い合せをしておらず、数々のAとの取引の請求書をPに送ったこともなく、専らAの資産をあてにしてAに掛売りを続けてきた。Tにとっては、PはAの以前の二人の夫と同様につかの間の存在にすぎず、Aこそが真実のそして唯一の債務者であった。以上の事実関係に基づいて、McCardie 裁判官は、Tは信用をAのみに与え、Pには与えていなかったと判断している。(143)

(四)　共同生活から推定される妻の authority の性質

共同生活から推定される妻の authority の性質については、議論がある。判例や学説の多くは、actual authority としての implied authority が推定されると解するが、Hanbury は夫が妻を代理人として holding out したことによる apparent authority ととらえ、Powell は妻が usual authority の範囲内で行為すれば、第三者に対する夫の法的関係に影響を与える power をもつと論じ、Fridman は actual authority や usual authority あるいは holding out による apparent authority とは理論的に明確に区別される presumed authority であると分類する。

そこにおける議論は、夫が妻に対して内部的に妻の authority を禁止または制限した場合、夫が相手方に予めその旨の notice を与えていなくても、禁止または制限していたことを立証できれば、推定は覆され、夫は責任を免れるという判例の確立した立場を、矛盾なく説明できるものでなければならない。また、扶養義務と表裏一体の関係にあった妻の必需代理権（次節において述べる）は廃止されたが、夫と共同生活している妻の authority の推定は存続していることとの関係も、重要である。

（1）Hanbury の見解においては、implied authority と apparent authority 自体が、必ずしも未だ明確に区別されていない。例えば、Hanbury は'The Doctrine of Holding-Out'の章において、ＰがＡを、Ｐのために一定の種類や範囲の取引や業務をする authority を普通に伴っている地位（製材所の職工長や病院の看護婦長等）に任命していた場合に、Ｐによって指示されていなかったＡの行為に関して、Ａの implied authority の有無や範囲について論じている(144)。同様に、Hanbury は、共同生活から推定される妻の authority を'The Doctrine of Holding-Out'の章において論じているが(145)、Jolly v. Rees 事件の Byles 裁判官のように(146)、妻と共同生活している夫は、共同生活の事実によって、生活必需品を供給する商人に対して、一定の範囲内で妻を domestic manager であると表示しているから、妻はその範囲内で apparent authority を有していると、考えているわけでもない（但し、Fridman は Byles 裁判官の見解は Hanbury の意見と同旨のようであると評価している(147)）。

Hanbury は「妻は、もはや契約法において、いかなる意味においても無能力者ではない。しかしながら、人が家庭で生活し続ける限り、妻は普通、生活必需品の買物をし、夫は請求書を支払う。そして代理法におけるこの部門は、常に依然として重要である。……Phillipson v. Hayter 事件(148)において定められたように、妻は生活必需品のために、夫の信用を担保にする implied authority をもつ。すなわち、妻に通常委ねられた所帯のやりくりの範囲内にあり、かつ夫が選択した生活様式に適するもののために、そして、そのようなもののためにのみ、夫の信用を担保にする implied authority をもつ。……この implied authority は、婚姻それ自体の法的関係によってではなく、共同生活の事実によって与えられる(149)。」と述べ、夫の妻に対する内部的な制限については、Jolly v. Rees 事件や Debenham v. Mellon 事件(150)を引用して、「妻がいかなる商人とも少しでも取引する以前に、夫が彼の信用を担保にすることを妻に禁止したならば、夫は常に本人と代理人の関係が生じることを禁止することができる。ここでは、将来の商人に対するnoticeは必要ではない。なぜなら、撤回されるべきauthorityは、決して存在していなかったからである。しかし、もし彼がいったん彼女に彼の信用を担保にすることを認容したならば、彼がその後に禁止しても、その認容が与えてしまったauthorityの撤回としては機能しない[151]。」と述べている。

すなわち、Hanburyの見解においては、妻が夫と共同生活をしていても、夫が妻に十分な金額のallowanceを与えており、妻が未だ一度も商人から信用買いをしたことがない段階では、夫は妻に夫の信用を担保にして信用買いをすることを禁止できるが、この段階では、撤回されるべきauthorityは、未だ存在していないから、夫による禁止について将来の商人にnoticeを与える必要はない。しかし、夫が妻に夫の信用を担保にして信用買いをすることを許し、商人からの請求書に支払ってしまった段階に至っては、代理の推定（presumption of agency）が生じるから、その後の内部的な禁止やallowanceの取り決めは、自らの認容が与えてしまったauthorityの撤回としては機能しないと論じている。つまり、Hanburyは専ら妻の信用買いとそれに対する夫の支払というholding outによる妻のapparent authorityのみ（implied authorityという表現は用いているが）を、議論の対象にしているようである。従って、そのような夫のholding outが存在しない場合に、夫と共同生活をしている妻に推定されるauthorityの性質について、Hanburyの見解は不明である。

これに対して、Jolly v. Rees事件のByles裁判官の見解は明解であるが、Debenham v. Mellon事件のThesiger裁判官が批判するように[152]、単なる共同生活の事実でもって、生活必需品の信用買いという範囲内で、夫は妻を自己の代理人であると表示していると判断するのは、困難である。なぜなら、ただ単に共同生活をしているという事実だけでは、当該取引について、夫は妻にauthorityを与えていると、相手方が推断することができるような夫の相手方に対する行動が存在するとは評価できないし、夫としては一面識すらない相手方にnoticeを与えようもないからである。

(2) Powell は、usual authority 説を採る。しかし、例えば Fridman においては、usual authority や apparent authority は、代理関係の成立原因（本人の consent か estoppel の法理か）によって区別される authority の種類であるのに対して、Powell においては、usual authority や apparent authority は、厳密には authority の種類ではない点に、注意すべきである。

(i) そこで、usual authority 説を論じる前に、Powell による authority の定義・概念について要約する。Powell によれば、apparent とか usual とかいったような形容詞によって修飾されない authority という用語は、代理人が本人のために行為すべきことを、本人が代理人に合意したことがら（一般的には real authority とか actual authority と称されるもの）である。[153] 本人の合意は、明示的か黙示的でしかあり得ないから、Powell のいう authority は express authority か implied authority かのいずれかである。[154] 代理人が authority（express authority か implied authority）をもつときは、代理人は当然に、本人と第三者との法的関係に影響を与える能力（ability）である power ももつことになる。[155]

(ii) ところで、一定の事情の下では、たとえ代理人が authority をもっていなくても、power をもつことがある。

先ず、代理人が apparent authority の範囲内で行為するときである。ここでいう apparent とは、代理人が全く authority をもっていないが、本人による表示の結果として、第三者に対しては authority をもっているようにみえる場合のみに適用するのが普通であり、apparent authority とは、ある意味において、代理人が第三者に対してもっているようにみえる authority である。[156] 代理人が apparent authority の範囲内で行為することによって、power をもち、本人が責任を負う場合には、全く authority は存在していない。

次に、代理人が usual authority の範囲内で行為するときに、代理人が power をもち、本人が責任を負う場合がある。これが問題となるのは、①Pから express authority を与えられたAが、それに普通に付随する一定の行為をする場合、②Pから express authority を与えられたAが、本人のために一定の種類の authority を通常所持するある職種の代理人に属している場合、③AはPから express authority を与えられていないが、PはAをPのために一定の行為を行う authority を通常携えている地位に任命した場合、④PとAとの間の一定の関係は、AがPのために一定の行為を行う authority をもつという推定をつくる場合（夫と妻、組合）である。[157]

代理人が usual authority の範囲内で行為することによって、power をもち、本人が責任を負う場合には、authority が存在しているときも、存在していないときもある。なぜなら、Powell においては、authority が存在するか否かは事実問題（question of fact）であるのに対して、authority の範囲及び power の存在・不存在は、裁判官が解釈すべき法律問題（question of law）であるからである。[158] 従って、代理人の当該の行為が、代理人の usual authority の範囲内に含まれると判断されるときに、本人が代理人にそれをなすべきことを、明示的または黙示的に合意していたならば、代理人は authority をもっていたのであるから、代理人の usual authority は同時に actual authority である。しかし、当該の行為が、代理人の usual authority の範囲内に含まれると判断されたが、本人が代理人にそれをしてはならないと禁止していたり、それをすることをかつては合意していたが、既に撤回してしまったという場合には、authority が存在していないから、代理人の usual authority は actual authority ではない。[159] 本人は代理人と取引する第三者が、禁止または撤回の notice を得るまでは、代理人の usual authority の範囲内の当該の行為について責任を負い続ける[160]から、この場合、代理人は authority をもっていないが、usual authority の範囲内において、power をもっていることになる。

(iii)　共同生活から推定される妻の authority について、Powell は「妻が夫と共同生活をし、彼の所帯のやりくりをしているならば、妻は夫の代理人であり、妻に通常委ねられているすべての家事に関して、夫の信用を担保にする authority をもっているという事実上の推定が存在する。いいかえれば、共同生活と所帯のやりくりは、妻に usual authority を与えると推定される。[161]」と述べる。共同生活と所帯のやりくりから、妻は usual authority をもつと推定されるというのであれば、妻の行為が usual authority の範囲内であると判断されれば、たとえ夫が妻にその行為を禁止していたとしても、夫は相手方に禁止の notice を与えていない限り、妻は power をもち、夫は責任を負うはずである。

しかし、夫と妻がホテルの支配人と女支配人であった Debenham v. Mellon 事件[162]について「Xと彼の妻は共同生活をしていたけれども、彼らはともにホテルにおける同僚の使用人であり、X夫人はXの所帯の domestic manager ではなかったと判示されたのであるから、authority の推定は全く生じていない。いいかえれば、X夫人はXの代理人ではなかったのである。それゆえ、彼女は全く最初からいかなる authority も決してもっていなかったがゆえに、彼女の authority の消滅について、第三者に通知することは必要ではなかったのである。更に、authority の推定が奪われている他のケースにおいても、消滅の notice は与えられる必要はない。例えば、夫の生活上の地位に適している生活必需品の購入のために、妻が十分な allowance を与えられている場合、あるいは、夫が彼の信用を担保にすることを妻に明示的に禁止しており、生活必需品を購入するのに十分な資産を彼女に供給している場合とかである。これらのケースにおいては、消滅されるべき authority は存在しない。しかしながら、もし妻が共同生活と所帯のやりくりから推定される usual authority をもっており、夫がその authority を撤回したり、あるいは制限したりするならば、夫は妻が夫のために取引している人に notice しなければ、責任を免れることはできない。」と論じている。[163]

確かに、Debenham v. Mellon 事件のように、所帯のやりくりが明白に欠けているケースでは、そもそも妻は usual authority をもつとは推定されないと、解することも可能である。しかし、そのような特殊なケースを除けば、夫と通常の共同生活をしている妻は、所帯のやりくりを委ねられているのが普通であるから、authority が推定されるとみるべきであり、Powell のように推定される authority の性質が usual authority であるという以上、推定を覆す事実が存在する場合には、夫はその旨の notice を相手方に与えていなければ、責任を負うと解するのが、理論的には一貫しているように思われる。

また、判決上、推定を覆す事実として問題とされるのは、夫が妻に allowance を渡す等して、信用買いを明示的にまたは黙示的に禁止しているというケースがほとんどである。Powell は、それら以外の方法で、夫が妻の authority を撤回したり制限したりする場合には notice が必要であるというが、それは具体的にどのような場合を指しているのか、不明である。

(3)　Fridman は、遺棄された妻の authority を含む必需代理権と共同生活から推定される妻の authority とを、ともに presumed authority として位置づけ、前者は反証を許さない法律上の推定（presumption of law）であるのに対して、後者は事実上の推定（presumption of fact）にすぎない点において区別する。presumed authority とは、本人の consent も holding out も存在しないが、法の作用（operation of law）によって authority が推定され、代理関係が成立するときに、代理人がもつ authority である。(164)

(i)　共同生活から推定される妻の authority の場合、夫の相手方に対する holding out が全く存在していなくても、夫と共同生活をしている妻は、生活必需品の購入のために、夫の信用を担保にする authority をもつと推定されるのであるから、推定される妻の authority は apparent authority ではない。

また、共同生活から推定される妻の authority は、判例・学説上しばしば implied authority として言及されるが、(165)

それも誤りである。implied authority とは、代理人が本人によって与えられた express authority を行使する上で、それに必然的に付随する authority であるか、あるいは、本人がある人を、本人のために一定の種類や範囲の取引や業務をする authority を普通に伴っている地位に任命することによって代理人にした場合や、本人が、本人のために一定の種類や範囲の取引や業務をする authority を普通にもっている職種のある人を、その職種に関して代理人に選任した場合に、その取引や業務や職種や市場の慣行においては普通である行為をする authority、その彼でなくても、その地位や職種にある代理人ならば、客観的にみて、誰でもがもつことを期待されるところの定型的な範囲の usual authority であるかの、いずれかである。しかし、共同生活から推定される妻の authority が問題とされるときには、妻は夫から express authority を与えられていないし、また、妻は夫のために一定の種類や範囲の取引や業務をする authority を普通に伴っている地位に、任命されているわけでもない。

この形態の代理は、当事者間の黙示的契約（implied contract）によってつくられる代理(166)に、似ているようにもみえるが、しかしそれとも区別すべきである。代理契約も、他の契約と同様に、代理関係の成立の承諾を示すような当事者の行動によって黙示的に成立し得るし、その効果として、あたかも代理関係が明示的につくられたのと同じ地位に、当事者を置く。その場合、本人は代理人が本人のために行為すべきことを望んでおり、代理人も実際そのように行為する authority をもっていて、当事者の真の願望（real wish）と無関係には存在しないものである(167)。しかし、共同生活から推定される妻の authority の場合には、妻が生活必需品の購入のために、夫の信用を担保にするということを、夫が真に望んでいなくても、そのような authority をもつと推定されるのであり、夫が妻に対してそのようなことを禁止していたと立証できなければ、夫の真の願望とは無関係に、夫は責任を負わされるのであるから、やはり、夫と妻との間の黙示的契約によって代理関係がつくられたとみるべきではない。

(ii)　以上のように、Fridman の分析においては、共同生活から推定される妻の authority は、apparent authority でも implied authority でも usual authority でもない。法が、夫と妻の関係を代理関係に求めることが必要であるとして扱うがゆえに、いわば法の作用によって代理関係がつくられるのであるから、そこにおいて推定される妻の authority は、presumed authority として分類されることになる。この presumed authority は、apparent authority や usual authority とは異なり、内部的な禁止や制限がある場合、夫は相手方に予めその旨の notice を与えていなくても、禁止や制限していたことを立証できれば、夫は責任を免れるという特徴をもつが、それは presumed authority が法の作用によって成立する authority だからである。

しかし、Fridman は、夫と共同生活をしている妻が、生活必需品の購入のために、夫の信用を担保にする authority をもつと推定されるのは、いかなる根拠によるものなのか、すなわち、いかなる政策的理由により、法の作用によって代理関係が成立するのかに関して論述していない。また、Fridman の分類では、遺棄された妻の authority も、共同生活から推定される妻の authority も、ともに presumed authority であるが、いかなる理由により、前者は反証によって覆すことが不可能であるが、後者は可能であるのか、その区別的取扱いの根拠が不明である。

夫に遺棄された妻が、生活必需品の購入のために、夫の信用を担保にする authority をもつとみなされたのは、夫に遺棄されたことにより、自分や子供の生存を維持する手段が他にないという緊急事態に陥った妻が、コモン・ロー上夫に課せられた妻に対する扶養義務を、夫に強制することを可能ならしめるためであり、それによって妻や子供の生存は確保された。このように、遺棄された妻の authority は、妻や子供の生存の確保という政策的理由のために、夫の意思とはかかわりなく夫の意思とは正反対であったとしても、まさに法の作用によって代理関係が成立するとみなされたのであるから、Fridman がそれを presumed authority として分類することは理解できる。また、妻の社会生活及び経済生活上の地位の向上や、夫に遺棄されても緊急事態に陥らぬよう妻の生存を維持する手段が立法によって充実されてきたことから、遺棄された妻の必需代理権を承認する政策的理由が次第に希薄になり、ついにはそれが廃止されたことも理解できる。しかし、それにもかかわらず、夫と共同生活をしている妻の authority は、依然として存続しているところから、遺棄された妻の presumed authority の場合とは異なる政策的理由が Fridman によって明白にされなければならないはずであるが、この点について Fridman は触れていない。

(4)　(i)　Fridman は、共同生活から推定される妻の authority を他の種類の authority 特に implied authority と区別するために、必要以上に、共同生活から推定される妻の presumed authority は、夫の意思（あるいは夫の真の願望）とは無関係であると強調しすぎたきらいがある。しかし、夫と共同生活をしている妻が、生活必需品の購入のために、夫の信用を担保にする authority をもつと推定される根拠は、決して夫の意思とは無関係ではない。それは、夫婦の通常の共同生活の実態からすれば、夫は妻に所帯のやりくり（domestic management）を委ねているのが普通であることに起因する。夫が妻に所帯のやりくりを委ねているということは、生活必需品の購入のために（その範囲に厳格に限定されるが）妻が夫の信用を担保にすることに対して、夫はある程度包括的に妻に同意を与えていたことを意味する。すなわち、夫と妻との間には（明示的にではないにせよ）黙示的な合意が存在しており、その黙示的な合意のゆえに、夫と妻との間には代理関係が成立するとみるべきである。

これに対して、妻を遺棄した夫が、遺棄された妻に対して、自分たち夫婦の所帯のやりくりを委ねることは通常ない。にもかかわらず、妻と子供の生存を確保するという政策的理由のために、黙示的な合意が存在していなくても、また夫の意思とは全く正反対であったとしても、遺棄された妻の必需代理権がかつて肯定されていた。その意味において、遺棄された妻の必需代理権を、actual authority や apparent authority とは理論的に区別される presumed authority であると分類することに別段の異論はない。しかし、共同生活から推定される妻の authority を、夫の意思とはかかわりなく、完全に法の作用によって代理関係が成立する場合の presumed authority であると分類することには、問題があると思われる。

(ii)　以上検討してきたように、共同生活から推定される妻の authority は、apparent authority ではないし、Fridman のいう presumed authority でもない。結論的には判例や学説の一般的見解[168]と一致するのであるが、implied authority であるとみるべきだと考える。夫と妻が（男性と mistress でも同様であるが）共同生活をし、夫が妻に所帯のやりくりを委ねていれば、生活必需品の購入という限定された範囲内で、しかしその範囲内ではある程度包括的に、妻が夫の信用を担保にできることについて、夫婦間には黙示的な合意が存在し、その黙示的な合意から妻は implied authority をもつ。相手方が、共同生活の事実と生活必需品であることを立証すれば、妻は implied authority をもつと事実上推定されるが、これは、夫婦が共同生活をしていれば、妻は夫から所帯のやりくりを委ねられているのが通常であり、その妻が生活必需品を注文すれば、相手方からの請求に夫が支払うのは普通であるとの推測に基づく。夫が妻に十分な allowance を渡し、信用買いを禁止していたことを立証できれば、夫婦間には黙示的な合意も存在していなかったことが立証されたことになり、notice の有無を論ずるまでもなく、妻は implied authority をもたない。

(iii)　なお、夫が妻に所帯のやりくりを委ねていれば、夫は妻を一家の domestic manager の地位においたとみることができる。そうであるならば、妻は domestic manager においては普通である行為（生活必需品の信用買い）をする authority、その彼女でなくても、domestic manager という地位にある代理人ならば、誰でもがもつことを期待される範囲の usual authority をもつと解釈することも、理論上は可能であると考える。Fridman は、「本人と代理人が夫と妻であるところでは、usual authority は生活必需品の購入をカバーするのみであり、その結果これは法の作用によってではなく、まさに黙示的な合意から生じる代理の例であるということが議論されるであろう」と述べて、共同生活から推定される妻の authority の性質を usual authority とみる余地があることを示唆する。しかし他方、もしそれが黙示的な合意から生じる authority であるならば、その範囲は必ずしも生活必需品の信用買いに限定されないはずであり、それが生活必需品の信用買いに限定されるのは、代理関係が法の作用によって成立するからであると述べる。(169) しかし、Fridman によれば、本人がある人を、本人のために一定の種類や範囲の取引や業務をする authority を普通に伴っている地位に任命することによって代理人にした場合、その usual authority の範囲は、その地位にある代理人ならば、その彼でなくても、客観的にみて誰でもがもつことを期待されるところの定型的な範囲なのであるから、domestic manager という地位にある代理人ならば、その usual authority の範囲は生活必需品の信用買いであると考えることもできる。

にもかかわらず、やはりイギリス法においては、domestic manager の地位にある妻の authority を usual authority と解することはできない。なぜなら、生活必需品に該当するか否かは、夫の選択した生活様式に照らして判断されるところから、範囲において定型性が弱いといわざるを得ないし、usual authority と解するならば、内部的な禁止や制限について notice は不要であるとする判例の確立した立場に矛盾するからである。

(五)　共同生活から推定される妻の authority と日常家事代理権

(1)　イギリス法においては、妻が生活必需品を購入することによって負担した債務について、夫が相手方に対して共同責任を負うという準則は存在しない。共同責任を負う旨の夫婦間の合意がある場合は別として、妻によって負担された債務について、夫が相手方に対して責任を負うか否かは、すべて代理の問題であり、妻が夫の代理人であるか否かによる。

これに対して、日本民法七六一条は「夫婦の一方が日常の家事に関して第三者と法律行為をしたときは、他の一方は、これによって生じた債務について、連帯してその責任を負う。ただし、第三者に対し責任を負わない旨を予告した場合は、この限りでない。」と規定し、日常家事に関して夫婦の一方が負担した債務について、夫婦の連帯責任を定めている。これは、婚姻生活における両性の本質的平等の理念に従って、夫婦別産制の下で、婚姻費用は夫婦が分担すべきものであるならば（七六〇条）、日常の家事に関して夫婦の一方が負担した債務についても、夫婦が共同して責任を負うとするのが、夫婦共同体のきずなを強化することになり、かつ日常の家事に関する事項について、その夫婦の一方と取引した第三者を保護することにもなるという趣旨である。日常家事の例を具体的にいえば、食料品や燃料、衣服（但し相当範囲内）の買入れ、家賃・地代・水道・電気・ガス・電話・管理費等の支払い、相当な範囲内での家族の保健・娯楽・医療・未成熟の子どもの養育・教育に関する支出等がこれに該当する。これらは、通常の家庭の家計簿の支出欄に当然記入されている事項であるから、「日常家事行為とは、行為の種類・性質からして夫婦の共同生活を維持するために日常的に反復継続されることが、社会通念上当然予想される行為である」と定義できる。(170)

ところで、旧法八〇四条は「①日常ノ家事ニ付テハ妻ハ夫ノ代理人ト看做ス　②夫ハ前項ノ代理権ノ全部又ハ一部ヲ否認スルコトヲ得但之ヲ以テ善意ノ第三者ニ対抗スルコトヲ得ス」と規定していた。その趣旨は、婚姻中の費用の負担者は原則として夫である（旧法七九八条）が、日常の家事は妻が処理するのが社会の実情であること、また、日々の家庭生活に関して起こるべき問題につき一々夫が妻に代理権を与えなければならぬというのでは到底煩に耐えないし、出入の商人等が一々委任状でも見せてもらわなければ安心して掛売ができないというのでは双方とも不便であるからであると説明されている。[171] 旧法八〇四条が規定していた日常家事代理権の性質については、法定代理と解する説もあったが、一般的には夫の推定される意思に基づく任意代理と解されていた。[172]

これに対して、現行法七六一条は夫婦の連帯責任という形で規定されているため、七六一条が日常家事代理権を肯定しているのか否かについて、判例・学説ともに肯定説と否定説に分かれていたところ、最判昭和四四年一二月一八日民集二三巻一二号二四七六頁は、夫が自分の経営する会社が倒産したためその債務の弁済にあてるため、妻に無断で妻を代理して妻の不動産（居住家屋）を債権者に売却してしまったという事案において、積極的根拠を示すことなく日常家事代理権を肯定した。[173] この最判昭和四四年以後、判例は日常家事代理権を肯定しているし、通説もこれを肯定している。但し通説はその性質を法定代理と解しているが、筆者は日常家事代理権は任意代理権であると考えている。なぜなら、先ず第一に、法定代理とは本人の意思に基づかずに代理権が与えられる場合をいうが、夫婦は他の人間関係にはみられない、強い精神的経済的紐帯でもって結びつき、婚姻共同生活をともに営んでいるのであるから、日常家事代理権が本人の意思に全く基づかずに与えられる代理権であると考えるのは、共同生活の実態に反する。第二に、代理権の範囲が法定されているということは、その代理権が法定代理権であるということの論拠にはならない。例えば、会社法一一条の支配人の場合のように、任意代理権であってもその代理権の範囲を明確にするために、範囲について明文の規定が置かれることはあるのである。[174] 第三に、法定代理権であるならば、本人が代理人の代理権の範囲を制限するということは考えられないが、日常家事代理権は、その範囲を内部的に制限することが可能であるからである（七六一条但書）。

従って、日常家事の範囲内で、夫婦はある程度包括的に、相互的、任意的に代理権を授与し合っていること、及び七六一条が日常家事債務について夫婦の連帯責任を規定していることから、日常家事行為を夫婦の一方、例えば妻が自己名義でした場合には、妻は本人としての責任を負い、夫は七六一条の連帯責任を負う。妻が夫名義でした場合には、日常家事の範囲内では有権代理であるから、夫は本人としての責任を負い、妻は七六一条の連帯責任を負うことになる。これに対して、イギリス法においては、七六一条のような準則は存在しないから、相手方が妻に信用を与えて妻を本人として生活必需品を供給したときには、夫婦間の別段の合意の存在について相手方が立証できる場合を除いて、夫に責任を負わせることはできない。

(2)　イギリス法においては、共同生活から推定される妻の authority は、holding out が存在しない場合に問題とされるのに対して、日本法においては、例えば妻が無断で夫を代理してした行為が、日常家事行為の範囲を越えると判断されたとき、はじめて一一〇条の成否が問題とされることになる。(175)

(3)　共同生活から推定される妻の authority においては、夫が妻に対して内部的に妻の authority を禁止または制限した場合、夫が相手方に予めその旨の notice を与えていなくても、禁止または制限していたことを立証できれば、推定は覆され、夫は責任を免れる。なぜなら、夫が妻に対して内部的に信用買いを禁止していたことについて夫が立証すれば、夫婦間には生活必需品の購入について妻は夫の代理人になるという黙示的な合意は存在していなかったことが、立証されることになるからである。implied authority の性質上、夫は相手方に notice を与えていなくても、責任を免れる。これに対して、七六一条但書は「第三者に対し責任を負わない旨を予告した場合は、この限りでない」と規定しているから、内部的な禁止または制限があったとしても、相手方に予めその旨の notice が与えられていなければ、責任を免れないことになる。このような正反対の結論が生じるのは、イギリスと日本の夫婦の生活実態と意識の違いに起因する。

確かにイギリスにおいても、妻は夫から所帯のやりくりを委ねられているが、判例の事実関係をみる限り、妻に委ねられている所帯のやりくりの範囲は極めて限定されており、一家の収入のなかからどれだけの金額をどのような項目に分配して支出するかを決定するのは夫である。つまり夫が一家のサイフのヒモを握っている。イギリスの妻には、日本民法でいうならば、親が子どもに目的を定めて、あるいは目的を定めずに一定額のこづかいを渡して、その範囲内で自由なやりくりを認めているのと同程度の裁量権しか認められていないようである。

これに対して、日本の通常の家庭において、一家のサイフのヒモを握っているのは妻である。夫は妻から「こづかい」と称して毎月五万円程度のお金を渡され、夫に自由なやりくりが認められるのは、その「こづかい」の範囲内である。そして、妻は、夫の給料から夫に渡すこづかいを除いた残額について、どれだけの金額をどのような項目（固定資産税、土地や家のローン、家賃、管理費、電気・ガス・水道・電話等の公共料金、子どもの学校・塾・家庭教師等の教育費、家族のための衣服費、食費、貯金等）に分配して支出するかを決定する。日本の夫は、電気代やガス代や食費等が一ヵ月でどれぐらいかかるかといったことは、普通全部妻に任せて知らない。夫が妻のことを「わが家の大蔵大臣」などと言うのは、よく聞くセリフである。また、妻の方も、専業主婦ではなくても、夫の給料のやりくりは妻の裁量事項であるという意識をもっている。

イギリスの妻も日本の妻もともに一家の domestic manager である点は、変わりはないとはいうものの、イギリスの妻には極めて限定された範囲の所帯のやりくりしか委ねられていないのに対して、日本の妻はまさに家政処理権を有している。仮に、イギリスにおいても、妻は日本の妻と同様の家政処理権を有しているのが、社会における通常の生活実態であり普通の夫婦観であるならば、夫は妻を一家の domestic manager の地位に置くことによって、妻は domestic manager であれば普通にできる行為をする authority、その彼女でなくても、domestic manager という地位にある代理人ならば、客観的にみて誰でもがもつことを期待されるところの定型的な範囲の usual authority をもつと理解されるであろう。また、そうであるならば、夫が妻の usual authority の範囲内において、妻に対して内部的に禁止したり制限したりした場合には、usual authority の性質上、夫は予めその旨の notice を相手方に与えていなければ、相手方に対して責任を免れないことになろう。しかし、現実はそうではないイギリスの妻に推定される authority は、前述したように usual authority ではあり得ない。逆に日本の場合は、妻は家政処理権を有しているのが、社会における通常の生活実態であり普通の夫婦観であるから、妻であると認識して取引する相手方は、日常家事の範囲内では代理権を有していると期待して取引する。従って、日常家事の範囲内において、内部的な禁止や制限があっても、予めその旨の notice を相手方に与えておかなければ、責任を免れないのである（七六一条但書）。そうだとすれば、日常家事代理権は、イギリス法における usual authority に相当するといえよう。

(4)　共同生活から推定される妻の authority と日常家事代理権とを比較すると、その主要な部分（例えば、日常の食料品や衣服を購入する等）はもちろん一致するが、その範囲や範囲の判断基準は必ずしも一致しない。

(i)　イギリス法において、共同生活から推定される妻の authority は、生活必需品の信用買いに限定される。生活必需品を購入する目的で、妻が夫の信用を担保にして借財し、その借入金を現実に生活必需品の購入にあてたとしても、貸主が夫に請求することは、コモン・ロー上認められず、いわんや生活必需品を購入するために、夫の不動産を処分する等は論外であり、議論の対象にすらされていない(176)。この意味で、共同生活から推定される妻の authority の範囲は厳格である。

しかし、生活必需品の範囲を判断するにあたって基準となるのは、必ずしも夫の資産、収入、社会的地位、職業等から当を得ている生活様式ではなく、夫が妻におよそおうことを許した生活様式、夫が選択した生活様式であるから、生活必需品の範囲は、信用買いされた商品の種類、分量、価格、及び夫の資産、収入、地位、職業等から、定型的客観的に判断することはできない。例えば、妻が信用買いした商品がぜいたくなドレスであり、夫の資産、収入、地位、職業等から当を得ている生活様式には必ずしも適合していなくても、その夫は妻が美しく着飾るのを好み、妻がそのようなドレスを買物するのにしばしば店に同伴していたという事実があれば、そのぜいたくなドレスは、夫が妻によそおうことを許した生活様式、夫が選択した生活様式には適合しており、生活必需品であると判断されることもある。(177) このように生活必需品の範囲が客観的に判断できないのは、生活必需品の購入のために夫の信用を担保にする妻の authority は、夫の黙示的な合意に基づく implied authority だからである。

(ii)　他方、前掲最判昭和四四年は「その具体的な範囲は、個々の夫婦の社会的地位、職業、資産、収入等によって異なり、また、その夫婦の共同生活の存する地域社会の慣習によっても異なるというべきであるが、他方、問題になる具体的な法律行為が当該夫婦の日常の家事に関する法律行為の範囲内に属するか否かを決するにあたっては、同条が夫婦の一方と取引関係に立つ第三者の保護を目的とする規定であることに鑑み、単にその法律行為をした夫婦の内部的な事情やその行為の個別的な目的のみを重視して判断すべきではなく、さらに、客観的に、その法律行為の種類・性質をも充分に考慮して判断すべきである。」と判示した。学説の多くはこの判旨に同調する。もっとも、夫婦の内部的事情（社会的地位、職業、資産、収入、地域社会の慣習等）や主観的意図（行為者の目的、動機）及び客観的事情（行為の種類、性質）の何れに重点をおいて判断するかについては、論者の説くところにより差異はあるが、「客観的に」判断すべきであるという点に異論はない。

なお、筆者は、その夫婦の資産・収入・職業・社会的地位等の内部的事情と、その行為の種類・性質等の客観的事情を考慮して、社会通念に照らして客観的に判断すべきであると考えている。目的や動機といった行為者の主観的意図は考慮にいれるべきではない。なぜなら、目的や動機といった行為者の主観的意図を考慮して日常家事行為の範囲を判断することは、日常家事行為の概念と範囲をあいまいにし、それを拡大する方向に作用するからである。夫婦の一方が他方に無断でした行為でも、その行為が日常家事行為であると判断されれば、他方は責任を負わされるのであり、加えて七六一条が夫婦の一方と取引した第三者を保護する規定であることをも考慮すれば、日常家事行為の範囲は客観的にそして可能な限り画一的に判断されるべきである。

(iii)　このように、イギリス法における生活必需品の範囲は、信用買いされた商品の種類、分量、価格、及び夫の資産、収入、地位、職業等から、必ずしも客観的に判断することはできないのに対して、日本民法の日常家事行為の範囲は客観的に判断すべきであるとされる。しかし、判例において日常家事行為の範囲が主として問題とされるのは、イギリス法においては生活必需品の範囲外とされている、借財と不動産処分の事案である。

筆者は、借財についていえば、その夫婦の資産・収入と債務額の観点から客観的に判断して、一般的には月収の一割程度（最大限三割程度）の金額の借財が、日常家事行為の範囲内と考える。但し、この範囲内でもサラ金等から高利（利息制限法所定の利息を超える利息）で借りる場合には、日常家事行為と認めるべきではない。次の月の家計のやりくりでなんとか赤字が補塡できる程度が家政処理の範囲内の借財というべきであるし、また、少額であれやむを得ずサラ金等から借りる場合には、夫婦で相談の上返済計画をきちんとたてて借りるべきであると考えるからである。これに対して、他方名義の不動産を処分する行為は、原則として日常家事行為とみることはできない[178]。

判例は、不動産処分の事案についていえば、最判昭和四四年以前は、不動産処分は日常家事の範囲外であることが当然の前提とされていた。最判昭和四四年及びそれ以後は、不動産処分の事案であっても、判例は処分目的等を考慮して当該処分行為が日常家事の範囲内であるか否かを判断するという形式を採っているが、問題となった不動産処分について、処分目的等を考慮して日常家事行為であると判断した判例は存在しない[179]。

借財については、判例は、金額のみならず、借受時に行為者が相手方に説明した使途目的や証拠によって認定された現実の使途をかなり重視するという表現を用いているが、日常家事行為であるか否かの結論においては概ね私見（月収の一〜三割程度が日常家事行為の範囲内、但しサラ金等の高利の借財はこの範囲内でも除外する）と一致している。普通の家政処理の範囲を越える金額の借財であるが、使途目的や現実の使途を考慮して日常家事の範囲内であると判断した判例は、ほとんど存在しない。例えば、妻が夫に無断で家の改築費にあてると言って、夫の印鑑を盗用し委任状を偽造し公正証書を作成して、夫名義で三万円を借財、当時夫の月収は三万五千円であったという事案（浦和地判昭和三五年一二月二三日下民集一一巻一二号二七二四頁）、夫が妻に無断で妻名義で二五〇万円を借財、その際使途目的は娘の結婚資金であると相手方に説明していたが、実際は自己の経営する会社の営業資金にあてていたという事案（東京地判昭和五五年三月一〇日判時九八〇号八三頁）、妻が夫名義で医療費に使用するとの名目で一五〇万円を借財、その際夫自らが自己の勤務先の給与証明書の発行を受け妻に渡し、妻がそれと夫名義の印鑑登録証明書を相手方に交付していたという事案（名古屋地判昭和五五年一一月一一日判時一〇一五号一〇七頁）、妻が夫に無断で自分と夫の二個の印章を持参してリース会社から自分と夫の連帯債務名義で一一万七六〇〇円（遅延損害金日歩三〇銭・年利一〇九・五％）を借財、その際妻は貸付担当者に夫は製あん会社に勤務し月収約三〇万円を得ているが給料日が月初めで生活費がなくなったと説明し、貸付担当者は用途欄に「家事費用」と記載したという事案（横浜地判昭和五七年一二月二二日判タ四九二号一〇九頁）、いずれにおいても日常家事の範囲外であると判示されている[180]。このように、日常家事行為の範囲が、夫婦の資産・収入・職業・社会的地位と行為の種類・性質等から、社会通念に照らして客観的に判断できることからも、日常家事代理権は、支配人の代理権（会社法一一条）[181]と同様に、イギリス法における usual authority に相当すると判断できる。

(iv)　なお、usual authority の範囲内に含まれる行為について、内部的制限がなされても、PがTに予めその旨の notice を与えていなかったときは、内部的制限違反行為について、PはTに責任を負うことから、この限りではAの usual authority は、actual authority ではないのではないかとの意見も有り得る。しかし、日常家事代理権や支配人の代理権といった usual authority の範囲は、domestic manager という地位や支配人の地位から客観的に判断される。Pは自らの意思でAをそのような範囲の usual authority をもつ代理人の地位に置いた以上、usual authority の範囲内に含まれる行為に内部的制限を加えるなら、予めその旨の notice をTに与えるべきであり、にもかかわらず、Pが自らの意思でTに notice を与えなかったということは、domestic manager や支配人の usual authority の範囲内に含まれるAの行為については、Tに責任を負うということを、Pは黙示的に同意（consent）していたとみられるのである。従って、Pの内部的制限にもかかわらず、PがTに責任を負わされることになっても、その場合のAの usual authority は、やはり actual authority なのである。[182]

七　必需代理

(一)　意　義

必需代理（agency of necessity）とは、緊急性のある事情の下で、AがPの財産や利益のために必要性がある行為をした場合に、Pの同意（consent）がなかったにもかかわらず、Aの行為はPの authority に基づいてなされたものであるとみなして、法がPとAとの間に代理関係の成立を認めることをいう。[183]

(1)　必需代理は、必ずしも統一性を有しない異なった性格をもつ、いくつかの類型において、その成立が論じられてきた。例えば、船長のケースでは、船荷が急速に腐りかけて目的地に到着するまでには無価値なものとなるほどの緊急事態が生じたときに、船長Aが船荷の所有者Pのために必要性がある契約（最も近い港に入港し、それらが得られる最高の価格で船荷をTに売却する等）を結んだ場合には、たとえその契約がPの同意に基づくものではなかったとしても、PはAがTと結んだ契約に拘束される。この種の必需代理の成立が認められるためには、① necessity があること（緊急性、必要性があること）、②本人との連絡が不可能であること、③本人の利益のために誠実に行為したこと、が立証されなければならない[184]。

(2)　また、必需代理は、緊急性のある事情の下で、AがPの財産や利益のために必要性があるサービスを提供したり費用を負担したりした場合に、AのPに対する費用の償還請求等を可能にするために主張されたりする。しかし、イギリス法はローマ法の事務管理（negotiorum gestio）を認めていないとされているので[185]、他の人に必要である労務やサービスを提供することによって、任意的に費用を負担した者は、費用を負担する何らかの法的権限が欠けている場合には、費用の償還請求はできないのが原則である[186]。

もっとも、機能的にみれば、イギリス法が事務管理を承認しているらしくみえるケースは存在するし、人は自分のために行為する何らかの権限を他人に与えていないにもかかわらず、自分の利益のためになされた他人の行為によって拘束されることもある。それらは、準契約（quasi-contract）や不当利得（unjust enrichment）ないしは原状回復（restitution）のケースとして承認された例が多いが、必需代理の範囲内に含まれる例もある[187]。

Hawtayne v. Bourne 事件[188]において Parke 裁判官は、必需代理が生じることが明らかに承認される例として、先に述べた船長の例と並んで、為替手形の参加引受人の遡求権をあげた[189]。為替手形（bill of exchange）が手形上に責任を負っていない者によって、支払人のために引受けられた場合には、そのように引受けた者は、彼の引受支払によって利益を得た手形上の債務者に対して、手形所持人の地位に代位できる。これは現在では Bills of Exchange Act 1882 のなかに含まれている。(190) すなわち、為替手形につき引受拒絶証書が作成された後、満期の到来するまで、その手形上の債務者以外の者は、手形所持人の同意を得て、その手形上の債務者のために参加引受けでき、その参加引受人は支払人が満期に支払をしないときには、償還義務を負い、償還義務を履行した参加引受人は、被参加人及びその前者に対して遡求することができる。償還義務を履行した参加引受人が手形所持人の地位に代位できることは、商慣習法に起源を発するものであり、必需代理の例として承認されてきたのである。

(二) 遺棄された妻の authority

Matrimonial Proceedings and Property Act 1970, s. 41によって廃止される以前は、必需代理の典型例として、夫に遺棄された妻は、生活必需品の購入のために夫の信用を担保にできる authority をもつとみなされていた。(191)

(1) 遺棄された妻の必需代理の沿革は「我々の社会的歴史のなかで、女性は実際上は物であった時代にさかのぼる。夫はいったん妻を掌中に把握すると、その女性だけではなく、その女性が所持していたいっさいがっさいを手に入れたのである。もちろんその結果として、もし夫が妻を扶養しないならば、妻は自分自身を扶養する手段をもつことは不可能になる。それは古いコモン・ロー上の権利に由来するのである。(192)」すなわち、コモン・ロー上、妻が無能力であり財産を所有することもできなかった時代において、夫が妻に対する扶養義務を履行せずに、不法に妻を家から追い出したり、あるいは自分が出て行ったりした場合に、配偶者は互いに他方を訴えることはできないとするコモン・ローのルールは、遺棄された妻が自分の権利を訴訟によって強行することを妨げた。そこで遺棄された妻は、自分や子どもの生存を維持する手段が他になかったので、自分に対する夫の扶養義務を夫に強行できる唯一の方法として、生活必需品の購入のために夫の信用を担保にできる authority をもつとみなされていたのである。その結果、遺棄された妻に生活必需品を供給した商人からの請求に応じて、夫は支払わざるを得なくなり、妻は夫の必需代理人とみなされることによって、自分に対する夫の扶養義務を夫に強制することが可能になった(193)。

(2)　必需代理としての遺棄された妻の authority と、前述した共同生活から推定される妻の authority とは、明白に区別されなければならない。

(i)　夫と共同生活をしている妻に、生活必需品の購入のために、夫の信用を担保にする authority が推定されるのは、夫と共同生活をしている妻は、夫から所帯のやりくり（domestic management）を委ねられているのが通常であると推測されるからである。従って、その推定は事実上の推定（presumption of fact）にすぎず、妻はそのような authority をもっていないということが、夫によって立証されるときに推定は覆される。

これに対して、遺棄された妻の authority は、コモン・ロー上夫に課せられた妻に対する扶養義務を、夫に強制することを可能ならしめ、それによって、妻や子どもたちの生存は確保される。従って、それは反証を許さない法律上の推定（presumption of law）であり、夫は妻に対して、夫の信用を担保にして生活必需品を購入することを禁止していたということを立証することによって、その推定を覆すことはできない。

(ii)　コモン・ロー上、夫に課せられた妻に対する扶養義務の内容は、夫は共同生活をしている妻に対して、生活必需品を供給しなければならないということである。妻が夫を遺棄したのでない限り、例えば配偶者の一方の病気や夫の妻に対する遺棄などによって、配偶者が別居しても、夫の妻に対する扶養業務は存続する。しかし、妻が姦通した場合には、夫が姦通を宥恕（condonation）したり慫慂（connivance）したりしなければ、夫に対して扶養を請求する妻の権利は完全に消滅し、夫は扶養義務を免れる。同様に、妻が夫を遺棄した場合にも、夫に対して扶養を請求する妻の権利は消滅するが（しかしこれは姦通の場合とは異なって中断するだけであり）、妻の夫に対する遺棄が終われば、すぐに妻の権利は回復する。[194]

妻が夫に対して扶養を請求できる権利をもつということと、生活必需品を購入するために夫の信用を担保にする authority をもつということとは、直ちに結びつかない。妻はあくまでも夫に対して扶養を請求し得るのみであり、そのことの論理必然的結果として、夫の信用を担保にして商人から生活必需品を購入できる妻の authority が、妻の固有の権利として、認められるわけではない。しかし、夫婦が共同生活をしている場合には、夫は妻に所帯のやりくりを委ねているのが通常であり、夫婦間には黙示の合意が存在するから、妻は implied authority をもつのである。

これに対して、夫が妻を遺棄した場合には、もはやそのような合意は存在しないから、implied authority も存在しない。しかし、なお妻は夫に対して扶養を請求する権利をもち、夫の扶養義務は存続しているから、扶養義務の履行を夫に強制するために、遺棄された妻は夫の必需代理人とみなされ、authority が法律上推定される。夫に遺棄された妻が姦通していても、夫がそれを宥恕したり慫慂したりしていれば、夫の扶養義務はやはり存続しているから、同様である。逆に、夫が妻の姦通を宥恕したり慫慂したりしているという事情がなければ、夫の扶養義務は消滅し、妻は夫に対して扶養を請求する権利を完全に喪失するから、必需代理もまた消滅する。[195] このように、遺棄された妻の必需代理は、コモン・ロー上夫に課せられた妻に対する扶養義務と、表裏一体の関係にあるといえる。[196]

(3)　必需代理は、妻が一般的にコモン・ロー上契約する能力をもたず、財産を所有することもできない時代においては、遺棄された妻の生存を維持させる手段として、非常に重要であった。[197] しかし、妻の無能力は一連の妻財産法によって除去され、一九世紀の終わりまでには、妻は高等法院のみならず治安判事裁判所において、容易に扶養命令を得ることができるようになった。その結果、妻を遺棄して扶養しようとしない夫の信用を担保にして妻に掛売りするのを、商人は自然にいやがるようになり、遺棄された妻が自分の必需代理権を用いることは、次第に稀になってきた。その後、妻が Department of Health and Social Security から直接的な補助を得ることが可能になり、National Health Act の benefit や legal aid を請求できるようになった時、この遺棄された妻の必需代理の法理は時代遅れのものとされ、Matrimonial Proceedings and Property Act 1970, s. 41によって廃止された。(198)

従って、現在のイギリス代理法の著書では、遺棄された妻の authority は過去のものとして扱われている。実際それは妻がコモン・ロー上無能力者として扱われていた時代の遺物なのであるが、一方においては、必需代理の成立範囲を限定するために、明白に必需代理の成立が承認されていた例を検討する上で、他方においては、夫と共同生活をしている妻に推定される authority の性質を考察するために、理論上はなお意味を有している。

(三)　必需代理の成立範囲

船長、為替手形の参加引受人、遺棄された妻の三つのケースが、必需代理の典型例として、承認されてきた。必需代理が成立すると、Pの同意がなかったにもかかわらず、AがTと結んだ契約に基づいて、PはTに対する関係で拘束される。また、Aの行為は違法性が阻却され、PはAに対して損害賠償請求ができなくなるし、逆にAはPに対して費用の償還請求が可能になる。そこで、同様の効果を生じさせるのが望ましいと思われるような他のケースについても、必需代理の成立が議論され、必需代理の法理の妥当領域が問題とされてきた。

(1)　(i)　物の所有者と何らの契約によっても拘束されていない部外者（stranger）が、迷い子の犬や川で見つけた家畜の世話をしても、その部外者にエサ代などの費用を償還すべき義務は、家畜等の所有者には課せられない。(199)利益であれ負担であれ、その背後にある人に課すことはできないのが、一般原則だからである。[200] しかし、陸上運送人は、彼らが運んでいる積荷が腐るかもしれないという危険性がある事情の下では、積荷の所有者の authority なしに積荷を売却できるなど、積荷に関して、船長に類似して扱われるとされた。例えば、Great Northern Rly Co. v. Swaffield 事件[201]においては、Xは鉄道会社でありYのために馬を運送した。Xの責に帰すべからざる遅延のために、馬を合意された荷受人に引渡すことが、不可能になった。引渡すまでXが馬を預かっておく根拠は何もなかったので、Xは馬をZによって経営されている馬預かり所（livery stables）に預けた。Xが馬預かり所の料金を負担したので、Yにその償還を求めたという事案である。食料や必要な世話を欠いたならば馬は死んだかもしれず、馬の世話をするという必要性があったという理由で、[202] YはXに馬預かり所の料金を支払うべき責任があると判示された。

次に、Sims & Co. v. Midland Rly Co.事件[203]では、Y鉄道会社はXに腐りやすい商品を引渡さなければならなかったが、ストライキの結果として、引渡に遅延が生じ、商品がわるくなりはじめた。Yは商品全体の損失を避けるために、それらを売却したが、YはXに商品を引渡すべき契約の違反に対して、責任がないと判示された。

これら両事件においては、XとYとの間に、すでに契約関係（運送契約）が存在していたことが重要である。後者の事件は運送契約の違反のケースであり、代理の例ではない。[204] それゆえ、後者の事件においても前者の事件においても、必需代理の法理に関わるものとして考察されることはなく、ただ単に積荷が腐る（あるいは世話をしないと死んでしまう）という危険性がある事情の下で、運送人に対して与えられていた権限の範囲を決定するものとして、換言すれば、引渡の不履行や引渡の過程において負担された費用に対する運送人の責任を限定するものとして、考察された。物の世話をする人に、その所有者に対する関係で何らかの権利を与えるために、代理の成立が判示されたわけではない。[205]

(ii)　しかし、Sachs v. Miklos 事件において Goddard 裁判官は、積荷が腐りやすかったり、エサや水を与えて世話をしなければならない家畜であったりするような、類似のカテゴリーである場合には、船長に関する必需代理の法理を拡張したものとして、両判決を位置づけた。[206] もっとも、両事件の陸上運送人の行為から生じる権利・義務に関する限り、Goddard 裁判官のように彼らの地位を必需代理人の地位として構成しても、あるいは運送契約の下での彼らの権利・義務は、腐りやすい積荷に対して世話をする権利・義務（極端な事情の下では、所有者のためにそれらを売却する権利・義務）を含んでいると構成しても、結論的には差異はほとんどないようである。[207]

Prager v. Blatspiel Stamp & Heacock Ltd.事件[208]では、McCardie 裁判官は、動産の売却人（運送人ではない）が彼の権限の範囲外で、動産を売却したケースに、必需代理の法理の適用範囲を拡張した。necessity があるという必需代理の法理の要件が満たされている限り、すなわち、緊急性のゆえに本人との連絡が不可能であり、善意で本人の利益のために行為したという要件が満たされている限り、必需代理の法理の適用範囲を拡張することは、商業上の便宜に合致すると、指摘したのである。

しかし、注意すべきことは、Prager v. Blatspiel Stamp & Heacock Ltd.事件では、その動産（柔らかい短い毛のついた皮）は腐りやすい物ではなかったし、本人と連絡をとることができるまで売主が保管することも可能だったので、necessity（緊急性、必要性）が存在しておらず、結論としては必需代理の法理は適用されなかった。同様に、Sachs v. Miklos 事件でも、必需代理の主張は認められていない。Sachs v. Miklos 事件では、Yは無償の受寄者であり、Xの家具を保管していた。大戦中YはXと連絡をとることができず、Xの家具によって占められている空間を他の目的のために利用したいと思い、Xの指示を得ずに、家具を売却したところ、後にXがYに対して返還を請求してきたという事案である。Yは必需代理人として行為したから責任がないと抗弁したが、家具は腐りやすい物ではないから、necessity は存在しておらず、Yには横領（conversion）の責任があると判示された。従って、この判例は、無償の受寄者は必需代理人となることができるというほど、強い先例ではないが、寄託物が腐りやすい危険性のある動産である場合には、受寄者は必需代理人となることができるということが、示唆されたといえる。[209]

このように、necessity があるという必需代理の法理の要件が満たされている限り、陸上運送人のみならず、動産の売主や無償の受寄者の場合にも、必需代理の法理の適用を拡張しようとするアプローチに対して、批判的な見解も存在したが、[210] China Pacific S.A. v. Food Corp of India 事件[211]において、Simon 卿は次のように述べている。「必需代理が成立する方法のひとつは、AがBの所有する動産を占有しており、それらの動産が切迫した危険に臨むという緊急事態（emergency）が生じた場合である。もし、Aがそのような事情の下で、どのように行為すべきかについて、Bから指示を得ることができないならば、B自身がそのような事情の下で、思慮分別のある所有者（prudent owner）として、とるであろうような行動を、Aは authority がないにもかかわらず、その動産に関してとることに拘束される。[212]」

この事件は、船荷の海難救助（salvage）に続いて、海難救助者Xがその船荷を入れる倉庫を準備した（その倉庫はXの所有物ではない）が、Xは、倉庫の準備は船荷（小麦）の品質が悪くなるという危険を避けるためのものであったと述べ、必需代理の法理を含むいくつかの根拠に基づいて、船荷の所有者Yに費用の償還を請求したという事案である。Xは、Yの利益を保護するという意図からのみ行為したのではなく、Yの財産の上のXのリーエン（lien）を維持したいという意図をももって、行為していた。貴族院は、代理に基礎づけられた請求は支持しなかったが、動産の受寄者としての資格において、Xがしたことに関しては、費用を償還される権利があると判示した。従って、必需代理に関して Simon 卿が述べた意見は傍論（obiter dictum）であるが、他人の財産の保護に関して、少なくとも必需代理の法理の本質的な要件が満たされているなら、必需代理が成立する可能性が強く肯定されていることは、承認されなければならない[213]。

(2)　イギリス法はローマ法の事務管理（negotiorum gestio）を認めていないとされているが[214]、右に述べてきたように必需代理の成立範囲の拡大すなわち必需代理の法理の妥当領域について議論がなされてきた。若干整理をすれば、緊急事態が生じた場合に、甲の同意を得ずに、乙が甲の利益のために丙との間でした契約について、甲は丙との関係で拘束されるのか（Ⅰ）、あるいは、甲の利益のために乙が負担した費用について、乙は甲に償還請求できるのか（Ⅱ）、その各々について、緊急事態が生じた時に、甲と乙との間には、既に代理関係や何らかの契約関係が存在していたが、実際に生じた緊急事態が、存在する代理関係や契約関係の範囲には含まれないものであった（それゆえ乙の行為について甲の同意がない）という場合(a)と、甲と乙との間には、そもそも代理関係や何らかの契約関係も存在していなかったという場合(b)、が考えられる。

遺棄された妻のケースは、Ⅰ—a型であり、為替手形の参加引受人の遡求権は、Ⅱ—b型である。船長のケースは、Ⅰ—a型であるが、船長の行為の違法性が阻却され、船荷の所有者に対する費用の償還請求が可能になる点は、Ⅱ—a型でもある。Ⅰ—b型で、必需代理が成立することはない。

議論の対象とされたのは、船長に類似するケース（陸上運送人、動産の売主、無償の受寄者等）としてのⅡ—a型である。必需代理の適用範囲の拡張に好意的な判例の見解に従えば、necessityがあるという必需代理の法理の本質的要件が満たされている限り、その成立を肯定してよいことになる。しかし、この場合、甲・乙間の関係が問題とされているのであるから、あえて必需代理の成立を論じなくても、既に存在している甲・乙間の契約関係の下での各々の権利・義務の範囲を論ずれば足りるとも考えられる。

為替手形の参加引受人の遡求権以外のII—b型のケースにおいては、必需代理の成立を論じるよりも、原状回復（restitution）の法理に従って処理されるべきであろう。(215)

八　結　語

イギリス代理法と日本代理法との差異の概要について述べた後、イギリス法において「代理が成立する」と一般的に考えられている五つの場合、同意による代理、追認による代理、estoppel による代理、共同生活から推定される代理、必需代理について各々考察してきた。イギリス代理法は、この後「代理の効果」（本人と第三者との関係、本人と代理人との関係、代理人と第三者との関係）、「代理の終了」から構成されるが、わが国の表見代理規定と専ら関係があるのは、estoppel による代理を中心とする「代理の成立」の部分なので、本章ではここで筆をとめ、「代理の効果」「代理の終了」については稿を改めたい。

※　本章の初出は、「イギリス代理法入門(1)」光華女子短期大学研究紀要三四集一六一頁〜一九五頁（一九九六年）、「イギリス代理法入門(2)」光華女子短期大学研究紀要三五集六五頁〜一〇三頁（一九九七年）、「イギリス代理法入門(3)」光華女子短期大学研究紀要三六集八九頁〜一二一頁（一九九八年）である。

注

（1）拙稿「イギリス代理法における妻の authority」比較法研究五四号七四頁、同「イギリス代理法と表見代理（一）（二）―妻の authority を中心に―」関西大学法学論集四三巻三号一一四頁、同四号二四六頁。
（2）Anson's Law of Contract（26th edn 1984）, p. 551.　以下 Anson と略する。
（3）Fridman's Law of Agency（6 th edn 1990）, pp. 9 –10.　以下 Fridman と略する。
（4）Ibid., pp. 52–53.
（5）Powell, The Law of Agency（1952）, pp.5–6, 33, 49. 以下 Powell と略する。
（6）Ibid., pp. 38, 63.
（7）中島玉吉「表見代理論」京都法学会雑誌五巻二号一八九頁以下。
（8）同・一九六頁。
（9）鳩山秀夫「民法第百十条ノ適用範囲」法協三四巻一号一一四頁。鳩山博士の見解については髙森八四郎＝髙森哉子『表見代理理論の再構成』（法律文化社、一九九〇年）四七頁以下。
（10）我妻博士の見解については髙森＝髙森・前掲五八頁以下。我妻博士の見解を基礎として、その後の学説が、今日に至るまでどのように展開されたかについては六六頁以下。
（11）Fridman, p. 54.
（12）Cheshire Fifoot & Furmston's Law of Contract（11th edn 1986）, p. 459. 以下 Fifoot と略する。
（13）Fridman, pp. 59–60.
（14）Ibid., p. 60.
（15）Ibid., p. 65.
（16）Ibid., p. 60.
（17）Ibid., p. 65.
（18）Ibid., pp. 66–73.
（19）Ibid., pp. 59, 65 note18. しかし、Powell によれば、当該の取引が、Aの usual authority の範囲内に含まれると判断されたが、PがAにそれをしてはならないと制限を与えていた場合には、authority が存在していないから、Aは actual authority はもたないが、依然として usual authority はもっていることになる。Pは、Aと取引するTが、制限の notice を得るまでは、Aの usual authority

の範囲内の当該の取引について、責任を負い続けるから、この場合、Aは'authority'をもっていないが、usual authority の範囲内において、'power'をもっていることになる。Powell, pp. 38,63.

(20)　(1865), L. R. 1 Q. B. 97.

(21)　Ibid., at 100.

(22)　[1893]　1 Q. B. 346.

(23)　Ibid., at 348.

(24)　Fridman, p. 65; Anson, p. 536.

(25)　Fridman, p. 65.　しかし、不開示の代理の場合の usual authority という概念を否定する見解も多い。例えば、Conant 'The Objective Theory of Agency' (1968)　47 Nebraska L. R. 678 at p. 686は、不開示の本人が代理人に制限を与えていたにもかかわらず、代理人の行為によって拘束されるのは、apparent ownership に基礎づけられた estoppel によると考える。また、Anson, pp. 536–537は、implied authority の一種としての usual authority しか承認せず、不開示の代理の場合には、準不法行為の一例として解決するのが望ましく、PはAの取引が、彼の事業の執行としてなされるならば、Aに代位して責任を負わされると考える。

(26)　Anson, p. 531.

(27)　Anson, p. 531; Fifoot, pp. 461–462.

(28)　[1901]　A. C. 240.

(29)　Fifoot, p. 462.

(30)　Anson, p. 532; Fifoot, p. 464.

(31)　(1866), L. R. 2 C. P. 174.

(32)　Ibid., at 183.

(33)　Ibid., at 184.

(34)　European Communities Act 1972 (c.68), s.9 (2).

(35)　[1982]　Q. B. 938.

(36)　実務においては、発起人が会社の成立前に会社を当事者にする契約書を作成しておき、会社の成立後に、基本定款（memorandum of association）の条項に従い、会社と相手方が契約を締結するようにしている。

(37)　Anson, p. 533.

（38）（1888）,41 Ch. D. 295.

（39）Watson v. Davies,［1931］1 Ch. 455; Warehousing & Forwarding Co. of East Africa, Ltd. v. Jafferali & Sons, Ltd.,［1964］A. C. 1.

（40）Anson, p. 531; Fifoot, p. 461.

（41）Fridman, pp. 98–99.

（42）estoppel による独立した代理を否定する見解も存在する。例えば、Powell, pp. 60–62によれば、この種の判例のほとんどが、apparent authority を estoppel の例として扱っていることを疑うことはできないし、apparent authority の主張のために立証されなければならない事実は、estoppel の抗弁を維持するために立証されなければならない事実と同じであることも、等しく疑いのないところであるが、しかし、estoppel は本人と代理人の関係を成立させるのではない。それは、本人が代理人の行為に対して責任を負うということを、本人が拒絶するのを妨げることによって、本人と第三者の関係、すなわち、第三者に対する本人の責任に影響を与えるのみである。従って、estoppel の法理によって代理関係が成立するときに、代理人がもつ authority が apparent authority であるという説明は誤りである。apparent authority とは、代理人が事実上は authority をもっていないが、しかし本人による表示の結果として、第三者に対しては authority をもっているようにみえる場合に、代理人が第三者に対してもつであろうようにみえる authority であり、代理人が apparent authority の範囲内で行為するとき、代理人は‘power’をもつということになる。

Fridman, pp. 106–107は、estoppel による代理と apparent authority とを区別する見解に対して、①estoppel はもともと不法行為的であるが、apparent authority は契約的であるという違いは、近代においては妥当性をもたないこと、②estoppel は訴訟原因を生じないというが、この種の代理に基づいて、本人が第三者を訴える例があるようにはみえないし、すべての例は第三者が本人を訴えていること、③estoppel は実質的な損失あるいは地位の変更を伴うのに対して、apparent authority の法理の下では、第三者の地位の変更は非常に縮減されるかもしれないが、それは重大な考慮に値しない程度のとるにたらない差異であること、④estoppel の重要性と関連性の両者が、Freeman & Lockyer v. Buckhurst Park Properties（Mangal）, Ltd.,（1964）2 Q. B. 480 at 530において Diplock 裁判官によって明らかにされ、estoppel はこの種の代理の説明として、判例によって承認されていること、等をあげて、この形態の代理は他の形態の代理よりもその成立範囲において、より狭いと理解されている限り、それに関連して estoppel という用語を用いることは、語義的にも法律的にも正しいと論じている。

（43）［1952］2 Q. B. 147 at 149–150,［1952］1 All E. R. 554 at 556.

（44）Armagas Ltd. v. Mundogas SA,［1985］3 All E. R. 795 at 804 per Goff L. J.; on appeal（1986）2 All E. R. 385 at 389 per Lord Keith.

（45）Fridman, p. 101; Anson, p. 534.

(46) Farquharson Bros v. King & Co., ［1902］ A.C. 352 at 341 per Lord Lindley.
(47) 拙稿「イギリス代理法と表見代理（一）」関西大学法学論集四三巻三号一三七頁。以下、拙稿（一）と略する。
(48) (1964) 2 Q. B. 480.
(49) Fridman, p. 103.
(50) Anson, p. 535；Fifoot, p. 460.
(51) (1910), 103 L. T. 832.
(52) Ibid., at 834.
(53) Fridman, pp. 110, 375; Powell, pp. 79, 319; Anson, p. 535; Fifoot, p. 460.
(54) Fridman, pp. 104–105, 113.
(55) Ibid., p. 108.
(56) 例えば、Bowstead on Agency (13th edn 1968), pp. 63–65は、usual authority を、implied authority の一種としての usual authority, apparent authority の一種としての usual authority, authority の独立のタイプとしての usual authority に分類している。
(57) Hely–Hutchinson v. Brayhead Ltd., ［1967］ 3 All E. R. 98 at 102 per Lord Denning M. R.
(58) Fridman, p. 110.
(59) Freeman & Lockyer v. Buckhurst Park Properties (Mangal), Ltd., ［1964］ 2 Q. B. 480.
(60) Fridman, p. 110.
(61) Ibid., pp. 109–110.
(62) Ibid., p.110.
(63) 拙稿「イギリス代理法と表見代理（二）」関西大学法学論集四三巻四号二九一頁〜二九三頁。以下、拙稿（二）と略する。
(64) Anson , p.535; Fifoot, p. 460; Bromley's Family Law (7 th edn 1987), p. 131（以下 Bromley と略する）; Christine Davies, Family Law in Canada (1984), p. 118（以下 Davies と略する）。
(65) Davies, p. 118; Geldart, Introduction to English Law (1983), p. 51; Pilpel & Zavin, Your Marriage and the Law (1966), p. 83.
(66) (1879), 4 Q.B.D. 661 (C.A.).
(67) Ibid., at 667–668.
(68) Powell, pp. 322–324.

(69) (1910), 103 L.T. 832.
(70) Ibid., at 833-834.
(71) (1848), 12Q. B. 460, 116E.R. 940.
(72) Ibid., at 941.
(73) Ibid., at 941.
(74) Swan & Edgar Ltd. v. Mathieson (1910), 103L.T. 832 at 834 per Bucknill, J.;Debenham v. Mellon (1880), 5 Q.B.D. 394 (C.A.) at 403 per Thesiger, L.J.;Anson, p. 535.
(75) (1886), 2 T.L.R. 763.
(76) [1907] 2 Ir.R. 462.
(77) Hanbury, The Principles of Agency (1952), p. 28.　以下 Hanbury と略する。
(78) Bromley, p. 131; Davies, p. 118.
(79) (1884), Cab. & El. 239.
(80) (1922), 38T.L.R. 586 at 588.
(81) (1923), 39T.L.R. 291 at 293.
(82) (1880), 5 Q.B.D. 394 (C.A.) at 403-404.
(83) Drew v. Nunn 事件から Callot & Others v. Nash 事件までの詳細な検討は、拙稿（一）一二〇頁～一三五頁参照。
(84) 拙稿「イギリス代理法入門（1）」光華女子短期大学研究紀要三四集一七〇頁、一七一頁。
(85) 通説的見解について、高森八四郎＝高森哉子『表見代理理論の再構成』四七頁～八八頁。拙稿（二）三〇四頁～三〇八頁。
(86) 梅謙次郎『民法要義（巻之一総則編）』（訂正増補版）二八三頁、二八四頁。
(87) 梅博士の見解について、高森＝高森・前掲三七頁～四二頁。拙稿（二）三〇三頁、三〇四頁。
(88) 富井政章『民法原論（第一巻総論）』（訂正増補版）五一四頁、五一五頁。高森＝高森・前掲四三頁、四四頁。
(89) 高森＝高森・前掲八九頁～九九頁。
(90) 末弘厳太郎「判例民法大正十年度　序」「判例民法大正十一年度　序」「判例民事法大正十二年度　序」。
(91) 正当理由肯定判例及び否定判例の考察について、高森＝高森・前掲一〇〇頁～一七五頁。
(92) 日常家事の範囲を越える代理行為と表見代理との関係について、通説及び判例は、一一〇条を直接適用せず一一〇条類推適用説を採る。一一〇条類推適用説は、その判断基準のあいまいさのゆえに、夫婦の財産的独立を侵害する危険性が極めて高いことについて、拙稿（二）三一二頁、三一三頁、拙稿「借財と日常家事行為」関西大学法学論集四〇巻一号四七頁～五四頁、六二頁～六四頁、九〇頁～九四頁。

(93) 髙森＝髙森・前掲一三〇頁～一三二頁。

(94) (1848), 12Q.B. 460, 116 E.R. 940.

(95) 拙稿「借財と日常家事行為」六四頁～六六頁。

(96) (1884), Cab.& El. 239.

(97) (1870), L.R. 6 C.P. 38 at 42.

(98) (1880), 6 App. Cas.24 (H.L.).

(99) (1880), 5 Q.B.D. 394 (C.A.).

(100) (1880), 6 App.Cas. 24 (H.L.) at 33 per Lord Selborne, L.C.

(101) Ibid.

(102) Bromley, p. 132; Fridman, p. 134; Hanbury, pp. 32–33.

(103) (1880), 6 App.Cas. 24 (H.L.) at 33.

(104) Gomme v. Franklin (1859), 1 F. & F. 465, 175E.R. 811.

(105) Fridman, pp. 131, 369.

(106) Fridman, p.132; Davies, p. 120.　判例、学説の分かれるところである。相互の同意によって別居した妻の authority の問題は、この種の代理を、共同生活から推定される妻の代理の一場合と位置づけるか、それとも必需代理の一場合と位置づけるかによって結論が異なる。より基本的には、夫と共同生活をしている妻に authority が推定される根拠をいかに解するかによる。夫と共同生活をしている妻は、夫から所帯のやりくりを委ねられているのが通常であるという推測が、authority の推定の根拠ならば、別居の場合には、推定の根拠がそもそも欠けているので、これを共同生活から推定される妻の代理の一場合と位置づけることはできない。従って、夫と別居した妻が、生活必需品の購入のために夫の信用を担保にする authority をもつか否かは、夫の相手方に対する holding out がなければ、別居に際して、夫の妻に対する authority の授与があったか否かによる。拙稿（一）一四五頁～一四八頁参照。

(107) Fridman, p. 133; Bromley, p. 129; Bowstead on Agency (13th edn 1968), p. 95（以下 Bowstead と略する）; Fifoot, p. 465; Davies, p.

116; Anson, p. 537.

(108) Phillipson v. Hayter (1870), L.R. 6 C.P. 38 at 42 per Willes, J.

(109) 遺棄された妻のケースでは、エクィティ上貸主に相殺する権利を認めた判例がある。Jenner v. Morris (1861), 30L.J.Ch. 361. しかし、遺棄された妻のケースでさえ、遺棄された状況がいかに絶望的であろうとも、生活必需品獲得のために夫の資産を売却するauthorityは認められていない。Hardingham 'A married woman's capacity to pledge her husband's credit for necessaries'. (1980) 54 Aust.L.J. 661, 667. 拙稿（一）一七四頁注（22）（23）参照。

(110) Jolly v. Rees (1864), 15C.B. (N.S.) 628, 143E. R. 931 at 936 per Erle, C.J.; Phillipson v. Hayter (1870), L.R. 6 C.P. 38 at 42 per Willes, J.; Callot and Others v. Nash (1923), 39T.L.R. 291 at 293 per McCardie, J.

(111) (1870), L.R. 6 C.P. 38.

(112) (1922), 38 T.L.R. 586.

(113) Fridman, pp. 133–134; Bromley, pp. 129–131; Fifoot, p. 466; Anson, p. 537; Davies, pp. 115–116.

(114) (1864), 15C.B. (N.S.) 628, 143E.R. 931.

(115) Ibid., at 936–937.

(116) Ibid., at 937–938.

(117) (1880), 6 App.Cas. 24 (H.L.).

(118) (1880), 5 Q.B.D. 394 (C.A.) at 403–404.

(119) [1903] 1 K.B. 64 (C.A.); affirmed, [1904] A.C. 11 (H.L.).

(120) Ibid., at 71–78.

(121) (1902), 18 T.L.R. 270 (C.A.).

(122) Ibid., at 271.

(123) (1908), 24 T.L.R. 621.

(124) (1922), 38 T.L.R. 562.

(125) 有名なドレスメーカーであるTが伯爵Pに対して、伯爵夫人Aに供給した夜会服等八着の代金£215 5s.の支払を請求した事件である。Aは経済観念のない女性だった。そこでPはAに対して、allowanceとして年に£960を与えることを提案した。これはPの年収の約四分の一を占める金額であり、規則正しくAに支払われた。そして、PはAがPの信用を担保にすることを明示的に禁止していた。もっとも夜会服はぜいたく品であり、生活必需品ではないと判断されている。

(126) (1922), 38 T.L.R. 562 at 565.

(127) Ibid., at 566.

(128) Fridman, p.134.

(129) 夫による妻に対する明示的な禁止はあるが allowance についての合意がない場合や、allowance についての合意はあるが夫による履行がない場合の効果について言及する判例はないようである。

(130) (1922), 38 T.L.R. 586.

(131) (1923), 39 T.L.R. 291.

(132) Ibid., at 292–293.

(133) [1952] 2 Q.B. 770（C.A.）.

(134) Ibid., at 782–783.

(135) 妻に対する夫の虐待のために夫のもとを去った妻は、確定離婚判決と扶養命令を得る約九ヵ月の間、生活必需品を購入するため、彼女の兄から週£5の援助を受けていたので、彼女の兄が夫の信用に基づいて彼女に貸した金員の返還を求めて、夫を訴えたのが Biberfeld v. Berens 事件である。夫に遺棄された妻が、生活必需品を購入するために夫の信用に基づいて借金する authority は、エクイティ上の権利であること、及びこの妻には相当の資産があるので緊急性がないこと等を理由に、妻は必需代理人として夫の信用を担保にすることはできないと判断され、原告（遺棄された妻の兄）は敗訴した。

(136) Anson, p. 537; Bromley, p. 131.

(137) Anson, p. 537.

(138) Bromley, p. 131.

(139) Hardingham 'A married woman's capacity to pledge her husband's credit for necessaries.'（1980）54 Aust.L.J. 661, 664.

(140) Morel Brothers & Co.,Ltd.v. Earl of Westmoreland and Wife,[1903] 1 K.B. 64（C.A.）at 76–77 per Collins M.R.

(141) Fridman, p. 134.

(142) Seymour v. Kingscote（1922）, 38 T.L.R. 586, 588.

(143) (1923), 39 T.L.R. 291, 293. なお Jolly v. Rees 事件から Callot & Others v. Nash 事件までの詳細な検討は、拙稿（一）一五〇頁～一六九頁参照。

(144) Hanbury, p. 30.
(145) Ibid., pp. 31–42.
(146) (1864), 15 C.B.(N.S.) 628, 143E.R. 931 at 937–938.
(147) Fridman, p. 134.
(148) (1870), L.R. 6 C.P. 38.
(149) Hanbury, p. 32.
(150) (1880), 6 App. Cas . 24 (H.L.).
(151) Hanbury, P. 34.
(152) (1880), 5 Q. B.D. 394 (C.A.) at 403–404.
(153) Powell, p. 33.
(154) Ibid., p. 34.　なお implied authority は、express authority を行使するのに付随的なかつ必要であるすべての付属的な行為に拡張される。Ibid., p. 37.
(155) Ibid., p. 49. Powell は American Restatement of the Law of Agency ss. 7, 8. が、authority とは本人の法的関係に影響を与える代理人の power であるなどというのは、authority と power とを混乱させたものとして、正しくないと評する。
(156) Ibid., p. 34.
(157) Ibid., pp. 34–35.
(158) Ibid., pp. 4, 49.
(159) Ibid., p. 38.
(160) Ibid., p. 63.
(161) Ibid., p. 320.
(162) (1880), 6 App. Cas. 24 (H.L.).
(163) Powell, p. 321.
(164) Fridman, pp. 119–120.
(165) Johnston v. Sumner (1858), 3 H. & N. 261, 157 E. R. 469, 471; Jolly v. Rees (1864), 15C. B. (N.S.) 628, 143 E.R. 931, 936; Phillipson v. Hayter (1870), L. R. 6 C. P. 38, 42; Eastland v. Burchell (1878), 3 Q. B. D. 432, 435; Debenham v. Mellon (1880), 5 Q. B. D. 394 (C.

A.) 402;（1880), 6 App. Cas. 24（H.L.）32, 35–36; Remmington v. Broadwood and Another（1902), 18 T.L.R. 270（C.A.）271; Miss Gray, Ltd. v. Earl Cathcart（1922), 38 T.L.R. 562, 565; Anson, p. 537.

(166) Fridman, pp. 51–52.

(167) Ibid., pp.130–131.

(168) Johnston v. Sumner（1858), 3 H. & N. 261, 157 E.R. 469, 471; Jolly v. Rees（1864), 15 C.B.（N.S.）628, 143 E.R. 931, 936; Phillipson v. Hayter（1870), L.R.6 C. P. 38, 42; Eastland v. Burchell（1878), 3 Q.B.D. 432, 435; Debenham v. Mellon（1880), 5 Q.B.D. 394（C.A.）402;（1880),6 App. Cas. 24（H.L.）32, 35–36; Remmington v. Broadwood and Another（1902),18 T.L.R. 270（C.A.）271; Miss Gray, Ltd. v. Earl Cathcart（1922), 38 T.L.R. 562, 565; Anson, p. 537.

(169) Fridman, p. 131.

(170) 拙稿「借財と日常家事行為」四三頁。

(171) 穂積重遠『親族法』三四五頁、野上久幸『親族法』二一五頁。

(172) 中川善之助編『註解親族法』一〇一頁。

(173) 最判昭和四四年に対する判例研究として、髙森八四郎＝髙森哉子「民法七六一条と夫婦相互の代理権及び権限踰越の表見代理」関西大学法学論集四〇巻三号一五六頁。

(174) 拙稿「イギリス代理法入門(1)」一七五頁。

(175) 拙稿・同右一六八頁、拙稿「イギリス代理法入門(2)」光華女子短期大学研究紀要三五集六六頁、六七頁、八一頁、八三頁。

(176) 拙稿「イギリス代理法入門(2)」八六頁。

(177) 拙稿・同右八六頁、八七頁。

(178) 拙稿「日常家事債務の連帯責任―消費者問題を含めて―」『ゼミナール婚姻法改正』一四一頁、一四二頁。

(179) 髙森＝髙森「他方名義の不動産処分と日常家事行為」関西大学法学論集三八巻四号一八頁～六七頁。

(180) 拙稿「借財と日常家事行為」五五頁～九〇頁、九四頁～一〇二頁（図表Ⅰ、図表Ⅱ）。

(181) 拙稿「イギリス代理法入門(1)」一七三頁～一七五頁。

(182) Fridman, pp. 59, 65 note 18.

(183) Fridman, p. 119; Anson, p. 538; Cheshire Fifoot & Furmston's Law of Contract（11th edn 1986),p. 465.

(184) Anson, pp. 538–539; Fridman, pp. 121–122.

(185) Anson, p. 539.
(186) Falcke v. Scottish Imperial Insurance Co.（1885）, 34 Ch.D. 234 at 248.
(187) Fridman, pp. 128–129.
(188) （1841）, 7 M. & W. 595.
(189) Ibid., at 599.
(190) pp. 65–68.
(191) Anson, p. 538; Bromley, p. 586. Fridman, The Law of Agency（2 nd edn 1966）, pp. 69–70.　以下 Fridman, 2nd と略する。
(192) J. N. Nabarro and Sons v. Kennedy,［1955］1 Q.B. 575 at 578–579 per Stable J.
(193) ところで、必需代理の承認された他の例においては、緊急事態によって脅かされるのは、本人の利益であり、代理人は本人の利益のために行為する。しかし、遺棄された妻の例においては、緊急事態によって脅かされるのは、代理人である妻自身の利益であり、本人である夫の利益ではない。もっとも、コモン・ロー上夫には彼の妻を扶養すべき義務があるのであるから、夫は妻を遺棄することにより、自らその扶養義務を履行しない、また履行できないという危険が夫に生じているともいえるが、しかし、やはり夫の財産上の利益が脅かされているとみるのは困難である（Fridman, 2nd, p. 68）。そこで、遺棄された妻は準代理人（quasi agent）と理解すべきだという学説（Powell, pp. 338–339）もあったが、一般的には、これは歴史的起源をもつイギリス法に存在する一種の変則的なケースにすぎないのであって、やはりこのような場合にも、イギリス法は、当事者間の合意にかかわりなしに、本人と代理人の関係を成立させたと解されていた（Fridman, 2nd, p. 68）。現在では、遺棄された妻の authority は、立法により廃止されているから、この点に関する議論は不要になった。
(194) Bromley, pp. 586–587.
(195) Fridman, 2nd, p. 70.
(196) Eastland v. Burchell（1878）, 3 Q.B.D. 432 at 435–436 per Lush J.　拙稿（一）一八六頁注（16）。
(197) 遺棄された妻の必需代理が存続している間、①彼らが習慣的にしてきた生活様式にふさわしい商品のために Manby v. Scott（1663）, 1 Lev. 4.　②妻が監護している子どもの扶養と教育のために Collins v. Cory（1901）, 17 T.L.R. 242.　③夫に対して訴訟を提起するために Biberfeld v. Behrens,［1952］2 All E. R. 257,［1952］2 Q.B. 770; J.N.Nabarro and Sons v. Kennedy,［1954］2 All E.R. 605,［1955］1 Q.B. 575.　妻は夫の信用を担保にできる。妻が夫の信用を担保にして購入した商品や受けたサービス等が、生活必需品に該当するかどうかは、それらを供給する相手方によって立証されるべき事実問題である。

共同生活から推定される妻の authority の場合には、生活必需品を購入する目的で、妻が夫の信用を担保にして借財し、そのお金を現実に生活必需品の購入にあてたとしても、貸主が夫に請求することはコモン・ロー上認められていないが、遺棄された妻の場合には、貸主に相殺する権利をエクィティ上認めた判例がある。Jenner v. Morris（1861), 30 L.J.Ch. 361.

遺棄された妻の authority は、反証を許さない法律上の推定であるから、夫による妻の authority の禁止または制限が夫によって立証されても、覆すことはできない。しかし、生活必需品を供給した相手方が、妻に対して信用を与えていたならば、夫は責任を問われない。また、遺棄された妻が、十分な資産を得て生存を確保できるならば、緊急事態には陥っていないから、必需代理は消滅する。

(198) Bromley, p. 587.
(199) Binstead v. Buck（1777), 2 Wm. Bl. 1117; Nicholson v. Chapman（1793), 2 Hy. Bl. 254.
(200) Fridman, p. 125.
(201) (1874), L.R. 9 Ex. 132.
(202) Ibid., at 138 per Pollock B.
(203) [1903] 1 K.B. 103.
(204) Ibid., at 112 per Scrutton J.
(205) Fridman, p. 125.
(206) [1948] 2 K.B. 23 at 35, [1948] 1 All E.R. 67 at 68.
(207) Fridman, p. 125.
(208) [1924] 1 K.B. 566.
(209) Fridman, p. 127.
(210) Jebara v. Ottoman Bank, [1927] 2 K.B. 254 at 271 per Scrutton L. J.
(211) [1982] A.C. 939, [1981] 3 All E.R. 688.
(212) Ibid., at 697.
(213) Fridman, p. 124.
(214) Anson, p. 539.
(215) Fridman, p. 129.

第二章　イギリス代理法と表見代理

——妻の authority を中心に——

一　序

(1)　筆者は日本民法における表見代理規定を理論的に整序したいと考え、表見代理規定の中核的部分である民法一一〇条の「正当理由」の概念規定について、具体的判断基準の定立化とそれに即した判例群の類型的考察を行い[1]、その一環として、夫婦の一方が他方に無断で七六一条の日常家事の範囲内で代理行為をした場合の効果、及び、日常家事の範囲を越えて無権代理行為をした場合の表見代理規定との関係について、いくつかの論稿を公にしてきた[2]。ところで、夫婦が共同生活を営み、妻が夫から所帯のやりくりを通常任され、生活必需品を購入するという我が国と共通の生活実態がイギリスにも存在する。従って、イギリス法においても、妻が夫からの個別的授権を得ずに生活必需品を購入した場合の夫の責任や、妻がした取引について夫が従来相手方に対して債務を支払うなどの認容的言動をしてきた場合の夫の責任等が問題とされる。即ち、これらの場合に夫を本人、妻を代理人とする代理関係が

成立するのかということが、イギリス代理法上の一つの重要なテーマとされてきた。(3)

イギリス法において、夫が妻に個別的に授権した場合を除き、妻が夫の代理人であるとされるのは、以下の二つの場合である。まず第一に、夫と共同生活をしている妻は、生活必需品の購入のために夫の信用を担保にする authority をもつと推定される。(4) 第二に、生活必需品であれ、その範囲を越えるぜいたく品であれ、その購入について妻は夫の信用を担保にする authority をもつ夫の代理人であることを、夫が相手方に対して holding out していれば、妻は apparent authority をもつとされる。(5)

第一の共同生活から推定される妻の authority については、その性質論が、主として夫が妻の authority を内部的に制限したり撤回したりする場合に、それについての notice を夫が相手方に与えていなくても、夫は責任を免れることができるのかという問題に関して、判例・学説上議論されてきた。右の妻の authority の性質について、判例の多くや学説のなかでもたとえば Anson は implied authority であると表現するが、Hanbury は夫が妻を代理人として holding out したことによる apparent authority ととらえ、Powell は usual authority の一場合と理解し、Fridman は implied authority や apparent authority や usual authority とは理論的に区別される presumed authority であると分類する。また第二の、夫が妻を自己の代理人として holding out したことによる妻の apparent authority については、holding out に相当する夫の相手方に対する行動とは具体的に何かが問題とされてきた。

(2)　ところで、estoppel による代理あるいは holding out による代理の研究から、我が国に表見代理の概念を紹介した中島玉吉博士は、我が民法において表見代理思想が認められるのは、一〇九条、一一〇条、一一二条であるとした。(6) 表見代理規定が estoppel による代理あるいは holding out による代理であると解するならば、その中核的部分である一一〇条の「正当理由」とは「本人ノ行為ニヨリテ第三者ヨリ見レハ代理権ノ範囲ニ属スト見ラル可キ事実ノ存在ヲ指スモノナリ[7]（傍点筆者）」と中島博士が説明するのは論理必然のことである。ところが、代理取引における動的安全をとにかく広く保護するという抽象的観念から、あるいは本人の行為の全く存在しない法定代理に一一〇条を適用するために、正当理由が成立するためには本人の作為・不作為は不要であると主張していた鳩山秀夫博士によって、中島博士の右の説明は「原因主義」を採るものであると批判され[8]、この鳩山博士の主張を継承発展させた我妻栄博士が、一一〇条の「正当理由」に関する通説的見解を形成するに至る[9]。中島博士が一〇九条、一一〇条、一一二条の三ヵ条をまとめて表見代理規定であると提唱した点のみは、我が国の通説となったし、また、estoppel による代理の一般的要件やその歴史的形成過程あるいは estoppel による代理と apparent authority の理論との対立等については、その後いくつかの研究もなされた[10]。

しかし、中島博士の表見代理概念の中心的部分、即ち、本人の第三者に対する行為を絶対的成立要件とするところの estoppel による代理あるいは holding out による代理の中核的部分が、一一〇条の正当理由の解釈としては、鳩山博士によって真っ向から批判され、その後の我妻博士をはじめとする通説と対立してしまったためか、イギリスの判例の具体的事案との関係で、本人の第三者に対するどのような行動が holding out に相当すると判断されたのかを具体的に検討し、それを事案ごとに類型化して、一一〇条の正当理由の解釈に導入しようとする考察には、従来あまり関心が注がれていなかったように思われる。

また、中島博士以来一〇九条、一一〇条、一一二条は表見代理概念を基礎とする表見代理規定であると理解されてきたことから、日本民法における表見代理規定はイギリス代理法の概念では estoppel による代理に相当すると一般的には考えられており、その結果、民法の表見代理規定を解釈するにあたり usual authority による代理を顧慮しようとする姿勢に乏しかったといえよう。確かに、usual authority は、本人不開示の代理の場合に隠れた本人の責任を肯定するために判例上形成されてきた概念である。そして、本人不開示の代理の場合には本人の第三者に対する authority の holding out が存在しないから、この場合の usual authority は、estoppel による代理、apparent authority とは明確に区別される。しかし、本人開示の代理のある種の事実関係の下では、その区別は必ずしも容易ではない。たとえば、本人が一定範囲の代理権を伴う地位に代理人をつけていたり、あるいは、その地位につけたとの表示をしていた場合に、本人によって授権されていない代理人の行為につき本人の責任が肯定されるとき、それが usual authority による代理なのか apparent authority による代理なのかは困難な問題であり、イギリス人研究者の代理法の著書のなかでも混乱がみうけられる（この点については後述する）。

(3)　従って、一〇九条、一一〇条、一一二条の表見代理規定相互の関係を明確化するという観点からは、第一に、本人の相手方に対するどのような行動が holding out に相当すると判断されたのかを、判例の事案との関係で具体的に検討し、それを事案の種類ごとに類型化すること、第二に、本人開示の代理の場合における usual authority と apparent authority の内容を具体的事案に即して解明すること、以上の二点がイギリス代理法を比較法的に考察するに際して重要であると考える。

(1)で述べたように、イギリス代理法においては夫の個別的授権を得ない妻の行為について、ある種のケースでは holding out があったと判断されて夫の責任が肯定され、holding out のないケースでも、夫と共同生活をしている妻は、生活必需品を購入するために夫の信用を担保にする authority をもつと推定され夫の責任が問題とされる。そして後者の共同生活から推定される妻の authority については、その性質が論者により implied authority, apparent authority, usual authority, presumed authority 等と様々に理解されている。そこで本稿では、第一に、夫の相手方に対するいかなる行動が holding out に相当すると判断されたのかを検討し、第二に、共同生活から推定される妻の

authority の内容、妻の authority を奪う事実、それについての夫の相手方に対する notice の要否を検討した上で、各論者による authority の分類、妻の authority の分類上の位置づけを論じ、それを apparent authority と usual authority の内容を解明する手がかりとして、日常家事行為と表見代理に関する日本民法との比較法的考察を試みたい（なお一九九二年六月六日関西大学で開催された比較法学会における筆者の報告「イギリス代理法における妻の authority」[11] は本稿を基礎とするものである）。

二　妻の authority の内容

(一)　holding out による妻の authority

(1)　holding out に相当する夫の相手方に対する行動

判例においては、生活必需品であれ、その範囲を越えるぜいたく品であれ、その購入について妻は夫の信用を担保にする authority をもつ夫の代理人であることを、夫が相手方に holding out していれば、代理法の一般原則に従い、共同生活から推定される妻の authority の有無を問題とすることなく、夫の責任が肯定される。

(i)　まず、妻が夫の信用を担保にして特定の商人から商品を信用買いし、商人が夫に請求書を送ったところ、それに対して夫が従来異議を留めずに支払っていたことは、holding out に相当する典型的な夫の行動であるとされている。[12]

㋑　Drew v. Nunn 事件[13]においては、被告の妻は一八七二年に夫の信用を担保にして原告商人と取引をはじめ、妻によって注文されたいくつかの商品について、夫はその取引を承認し代金を原告に支払っていた。ところが夫は一八七三年に病気になり、その一一月に自分の収入のすべてを妻に支払うことを命じ、夫の銀行口座から小切手を振出す権限を妻に与えたところ、その翌月一二月に精神異常となった夫は一八七七年四月まで精神病院において拘束された。夫が精神病院にいる間に妻は原告に商品（ブーツやくつ）を注文し、原告は夫が精神異常のため精神病院に拘束されていることを知らず、また、夫の収入が妻に支払われていることも知らずに、夫の信用に基づいて妻に商品を掛売りし、夫に支払を請求した。一八七七年四月に回復した夫は原告の請求を拒絶したが、原審も控訴院も被告は原告の請求する商品の代金に対して責任があると判示した。控訴院の Brett 裁判官は、夫の精神異常により妻の authority は消滅しているが、夫は正気の間に原告に対して妻を自己の代理人であると holding out しており、原告は夫がつくった表示を信頼して、妻の authority が消滅しているという notice を与えられずに、妻を夫の代理人と信頼して取引したのであるから、夫は責任を負う旨述べている。(14) この判決に対しては、夫が妻の authority を任意的に撤回した場合と異なり、精神異常になったケースでは、夫は相手方に authority の消滅の notice を与えることができないから、authority の消滅についての notice を与えることができなかった夫に責任を認めたこの判断は不当であるという批判が Powell からなされている。(15) 精神異常や死亡による authority の消滅はそれ自体イギリス代理法上のひとつの重要な問題ではあるが、(16) いずれにせよ Drew v. Numn 事件においては、妻の注文に基づいて妻に供給された商品（ブーツやくつ）が生活必需品であったか否かという点は問題とされずに、妻が夫の信用を担保にして原告から購入したいくつかの商品に対して、夫がそれを承認し支払っていたことが、holding out に相当すると判断されている。

㋺　しかし、Swan & Edgar Ltd. v. Mathieson 事件(17)においては、夫が過去において、妻の注文に応じて原告商人によって家庭に配達されてきた商品に対して、その取引を承認し支払ってきていたにしても、夫が支払を拒絶した今回の取引が、従来の取引とは異なって家庭以外の他の場所に配達するようにとの妻の指示に従い、原告がその点を夫に問い合せずに家庭以外の他の場所に配達した商品である場合には、夫に責任がないと判示された。

この事件では、被告である夫と彼の妻は一九〇九年三月から一九一〇年二月一七日まで共同生活をしており、その約一年間の間、妻は夫の信用を担保にして原告に商品を注文し、そのようにして妻により注文された商品は夫婦が共同生活をしている住所が記載された勘定に記入され、すべての商品は必ずその住所において引渡されており、夫は原告の請求に応じて支払っていた。そして、原告は取引の初期の段階における夫への問い合せによって、その住所は夫婦が共同生活を営んでいる家庭であることを知っていた。ところが、妻は二月一七日に別の男性と生活するために夫のもとを去り、夫がその駆落ちの事実を発見する前に、妻は二月二三日及び三月一日原告の店に行き、当該商品（ダブルベッドや掛ぶとん等）を注文し、それらの商品が、従来の取引と同様に夫の勘定に記入されるべきことを指示したが、しかし従来の取引とは異なって、家庭以外の他の場所（実は妻が駆落ちして別の男性と住んでいた場所）に配達されるべきことを指示した。原告は妻の駆落ちの事実を知らず、また、従来の取引とは異なって家庭以外の他の場所に商品を配達することについて夫に問い合せずに、妻の指示に従って商品を引渡した。夫はその後すぐ、妻の駆落ちの事実とその理由を知り、もはや妻の債務について責任を負わない旨の広告がタイムズに掲載されるように手配をし、その広告は三月九日掲載された。

原審においては、夫は妻を原告から商品を購入するための彼の代理人として holding out しているが、しかし商品は被告の家庭においてのみ引渡されるべきであるというのが、妻の authority に付された制限であるという理由で被告勝訴の判決がなされ、原告は控訴して、夫は妻を代理人として holding out していたから、夫が妻と取引していた者に対して、妻の authority は消滅したという notice を与えるまでは、夫は妻の行為によって拘束されると主張した。これについて王座部の Bucknill 裁判官は、夫によって妻に対して与えられた ostensible authority は原告に向けられており、夫と彼の妻が共同生活している家に送られる原告によって供給された商品の代金について夫は責任を負うが、例えば、一年間ある女性が雇主の家で料理人となり、彼女が働いている家に肉や他の食料を配達するように商人に注文し、雇主がそれに対してその商人に代金を支払っていたとしても、彼女が雇主のもとを去った翌日、これまで彼女が習慣的に取引していたその商人の店へ行き（その商人は彼女がやめたことを知らない）、たくさんの商品を注文し、従来通り彼女の雇主が代金を支払うと言い、それらの商品を持ち帰ったり、あるいは、彼女個人の住所にそれらを配達するようにと指示したとしても、そのような方法で彼女に供給された商品について彼女の元の雇主は責任を負わないであろうと同様に、本件の夫も責任を負わないと述べており(18)、被告勝訴の判決がなされた。

原審は、夫は妻を原告から商品を購入するための彼の代理人として holding out しているが、しかし商品は夫の家庭において引渡されるべきであるというのが妻の authority に付与された制限であるという理由で被告勝訴の判決をしており、控訴審である王座部の Bucknill 裁判官の判決のなかにも同趣旨の表現がみられる(19)。しかし、本件においては、夫による妻の authority の制限があったというよりも(20)、夫は従来、妻の注文に応じて原告商人から夫婦が共同生活を営んでいる家庭に配達されてきた商品に対して、異議を留めずに支払ってきていたのであるから、従来のやり方通りに、家庭に配達されてくる商品については、妻は夫の信用を担保にして商品を購入する authority をもつ夫の代理人であることを、夫は原告に対して holding out していたといえるが、従来のやり方とは異なって、家庭以外の他の場所に配達される商品については、妻は夫の信用を担保にして商品を購入する authority をもつ夫の代理人であることを、夫は原告に対して holding out していないと判断すべきであろう(21)。

(ハ)　Swan & Edgar Ltd. v. Mathieson 事件とは異なり、女性（正式に婚姻した妻ではなく mistress であった）が男性と別れた後で、転居した彼女自身の家において、彼女の注文に応じてなされた家具や造作のそなえつけの仕事の代金について、別れた男性に責任を認めたのは、Ryan v. Sams 事件(22)である。被告と Stanley 夫人は、正式に婚姻しなかったが、一八四三年から一八四六年一一月までの約四年間、夫と妻として共同生活していた。その期間中、彼らは相次いで三つの家で共同生活したが、まず共同生活をはじめた最初の家において、家具や造作をそなえつけるために、窓わくや鏡のメーカーである原告に注文が与えられ、なされた仕事の代金を被告が支払った。被告は Stanley 夫人と共同生活している時、Stanley という名前で通っており、そう呼ばれることを望んでいたが、原告に対してはふたりの真実の関係をほのめかしていたので、原告は Stanley 夫人が単なる mistress にすぎないことを知っていた。被告と Stanley 夫人は、その後二度転居したが、その転居のたびに、最初の家においてそなえつけの仕事をした原告に対して、被告または Stanley 夫人によって同様のそなえつけの仕事の注文がなされ、仕事の代金は、そのつど初回と同様に被告が支払っていた。彼らは一八四六年一一月に別れたが、それについて原告は被告から、いかなる notice も与えられなかった。同年翌月である一二月、Stanley 夫人は、彼女が最後に被告といっしょに生活していた三番めの家にまだ住んでいた。その家に Stanley 夫人は原告を呼びつけ、これから転居する家に従来と同様のそなえつけの仕事をすることを注文した。その転居先の家は、実際には彼女自身の家であったが、別居のことを何も知らなかった原告は、翌年一月にそなえつけの仕事をし、従来と同様に被告にその代金を請求した。

Patteson 裁判官は、被告と Stanley 夫人は次々に三つの場所で共同生活をし、それらの各々において、被告またはStanley 夫人の原告に対する注文により同様のそなえつけの仕事がなされ、その代金を被告が支払っており、別居後の Stanley 夫人自身の家の同様のそなえつけの仕事についても、原告は別居についての notice を被告から与えられておらず、注文は最後に共同生活をしていた家において与えられたのであるから、原告としては四度めの家のそなえつけの仕事であると思い、Stanley 夫人は被告の信用を担保にしてそなえつけの仕事を注文する authority があると信頼したという理由で被告の責任を認め、Coleridge 裁判官も、彼らの間には住所の三回の変化があり、その各々の移転において同じ種類の注文があったが、各々の例における注文の性質が同様であったことが重要であると述べて、被告の責任を認めている。[23] [24]

この Ryan v. Sams 事件においては、被告と Stanley 夫人は、わずか四年間の共同生活の期間中、相次いで三つの家をもっており、その各々の家に入居するに際して、被告または Stanley 夫人の原告に対する注文により、原告はそれぞれ同様の家具や造作のそなえつけの仕事をし、そのつど被告が支払ってきたわけである。問題となった四度めの注文は、実際には、Stanley 夫人が被告と別れた後で転居することになっていた彼女自身の家におけるそなえつけの仕事であった。しかし、原告は彼らが別れたことについての notice を被告から与えられず、四度めの注文は彼らの三度めの家で Stanley 夫人によってなされ、その内容は従来の三度の注文と同様に転居先の家に入居するにあたっての家具や造作のそなえつけの仕事であったのであるから、Stanley 夫人は被告の信用を担保にして転居先の家での家具や造作のそなえつけの仕事を注文する authority をもつ被告の代理人であることを、被告は原告に対して holding out していたと判断できる。

㈡　妻が特定の商人との間でしてきた取引について、夫がそれらを承認し支払ってきたことは、一般的には holding out に相当する典型的な行動であると理解されているが、個々具体的なケースにおいて holding out があったか否かを判断するにあたっては、今回の取引のやり方や内容が、承認されてきた従来の取引のやり方や内容と同様であることが重要である。夫の責任を否定した Swan & Edgar Ltd. v. Mathieson 事件においては、夫は従来妻の注文に応じて原告商人が常に家庭に配達してきた商品に対して支払ってきていたのであるから、従来の取引のやり方とは異なって、家庭以外の他の場所に配達される商品については、妻は夫の信用を担保にして商品を購入する authority をもつ夫の代理人であることを、夫は原告商人に対して holding out していないと判断すべきである。これに対して、被告の責任を肯定した Ryan v. Sams 事件においては、Coleridge 裁判官がいうように、各々の例における注文の性質が同様であったことが重要であり、同様であったからこそ、Patteson 裁判官がいうように、原告にとっては四度めの家のそなえつけの仕事だったのである。即ち、原告は四年間という短かい期間の間に、今回の注文と内容が同様であるところの彼らが三つの転居先の家に入居するにあたってのそなえつけの仕事をしており、従来の三度の仕事は、被告または Stanley 夫人の注文によってなされ、被告がそのつど支払ってきていたのであるから、従来の取引とやり方や内容が同様である今回の取引において、被告は原告に対して Stanley 夫人を自己の代理人であると holding out していたと判断できる。右の例において、代理人が妻であるか、mistress であるかは、holding out の有無の判断に影響を与えない。何故なら、本人の相手方に対する一定の行動が具体的に holding out に相当すると判断されるとき、同様の具体的事実があれば、本人と代理人が、夫と妻ではなくて雇主と使用人であったとしても holding out の存在は肯定されるからである。(25) 本稿では妻（または mistress）の代理に焦点をしぼって論じているが、本人の相手方に対するどのような行動が holding out に相当するのかという問題は、純粋に代理法の一般原則に従って判断される問題である。

㋭　なお、妻の原告商人に対する債務について、過去において夫が£200の夫名義の小切手を振出し妻に渡して、妻がそれを原告商人に渡したことがあったにしても、それだけでは夫が原告商人に村して、妻は夫の信用を担保にして商品を購入する authority をもつ夫の代理人であることを holding out したとはいえないと判断したのは、Durrant v. Holdsworth and Wife 事件(26)である。原告は婦人装身具商であり、原告が妻の注文に応じて妻に供給したドレス等の代金£179 6s. 1d. の支払を夫と妻に請求した事件である。夫は貴族の執事であり年収は£700、他に£50以上の私的な所得をもっており、妻には結婚セッツルメントの下で£100の所得があり他に£800の遺産について生涯権をもっていた。当該のドレス等が生活必需品であったか否かの点は当事者間で全く争われておらず、原告の夫に対する主張は、専ら、一八八四年三月妻の原告に対する債務が£200を超えた時に、原告が妻を通して夫によって振出された£200の小切手を受領したという事実に依っており、この事実によって、夫は原告に対して、妻は夫の信用を担保にしてドレス等を購入する authority をもつ夫の代理人であることを holding out していると原告は主張した。ところで夫と妻は共同生活を継続しているが、妻はかねてから非常に浪費家であり、夫は一八八二年に妻が非常に多額の債務を負担しているのに気づき、夫の信用を担保にして商品を購入してはならないと妻に対して明示的に禁止していたが、この点についての notice を原告に与えていなかった。一八八二年当時妻が原告に対して負担していた債務については妻の父が支払った。さて£200の夫名義の小切手であるが、妻は£400の借財を彼女の義姉（夫の姉か?）に申込み、義姉は、そのお金が彼女（妻）の債務の支払にあてられることを知るべきである夫の銀行口座に振込むことを条件として、£400を彼女（妻）に貸すことを承諾し、£400は約束に従って夫の銀行口座に振込まれ、夫がそれに基づいて夫名義の小切手を振出し妻に渡した。問題となった£200の小切手は、このような経過で夫によって振出され、妻に渡され、妻によって原告に支払われたものである。原告の請求額の大部分は£200の小切手が受領された日付以降に負担されたものであるが、妻は原告に対して夫が責任を負うとか負わないとかいったことは一切何も言っておらず、証拠として提出された妻の原告に対するたくさんの手紙によれば、妻は自分自身の資産で原告に対して支払うつもりであり、また事実£45の妻自身の小切手を原告に送ったこともあった。右の事実関係に基づいて、Mathew 裁判官は、夫は決して妻に夫の信用を担保にすることを授権しなかったし、妻はそのような

authorityをもっていると原告が推断できるような行為を夫は原告に対して決してしなかったと述べて、夫勝訴の判決をした（但し原告の妻に対する請求は認容している）[27]。

本件の夫と妻は共同生活を継続しており、それなりの地位と資産のある夫婦であるが、購入されたドレス等が生活必需品であるか否かは問題とされずに、夫が振出した夫名義の£200の小切手が妻を通して原告に支払われたという一度の事実が、holding outに相当する夫の原告に対する行動であるといえるか否かが主要な問題とされている。仮に、右の小切手が、夫が真実妻と原告との取引を承認して、夫自らが振出し自らが原告に渡したものであったにしても、それだけのひとつの事実でholding outがあったと判断されるかどうかは疑問である。例えば、Barrett v. Irvine事件[28]においては、未成年の息子のために馬の代金をいったん支払った母親は、それによって息子の将来のすべての馬の購入に対して彼女の信用を担保にすることをholding outしたとはいえないと判断されており、authorityの一回的な付与はそのauthorityを永続させないと解されている[29]。妻が特定の商人との間でしてきた取引について、夫が真実それらを承認し幾度か支払ったことがあれば、一般的にはholding outに相当する典型的な行動であるといってよいが、一度限りの支払それだけでは、holding outに相当しないと解すべきである。

しかも、本件の小切手の場合には、夫は、妻が夫の信用を担保にしてドレス等を購入するauthorityをもつ夫の代理人として、原告と取引したということを承認して、小切手を振出し、自ら原告に渡したわけではない。妻が義姉から£400を借財する際に、義姉が付した条件が貸金を夫名義の預金口座に振込むということであったため（夫はそれが妻の債務の支払にあてられる予定であることは知っていたようであるが）、夫は夫名義の小切手を振出すことによって、妻が義姉から借りたお金を引出して妻に渡したのである。従って、判決は妥当であり、夫の預金口座に振込まれたところの義姉から妻が借りたお金を引出すために、夫が夫名義の小切手を振出し妻に渡し、妻がそれを原告に渡すことによって自分の債務の支払にあてたとしても、それだけでは holding out に相当する夫の原告に対する行動はないと判断すべきである。

(ii) 次に夫が相手方の面前で商品の選択において積極的な役割を演じ、かつ、契約の履行を相手方に指図していれば、それは holding out に相当する夫の相手方に対する行動であると解されている(30)。

㋑ Jetley v. Hill 事件(31)においては、妻が夫と居住している家にそなえつける家具を購入し、そなえつけの仕事をするように商人に注文したが、その際夫が家具の選択や家でなされたそなえつけの仕事に対してその商人に指示を与えていた場合には、商人に対する夫のそのような行動は holding out に相当し、たとえ夫と妻との間では、妻が家具とそなえつけの仕事の代金を支払うという合意があり、夫が明示的に妻に対して夫の信用を担保にすることを禁止していたとしても、そのような合意や禁止について notice を与えられていない商人に対して夫は責任を負うと判示された。本件の夫と妻は共同生活をしているが、供給されそなえつけられた家具が生活必需品であるか否かは問題とされず、夫が商品の選択や契約の履行について、相手方に対して積極的な役割を演じ指図していた、つまり、夫の相手方に対するそのような認容的行動が holding out に相当すると判断されたのである。

㋺ しかし、妻が買物をする際に夫が同伴し妻がドレス等を選択するのに助言を与えたりしていても、それだけでは holding out に相当しない。たとえば Seymour v. Kingscote 事件(32)は、夫と妻が共同生活をしている間に、コートドレスメーカーである原告によって妻に供給されたドレス等の代金£360 14s.の支払を原告が夫に請求した事件である。Rowlatt 裁判官は、夫がしばしば原告の店での妻の買物に同伴したという事実は、この目的(holding out の有無)のためには全く関係がなく、夫は妻がドレスを注文する時に、夫がそれに対して支払うつもりなのか、または、妻が支払うことになっているのかにかかわらず、妻に同伴するものであるから、それが購入された商品のぜいたく性の問題が考慮されるときにはしばしば非常に重要な点になることは別として、[33] 妻が夫の信用を担保にしてドレス等を購入する authority をもつ夫の代理人であることを、夫が原告に holding out していたことにはならないと判断している[34]（本件では、右の点よりも、後述するように、妻が独立した収入をもっていたという事実が、共同生活から推定される妻の authority を否定するのではないかという点が主要な争点とされており、結論的には原告の夫に対する請求が認容されている）。

また、同様の事実が holding out の有無に関して問題とされたのは、Callot and Others v. Nash 事件[35]である。これは衣装商会である原告が夫に対して妻に供給したドレス等の代金£657の支払を請求した事件であるが、McCardie 裁判官は、右に述べた Seymour v. Kingscote 事件の Rowlatt 裁判官の意見を引用し、かつ、妻が買物する時に夫が妻に同伴したり、服の選択において妻を助けるという事実はそれ自体自然なことなのであって、たとえ夫が妻にドレスの購入のために非常に気前のいい allowance を与えていたとしても、更に、夫の信用を担保にすることを妻に明示的に禁止していたにしても、夫は妻がドレスを選択する際に妻を助けて妻に対する好意を示したがゆえに、ただそれだけの事実で責任を負わされるのは不合理であり、holding out は存在しないと述べている[36]（本件でも、右の点よりも、後述するように、妻が独立した収入をもっていたという事実が、共同生活から推定される妻の authority を否定するのではないかという点が争われ、McCardie 裁判官は、妻が独立した収入をもっているという事実は、たとえそれがどれほど大きくても、それは妻の authority を当然に否定する事実ではないと判断した上で、当該のドレス等は全く生活必需品ではないし、原告は妻のみに信用を与え、夫には信用を与えていなかったという理由により、被告である夫勝訴の判決をしている）。

(ハ)　holding out に相当する夫の相手方に対する認容的行動は、あくまでも当該の取引について夫が妻に authority を与えていると、相手方が推断することができるような夫の相手方に対する認容的行動でなければならない。右の理由により、Jetley v. Hill 事件においては、夫が家具の選択に積極的な役割を演じたのみならず、家でなされたそのそなえつけの仕事に対して商人に指図を与えていたことが重視されて、holding out が肯定されたわけである。これに対して、Seymour v. Kingscote 事件及び Callot and Others v. Nash 事件では、妻が買物するときに妻に同伴し、服の選択において妻に助言するという夫の行動は、夫がそれに対して支払うつもりなのか、妻が支払うつもりなのかにかかわらず、妻に対する夫の好意として自然な行動にすぎないのであるから、夫の相手方に対する認容的行動であるとは評価されず、holding out が否定されたのである。

(2)　holding out と notice の要否

holding out に相当する本人の相手方に対する行動がある場合、即ち、当該の取引について、本人は代理人に authority を与えていると、相手方が推断することができるような本人の相手方に対する行動がある場合には、実際には内部的に本人が代理人に対して、その authority を撤回したり制限したりしていたとしても、その旨の notice を、本人が相手方に対して与えていなければ、本人は責任を免れない。(37)

(i)　先ず、妻が夫の信用を担保にして相手方との間で行った今回の取引のやり方や内容が、妻が夫の信用を担保にして相手方との間で行ってきた従来の取引のやり方や内容と同様である場合に、夫がそれらの従来の取引を承認し、相手方の請求に応じて支払ってきたことは、holding out に相当する典型的な夫の相手方に対する行動である。右の場合に、夫が妻に対して、以後は夫の信用を担保にして商品を信用買いしてはならないと明示的に禁止したり、または、ある一定の金額以上の商品については夫に必ず事前に相談しなければならないというように妻の authority を内部的に制限したりした場合には、夫はその旨の notice をその相手方に与えていなければ、夫から notice を与えられず holding out を信頼して妻と取引した相手方に対して責任を免れない。その notice は、夫から相手方に直接告げる形態でなければ効果はなく、「夫Pは商人Tに対する妻Aの債務について以後は責任を負わない」という旨の新聞広告を出したとしても、Tが実際にその新聞広告を読んだということを夫Pが立証できる場合を除いては、右のような新聞広告はPのTに対する notice としては不十分であり、夫は責任を免れないと解されている。(38)

㋑ Ryan v. Sams 事件(39)においては、被告の mistress であった Stanley 夫人が原告との間で行った今回の取引は、別居後の Stanley 夫人自身の家のそなえつけの仕事であったが、原告は四年間という短かい期間の間に、今回の取引とやり方や内容が同様であるところの三つの転居先の家に入居するにあたってのそなえつけの仕事をしており、従来の三度の仕事は、被告または Stanley 夫人の注文によってなされ、被告がそのつど支払ってきていたのであるから、被告の原告に対する holding out が肯定される。被告は別居により Stanley 夫人の authority を撤回したわけであるが、その旨の notice を原告に与えておらず、それゆえ holding out の結果 Stanley 夫人の authority を信頼して Stanley 夫人と取引した原告に対して責任を免れない。

㋺ Swan & Edgar Ltd. v. Mathieson 事件(40)においては、問題となった今回の妻と原告との取引は二月二三日と三月一日に行われ、妻の注文に応じて原告が妻の指示する場所（妻の駆落先）に商品（ダブルベッドや掛ぶとん等）を供給した後で、夫は妻の駆落ちの事実とその理由を知り、妻が夫の信用を担保にして商品を購入することを禁止し、その旨の広告が三月九日タイムズに夫により掲載されている。もしこの事案で holding out が肯定されるならば、二月二三日と三月一日の時点では妻の authority は継続していたわけであり、それ以後の三月九日掲載のタイムズの広告は、それ以前になされた原告と妻との間の取引に関して何ら効果はない。また、三月九日掲載のタイムズの広告についても、その広告を原告が読んだということを夫が立証できる場合を除き、夫の原告に対する notice の効果は発生していない。従って、夫は妻の authority を撤回したという事実を直接原告に告げない限り、または、原告が夫による妻の authority の撤回の事実を知るまでは、三月九日以後であっても、夫がこれまで承認し支払ってきた原告と妻との間の従来の取引と、やり方や内容が同様である以後の取引について、夫は責任を責わされる（原告の主張の趣旨は右の意味に解される）。[41]

本件において、夫がこれまで承認し支払ってきた原告と妻との間の従来の取引は、すべて彼らが共同生活を営んでいる家庭に配達されてきた商品についての取引である。従って、今回の取引が、従来の取引と同様に、家庭に配達されてくる商品についての取引であったならば、holding out は肯定され、原告の主張は正当である。しかし、今回の妻の原告に対する注文は、家庭以外の他の場所にダブルベッドや掛ぶとん等を配達するようにというもので、従来の取引のやり方とは異なっている。従って、今回の取引について、夫は妻に authority を与えていると、原告が推断することができるような夫の原告に対する行動、即ち、holding out は存在していなかったのであるから、夫は原告に notice を与えていなくても責任を免れる。今回がはじめての取引ではなくて、従来夫によって承認されていた幾度かの取引があったにしても、従来の取引とは異なるやり方や内容での取引についてのリスクは、夫に問い合せをしなかった原告が負担すべきであると考えられているのである。

原審や控訴審の Bucknill 裁判官は、商品は夫の家庭において引渡されるべきであるというのが妻の authority に付された制限であるというような表現をしているが、[42] 本件において夫は妻の authority を制限していたと考えるのは妥当ではない。もし本件の夫が、従来妻が指示する場所に原告によって配達されていた商品について、異議を留めずに支払っていたというのであれば、今後は家庭に配達されてくる商品でなければ支払わないと夫が妻に言うことは、妻の authority を内部的に制限したことになる。妻の authority の制限とは右のような場合をいうのであって、右の場合であれば、夫は妻の authority を内部的に制限したことについての notice を原告に与えなければ、従来と同様に妻が指示した場所に原告によって配達された商品について責任を免れない。何故なら、夫は、妻が指示した場所に原告が商品を配達するという取引のやり方を、従来承認してきたのであるから、妻はそのような authority をもつ夫の代理人であることを、夫は原告に対して、holding out していたことになるのである。しかし本件の事案では、夫はそのような holding out をしたとは判断できないから、従って、夫が妻の authority を内部的に制限していたという問題は生じない。

㈧ Durrant v. Holdsworth and Wife 事件(43)では、一八八四年三月妻の原告に対する債務が£200を超えた時に、原告が妻を通して夫によって振出された£200の小切手を受領したという事実が、holding out に相当すると原告によって主張され、それ以降に原告が妻に供給したドレス等の代金の支払を原告は夫に求めたのであるが、夫はその二年前、妻が非常に多額の債務を負担しているのに気づき、妻に対して夫の信用を担保にして商品を購入してはならないと明示的に禁止しながら、その旨の notice を原告に与えていない。しかし前述したように、原告の主張する事実は、そもそも holding out に相当しないのであるから、妻の authority を撤回した旨の notice は不要である。

(ii) 次に、妻と相手方との間に夫が従来承認してきた取引が存在しない場合でも、当該の取引について夫が妻に authority を与えていると、相手方が推断することができるような当該の取引についての夫の相手方に対する認容的行動があれば、それは holding out に相当する。右の場合に、実際には、夫は妻に対して当該の取引についての authority を与えていなかったり、また、実際には内部的に制限していたとしても、夫はその旨の notice をその相手方に与えていなければ、holding out の結果妻の authority を信頼して妻と取引した相手方に対して責任を免れない。

Jetley v. Hill 事件(44)では、夫が原告の前で商品である家具の選択において積極的な役割を演じ、かつ、家でのそなえつけの仕事に対して原告に指図を与えていたことが、当該の取引についての夫の原告に対する認容的行動であると評価され、holding out が肯定された。実際には、夫と妻との間では妻が支払うという合意があり、夫は妻に対して明示的に夫の信用を担保にすることを禁止していたのであるが、holding out が肯定される以上、夫は右のことについて notice を原告に与えていなければ、責任を免れない。

これに対して、Seymour v. Kingscote 事件[45]及び Callot and Others v. Nash 事件[46]の傍論において述べられているように、夫が従来原告の店での妻の買物に同伴し、服の選択について妻に助言を与えていたり、あるいは、今回代金が請求された服を妻が買うときに同伴して、その選択について妻に助言を与えたりしていたとしても、それらは夫が妻に対して示した好意にすぎないから、当該の取引についての夫の原告に対する認容的行動であるとは評価されず、従って holding out は存在しないから、夫による妻の authority の撤回や制限についての notice も不要である。

(3)　小　括

(i)　以上述べてきたように、イギリス代理法においては、当該取引について夫の妻に対する個別的授権がない場合でも、夫の相手方に対する行動が holding out に相当すると判断されれば、購入された商品が生活必需品であるか、ぜいたく品であるかを問わずに、たとえ夫の妻に対する内部的な authority の撤回や禁止があったにしても、夫が相手方にその旨の notice を与えていなければ、holding out の結果妻の authority を信頼して妻と取引した相手方に対して夫は責任を負う。

重要なのは、夫の相手方に対するどのような行動が、判例の具体的事案において holding out に相当すると判断されたかである。典型的には、まず、妻が夫の信用を担保にして相手方との間で行った今回の取引のやり方や内容が、妻が夫の信用を担保にして相手方との間で行ってきた従来の取引のやり方や内容と同様である場合に、夫がそれらの従来の取引を承認し幾度か相手方の請求に応じて支払ってきたことは、holding out に相当する夫の相手方に対する行動であるとされる。右のような夫の相手方に対する行動が、holding out に相当すると判断される基礎には、相手方が夫の信用を担保にしようとする妻とはじめて取引する場合には、夫に問い合せもしない相手方が、妻は夫からauthorityを与えられていると推断することはできないし、(47) また、今回がはじめての取引ではなくて、従来夫によって承認されてきたいくつかの取引があったにしても、従来の取引とは異なるやり方や内容でなされる今回の取引について、夫に問い合せもしない相手方が、妻は夫からauthorityを与えられていると推断することはできないという考え方が存在する。次に、妻と相手方との間に夫が従来承認してきた取引が存在しない場合でも、当該の取引についての夫の相手方に対する認容的行動があれば、例えば、夫が相手方に対して商品の選択において積極的な役割を演じ、かつ相手方に対して契約の履行に指図を与えていれば、それは、holding outに相当する夫の相手方に対する行動である。

(ii)　本稿では、本人と代理人が夫と妻である判例の具体的事案を検討したが、本人と代理人が夫と妻という身分関係にあることが、holding outの有無を判断する際に影響を与えるという趣旨の記述は、判例にも著名なイギリス代理法の著書のなかにも、見うけられない。(i)において要約したのと同様の本人の相手方に対する行動があれば、本人と代理人が夫と妻ではなくて、雇主と使用人であったとしても、holding outの存在は肯定される。holding outがはたして存在するのか、あるいは本人の相手方に対するどのような行動がholding outに相当するのかという問題は、代理法の一般原則に従って判断される問題であり、夫と妻という身分関係の特殊性において論じられる問題ではない。

相手方が信じて取引した代理人のauthorityが、実際には存在していなかったり、本人によって内部的に撤回されたり制限されたりしていた場合、代理人にauthorityがなかったことの不利益は、本人に問い合せることができたのに問い合せずに取引してしまった、または問い合せをすることが困難なら取引を避ければよかったのに取引を避けなかった相手方が、原則として負担する。しかし、例外的に、当該取引について、本人は代理人にauthorityを与えていると、相手方が推断することができるような本人の相手方に対する行動＝holding out[48]があるときには、その相手方にnoticeを与えることができたのにnoticeを与えることを怠った本人が、不利益を負担し、holding outの結果代理人のauthorityを信頼して取引した相手方が保護される。即ち、代理人に相手方が信じたauthorityがなかったことの不利益は、原則として本人に問い合せをしなかった相手方が負担し、例外的に、本人の相手方に対するholding outの結果相手方が代理人のauthorityを信頼して取引した場合には、本人に問い合せをしなかった相手方であっても保護され、noticeを与えなかった本人がむしろ不利益を負担するというのが、estoppelによる代理に関するイギリス法の基本的な考え方である。

　これに対して、日本民法一一〇条の「正当理由」に関する通説的見解によれば、代理人に自称する代理権が存在しない場合に、代理人が実印や白紙委任状等を所持していればそれは原則として正当理由を成立させる客観的事情であり、それゆえに代理人の代理権を信じた相手方は原則として保護されるが、例外的に、本人と代理人が夫と妻というような身分関係にあるときには実印の盗用等がなされやすいから、正当理由は成立しにくいと考える。実印や白紙委任状がたとえ何らかの代理権の授与とともに本人から代理人に交付されたのであるにしても、何らかの代理権の存在の徴表的道具にすぎない実印や白紙委任状を所持するだけの代理人の代理権を信じた相手方は原則として保護されると考え、例外的に相手方が保護されない事情を考慮するという通説的見解の基本的考え方は、イギリス代理法の基本的考え方と比較して、原則と例外のとらえ方が正反対である。右の点は、イギリス代理法におけるholding outによる代理の成立と日本民法一一〇条の「正当理由」の具体的判断基準に関連して極めて重要であり、四㈡において考察する。

(二) 共同生活から推定される妻の authority

(1) 意義及び要件

(i) 当該取引について夫が妻に個別的に授権していないときでも、夫が相手方に対して妻を自己の代理人として holding out しており、その結果相手方が妻の authority を信頼して取引した場合には、夫を本人、妻を代理人とする代理関係が成立し、夫は相手方に対して責任を負うから、この場合には共同生活から推定される妻の authority が問題とされることはない。しかし、holding out が存在しないときでも、夫と共同生活をしている妻が、夫の信用を担保にして生活必需品を購入したという事案においては、夫を本人、妻を代理人とする代理関係が成立すると判断される場合がある。例えば、Phillipson v. Hayter 事件において Willes 裁判官は、「妻は真に必要であり、かつ夫が選択した生活様式に適合する商品のために契約する authority を、その商品が妻のやりくりに通常委ねられている家事の範囲内に完全に含まれる限りにおいて有している。」(49) と述べている。この Phillipson v. Hayter 事件においては、後述するように結論的には相手方の夫に対する請求は認められなかったが、個別的授権も holding out も存在しない事案においては、夫が相手方に対して責任を負うのか否かの判断を下すために、共同生活から推定される妻の authority の有無が問題とされるのである。

(ii) 夫と共同生活をしている妻が、生活必需品の購入のために夫の信用を担保にする authority をもつと推定されるのは、夫と共同生活をしている妻は、一定の範囲内において夫から所帯のやりくり (domestic management) を委ねられており、夫から委ねられた所帯のやりくりの範囲内で、生活必需品を注文するのは妻であり、商人からの請求書を支払うのは夫であるのが普通だからである。それゆえに、その範囲内において、夫と共同生活をしている妻は、生活必需品の購入のために夫の信用を担保にする authority を通常もっているという推定が生じる。

(イ)　従って、夫婦として共同生活をしていても、所帯のやりくりが存在していなければ、共同生活から推定される妻の authority は存在しない。この点が問題とされたのは、Debenham v. Mellon 事件[50]である。これは、ロンドンの洋服屋である原告が被告の妻によって注文された妻のドレスの代金を夫に請求したという事件であり、この夫と妻は Bradford ホテルの支配人と女支配人であった。彼らは彼らの勤務先のホテルの部屋で彼らの子供たちといっしょに共同生活をし、夫は妻に妻と子供たちの衣服費として年に£52（多い年は£62）の allowance を渡しており、その金額を超えて妻が夫の信用を担保にして妻や子供たちの衣服を購入することを、妻に対して明示的に禁止していた。妻の注文したドレスが生活必需品であったことについては争いがなく、原審[51]（控訴院の判決）においては、夫が妻に衣服費として十分な allowance を与え、衣服を夫の信用に基づいて購入することを妻に明示的に禁止していたことを理由として[52]、原告の請求は認められなかった。そして、貴族院においては、右の理由に加えて彼ら夫婦の間には所帯のやりくり（domestic management）が全く存在していないという理由[53]で、原審の判決が支持された。即ち、彼ら夫婦の間には、普通の共同生活に伴う通常の状態、つまり、推定を生じる根拠になるところの、家族や所帯の通常かつ日々の生活必需品を購入するために妻が信用買いをするという状態が全く欠けていたのである。彼ら夫婦はホテル会社の使用人であり、彼らの子供を含めてホテルの部屋で生活しており、ホテル会社によって彼らのためにあてがわれていた全くのまかない付下宿に住んでいた[54]のであるから、妻が肉やパンを注文し商人からの請求書に対して夫が支払うという共同生活の通常の状態は存在していない。

(ロ)　夫と共同生活をしている妻に authority が推定される根拠が、右のように理解されるならば、男性と共同生活をしている女性が、正式に結婚した妻ではなくて mistress にすぎない場合であっても、女性が男性から所帯のやりくりを委ねられた domestic manager である限り、その女性には共同生活から生じる authority が推定されることになる。[55] Debenham v. Mellon 事件において Selborne 卿は、「もし、domestic manager がいる所帯があれば、妻はたいてい当然に domestic manager であるが、……現実の domestic manager が妻ではなくて、ただ単に男性と共同生活をしている女性であっても、そしてその女性がその男性の妻であると名乗っていても、あるいは名乗らずに共同生活をしていても、同じ推定は生じ得るし、現にしばしば生じている。[56]」と述べている。[57] そして、たとえ男性が女性に彼の妻であると名乗ることを許容していたとしても、彼らの間に全く共同生活が存在していないならば、authority は推定されない。[58]

㈠で述べた holding out による妻の authority の場合には、当該取引について、本人は代理人に authority を与えていると、相手方が推断することができるような本人の相手方に対する行動＝holding out の有無が代理の成立に関して問題とされているのであるから、その意味において、代理人が妻であるのか mistress であるのかという身分上の差異は、結論に差異を生ぜしめない。[59] これに対して、夫と共同生活をしている妻に authority が推定されるのは、妻が夫から所帯のやりくりを委ねられた domestic manager であることに起因するのであるから、男性と共同生活をしている mistress であっても、所帯の domestic manager である限り、妻と同じ地位にたつことになる。

㈧　婚姻が判決または離婚によって終了したとき、婚姻無効判決がなされたとき、裁判別居判決の結果としてまたは同居免除の条項を含む治安判事裁判所の命令によって夫婦がもはや共同に生活していないとき、これらの場合に共同生活から推定される妻の authority は消滅する。[60] しかし夫婦が相互の同意によって別居しているときには、夫と共同生活をしていない妻が、生活必需品を購入するために夫の信用を担保にする authority をもつ場合があるのではないかということが議論されている。

一般的には、相互の同意によって別居した夫婦の間に扶養に関する合意がなければ、妻が十分な額の独立した資産や収入をもっている場合を除き、妻は生活必需品の購入のために夫の信用を担保にする authority をもつが、夫婦の間に扶養に関する合意があり、その合意が夫によってとどこおりなく履行され、かつその合意された金額が十分であるなら、妻は生活必需品の購入のために夫の信用を担保にする authority をもたないとされる。そして、扶養に関する合意があるにしても、夫が明白にその合意を履行しないなら、やはり妻は生活必需品の購入のために夫の信用を担保にすることができるが、合意が夫によって履行されてはいるものの、その合意された金額が妻を扶養するのに十分ではない場合には、妻は生活必需品の購入のために夫の信用を担保にすることがはたしてできるか否かは疑問があるとされている。(61)

例えば Johnston v. Sumner 事件(62)は、ロンドンの装身具商である原告が、被告の妻に供給したドレスや装身具の代金£160の支払を夫に請求した事件である。原告が妻にそれらの商品を供給した当時、夫と妻は相互の同意によって別居しており、妻は年に£200を継続して受けとるということを夫婦の間で合意していた。Pollock 首席裁判官は、合意された金額が不十分であることを立証すべきなのは原告であり、原告によってそれがなされなければ訴が却下されるのは正しいと述べて、(63)夫の責任を否定している。これによれば、合意された金額が妻を扶養するのに不十分であるということの立証に原告が成功すれば、妻は生活必需品の購入のために夫の信用を担保にする authority をもっていたと判断されることになりそうである。

これに対して、Eastland v. Burchell and Wife 事件(64)は、肉屋である原告が、相互の同意によって夫と別居していた妻に約七ヵ月にわたって供給した肉の代金の支払を夫と妻に請求した事件である。彼らは別居に際して、妻は彼女の独立した所得（年に£297 15s. 2d.）と三ヵ月ごとに夫から渡される£5（年に£20）によって三人の子供を扶養し教育を受けさせること、それ以上の経済的援助を夫に求めないことを捺印証書の条項において合意していた。原審においては、妻の所得は彼女を扶養するのに不十分であるという理由に基づいて、妻は肉の代金のために夫の信用を担保にする authority をもつと判断され、原告勝訴の判決がなされた。夫は控訴し、女王座部の Lush 裁判官は、原審判決はあやまりであると判示した。即ち、夫の信用を担保にする妻の authority は夫から委任される authority であり、彼らが相互の同意によって別居する際に、妻は彼女の扶養のために特定された所得を受けとり、もはやそれ以上は何も夫に要求しないと合意したのであるから、それ以上のものを要求することは彼らの合意の明示的な条項によって排除されているという理由による。(65)

共同生活から推定される妻の authority を、後述するように、本人の consent も holding out もないが法の作用によって代理関係が成立する場合に代理人がもつ presumed autholity の一種であると分類する Fridman は、相互の同意によって別居した妻は、右のような場合に共同生活から推定される妻の presumed authority をもつのか否かという問題のたて方をする。(66) 他方 Davies は、相互の同意によって別居した妻の authority の問題は、この種の代理を、共同生活から推定される妻の代理の一場合と位置づけるか、それとも必需代理の一場合と位置づけるかによって結論が異なるとする。つまり、もしこの種の代理を必需代理の一場合と位置づけるなら、合意された金額が妻を扶養するのに十分ではないときには妻は夫の信用を担保にすることができると理解するのが合理的であるし、共同生活から推定される妻の代理の一場合と位置づける（Davies は共同生活から推定される妻の authority を implied authority と理解する）なら、逆に妻は夫の信用を担保にできないはずだと述べる。(67)

夫と共同生活をしている妻が、生活必需品の購入のために夫の信用を担保にする authority をもつと推定されるのは、夫と共同生活をしている妻は、夫との共同生活を維持する上で必要な一定の範囲内において、夫から所帯のやりくりを委ねられた domestic manager であることに起因する。そうであるならば、夫との別居により、夫との共同生活を維持するための所帯のやりくりをもはや委ねられていない妻には、共同生活から推定される妻の authority の有無を問題とする余地はなく、夫と別居した妻の authority を、Fridman のように共同生活から推定される妻の authority の一場合と位置づけるべきではないということになる。その意味において夫と別居した妻の authority は（妻が困窮状態にあるなら）むしろ必需代理の一場合と位置づけるべきであるが、後述するように現在イギリスにおいては妻（遺棄された妻）の必需代理権は廃止されている。従って、夫と別居した妻が、生活必需品の購入のために夫の信用を担保にする authority をもつか否かは、夫の相手方に対する holding out がなければ、別居に際して、夫の妻に対する明示的または黙示的な authority の授与があるか否かによる。相互の同意による別居に際して、夫婦の間に妻の扶養のための合意があり、妻は合意された金額以上は夫に対して要求しない趣旨であれば、夫は妻に対して明示的にも黙示的にも authority を授与していない。右の意味において、Eastland v. Burchell and Wife 事件の控訴審判決が夫の信用を担保にする妻の authority を否定したのは妥当である。そして、Johnston v. Sumner 事件においては、合意された金額が妻を扶養するのに不十分であるということの立証に相手方が成功すれば、妻の authority が肯定される余地がありそうにみえる。しかし、遺棄された妻の必需代理権が廃止された現状に鑑みれば、仮に合意された金額が妻を扶養するのに不十分であるにしても、妻の保護は扶養命令や所得補助（income support）等によって図られるべきであり、妻の authority の問題として処理すべきではない。

(iii)　夫と共同生活をしている妻に authority が推定されるのは、妻が夫の信用を担保にして生活必需品を購入する場合に限定される。(68) 生活必需品とは、妻が夫から通常委ねられている所帯のやりくりの範囲内に含まれるところの、家族や所帯のために真に必要であり、かつ夫が選択した生活様式に適合する商品である。(69) 具体的には、妻や子供の衣服、家庭内備品、肉・パン・ワイン等の食料、薬、医療看護等であり、これらの信用買いに限定される。これらの生活必需品を購入する目的で妻が夫の信用を担保にして借財し、そのお金を現実に生活必需品の購入にあてたとしても、貸主が夫に請求することはコモン・ロー上認められず[70]、いわんや生活必需品を購入するために夫の不動産を処分するなどは論外であり、議論の対象にすらされていない[71]。

さて信用買いされた商品が生活必需品に該当するか否かは、その商品の種類、分量、価格、及び夫の資産、収入、社会的地位、職業等から判断されるが、規準となるのは必ずしも夫の資産等から当を得ている生活様式ではなくて、夫が妻によそおうことを許した生活様式、夫が選択した生活様式である[72]。そして、当該の商品が生活必需品であるか否かは事実問題であり、立証の負担は供給者である商人にあるが、その商品が生活必需品となり得る資格があるか否かは法律問題であるとされている[73]。例えば、**Phillipson v. Hayter** 事件[74]は、被告の妻が文房具商でありかつ楽器商である原告から夫の信用を担保にして、£2 12s. 6d.の金のペン及びペンシルケース、£6 6s.のギター、£1 11s. 9d.の一〇枚の楽譜、£1 5s.のさいふ等を購入し、その妻がある男性と駆落ちした後で、原告がそれらの代金£20 4 s.2d.の支払を夫に求めたという事件である。被告である夫は **clerk** で年に£400の収入があり、年に£70の家賃の家に二人の子供とともに住み、三人の召使いをやとっていた。原審において陪審は、これらの商品は夫の資産や地位に適合していると評決したが、しかし夫は妻が駆落ちをした後に来客用の部屋のロックされたひき出しの中からこれらの商品をはじめて発見したという事実が立証されており、従ってこれらの商品が夫が選択していた生活様式に適していたという点についての原告の立証が不十分であるという理由で、原告敗訴の判決がなされている。

(2)　推定を覆す事実

夫の信用に基づいて妻に生活必需品を供給し、その代金の支払を請求して夫を訴える商人は、自分の供給した商品が生活必需品であるという事実と、夫と妻が共同生活をしているという事実の立証に基づいて、自分に対する

prima facie case をつくるという意味において、妻は生活必需品の購入のために夫の信用を担保にする authority をもつという推定を生じさせる。しかしこれは、夫と共同生活をしている妻は、夫との共同生活を維持する上で必要な一定の範囲内において、通常は夫から所帯のやりくりを委ねられており、従ってその範囲内に含まれることがらに関しては、夫の信用を担保にする authority を通常はもっているという推測に基礎づけられる単なる事実上の推定（presumption of fact）にすぎない。従って、そのような事実上の推定または prima facie case は、妻はその authority をもっていないということが夫によって立証されるときに覆される。[75]

(i)　㋑　まず、夫が妻に allowance を与え、妻に対して夫の信用を担保にして買物をすることを明示的に禁止していた場合には、妻は夫の信用を担保にする authority をもっていなかったことになる。これについての notice（即ち妻には allowance を与え夫の信用に基づく信用買いを明示的に禁止していることの notice）を夫が当該商人に予め与えていた場合には、夫が右の事実を立証すれば推定は覆され夫は責任を免れることについては問題がない。しかし右の notice を夫が当該商人に与えていなかった場合でも、夫は妻に allowance を与え妻の authority を内部的に禁止していたことを立証すれば、推定は覆され夫は責任を免れることになるのか否かは重要な問題である。この点が共同生活から推定される妻の authority の性質をどのように理解し、また共同生活から推定される妻の authority を authority の分類のなかでどこに位置づけるかに関して判例・学説上議論されてきた。

㋺　Jolly v. Rees 事件[76]はまさに右の点が問題とされた判例である。これは、被告の妻が一八六一年七月から九月にかけて、自分と四人の息子と二人の娘の普段着を夫の信用を担保にしてリンネル商人である原告から信用買いし、原告が夫（小資産家の紳士）にその代金£21 8s. 4d. の支払を請求したという事件である。原告は、注文者である妻が夫である被告と共同生活をしていること、当該の商品は夫が妻によそおうことを許している地位に適した生活必需品であることを立証した。被告は、自分はかねてから妻の家事費用のやりくりに不満をもち、一八五一年に妻に対して夫の信用を担保にして信用買いをしてはならないと明示的に禁止し、年に£50の allowance を与えることにしていたこと、もし妻がそれ以上に商品を買うためのお金を欲するなら、妻はそれを夫である自分に求めるべきであると妻に対して言っていたことを立証した。妻が夫にお金を求めたこと、及び夫によってそれが拒絶されたという証拠はない。これに対して原告は、妻は年に£65の夫のコントロールの及ばない独立した収入をもっていたこと、夫からの£50は規則正しく支払われず、妻は生活必需品及び生活必需品を購入するために十分なお金を夫から与えられていなかったこと、夫が妻に対して夫の信用を担保にして信用買いをしてはならないと禁止していたことについての notice を、原告商人は夫から与えられていなかったことを立証した。

この Jolly v. Rees 事件では、原告が自分の供給した商品が生活必需品であるという事実と、夫と妻が共同生活をしているという事実を立証したことによって、妻は生活必需品の購入のために夫の信用を担保にする authority をもつという推定が生じる。これに対して被告である夫は、自分は妻に年に£50の allowance を与え、妻に対して夫の信用を担保にして信用買いをすることを明示的に禁止していたこと、即ち妻はそのような authority をもっていなかったことを立証することによって、推定を覆そうとした。そこで原告は更に、右の notice を予め夫から与えられていなかったこと、夫からの£50の allowance は規則正しくは妻に支払われず、妻は自分自身の独立した収入（年に£65）を加えても、生活必需品を購入するためのお金に不足をきたしていたことを立証したのである。Erle 首席裁判官及び多数意見は、夫による妻の authority の内部的な禁止についての notice を原告が予め夫から与えられていなかったことや、夫からの£50の allowance が規則正しくは妻に支払われなかった結果、妻は生活必需品を購入するためのお金に不足をきたしていたことについては言及せずに、夫の立証によって妻の authority の推定は覆されたとして原告敗訴の判決をしている。[77] 右のような事実が立証されているにもかかわらず、多数意見がそれについて言及せずに夫の責任を否定した根拠は必ずしも明白ではないが、夫と共同生活をしている妻が夫の代理人として生活必需品を信用買いすれば（推定が覆されない限り）夫は責任を負わされるのであるから、どれだけの金額が生活必需品を購入するための家事費用として合理的に支出されるべきかを決定するのは最終的に夫であり、その夫が家事費用の一定枠を定め、allowance として妻に与え、それ以上は信用買いを禁止したのなら、不足額があるにしても妻は先ず夫に要求すべきなのであって、夫の意思に反した妻の行為（夫の明示的な禁止に違反して夫の信用を担保に信用買いをした妻の行為）に対して、夫は相手方に責任を負わされるべきではない、というのが実質的理由ではないかと思われる。

しかし、右の多数意見に対しては Byles 裁判官の反対意見がある。それによると「夫を拘束する妻の power は、ただ単に彼女の actual authority のみに基礎づけられるのではなく、夫が共同生活によって妻に付与した apparent authority に基礎づけられる。夫はそれによって商人に対して妻を一定の範囲内で夫の domestic manager であると表示しており、それゆえその apparent authority の範囲内で彼女の契約に対して責任を負う。……authority の内部的な撤回、または夫と妻との間の内部的な合意は、家事の通常のやり方において、家族のための生活必需品を供給することによって、妻と取引する商人に対する notice がなければ、妻の apparent authority にたよる商人の権利に影響を与えることはできない。[78]」とのことである。即ち、Byles 裁判官は、妻と共同生活をしている夫は、共同生活の事実によって、生活必需品を供給する商人に対して、一定の範囲内で妻を domestic manager であると表示しており、妻はその範囲内で apparent authority を有しているから、夫がそれを内部的に撤回したり制限したりする場合には、それについての notice を商人に与えなければ夫は責任を免れないと述べたわけである。

(ハ)　この Jolly v. Rees 事件における Byles 裁判官の反対意見に明確に反対するのは、Debenham v. Mellon 事件の控訴院の判決[79]における Thesiger 裁判官である。Debenham v. Mellon 事件の事実の概要はすでに(二)(1)(ii)(イ)において述べたが、この事件と Jolly v. Rees 事件との共通点として、①いずれの事件においても、夫はそれ以前に原告商人と面識がなく、従って妻の信用買いした商品の代金をこれまで原告商人に支払ってきた等という行動は存在しない、②信用買いされた商品はいずれも、夫の選択した生活様式に適している生活必需品である、③夫は妻に allowance を与え、妻が夫の信用を担保にして信用買いすることを妻に対して明示的に禁止していた、④妻の authority を内部的に禁止していたことについての notice を、夫は原告商人に与えていなかった、⑤原告商人の夫に対する請求は認められなかった、という点があげられる。相異点としては、①Jolly v. Rees 事件の妻は domestic manager であったが、Debenham v. Mellon 事件の妻はそうではなかった（Debenham v. Mellon 事件の夫と妻はホテルの支配人と女支配人であり、彼らは夫婦として共同生活はしていたけれども、彼らの間には所帯のやりくりが全く存在していなかった）、②Debenham v. Mellon 事件においては、夫が妻に与えていた allowance は十分な額であったが、Jolly v. Rees 事件においては、合意された allowance が夫から妻に規則正しく与えられていれば、妻自身の独立した収入とあわせて十分な額であったろうが、夫からの allowance は必ずしも規則正しくは支払われず、従って十分ではないときもあった、という点があげられる。

そこで Thesiger 裁判官の意見を引用すると「もし商人が夫の信用に基づいて妻と取引したことがあり、夫がそのような取引に対して異議なく彼に支払っていたなら、商人は反対の notice が欠けている場合、夫が承認していた妻の authority は継続していると推断する権利をもっている。夫の不作為はこのようなケースでは同意に相当し、彼自身の行動が商人に推断することを招いたところの authority を否定することを禁止する。ちょうど彼のために使用人が商品を注文する習慣があり、その使用人の authority を彼が内部的に撤回しても、その使用人の authority を否定することが禁止されるように。しかし夫の認識や同意なしに妻と取引する商人のケースにおいては……商人にとっては、夫と妻との単なる関係は、反対の notice が欠けている場合、妻は生活必需品のために夫の信用を担保にする authority をもっているということを推断する権利を商人に与えるというのは、誤りである。……夫の側へのいかなる問い合せも夫の認識もなしに妻と取引する商人は、妻が夫の信用を担保にすることを事実上授権されていると信頼して妻と取引することを、夫によって導かれたあるいは招かれたとどうしていい得るのか。もし夫がそうすることに（単なる共同生活の事実でもって）商人を導いたあるいは招いたというなら、夫は妻によって信用買いされた生活必需品に対して、妻とはじめて取引する人に対してさえも、絶対的に責任を負わされることになる。しかしこれではそもそも estoppel は必要がない。……商人は少なくとも夫に問い合せる power をもっているし、信用を与えることを避ける power ももっているのに対して、彼の妻は掛売りされるべきではないという公の広告による場合を除き（そのような広告の後でさえ自分はそれを決して見ていなかったと宣誓することができる商人に対しては夫は責任を負わされる）夫は全くコントロールをする power をもたない債務の負担をなげかけられるのは、商人よりもなお困難であり矛盾である。Jolly v. Rees 事件における多数意見の判決は、この問題に関して法を公正な立場においたと私には思われる。[80]」

Thesiger 裁判官の意見を要約すると以下のようになる。夫が特定の商人に対して、妻が信用買いした商品の代金を従来異議なく支払ってきたというような行動があれば、即ち holding out があれば、その商人は反対の notice を夫から受けるまでは、妻の authority は継続していると推断する権利をもっている。これは本人と代理人が夫と妻ではなくて、雇主と使用人の場合でも全く同様のことである。しかし夫と一面識もない商人が妻と取引する際に、夫への問い合せもなしに、妻は生活必需品を購入するために夫の信用を担保にすることを夫から授権されていると推断できる権利はない。何故なら、夫と一面識もない商人が、夫の信用を担保にして買物しようとする妻と取引する際には、夫に問い合せればよいのであるし、問い合せをすることが困難なら取引を避けることもできるのに対して、一面識もない商人に notice を与えようもない夫は、全くコントロールできない妻の行為に対して、はじめて妻と取引する商人に対してさえも絶対的に責任を負わされることになるのは矛盾しているからである。従って、Jolly v. Rees 事件の Byles 裁判官のように、夫は妻との共同生活の事実によって、妻を一定の範囲内で夫の domestic manager であると表示しているから、その apparent authority の範囲内で妻の契約に対して責任を負う、と解すべきではない。夫が特定の商人に対して、妻が信用買いした商品の代金を従来異議なく支払ってきたというような夫による holding out がない限り、妻による生活必需品の信用買いの事件では、Jolly v. Rees 事件の多数意見のように、夫が妻に allowance を与え、夫の信用を担保にして信用買いすることを妻に明示的に禁止していたことを夫が立証した場合には、夫はそれについての notice を商人に与えていなくても責任を免れると解すべきだと Debenham v. Mellon 事件の Thesiger 裁判官は述べているのである。

㈡　両判決以後の同種の事案において、判例は Jolly v. Rees 事件の多数意見及び Debenham v. Mellon 事件の見解を踏襲している。例えば、Morel Brothers & Co., Ltd. v. Earl of Westmoreland and Wife 事件[81]は、伯爵婦人の注文に応じて一八九七年五月から一九〇一年九月までの間にワインや食料を供給した原告が、その代金£410の支払を請求して伯爵と伯爵夫人を訴えたという事件である。伯爵夫人は経済観念に乏しく、彼女の注文に応じて商品を供給する商人達から支払を請求される伯爵は、所帯の家事費用がそれにあてることが利用可能な所得を超えているという事実におおいに悩まされており、ついに一八九九年七月に伯爵夫人と以下の様な取りきめをした。それによると①

伯爵は一年の所帯の家事費用のために彼の収入（年£2,500）から£2,000のallowanceを別にしておき、その£2,000のallowanceは別個の銀行口座に振込まれるべきであり、そこから伯爵または伯爵夫人は所帯の家事費用のみを引き出すことができる、②伯爵夫人は許された£2,000を超えていかなる所帯の家事費用も負うべきではない、ということであった。伯爵は合意に基づいて年に£400の彼女のドレスや他の個人的な費用は、年に£400の彼女自身の収入から支出すべきであり、伯爵夫人は許された£2,000を超えていかなる所帯の家事費用も負うべきではない、ということであった。伯爵は合意に基づいて年に£2,000の額を銀行口座に振り込んでいたが、原告は以上の取りきめについて伯爵からnoticeを与えられていなかった。原告は、伯爵夫人は彼女自身のためにかつ伯爵のための代理人として行為していたと両者の共同責任を主張し、伯爵と伯爵夫人を訴えた。伯爵夫人は抗弁せず、原告は請求した金額全部についてOrder XIV. の下で妻（伯爵夫人）敗訴の判決に署名をした。伯爵は抗弁したが、第一審においては、供給された商品は生活必需品であったこと、伯爵は取りきめ以後十分なallowanceを妻に与えていたが、原告は伯爵夫人の名前において伯爵に信用を与えていたこと等の陪審の事実認定に基づいて、取りきめの前後を問わず供給された商品の代金について伯爵敗訴の判決がなされた。

控訴審においてCollins記録長官は、まず一八九九年七月の取りきめは、伯爵夫人は一定の金額までは夫の信用を担保にするauthorityをもつという意味ではなくて、彼女は全く彼の信用を担保にするauthorityをもつべきではないと夫が妻のauthorityを全く否定した趣旨のものであることは明白であり、従って本件はJolly v. Rees事件及びDebenham v. Mellon事件の先例の範囲内に含まれること、第二に、妻は本人として行為しているか、夫の信用に基づいて夫の代理人として行為しているかのいずれかであり、原告が主張するような共同責任を推定させるような証拠はないこと、陪審が原告は伯爵夫人の名前において伯爵に信用を与えたと認定したのは、事実の点において信用が夫に与えられたということを認定したことになること、第三に、原告は供給した同じ商品の代金について、夫か妻かのいずれかに選択的に責任を追求し得るのみであり、妻が本人として商品の代金に対して責任があるという立場に基づいて、妻敗訴の判決に署名したなら、原告は後に、妻は商品を注文する際に夫の代理人であったという立場に基づいて、同じ商品の代金のために夫敗訴の判決を得ることはできないこと、等の理由に基づいて被告である伯爵勝訴の判決をし、(82)貴族院においても控訴審の判決が支持された。

このMorel Brothers & Co., Ltd. v. Earl of Westmoreland and Wife事件においては、一八九九年七月に、夫と妻との間で、夫は所帯の家事費用のために年収£2,500から£2,000のallowanceを別にして、それを別個の銀行口座に振り込み、そこから夫または妻は所帯の家事費用のみを引き出すことができ、妻はその限度を超えていかなる家事費用も負うべきではなく、また、妻の個人的な費用については妻は妻自身の£400の年収から支出すべきであるという合意がなされ、夫はその合意に基づいて、年に£2,000のallowanceを銀行口座に振り込んでいたのであるから、これは、夫が妻にallowanceを与え、妻に対して夫の信用を担保にして買物をすることを明示的に禁止していた場合に該当し、Collins記録長官のいうように、Jolly v. Rees事件及びDebenham v. Mellon事件の先例の範囲内に含まれる事件である。右の合意についてのnoticeを原告は夫から与えられていないが、Jolly v. Rees事件の多数意見及びDebenham v. Mellon事件の判決に従えば、合意以後に妻が夫の信用を担保にして原告から信用買いした生活必需品につき、夫の責任は否定されることになる。

しかし、合意以前には、夫は妻のauthorityを禁止していなかったのであるから、それ以前の段階で妻が夫の信用を担保にして原告から信用買いした生活必需品については、夫の責任が肯定されてもよさそうに思える。ところが、原告は、妻は彼女自身のためにかつ夫のための代理人として行為していたと夫と妻の共同責任を主張し、抗弁しなかった妻に対する敗訴の判決に署名していた。これについてCollins記録長官は、生活必需品を購入するについて夫と妻が共同責任を負うことを立証するような証拠は本件において存在せず、妻は本人として行為しているか、夫の信用に基づいて夫の代理人として行為しているかのいずれかであり、原告は夫または妻のいずれかを選択して責任を追求し得るのみであるから、妻敗訴の判決に署名して、本人として行為した妻の責任を選択したなら、更に妻が夫の代理人として行為していたという立場に基づいて、夫の責任を追求することはできないと述べている。即ち、夫婦が共同生活をしている場合に生活必需品の購入について生じる推定は、あくまでも妻が夫の信用に基づいて夫の代理人として生活必需品を信用買いする authority をもっているという点のみに関してであり、妻が妻自身のためにかつ夫のための代理人として生活必需品を信用買いする authority をもっているという推定は存在しない。証拠が明らかに共同責任を立証する場合を除き、妻は妻自身のためか、または、夫の代理人として契約しているのである(83)。従って、共同責任を明白に立証する証拠が存在しない以上、請求した金額全部について妻敗訴の判決に署名した原告は、更に同じ商品の代金について夫の責任を追求することはできない（もし原告が共同責任の主張をせずに、夫のみの責任を追求していたならば、合意以前に供給した生活必需品については、推定を覆す事実が夫によって立証されていないので、その部分の代金については夫の責任は肯定されたと思われる）。

㋭　同様に、Miss Gray, Ltd. v. Earl Cathcart 事件(84)は、伯爵夫人が一九二二年六月二八日、有名なドレスメーカーである原告の店をはじめて訪れ、午後半日を費して夜会服等八着（一着の代金は約£30）を注文し、後日その引渡を受け、請求書は夫である伯爵に原告によって送られたが、伯爵が支払を拒絶したので、原告が£215 5s.の支払を請求して伯爵を訴えたという事件である。伯爵と伯爵夫人は一九一九年の初めに結婚したが、伯爵はすぐに伯爵夫人が非常にぜいたくであり、一〇日間で£1,500を使いきってしまうほどの経済観念のない女性であることに気づいた。そこで伯爵は一九一九年九月、妻に allowance として月に£80（即ち年に£960）を与えることを提案し、妻もこの金額に同意した。その際伯爵は、この allowance は妻のドレスや旅行の費用等のすべてを含み、この金額が彼が妻に与えることのできる最大限のものであると述べ、明示的に妻に対して夫の信用を担保にすることを禁止していた。しかし、原告が伯爵夫人と取引したのは今回がはじめてであるから、もとより右の点についての notice を伯爵から与えられていなかった。

McCardie 裁判官は、被告は伯爵ではあるが金持ちではなく（むしろ彼の地位からすればきわだって貧しい）、年収はせいぜい£4,000であるから、ドレス等のための彼の妻への allowance は彼の年収の約四分の一を占める十分な金額であったこと、被告は妻に規則正しく月に£80の allowance を支払っていたこと、そのような固定額の allowance の支払には、更に妻が夫の信用を担保にすることを夫によって明示的に禁止されていたことを伴っていたこと等を理由として、Debenham v. Mellon 事件を引用し、被告勝訴の判決をしている。(85)

このように、Jolly v. Rees 事件及び Debenham v. Mellon 事件以来、夫が妻に allowance を与え、夫の信用を担保にして信用買いすることを妻に対して明示的に禁止していたことを夫が立証した場合には、推定は覆され、夫はそれについての notice を相手方に与えていなくても責任を免れるとするのが、判例の確立した立場である。

(ii)　では、夫が妻に（固定額の）allowance を与えているが、夫の信用を担保にして信用買いすることを妻に対して明示的には禁止していなかった場合には、夫は妻に allowance を与えていたことを立証すれば、推定は覆され、夫はそれについての notice を相手方に与えていなくても責任を免れるのであろうか。

㋑　Remmington v. Broadwood and Another 事件(86)では、この点が問題とされた。これは、原告が一八九五年から一八九九年までの間に、Broadwood 夫人に供給した様々な種類の衣類の残代金£121 6s.9d. の支払を求めて夫人とその夫を訴えた事件である。夫は妻に年に£1,800の allowance を与え、そのうちの£500は妻の衣服と妻の個人的な費用にあてることが合意されていたが、夫の信用を担保にする妻の authority を妻に対して明示的には撤回していなかった。夫は一八九九年五月一一日、その日付以後妻の債務に対して責任を負わないという notice を与える広告を様々な新聞に掲載し、原告はこの広告については知っていた。原審においては、allowance は authority の撤回に相当するという理由に基づいて、原告は妻に対する勝訴の判決を得、夫については責任がないと判示されたので、双方から控訴がなされた。

控訴院において Alverstone 首席裁判官は、①妻によって負担された債務について夫が責任を負うかどうかは代理の問題であるということは、Jolly v. Rees 事件及び Debenham v. Mellon 事件以来今や明白に確立されており、すべてのそのようなケースにおいて問題は、妻が夫の代理人であるかどうかということであること、②夫婦が共同生活をしている場合は、妻は生活必需品に対して夫の信用を担保にできる authority をもつという推定が生じるが、推定を覆す事実が立証されたかどうかが問題であること、③夫の信用を担保にすることを妻に禁止することに結びついていなければ、単なる allowance それ自体は推定を覆すのに十分ではないという主張が妻のためになされているが、Debenham v. Mellon 事件における Selborne 卿及び Blackburn 卿の判決は、すべての必要な費用をまかなうために allowance を与えることは推定を覆すのに十分であることを明らかにしていること、④即ち、彼ら（Selborne 卿及び Blackburn 卿）は夫による明示的な禁止があったことを推定を覆す主たる根拠にしたのではなく、むしろ、夫は彼が妻によそおうことを許した地位に適している商品を、妻が購入するのに十分な allowance を妻に与えていたことを根拠にしていたこと、⑤本件においては、妻は彼女の衣服や個人的な費用のために、年に£500以上の allowance を夫から与えられていたこと、等の理由に基づいて原審の判決を支持した。また同様に、Collins 記録長官も、Jolly v. Rees 事件のように明示的な禁止がないことは真実であるが、妻は衣服を購入するのに十分な allowance を夫から与えられていたことは立証されているから、原審の判決は正しいと述べている。

㋺　Slater v. Parker 事件[87]は、肉屋である原告がタクシーの運転手である被告に対して、三年間被告の所帯に供給した肉の残代金£27 13s.1d.の支払を請求した事件である。被告は所帯の生活必需品を購入するために週に£1の allowance を妻に与えており、その金額は被告夫婦の所帯の維持のために十分な額であった。肉は妻の注文に基づいて供給され、夫はそれが原告によって供給されたものであることを知っていたが、妻はその代金を現金で支払っていると思っていた。夫は妻に対して夫の信用を担保にすることを明示的に禁止していないし、原告に対して妻に掛売りすることを禁止してもいなかった。原審においては、夫による妻に対する明示的な禁止がなかったという理由に基づいて、原告勝訴の判決がなされたが、王座部の Darling 裁判官は、Remmington v. Broadwood 事件の Alverstone 首席裁判官の判決を引用して、被告勝訴の判決をした。

また(i)㋭で述べた Miss Gray, Ltd. V. Earl Cathcart 事件においては、夫による妻に対する明示的な禁止が認定されているが、McCardie 裁判官は「もし夫が固定額の allowance を与えているなら、たとえ彼が彼の信用を担保にすることを明示的に妻に禁止していなかったにしても、妻の authority は等しく欠けている。これはそのような allowance のまさしく性質から黙示的に生じる。allowance を与えることの直接的な目的は、夫が彼の経済的な責任を限定することにある。allowance によってまかなわれるべき事柄に対しては、妻は夫の信用を担保にする authority をもつべきではないということが、確かに黙示されているのである。[88]」と述べ、Remmington v. Broadwood 事件の Alverstone 首席裁判官の判決を引用し、Slater v. Parker 事件の Darling 裁判官及び Phillimore 裁判官の判決も同旨であるとした上で更に「たとえ allowance が夫と妻との間で合意されていなかったにしても、もしそれが額において固定され、それを与えることが明白に妻に対して告げられているなら、それは夫の信用を担保にする authority を彼女から奪う。夫はもちろん彼の法的地位を保持するために、彼が与えることに同意した allowance を支払わなければならない。[89]」と述べている。

㈧　(i)で述べた Jolly v. Rees 事件や Debenham v. Mellon 事件のように、夫が妻に allowance を与え、夫の信用を担保にして信用買いすることを妻に対して明示的に禁止していた場合には、妻は夫の信用を担保にする authority をもっていなかったことは明白である。しかし、夫が妻に固定額の allowance を与え続けているが、夫の信用を担保にする信用買いを妻に対して明示的に禁止していなかった場合において、本来ならば与えられた allowance によってまかなわれるべき品目の生活必需品を、妻が信用買いしてしまったときに、実は夫の信用を担保にする authority をもっていたのかどうかが問題とされる。

Morel Brothers & Co., Ltd. v. Earl of Westmoreland and Wife 事件の Collins 記録長官[90]、Remmington v. Broadwood 事件の Alverston 首席裁判官[91]、Miss Gray, Ltd. v. Cathcart 事件の McCardie 裁判官[92]の各意見によれば、このような場合には、妻は全く夫の信用を担保にする authority をもつべきではないと、夫が妻の authority を否定したと解すべきだということになる。即ち、夫は彼が選択した生活様式や生活水準に適している生活必需品を、妻が購入するのに十分な固定額の allowance を継続的に妻に与えていた場合には、妻に対して明示的に信用買いを禁止していなくても、その allowance によってまかなわれるべき品目の生活必需品については、妻がその allowance の金額を限度として現金で購入すべきことを意図していたのである。従って、夫が妻に十分な固定額の allowance を継続的に与えていたということは、その範囲内に夫の経済的な責任を限定しようという趣旨であり、夫の信用を担保にする妻の authority に対する夫による黙示的な禁止ないしは否定として機能する[93]。そうであるならば、これは Debenham v. Mellon 事件の先例の範囲内に含まれるので、夫は妻に十分な固定額の allowance を与えていたことを立証すれば、推

定は覆され、夫はそれについてのnoticeを相手方に与えていなくても責任を免れることになる。(94)

(iii)　独立した所得をもっている妻が、生活必需品ではあるが妻自身の衣服等を信用買いしたような場合に、商人からその代金の支払を請求された夫は、妻が独立した所得をもっているという事実を立証することによって、推定を覆すことができるのかという問題がある。

(イ)　Seymour v. Kingscote事件(95)は、コートドレスメーカーである原告によって被告の妻に供給されたドレス等の残代金£360 14s.の支払を原告が夫に請求した事件である。ドレス等が供給された当時夫と妻は共同生活をしており、そのドレス等は生活必需品であると判断されたが、夫は、妻は独立した所得をもっており、妻はいつもそこから妻自身の衣服のために支払っていたということを立証することによって推定を覆そうとした。これについて王座部のRowlatt裁判官は、妻が妻自身の独立した所得をもっているならば、夫と妻との間において、妻は妻自身の生活必需品についてその所得から支払い、夫の信用を担保にすべきではないと合意することができるが、本件においては夫の主張するような明示的な合意（妻は妻自身の所得から妻自身の衣服に対して支払うべきであり、夫の信用を担保にすべきではないという合意）は立証されていないし、また、妻が妻自身の所得から妻自身の衣服に対して支払ったことがあったにしても、彼ら夫婦はその時々の便宜に応じて、彼らの各々の所得から種々の生活必需品に対して支払うというやり方をしているから、夫の主張するような合意の存在は推論できないとした上で、妻が妻自身の所得をもっているという単なる事実は、生活必需品（それが妻自身の衣服のような生活必需品であるにしても）のために妻が夫の信用を担保にするauthorityをもっているということを否定することにはならず、従って、妻が独立した所得をもっているという単なる事実を夫が立証しても、推定を覆すことはできないと判断している。

(ロ)　同様の点が問題とされたCallot and Others v. Nash事件(96)は、パリとロンドンに店をもつ衣装商会である原告が夫に対して妻に供給したドレス等の残代金£657の支払を請求した事件である。被告であるNash船長は三五歳であり、一九一九年七月に当時二五歳であった妻と結婚した。このNash夫人の結婚の歴史は奇妙であり、原告の被告に対する請求にも直接的な関係をもっている。彼女の未婚時代の名前はDonaldsonであり、彼女の母親（未亡人）は裕福なアメリカ人の婦人であった。彼女は一九一二年一八歳の時に、Kirwan氏と結婚し、原告との取引はこの当時Kirwan夫人の名前で開始された。Kirwan氏は裕福な男性らしかったが、この結婚は無効とされた。その次彼女は一九一五年Sifton氏と結婚し、彼女と原告との取引はSifton夫人の名前で継続していた。Sifton氏は裕福な男性であったが、彼女は一九一九年夏Sifton氏から離婚を得、被告であるNash船長と結婚した。原告の店の帳簿上の彼女の名前は一九一八年秋にはNash夫人にかわっていた。Nash夫人は非常にぜいたくな女性であり、毎夜毎夜着用するための五〇ないし六〇着のイブニングドレスを含む夥しい数の高価なドレスやアクセサリー、くつやストッキング等をもっており、どんな高価なドレスでさえ三度しか着用しないほどであった。被告であるNash船長は、一九二〇年の晩秋に妻の素行に疑いをもつようになり、一九二一年一月初め共同生活をやめ、その月に妻の非行を理由として離婚のための申立をした。彼が妻との共同生活をやめる前に、彼女は何が起こるかを予感したらしく、様々な商人から非常に多額にわたるドレスや毛皮を購入しようとしており、原告からも15,000francsの毛皮のえりまきの引渡を得ている。ちょうどその時、被告は妻との共同生活をやめ、その前日に原告は、Nash夫人に商品を供給しないようにと彼らに警告する被告の手紙を受取っていた。

Nash夫人は、彼女の父親の遺産からあるいは彼女の以前の夫たちのひとりから、または彼女の母親から与えられるところの年に約£1,200の独立した収入をもっていたが、王座部のMcCardie裁判官は、「妻が私的な資産をもっているということは、信用が彼女に与えられるのか、あるいは彼女の夫に与えられるのかを考慮する際に関係する

（Freestone v. Butcher, 9 C. and P.,643）が、しかし、妻が独立の収入をもっているという事実は、たとえそれがどれほど大きくても、それ自体が、彼女のドレスの請求書を支払う義務から夫を免責するのであろうか。この答えは『いいえ』であると思われる。現在の法の下では、妻が年に£2,000あるいはそれ以上の彼女自身の収入をもっていても、年に£500の収入の夫は彼の妻に衣服を着せなければならない。……非常に貧しい夫でも、非常に裕福な妻に、食物や衣服を与えることを法上拘束される。それゆえ夫のみが家庭生活の規模を決定することができる。……法は多額の収入のある妻と、全く収入のない妻との間に差異をもうけない。……妻は彼女の収入のすべてを貯蓄し、彼女の生存のすべての負担を夫になげかけることができる。これがDavidson v. Wood（32 L. J., Ch., 400, and 1 De. G., J. and S., 465）において述べられた法であると思われる。[97]」と述べている。

(ハ) McCardie裁判官の右の意見に対しては、Biberfeld v. Berens事件[98]におけるDenning裁判官の反対意見がある。Denning裁判官は「妻がほとんどあらゆる点において夫と平等になっている今日において、彼女は彼女の自由に伴う責任を負うべきである。もし彼女が裕福な女性なら、彼女自身の資産が夫の資産がそうであるように、family poolに入ることを拒絶する理由を私は理解できない。彼らが共同生活をしているとき、彼女はもちろん所帯の生活必需品のために彼の信用を担保にすることができるが、しかし、彼女が自分の私的な生活必需品――ドレスや帽子のような――のために、彼女がそれらを購入するのに十分な資産をもっているとき、彼女が彼の信用を担保にすることができるかどうかは疑わしい。[99]」と述べている。もっともBiberfeld v. Berens事件は、夫と共同生活をしている妻に資産があった場合に妻のauthorityは否定されるのか否かが問題となったケースではなく、遺棄された妻のauthorityが問題とされたケースである。[100]また、Callot and Others v. Nash事件においても、当該のドレス等は全く生活必需品ではないし、原告は妻のみに信用を与え、夫には全く信用を与えていなかったという理由により原告は敗訴しているから、引用した McCardie 裁判官の意見は、判決理由ではなく、傍論にすぎない。

Seymour v. Kingscote 事件において Rowlatt 裁判官が述べるように、妻が独立した収入をもっており、妻は妻自身の収入から妻自身の衣服に対して支払うべきであり、それについて夫の信用を担保にすべきではないという明示的な合意がある場合には、妻自身の衣服の購入につき夫の信用を担保にする妻の authority は否定されるから、夫が右の明示的合意を立証すれば、推定は覆されることになる。また、夫の信用を担保にすべきではないという明示的な禁止がなくても、妻は妻自身の収入から妻自身の衣服に対して支払うという合意があり、現実に妻がそういうやり方で自分自身の衣服を購入してきているなら、それについて夫の信用を担保にすべきではないという黙示的な禁止があったということになり、夫が右の事実を立証すれば、推定は覆されることになろう。

しかし、明示的または黙示的な禁止の存在が立証できない場合に、夫は妻が独立した収入をもっているという事実を立証するだけで十分であるか否か（推定を覆すことができるか否か）に関する判例の現在の立場は不明確であるといわれている。(101) 学説においては、妻が独立した収入をもっているという事実を夫が立証するだけでは、おそらく十分ではないであろうという見解(102)もある反面、問題は未解決のままであるとはいうものの、少なくともその商品が妻自身の使用のためのものならば、独立した収入をもつ妻は本人として契約したと考えるのが現代の社会的意見により調和するとみる見解(103)もある。また、所帯のための生活必需品とは区別される妻の衣服のような個人的な生活必需品については、裕福な妻は夫の信用を担保にすることを夫から授権されていたと推定されるべきではないが、妻の資産が妻が売却することを合理的に期待し得ないような（例えば家族の生活する家のような）所得を生みださない資産のみである場合には、局面は異なるとみる見解(104)もある。

従って、妻が夫の信用を担保にして妻自身の個人的な生活必需品を信用買いした場合に、妻にはそれを購入するのに十分な独立した収入があるという事実を夫が立証するだけで、推定を覆すことができるか否かは不明確であるが、少なくとも、そのような妻の個人的な生活必需品の購入については、妻自身の収入をもって支払うべきであり、夫の信用を担保にすべきではないという、妻の authority に対する明示的または黙示的な禁止があれば、夫はそれを立証することによって、推定を覆すことができる。その際の notice の要否であるが、夫が妻に allowance を与え、夫の信用を担保にする妻の authority を明示的または黙示的に禁止していた場合に、夫はその事実を立証すれば、推定を覆すことができ、夫はそれについての notice を相手方に与えていなくても責任を免れることができるのと同様に、右の場合にも notice は不要であろう。

(iv)　生活必需品を購入するについて夫と妻が共同責任を負う旨の合意がある場合は別として、妻は本人として行為しているか、夫の信用に基づいて夫の代理人として行為しているかのいずれかであるから、[105]相手方商人が信用を妻に与えて妻を本人として取引したならば、夫に本人としての責任を追求することはできない。[106]

(イ)　具体的に如何なる事実があるときに、商人は信用を妻に与えて妻を本人として取引していたと判断されるかであるが、商人の顧客に対する掛売りの帳簿の名義人が妻であるとしても、それだけでは商人は妻に信用を与えていたとは判断されない。例えば、Seymour v. Kingscote 事件では、夫は妻を同伴して原告の店へ行き、£40ないし£50の毛皮のコートを妻のために購入したことがあったが、その際夫は原告に、これは夫の妻に対するクリスマスプレゼントであると説明し「勘定は私のつけにして下さい」と言った。しかし、それは Kingscote 夫人の名前で帳簿に記入され、支払は夫名義の小切手で夫によってなされた。この場合、原告は夫に信用を与えて夫に掛売りしたが、それが妻の名前で掛売りの帳簿に記入されたのであるから、訴において支払が請求された商品の掛売りの帳簿上の名義人が妻であるとしても、それだけでは原告は妻に信用を与えていたとは判断されない。[107]

㋺　商人は妻のみに信用を与え、夫には信用を与えていなかったと判断されたのは、Callot and Others v. Nash 事件[108]である。Nash 夫人は Nash 船長と結婚するずっと以前から、原告と取引しており、彼女の勘定は一九一二年 Kirwan 夫人の名前で開かれた。一九一五年にそれは Sifton 夫人に変更され、一九一八年秋には更に Nash 夫人となった。原告はその間信用をずっと彼女に与えており、帳簿上の名前を変更するに際しても、Nash 船長の資産や地位について何ら Nash 船長に問い合せをしていない。原告にとって Nash 船長は彼女の以前のふたりの夫と同様につかの間の存在にすぎず、ただ単に Nash 夫人に付随する男性であった。請求書が原告から夫に送られたことはなく、原告が支払のために夫をあてにしていたと述べる原告のための証人はひとりもいない。Nash 夫人が原告にとって永続的な顧客であり、彼女が真実のそして唯一の債務者として扱われた。原告は彼女をすぐに夫をかえる資産のある女性とみなしていた。以上の事実関係に基づいて、McCardie 裁判官は、原告は信用を Nash 夫人にのみ与え、夫には与えていなかったと判断している[109]。

原告と被告の妻との取引は、一九一二年に Kirwan 夫人の名前で開始され、原告の店の掛売りの帳簿上の彼女の名前は一九一五年には Sifton 夫人、一九一八年には Nash 夫人というように彼女の結婚歴に応じてめまぐるしく変わったが、原告は帳簿上の名前が Nash 夫人に変更するに際しても、夫である Nash 船長に対して何ら問い合せをしておらず、数々の彼女との取引の請求書を夫に送ったこともなく、専ら彼女の資産をあてにして彼女に掛売りを続けてきたのであるから、原告は Nash 夫人にのみ信用を与えて Nash 夫人を本人として取引していたことになる。当該商品は明白にぜいたく品であり生活必需品ではないが、仮に生活必需品の信用買いという事件であったにしても、右のような事実関係（商人は従来から夫の資産をあてにせず妻の資産をあてにしており、妻が商人に対して支払ってきていた）が認定されれば、商人は妻のみに信用を与え妻を本人として取引していたことになり（夫婦間で共同責任を負う旨の合意がある場合を除き）、夫は本人として責任を負わされることはない。

(3)　小　括

(i)　妻が取引によって負担した債務について、夫が責任を負うか否かはすべて代理の問題であり(110)、夫を本人、妻を代理人とする代理関係が成立するか否かによる。（但し、夫と妻との間で、妻が本人として負担した債務について夫が共同責任を負う旨の合意がある場合は別である）。当該取引について夫の妻に対する個別的授権がなく、holding out に相当する夫の相手方に対する行動がない場合でも、当該取引が生活必需品の信用買いであれば、夫と共同生活をしている妻には夫の信用を担保にする authority があると推定されるところから、夫は推定を覆す事実を立証しない限り、本人として責任を負わされることになる。

右の推定は、夫と共同生活をしている妻は、夫との共同生活を維持する上で必要な一定の範囲内において、夫から所帯のやりくり（domestic management）を委ねられているのが通常であり、妻が生活必需品を注文し、相手方からの請求には夫が支払うというのが、通常の共同生活の実態であるという推測に基礎づけられる事実上の推定である。従って、夫と共同生活をしている妻であっても夫から所帯のやりくりを委ねられていなければ、生活必需品の購入のために夫の信用を担保にする authority をもたないし、逆に、mistress であっても、共同生活をしている男性から所帯のやりくりを委ねられているなら、所帯のやりくりを委ねられている妻と同様に、右の推定が生じる。また、相互の同意によって別居している妻の authority については、共同生活から推定される妻の authority の一場合と位置づけるべきではない。

生活必需品とは、妻が夫から通常委ねられている所帯のやりくりの範囲内に含まれるところの、家族や所帯のために真に必要であり、かつ夫が選択した生活様式、夫が妻によそおうことを許した生活様式に適合する商品である。

夫と共同生活をしている妻（または mistress）に authority が推定されるのは、妻が夫の信用を担保にして右の生活必需品を購入する場合に限定される。生活必需品を購入する目的で、妻が夫の信用を担保にして借財したり、または夫の不動産を処分したりして、そのお金を現実に生活必需品の購入にあてたとしても、生活必需品の信用買いという限定された範囲を越えるこれらの行為は、共同生活から推定される妻の authority の問題としては論じられない。これらの行為（夫の信用を担保にする借財や夫の不動産の処分）について夫が妻に個別的に授権しているか、夫の相手方に対する holding out の結果相手方が妻の authority を信頼して取引した場合を除き、夫が本人として責任を負わされることはない。

(ii)　相手方が、供給した商品が生活必需品であるということと共同生活の事実を立証すれば、妻は生活必需品の購入のために夫の信用を担保にする authority をもつと推定されるが、これは事実上の推定（presumption of fact）にすぎないために、妻はその authority をもっていないということが、夫によって立証されるときに推定は覆される。たとえば、夫が妻に allowance を与え、妻に対して夫の信用を担保にして買物をすることを、明示的または黙示的に禁止していた場合や、妻が独立した所得をもっているので衣服等の妻の個人的な生活必需品については、妻自身の所得でもって購入すべきであり、夫の信用を担保にすべきではないと夫婦間で合意していたような場合である。これらの事実について夫が相手方に予め notice を与えていた場合には、夫はそのことを立証すれば推定は覆され夫は責任を免れることについては問題はない。しかし、右の notice を夫が相手方に予め与えていなかった場合でも、夫は内部的に妻の authority を禁止または制限していたことを立証すれば、推定は覆され夫は責任を免れるのか否かという問題は、holding out による代理関係の成立、holding out による妻の authority との比較において重要である。

㈠において述べたように、本人の相手方に対する holding out によって代理関係が成立する場合には、実際には本人が内部的に代理人の authority を禁止または制限したりしても、本人が相手方に予めその旨の notice を与えていなければ、holding out の結果代理人の authority を信頼して取引した相手方に対して、本人は責任を免れない。例えば、妻が従来夫の信用を担保にして相手方との間で行ってきた取引について、夫がそれらを承認し相手方の請求に応じて支払ってきていたが、以後は妻に対して夫の信用を担保にして信用買いをしてはならないと禁止したにもかかわらず、夫はその旨の notice を相手方に与えるのを怠っていたところ、妻が夫の禁止に反して、夫の信用を担保にして従来の取引とやり方や内容が同様である取引をその相手方との間で行えば、夫は責任を免れないというような場合である。

これに対して、共同生活から推定される妻の authority の場合には、夫は内部的に妻の authority を禁止または制限していたことを立証すれば、その旨の notice を相手方に予め与えていなくても、推定は覆され夫は責任を免れるというのが、Jolly v. Rees 事件(111)（但し Byles 裁判官の反対意見がある）、Debenham v. Mellon 事件(112)以来の判例の確立した立場である。その理由を holding out による代理の場合と比較して明白に論ずるのは Thesigar 裁判官である(113)。即ち、夫の相手方に対する holding out があれば、相手方は反対の notice を夫から受けるまでは、妻の authority は継続していると推断できる権利をもっている。しかし、夫と一面識もない相手方が妻と取引する際に、夫への問い合せもなしに、妻は生活必需品を購入するために夫の信用を担保にすることを夫から授権されていると推断できる権利はない。何故なら、相手方は、夫に問い合せるか、それが困難なら妻との取引を避けることによって、不利益を回避できるのに対して、一面識もない相手方に notice を与えようもない夫が、はじめて妻と取引する相手方に対してさえも（たとえ生活必需品という限定された範囲内であっても）絶対的に責任を負わされるという不利益を負担させられるのは矛盾しているからである。右の点が、三で述べる妻の authority の性質、具体的には、holding out による妻の

authorityとの対比において、共同生活から推定される妻のauthorityの性質をどのように理解し、それをauthorityの分類のなかでどこに位置づけるか、更には日本民法における日常家事代理権との関連において、四(一)において考察するように、日常家事代理権はイギリス代理法上のいかなるauthorityに相当するといえるのかに関して、重要である。

(三) 遺棄された妻のauthority

(1) 意義及び必需代理

(i) Matrimonial Proceedings and Property Act 1970, *s.* 41によって廃止される以前は、必需代理（agency of necessity）の典型例として、夫に遺棄された妻は、生活必需品の購入のために夫の信用を担保にできるauthorityをもつとみなされていた[114]。遺棄された妻の必需代理権の沿革は「我々の社会的歴史のなかで、女性は実際上は物であった時代にさかのぼる。夫はいったん妻を掌中に把握すると、その女性だけではなく、その女性が所持していたいっさいがっさいを手に入れたのである。もちろんその結果として、もし夫が妻を扶養しないならば、妻は自分自身を扶養する手段をもつことは不可能になる。それは古いコモン・ロー上の権利に由来するのである[115]。」とされている。即ち、コモン・ロー上妻が無能力であり財産を所有することもできなかった時代において、夫が妻に対する扶養義務を履行せずに、不法に妻を家から追い出したり、あるいは自分が出ていったりした場合に、配偶者はお互いに他方を訴えることはできないとするコモン・ローのルールは、遺棄された妻が自分の権利を訴訟によって強行することを妨げた。そこで遺棄された妻は、自分や子供の生存を維持する手段が他になかったので、自分に対する夫の扶養義務を夫に強制できる唯一の方法として、夫の必需代理人とみなされ、生活必需品の購入のために夫の信用を担保にできるauthorityをもつとされていたのである。

(ii)　必需代理とは、一定の緊急事態が生じた場合に、Pの財産や利益のためにAがした行為がPの同意に基づくものではないにもかかわらず、法がAの行為はPの同意に基づいてなされたものとみなして、PとAとの間に、代理関係の成立を認めることをいう。例えば、船長が、一定の緊急事態が生じたときに、船荷の所有者のために必要性がある契約を結んだ場合には、たとえその契約が船荷の所有者の同意に基づくものではなかったにしても、船荷の所有者は船長が結んだ契約に拘束される。この必需代理の成立が認められるためには、①とられた手段がその事情の下で唯一の実行可能な手段であったこと（例えば船荷が急速にくさりかけているのを発見した船長が、最も近い港に入港し、それらが得られる最高の価格で船荷を売却した）、②その当時本人と連絡する機会がなかったこと、③本人の利益のために誠実に行為をしたこと、が立証されなければならない[116]。

また必需代理は、一定の緊急事態が生じたときに、ある人が他の人の財産や利益を保存するために、サービスを提供したり費用を負担したりした場合に、ある人の他の人に対する費用の償還請求等を可能にするために主張されたりする。しかし、イギリス法はローマ法の事務管理（negotiorum gestio）を認めていない[117]とされているので、他の人に必要である労務やサービスを提供することによって任意的に費用を負担した者は、費用を負担する何らかの法的権限が欠けている場合には、費用の償還請求はできないのが原則である[118]。しかしながら、Hawtayne v. Bourne 事件[119]においてParke裁判官は、必需代理が生じることが明らかに承認される例として、先に述べた船長の例と並んで、為替手形の参加引受人の遡求権をあげた[120]。これは現在ではBills of Exchange Act 1882のなかに含まれており[121]、為替手形につき引受拒絶証書が作成された後、満期の到来するまで、その手形上の債務者以外の者は、手形所持人の同意を得て、その手形上の債務者のために参加引受ができ、その参加引受人は支払人が満期に支払をしないときには、償還義務を負い、償還義務を履行した参加引受人は、被参加人及びその前者に対して遡求することができる。償還義務を履行した参加引受人が手形所持人の地位に代位できることは、商慣習法に起源を発するものであり、必需代理の例として承認されてきたのである。

(iii)　夫に遺棄された妻がもつとみなされる、生活必需品の購入のために夫の信用を担保にできるauthorityも、以上の二例とともに必需代理の典型例として承認されてきた。即ち、夫に遺棄されたことにより、自分や子供の生存を維持する手段が他にないという緊急事態に陥った妻が、夫の同意に基づかずに夫の信用を担保にして商人から生活必需品を信用買いした場合、法は妻の行為は夫の同意に基づいてなされたものとみなして、夫と妻との間に代理関係の成立を認める。その結果、夫は商人からの請求に応じて支払わざるを得なくなり、妻は夫の必需代理人とみなされることによって、自分に対する夫の扶養義務を夫に強制することが可能になる。

ところで、承認された他の必需代理の例においては、緊急事態によって脅かされるのは本人の利益であり、代理人は本人の利益のために行為する。しかし、遺棄された妻の例においては、緊急事態によって脅かされるのは、代理人である妻自身の利益であり、本人である夫の利益ではない（もっとも、コモン・ロー上夫には彼の妻を扶養すべき義務があるのであるから、夫は妻を遺棄することにより、自らその扶養義務を履行しない、または履行できないという危険が夫に生じているともいえるが、しかしやはり夫の財産上の利益が脅かされているとみるのは困難である）。[122]そこで、遺棄された妻は準代理人（quasi-agent）と理解すべきだという学説もあったが、[123]一般的には、これは歴史的起源をもつイギリス法に存在する一種の変則的なケースにすぎないのであって、やはりこの様な場合にも、イギリス法は、当事者間の合意にかかわりなしに、本人と代理人の関係を成立させたと解されていた。[124][125]

(2)内容及びその廃止

（i）　必需代理権としての遺棄された妻の authority と、㈡で論じた共同生活から推定される妻の authority とは、明白に区別されなければならない。夫と共同生活をしている妻が、生活必需品の購入のために夫の信用を担保にする authority をもつと推定されるのは、夫と共同生活をしている妻は、夫との共同生活を維持する上で必要な一定の範囲内において、夫から所帯のやりくり（domestic management）を委ねられているのが通常であり、妻が生活必需品を注文し、相手方からの請求には夫が支払うというのが、通常の共同生活の実態であるという推測に基礎づけられている。従ってその推定は事実上の推定（presumption of fact）にすぎず、妻はそのような authority をもっていないということを、夫によって立証されるときに覆される。

これに対して、夫に遺棄された妻が、生活必需品の購入のために夫の信用を担保にする authority をもつとみなされるのは、夫に遺棄されたことにより、自分や子供の生存を維持する手段が他にないという緊急事態に陥った妻が、コモン・ロー上夫に課せられた妻に対する扶養義務を、夫に強制することを可能ならしめるためであり、それによって、妻や子供たちの生存は確保されるのである。従ってそれは、反証を許さない法律上の推定（irrebuttable presumption of law）であり、共同生活から推定される妻の authority の場合とは異なって、夫は妻に対して夫の信用を担保にして生活必需品を購入することを禁止していたということを立証することにより、その推定を覆すことはできない。

（ii）　コモン・ロー上夫に課せられた妻に対する扶養義務の内容は、夫は共同生活をしている妻に対して生活必需品を供給しなければならないということである。妻が夫を遺棄したのでない限り、例えば配偶者の一方の病気や夫の妻に対する遺棄などによって、配偶者が別居しても、夫の妻に対する扶養義務は存続する。しかし、妻が姦通した場合には、夫が姦通を宥恕（condonation）したり慫慂（connivance）したりしなければ、夫に対して扶養を請求するる妻の権利は消滅するが(126)（しかしこれは姦通の場合とは異なって中断するだけであり）、妻の夫に対する遺棄が終わればすぐに妻の権利は回復する。

右のように、妻は自らが姦通したり夫を遺棄したりしない限り、夫に対して自分を扶養せよ、自分に生活必需品を供給せよと、請求できる権利をもっているが、そのことと、生活必需品を購入するために夫の信用を担保にする妻の authority とは直ちに結びつくのではない。妻が夫に対して請求できるのは、夫が夫のお金であるいは夫の信用で商人から生活必需品を購入してきて、それを自分に対して供給せよということまでであり、そのことの論理必然的結果として、夫の信用を担保にして商人から生活必需品を信用買いするという妻の authority が妻の固有の権利として認められているわけではない。

確かに、夫と共同生活をしている妻は、自らに姦通などの婚姻上の非行がない限り、夫に対して扶養を請求する権利をもち、夫は妻に対して扶養することを義務づけられるが、夫と共同生活をしている妻が、生活必需品の購入のために夫の信用を担保にする authority をもつと推定されるのは、夫と共同生活をしている妻は、生活必需品の注文などを含む所帯のやりくりを夫から委ねられているのが、通常の共同生活の実態であるという推測にあくまでも基礎づけられる。従って、相互の同意によるにせよ、夫または妻の遺棄によるにせよ、夫婦が別居してしまった場合には、たとえ夫の妻に対する扶養義務が存続し、妻は夫に対してなお扶養を請求する権利をもっていたにしても、妻は夫との共同生活を維持するための所帯のやりくりを、もはや夫から委ねられていないから、これらの場合、共同生活から推定される妻の authority の有無を問題とする余地はなくなる(127)。

しかし、夫が妻を遺棄した場合、妻はもはや共同生活から推定される妻の authority はもたないにしても、なお夫に対して扶養を請求する権利をもち、夫の扶養義務は存続している。その妻が、夫の扶養義務の不履行により、自分や子供の生存を維持する手段が他にないという緊急事態に陥ったときには、扶養義務を夫に強制することを可能ならしめるため、遺棄された妻は夫の必需代理人とみなされ、生活必需品の購入のために夫の信用を担保にするauthorityをもつと法律上推定される。また、夫に遺棄された妻が姦通していても、夫がそれを宥恕したり慫慂したりしていれば、夫の扶養義務は存続しているから、右に同様である。逆に、夫が姦通を宥恕したり慫慂したりしているという事情がなければ、夫の扶養義務は消滅し、妻は夫に対して扶養を請求する権利を完全に喪失するから、必需代理権もまた消滅する。[128] このように、遺棄された妻の必需代理権は、コモン・ロー上夫に課せられた妻に対する扶養義務と表裏一体の関係にあるといえる。[129]

(iii)　㋑　遺棄された妻の必需代理権が存続している間、①彼らが習慣的にしてきた生活様式にふさわしい商品のために、[130]②妻が監護している子供の扶養と教育のために、[131]③夫に対して訴訟を提起するために、[132]妻は夫の信用を担保にできる。妻が夫の信用を担保にして購入した商品や受けたサービス等が生活必需品に該当するかどうかは、それらを供給する相手方によって立証されるべき事実問題である。共同生活から推定される妻のauthorityの場合には、生活必需品を購入する目的で妻が夫の信用を担保にして借財し、そのお金を現実に生活必需品の購入にあてたとしても、貸主が夫に請求することはコモン・ロー上認められていないことは(二)(1)(iii)において述べたが、遺棄された妻の場合には、エクィティ上貸主に相殺する権利を認めた判例[133]がある。

遺棄された妻のauthorityは、反証を許さない法律上の推定であるから、夫による妻のauthorityの禁止または制限が夫によって立証されても覆すことはできない。しかし、生活必需品を供給した相手方が、妻に対して信用を与えていたのならば、夫は責任を問われない。また、遺棄された妻のauthorityは必需代理権であり、夫による扶養義務の不履行により、自分や子供の生存を維持する手段が他にないという緊急事態に陥った妻に認められるのであるから、妻が夫からあるいは他のところから十分な資産を得て生存を確保できるならば、消滅する。[134]

㋺　必需代理は、妻が一般的にコモン・ロー上契約する能力をもたず、財産を所有することもできない時代においては、遺棄された妻の生存を維持させる手段として、非常に重要であった。しかし妻の無能力は一連の妻財産法によって除去され、一九世紀の終わりまでには、妻は高等法院のみならず治安判事裁判所において、容易に扶養命令を得ることができるようになった。その結果、商人は自然に妻を遺棄して扶養しようとしない夫の信用を担保にして、妻に生活必需品を掛売りするのをいやがるようになり、次第に遺棄された妻は自分の必需代理権を用いることは稀になってきた。その後妻が Department of Health and Social Security から直接的な補助を得ることが可能になり、National Health Act の benefit や legal aid を請求できるようになった時、この遺棄された妻の必需代理の法理は時代遅れのものとされ、Matrimonial Proceedings and Property Act 1970, s. 41によって廃止された。[135]

遺棄された妻の authority が立法によって廃止されたことにより、現在イギリス法において、夫が妻に個別的に授権した場合を除き、夫を本人、妻を代理人とする代理関係が成立するのは、夫が相手方に対して妻を自己の代理人として holding out した結果、相手方が妻の authority を信頼して妻と取引した場合と、夫と共同生活をしている妻が夫の信用を担保にして生活必需品を信用買いしたときに、夫が妻の authority を禁止または制限していた等の authority の推定を覆す事実を立証できない場合である。従って、現在のイギリス代理法の著書では、遺棄された妻の authority は過去のものとして扱われている。実際それは妻がコモン・ロー上無能力であると扱われていた時代の遺物なのであるが、一方においては、必需代理の成立範囲を限定するために、[136]明白に必需代理の成立が承認されていた例を検討する上で必要であるし、他方においては、夫の扶養義務と表裏一体の関係にあった遺棄された妻の必需代理権は廃止されたが、夫と共同生活をしているところから、夫と共同生活をしている妻に推定される authority の性質を考察するために、遺棄された妻の authority に対する考察は、理論上なお重要である。

三　妻の authority の性質

(一)　各説による authority の分類及び妻の authority の位置づけ

(1)　問題点の指摘

(i)　二(一)(二)(三)において、可能な限り個々の判例の具体的事案に即して、イギリス法の妻の authority の種類と内容を検討してきた。判例の具体的事案を重視した理由は主に次の二点にある。第一は、四で論じる日本民法との比較法的考察において、機能的比較法（注(255)参照）を可能ならしめるためである。第二は、イギリス法の妻の authority は、その種類に応じて、また論者によって、その authority の性質が、express authority, implied authority, apparent authority, usual authority, presumed authority 等と様々に理解されている。そこで、どのような具体的内容をもつ妻の authority が、如何なる根拠で、論者により様々な性質の authority に分類されているのかを具体的に検討することにより、各々の authority 自体の内容（とりわけ apparent authority と usual authority の内容）を明らかにし、日本民法一〇九条、一一〇条、一一二条の表見代理規定相互の関係を理論的に整序するための一助としたいためである。

(ii)　各説による authority の分類及び妻の authority の位置づけを論じる前提として、イギリス法において夫を本人、妻を代理人とする代理関係が成立する場合を簡潔にまとめると以下のようになる。

①当該取引について夫が妻に個別的に authority を授与した場合、

②当該取引について夫の妻に対する個別的な authority の授与は存在しないが、当該取引について、夫は妻に authority を与えていると、相手方が推断することができるような夫の相手方に対する行動＝holding out が存在し、その結果相手方が妻の authority を信頼して取引した場合、

③当該取引について夫の妻に対する個別的な authority の授与も、夫の相手方に対する holding out も存在しないが、当該取引が、夫と共同生活をし夫から所帯のやりくりを委ねられている妻が、生活必需品を夫の信用を担保にして購入したものであるときに、夫が内部的に妻のそのような authority を禁止または制限していたことの立証に成功しなかった場合、

④当該取引について個別的な authority の授与も holding out も存在せず、夫婦は既に共同生活もしていないが、当該取引が、夫に遺棄され夫の扶養義務の不履行により緊急事態に陥った妻が、生活必需品を夫の信用を担保にして購入したものである場合（但し、Matrimonial Proceedings and Property Act 1970, s. 41により現在ではこの場合に代理関係は成立しない）。

(iii)　①の場合に妻がもつ authority が actual authority としての express authority であることについては異論がない。次に②の場合に、妻がもつのは apparent authority であることについても異論がない。(137) holding out に相当する夫の相手方に対する行動とは、妻が夫の信用を担保にして相手方との間で行った今回の取引のやり方や内容が、妻が夫の信用を担保にして相手方との間で行ってきた従来の取引のやり方や内容と同様である場合に、夫がそれらの従来の取引を承認し相手方の請求に応じて支払ってきたことや、妻と相手方との間に夫が従来承認してきた取引は存在しないが、当該の取引について夫が相手方に対して契約の履行について積極的に指図を与える等の認容的行動をした

ことをいう。右の場合に、夫は今回の取引については妻に authority を授与していなかったり、当該の取引については妻が本人として責任を負うと合意していたり、あるいは、従来の取引の後今回の取引の前に、夫が妻に対して、もはや夫の信用を担保にして取引してはならないと禁止したりしていれば、妻は当該の取引について全く actual authority をもっていなかったことになる。しかし、holding out の結果、相手方が妻には当該取引についての actual authority があると信じて取引したのであれば、妻は実際には当該取引についての actual authority を全くもっていないにもかかわらず、holding out の結果相手方が信頼した範囲内で、即ち妻の apparent authority の範囲内で夫は責任を負うことになる。いわば、apparent authority は、本人の相手方に対する holding out の産物であり[138]本人がそれを代理人に対して、内部的に禁止または制限していても、その旨の notice を相手方に対して予め与えていなければ、本人は責任を免れない。

④が必需代理であることは、二㈢で論じたように一般に承認されてきたが、Fridman は必需代理人のもつ authority を presumed authority であると分類する[139]。

③の共同生活から推定される妻の authority の性質については、①、②と異なり見解が分かれる。判例や学説の多く（例えば Anson や Bowstead や Davies 等）は、actual authority としての implied authority が推定されると理解するが、Hanbury は夫が妻を代理人として holding out したことによる apparent authority ととらえ、Powell は妻が usual authority の範囲内で行為すれば第三者に対する夫の法的関係に影響を与える power をもつと論じ、Fridman は actual authority としての implied authority や usual authority、あるいは apparent authority とは理論的に明確に区別される presumed authority であると分類する。

そこにおいては、第一に、各論者が implied authority, usual authority, apparent authority, presumed authority 等をそれ

ぞれどのような性質の authority として把握しているかを知ることが重要であるし、第二に、各論者が共同生活から推定される妻の authority の性質として主張する authority が、夫が妻に対して内部的に妻の authority を禁止または制限した場合、夫が相手方に予めその旨の notice を与えていなくても、禁止または制限していたことを立証できれば、推定は覆され夫は責任を免れるという判例の確立した立場を、矛盾なく説明できるものでなければならない。第三に、扶養義務と表裏一体の関係にあった遺棄された妻の必需代理権は廃止されたが、夫と共同生活をしている妻の authority の推定は、依然として疑われることなく存続していることとの関係が重要である。そこで以下は右の点を踏まえて、主として共同生活から推定される妻の authority の性質を中心に、各説による authority の分類及び妻の authority の位置づけについて論じる。

(2)　判例及び学説の一般的な見解

(i)　妻の authority の性質について言及している判例は、夫と共同生活をしている妻には implied authority が推定されるとみる(140)。判例の見解を要約すると以下のようになる。婚姻はそれ自体妻に夫の信用を担保にできる権利を与えるものではないから、妻の取引によって夫が相手方に拘束されることは、代理の原則に基礎づけられねばならない。夫と妻との間に代理関係が成立するのは、①明示的または黙示的に、事前の委任または事後の追認によって、夫が妻に信用を担保にすることを授権した場合、②妻の authority を夫が否定することは estoppel によって禁止されるような行為を夫自身が相手方に対してした場合（holding out の存在する場合）、③夫が妻を遺棄したときに、妻が夫に対して扶養を請求する権利をもつ場合（必需代理・但し一九七〇年以前）である。①の場合、妻は express authority または implied authority をもち、②の場合、妻は apparent authority をもつ。

妻が express authority, implied authority, apparent authority のいずれかをもっていることを立証するのは、妻に供給

した商品やサービス等の代金債務の履行を夫に請求する相手方である。相手方は express authority や apparent authority を立証できない場合でも、夫と妻との共同生活の実態においては、妻は domestic manager であり、その範囲内に普通に含まれることがら（生活必需品の購入）については、夫の信用を担保にすることを夫から黙示的に授権されているのが通常であるという推測に基づいて、相手方は自分の供給した商品が生活必需品であるということと共同生活の事実を立証すれば、自己に一応有利な事件 prima facie case をつくることができる。即ち、夫と共同生活をしている妻は、生活必需品の購入のために夫の信用を担保にすることを夫から黙示的に授権されていた、妻は生活必需品の購入のために夫の信用を担保する implied authority をもつという事実上の推定が生じる。妻は夫の意思に反して implied authority をもたないのは当然のことであるから、夫が妻の authority を禁止していたということを立証すれば、推定は覆され、夫は責任を免れるというのも当然のことである。また、右の事実上の推定は、夫の相手方に対する holding out の結果、夫が妻の authority を否定することを estoppel によって禁止される場合とは全く異なり、妻は生活必需品の購入のために夫の信用を担保にすることを夫から授権されていると推断できる権利を夫が相手方に与えたわけではないので、夫が妻の authority を禁止していたことの notice は不要である。

右のように、夫と共同生活をしている妻が夫の信用を担保にして生活必需品を購入した場合、夫と妻との間に代理関係が成立することが事実上推定されるが、それは夫と妻との共同生活の実態から妻は夫からそのような authority を黙示的に授与されているのが通常であるという推測に基礎づけられるものであり、妻に推定される authority の性質は implied authority であるとみるのが判例の見解である。

(ii)　学説も一般的に、判例と同じく、夫と共同生活をしている妻に推定される authority の性質を implied authority であるとみる。例えば、Anson によれば代理関係は以下の五つの方法のうちいずれかによって成立する。(141) ①本人が代理人に actual authority（express authority または implied authority）を授与したとき、②本人のために、本人の同意を得ずに代理人によってなされた契約を本人が追認したとき、③本人は代理人に actual authority を授与していないが、本人の相手方に対する言葉や行動によって、代理人が本人のために行為する authority をもつという相手方の推断を本人がつくった場合に、相手方が代理人の authority を信頼して取引したときは、estoppel によって、本人はあたかも actual authority を事実上授与したのと同様に、代理人の apparent authority の範囲内の行為により相手方に拘束される、④夫と共同生活をしている妻は、生活必需品の購入のために夫の信用を担保にする implied authority をもつと推定される、⑤一定の事情においては、法は、本人の consent を顧慮せずに、ある人が他の人のために代理人として行為する authority を付与する（必需代理）。①の actual authority は普通は express authority であるが、代理人は express authority を適正に行使する上で通常付随するような行為をする implied authority をもつし、また express authority を授与された代理人は、彼が属している職種や市場の合理的な慣習や慣行に従って行為する implied authority や授権された取引において usual な範囲の行為をする implied authority をもつ。夫と共同生活をしている妻も、implied authority をもつと推定される（④）のであるが、妻に推定される implied authority の性質と、①の actual authority としての implied authority の性質との比較は、Anson においては述べられていない。

　Bowstead は、actual authority としての express authority と implied authority との区別について、express authority の典型的なケースは、本人が特定の行為を代理人に明示的に授権したときに生じ、implied authority の明白なケースは、incidental authority（授権された行為に必然的にあるいは普通に付随することをなす implied authority）、usual authority（当該のタイプの代理人なら誰でも普通に行為する authority をもっていることをなす implied authority）、customary authority（合理的であるような適用可能な取引の慣習に一致して行為する implied authority）の三種であるが、express authority が授与されたことが明らかではない場合でも、二当事者間の関係を裁判所が考慮して、解釈によって、ある人が他の人に authority を授与していたと認める場合（implied authority）があると述べている。(142)

夫が妻に特定の行為をすることを明示的に授権していた場合には、妻は明白に express authority をもっているので、妻が express authority を行使する上で必要なかつ通常付随するような行為をしたときは、夫の consent や夫と妻との間の agreement の解釈として、そのような行為は夫によって黙示的に授権されていたと容易に判断することができるから、そのような行為につき妻は implied authority をもっていたことになる。しかし、共同生活から推定される妻の authority の場合には、妻に express authority がないときに問題とされるのであるから、妻が express authority を行使する上で必要なかつ通常付随するような行為をなしうるという意味における implied authority をもたないことは明らかである。にもかかわらず、判例や多くの学説が、夫と共同生活をしている妻は、生活必需品の購入のために夫の信用を担保にする implied authority をもっていると推定されると解するのは、次の様な趣旨であると思われる。夫と妻が共同生活をしている場合、夫は妻に所帯のやりくりを委ねているのが普通であるから、所帯のやりくりに含まれる生活必需品の購入についても、夫は妻に明示的にではないにせよ黙示的に夫の信用を担保にすることを許しているのも通常である。従って、夫はそのようなことは妻に許していない、禁止しているということを立証できるときには、黙示的な授権もないことは明白であるけれども、そうでないときには、共同生活をしている夫と妻の右のような関係を考慮すれば、夫は妻に黙示的に授権していたと解釈してよい。そのような意味における implied authority を論じているのであろう。

もっとも、(3)で述べる Fridman のように、implied authority を、express authority を行使する上で必要かつ通常付随するような行為をする implied authority と、そのような implied authority の一種としての usual authority や customary authority（usual authority の一種）に限定する立場をとれば、本人から明示的に授与された expess authority に必然的に付随する implied authority ではなくて、二当事者の関係を裁判所が考慮すれば黙示的な授権があると解釈してよいという意味における implied authority は、本人の consent によって代理関係が成立する場合に代理人がもつ actuaul authority としての implied authority とは理論的に厳密に区別され、それは何らかの政策的理由により、法の作用によって代理関係が成立する場合に代理人がもつ presumed authority であると理解されることになる。

(3)　Fridman の見解

(i)　Fridman によれば、AがPのためにTとの間でした行為が、Pの法的地位—Tに対するPの権利やTに対するPの義務—に影響を与えるときに、代理が成立し、PとAとの間には代理関係（agency relationship）が存在する。[143] Tに対するPの法的地位に影響を与える代理人の power の性質と範囲は、代理人がもつ authority の性質と範囲によっており、Pは代理人の authority の範囲内の行為によってのみTに拘束される。ある意味において authority の単一の統合された概念は存在しないが、そのかわりにいくつかの種類の authority が存在する。当該の代理関係に伴われる代理人の authority は、考慮されている代理（契約によって成立する代理、追認から生じる代理、estoppel による代理、法の作用による代理）の種類によって異なっている。即ち、どのようなことが原因で代理が成立し、本人と代理人との間に代理関係が成立したかによって、代理人のもつ authority の種類は異なるのである。[144] Fridman においては、代理人のもつ authority は、次の三種類に理論的に分類される。Ⅰ actual authority（代理関係が契約や consent や agreement あるいは追認によって成立するときに代理人がもつ authority）、Ⅱ apparent authority（本人の consent がないにもかかわらず estoppel の法理によって代理関係が成立するときに代理人がもつ authority）、Ⅲ presumed authority（本人の consent も holding out も存在しないが法の作用によって代理関係が成立するときに代理人がもつ authority）であり（章末参考図表Ⅰ参照）、共同生活から推定される妻の authority は遺棄された妻の必需代理権とともに、Ⅲ presumed authority に位置づけられる。そこで Fridman の分類に従って各々の authority の内容を順次考察する。[145]

(ii) ㋑ actual authority は、express authority, implied authority, usual authority ないしは customary authority に細別されるが、いずれもAがPのために行為する以前に、P・A間の契約や consent や agreement 等によって代理関係が存在しているのが特徴である。代理関係がP・A間の契約や consent や agreement によって特定的につくられかつ限定されるとき、代理人のもつ authority は actual authority としての express authority である。代理人が actual authority をもつとき、それが明示的に与えられているときが express authority であるといえる。

ところで、代理関係がつくられたときに本人によって明示的に述べられたことが、代理人によって遂行された行為や遂行することが必要であるとされる行為をカバーしないときがある。しかし、すべての代理人は、express authority を行使する通常の方法に従って、express authority を行使するのに必要なかつ通常付随するすべてのことをなしうる implied authority をもっている。[146] いわば、implied authority とは、本人が代理人に当該の行為の authority を与えていることを黙示的に consent しているとみられる場合の actual authority であり、本人が consent していることを基礎としているのである。仮に、本人が代理人に当該の行為の authority を与えていることを黙示的に consent していたとみられる場合であっても、実際は本人は当該の行為については代理人に禁止していたときには、本人の consent が欠けていたということになるが、本人は consent が欠けているということの効果を生ぜしめるためには、それを外部に対して知らせるのに必要な処置をとっていなければならない。右の場合において、本人が相手方に対して notice を与えていなかったときには、本人は代理人に黙示的に consent していたとみられて、代理人は implied authority をもつが、それは本人自身の意思で notice を与えていなかったのであるから、やはりこの場合の implied authority

も、本人の禁止にもかかわらず、actual authority である。(147)

注意しなければならないのは、(2)で検討したように、判例や学説の一般的見解は、代理人に express authority がない場合でも、二当事者の関係を考慮すれば（本人は代理人に対して禁止していたということを本人が立証できるときは別として、そうでないときには）、本人は代理人に黙示的に授権していたと解釈してよいという意味において、代理人は implied authority をもつと論じる。しかし、Fridman においては、implied authority とは、あくまでも代理人が本人から express authority を与えられているときに、その express authority を行使する通常の方法に従って、express authority を行使するのに必要なかつ通常付随するすべてのことをなし得る代理人の actual authority である。従って、express authority が存在しないときに問題とされる共同生活から推定される妻の authority は、implied authority ではあり得ないことになる。

㋺　usual authority とは、本人の consent によって代理関係が成立する場合に、代理人がもつ actual authority の一種であり、これは更に二つに分類される。ひとつは、㋑で論じた implied authority の一種、その拡張されたものとしての usual authority（及びその usual authority の一種としての customary authority）であり、(148) いまひとつは、不開示の代理の場合の usual authority である。(149)

implied authority の一種としての usual authority とは、代理人が express authority を行使するため、あるいはそれに必要なかつ付随的な authority を行使するために、その取引や営業や職種においては普通である行為をすることを、本人が黙示的に授権したとみられる authority である。(150) usual authority の範囲内であるとみられる行為について、実際は本人は当該の行為については代理人に制限を与えていたときには、その制限についての notice を相手方が得ていなければ、本人は責任を負う。(151)

implied authority の一種としての usual authority が問題とされるのは、まず、ある人が、本人のために一定の種類や範囲の取引や業務をする authority を普通に伴っている地位に、本人によって任命された場合である。[152] 例えば、取締役や支配人等は、本人のために一定の種類や範囲の取引や業務をする authority を普通にもっているが、ある人が本人によってその地位に任命されたことによって代理人になった場合には、その代理人は彼でなくても、取締役や支配人という地位にある代理人ならば、客観的にみて誰でもがもつことを期待されるところの定型的な範囲の usual authority をもつ。次に、ある人が、本人のために一定の種類や範囲の取引や業務をする authority を普通にもっている職種の人である場合に、本人がそのある人をその職種に関して代理人に選任した場合である。[153] 例えば、問屋や仲立人や競売業者等は、本人のために一定の種類や範囲の取引や業務をする authority を普通にもっているが、本人が問屋や仲立人や競売業者等をその職種に関して代理人に選任した場合には、その代理人は彼でなくても、問屋や仲立人や競売業者といった職種の人がその職種に関して代理人になったならば、客観的にみて誰でもがもつことを期待されるところの定型的な範囲の usual authority をもつし、彼が属している職種や市場の合理的でありかつ合法的な慣習や慣行に従って行為する usual authority（これを customary authority という）をもっている。

要約すれば、implied authority の一種としての usual authority とは、本人がある人を、本人のために一定の種類や範囲の取引や業務をする authority を普通に伴っている地位に任命することによって代理人にした場合や、本人が、本人のために一定の種類や範囲の取引や業務をする authority を普通にもっている職種のある人を、その職種に関して代理人に選任した場合に、その取引や業務や職種や市場の慣行においては普通である行為をする authority、その彼でなくても、その地位や職種にある代理人ならば、客観的にみて誰でもがもつことを期待されるところの定型的な範囲の actual authority である。右の範囲内の代理人の行為であれば、たとえ本人が代理人に制限を与えていたとしても、その旨の notice を本人が相手方に与えていなければ、本人は黙示的に consent していたとみられて、責任を負う。以上のように、express authority を本人から与えられた代理人は、㋑で論じた implied authority と並んで、implied authority の一種でありその拡張でもある usual authority（及び customary authority）をもっているが、これらはいずれも本人の consent を基礎においており、本人が自らの consent によって代理人との関係を明示的につくったことの当然の結果である。[154]

㋩ usual authority のいまひとつの種類は、不開示の代理（undisclosed agency）の場合の usual authority である。[155] ある人が実際は本人の代理人として相手方と取引したのであるが、契約の当時、代理人は本人のために行為していることを相手方に隠しており、それゆえ相手方も隠れた本人（undisclosed principal）の存在を知らずに代理人を本人であると思って取引した場合、後に本人の存在を知った相手方は本人に対して請求することができ（但し、本人の存在を知った相手方が代理人に対して請求することを選択した場合には、後になって本人に対して請求することはできない）、また本人も相手方に対して請求することができる。この不開示の代理の法理は、直接の契約関係（privity of contract）の原則に反するが故に、変則的であるとしばしば批判されてきたが、商業上の便宜と契約がなされたときに authority は存在していなければならないという要件には服しているところから、一般的には（批判されつつも）承認されてきた。[156] 開示の代理の場合であれば、代理人が本人によって支配人に任命されていたときには、㋺で論じたように usual authority をもっているから、代理人が相手方との間でした取引が、usual authority の範囲内の行為ではあるが実際は本人によって制限されていたという場合、その制限についての notice を本人が相手方に与えていなければ、本人は責任を負う。代理人が本人によって支配人に任命されているが、不開示の代理の場合には、相手方は実際は支配人である代理人を本人であると思って取引するのであるから、仮にその取引が隠れた本人によって代理人に制限されていたとしても、本人の存在すら知らない相手方が、その制限についての notice を得ていることもない。右の場合に、後に本人の存在を知った相手方が、本人が代理人に制限していたその取引について、本人に請求することができるか否かに関して、不開示の代理の場合の usual authority は議論されてきた。

これに関する著名な判例は、Watteau v. Fenwick 事件(157)である。醸造会社である被告は Humble という人からビア・ハウスを買ったが、被告は Humble をそのビア・ハウスの支配人に任命し、看板には Humble の名前だけが記載されていた。被告は、支配人である Humble に対して、たばこを他から信用買いしてはならないと指示していた（しかし、たばこを信用買いすることは、ビア・ハウスの支配人にとっては、ビア・ハウスの支配人という地位において普通のことであった）。Humble は被告の制限にもかかわらず、たばこを原告から信用買いし、原告は Humble がそのビア・ハウスの所有者であり、彼に対して信用を与えたと思っていた。後に原告は、隠れた本人（被告）の存在を知り、たばこの代金の支払を請求した。被告には責任があると判示された。Wills 裁判官は、商品を供給した人が本人の存在を全然知らなかったこの事件においては、authority の holding out があったとはいえないが、authority の holding out があった場合にのみ本人は拘束されることができるという主張を拒絶した上で、「本人は、本人と代理人との間においてその authority に課された制限にもかかわらず、その種の代理人に普通に委託されている authority の範囲内にあるところの代理人のすべての行為に対して責任を負う(158)。」と述べている。

Watteau v. Fenwick 事件は、不開示の代理の usual authority を肯定した判例であると評価されている(159)。右の場合、相手方は当該取引の当時、本人の存在を知らなかったのであるから、当該取引について、本人は代理人に authority を与えていると、相手方が推断することができるような本人の相手方に対する行動＝holding out は存在していない。相手方は holding out の結果、代理人の authority を信頼して代理人と取引したわけではないから、代理人が相手方との間でした取引に本人が拘束されるとしても、その場合に代理人がもつ authority は apparent authority ではない（不開示の代理においては、相手方は本人の存在を知らないから、holding out は存在せず、従って apparent authority と usual authority との区別は容易である。しかし、開示の代理においては、apparent authority と usual authority との区別が困難である事案類型が存在しており、これについては後述する）。しかし、Watteau v. Fenwick 事件のように、隠れた本人が代理人を、本人のために一定の種類や範囲の取引や業務をする authority を普通に伴っている地位である支配人に任命していた場合には、やはり代理人は usual authority をもち、usual authority の範囲内の行為であれば、本人は代理人に与えていた制限にもかかわらず責任を負う[160]と考えるのが、不開示の代理の場合の usual authority を承認する考え方である[161]。

Fridman も、不開示の代理の場合の usual authority を承認する。しかし、相手方は、自分が取引した人は、支配人という地位にある代理人であると思っていたのではなく、本人であると思っていたのであるから、支配人という地位にある代理人ならば客観的にみて誰でもがもつことを期待されるところの定型的な範囲の usual authority だけを、自分が取引した人がもっていると思ったわけでもない。従って、Fridman においては、不開示の代理の場合の usual authority は、㋺で述べた implied authority の一種としての usual authority ではなく、authority の独立のタイプとして位置づけられる[162]。

(iii)　㋑　PとAとの間に、本人と代理人の関係にたつという真の consent がないにもかかわらず、Pが自らの言葉や行動でもって、AがPの代理人であるかのようにみえることを外部に対して認容してきた場合に、その結果TがAをPの代理人として取引したときには、PとAとの間に本人と代理人の関係が存在するという合理的推断に基づいて行為したTを保護するために、estoppel の法理により、Pは後になってこの apparent agency を拒絶することはできない。「本人」は、本人のために行為する authority をもつと表示した人を、「代理人」として holding out したといわれ、代理関係が成立し、代理人は apparent authority をもつ。[163] 即ち、本人の consent がないにもかかわらず、estoppel の法理によって代理関係が成立するときに、代理人がもつ authority が apparent authority である。

estoppel による代理[164]の成立要件として、①代理人は本人のために行為する authority を有するという表示に相当する本人の側の陳述ないし行為がなければならない。[165] 表示は代理人自身からは生じ得ない。本人の陳述ないし行動は明白であり、かつ疑義のないものでなければならず、それゆえ、本人の行動が代理人に対する authority の付与と一致しない方法であると解釈され得るならば、estoppel は生じない。本人が他の人々との取引において代理人が一定の方法で行為することを認容していたことは、その代理人が、本人のためにそのような一定の種類や範囲の取引をする authority を普通にもっている地位にあることを、本人は表示したことになる。しかし、そうであるにしても、今回の取引について、その代理人が、そのような地位にある代理人が普通行為するであろう方法で行為していなければ、estoppel は生じない。右の場合に、その代理人がその相手方との間において、過去における取引の過程や経験をもち、本人がそれらの取引を黙認してそこから生じた契約を引受けていたのであれば、その代理人はその相手方に対してそのような取引（たとえその取引がそのような地位にある代理人が普通行為するであろう方法ではないにしても）をする authority をもつ代理人として、holding out されていたことになる[166]（右の点が㋺で論じるように usual authority と apparent authority との区別において重要である）。

②表示はそれを信頼する人に対してなされなければならない。「holding out は、それを信頼したという特定の個人に対してか、あるいは、それを知りかつそれに基づいて行為したという推断を正当視するような広く知られた事情の下でなされなければならない[167]。」

③表示は故意にあるいは過失でなされなければならない[168]。

④表示は、相手方をその誤りに導く一番近い原因でなければならない。相手方が表示を信頼していなければ、estoppel の主張は存在し得ない。estoppel のあらゆる例に関していえば、表示を信頼したがために、地位の変更を生じた結果、損害をこうむったのでなければならない。authority の欠缺の notice は、相手方が estoppel によることができないことを意味する。(169) 以上①～④が、Fridman における estoppel による代理の成立要件である。

㋺ (ii)で論じた authority とは異なり、estoppel による代理における代理人の apparent authority は、本人の consent がないので、全く actual authority ではない。apparent authority は、本人の consent によって生じるのではなく、本人の相手方に対する行動、代理人が本人のために行為することを授権されたとの本人の表示の産物である。(170) とはいうものの、apparent authority と implied authority とりわけ implied authority の一種としての usual authority との区別は必ずしも容易ではない。(171) 何故なら、implied authority と apparent authority とは、ともに当該の取引についての本人の代理人に対する明示的な授権がない場合にその存在が問題とされ、代理人の当該の行為について、本人の黙示的な授権があったと解釈できるのか、あるいは、授権したと相手方が推断できる本人の holding out があったと解釈できるのか、という点において一見共通する面をもつからである。特に、本人が一定範囲の authority を伴う地位に代理人をつけていたり、あるいは、その地位につけたとの表示をしていた場合、本人が明示的に代理人に指示していない行為について本人の責任が肯定されるとき、それは代理人が usual authority をもつからなのか、あるいは、apparent authority をもつからなのかは、困難な問題である。

たとえば、会社の取締役会が彼らのメンバーのひとりを業務執行取締役（managing director）に選任したときは、その業務執行取締役は、その彼でなくても、業務執行取締役という地位にある代理人ならば、客観的にみて誰でもがもつことを期待されるところの定型的な範囲の usual authority をもっている。その業務執行取締役が、彼の usual authority の範囲を越える取引を過去においてTとの間で行い、それらの取引について取締役会が是認し了解していた場合に、過去の取引と同様の内容である（しかし usual authority の範囲は越えている）業務執行取締役とTとの間の今回の取引について、取締役会が拒絶したにもかかわらず会社の責任が肯定されたとき、その業務執行取締役のもつ authority の種類は何であるのかという問題が生じる（これを問題①とする）。あるいはまた、Aは取締役会によって業務執行取締役に選任されていたわけではないが、Aが業務執行取締役の usual authority の範囲内の数々の取引をしているのを、取締役会が是認し了解してきているので、その結果TがAは業務執行取締役であると信じて、業務執行取締役の usual authority の範囲内の取引をAとの間で行った場合、取締役会が拒絶したにもかかわらず会社の責任が肯定されたとき、Aのもつ authority の種類は何であるのかという問題も生じる（これを問題②とする）。

右の問題を混乱させるのは、「取締役会が彼らのメンバーのひとりを業務執行取締役に選任したときは、彼らは彼に implied authority のみならず、その地位においては usual な範囲内にあるような事柄をすべてする ostensible authority を与えたことになる」[172] という表現や、取締役会がAを業務執行取締役として表示していたにしても、当該の取引が業務執行取締役の usual authority の範囲を越えていれば、estoppel は生じない等という説明の仕方である。

Fridman によれば、右の問題は明確に区別される。端的にいえば、本人が代理人を一定の種類や範囲の取引や業務をする authority を普通に伴っている地位に現実につけた場合に代理人がもつ authority が usual authority であり、本人が代理人をその地位に現実につけたのではないが、一定の種類や範囲の取引や業務をする authority を普通に伴っている地位につけたとの表示をした場合に、代理人がもつ authority が apparent authority である。[173] 後者の場合、取締役会は決してAを業務執行取締役に選任していないが、例えばAが業務執行取締役を名乗り、現実に業務執行取締役に選任されている代理人ならば当然に普通にできるが、業務執行取締役に選任されていない者ならば決してできないはずの数々の取引をしているのを、会社にとって利益になるので、取締役会が是認し了解していたならば、会社はＡを業務執行取締役の地位につけたと表示していたことになる。その表示を信頼して、ＴがＡは業務執行取締役という地位にあると思い、自分は業務執行取締役と取引していると信じて、現実に業務執行取締役に選任されている代理人ならば当然に普通にできる取引をしたならば、会社は責任を負うことになる。この場合Ａがもつ authority は apparent authority である[174]（問題②の場合）。ＴがＡがもっていると信じた authority の範囲は、現実に業務執行取締役に選任されている代理人がもっている usual authority の範囲と一致するから、Ａの apparent authority と、現実に業務執行取締役に選任されている代理人の usual authority とは、範囲においては一致する[175]。

他方、Ａが取締役会によって現実に業務執行取締役に選任されているときは、Ａが usual authority をもっていることについては問題がない。取締役会が内部的にＡの usual authority の範囲を制限していても、その旨の notice を得ていないＴが、当該取引は業務執行取締役の usual authority の範囲内であると信じてＡと取引し、会社が責任を負わされるのは、Ａが usual authority をもっているからである（apparent authority の問題ではない）。これに対して、当該取引は業務執行取締役の usual authority の範囲を越えるものであっても、Ａが過去においてＴと同種の取引を行い、それらの取引が、取締役会によって是認し了解されていたならば、会社は、Ａをそのような取引をする authority をもつ代理人であると、Ｔに対して holding out していたことになる（問題①の場合）。仮に、取締役会が内部的にＡに対して、以後は決してＴとの間でそのような取引をしてはならないと禁止をしていたにしても、その旨の notice を得ていないＴに対して、Ａの apparent authority の範囲内で責任を負うことになる。このように apparent authority は全く actual authority が存在しない場合（問題②）にも、Ａの actual authority の範囲を越える場合（問題①）にも生じるのである。

相手方は usual authority を立証する場合には、代理人の行為は彼の express authority を行使するのに必要なかつ通常付随する行為であるとか、代理人が本人によって与えられている地位からすれば、代理人の行為は、彼でなくてもその地位にある代理人ならば、客観的にみて誰でもがすることを期待される種類や範囲の行為であることを立証しなければならない。これに対して、相手方は apparent authority を立証する場合には、当該の行為について代理人は本人から authority を与えられていると相手方が推断できる本人の行動があったこと、その結果代理人の authority を信頼して代理人と取引したことを立証しなければならない。[176] そして、相手方は、代理人が usual authority または apparent authority を本人によって制限または禁止されていることの notice を得ていたならば、いずれの場合も、本人に責任を負わせることはできない。[177]

(iv)　(イ)　本人の consent も holding out も存在しないが、法の作用（operation of law）によって authority が推定され、代理関係が成立するときに、代理人がもつ authority が presumed authority である。[178] Fridman は、遺棄された妻の authority を含む必需代理権と共同生活から推定される妻の authority とを、ともに presumed authority として位置づけ、前者は反証を許さない法律上の推定であるのに対して、後者は事実上の推定にすぎない点において区別する。

共同生活から推定される妻の authority の場合、当該の取引について、夫は妻に authority を与えていると、相手方が推断できるような夫の相手方に対する行動（holding out）が全く存在していなくても、夫と共同生活をしている妻は、生活必需品の購入のために夫の信用を担保にする authority をもつと推定されるのであるから、推定される妻の authority は apparent authority ではない。また、推定される妻の authority が apparent authority であるならば、夫が妻に対して内部的にそのような妻の authority を禁止または制限した場合、その旨の notice を相手方に予め与えていなければ、夫は責任を免れないはずである。しかし、そのように理解することは、夫は妻に対して禁止または制限していたことを立証できれば、notice を与えていなくても、推定は覆され、夫は責任を免れるという判例の確立した立場に矛盾する。

また、共同生活から推定される妻の authority は、しばしば implied authority として言及されるが、それも誤りである。implied authority とは、代理人が本人によって与えられた express authority を行使する上でそれに必然的に付随する authority であるか、あるいは、本人がある人を、本人のために一定の種類や範囲の取引や業務をする authority を普通に伴っている地位に任命することによって代理人にした場合や、本人が、本人のために一定の種類や範囲の取引や業務をする authority を普通にもっている職種のある人を、その職種に関して代理人に選任した場合に、その取引や業務や職種や市場の慣行においては普通である行為をする authority、その彼でなくても、その地位や職種にある代理人ならば、客観的にみて誰でもがもつことを期待されるところの定型的な範囲の usual authority であるかの、いずれかである。しかし、共同生活から推定される妻の authority が問題とされるときには、妻は夫から express authority を与えられていないし、また、妻は夫のために一定の種類や範囲の取引や業務をする authority を普通に伴っている地位に、任命されているわけでもない。

この形態の代理は、当事者間の黙示的契約（implied contract）によってつくられる代理(179)に似ているようにもみえるが、しかしそれとも区別すべきである。代理契約も、他の契約と同様に、代理関係の成立の承諾を示すような当事者の行動によって黙示的に成立し得るし、その効果として、あたかも代理関係が明示的につくられたのと同じ地位に当事者を置く。右の場合、本人は代理人が本人のために行為すべきことを望んでおり、代理人も実際そのように行為する authority をもっていて、当事者の真の願望（real wish）と無関係には存在しないものである(180)。しかし、共同生活から推定される妻の authority の場合には、妻が生活必需品の購入のために夫の信用を担保にするということを、夫が真に望んでいなくても、夫と共同生活をしている妻は、生活必需品の購入のために夫の信用を担保にする authority をもつと推定されるのであり、夫が妻に対してそのようなことを禁止していたということを立証できなければ、夫の真の願望とは無関係に、夫は責任を負わされるのであるから、やはり、夫と妻との間の黙示的契約によって代理関係がつくられたとみるべきではない。

㋺　以上のように、Fridman の分析においては、共同生活から推定される妻の authority は、apparent authority でも implied authority でも usual authority でもない。法が、夫と妻の関係を代理関係に求めることが必要であるとして扱うが故に、いわば法の作用によって代理関係がつくられるのであるから、そこにおいて推定される妻の authority は、presumed authority として分類されることになる。共同生活から推定される妻の presumed authority は、apparent authority や usual authority とは異なり、夫が妻に対して内部的に禁止または制限した場合、夫が相手方に予めその旨の notice を与えていなくても、禁止または制限していたことを立証できれば、夫は責任を免れるという特徴をもつが、それは共同生活から推定される妻の presumed authority は、法の作用によるものだからである。

しかし、Fridman は、夫と共同生活をしている妻が、生活必需品の購入のために夫の信用を担保にする authority をもつと推定されるのは、如何なる根拠によるものなのか、即ち、如何なる政策的理由により、法の作用によって代理関係が成立するのか、に関して論述していない。また、Fridman の分類においては、遺棄された妻の authority も共同生活から推定される妻の authority も、ともに presumed authority であり、前者は反証によって覆すことのできない推定であるのに対し、後者は反証によって覆すことができる推定である点において区別される。しかし、如何なる理由により、前者は反証によって覆すことが不可能であるが、後者は可能であるのか、その区別的取扱いの差異は如何なる理由により生ずるのか、に関しても Fridman は論述していない。

(4)　Hanbury 及び Powell の見解

(i)　Hanbury の見解においては、implied authority と apparent authority とは、必ずしも未だ明確に区別されていない。例えば、本人がある人を、本人のために一定の種類や範囲の取引や業務をする authority を普通に伴っている地位（製材所の職工長や病院の看護婦長等）に任命していた場合に、本人によって指示されていなかった代理人の行為に関して、Hanbury は、'The Doctrine of Holding-Out' の章において、代理人の implied authority の有無や範囲を論じている。[181] 同様に、Hanbury は、共同生活から推定される妻の authority を、'The Doctrine of Holding-Out' の章において論じているが、[182] Jolly v. Rees 事件の Byles 裁判官のように、[183] 妻と共同生活をしている夫は、共同生活の事実によって、生活必需品を供給する商人に対して、一定の範囲内で妻を domestic manager であると表示しているから、妻はその範囲内で、apparent authority を有していると、考えているわけでもない（但し、Fridman は Byles 裁判官の見解は Hanbury の意見のようであると評価している）。[184] Hanbury は、「妻は、もはや契約法において、いかなる意味においても無能力者ではない。しかしながら、人が家庭で生活し続ける限り、妻は普通、生活必需品の買物をし、夫は請求書を支払う。そして代理法におけるこの部門は、常に依然として重要である。……Phillipson v. Hayter 事件[185]において定められたように、妻は生活必需品のために夫の信用を担保にする implied authority をもつ。即ち、妻に通常委ねられた所帯のやりくりの範囲内にあり、かつ、夫が選択した生活様式に適するもののために、そして、そのようなもののためにのみ、夫の信用を担保にする implied authority をもつ。……この implied authority は、婚姻それ自体の法的関係によってではなく、共同生活の事実によって与えられる。[186]」と述べている。

しかし、Hanbury の見解は、(2)で論じた判例や学説の一般的な見解とも異なるようである。[187] Hanbury は、夫の妻に対する内部的な禁止について、Jolly v. Rees 事件や Debenham v. Mellon 事件を引用して「妻がいかなる商人とも少しでも取引する以前に、夫が彼の信用を担保にすることを妻に禁止したならば、夫は常に本人と代理人の関係が生じることを禁止することができる。ここでは、将来の商人に対する notice は必要ではない。何故なら、撤回されるべき authority は、決して存在していなかったからである。しかし、もし彼がいったん彼女に彼の信用を担保にすることを認容したならば、彼がその後に禁止しても、その認容が与えてしまった authority の撤回としては機能しない。[188]」と述べている。即ち、Hanbury の見解においては、妻が夫と共同生活をしていても、夫が妻に十分な金額の固定額の allowance を与えており、妻が未だ一度も商人から信用買いをしたことがない段階では、夫は妻に夫の信用を担保にして信用買いをすることを禁止できるが、この段階では、撤回されるべき authority は、未だ存在していないから、夫による禁止について将来の商人に notice を与える必要はない。しかし、夫が妻に夫の信用を担保にして信用買いをすることを許し、商人からの請求書に支払ってしまった段階に至っては、代理の推定（presumption of agency）[189]が生じるから、その後の内部的な禁止や allowance の取りきめは、自らの認容が与えてしまった authority の撤回としては機能しないと論じている。つまり、Hanbury は専ら妻の信用買いとそれに対する夫の支払という holding out による妻の apparent authority のみ（implied authority という表現を用いてはいるが）を議論の対象にしているようである。従って、当該取引についての夫の同意や holding out も存在しない場合に、夫と共同生活をしている妻に推定される authority の有無や性質について、Hanbury の見解は不明である。

(ii)　㋑　Powell は、‘authority’ と ‘power’ とを明確に区別すべきことを主張する。[190] Powell の見解によれば、‘authority’ とは、代理人が本人のために行為すべきことを、本人が明示的または黙示的に合意したすべてのことがらを意味し、他方 ‘power’ とは法の準則によって与えられるところの、行為をすることによって、法的関係を生成・変更・消滅させる能力（ability）であり、代理の関係においては、‘power’ は、本人と第三者との間の法的関係に影響を与える代理人の能力（ability）を意味する。[191] 代理人とは、彼の本人と彼が取引をした第三者との間の法的関係に影響を与える'power'をもつ人である。もし代理人が本人の'authority'をもつならば、代理人が第三者に対する本人の法的関係に影響を与える'power'をもつことは、あたりまえのことであるが、しかし、たとえ代理人が、本人の'authority'をもっていないとしても、代理人がこの'power'をもつ事情が存在する（章末参考図表Ⅱ参照）。代理人の'power'は、代理人の'authority'よりも広いことがあり得るし、そしてしばしば広い。[192] 代理人が本人から'authority'を与えられているか否かは、事実問題（question of fact）であるのに対して、代理人が本人から与えられた'authority'の範囲は、裁判官が解釈すべきことがらであり、それゆえ法律問題（question of law）である。[193] また、'power'が存在するか否かも、法律問題である。[194]

重要なのは、Powellは、'apparent'とか'usual'とかいったような形容詞によって修飾されない'authority'という用語を、代理人が本人のために行為すべきことを、本人が代理人に合意したことがら（一般的には代理人のreal authorityとかactual authorityとよく称されるもの）に限定しようという意図をもっていることである。[195] 'authority'が存在するか否か（一般的な表現でいえばreal authorityまたはactual authorityが存在するか否か）は、事実問題であり、その事実は、代理人が本人のために一定のことがらを行為すべきことを、本人が代理人に合意したか否かということである。[196] 本人の合意は、明示的かまたは黙示的でしかあり得ないから、Powellのいう'authority'は、express authority（代理人がもつことを本人が明示的に同意したreal authority）かimplied authority（代理人がもつことを本人が黙示的に同意したreal authority）かのいずれかである。[197] 代理人が'authority'をもつとき（代理人がexpress authorityまたはimplied authorityをもつとき）、代理人は当然、本人と第三者との間の法的関係に影響を与える能力である'power'をもつことになる。

(ロ)　しかし、一定の事情の下では、たとえ代理人が本人の'authority'をもっていなくても、本人と第三者との間の法的関係に影響を与える'power'をもつことがある。まず、代理人がapparent authorityの範囲内で行為するときである。ここでいう'apparent'という用語は、代理人が全く'authority'をもっていないが、本人による表示の結果として、第三者に対してはauthorityをもっているようにみえる場合のみに適用するのが普通であり、apparent authorityとは、ある意味において代理人が第三者に対してもつであろうようにみえるauthorityである。[198] Pが、AはPの代理人として行為するauthorityをもっているということを、行動または言葉によって、Tに対して、Tをだますことをもくろんで表示し、Tによって信頼された（TはAがauthorityをもっていることを信じた、Pの表示がその信頼を惹起した、Tはそれを信じて行為した）場合に、PはAのapparent authorityの範囲内において、自ら'authority'を授与していない行為に対して、Tに責任を負うことになる。[199]

次に、代理人がusual authorityの範囲内で行為するときに、代理人が'power'をもち、本人が責任を負う場合がある。これが問題となるのは、Pからexpress authorityを与えられたAが、それにnormallyに付随する一定の行為をする場合、Pからexpress authorityを与えられたAが、本人のために一定の種類のauthorityをusuallyに所持するあるクラスの代理人に属している場合、AはPからexpress authorityを与えられていないが、PはAをPのために一定の行為を行うauthorityをusuallyに携えている地位に任命した場合、PとAとの間の一定の関係は、AがPのために一定の行為を行うauthorityをもつという推定をつくる場合（夫と妻、組合）である。[200]

ここにおいて注意しなければならないのは、代理人がapparent authorityの範囲内で行為することによって、'power'をもち本人が責任を負う場合には、全く'authority'が存在していないのに対して、代理人がusual authorityの範囲内で行為することによって、'power'をもち本人が責任を負う場合には、'authority'が存在しているときも、存在していないときもあるということである。何故なら、Powellにおいては、'authority'が存在するか否かは事実問題であるのに対して、authority の範囲及び'power'の存在、不存在は、裁判官が解釈すべき法律問題であるからである。従って、代理人の当該の行為が、代理人の usual authority の範囲内に含まれると判断されるときに、本人が代理人にそれをなすべきことを明示的または黙示的に合意していたならば、代理人は'authority'をもっていたのであるから、代理人のもつ usual authority は、同時に actual authority である。しかし、当該の行為が、代理人の usual authority の範囲内に含まれると判断されたが、本人が代理人にそれはしてはならないと禁止していたり、それをすることをかつては合意していたが既に撤回してしまったというような場合には、'authority'が存在していないから、代理人は actual authority はもたないが、依然として usual authority はもっていることになる。(201) 本人は代理人と取引する第三者が、禁止や撤回の notice を得るまでは、代理人の usual authority の範囲内の当該の行為について責任を負い続けるから、(202) この場合、代理人は'authority'をもっていないが、usual authority の範囲内において、'power'をもっていることになる。

そこで代理人の'authority'の有無にかかわらず、どのような行為が usual authority の範囲内であると判断されて、代理人が'power'をもつのかであるが、まず、①代理人のもつ express authority の効果的な行使に必要であり、あるいはそれに通常付随する行為を、普通の方法において行為する場合である。何が必要であり通常であるのかは、その代理人と、同じ地位に任命される通常の人によって、普通であるか否かが判断の基準とされる。②次に代理人が、特定の種類の取引や業務を行う職種の人であるときに、その取引や業務や職種の通常の過程において、普通である行為をする場合である。③更に、取引が一定の慣習ないしは慣行によって支配されているところで、特定の取引のために、あるいは特定の地位において、選任された代理人が、そのような合法的でありかつ合理的な慣習や慣行に従って行為する場合である。(203)

右の①〜③の場合に、代理人は usual authority をもつとされるし、それ以外にも妻や組合員は usual authority をもつとされる。しかし、注意すべきなのは、Fridman においては、usual authority や apparent authority は、代理関係の成立原因（本人の consent か estoppel の法理か）によって区別される authority の種類であるのに対して、Powell においては、usual authority や apparent authority は、厳密には authority の種類ではないということである。Powell においては、‘authority’ は express authority と implied authority の二種類しかない。apparent authority は、全く ‘authority’ が存在しないが、本人の第三者に対する表示の結果 authority の外観が存在するときに、代理人の ‘power’ の有無を判断するために、その範囲が問題とされるだけであり、usual authority は、‘authority’ が存在するときも存在しないときもあるが、やはり代理人の ‘power’ の有無を判断するために、その範囲が問題とされるだけである。

(ハ)　共同生活から推定される妻の authority について、Powell は「妻が夫と共同生活をし、彼の所帯のやりくりをしているならば、妻は夫の代理人であり、妻に通常委ねられているすべての家事に関して、夫の信用を担保にする authority をもっているという事実上の推定が存在する。いいかえれば、共同生活と所帯のやりくりは、妻に usual authority を与えると推定される。[204]」と述べ、夫の妻に対する禁止や制限について、夫による holding out のケース、即ち apparent authority のケースのみならず、妻がただ単に彼女の通常の usual authority を行使するにすぎないケースにおいても、夫が責任を免れるためには、notice が与えられることが必要であるとしている。しかし、夫と妻がホテルの支配人と女支配人であった Debenham v. Mellon 事件[205]について「Xと彼の妻は共同生活をしていたけれども、彼らはともにホテルにおける同僚の使用人であり、X夫人はXの所帯の domestic manager ではなかったと判示されたのであるから、authority の推定は全く生じていない。いいかえれば、X夫人はXの代理人ではなかったのである。それゆえ、彼女は全く最初からいかなる authority も決してもっていなかったがゆえに、彼女の authority の消滅について、第三者に通知することは必要ではなかったのである。更に、authority の推定が奪われている他のケースにおいても、消滅の notice は与えられる必要はない。例えば、夫の生活上の地位に適している生活必需品の購入のために、妻が十分な allowance を与えられている場合、あるいは、夫が彼の信用を担保にすることを妻に明示的に禁止しており、生活必需品を購入するのに十分な資産を彼女に供給している場合とかである。これらのケースにおいては、消滅されるべき authority は存在しない。しかしながら、もし妻が共同生活と所帯のやりくりから推定される usual authority をもっており、夫がその authority を撤回したり、あるいは制限したりするならば、夫は妻が夫のために取引している人に、notice しなければ責任を免れることはできない。[206]」と論じている。

通常の議論の立て方としては、相手方の供給した商品が生活必需品であるという事実と、夫と妻が共同生活をしているという事実とを相手方が立証すれば、妻は生活必需品の購入のために夫の信用を担保にする authority をもつという事実上の推定が生じ、夫が妻に allowance を渡す等して内部的に信用買いを禁止していたという事実は、推定を覆す事実として評価され、その旨の notice を予め夫が相手方に与えていなくても、禁止していたことのみを立証できれば夫は責任を免れることができるところから、推定される妻の authority の性質が問題とされる。しかし、Powell の見解によれば、妻は夫と共同生活をし所帯のやりくりをしているところから、生活必需品の購入のために夫の信用を担保にする usual authority をもつと推定される。夫が妻に allowance を渡す等して、信用買いを禁止している事実があれば、そもそも夫によって撤回されるような authority を、妻はもっていなかったのであるから、消滅の notice は不要である。もし、妻が共同生活と所帯のやりくりから推定される usual authority をもっているならば、夫がその authority を撤回したり制限したりする場合には、usual authority の撤回や制限である以上、その旨の notice を予め夫は相手方に与えていなければ責任を免れないことになる。しかしながら、判例上、推定を覆す事実として問題とされるのは、夫が妻に allowance を渡す等して、信用買いを明示的にまたは黙示的に禁止しているというケースがほとんどである。Powell が、それらの場合には、そもそも妻は夫によって撤回されるような authority をもっていないから notice は不要であるというのであれば、それら以外の方法で、夫が妻の authority を撤回したり制限したりするというのは、具体的にどのような場合を指しているのか、不明である。

(二) 検　討

(1) apparent authority 説及び usual authority 説

(i) (一)において判例及び学説が、共同生活から推定される妻の authority の性質をどのように理解しているかを述べ、必要な限りにおいて、各説による authority の分類及び妻の authority の位置づけについて論じた。まず、Hanbury は、夫の信用を担保にする妻の authority を、'The Doctrine of Holding-Out' の章において論じているが、Hanbury 自身において、implied authority と apparent authority とは明確に区別されていない上に、Hanbury は implied authority という表現を用いて、専ら、妻の（夫の信用を担保にする）信用買いとそれに対する夫の支払という holding out による妻の apparent authority のみを議論の対象としている。従って、holding out に相当する夫の相手方に対する行動（例えば、妻と相手方との間で行われた夫の信用を担保にした従来の取引を、夫が承認して支払ってきた）が存在せず、もとより当該取引についての夫の妻に対する個別的授権も存在しない場合において、当該取引が、夫と共同生活をし夫から所帯のやりくりを委ねられている妻が、生活必需品を夫の信用を担保にして購入したものであるときに、妻がもつと推定される authority の性質や、夫が内部的に妻のそのような authority を禁止または制限していたということの立証に成功せず責任を負わされた場合に、妻がもつ authority の性質について Hanbury は論じていない。

共同生活から推定される妻の authority の性質を apparent authority であると明白に主張するのは、Jolly v. Rees 事件における Byles 裁判官である。[207] Byles 裁判官は、妻と共同生活をしている夫は、共同生活の事実によって、生活必需品を供給する商人に対して、一定の範囲内で妻を domestic manager であると表示しており、妻はその範囲内で apparent authority を有しているから、夫がそれを内部的に撤回したり制限したりする場合には、それについての notice を商人に与えなければ夫は責任を免れないと述べる。

相手方が信じて取引した代理人の authority が、実際には存在していなかったり、本人によって内部的に撤回されたり制限されたりしていた場合、代理人に authority がなかったことの不利益は、本人に問い合せることができたのに問い合せずに取引してしまった、または問い合せをすることが困難なら取引を避ければよかったのに取引を避けなかった相手方が、原則として負担すべきものである。しかし、例外的に、当該取引について、本人は代理人に authority を与えていると、相手方が推断することができるような本人の相手方に対する行動＝holding out があるときには、その相手方に notice を与えることができたのに notice を与えることを怠った本人が、不利益を負担し、holding out の結果代理人の authority を信頼して取引した相手方が保護される。そこで Byles 裁判官のいうように、単なる共同生活の事実でもって、生活必需品の信用買いという範囲内で、夫は妻を自己の代理人であると表示していると判断できるか否かであるが、Debenham v. Mellon 事件の Thesiger 裁判官が批判するように[208]、Byles 裁判官の見解を採ることは困難であると思われる。何故なら、ただ単に共同生活をしているという事実だけでは、当該取引について、夫は妻に authority を与えていると、相手方が推断することができるような夫の相手方に対する行動が存在するとは判断できないし、夫としては一面識すらない相手方に notice を与えようもないからである。

従って、共同生活から推定される妻の authority の性質を apparent authority とみることはできない。また apparent authorityであるならば、夫が内部的に妻のauthorityを禁止または制限した場合、夫が相手方に予めその旨のnoticeを与えていなければ、夫は責任を免れないことになるが、これは、noticeを与えていなくても、禁止または制限していたことを立証できれば、推定は覆され夫は責任を免れるという判例の確立した立場とも矛盾する。

(ii)　Powellによれば、共同生活と所帯のやりくりは、妻にusual authorityを与えると推定されるが、Powellのいうusual authorityとは、厳密にはauthorityの種類ではない。Powellにおいては、‘authority’とはexpress authorityかimplied authorityかのいずれかであり、代理人が本人のために行為すべきことを、本人が代理人に明示的または黙示的に合意したことがらである。そして代理人の‘authority’の有無にかかわらず、代理人がusual authorityをもっていると判断されるとき(代理人の行為がusual authorityの範囲内であると判断されるとき)、代理人は、本人と第三者との間の法的関係に影響を与える能力である‘power’をもつことになる。つまり、代理人の行為がusual authorityの範囲内であると判断されたが、本人によって禁止または撤回されているとき、代理人は‘authority’をもたないけれども、本人は相手方が禁止や撤回のnoticeを得るまでは、責任を負い続けるのである。

右に要約したPowellの見解に従えば、共同生活と所帯のやりくりから、妻はusual authorityをもつと推定される場合には、夫が妻にallowanceを渡し明示的または黙示的に信用買いを禁止していたとしても(即ち妻は夫の信用を担保にする‘authority’をもたないが)、妻の行為がusual authorityの範囲内であると判断されるならば、夫が相手方に禁止のnoticeを与えていない限り、妻は‘power’をもち夫は責任を負うはずである。しかし、Powellは右のような場合には、消滅のnoticeは与えられる必要はないと述べている。確かに、Debenham v. Mellon事件[209]のように、夫と妻がともにホテルの使用人であり、ホテル会社によって彼らのためにあてがわれた全くのまかない付下宿に住んでいた場合には、家族や所帯の通常かつ日々の生活必需品を購入するために、妻が商人から信用買いをするという夫婦の普通の共同生活に伴う通常の状態が欠けているから、そもそも妻は usual authority をもつとは推定されず、従って夫の妻に対する信用買いの禁止についても notice は不要であると、Powell の見解を採っても、解することができよう。しかし、夫と妻がホテルの使用人としてまかない付下宿で共同生活をしているというような特殊な例を除けば、夫婦が普通共同生活をしていれば、妻は一定の範囲内で夫から所帯のやりくりを委ねられているのが通常であるから、Powell のように妻は usual authority をもつと推定されるという以上は、夫の妻に対する信用買いの禁止という推定を覆す事実が存在する場合には、夫はその旨の notice を相手方に与えていなければ責任を負うと解するのが、理論的には一貫しているように思われる。しかし、右のように解するなら、それは notice は不要であるという判例の確立した立場に矛盾することになるから、共同生活から推定される妻の authority の性質を usual authority とみることは困難である。

(2) presumed authority 説及び implied authority 説

(i) 代理関係の成立原因によって authority の種類を分類する Fridman の見解は、implied authority の一種としての usual authority と apparent authority との区別において、特に、本人が一定範囲の authority を伴う地位に代理人をつけていたり、あるいは、その地位につけたとの表示をしていた場合、本人が明示的に代理人に授権していない行為について本人の責任が肯定されるとき、代理人のもつ authority が usual authority なのか apparent authority なのかに関して、明確である（これについては、㈠(3)(iii)(ロ)において論じたが、Fridman による usual authority と apparent authority との区別の基準は、日本民法一〇九条、一一〇条、一一二条の表見代理規定を理論的に整序する上で大いに参考になると思われる）。また Fridman によれば、共同生活から推定される妻の authority は、夫と妻との代理関係が夫の consent や estoppel によって成立するのではないから、implied authority や usual authority や apparent authority ではない。法が、夫と妻との関係を代理関係に求めることが必要であるとして扱うがゆえに、いわば法の作用によって代理関係が成立するのであるから、共同生活から推定される妻の authority は presumed authority である。それゆえ usual authority や apparent authority とは異なって、夫が妻の authority を内部的に禁止または制限した場合、夫が相手方に予めその旨の notice を与えていなくても、禁止または制限していたことを立証すれば責任を免れることになる。この presumed authority の特徴は、notice は不要であるという判例の確立した立場にも一致する。

ところで、共同生活から推定される妻の authority の性質を検討するためには、立法によって廃止されてしまった遺棄された妻の必需代理権との関係も重要である。夫に遺棄された妻が、生活必需品の購入のために夫の信用を担保にする authority をもつとみなされるのは、夫に遺棄されたことにより、自分や子供の生存を推持する手段が他にないという緊急事態に陥った妻が、コモン・ロー上夫に課せられた妻に対する扶養義務を、夫に強制することを可能ならしめるためであり、それによって妻や子供の生存は確保される。このように、遺棄された妻の authority は、妻や子供の生存を確保するという政策的理由のために、夫の意思とはかかわりなく夫の意思とは正反対であったにしても、まさに法の作用によって代理関係が成立するとみなされるのであるから、Fridman がそれを presumed authority として分類することはよく理解できる。また、妻の社会生活や経済生活上の地位の向上や、妻の生存を維持する手段が立法によって充実させられてきたことから、遺棄された妻に必需代理権を承認する政策的理由が次第に希薄になり、ついには廃止されたことも理解できる。しかし、それにもかかわらず、夫と共同生活をしている妻の authority の推定は、依然として存続しているところから、遺棄された妻の presumed authority の場合とは異なる政策的理由が、Fridman によって明白にされなければならないはずであるが、この点に関する Fridman の論述はない。

(ii)　Fridman は、共同生活から推定される妻の authority を他の種類の authority、特に implied authority と区別するために、必要以上に共同生活から推定される妻の presumed authority は、夫の意思（あるいは夫の真の願望）とは無関係であると強調しすぎたきらいがあると思われる。しかしながら、妻の注文に応じて生活必需品を妻に供給した相手方がその代金の支払を夫に請求するとき、当該取引について妻が夫から個別的授権を得ていたことを立証できなくても、あるいは、夫の holding out の結果妻の authority を信頼して妻と取引したことを立証できなくても、相手方が、妻が夫と共同生活をしていることと自分が供給した商品が生活必需品であることとを立証できれば、妻は夫の信用を担保にする authority をもつと事実上推定されるのは、夫と共同生活をしている妻は、夫との共同生活を維持する上で必要な一定の範囲内において、夫から所帯のやりくり（domestic management）を委ねられているのが通常であり、所帯のやりくりを委ねられている妻が生活必需品を注文すれば、相手方からの請求に夫が支払うというのが、通常の共同生活の実態であるという推測に基礎づけられているからに他ならない。従って、夫と共同生活をしている妻が、生活必需品の購入のために夫の信用を担保にする authority をもつと推定される根拠は、決して夫の意思とは無関係ではなくて、むしろ夫が妻に所帯のやりくりを委ねていることに起因する。

夫が妻に所帯のやりくりを委ねているということは生活必需品の購入のために（その範囲に厳格に限定されるが）妻が夫の信用を担保にすることに対して、夫はある程度包括的に妻に同意を与えていたことを意味する。即ち、夫が妻に所帯のやりくりを委ねているときには、生活必需品の購入のために妻が夫の信用を担保にできることが、夫と妻との間では黙示的に合意されており、その黙示的な合意のゆえに夫と妻との間には代理関係が成立するとみるべきであろう。妻と子供の生存を確保するという政策的理由のために、法の作用によって代理関係が成立するとみなされた遺棄された妻の必需代理権が、立法によって廃止されたにもかかわらず、夫と共同生活をしている妻には

authority が推定され、夫が妻の authotiry を禁止していたことを立証できなければ、妻は authority をもつとされるのは、夫と妻との間の代理関係が夫婦の黙示的な合意によって成立しているからである。右の意味において、遺棄された妻の必需代理権を actual authority や apparent authority とは理論的に区別される presumed authority であると分類することに対しては別段の異論はないが、共同生活から推定される妻の authority を、夫の意思とはかかわりなく完全に法の作用によって代理関係が成立する場合の presumed authority であると分類することには問題があると思われる。

(iii)　以上検討してきたように、共同生活から推定される妻の authority は、apparent authority ではないし、Fridman のいう presumed authority でもない。結論的には判例や学説の一般的見解と一致するのであるが、implied authority であるとみるべきだと考える。夫と妻が（男性と mistress でも同様であるが）共同生活をし、夫が妻に所帯のやりくりを委ねていれば、生活必需品の購入という限定された範囲内で、しかしその範囲内ではある程度包括的に、妻が夫の信用を担保にできることについて、夫婦間には黙示的な合意が存在し、その黙示的な合意から妻は implied authority をもつ。相手方が、共同生活の事実と生活必需品であることとを立証すれば、妻は implied authority をもつと事実上推定されるが、これは、夫婦が共同生活をしていれば、妻は夫から所帯のやりくりを委ねられているのが通常であり、その妻が生活必需品が注文すれば、相手方からの請求に夫が支払うのが普通であるという推測に基づく。

夫が妻に十分な（固定額）の allowance を渡し、夫の信用を担保にして生活必需品を購入することを禁止していたということを立証できれば、notice の有無を論ずるまでもなく、生活必需品の購入について妻が夫の信用を担保にできることについて、夫婦間には黙示的な合意も存在していなかったことが立証されたことになり、妻は implied authority をもたない。

なお、夫が妻に所帯のやりくりを委ねていれば、夫は妻を一家の domestic manager の地位においたとみることができる。そうであるならば、妻は domestic manager においては普通である行為（生活必需品の信用買い）をする authority、その彼女でなくても、domestic manager という地位にある代理人ならば、誰でももつことを期待される範囲の usual authority をもつと解釈することも、理論上は可能であると考える。(210) しかし、生活必需品に該当するか否かは、夫の選択した生活様式に照らして判断されるところから、(211) 範囲において定型性が弱いこと、及び、内部的な禁止や制限について notice は不要であるとする判例の確立した立場に矛盾することの二点から、イギリス法においては、domestic manager の地位にある妻の authority を usual authority と解することはできない。

四　日本民法との比較法的考察

(一)　共同生活から推定される妻の authority と日常家事代理権

(1)　代理の成立と表見代理の成立

(i)　イギリス法における生活必需品の購入と日本民法における日常家事行為とを比較すると、後述するように、その範囲の判断基準に関して差異はあるとはいうものの、いずれも、食料、衣服、医薬品、燃料、家庭内備品等の夫婦の共同生活を維持するために必要不可欠な商品を購入するという点においては、共通する。イギリス法においては、妻が生活必需品を購入することによって負担した債務について、夫が相手方に対して共同責任を負うという準則は存在しない。従って、共同責任を負う旨の夫婦間の合意がある場合は別として、妻によって負担された債務について、夫が相手方に対して責任を負うか否かは、すべて代理の問題であり、妻が夫の代理人であるか否かによる。

これに対して、日本民法七六一条は、日常家事に関して夫婦の一方が負担した債務について、夫婦の連帯責任を定めている。これは、婚姻生活における両性の本質的平等の理念に従って、夫婦別産制の下で、婚姻費用は夫婦が分担すべきものであるならば（七六〇条）、日常家事に関して夫婦の一方が負担した債務についても、夫婦が共同して責任を負うとするのが、夫婦共同体のきずなを強化することになり、かつ日常家事に関する事項について、その夫婦の一方と取引した相手方を保護することにもなるという趣旨である。ところで、七六一条は日常家事代理権の存在を法文上明らかにしていない（旧法八〇四条は明確に妻の日常家事代理権の存在を規定していた）ために、最判昭和四四年一二月一八日民集二三巻一二号二四七六頁がその存在を肯定する以前は、下級審の判例や学説も否定説と肯定説とに分かれていた。そこにおける議論の対立は、七六一条に規定された連帯責任という効果をどのように説明するか、即ち、連帯責任を法定責任と解するのか（否定説）、あるいは、連帯責任という効果発生の前提として日常家事代理権の存在を肯定するのか（肯定説）という点にあった。

しかし、筆者は、従来の肯定説のように七六一条の連帯責任という効果を説明しようとする意図ではなく、夫婦の婚姻共同生活の実態という観点から、任意代理権としての日常家事代理権を肯定する。日常家事代理権は、本人（夫または妻）の意思にかかわりなく、法律の規定によって与えられる法定代理権ではない。他の人間関係にはみられない強い精神的経済的紐帯でもって結びつき、運命共同体ともいうべき意識の下で、婚姻共同生活を共に営んでいる夫婦は、夫婦であるがゆえに、七六一条という規定の有無にかかわらず、お互いがお互いの意思に基づいて、その共同生活を維持するために、日常家事の範囲内で代理権を授与しあっていると考えるのが自然である[212][213]。

従って、日本民法においては、夫婦相互の日常家事代理権の他に、七六一条が日常家事債務について夫婦の連帯責任を規定しているから、日常家事行為を夫婦の一方、例えば妻が自己名義でした場合には、妻は本人としての責任を負い夫は七六一条の連帯責任を負う。妻が夫名義でした場合には、日常家事の範囲内では有権代理であるから、夫は本人としての責任を負い妻は七六一条の連帯責任を負うことになる。これに対して、イギリス法においては、七六一条のような準則は存在しないから、相手方が妻に信用を与えて妻を本人として生活必需品を供給したときには、夫婦間の別段の合意の存在について相手方が立証できる場合を除いて、夫に責任を負わせることはできない。

(ii)　右に述べたように、イギリス法において、妻が負担した債務について夫が相手方に対して責任を負うのは、夫と妻との間に代理関係が成立する場合のみである。当該取引について、個別的授権がなくても、当該取引について、夫は妻に authority を与えていると、相手方が推断することができるような夫の相手方に対する行動=holding out が存在していれば、夫の信用を担保にして妻が購入した商品が、生活必需品であるか、その範囲を越えるぜいたく品であるかを問わずに、holding out の結果妻の authority を信頼して取引した相手方に対して、夫は責任を負う。この場合、その前提として、妻が共同生活から推定される authority を有していたか否かといった点は問題とされない。逆に、holding out が存在していない場合には、夫と共同生活をしている妻が生活必需品を信用買いしたという事実が相手方によって立証されたとき、共同生活から推定される妻の authority が存在していたか否かが問題とされ、推定を覆す事実が夫によって立証されなければ、妻は夫の信用を担保にして生活必需品を購入する authority を有していたということになり、夫は責任を負う。

これに対して、日本民法においては、(i)で述べたように、日常家事の範囲内であれば有権代理であるから、表見代理の成否を論じる余地はない。従って、妻が夫の個別的授権を得ずに代理行為をした場合に、夫が相手方に対して責任を負うか否かを判断するに際しては、まず、その行為が日常家事の範囲内であるか否かが問題とされ、日常家事の範囲内であると判断されれば、夫は本人として責任を負う。しかし、妻が夫を代理してした行為が、日常家事の範囲外であると判断されれば、それは無権代理であるから、次にはじめて表見代理の成否が問題とされる。これは日本民法においては、本人の代理人に対する代理権授与の有無によって、代理がまず大きく二つに、つまり有権代理と無権代理とに峻別され、無権代理ではあるが一定の場合（一〇九条、一一〇条、一一二条）に本人が責任を負うのが表見代理であるとして、表見代理は無権代理のなかに位置づけられているからである。

しかしながら、帰納的に考察すれば、代理の成否が争われている訴訟においては、代理人が本人のために相手方との間でした行為に基づいて、相手方が本人に責任を負わせることができるか否かが結論的に問題となっているわけであるから、イギリス法においては、代理人が本人のために相手方との間でした行為が、相手方に対する本人の法的地位や関係に影響を与えるとき（本人が相手方に責任を負うとき）代理が成立すると考えるのである（もっともこの場合、Powell のように代理人は power をもつと説明するのか、Fridman のように代理人は代理関係の成立原因によって異なる authority をもつと説明するのかという差異はある）。本人が代理人に個別的授権をしているとき、即ち代理人が actual authority を有しているときに、代理が成立するのはもちろんであり、これが代理の成立の典型例であるが、当該取引について本人の代理人に対する個別的授権がないときでも、代理人の地位や職種からすれば、当該取引は、そのような地位や職種の代理人の authority の範囲内であることが客観的に期待される場合（usual authority）、holding out が存在する場合（apparent authority）、共同生活から推定される妻の authority を奪う事実が存在しない場合（implied authority）、一定の緊急事態が生じた場合（必需代理、presumed authority）、各々の場合に帰納的考察をするイギリス法においては、各々代理が成立するのである。

従って、生活必需品であれ、その範囲を越えるぜいたく品であれ、holding out が存在しその結果相手方が妻の

authority を信頼して取引したのであれば、夫は相手方に対して責任を負うことになり、代理が成立するのであるから、妻が共同生活から推定される authority を有していたか否かといった点を問題にする必要はない。逆に、holding out が存在していない場合でも、夫と共同生活をしている妻が、夫の信用を担保にして生活必需品を購入するときは、推定を覆す事実が立証されなければ代理が成立する可能性があるから、この場合には、相手方が夫に責任を負わせることができるか否かの結論を下すために、共同生活から推定される妻の authority の有無が判断される必要性があるのである。

(2)　日常家事代理権の性質

(i)　イギリス法において、夫と共同生活している妻は、夫から夫の信用を担保にして生活必需品を購入することを禁止されている場合を除き、生活必需品の購入のために夫の信用を担保にする authority をもつ。この authority の性質論については三で詳論したが、筆者は implied authority と解すべきだと考えている。即ち、夫と妻が共同生活をし、夫が妻に所帯のやりくりを委ねていれば、生活必需品の購入という限定された範囲内で、しかしその範囲内ではある程度包括的に、妻が夫の信用を担保にできることについて、夫婦間には黙示的な合意が存在し、その黙示的な合意から妻は implied authority をもつ。夫の妻に対する内部的な信用買いの禁止について夫が立証すれば、夫婦間には右の黙示的な合意が存在していなかったことが立証されたことになるから、妻は implied authority をもたない。右のような妻の implied authority の性質上、夫の妻に対する内部的な信用買いの禁止について、夫は相手方に notice を与えていなくても責任を免れることになる。

これに対して、日本民法七六一条但書は「第三者に対し責任を負わない旨を予告した場合は、この限りでない」と規定している。つまり妻が自己名義で日常家事の範囲内の取引をした場合、夫は予め相手方に対して、自分は責任を負わない旨の notice を与えていなければ、内部的に妻に対して自分は責任を負わないと言っていたにしても、notice を得ていない相手方に対して連帯責任を負わされることになる。七六一条は、日常家事に関する事項について夫婦の一方と取引した相手方を保護することもその趣旨としている（夫婦の一方と取引した相手方は、それが日常家事に関する事項である限り、夫婦のいずれにでも請求できる）が、夫婦間の内部的な取りきめは相手方にはわかり難いので、責任を負う意思のない配偶者は、予めその旨の notice を相手方に与えておかなければならない。同様に、妻が夫名義で日常家事の範囲内の取引をした場合において、夫は妻に対して内部的にそのような取引を禁止していたにしても、七六一条但書の趣旨に照らして、夫は予めその旨の notice を相手方に与えておかなければ、相手方に対して本人としての責任を負う。

(ii)　このように、イギリス法においては生活必需品の信用買いという範囲内において、日本民法においては日常家事の範囲内において、ともに内部的な禁止や制限がある場合、イギリス法においては notice を与えていなくても責任を免れるが、日本民法においては notice を与えていなければ責任を免れない点が、正反対であるといえる。これはイギリスと日本との夫婦の生活実態と意識の違いに起因する。

確かにイギリスにおいても妻は夫から所帯のやりくりを委ねられているが、判例の事実関係をみる限り、妻に委ねられている所帯のやりくりの範囲は極めて限定されており、一家の収入のなかからどれだけの金額をどのような項目に分配して支出するかを決定するのは夫である。つまり夫が一家のサイフのヒモを握っている。イギリスの妻には、日本民法でいうならば、親が子供に目的を定めて、あるいは目的を定めずに一定額のこづかい（allowance）を渡して、その範囲内で自由なやりくりを認めているのと同程度の裁量権しか認められていないようである。

これに対して、日本の通常の家庭（特にサラリーマン家庭）において、一家のサイフのヒモを握っているのは妻である。日本の通常の家庭においては、夫は妻から「こづかい」と称して毎月五万円程度のお金を渡され、夫に自由なやりくりが認められるのはその「こづかい」の範囲内である。そして、妻は、夫の給料から夫に渡すこづかいを除いた残額全部について、どれだけの金額をどのような項目（固定資産税、土地や家のローン、家賃、管理費、電気・ガス・水道・電話等の公共料金、子供の学校・塾・家庭教師等の教育費、家族のための衣服費、医療費、食費、貯金等）に分配して支出するかを決定する。日本の夫は、電気代やガス代や食費等が一ヵ月でどれくらいかかるかといったことは、普通全部妻にまかせて知らないし、またそのようなことをいちいち知っていては、男たるもの社会で働いていけないという意識がある。妻の方も、専業主婦ではなくても、夫の給料全部のやりくりは妻の専権的な裁量事項であるという意識があるであろう。

イギリスの妻も日本の妻もともに一家の domestic manager である点については変わりはないとはいうものの、イギリスの妻には極めて限定された範囲の所帯のやりくりしか委ねられていないのに対して、日本の妻はまさに家政処理権を有している。(214) 仮に、イギリスの妻が日本の妻と同様の家政処理権を有しているならば、夫は妻を一家の domestic manager の地位におくことによって、妻は domestic manager においては普通である行為をする authority、その彼女でなくても、domestic manager という地位にある代理人ならば、客観的にみて誰でもがもつことを期待されるところの定型的な範囲の usual authority をもつと理解されるであろう。そして、仮にイギリスの妻が日本の妻と同様の家政処理権を有し、usual authority をもつと理解されるならば、usual authority の範囲である生活必需品の範囲を判断するにあたっては、夫が選択した生活様式や夫が妻によそおうことを許した生活様式ではなくて、夫の資産、収入、社会的階級、社会的地位、職業等から当を得ている生活様式が判断基準とされるし、信用買いされた商品の種類、分量、価格等を考慮して生活必需品に該当するか否かが、客観的に判断されることになろう。また、夫が妻の usual authority の範囲内において、妻に対して内部的に禁止したり制限したりした場合には、usual authority の性質上、夫は予めその旨の notice を相手方に与えていなければ、相手方に対して責任を免れないことになろう。逆に、日常家事の範囲内において、内部的な禁止や制限があっても、予めその旨の notice を相手方に与えていなければ責任を免れないとする日常家事代理権は、イギリス法における usual authority に相当するといえる。

(iii)　イギリス法において、生活必需品の範囲を判断するにあたって基準となるのは、必ずしも夫の資産、収入、地位、職業等から当を得ている生活様式ではなく、夫が妻によそおうことを許した生活様式、夫が選択した生活様式であるから、生活必需品の範囲は、信用買いされた商品の種類、分量、価格、及び夫の資産、収入、地位、職業等から、定型的客観的に判断することはできない。例えば、妻が信用買いした商品がぜいたくなドレスであり、夫の資産、収入、地位、職業等から当を得ている生活様式には必ずしも適合していなくても、その夫は妻が美しく着飾るのを好み、妻がそのようなドレスを買物するのにしばしば店に同伴していたという事実があれば、客観的にはぜいたくなドレスであっても、夫が妻によそおうことを許した生活様式、夫が選択した生活様式には適合しており、生活必需品であると判断されることもある。このように生活必需品の範囲が定型的客観的に判断できないのは、生活必需品の購入のために夫の信用を担保にする妻の authority は、夫の黙示的な同意に基づく implied authority だからである。

これに対して、日本民法の日常家事行為の範囲を判断するにあたっては、夫婦の内部的事情（社会的地位、職業、資産、収入、地域社会の慣習等）や行為者の主観的意図（目的、動機）及び客観的事情（行為の種類、性質）から客観的に判断すべきであるというのが、判例及び通説的見解であるが[215]、その何れに重点をおいて判断するかについては、論者の説くところにより差異がある。筆者は、その夫婦の資産、収入、職業、社会的地位等の内部的事情と、その行為の種類、性質等の客観的事情を考慮して、社会通念に照らして客観的に判断すべきであると考えている。(216) 目的や動機といった行為者の主観的意図は考慮にいれるべきではない。何故なら、目的や動機といった行為者の主観的意図を考慮して日常家事行為の範囲を判断することは、日常家事行為の概念と範囲をあいまいにし、それを拡大する方向に作用するからである。夫婦の一方が他方の承諾を得ずになした行為が日常家事行為であると判断されれば、他方は連帯責任（行為者が自己名義で行為した場合）または本人としての責任（行為者が他方名義で行為した場合）を負わされるのであり、加えて七六一条が夫婦の一方と取引をした第三者を保護する規定でもあることを考慮すれば、日常家事行為の範囲は客観的にそして可能な限り画一的に判断されるべきである。右に述べた基準で日常家事行為の範囲を判断するならば、「日常家事行為とは、行為の種類・性質からして夫婦の共同生活を維持するために日常的に反復継続されることが、社会通念上当然予想される行為である」と定義できよう。

判例上、日常家事行為の範囲が具体的に問題とされるのは、主として借財と不動産処分の事案であるが、借財についていえば、いかなる程度の借財が日常家事行為の範囲内に含まれるかは、その夫婦の資産・収入と債務額の観点から客観的に決定すべきである。一般的には月収の一〜三割程度の借財が他方の承諾をとる必要のない日常家事行為と認めるべきであろう(217)（但しサラ金等から高利で借りる場合には、この程度内でも日常家事行為と認めるべきではない）。この範囲を越える場合には、通常の健全な家庭生活を営んでいる限り、他方の特別の承諾を得て相談の上借財するのが普通であると思われる。これに対して他方名義の不動産を処分する行為は、原則として日常家事行為とみることはできない。判例は、処分目的や使途目的を考慮して日常家事行為の範囲を判断するという建前をとっているが、不動産処分の事案において処分目的を考慮して日常家事行為であると判断した判例は存在しないし、(218) 借財の事案においても（例外的に不当な判例もあるが）右の基準で判断する私見と概ね結論（日常家事行為であるか否かという結論）において一致している。(219) このように日常家事行為の範囲が、夫婦の資産、収入、職業、社会的地位と行為の種類、性質等から社会通念に照らして客観的に判断できることからも、日常家事代理権は、イギリス法における usual authority に相当するといえよう。

(iv) 以上論じてきたように、日常家事代理権は任意代理権であり、日常家事の範囲内において内部的な禁止や制限をしていても、予めその旨の notice を相手方に与えておかなければ本人は責任を免れることができないという点、及び日常家事の範囲は定型的客観的に判断することができるという点から、日常家事代理権はイギリス法における usual authority に相当する。(220)

ところで、平成二年六月二四日、京都の民事法研究会において、当該夫婦が、客観的に日常家事行為であると判断できる範囲よりも、狭い範囲の代理権しか実際には授与しあっていなかったとしても、当該行為が客観的に日常家事行為であると判断されれば、相手方に notice を与えていない限り本人は責任を負うというのであれば、それは日常家事代理権が任意代理権であるという論旨に反することになるし、実際には任意的に範囲を制限していても、notice を与えていなければ客観的に日常家事の範囲までは責任を負うというのは、日常家事代理権はその範囲が法定されている法定代理権だからではないか、という趣旨の質問が筆者に対してなされた。まず前段の場合に notice を与えていない本人が責任を負うのは、日常家事代理権が usual authority だからである。(221) イギリス法における usual authority に相当する代理権は、日常家事代理権の他には支配人の代理権（会社法一一条）があげられる（同一四条、一五条も同様である）。即ち、本人がある人を、支配人という本人のために一定の種類の営業をする代理権を普通に伴っている地位に任命することによって代理人にした場合、その支配人はその営業や取引、市場の慣行においては普通である行為をする代理権、その彼でなくても、支配人という地位にある代理人ならば、客観的にみて誰でもがもつことを期待されるところの定型的な範囲の代理権（イギリス法においては usual authority）をもっている。会社法は一一条一項、二項において支配人の代理権の範囲について疑義の生じないように規定しているが、仮に一一条という規定がなくても、本人によって支配人という地位に任命された代理人は、定型的な範囲の usual authority をもっており（支配人の代理権に加えた制限は善意の第三者に対抗できない旨の三項は、支配人の代理権が usual authority であることの証左となる）、これは任意代理権である。代理権の範囲について法定されていることは、その代理権が任意代理権であることを何ら妨げるものではない。また、日常家事代理権が法定代理権であるならば、七六一条但書は本人の意思で法定代理権である日常家事代理権の範囲を制限できることを認めたことになる（支配人の代理権の制限に関して規定する会社法一一条三項も同様である）。本人の意思で法定代理権の範囲を制限することはできない。七六一条但書が本人の意思による代理権の制限を認めていること自体が、日常家事代理権が任意代理権であることを示しているといえよう。

(二) holding out と民法一一〇条「正当理由」の具体的判断基準

(1) 基本的考え方の相異

(i) 相手方が代理人の authority を信じて取引をしたが、実際には当該取引について本人の代理人に対する同意がなかったとしても、相手方が必ず事前に代理人の authority の有無や範囲について本人に問い合せをしていたならば、相手方は authority の無い代理人との取引を回避できたはずである。しかし、イギリス法においても日本民法においても、代理が成立するとみるか表見代理が成立するとみるか（(一)(1)において論じた）の違いはあるにせよ、一定の事実があるときに、事前に代理人の authority の有無や範囲について本人に問い合せをしなかった相手方を保護して、本人に責任を負わせるという点は共通している。

しかしながら、その際に、相手方は代理人の authority の有無や範囲について本人に問い合せをしていれば取引を回避できたのであるから、代理人に authority がなかったことの不利益は、原則として問い合せをしなかった相手方が負担すべきであるが、例外的に一定の事実があるときには、問い合せをしなかった相手方であっても保護されるという考え方（①の考え方）を基本とするのか、あるいは、相手方が代理人と取引する際に、いちいち代理人の代理権の有無や範囲について本人に問い合せをすることは、取引の敏活という観点からすれば煩に耐えないことであるから、原則的に一定の事実があるときには相手方が保護されるが、例外的な事情があるときには、問い合せをしなかった相手方に過失があるから相手方は保護されないという考え方（②の考え方）を基本とするのか、①と②のいずれの考え方を基本とするのかによって、「一定の事実」の解釈の仕方に大きな差異が生じる。

(ii)　㋑　まず、イギリス法においては、相手方が代理人とはじめて取引する場合、また今回がはじめての取引ではなくて、従来本人によって承認されてきたいくつかの取引があったにしても、今回の取引のやり方や内容が、本人によって承認されてきた従来の取引のそれとは異なる場合には、本人に問い合せをしない相手方が、代理人は今回の取引について本人から authority を与えられていると推断することはできず、代理人に authority がなかったことの不利益は、相手方が負担すべきであるのが原則である。しかし、例外的に一定の事実があるとき、即ち、当該取引について、本人は代理人に authority を与えていると、相手方が推断することができるような本人の相手方に対する行動＝holding out があるときには、holding out の結果代理人の authority を信頼して取引した相手方が保護され、相手方に notice を与えることができたのに notice を与えなかった本人が、代理人の行為について責任を負うという不利益を負担すると考える。即ち、①の考え方を基本とする。

㋺　次に、日本民法において起草者の見解からみると、梅謙次郎博士は一一〇条を説明する際に、まず一一〇条の正当理由が肯定される場合として次の二類型をあげる。[222]第一は、代理人が従来同種の法律行為をした場合に、本人がこれを承認しかつてその履行を拒んだ事がない場合（これを梅・第一類型と呼ぶ）であり、第二は、慣習上同種の代理人が皆その権限を有する場合（これを梅・第二類型と呼ぶ）である。以下、梅博士の見解を簡潔に引用すると、[223]第一類型・第二類型の正当理由が成立するような場合においても、相手方が疎漏であるといわれるかもしれない。何故なら、代理人と法律行為をしようとする者は必ず先ずその権限を調査すべきなのであって、第一類型・第二類型の正当理由が成立するような場合でも、相手方は代理人の権限を調査すれば無権限であることはわかったのに、その調査をしなかった相手方には過失があるのではないかと批判されるかもしれないからである。しかし、それはそうではなくて、第一類型・第二類型の正当理由が成立するような場合にまで、いちいちその権限を調査することは実際その煩に耐えないから、このような場合には調査をしなかった相手方には過失はなく、過失をいうならばむしろ権限を守らないような不誠実な代理人を選任した本人の側に過失があったともいえる。ゆえにむしろ相手方を保護し本人に責任を負わせることによって取引の安全を保とうとしたのが一一〇条の趣旨である。このように梅博士は説明している。

梅博士の見解は、「今日、判例上代理人の代理権限に関する相手方の調査の有無ないし程度が無過失ないし正当理由の判定においてひとつの標準とされている。しかし、わが民法の起草者は、取引の敏活を尊ぶ立場に立ち、相手方が代理人と取引をなす際にいちいちその権限を調査することは煩に耐えないから、代理権限を調査しなくても一般的に相手方には過失はないとした（梅・要義（二）二五六頁）[224]」とか「もともと一一〇条の立法趣旨は、代理人との取引に際し、いちいち権限を調査しなくてもよいということにあったはずである（梅・民法要義巻之一・二五六頁）[225]」とかいうように引用されることが多い。しかし、梅博士の見解を素直に読めば、梅博士は、相手方が代理人と取引する際に、いちいち代理人の代理権の有無や範囲について本人に問い合せをすることは、取引の敏活という観点からすれば煩に耐えないことである、という②の考え方を基礎において一一〇条を論じているわけではない。梅博士は、第一類型・第二類型のように正当理由が成立するような場合にも、相手方は代理人の権限を調査していれば無権限であることがわかったのだから、必ず先ず調査しなければならないのに、調査しなかった相手方には過失があるのではないかとの批判があるかもしれないが、それはそうではなくて第一類型・第二類型の正当理由が成立するような場合にまで、いちいち権限を調査することは実際煩に耐えないから、このような場合には調査をしなかった相手方には過失はない、と説いているにすぎない。

同じく起草者のひとりである富井政章博士の一一〇条に関する見解も、[226] 梅博士に同旨である。両博士が一一〇条を起草したときに、estoppel による代理あるいは holding out による代理を参考にしたという両博士の記述はない。しかし両博士が、相手方は予め必ず代理人の権限について調査していれば、無権限の代理人との取引を回避できたのであるから、代理人に権限がないとき、権限を調査しなかった相手方は保護されないが、特に第一類型・第二類型のように正当理由が成立するような場合には、権限を調査しなかった相手方であってもそれを保護することによって取引の安全を保とうとしたのが一一〇条の趣旨であると解している点は、①の考え方を基礎においており、イギリス法の基本的な考え方と共通する。

(iii)　(イ)　しかし、現在の通説的見解は、梅・富井両博士のように①の考え方を基礎において一一〇条を解釈せずに、むしろ①の考え方とは正反対の②の考え方を基礎において一一〇条を論じている。即ち、両博士は、①の考え方を基礎において、権限を調査しなかった相手方が例外的に保護されるところの、正当理由が成立する場合とは具体的に如何なる場合であるのかという点を、一一〇条の解釈において問題とした。これに対して、現在の通説的見解は、②の考え方を基礎において、「取引の安全」という見地からは、いちいち権限を調査しなくても相手方は保護されるというのが一一〇条の趣旨であると考え、原則的に、代理人が実印や白紙委任状等を所持していれば相手方は保護されるが、例外的に、代理人が実印や白紙委任状等を所持していても相手方の過失が認定されて正当理由が否定される場合があるので、例外的に正当理由を否定する事情とは何かを、一一〇条の解釈において問題とする。

右の通説的見解の基礎を形成したのは鳩山秀夫博士である。鳩山博士は、「取引の安全」という見地からは、民法典のなかでとにかく相手方の保護を目的とする規定の適用範囲は、初めから拡大しておくことが望ましいという発想の下で、①正当理由を善意・無過失と置き換え、②法定代理に一一〇条を適用するために、正当理由が成立するためには本人の作為・不作為は不要であると力説し、③本人と当該の代理行為との間には、他の事項に関して本人と代理人との間に有効な代理関係ありという「寧ロ軽微ナル連絡」あるがゆえに本人は責任を負うと説明する。[227]

鳩山博士の見解を継承発展させた我妻栄博士も、「取引の安全は、近代法の一理想である。しかも、代理は、近代取引の重要な制度であるから、取引の安全の思想は、とくに強く現われねばならない。表見代理の規定は、この意味において適当にその拡張をはかるべきである[228]」という発想の下で、正当理由を「普通の人が代理権があるものと信ずるのがもっともだと思われること」という事情があり、代理権の存在についての善意・無過失のことをいうと説明し、「代理権の授与とともに実印・印鑑証明書・権利証などを交付してあるとき[229]」は正当理由が認められる場合が多いと述べる。両博士の見解、とりわけ両博士が正当理由が成立するためには本人の作為・不作為は不要であると力説した点、及び我妻博士が実印・印鑑証明書・権利証などを交付してあるときは正当理由が認められやすいと述べた点があわさって、代理人が実印や白紙委任状等を所持しているという事実は、原則として正当理由を成立させる客観的事情であるという通説的理解が形成されるに至る。[230]

㋺　しかし、現実には判例は、実印等の所持は原則として正当理由を成立させる客観的事情であるとしながらも、疑念を生ぜしめるに足りる特別の事情があるときは、本人に代理権の有無・範囲について問い合せるべきであったとし、この調査確認義務を媒介項として、それを怠った相手方の過失を認定し、正当理由を否定することが多い。そこで、実印等の所持という原則として正当理由を成立させる客観的事情がありながら、あるときは正当理由を肯定し、あるときは調査確認義務を媒介項として正当理由を否定するという、判例の結論の差異を何とか有意味的に説明しようとして、我妻博士以降の学説は、正当理由とは「結局は、当該行為の具体的諸事情に照らして法の保護に値すると判断すべきかどうか、ということに帰着する。(231)」とか「当然そこでは、代理行為の相手方と本人とのそれぞれの保護についての利益考量が実質的な決め手になる。そして、結論的に相手方の保護つまり取引の安全の確保ということのほうを重くみる価値判断が働く場合なのである。(232)」とかいうように、正当理由を利益衡量論的に把握しようとする。あるいは、相手方に調査確認義務が課せられる場合を、判例の認定事実のなかから抽出・分類しようとする。(233)あるいは、また「外観において差のない、つまり客観的判断を基礎とする『正当理由』において甲乙つけがたいこの二つのケース（筆者註・夫婦間で実印の盗用がなされた場合と、夫婦間で特定の代理権の授与とともに実印が交付された場合）を別異に扱う実質的な根拠は、結局、直接当該越権行為に対する本人の関与の有無ということにならざるをえない(234)」と論じたりするのである。

しかしながら、右の各説は、鳩山・我妻両博士によって形成された通説的見解の枠を一歩もはみ出るものではない。まず、利益衡量論的な見解(235)の利益衡量の基準は、結局抽象的なレベルでの取引の安全であり、それは取引の安全を確保するということをまず念頭において一一〇条を解釈しようとした鳩山・我妻両博士の基本的発想と同じである。実印を所持する者、あるいは実印が押してある証書を所持する者の代理権を信じて取引をするのは、一般的に正当理由があり、例外的に、夫または妻がその配偶者の実印を所持している場合には、必ずしも正当理由は認められないというように利益衡量をしているが、そのような例外的な事情がないときには、原則にもどって、実印を所持する者の代理権を信じて取引した相手方に正当理由が成立することになる。次に、相手方に調査確認義務が課せられる場合を、判例の認定事実のなかから抽出・分類しようとする見解[236]は、相手方に調査確認義務が課せられるような疑念を生ぜしめるに足りる特別の事情がないときには、結局、代理人が実印等を所持しているという原則として正当理由を成立させる客観的事情が優先して、やはり相手方に正当理由が成立することになる。

最後の本人の帰責性を問題とする見解[237]は、代理人が実印を所持していても、実印の盗用、偽造の場合には、当該越権行為に対する本人の具体的関与が欠如しており、本人には帰責性がないから、正当理由は成立しないとするが、それでは、正当理由を成立せしめるところの越権行為に対する本人の具体的関与とは何であるかについては、具体的に論証されていない。むしろ、具体的事案に対する考察では、本人が代理権の授与とともに代理人に実印を交付している場合には、本人への帰責性は十分にあるとして、正当理由を肯定するようであり、これでは、「代理権の授与とともに実印・印鑑証明書・権利証などを交付してあるとき」は正当理由が認められやすいとする我妻博士の見解と何ら異ならないことになる。即ち、実印の所持という客観的事情があり、しかし、その実印が盗用、偽造されたものであるという本人の帰責性を否定する事情があるときには正当理由は成立しないが、その実印が本人の意思に基づいて代理人に交付されている場合には、本人の帰責性を否定する事情がないから、やはり正当理由が成立することになるのである。

(iv)　起草者である梅・富井両博士及びイギリス法の基本的な考え方は、①の考え方である。即ち、代理人に当該取引についての代理権がなかった場合、代理人と取引する際に予め代理人の代理権の有無や範囲について本人に問い合せをしなかった相手方は保護されないのが原則であるが、例外的に一定の事実があるとき、つまり、第一類型・第二類型に該当する事実があるとき、あるいは、holding out に相当する本人の相手方に対する行動があるときに、相手方は特に保護される。従って、相手方が保護されるか否かを判断するに際しては、第一類型・第二類型に該当する事実、あるいは holding out に相当する本人の相手方に対する行動が存在することを問題とし、右の事実が存在しない場合には、相手方は保護されないことになる。

これに対して、鳩山・我妻両博士以降の我が国の通説的見解は、②の考え方を基本的な考え方とする。即ち、代理人に当該取引についての代理権がなかったとしても、代理人が実印や白紙委任状等の何らかの代理権の存在を徴表する道具を所持していれば、それは原則として正当理由を成立させる客観的事情であるから、相手方は保護されるのが原則であるが、例外的に正当理由を否定する事情があるときには、相手方は保護されない。従って、相手方が保護されるか否かを判断するに際しては、代理人が実印や白紙委任状等を所持しているという事実があれば、例外的に正当理由を否定する事情が存在するか否かを問題とし、右の事情が存在しない場合には、原則にもどって正当理由が成立し相手方は保護されることになる。

このように、予め代理人の代理権の有無や範囲について本人に問い合せをしなかったために、代理権がなかった代理人と取引してしまった相手方の保護の仕方について、我が国の通説的見解は、その原則と例外のとらえ方が、梅・富井両博士及びイギリス法の基本的考え方と正反対なのである。

(2)　holding out と「正当理由」を成立させる主要な肯定的ファクター

(i)　㋑　筆者は、起草者である梅・富井両博士及びイギリス法と同じく、①の考え方を基本的考え方とする。即ち、相手方は代理人を通して本人と取引する際に、取引交渉過程のいちいちにおいて、代理人がいるのに本人の意思を確認する必要などないが、しかし、相手方がその代理人を本人の代理人としてはじめて本人と取引するとき、あるいは、本人によって承認されてきた従前の取引があっても、今回の取引は従前の取引と比較して、質的にも量的にも異なるときは（今回の取引についての本人の認容的言動という客観的事情がない限り）、代理人の代理権の有無・範囲について本人に問い合せるのが通常の取引形態である。問い合せをせずに相手方が代理人を通して本人と取引をし、代理人に当該取引についての代理権がなかった場合には、相手方は無権代理の不利益を負う。しかし、相手方がこれまでも代理人を通して本人と今回の取引と同種（同量）の取引をしたことがあり、これまではそれらの取引が本人によって承認されつつがなく履行されてきたので、今回の取引についても本人に問い合せるまでもなく、従来の取引と同様に代理人には代理権があると信じたところ、今回は代理権がなかったというような場合には、「正当理由」の成立を肯定し、特にそのような相手方を保護することによって取引の安全を確保しようとしたのが、一一〇条の立法趣旨である。通説的見解のように、「取引の安全」のみの強調に傾斜するのではなく、静的安全と動的安全との真の調和を図るべきであろう。

また、一一〇条は文言上、相手方に「正当理由」が成立することを要件としているのであり、相手方の善意・無過失を要件として規定しているわけではない。一一〇条の解釈において、「正当理由」を安易に善意・無過失と置き換えるべきではない。「正当理由」は単なる善意・無過失とは異なるのである。従って、相手方が一一〇条によって保護されるか否かを判断するに際しては、即ち一一〇条の「正当理由」の成否を判断するに際しては、（②の考え方を基本とする通説的見解のように）正当理由の成立を否定する事情＝否定的ファクターの存否（即ち、通説的見解のいう相手方の過失の有無）を問題とするよりも、まず、正当理由を成立させる主要な肯定的ファクターが存在することこそを積極的に問題にすべきである。主要な肯定的ファクターが存在していなければ、否定的ファクターは存在していなくても、かつ弱い肯定的ファクター（実印や白紙委任状等の所持）は存在していても、正当理由は成立しない。

㋺　右のように考えるとき、一一〇条の正当理由の内容は「本人に代理権の有無・範囲について問い合せをすることが全く不要と感じさせるほどの客観的事情があり」それゆえに「代理権の存在を信じた」ことであると定式化できる。正当理由を成立させる主要な肯定的ファクターとは何かを考察するにあたっては、筆者と同じ基本的考え方（①の考え方）をする梅・富井両博士が、相手方に正当理由が成立する場合として例示した梅・富井・第一類型（富井・第一類型は梅・第一類型と同じである）及び梅・第二類型、富井・第二類型が参考となる。しかし、「慣習上同種の代理人が皆その権限を有する」という梅・第二類型は usual authority を意味すると思われる。また、「委任状を訂正せずに委任事項を制限した」という富井・第二類型は、外部的に明示的に表示された代理権の範囲が内部的に制限されていたという場合であるから、一〇九条で処理されるべき例であろう。そうであるならば、両起草者が一致して正当理由が成立する場合として先ずあげた梅・富井・第一類型を、正当理由を成立させる主要な肯定的ファクターと考えるべきであり、そのように考えることが一一〇条の立法趣旨に合致する。

従って、相手方がこれまで代理人を通して本人と同種（同量）の取引をしてきたが、いずれもこれらの取引は本人によって承認されつつがなく履行されてきた（梅・富井・第一類型）、あるいはこれに準じるような客観的事情（例えば本人の認容的言動）を、正当理由を成立させ主要な肯定的ファクターと位置づけることができる。実印や白紙委任状や権利証等の所持は、何らかの代理権の存在の徴表にすぎないから、それだけで正当理由を成立させる主要な肯定的ファクターではなく、ひとつの肯定的ファクターにすぎず、しかも他の積極的な肯定的ファクターとあわさって、はじめて正当理由を成立させるところのそれ自体は弱い肯定的ファクターにすぎないと位置づけるべきである。(238)

判例は一見通説的見解と同じ基本的考え方（②の考え方）を採っているようにみえるが、末弘厳太郎博士の判例研究の方法論[239]に従って、判決要旨に惑わされずに（判決要旨は単なる索引にすぎない）、判例の具体的事実を凝視し、ratio decidendi と obiter dictum を厳格に峻別すれば[240]、妥当な結論を導いている判例の多くは、私見と共通する考え方（①の考え方）を実質的判断プロセスとして採用している[241]。

(ii)　(イ)　(一)(1)において論じたように、イギリス法においては、holding out に相当する本人の相手方に対する行動の結果相手方が代理人の authority を信頼して取引した場合には、生活必需品の購入であれぜいたく品の購入であれ、代理が成立し、代理人は apparent authority をもつから、共同生活から推定される妻の implied authority の有無が問題とされることはない。これに対して、代理を有権代理と無権代理とに峻別し、表見代理を無権代理のなかに位置づける日本民法においては、日常家事の範囲内では有権代理であるから表見代理の成否が問題とされる余地はなく、夫婦の一方が他方に無断で他方を代理した行為が日常家事の範囲を越えると判断されたとき、はじめて表見代理の成否が問題とされることになる。

日常家事の範囲を越える代理行為と表見代理との関係について、通説及び判例[242]は、一一〇条を直接適用することは夫婦の財産的独立をそこなうおそれがあることを理由として、「当該夫婦の日常の家事に関する法律行為の範囲内に属すると信ずるにつき正当の理由」のあるときに限り、一一〇条の趣旨を類推するという一一〇条類推適用説を採る。しかし、一一〇条を直接適用すれば、実印の盗用や偽造がなされやすい夫婦間においては表見代理の成立する範囲が拡大するから、夫婦の財産的独立を侵害するおそれがあると通説や判例が述べるのは、(1)で論じたように、一一〇条の解釈に関する通説的見解が「取引の安全」のみの強調に傾斜して、②の考え方を基本とし、代理人が実印や白紙委任状等の何らかの代理権の存在を徴表する道具を所持していれば、それは原則として正当理由を成立させる客観的事情であるから、相手方は保護されるのが原則であると考えることにより、一一〇条の正当理由の具体的判断基準を定立するという努力を実質的に放棄しているからである。

しかし、筆者のように「取引の安全」のみの強調に傾斜せず、静的安全と動的安全との真の調和を図るべく、取引の安全を常に個別的具体的な事実関係に即して考察し、①の考え方を基本として、梅・富井・第一類型あるいはこれに準じるような客観的事情を、正当理由を成立させる主要な肯定的ファクターと位置づけ、主要な肯定的ファクターが存在することを積極的に問題にし、主要な肯定的ファクターが存在しそれゆえに相手方が当該取引についての代理人の代理権を信じた場合にのみ、一一〇条の正当理由は成立すると厳格に考える限り、夫婦間の無権代理行為に一一〇条を直接適用することは、決して夫婦の財産的独立を侵害することにはならない。むしろ、既に公表した論稿においても指摘したように[243]、行為者が説明した使途目的や処分目的に対する相手方の誤信がもっともであるか否かを、一一〇条類推の正当理由の内容として判断しようとする一一〇条類推適用説の方が、その判断基準のあいまいさの故に夫婦の財産的独立を侵害する危険性が極めて高いのである[244]。

二(一)(3)において述べたように、イギリス法においては、本人の相手方に対するどのような行動が holding out に相当するのかという問題は、代理法の一般原則に従って判断される問題であり、夫と妻という身分関係の特殊性において論じられる問題ではない。Swan & Edgar Ltd. v. Mathieson 事件の Bucknill 裁判官[245]や Debenham v. Mellon 事件の Thesiger 裁判官[246]が述べるように、holding out に相当する本人の相手方に対する行動と同様の行動があれば、本人と代理人が夫と妻ではなくて、雇主と使用人であったとしても、代理は成立する。本人と代理人が夫と妻であるか否かを問わずに、holding out に相当する本人の相手方に対する行動が存在することを問題とするイギリス法の考え方は、本人と代理人が夫と妻であるか否かを問わずに、一一〇条の正当理由を成立させる主要な肯定的ファクター（梅・富井・第一類型あるいはこれに準じるような客観的事情）が存在することを問題とする私見に共通する。

㈫　そこで、日常家事の範囲外である無権代理行為について、一一〇条の正当理由を成立させる主要な肯定的ファクターが存在し、一一〇条の正当理由が成立することを肯定できる判例について簡単に述べると、まず、最判昭和六〇年二月一四日金法一〇九三号四二頁は、夫Aが妻Yの実印を冒用してY名義でX農業協同組合と農協取引契約及び消費貸借契約を締結したので、XがYに対して右各契約に基づく貸金の返還を請求したという事件である。右各契約の締結に至るまでの経緯として、Aは従前Yの実印を用いてY名義で、Xより八回にわたり金員を借り受け、七回にわたり前渡金を受領し、Xに対するY名義の普通貯金から三一五回にわたり払戻又は引落決済を受け、かつ三回A名義の普通預金に振り替える等しており、しかもYはAに対しXとこれら従前の取引をするための代理権を与えていたという事実が認定されている。この事件では、問題となった今回の取引であるところの農協取引契約や消費貸借契約の内容及び取引額と、これら従前の取引の取引額とが両者とも不明であるが、仮に今回の取引の内容及び取引額が、従前の取引の取引額と、量的に同程度であれば、右認定の従前の取引は、まさに梅・富井・第一類型に該当する客観的事情であり、これを主要な肯定的ファクターとして、正当理由を肯定し得る。(247)

次に、名古屋地判昭和五五年一一月一一日判時一〇一五号一〇七頁は、Yの妻AがB相互銀行からY名義で一五〇万円を借り受けたが、右借受金を返済しなかったので、Bと損害保険契約を締結しBに代位弁済したX火災保険会社がYに対しその支払を求めたという事件である。ここでは、BはYの代理人と称するAと取引するのははじめてであるが、AがBに提出したYの給与証明書は、Bから予め交付された「この証明書は、借入申込書のみの際に提出して下さい。」と付記してある給与証明書用紙をAがYに手渡し、Yが自らその証明書用紙をもってその勤務先の証明を受けた上で再びAに手渡したものであること、及びBはYの勤務先に電話しその給与証明書はY自身発行を受けたものであることを確認しているから、若干間接的であるとはいうものの、当該借財についての夫の認容的言動があり、この客観的事実を主要なファクター（梅・富井・第一類型に準じるような客観的事情）として、かろうじて正当理由を肯定し得る[248]。

㈧　二㈠で論じたように、イギリス法において、holding out に相当する本人の相手方に対する行動とは、当該の取引について、本人は代理人に authority を与えていると、相手方が推断することができるような本人の相手方に対する行動であり、具体的には二㈠⑴において検討した判例の事案についてみると、典型的には Ryan v. Sams 事件[249]のように、妻が夫の信用を担保にして相手方との間で行った今回の取引のやり方や内容が、妻が夫の信用を担保にして相手方との間で行ってきた従来の取引のやり方や内容と同様である場合に、夫がそれらの従来の取引を承認して相手方の請求に応じて支払ってきたことであった。これは、最判昭和六〇年二月一四日のように、相手方がこれまで代理人を通して本人と同種（同量）の取引をしてきたが、いずれもこれらの取引は本人によって承認されつつがなく履行されてきたという、梅・富井・第一類型に該当する客観的事情、即ち一一〇条の正当理由を成立させる主要な肯定的ファクターに一致する。

次に、妻と相手方との間に夫が従来承認してきた取引が存在しない場合でも、Jetley v. Hill 事件[250]のように、夫が相手方の前で商品の選択において積極的な役割を演じ、かつ、契約の履行を相手方に指図するなどの当該の取引についての夫の相手方に対する認容的行動があれば、それは holding out に相当するが、これは、名古屋地判昭和五五年一一月一一日の事案における夫の認容的言動と共通する。

従って、夫と妻を本人と代理人とする事案において、holding out に相当することが判例上肯定された夫の相手方に対する行動は、一一〇条の正当理由を成立させる主要な肯定的ファクター、即ち、梅・富井・第一類型あるいはこれに準じるような客観的事情（例えば本人の認容的言動）と一致するのである。

五　結　語

(1)　民法一〇九条、一一〇条、一一二条の表見代理規定相互の関係を明確化するという観点から、イギリス代理法を比較法的に考察するためには、第一に、従来我が国においてはapparent authorityの陰に隠れあまり顧慮されなかった本人開示の代理の場合におけるusual authorityの内容を具体的に解明し、apparent authorityと明確に区別すること、第二に、本人の相手方に対するどのような行動がholding outに相当すると判断され、代理人はapparent authorityをもつとされたのかを、判例の事案との関係で具体的に検討し、それを事案の種類ごとに類型化することが重要である。また、筆者は従来、表見代理規定の中核的部分である一一〇条の「正当理由」の具体的判断基準の定立化とそれに即した判例群の類型的考察の一環として、日常家事代理権の性質や日常家事行為と表見代理の関係について[251]、判例群を他方名義の不動産処分[252]、借財[253]、クレジット契約[254]に各々分類し、それぞれに属する判例の具体的事実関係を詳細に検討することによって考察を深めてきた。そこで、イギリス代理法と日本民法の表見代理との機能的比較を可能ならしめるために[255]、イギリス代理法上の重要なテーマのひとつである妻のauthorityに着眼し、妻のauthorityの種類ごとに判例群を分類し、それぞれに属する判例の具体的事実関係を詳細に検討することによって妻のauthorityの内容を解明し、それを踏まえて判例及び各学説によるauthorityの分類と妻のauthorityの位置づけを考察した。

(2)　その結果、まず、夫と共同生活をしている妻が、生活必需品の購入のために夫の信用を担保にするauthorityの性質は、implied authorityであるが、日常家事代理権の性質は、支配人などの商業使用人の代理権（会社法一一条、一四条、一五条）と同様に usual authority であると解することができるという結論に到達した（四㈠）。本人がある人を、本人のために一定の種類や範囲の取引や業務をする代理権を普通に伴っている地位に真実任命することによって代理人にした場合には、そのような代理人はその取引や業務や職種や市場の慣行においては普通である行為をする代理権、その彼でなくても、その地位や職種にある代理人ならば、客観的にみて誰でもがもつことを期待されるところの定型的な範囲の代理権をもっており、本人が内部的にその代理権の範囲を制限したりあるいは撤回しても、その旨の notice を得ていない相手方に対して本人は責任を免れない。そのような代理権は、イギリス代理法上は apparent authority ではなく usual authority であるという指摘は、民法の表見代理規定の関係を考察する上で、大いに参考となる(256)。

次に、代理人に当該取引についての代理権が存在しない場合、予め代理人の代理権の有無や範囲について本人に問い合せをしなかった相手方が保護されないのは原則であるが、例外的に holding out に相当する本人の相手方に対する行動が存在するとき、あるいは、一一〇条の「正当理由」を成立させる主要な肯定的ファクター（梅・富井・第一類型あるいはそれに準じるような客観的事情）が存在するとき、それゆえに相手方が当該取引についての代理人の代理権を信じたのであれば、特に相手方は保護されるという基本的考え方（①の考え方）は、イギリス代理法、梅・富井両博士の見解、私見に共通する。そして、holding out が存在すること、あるいは一一〇条の「正当理由」を成立させる主要な肯定的ファクターが存在することこそをまず問題にするとき、夫と妻を本人と代理人とする判例の事案において、holding out に相当する夫の相手方に対する行動は、一一〇条の「正当理由」を成立させる主要な肯定的ファクター＝梅・富井・第一類型あるいはこれに準じるような客観的事情（例えば本人の認容的言動）に一致する（四㈡）。イギリス代理法の著書において apparent authority に関する論述には、我が国の法制度では手形や小切手あるいは動産の即時取得に該当する事例が多く含まれている。しかし、我が国においては代理法の領域外においてそれらを規律する法制度が存在している場合には、表見代理規定相互の関係を明確化するという観点からイギリス代理法を比較法的に考察するに際しては、その考察対象から除外してよいと考える。また apparent authority に関する論述のなかで、取締役や支配人等の商事の事例がかなりのボリュームをしめるが、我が国において代理法の領域内で議論されている事項である限り、今後の研究テーマとし、holding out に相当する本人の行動と、「正当理由」を成立させる主要な肯定的ファクターとの機能的比較を深めたい。

※　本章の初出は、「イギリス代理法と表見代理㈠—妻の authority を中心に—」関西大学法学論集四三巻三号一一四頁〜一八六頁（一九九三年）、「イギリス代理法と表見代理㈡—妻の authority を中心に—」関西大学法学論集四三巻四号二四六頁〜三一〇頁（一九九三年）である。

注

（1）高森八四郎＝高森哉子『表見代理理論の再構成』（法律文化社、一九九〇年）。

（2）拙稿「借財と日常家事行為」関西大学法学論集四〇巻一号三八頁以下、同「クレジット契約と日常家事行為」同四〇巻四号一一五頁以下。

（3）我が国の日常家事代理権については夫婦双方の代理権が問題とされるのに対して、イギリス代理法においてはこの種のテーマについては、妻の代理権のみが問題とされている。

（4）Matrimonial Proceedings and Property Act 1970, s. 41によって廃止される以前は、夫に遺棄された妻は、生活必需品の購入のために夫の信用を担保にできる必需代理権をもつと推定されていた。

(5)　apparent authority は論者によっては ostensible authority と表現されるが、その意味するところは同一である。

(6)　中島玉吉「表見代理論」京都法学会雑誌五巻二号一八九頁以下。

(7)　同右・一九六頁。

(8)　鳩山秀夫「民法第百十条ノ適用範囲」法協三四巻一号一一四頁。鳩山博士の見解については髙森＝髙森『表見代理理論の再構成』四七頁以下。

(9)　我妻博士の見解については同右・五八頁以下。我妻博士の見解を基礎として、その後の学説が、今日に至るまでどのように展開されたかについては同右・六六頁以下。

(10)　花岡敏夫「Agency by estoppel ノ法理ト我表見代理ノ観念」土方教授在職二五年記念祝賀論集二九一頁、伊沢孝平『表示行為の公信力』（有斐閣・一九三六年）、西山セイ子「英米の代理法の研究（一）（二）—表見代理の史的考察を中心として—」法学論叢八五巻三号三七頁、同四号二四頁、長尾治助『表見代理論序説』（成文堂、一九七一年）等。

(11)　拙稿「イギリス代理法における妻の authority」比較法研究五四号七四頁以下参照。

(12)　Anson's Law of Contract（26th edn 1984）, p. 535（以下 Anson と略する）; Cheshire Fifoot and Furmston's Law of Contract（11th edn 1986）, p. 460（以下 Fifoot と略する）; Bromley's Family Law,（7th edn 1987）, p. 131（以下 Bromley と略する）; Christine Davies, Family Law in Canada（1984）, p. 118（以下 Davies と略する）.

(13)　（1879）, 4Q. B. D. 661（C. A.）.

(14)　Ibid., at 667–668.

(15)　Powell, The Law of Agency（1952）, pp. 323–324. 以下 Powell と略する。なお第二版が一九六一年に出版されているが、絶版のため入手することができなかったので、本稿では初版を引用する。

(16)　本人が死亡した場合や精神異常になった場合の代理人の authority の消滅の問題については判例が分かれている。本人死亡のケースで Blades v. Free（1829）, 9B. & C. 167, 109 E. R. 63 においては、夫の死はそれが妻（但し正式に婚姻した妻ではなく mistress であった）や商人に知らされていなくても自動的に妻の authority を消滅させ、夫の遺言執行人は、死亡の事実を知らずに死亡の後に妻に供給された商品に対して責任を否認できると判断されたが、Smout v. Ilbery（1842）, 10M. & W. 1, 152 E. R. 357 では、夫の死亡の後、その死亡のニュースを原告または妻のいずれかが受取る前に原告によって妻に供給された商品につき、妻はもともと代理人として契約する authority をもっていたのであり、そのような authority は夫の死亡の認識によって消滅するまでは継続しているから、代理人として契約した妻が個人的に責任を負うことはないと判断された。

精神異常のケースでは、Yonge v. Toynbee, [1910] 1K. B. 215 (C. A.) においては、本人は訴訟が開始する以前に精神異常になっていたが、本人から委任されていた代理人（solicitor）は、この事実を知らずに令状に基づいて法廷に出頭し依頼人である本人のために訴訟手続を遂行していた。後になって代理人は、この事実を知り相手方に知らせたが、本人の精神異常により代理人の authority は消滅しているから、訴訟費用について代理人は implied warranty of authority の違反の責任を負わされた。これに対して Drew v. Nunn 事件では本文で述べたように、本人の精神異常により代理人（妻）の authority は消滅するが、それについての notice を相手方は与えられていなかったので回復した本人が相手方に責任を負うと判断されている。死亡と精神異常に関する以上の四つの判例は、消滅したとされる authority の種類や、相手方から請求されたのが本人であるのか代理人であるのか等の事実関係の差異が結論に影響を与えていると考えられ、事案を詳細に検討した上でなければ判例の採る見解を論じられないので、稿を改めて考察したい。

但し Drew v. Nunn 事件についていえば、注(14)で引用した Brett 裁判官は、精神異常になった夫は妻の取引についていわば善意の被害者であり、他方 notice を与えられず夫の正気の間の holding out を信頼して妻と取引した相手方もまた善意の被害者であるから、ふたりの善意の被害者のうちどちらかが妻の不法な行為によって損害を被らなければならないのであれば、損害のもともとの原因を与えた、つまり holding out をした夫が責任を負担すべきであるということを実質的根拠としている。そしてこの実質的根拠がまた notice を与えることができなかった夫に責任を負わせたとして Powell から批判されている（Powell, pp. 323–324）わけである。しかし事案をみれば、夫は一八七三年に病気になり、その一一月に自分の収入のすべてを妻に支払うことを命じ、自分の銀行口座から小切手を振出す権限を妻に与えているのであるから、この時点で被告に notice を与える余地があったと判断できなくもない（夫が精神異常になったのは翌月である）。

(17)　(1910), 103 L. T. 832.
(18)　Ibid., at 833–834.
(19)　Ibid., at 834: 'In the present case, as I have said, I think there was a limitation of the authority given by the principal, and the learned judge, in my view, decided properly.'
(20)　notice の要否に関わる問題であり後述する。
(21)　Bucknill 裁判官のあげる女性の料理人のケースについていえば、雇主は従来、料理人である彼女の注文に応じて雇主の家に配達されてきた肉や他の食料の代金を相手方商人に対して支払ってきていたのであるから、従来のやり方通りに、雇主の家に配達されてくる肉や他の食料については、彼女は雇主の信用を担保にして食料を購入する authority をもつ雇主の代理人であることを、雇主は相手方商人に対して holding out していたといえるが、従来のやり方とは異なって、彼女自身が持ち帰ったたくさんの食料や彼女個人の家に配達される食料については、彼女は雇主の信用を担保にして食料を購入する authority をもつ雇主の代理人であることを、雇主は相手方商人に対して holding out していないというべきである。

(22)　(1848), 12Q. B. 460, 116 E. R. 940.
(23)　Ibid., at 941.
(24)　Ibid., at 941.
(25)　Swan & Edgar Ltd. v. Mathieson (1910), 103L. T. 832 at 834 per Bucknill, J.; Debenham v. Mellon (1880), 5Q. B. D. 394 (C. A.) at 403 per Thesiger, L. J.; Anson, p. 535.
(26)　(1886), 2T. L. R. 763.
(27)　Ibid., at 764.
(28)　[1907] 2Ir. R. 462.
(29)　Hanbury, The Principles of Agency (1952), p. 28. 以下 Hanbury と略する。なお第二版が出版されているが、絶版のため入手することができなかったので、本稿では初版を引用する。
(30)　Bromley, p. 131; Davies, p. 118.
(31)　(1884), Cab. & El. 239. この判例は国内において入手することができず B. L. に照会しても入手することができなかったので、事案は Hanbury, p. 34; Bowstead on Agency (13th edn 1968), p.264（以下 Bowstead と略する）の記述を参照した。
(32)　(1922), 38T. L. R. 586.
(33)　共同生活から推定される妻の authority の有無が問題とされるときは、当該商品が生活必需品でなければならないが、生活必需品に該るか否かを判断するに際しては、夫が妻におよそおうことを許した生活様式に適しているか否かが重要な判断基準とされる。この点は後述するが、夫が妻の買物にしばしば同伴し商品の選択に助言を与えていたという事実は、その商品が夫の選択した生活様式に適していたということの重要な証拠となり得る。なお Seymour v. Kingscote 事件では、妻の購入したドレス等は、生活必需品であると判断されている。
(34)　Seymour v. Kingscote (1922), 38T. L. R. 586 at 588.
(35)　(1923), 39T. L. R. 291.
(36)　Ibid., at 293.

(37) Fridman's Law of Agency (6th edn 1990), p. 110, p. 375（以下 Fridman と略する）; Powell, p. 79, p. 319; Hanbury, p. 28; Anson, p. 535; Fifoot, p. 460; Bromley, pp. 131–132; Davies, p. 118; Geldart, Introduction to English Law (1983), p. 51（以下 Geldart と略する）. なお、Drew v. Nunn (1879), 4Q. B. D. 661 (C. A.) に関連して指摘したように、本人の精神異常や死亡など、本人が notice を与えることができない状況の下で authority が消滅した場合の本人（又は遺言執行人）の責任について、判例が分かれていることは注(16)において述べた。

(38) Davies, p. 118; Geldart, p. 51; Pilpel and Zavin, Your Marriage and the Law (1966), p. 83. 以下 Pilpel and Zavin と略する。

(39) (1848), 12Q. B. 460, 116E. R. 940.

(40) (1910), 103L. T. 832.

(41) Ibid.

(42) 注(19)・(20)・(21)参照。

(43) (1886), 2T. L. R. 763.

(44) (1884), Cab. & El. 239.

(45) (1922), 38T. L. R. 586 at 588.

(46) (1923), 39T. L. R. 291 at 293.

(47) この点は共同生活から推定される妻の authority に関しても問題となり、後述する。

(48) holding out とは、語義的には、PがTに対して、AはPのために行為する authority をもつ代理人であると表示することをいうが、判例の事案に即して具体的に定義すれば、傍点部分のような表現になる。

(49) (1870), L. R.6 C. P. 38 at 42.

(50) (1880), 6 App. Cas. 24 (H. L.).

(51) (1880), 5 Q. B. D. 394 (C. A.).

(52) 但し、この点についての notice を原告は夫から与えられておらず、この点が共同生活から推定される妻の authority の性質を如何に解するかに関して重要な問題点となってくる。

(53) (1880), 6 App. Cas. 24 (H. L.) at 33 per Lord Selborne, L. C.

(54) Ibid.

(55) Bromley, p. 132; Fridman, p. 134; Hanbury, pp. 32–33.

(56)（1880）, 6 App. Cas.24（H. L.）at 33.

(57) 但し、Munro v. De Chemant（1815）, 4 Camp. 215, 171E. R. 69においては、彼が彼女と共同生活をしていたことと、彼が彼女を彼の妻として表示していたこととを要求しているようである。

(58) Gomme v. Franklin（1859）, 1 F. & F. 465, 175 E. R. 811.

(59) Swan & Edgar Ltd. v. Mathieson（1910）, 103 L. T. 832; Ryan v. Sams（1848）, 12 Q. B. 460, 116 E. R. 940.

(60) Fridman, pp. 131, 369.

(61) Fridman, p. 132; Davies, p. 120.

(62)（1858）, 3 H. & N. 261, 157 E. R. 469.

(63) Ibid., at 270.

(64)（1878）, 3 Q. B. D. 432.

(65) Ibid., at 435–437.

(66) Fridman, p. 132.

(67) Davies, p. 120.

(68) Fridman, p. 133; Bromley, p. 129; Bowstead, p. 95; Fifoot, p. 465; Davies, p. 116; Anson, p. 537.

(69) Phillipson v. Hayter（1870）, L. R. 6 C. P. 38 at 42 per Willes, J.

(70) 但し、遺棄された妻のケースでは、エクィティ上貸主に相殺する権利を認めた判例、Jenner v. Morris（1861）, 30 L. J. Ch. 361. がある。これは原告である夫が妻を遺棄したので、妻の親族、主として兄（被告）が彼女と彼女の子供たちを扶養していたところ、原告が以前に被告に貸していた金員の返還を請求してきたという事件である。被告は原告によって遺棄された妻であるところの妹に対して、彼女が生活必需品を購入するための金員を貸し、彼女はそれで生活必需品を購入したり、また彼女たちに供給された生活必需品の代金を被告は供給者である商人に支払ってきていた。被告が出捐したこれらの金員について、被告の原告に対するコモン・ロー上の債務に対して、被告は原告にエクィティ上相殺を主張することができるか否かが問題とされ、肯定された。Campbell大法官はこれについて「遺棄された妻に生活必需品を供給する者はコモン・ロー上夫を訴えることができる。彼女は彼の信用に基づいて生活必需品を注文するための撤回できないauthorityをもつ彼の代理人であると考えられるからである。しかしコモン・ロー裁判所は、夫と、生活必需品を購入するためのお金を彼の妻に貸した人、あるいはそれらを供給した商人に代金を支払った人との間にいかなる関係も認めない。にもかかわらず、エクィティ裁判所は、遺棄された妻に供給された生活必需品のための支払に現実に用いられたことを立証できるお金を前貸した当事者は、生活必需品を供給した商人の地位に代位することを許し、そして夫に対してその金額のための救済を主張することを許すだろう。……エクィティは、商人が、有価約因のためにお金を前貸した当事者に対して、生活必需品を供給したことに基づき夫から支払われるべきであるコモン・ロー上の債務を譲渡したと考える可能性があろう。そして債権はコモン・ロー上譲渡し得ないが、エクィティ裁判所は譲受人の権利を承認する。」と述べている（Ibid., at 362-363)。

(71)　遺棄された妻のケースでさえ、遺棄された妻の状況がいかに絶望的であろうとも、生活必需品の獲得の融資のために夫の資産を売却する authority は認められていない。Hardingham 'A married woman's capacity to pledge her husband's credit for necessaries.'（1980）54 Aust. L. J. 661, 667.

(72)　Jolly v. Rees（1864), 15 C. B.(N. S.) 628, 143 E. R. 931 at 936 per Erle, C. J.; Phillipson v. Hayter（1870), L. R.6C. P. 38 at 42 per Willes, J.; Callot and Others v. Nash（1923), 39 T. L. R. 291 at 293 per McCardie, J.

(73)　Bowstead, p. 95.

(74)　(1870), L. R. 6 C. P. 38.

(75)　Fridman, pp. 133–134; Bromley, pp. 129–131; Fifoot, p.466; Anson, p. 537; Davies, pp. 115–116.

(76)　(1864), 15 C. B.(N. S.) 628, 143 E. R. 931.

(77)　Ibid., at 936–937.

(78)　Ibid., at 937–938.

(79)　(1880), 5 Q. B. D. 394（C. A.).

(80)　Ibid., at 403–404.

(81)　[1903] 1 K. B. 64（C. A.); affirmed, [1904] A. C. 11（H. L.).

(82)　Ibid., at 71–78.

(83)　Davies, p. 117.

(84)　(1922), 38 T. L. R. 562.

(85)　もっとも本件では、妻が夫の信用を担保にして購入した夜会服等は、夫の資産に照らして不適切であり、夫が選択した生活様式の外観と一致していないこと、及び妻はすでに十分な数の夜会服等をもっていたこと等を理由に、生活必需品ではなくぜいたく品であると判断している。Ibid., at 566.

(86)　(1902), 18 T. L. R. 270（C. A.）.

(87)　(1908), 24 T. L. R. 621.

(88)　(1922), 38 T. L. R. 562 at 565.

(89)　Ibid., at 566.

(90)　[1903] 1 K. B. 64（C. A.）at 73.

(91)　(1902), 18 T. L. R. 270（C. A.）at 271.

(92)　(1922), 38 T. L. R. 562 at 565–566.

(93)　Fridman, p. 134.

(94)　夫による妻に対する明示的な禁止はあるが allowance についての合意がない場合や、allowance についての合意はあるが夫による履行がない場合の効果について言及する判例はないようである。

(95)　(1922), 38 T. L. R. 586.

(96)　(1923), 39 T. L. R. 291.

(97)　Ibid., at 292–293.

(98)　[1952] 2 Q. B. 770（C. A.）.

(99)　Ibid., at 782–783.

(100)　妻に対する夫の虐待のために夫のもとを去った妻は、確定離婚判決と扶養命令を得る約九ヵ月の間、生活必需品を購入するために、彼女の兄から週£5の援助を受けていたので、彼女の兄が夫の信用に基づいて彼女に貸した金員の返還を求めて夫を訴えたのが Biberfeld v. Berens 事件である。夫に遺棄された妻が、生活必需品を購入するために夫の信用に基づいて借金する authority は、エクィティ上の権利であること（注（70）参照）、及びこの妻には相当の資産があるので緊急性がないこと等を理由に、妻は必需代理人として夫の信用を担保にすることはできないと判断され、原告（遺棄された妻の兄）は敗訴した。

(101)　Anson, p. 537; Bromley, p. 131.

(102)　Anson, p. 537.

(103)　Bromley, p. 131.

(104)　Hardingham 'A married woman's capacity to pledge her husband's credit for necessaries.'（1980）54 Aust. L. J. 661, 664.

(105)　Morel Brothers & Co., Ltd. v. Earl of Westmoreland and Wife, [1903] 1 K. B. 64（C. A.）at 76–77 per Collins M. R.

(106) Fridman, p. 134.

(107) Seymour v. Kingscote (1922), 38 T. L. R. 586, 588.

(108) (1923), 39 T. L. R. 291.

(109) Ibid., at 293.

(110) Jolly v. Rees (1864), 15 C. B. (N. S.) 628, 143 E. R. 931; Debenham v. Mellon (1880), 6 App. Cas. 24 (H. L.); Remmington v. Broadwood and Another (1902), 18 T. L. R. 270 (C. A.).

(111) (1864), 15 C. B. (N. S.) 628, 143 E. R. 931.

(112) (1880), 6 App. Cas. 24 (H. L.).

(113) Debenham v. Mellon (1880), 5 Q. B. D. 394 (C. A.) at 403–404.

(114) Anson, p. 538; Bromley, p. 586; Fridman, The Law of Agency (2nd edn 1966), pp. 69–70. 以下 Fridman, 2nd と略する。

(115) J. N. Nabarro and Sons v. Kennedy, [1955] 1Q. B. 575 at 578–579 per Stable J.

(116) Anson, pp. 538–539; Fridman, pp. 121–122.

(117) Anson, p. 539; Fridman, 2nd, p. 75. 注(125)参照。

(118) Falcke v. Scottish Imperial Insurance Co. (1885), 34 Ch. D. 234 at 248. 注(125)参照。

(119) (1841), 7 M. & W. 595.

(120) Ibid., at 599.

(121) pp.65–68.

(122) Fridman, 2nd p. 68.

(123) Powell, pp. 338–339.

(124) Fridman, 2nd, p. 68. 現在では、遺棄された妻の authority は立法により廃止されているから、この点に関する議論は不要になった。

(125) 必需代理は、一方では、一定の緊急事態が生じた場合に、甲の同意を得ずに乙が甲の利益のために（遺棄された妻の例では乙自身の利益のためであるが）丙との間でした契約について、甲は丙との関係で拘束されるのかという点（Ⅰ）について、他方では、一定の緊急事態が生じた場合に、甲の同意を得ずに乙が甲の利益のために費用を負担したときに、乙は甲に償還請求できるのかという点（Ⅱ）について、様々な場面で議論されてきた。また、一定の緊急事態が生じたときに、甲と乙との間には、既に代理関係や何らかの契約関係が存在していたが、実際に生じた緊急事態が、存在する代理関係や契約関係の範囲には含まれないものであった（それゆえなされた乙の行為について甲の同意がない）という場合（a）もあるし、一定の緊急事態が生じたときには、甲と乙との間には、代理関係や何らの契約関係も存在していなかったという場合（b）もある。どの範囲まで必需代理の成立が承認されるのかは困難な問題であるが、一定の緊急事態が生じたときには、甲と乙との間には、代理関係や何らの契約関係も存在しておらず、甲の同意を得ずに甲の利益のために費用を負担した乙の甲に対する償還請求を肯定するために必需代理の成立が承認される（Ⅱ—b型）ならば、それは結果的にイギリス法が承認していないはずの事務管理を必需代理の成立という形で容認したことになる。

　しかし、必需代理の成立範囲は限定的に考えるべきであり、従来必需代理の成立が問題とされた場面の多くは、必需代理の法理によらなくても他の法理により解決できるのではないかと考えるのが、近時の一般的傾向である。例えば、Fridman は、乙が甲ないし甲の財産を保護するために、あるいは法によって甲に課されている義務を履行するために干渉する例で、償還請求権等が生じる場合には、原状回復の法理に訴えることにより処理されるであろうし、甲・乙間に既に代理関係が存在していた場合には、implied authority の範囲を拡張することによって処理されるであろうから、やがて必需代理の法理は不必要なものとされるであろうと述べている（Fridman, p. 129）。

　容易に結論づけられない重要な問題であるが、一応整理するならば以下のようになる。従来必需代理の成否が議論されてきた様々な場合を、Ⅰ—a型、Ⅰ—b型、Ⅱ—a型、Ⅱ—b型というように分類すると、Ⅰ—b型、Ⅱ—a型、Ⅱ—b型においては、必需代理の成立は否定され、他の法理によって問題の解決が図られるであろう。例えば、Ⅱ—b型においては原状回復の法理の適用が考えられるし、Ⅱ—a型において甲・乙間に代理関係が存在していたならば、代理人は本人のために合理的に負担した費用を本人から償還されるべき権利があるという原則を拡張することが考えられる。Ⅰ—a型において、生じた緊急事態に対応した乙の行為が、乙の implied authority の範囲を拡張することによって、そのなかに含ませることができるならば、あえて必需代理が成立するといわなくても、甲は丙との関係で拘束される。そうすると、Ⅰ—a型において、生じた緊急事態に対応した乙の行為が、乙の implied authority の範囲を拡張して考えても、なおかつそのなかに含ませることができないという極めて限定された場合においてのみ、必需代理が成立するということになろう。

(126)　Bromley, pp. 586–587.

(127)　相互の同意により夫と別居した妻の authority を、共同生活から推定される妻の authority の一場合と位置づけるべきではないことは、既に(二)(1)(ii)(ハ)において述べた。

(128) Fridman, 2nd, p.70.

(129) Eastland v. Burchell (1878), 3Q. B. D. 432, 435–436において Lush 裁判官が「夫の信用を担保にする妻の authority は、委任される authority であり、妻の固有の権限ではない。もし妻が夫を拘束するなら、妻は夫の代理人としてのみ夫を拘束する。これは十分に確立した原理である。もし妻が原因なく同意なく夫のもとを去るなら、妻は夫の費用で自分自身を扶養するための implied authority をもたない。しかし、もし夫が不法に妻を強制して妻を夫の家から去らせるようにするならば、夫は他の場所で妻を扶養することを義務づけられる。そして、もし夫がこの目的のために十分な扶養をしないなら、妻は夫の信用に基づいて自分に入用な品を供給するために、必需代理人となる。」と述べているのは同旨であると思われる。なお、この事件は、相互の同意によって夫と別居している妻の authority が問題となったものであり、(二)(1)(ii)(ハ)において論じた。また Lush 裁判官は、他の多くの判例と同様に、共同生活から推定される妻の authority の性質を、implied authority と理解しているが、この点については三において詳論する。

(130) Manby v. Scott (1663), 1 Lev. 4.

(131) Collins v. Cory (1901), 17T. L. R. 242.

(132) Biberfeld v. Behrens, [1952] 2 All E. R. 257;[1952] 2Q. B. 770; J. N. Nabarro & Sons v. Kennedy, [1954] 2 All E. R. 605; [1955] 1 Q. B. 593.

(133) Jenner v. Morris (1861), 30L. J. Ch. 361. 注(70)において述べた。

(134) Fridman, 2nd, p. 282.

(135) Bromley, p. 587.

(136) 注(125)参照。

(137) Anson, p. 535; Fifoot, pp. 460, 466; Bromley, pp. 131–132; Davies, p. 118; Bowstead, pp. 259–260; Swan & Edgar Ltd v. Mathieson (1910), 103 L. T. 832, 833.

(138) Fridman, p. 108.

(139) Ibid., p. 120.

(140) Johnston v. Sumner (1858), 3H. & N. 261, 157 E. R. 469, 471; Jolly v. Rees (1864), 15 C. B. (N. S.) 628, 143 E. R. 931, 936; Phillipson v. Hayter (1870), L. R. 6 C. P. 38, 42; Eastland v. Burchell (1878), 3 Q. B. D. 432, 435; Debenham v. Mellon (1880), 5Q. B. D. 394 (C. A.) 402; (1880), 6 App. Cas. 24 (H. L.) 32, 35–36; Remmington v. Broadwood and Another (1902), 18 T. L. R. 270 (C. A.) 271; Miss

Gray, Ltd. v. Earl Cathcart (1922), 38 T. L. R. 562, 565.

(141) Anson, pp. 529–542.

(142) Bowstead, pp. 61–62.

(143) Fridman, pp. 9–10.

(144) Ibid., pp. 52–53.

(145) Ibid., p. 54.

(146) Ibid., p. 59.

(147) Ibid., pp. 59, 65 note 18.

(148) Ibid., p. 60.

(149) Ibid., p. 65.

(150) Ibid., p. 60.

(151) Ibid., pp. 61–62. notice は本人が相手方に明示的に与えるか、本人の行為や周囲の事情から黙示的に与えられる。

(152) Ibid., p. 65.

(153) Ibid., pp. 66–73.

(154) Ibid., p. 61.

(155) Ibid., p. 65.

(156) Anson, pp. 551–553. なお undisclosed principal は、背後に本人が存在していること自体が相手方に知らされていない場合の本人であるのに対して、本人が存在していること、つまり、代理人は代理人として行為していることは明らかにされているが、誰が本人であるのかは明らかにされていない場合の本人は、partially disclosed principal（半分隠れた本人）とよばれる。半分開示の代理（partially disclosed agency）の場合にも、後に本人の名前を知った相手方は本人に対して請求することができ、本人も相手方に対して請求することができる。しかし相手方からすれば、自分が取引の交渉をしている者を本人であると思ったか、あるいは代理人であるにすぎないと知っていたかは、決定的に重要であるから、代理人であるにすぎないことを取引の当時相手方が知っていた半分開示の代理の場合には、不開示の代理の場合とは異なる扱いがなされることが多い。例えば代理人が本人から与えられていた authority の範囲外の行為をした場合に本人が追認できるか否かに関して、partially disclosed principal は追認できるが、undisclosed principal は追認できないとされている。Keighley, Maxsted & Co. v. Durant, [1901] A. C. 240. 本文で論じる usual authority

が問題とされるのは、不開示の代理の場合である。

(157) [1893] 1Q. B. 346.

(158) Ibid., at 348.

(159) Fridman, p. 63; Anson, p. 536.

(160) 不開示の代理においては、相手方は本人の存在を知らないのであるから、代理人に対して本人が与えた制限について、相手方が notice を得るということもなく、従って、本人は usual authority の範囲内の行為であればすべて責任を負わされることになる。

(161) これに対しては批判的見解も多い。例えば、Conant 'The Objective Theory of Agency' (1968) 47 Nebraska L. R. 678 at p. 686 は、隠れた本人が代理人に制限を与えていたにもかかわらず、代理人の行為によって拘束されるのは、apparent ownership に基礎づけられた estoppel によると考える。

(162) Fridman, p. 65. authority の独立のタイプとしての usual authority は、inherent agency power とよばれるものを意味する。

(163) Fridman, pp. 98–99.

(164) これに対して、estoppel による独立した代理を否定する見解も存在する。例えば、Powell, pp. 60–62. によれば、この種の判例のほとんどが、apparent authority を estoppel の例として扱っていることを疑うことはできないし、apparent authority の主張のために立証されなければならない事実は、estoppel の抗弁を維持するために立証されなければならない事実と同じであることも、等しく疑いのないところであるが、しかし、estoppel は本人と代理人の関係を成立させるのではない。それは本人が代理人の行為に対して責任を負うということを本人が拒絶するのを妨げることによって、本人と第三者の関係、即ち第三者に対する本人の責任に影響を与えるのみである。従って、estoppel の法理によって代理関係が成立するときに、代理人がもつ authority が apparent authority であるという説明は誤りである。apparent authority とは、代理人が事実上は authority をもっていないが、しかし本人による表示の結果として、第三者に対しては authority をもっているようにみえる場合に、代理人が第三者に対してもつであろうようにみえる authority であり、代理人が apparent authority の範囲内で行為するとき、代理人は 'power' をもつということになる。

Fridman, pp. 106–107は、estoppel による代理と apparent authority とを区別する見解に対して、①estoppel はもともと不法行為的であるが、apparent authority は契約的であるという違いは、近代においては妥当性をもたないこと、②estoppel は訴訟原因を生じないというが、この種の代理に基づいて、本人が第三者を訴える例があるようにはみえないし、あらゆる例は第三者が本人を訴えていること、③estoppel は実質的な損失あるいは地位の変更を伴うのに対して、apparent authority の法理の下では、第三者の地位の変更は非常に縮減されるかもしれないが、それは重大な考慮にあたいしない程度のとるにたらない差異であること、④

estoppel の重要性と関連性の両者が、Freemam and Lockyer v. Buckhurst Park Properties（Mangal）, Ltd., ［1964］2Q. B. 480 at 530 において Diplock 裁判官によって明らかにされ、estoppel はこの種の代理の説明として裁判所によって承認されていること、等をあげて、この形態の代理は他の形態の代理よりもその成立範囲において、より狭いと理解されている限り、それに関連して estoppel という用語を用いることは、語義的にも法律的にも正しいと論じている。

(165) Fridman, p. 101.

(166) Ibid., pp. 102–103.

(167) Farquharson Bros v. King & Co., ［1902］A. C. 325 at 341 per Lord Lindley.

(168) Fridman, p. 104.

(169) Ibid., pp. 104–105.

(170) Ibid., p. 108.

(171) 例えば、Bowstead, pp. 63–65は、usual authority を、implied authority の一種としての usual authority, apparent authority の一種としての usual authority, authority の独立のタイプとしての usual authority に分類している。

(172) Hely-Hutchinson v. Brayhead Ltd., ［1967］3 All E. R. 98 at 102 per Lord Denning M. R.

(173) Fridman, p. 110.

(174) Freeman & Lockyer v. Buckhurst Park Properties（Mangal）, Ltd., ［1964］2Q. B. 480.

(175) Fridman, p. 110.

(176) Ibid., pp. 109–110.

(177) Ibid., p. 110.

(178) Ibid., pp. 119–120.

(179) Ibid., pp. 51–52.

(180) Ibid., pp. 130–131.

(181) Hanbury, p. 30.

(182) Ibid., pp. 31–42.

(183) （1864）, 15 C. B. （N. S.）628, 143 E. R. 931 at 937–938.

(184) Fridman, p. 134.

(185)　(1870), L. R. 6 C. P. 38.

(186)　Hanbury, p. 32.

(187)　(1880), 6 App. Cas. 24（H. L.）

(188)　Hanbury, p. 34.

(189)　Ibid., p. 36. 相手方が、自分の供給した商品が生活必需品であることと共同生活の事実を立証すれば、妻は生活必需品のために夫の信用を担保にする authority をもつという推定が生じるが、ここでいう代理の推定（presumption of agency）とは右の意味ではなく、holding out が存在していれば、相手方は反対の notice が欠けている場合、夫が承認していた妻の authority は継続していると推断する権利をもっているという意味であると思われる。

(190)　Powell, pp. 5–6, 33, 49.

(191)　Ibid., p. 49. Powell は American Restatement of the Law of Agency ss. 7, 8. が authority とは本人の法的関係に影響を与える代理人の power であるなどというのは、authority と power とを混乱させたものとして、正しくないと評する。

(192)　Ibid., pp. 5–6.

(193)　Ibid., p. 4.

(194)　Ibid., p. 49.

(195)　Ibid., p. 33.

(196)　Ibid., p. 35.

(197)　Ibid., p. 34. なお implied authority は、express authority を行使するのに付随的なかつ必要であるすべての付属的な行為に拡張される。Ibid., p. 37.

(198)　Ibid.

(199)　Ibid., pp. 50–62. Powell が apparent authority と estoppel による代理とを区別する立場を採っていることは、Fridman の見解との対比において注（164）で述べた。

(200)　Ibid., pp. 34–35.

(201)　Ibid., p. 38.

(202)　Ibid., p. 63.

(203)　Ibid., pp. 39–42.

（204）Ibid., p. 320.
（205）(1880), 6 App. Cas. 24.
（206）Powell, P. 321.
（207）(1864), 15 C. B. (N. S.) 628, 143 E. R. 931 at 937–938.
（208）(1880), 5 Q. B. D. 394（C. A.）at 403–404.
（209）(1880), 6 App. Cas. 24（H. L.）.
（210）Fridman, p. 131は、「本人と代理人が夫と妻であるところでは、usual authority は生活必需品の購入をカバーするのみであり、その結果これは法の作用によってではなく、まさに黙示的な合意から生じる代理の例であるということが議論されるかもしれない」と述べて、共同生活から推定される妻の authority の性質を usual authority とみる余地があることを示唆しつつも、黙示的な合意から生じる authority であるならば、その範囲は必ずしも生活必需品の信用買いに限定されないはずであり、それが生活必需品の信用買いに限定されるのは、代理関係が法の作用によって成立するからであると述べる。しかし、Fridman によれば、本人がある人を、本人のために一定の種類や範囲の取引や業務をする authority を普通に伴っている地位に任命することによって代理人にした場合、その usual authority の範囲は、その地位にある代理人ならば、その彼でなくても、客観的にみて誰でもがもつことを期待されるところの定型的な範囲なのであるから、domestic manager という地位にある代理人ならば、その usual authority の範囲は生活必需品の信用買いであると考えることも十分に可能であると思う。
（211）Phillipson v. Hayter（1870), L. R. 6 C. P. 38.
（212）高森＝高森『表見代理理論の再構成』一七八頁、一七九頁、拙稿「クレジット契約と日常家事行為」関西大学法学論集四〇巻四号一二二七頁。
（213）最判昭和四四年一二月一八日以降、日常家事代理権の存在を肯定するのが、判例の一貫した見解であり通説でもある。しかし通説は日常家事代理権を法定代理権と解しているようである。但し、私見とほぼ同旨の見解として幾代通『民法総則』三九一頁。
（214）二㈡⑴ⅲにおいて述べたように、イギリス法においては、生活必需品を購入する目的で妻が夫の信用を担保にして借財し、そのお金を現実に生活必需品の購入にあてたとしても、貸主が夫に請求することはコモン・ロー上認められていないし、いわんや生活必需品を購入するために夫の不動産を処分するなどは、議論の対象にすらされていない。イギリスの妻には極めて限定された範囲の所帯のやりくりしか委ねられていないことからすれば、これは当然であるといえよう。これに対して、日本民法において日常家事行為の範囲を判断するに際し、行為者の主観的意図（目的・動機）を重視する見解（我妻栄『親族法』一〇六頁、一一〇頁注二、一一一頁注四）が、普通の家政処理の範囲を逸脱した金額の借財のみならず、他方名義の不動産を処分する行為さえも、行為者の目的如何によっては、日常家事行為の範囲内に含まれると論じたりするのは（筆者はこの見解に反対である。高森＝高森・前掲一八三頁）、イギリスの妻と比較して日本の妻の家政処理権の広さを物語るものといえる。

(215) 高森＝高森・前掲一八〇頁。

(216) 同右・一八〇頁～一八四頁。

(217) イギリス法においては、借財は生活必需品の購入のために夫の信用を担保にする妻の authority の範囲外であるとされているが、イギリスの妻と比較して日本の妻の家政処理権の広さを考慮すれば、どんな少額の借財であってもすべて日常家事の範囲外であると断定することはできないと思う。

(218) 但し、東京地判昭和三六年七月四日下民集一二巻七号一三頁のように、電灯線の配線工事を行なうに際して障害になる夫所有の樹木の伐採を夫に無断で妻が承諾したというケース（日常家事行為であることを認めた）を除く。

(219) 不動産処分について、高森＝高森「他方名義の不動産処分と日常家事行為」関西大学法学論集三八巻四号一頁以下、借財について、拙稿「借財と日常家事行為」関西大学法学論集四〇巻一号三八頁以下。

(220) イギリス法においては、日本民法の法定代理に正確に対応する言葉はないとされており（日本民法が法定代理で処理している事項は信託概念を用いて処理するといわれる）、代理の成立に関して問題とされる authority は、法定代理権と任意代理権との区別で論ずるなら、すべて任意代理権である。但し、イギリス法においては、日本民法における直接代理のみならず間接代理、授権、（事務管理と共通性を有する）必需代理等をも含めて代理の成立に関して論じるので、authority をすべて代理権（任意代理権）と言い換えることはできない。

(221) 拙稿「クレジット契約と日常家事行為」関西大学法学論集四〇巻四号一三〇頁注（24）の記述は、筆者自身 usual authority と apparent authority とを混同しており、本文のように訂正する。

(222) 梅謙次郎『民法要義（巻之一総則編）』（有斐閣、初版一八九六年）二五五頁、二五六頁（訂正増補版の二八三頁、二八四頁）。

(223) 梅博士の見解についての詳細は、高森＝高森『表見代理理論の再構成』三七頁～四七頁参照。

(224) 半田吉信『民法コンメンタール（3）』（ぎょうせい、一九八九年）二〇九一頁。

(225) 高橋三知雄『代理理論の研究』（有斐閣、一九七六年）二七五頁。

(226) 富井政章『民法原論（第一巻総論）』（有斐閣、初版一九〇三年）（訂正増補版）五一四頁、五一五頁。高森＝高森・前掲四三頁、四四頁参照。

(227) 鳩山秀夫『法律行為及至時効』（巌松堂書店、初版一九一二年）三一八頁以下、同「民法第百十条ノ適用範囲」法協三四巻一号一一四頁以下。高森＝高森・前掲四七頁～五八頁参照。
(228) 我妻栄『新訂民法総則』（岩波書店、初版一九三〇年）三六四頁。
(229) 同右・三七一頁。高森＝高森・前掲五八頁～六四頁参照。
(230) 高森＝高森・前掲六八頁、六九頁。
(231) 川島武宜『民法総則』（有斐閣、初版一九六五年）三七六頁。
(232) 幾代通『民法総則』（青林書院新社、初版一九六九年）三八五頁。
(233) 横浜弁護士会編『表見代理の判例と実務』（金融財政事情研究会、初版一九八四年）三三三頁以下。
(234) 安永正昭「越権代理と帰責性」『現代私法学の課題と展望　中』（有斐閣、一九八二年）四〇頁。
(235) 高森＝高森・前掲七一頁～七八頁参照。
(236) 同右・七八頁～八〇頁参照。
(237) 同右・八一頁～八八頁参照。
(238) 同右・八九頁～九九頁参照。
(239) 末弘厳太郎「判例民法大正十年度　序」「判例民法大正十一年度　序」「判例民事法大正十二年度　序」。「具体的事件に対してくだされた具体的判断を決定せしめた裁判官の法律意見」（末弘『法学入門』一五四頁）が、末弘博士による **ratio decidendi** の定義であると思われる。
(240) **ratio decidendi** は「判決理由」と訳されるが、これを「判決中の判決理由」と混同してはならない。先例拘束力をもつのは、**ratio decidendi** である。それに対して「判決中の判決理由」は、裁判官が自らの判決の正当性を説明するために判決中で表明した技術的理論にすぎない。その意味で **ratio decidendi** は、むしろ「真の判決理由」と訳すべきであると思う。筆者自身は「真の判決理由」を、「裁判官の最終的結論（原告の請求が認容されるか否か）を導く上で、決定的に重要な事実に対する裁判官の法律意見」と定義している。傍論とは、「裁判官の最終的結論（原告の請求が認容されるか否か）に直接関係しない、ついでに述べられた裁判官の法律意見」である。
そして、判例研究においては、①「判決要旨」や「判決中の判決理由」に惑わされずに、先ず当該事件の具体的事実を凝視すること、②「真の判決理由」**ratio decidendi** と「傍論」**obiter dictum** とを厳しく峻別すること、③一個の判例を採り上げる際にも、「同実質の事件」の過去の先例と比較し、さらに当該判例のその後の事例（将来の関連判例）への影響を考慮して当該判例の位置づけを図ること（つまり、学説との関係についても配慮しつつ判例をひとつの流れとして考察すること）、が重要であると考えている。

(241)　正当理由肯定判例及び否定判例の考察について、高森＝高森・前掲一〇〇頁〜一七五頁参照。

(242)　最判昭和四四年一二月一八日民集二三巻一二号二四七六頁。これに対する判例研究として高森＝高森・関西大学法学論集四〇巻三号一五一頁。

(243)　拙稿「借財と日常家事行為」関西大学法学論集四〇巻一号四七頁〜五四頁、九一頁〜九三頁参照。

(244)　同右・六二頁〜六四頁参照。

(245)　(1910), 103 L. T. 832 at 834.

(246)　(1880), 5 Q. B. D. 394（C. A.）at 403.

(247)　高森＝高森・前掲一三〇頁〜一三二頁参照。

(248)　拙稿「借財と日常家事行為」六四頁〜六六頁参照。

(249)　(1848), 12 Q. B. 460, 116 E. R. 940.

(250)　(1884), Cab. & El. 239.

(251)　高森＝高森『表見代理理論の再構成』。

(252)　高森＝高森「他方名義の不動産処分と日常家事行為」関西大学法学論集三八巻四号一頁以下。

(253)　拙稿「借財と日常家事行為」同右四〇巻一号三八頁以下。

(254)　拙稿「クレジット契約と日常家事行為」同右四〇巻四号一一五頁以下。

(255)　機能的比較法とは、同一の社会的要件事実（同一の事案）に対するイギリス法の法的処理及び法解決と日本法の法的処理及び法解決とを、それぞれの法体系の違いを考慮した上で、具体的に比較するものであり、これにより両法の相互理解と新しい分析視角を得ることができる。

(256)　例えば一一二条は usual authority の撤回の場合を含んでいると思われる。

参考図表Ⅰ　Fridman による authority の分類

Ⅰ	actual authority	（1）express authority （2）implied authority （3）usual authority 　①implied authority の一種としての usual authority 　②不開示の代理の場合の usual authority 　　ⅰ取締役、支配人等 　　ⅱ問屋、ブローカー、競売業者等
Ⅱ	apparent authority	
Ⅲ	presumed authority	（1）必需代理（遺棄された妻の authority） （2）共同生活から推定される妻の authority

参考図表Ⅱ　Powell による代理人が power をもつ場合

<table>
<tr><td>Ⅰ</td><td>authority がある場合</td><td colspan="2">（1）express authority
（2）implied authority</td></tr>
<tr><td rowspan="2"></td><td rowspan="2"></td><td rowspan="3">A が usual authority の範囲内で行為する場合</td><td rowspan="3">①express authority を与えられた A がそれに normally に付随する一定の行為をする場合
②express authority を与えられた A が本人のために一定の種類の authority を usually に所持するあるクラスの代理人に属している場合
③A は express authority を与えられていないが、P は A を P のために一定の行為を行う authority を usually に携えている地位に任命した場合
④2人の人間 P と A との間の一定の関係は A が P のために一定の行為を行う authority をもつという推定をつくる
（例）夫と妻、組合</td></tr>
<tr></tr>
<tr><td rowspan="2">Ⅱ</td><td rowspan="2">authority がない場合</td></tr>
<tr><td colspan="2">A が apparent authority の範囲内で行為する場合</td></tr>
</table>

〔付記〕　拙稿「イギリス代理法における妻の authority」比較法研究54号80頁の参考図表Ⅱを一部訂正した。

第三章　表見代理理論の新展開

一　序

民法における表見代理規定は、一〇九条の授権表示による表見代理、一一〇条の権限踰越の表見代理、一一二条の代理権消滅後の表見代理の三規定にまとめて理解されている。起草者である梅謙次郎や富井政章は、この三規定を、無権代理ながら特別に本人に責任を負わしめる公益規定として位置づけていたが、表見代理規定として位置づけていたわけではない。(1) 一〇九条、一一〇条、一一二条の三規定を、有権代理でも無権代理でもない表見代理の思想、すなわち Agency by estoppel（あるいは Agency by holding out）の法理によって根拠づけようとしたのは、中島玉吉「表見代理論」（京都法学会雑誌五巻二号一八九頁以下、一九一〇年）であった。「表見代理」とは、「他人ヲシテ代理権ヲ與ヘタリト信セシム可キ外形上ノ行為ヲナシタル者ハ眞ニ代理権ノ授與ナシト雖モ善意ノ第三者ニ對シテハ代理権ヲ與ヘタルモノト看做サル可シト云フ」ことである。「有権代理」は代理権に基づくが、「表見代理」は代理権に基づかず、代理権を授与したと他人に信じさせる本人の外形上の行為によって、善意の第三者に対して代理と同一の効力を生じるところが、有権代理とは異なる。「無権代理」もまた代理権に基づかないところは、表見代理と同じだが、一一三条以下に規定されている無権代理においては、代理権を授与したと他人に信じさせる本人の外形上の行為がないところが、表見代理とは異なるのである（一八九頁、一九〇頁）。

この中島の思想は、その後の学界に、一部は受容されたが、中島「表見代理論」の根幹ともいうべき本体部分は受容されなかった。受容されたのは、一〇九条、一一〇条、一一二条の三規定をまとめて表見代理規定であると位置づけた点である。受容されなかったのは、表見代理が成立するためには、本人の第三者に対する外形上の行為が必要であり、本人の第三者に対する外形上の行為が、善意の第三者に対して、有権代理の場合と同じ責任を、本人に生ぜしめる根拠であると、指摘したところである。中島の提唱により表見代理として位置づけられることになった三規定それぞれの成立要件をいかに解すべきか、三規定相互の適用範囲はどのように理解すればよいのかという議論に、根幹部分が受容されなかったことが密接に関連する。

筆者は『表見代理理論の再構成』（一九九〇年）において、一一〇条の成立要件である「正当理由」の内容の再構成を図り、それを通して、白紙委任状の交付事案における一〇九条の授権表示の具体的内容や一〇九条の第三者保護の要件を検討し、競合型表見代理の否定的考察によって三規定の適用範囲を論じたが、通説の表見代理の理論に未だ依拠するところがあった。例えば、「基本代理権」なる概念が、一一〇条の成立要件として位置づけられていること、基本代理権の有無が、一〇九条と一一〇条の表見代理を区別する基準であることを前提にしたこと等である。私見では、一一〇条の「正当理由」の内容は、「本人に代理権の有無・範囲について問い合せをすることが全く不要と感じさせるほどの客観的事情があり」それゆえに「代理権の存在を信じた」ことである。具体的には、「相手方がこれまで代理人を通して本人と同種同量の取引をしてきたが、いずれもこれらの取引は本人によって承認され、つつがなく履行されてきた、あるいはこれに準じるような本人の認容的言動があるがゆえに代理権があると信じた」場合に、一一〇条の正当理由は成立する。これを本人の側からいえば、問題となっている「当該取引について、本人は代理人に代理権を与えていると、相手方が推断することができるような本人の相手方に対する行動」が存在しなければ、一一〇条の正当理由は成立しない。これは、表見代理理論をわが国に導入した中島「表見代理理論」と同じ視点で、表見代理制度を考察しようということに他ならない。そこで本章では、中島以前と中島以後において、三規定の成立要件がいかに解されているかを考察し、Agency by estoppel と表見代理との比較において、三規定相互の適用範囲について考察したい。

二　表見代理規定に関する学説の展開——民法一一〇条を中心として——

(一)　起草者の見解

(1)　代理人が代理行為を行う場合には二つあり、一つは代理権を本人から授与されている場合であり、二つは代理権を本人から授与されていない場合である。前者は有権代理として、代理人の代理行為の効果のすべてが本人に帰属する（九九条一項）。後者は無権代理であり、本人は無権代理人の行為を欲していないのだから、本人が後に追認しない限り、本人に対して効果は生じないし（一一三条）、代理人にも法定の責任を負わせるほか（一一七条）は、代理行為の効果は帰属しない。しかし、民法は、厳密には代理人に代理権が与えられていないのに、本人に責任の及ぶ場合を規定している。すなわち、一〇九条、一一〇条、一一二条である。

この三規定の法的根拠について、民法制定直後の代表的学説は、次のように論じている。先ず、岡松参太郎『注

釈民法理由　上巻』（一八九六年初版）によれば、一〇九条については「是レ代理権授与ノ方法ヲ定ムルモノナリ」、すなわち、代理権の授与は、代理人に対する授権（内部的授権）と相手方に対して代理人に代理権を授与した意思を表示すること（外部的授権）によってなすことができ、前者は自明のことだが、後者は争いがあるので明記したもので、代理権の授与は単独行為である、としている（二四二頁、二四三頁）。一〇九条を有権代理の一場合とする見解である。これに対して、一一〇条については、善意の第三者を保護するために設けられた特別規定として、無権代理の特殊なものとする（二四五頁）。この考えは、一一二条についても同じで、代理権の消滅したことは、第三者において往々これを知らないことがあるので、善意の第三者に不測の損害を蒙らしめないがために設けられたものという（二四八頁）。岡松は、一〇九条は外部的代理権授与の制度、一一〇条、一一二条は善意者保護の特別規定と解していたようである。

(2)　これに対して、起草者であった梅謙次郎『民法要義　巻之一総則編』（一八九六年初版）は、一〇九条について「第三者ヲ保護スルヲ以テ其目的トセル」「公益規定」であるとし、ドイツ民法におけるように、本人の単独行為によって代理権を授与することを認めたものではないと明言している（訂正増補版・三三版二七七頁、二七八頁）。一一〇条についても「本条モ亦前条ト同一ノ精神ニ出デタルモノニシテ善意ノ第三者ヲ保護センカ為メニ設ケタル公益規定ナリ」としている。すなわち、代理人が権限を越えてなした代理行為は無権代理であるから、本人は九九条の責任を負う必要はないが、第三者に代理人に権限ありと信ずべき正当理由のある場合は、本人に責任を負わしめることによって、その第三者を保護するのでなければ、取引の安全を得ることを期待できない。例えば「代理人カ従来同種ノ法律行為ヲ為シタル場合ニ本人ハ之ヲ承認シ嘗テ其履行ヲ拒ミタルコトナク又ハ慣習上同種ノ代理人カ皆其権限ヲ有スル場合ノ如キ」（訂正増補版二八四頁）が、代理人に権限ありと信ずべき正当理由の例である。このような場合でも、代理人と法律行為をする第三者が、必ず事前に代理人の権限を調査していたならば、第三者は代理人が無権限であることはわかったはずである。しかし、このような場合にまで、権限を調査することは煩に耐えないから、このような場合には、権限を調査しなかった第三者を保護することによって、取引の安全を保とうとしたのである。そして、一一二条も「亦第三者ノ保護ヲ目的トスル公益規定ナリ」としている（訂正増補版二八九頁）。

結局、梅は、一〇九条については、代理権を授与したという本人の一種の表示責任を問題とし、一一〇条については、委任を推定させる本人の行為や代理人への一定の地位の付与を、相手方からみた場合「権限アリト信スヘキ正当ノ理由」ありと認め、本人に責任を負わせて第三者を保護し取引の安全を図るべきであるとしている。一一二条は「本人ノ死亡」「委任ノ解除」等により代理権が消滅してしまったことを知らない第三者はよくあり、（何の通知もしなかった）本人に対して効なきものとするならば「第三者ハ不慮ノ損失ヲ蒙ムルコト」になるとの考え方であり、三規定を無権代理ながら特別に本人に責任を負わしめる公益規定として一括しようとする意図が窺える。

同じく起草者である富井政章『民法原論　第一巻総編』（一九〇三年初版）も、一〇九条について、（かつて法典調査会ではドイツ法の外部的授権を採用したかの言があったのに）梅説に傾斜したのか、「此規定タルヤ一見単独行為ニ因ル代理権ノ発生ヲ認メタル観ナキニ非スト雖モ其文面及ヒ前後ノ規定ニ考フルトキハ唯第三者ヲ保護センカ為メ恰モ代理権ノ発生セル如クニ看做ス便宜的規定ニ過キ」ずとしている（大正一一年合冊版五〇〇頁）。一一〇条についても、代理権に基づかない代理行為は、本人に対して効力を生じないのが一般原則であるが、特に第三者保護の必要からして本人に効力を及ぼす場合である点で一〇九条と同じ異例であるとし、立法者は厳重にその要件を定め、第三者は善意だけでは足りず、「其権限アリト信スルニ足ルヘキ正当ノ理由アルコトヲ必要トセリ」と述べて、梅と同一の事例を例示している（五一三頁、五一四頁）(2)。そして、一一二条については、第三者が代理権の消滅したことを知らずに取引した場合に不測の損害を被らせず、取引の安全のため民法は「代理権消滅ノ効果ニ制限ヲ加へ」たものであるとする（五一九頁）。梅と同旨と考えてよいだろう。

(二)　中島玉吉「表見代理論」

(1)　一〇九条、一一〇条、一一二条を一括して理論的に把握し、その法理的根拠を Agency by estoppel（あるいは Agency by holding out）に求め、これを「表見代理の思想」といい、表見代理という用語を用いたのは、中島玉吉「表見代理論」（京都法学会雑誌五巻二号一八九頁以下、一九一〇年）である。すなわち「表見代理トハ他人ヲシテ代理権ヲ與ヘタリト信セシム可キ外形上ノ行為ヲナシタル者ハ眞ニ代理権ノ授與ナシト雖モ善意ノ第三者ニ對シテハ代理権ヲ與ヘタルモノト看做サル可シト云フニアリ英米法ニ所謂、Agency by estoppel 或ハ Agency by holding out ナルモノ之ナリ」（一八九頁、一九〇頁）というに尽きる。

一〇九条、一一〇条、一一二条の三ヵ条を、中島以前の学説は、善意の第三者を保護する公益規定と説明しているが、中島によれば、もとよりそれは正当ではあるものの、本人の責任の根拠が明らかではなかったので、表見代理の思想をもって、三ヵ条における本人の責任の根拠を解明するのである。すなわち、「其根拠ハ本人ノ表見的行為」である。一〇九条では、「代理権アリト信セシム可キ外形上ノ証明」を指すし、一一〇条の正当理由は、「本人ノ行為ニヨリテ第三者ヨリ見レハ代理権ノ範囲ニ属スト見ラル可キ事実ノ存在」を指す。一一二条は、代理権は消滅しているとはいうもののなお「本人ノ行為ニ基ケル表見的事実存スルカ故ニ」、善意の第三者に対して責任を生ずるのである（一九六頁、一九七頁）。

(2)　Agency by estoppel すなわち estoppel による代理とは、本人の同意がないにもかかわらず、本人の言葉や行動に基づいて、estoppel の法理によって成立する代理をいう。estoppel とは、AがBに対してある先行行為（言葉や行動）を行い、通常人であるBがその先行行為に基づいて一定の推断をもち、それに導かれてAと利害関係を形成した後に、Aは拒絶することを許されないということを意味する。[3]

estoppel による代理が成立するためには、先ず、「表示（representation）」が存在していなければならないが、この表示は本人から生じなければならず、代理人自身からは生じ得ない。[4] 代理人が自らの言葉や行動でもって、自分は本人のために行為する authority[5] を本人から与えられていると、第三者に対して表示したとしても、estoppel による代理は成立しない。代理人は本人のために行為する authority をもつ代理人であるという表示に相当する、本人の側の陳述ないし行動がなければならないのである。[6] また、本人に何らかの行動があるにしても、それが、当該取引についての、本人から代理人への authority の授与に一致すると解釈されないならば、estoppel は生じない。本人の陳述ないし行動は、疑義なく明白に、当該取引についての、本人から代理人への authority の授与に相当すると、解釈されるものでなければならない。そして、この表示は、それを信頼する人に対して、なされなければならない。「holding out は、それを信頼したという特定の個人に対してか、あるいは、それを知りかつそれに基づいて行為したという推断を正当視するような周知の事情の下で、なされなければならない[7]」のである。

holding out とは、語義的には、本人が第三者に対して、代理人は本人のために行為する authority をもつ代理人であると表示することをいうが、これらの内容を取り入れて、具体的に定義すれば、holding out とは、当該取引について、本人は代理人に authority を与えていると、相手方が推断できるような本人の相手方に対する行動である。[8]

このような holding out の結果、相手方が代理人を本人の代理人であると信頼して取引した場合には、合理的な信頼に基づいて取引した相手方を保護するために、本人は後になって相手方の請求を拒絶することを、estoppel の

法理により禁止される。その結果、成立する代理が、estoppel による代理である。(9)

中島は、holding out を本人の外形上の行為、表見的行為と翻訳している。「表見代理の思想」とは、「本人による表見的行為により第三者が代理権ありと信じたことによる代理行為の本人への効果帰属の法理」であり、中島はその法理をもって一〇九条、一一〇条、一一二条の三ヵ条を一括してまとめ、表見代理規定と位置づけたのである。

(三)　通説的見解

(1)　中島「表見代理論」は、学界において、どのように受けとめられたか。鳩山秀夫『法律行為乃至時効』(一九一二年初版) は、一〇九条、一一〇条、一一二条は、「同一ノ立法趣旨ニ基キ同一ノ法律上ノ性質ヲ有スル規定」であって、「之等ノ場合ヲ一括シテ無権代理ノ特殊ノ場合ヲ示スカ為ニ表見代理 (Scheinvollmacht, agency by estoppel) ト言フコト便利ナルヘシ」として、中島「表見代理論」を引用している (三一一頁、三一二頁)。しかし、それ以上に estoppel の法理を参考にした要件上の記述はみられない。

先ず、鳩山は、正当理由が成立するためには、「必ラスシモ本人ノ方面ニ於テ主観的ニ過失アリタルコトヲ要セス」(三二九頁) と述べ、大判明治三六年七月七日民録九輯八八八頁を「過失主義」に立つものとして批判する。大判明治三六年七月七日は、X会社が支配人のAに貨物賃納金に対する割戻金をYから受領する権限を与えていたところ、Aが他人と共謀して文書を偽造行使し膨大にした割戻金の一部を詐取したという事案であり、大審院は、「第三者ノ利益ヲ保護スルヲ主眼トスル第百十条ノ規定ヲ適用セムニハ第三者ガ代理人ニ其行為ヲ為ス権限アリト信ジタル正当ノ理由ナカルベカラズ。例ヘバ本人ガ代理人ニ何等ノ制限ヲ付セズ或ル種ノ行為ヲ為ス代理権ヲ与ヘテ第三者ト取引ヲ為サシメ来リタル後、其ノ代理権ニ或制限ヲ付シタルニ拘ハラズ其ノ旨ヲ通知セザリシ過失アルガ為メ、第三者ハ従来ノ如ク代理権ニ何等ノ制限ナキモノト誤信シテ代理人ト取引ヲ為シタル場合ニ於テハ、本人ハ代理人ノ行為ガ権限ヲ超ヘタルコトヲ口実トシテ其行為ニ付キ責任ヲ免カルルコトヲ得ザルガ如シ。而シテ此ノ例示ノ場合ニ於テ代理人ガ権限ヲ超ヘテ為シタル行為ニシテ仮令犯罪ヲ成スルコトアルモ、苟モ本人ニ於テ第三者ニ其権限アリト信ゼシムルニ至レル過失アリタル場合ナランカ第百十条ノ規定ヲ適用スベキ場合ナリトス。」と判示した。すなわち、一一〇条の正当理由が成立する具体例として、例えば、甲が乙を代理人として丙と取引させ、従来一〇〇万円程度の受領権限を与えてきたところ、今回は五〇万円の受領権限しか与えず丙のもとに行かせたが、その旨の通知を丙に与えなかったので、丙は従来と同様に乙には一〇〇万円の受領権限があると信じて乙に一〇〇万円を交付したというような例を挙げている。これは、梅や富井が正当理由が成立する具体例として挙げていた例「代理人カ従来同種ノ法律行為ヲ為シタル場合ニ本人ハ之ヲ承認シ嘗テ其履行ヲ拒ミタルコトナク」と同様である。このような場合には、第三者が代理人に権限ありと信じるに至ったのには、本人に過失があり、たとえ代理人の権限踰越行為が犯罪になる場合でも、正当理由が成立するとしている。そして、この事案においては、本人XはAにYが交付する割戻金を受領する権限は与えているが、「固ヨリ終始其ノ行動ヲ監視スベキ責アルニモアラザレバ、Aガ他人トノ共謀ニ因リ、割戻金ヲ膨大ナラシメ、其ノ一部ヲ詐取シタル所為ニ就テハ其ノ過失ニ出タルモノト云フヲ得ズ。」これに反して、「Yハ貨物賃納金ノ取調ヲ疎漏ニ付シ為メニ不相当ノ割戻金ヲ交付スルニ至リタル過失アリト」いえるから、正当理由は成立しないとしている。このような大審院の立場を、鳩山は「過失主義」として批判したわけである。しかし本件は、明白な相手方の過失を認定し、正当理由を否定している点を注目すべきである。

鳩山のいう大審院の過失主義は、彼自身の分析によれば、大判明治三九年五月九日民録一二輯七〇六頁によって棄てられた。これは親権者たる母が民法上必要な親族会の同意を得た上で未成年者の子を代理し借財及び抵当権設定契約をしたが、後に裁判によってその親族会の同意が取消されたという法定代理の事案であり、大審院は、「民法第百十条ノ規定ハ、啻ニ委任代理権ニ欠缺アル場合ニ適用セラルベキノミナラズ本件ノ如ク法定代理権ニ欠缺アル場合ニモ適用セラルベキコト論ヲ俟タズ」と判示した。法定代理の事案では、第三者が代理人に代理権ありと信じるにつき、本人である未成年者自身には何らの行為も過失も存在しない。鳩山は、この大審院明治三九年判決を、「其判決理由ニ付テ見レバ明ニ過失主義ヲ棄テタ。之レ余ノ双手ヲ挙ゲテ賛成スルニ躊躇セヌ所デアル」と評する（「民法第百十条ノ適用範囲」（法協三四巻一号一一三頁）。

ところが、大判大正三年一〇月二九日民録二〇輯八四六頁は、蝋および香料油の卸売を業とするY会社の大阪支店の支配人Aが、当該営業に関係のない金銭または物件の賃借については、特に会社の認可を必要とされているにもかかわらず、会社に無断で訴外BのためにY会社名義で手形を振出し、手形所持人XよりYにその支払を求めたという事案において、「所謂権限アリト信ズベキ正当ノ理由トハ客観的ニ観察シ第三者ヲシテ代理人ニ権限アリト信ゼシムルニ足ル事情ニシテ其ノ事情ノ存在ガ本人ノ作為若クハ不作為ニ出ヅルモノヲ謂フ。本人ノ作為若クハ不作為ニ出デタル斯ノ如キ事情ノ存在スルナクンバ、縦令第三者ニシテ権限アリト信ズルモ代理人ノ為シタル権限外ノ行為ニ付キ本人ニ其ノ責ヲ帰スベキ理由アラザレバナリ」と判示した。そして、本人の作為若しくは不作為に出た事情が存在しないにもかかわらず、第三者が権限ありと信じても（すなわち第三者には過失があるといえるのだが）、本人に責を帰せしめられないのは、「権限アリト信ズベキ正当ノ理由ナキガ為メニシテ第三者ニ過失アルガ為メニアラズ。」また、本人の作為若しくは不作為に出た事情が存在して、第三者が権限ありと信じたときに（すなわち第三者には過失がないといえるのだが）、本人に責を帰せしめられるのは、「権限アリト信ズベキ正当ノ理由アルガ為メニシテ、第三者ガ無過失ナルガ為メニアラズ。」と述べる。これは、「表見代理の思想」を、「本人による表見的行為により第三者が代理権ありと信じたことによる代理行為の本人への効果帰属の法理」とする中島「表見代理論」と同旨である。大審院は、続いて大判大正四年六月一九日民録二一輯九八七頁でも、法定代理人である継母が親族会の同意書を偽造して借財をなし抵当権を設定したという事案において、「民法第百十条ハ本人ニ於テ第三者ニ対シ代理人ニ代理権限アリト信ゼシムベキ行為アリタルコトヲ前提トシテ善意ノ第三者ヲ保護センガ為ニ設ケタル規定ナルヲ以テ専ラ保護ヲ要スベキ無能力者タル未成年者ノ法定代理人ノ場合ニ之ヲ適用セントスルハ同条ノ趣旨ニモ亦相反スルニ至ルヲ以テナリ」と判示して、一一〇条の適用を否定した。(10)

これらに対して、鳩山は、大判大正四年六月一九日の判例批評である「民法第百十条ノ適用範囲」（法協三四巻一号一二四頁）において、「中島博士ノ表見代理論ニ於テハ代理権アリト信ゼシムベキ本人ノ表見的行為アルコトヲ以テ所謂表見代理ノ成立要件トセラレテ居ルカラ同氏ハ此点ニ於テ判決ノ趣旨ヲ是認セラルルモノト考フルガ余ハ遺憾ナガラ之ニ従フコトヲ得ヌ。」と述べ、中島「表見代理論」や大判大正三年一〇月二九日、大判大正四年六月一九日のように、正当理由が成立するためには、本人の表見的行為が必要であるとする立場を、「原因主義」および批判している（中島が、自らの立場を原因主義と称したわけではない）。

(2)　このように、「過失主義」「原因主義」を批判する鳩山は、「表見代理」をどのように理解していたのか。『日本民法総論』（一九二七年初版）は、表見代理制度の趣旨及び要件について、次のように説明する。表見代理制度は、代理取引において、相手方が被ることがある損害を予防し、代理取引の信用を維持することによって、取引の安全または動的安全を保護することを目的とする。代理が認められたことによって、取引の範囲は拡張し、取引は敏活容易なものとなったが、もし代理人によってなされた取引が、代理権ありと認むべき正当理由があるにもかかわらず、実際は無権代理であったがゆえに本人に対して効果が生じないというのであれば、代理人と取引した相手方は損害を被ることが多くなり、何人も安心して代理人と取引をすることができなくなってしまう。これが、代理において、特に取引の安全すなわち動的安全を保護する必要がある理由である。けれども、本人の側からすれば、自分と全く何の関係もない他人が、代理人であると僭称して代理行為をした場合に、もし正当理由が成立して法律上の拘束を受けるというのであれば、不当に不利益を被ることになる。そこで、法律が取引の安全を保護するために表見代理を認めるというのであれば（「正当理由」があるとき、相手方が保護され得るのは、当然なのであるが）、本人の静的安全を顧慮して、「本人自称代理人間ニ何等カノ関係アル場合ニ於テノミ之ヲ認ムル所以ナリ」。したがって、三種の表見代理に共通する要件は、「自称代理人ニ代理権アリト信ズベキ正当ノ事由アルコト」および「本人ト自称代理人トノ間ニ一定ノ関係アルコト」である（四四四頁～四四六頁）。

このように、表見代理は「本人ノ故意又ハ過失ヲ要件トスルモノニアラズ代理取引ニ於ケル動的安全ヲ保護スルガ為メニ無過失責任ヲ認メタ」（四五三頁）ものであるから、かつて大審院が、大判明治三六年七月七日民録九輯八八頁において過失主義を採ったのが不当であることは言うまでもないし、大判大正三年一〇月二九日民録二〇輯八四六頁や大判大正四年六月一九日民録二一輯九八七頁において原因主義を採ったのも不当である。大審院は、原因主義を採った理由として、本人の行為がなければ、本人にその責任を帰すべき理由がないと述べているが、正当理由が成立するためには、本人の行為が必要であるというように限定するのは、法文に根拠のない制限を加えて、表見代理の範囲を狭隘ならしめるものである。理論上も、「本人ト当該ノ代理行為トノ間ニハ他ノ事項ニ関シテ本人代理人間ニ有効ナル代理関係アリトイフ連絡アルガ故ニ本人ノ責任ヲ認ムベキ理由」に欠けるところはない。この問題は、一一〇条が法定代理にも適用されるのかという問題と極めて密接な関係があるが（四五四頁）、原因主義を採らないので、法定代理にも一一〇条は適用されるということになる（四五六頁）。

他の表見代理規定については、一〇九条の表見代理は、本人が自称代理人に代理権を与えたということを第三者に対して表示した場合であって、他の場合と異なり、法文は第三者の善意を要件として掲げていないが、これは第三者が立証責任を負わないという趣旨である（本人が第三者の悪意について立証責任を負う）。一〇九条の場合は、本人が他人に代理権を与えた旨の通知をしたという点で、他の場合に比較して、本人の責任を認める理由は有力だが、しかし、本人の故意過失はそもそも要件ではないから、悪意の第三者に対しても本人の責任を認めるべき理由がない（四四九頁、四五〇頁）。一一二条の表見代理においては、本人と代理行為との関係は、「所謂代理人ガ嘗テ代理権ヲ有シタルコト」であり、代理権消滅の事実についての第三者の悪意・有過失の立証責任は本人が負うのである（四五六頁）。

(3)　一〇九条、一一〇条、一一二条の三ヵ条を、善意の第三者を保護する公益規定と説明していた起草者の梅や富井は、一一〇条の正当理由が成立するためには、委任を推定させる本人の行為が必要であると考えていたし、表見代理規定において本人が責任を負う根拠を、英米法の estoppel の法理に求める中島は、正当理由を「本人ノ行為ニヨリテ第三者ヨリ見レハ代理権ノ範囲ニ属スト見ラル可キ事実ノ存在」を指すとし、本人は自らの表見的行為（holding out）に基づいて責任を負うと解していた。しかし、代理取引における動的安全を特に保護するために、本人に無過失責任を認めたのが表見代理制度であると考える鳩山の見解では、正当理由の内容から本人の行為が切り離され、代理人自身の行為のみで、正当理由が成立することになる。

次に、民法典は文言上、「正当理由」と「善意・無過失」とを明確に区別しており、一一〇条において要求されているのは「正当理由」である。梅や富井は、正当理由が成立するような場合には、予め代理権限の調査をしなかった第三者に過失はないと表現しているが(11)、第三者の善意・無過失が正当理由であると理解していたわけではない。

「本人ノ行為ニヨリテ第三者ヨリ見レハ代理権ノ範囲ニ属スト見ラル可キ事実ノ存在」を「正当理由」とみる中島の立場では、もとより正当理由と第三者の善意・無過失とは区別される。鳩山が「原因主義」に立つ判例だとして批判した大判大正三年一〇月二九日民録二〇輯八四六頁も、「右ノ如キ事情（筆者注・本人ノ作為若クハ不作為ニ出デタル事情）存在シ第三者ニ於テ権限アルト信ジタルトキ則チ過失ナキトキハ固ヨリ本人ニ責ヲ帰スルモ是レ権限アリト信ズベキ正当ノ理由アルガ為メニシテ、第三者ガ無過失ナルガ為メニアラズ。」と判示している。すなわち、委任を推定させる本人の行為や本人の表見的行為により「正当理由」が成立するときには、第三者は代理人に代理権ありと信じたことについて過失はないのであろうが、第三者の善意・無過失が正当理由の内容ではないのである。

しかし、鳩山は、「代理権アリト信スルニ付キ正当ノ理由アリシコトヲ要ス即チ第三者ノ善意ハ過失ニ基カサリシコトヲ要スルナリ(12)」とする。正当理由の内容から本人の行為が切り離され、正当理由を代理権の存在についての第三者の善意・無過失と解するなら、代理人が自らの言葉や行動で、自分は本人から代理権を授与されていると、第三者に対して表示したにすぎない場合でも、それにより第三者が代理人に代理権があると信じ、かつそう信じたことに過失がないなら、正当理由は成立するということになる。他方、本人の側からすれば、自分と全く何の関係もない他人が、代理人であると僭称して代理行為をした場合にも、正当理由が成立し得るので、本人に不当な不利益を被らせないために、本人と代理人との間に一定の連絡のあることが要求される。すなわち、「現在ニ他ノ関係ニ於テハ代理権アリト言フコトガ本人ト代理行為トノ連絡ヲ為シテ居ル」のであり、「此ノ如キ寧ロ軽微ナル本人トノ連絡ヲ基礎トシテ(13)」、本人は責任を負わされるのである。「寧ロ軽微ナル本人トノ連絡」は、「正当理由＝第三者の善意・無過失」に対峙する一一〇条の成立要件と理解され、後に「基本代理権」と称されることになる。

このように、鳩山が理解したのは、代理が認められたことによって、取引の範囲は拡張し、取引は敏活容易なものとなったので、代理においては、特に取引の安全すなわち動的安全を保護する必要があるからである。もっとも、鳩山は任意代理の事案において、本人の行為が存在していないのに、正当理由が成立し得る例を想定していない。また、任意代理の事案において、判例が鳩山のいうところの「原因主義」を採った結果、代理取引における動的安全が阻害されたとの具体的考察も、鳩山はしていない。(14)鳩山が、本人の行為が存在していないのに、正当理由が成立し得る例としてあげているのは、未成年の子を法定代理人である母が代理して借財し抵当権を設定したという法定代理の事案であった。無能力者制度（現在の制限能力者制度）は、判断能力不十分者を取引社会の苛酷さから保護すると共に、それらと取引する相手方が不測の損失を受けることのないようにするという両面の効果を狙って案出された法的制度ではあるが、その本義は、たとえ場合によっては、取引の安全を多少犠牲にすることがあっても、判断能力の不十分な者の取引社会における利益を十全に保護しようとするところにあったはずである。しかし、鳩山は「徒ニ弱者ノ保護ノミニ偏スルコトガ法律ノ使命デハナイ、又民法ノ趣旨デハナイ。客観的根拠ニ信頼シタル善意ノ第三者ヲ、時ニ或ハ、未成年者ニ比シテ、ヨリ厚ク保護スルコトアルモ怪シムニハ足ラヌト信ズル。(15)」として、法定代理に一一〇条を適用し、一一〇条の適用範囲を拡張しようとした。このような鳩山の姿勢に、過度に取引の安全を保護しようとする見地から、民法典のなかで、相手方の保護を目的とする規定の適用範囲は拡大してゆくことが、解釈論として望ましいという観念をみることができる。そして、鳩山の理論に、estoppel の法理の影響をみることはできない。否、むしろ、鳩山の理論は、「本人による表見的行為により第三者が代理権ありと信じたことによる代理行為の本人への効果帰属の法理」である「表見代理の思想」の否定であった。しかし、この鳩山の理論が、これ以後の判例学説を実質的にリードして今日に至るのである。

(4)　我妻栄『民法総則』（一九三〇年）は、鳩山の理論を継承発展させ、今日の通説的見解の基礎を形成した。「取引の安全は、近代法の一理想である。しかも、代理は、近代取引の重要な制度であるから、取引の安全の理想は、とくに強く現われねばならない。表見代理の規定は、この意味において適当にその拡張をはかるべきである」(『新訂民法総則』三六四頁)、と考える我妻の表見代理理論の特徴は、以下の通りである。

先ず、一〇九条の表見代理について、相手方が善意・無過失でなければならないことは、一一〇条および一一二条の表見代理については、明文上明らかであるのに反し、一〇九条では明らかではないが、表見代理制度の意義からみて、悪意または過失ある相手方を保護する必要は少しもないから、一〇九条についても、相手方の善意・無過失を必要とし、悪意の立証責任は本人に負わせる。その善意は、一一〇条との権衡上、代理権ありと信じたことである(三六六頁)。

次に、一一〇条の表見代理について、「本人の静的安全の保護のための最少限度の要件として」、「他に何等かの範囲の代理権をもっている者の代理行為でなければならない」(三六八頁)。すなわち、基本代理権を必要とする。他方において、相手方が保護されるためには、相手方に権限ありと信ずべき「正当理由」がなければならないが、正当理由とは「無権代理行為のなされた際に存在する諸般の事情から客観的に観察して、普通の人が代理権があるものと信ずるのがもっともだと思われることである。要するに、信じたことが過失といえない(無過失)ということに帰着する。」例えば、制限のない委任状、ことに白紙委任状を与え、その使用を一定の範囲に限ったときや、代理権の授与とともに実印・印鑑証明書・権利証などを交付してあるときは、正当理由があるとみるべき場合が多い(三七一頁)。

正当理由は、本人の過失に基づくことを必要としないし、本人の行為に基因することも必要ではない。判例が、最初「本人の過失」を要すると解し、次いで「本人の行為または不作為」を要するとしたのは、「本人に不利益を課するためには、少なくとも本人が原因を与えることを必要とするという思想に基づいたものである」。しかし、「代理制度の信用を維持し取引の安全を保護するためには、さらに一歩前進すべきである」。このように、正当理由が、本人の行為に基づくことを必要としないと解すれば、一一〇条は任意代理に限らず、法定代理にも同様に適用される（三七二頁）。

一一二条の表見代理については、無権代理人が以前有していた代理権は、「必ずしも継続的なもの――例えば本人の留守中財産を管理する代理権――であることを必要とせず、個々的なもの――例えば特定の不動産の売却、特定の借財行為の代理権――であってもよい。」代理権の消滅についての善意・無過失とは、代理権の存続を信じたことの意味であり、悪意の立証責任は、前述の二つの表見代理と同様に、本人が負う（三七四頁、三七五頁）。

代理権を与えたと表示された範囲を越えた代理行為には、一〇九条と一一〇条の競合型表見代理が成立可能であるし、かつて代理人であった者が、代理権の消滅後に、しかも前にもっていた代理権の範囲を越える行為をした場合には、一一二条と一一〇条の統合型表見代理が成立可能である。なぜなら、相手方の立場からすれば、代理権の有無や範囲の判定はすこぶる困難なので、本人の犠牲において、相手方を保護する充分な理由があるからである（三七〇頁）。

(5)　我妻の理論には、取引の安全の過度の強調があるのみで、表見代理制度の根本趣旨について触れるところはない。単に、一〇九条に関して「英米法の estoppel（禁反言）の原理がとり入れられたともいえる」と述べるのみである（三六七頁）。しかし、我妻の理論は、通説的見解の基礎を形成しただけではなく、判例にも多くの影響を与えた。先ず、大判大正八年二月二四日民録二五輯三四〇頁は、YがAに訴外Bより一〇〇円を借入れるべき代理権を授与し、借入のために必要な実印を交付したところ、AはXより二〇〇円を借受けたという事案において「我国ニ於テハ印影ヲ貴ヒ却テ署名ヨリモ之ヲ重ンスルノ慣習アリ故ニ印ハ常ニ重セラレ就中実印ハ日常ノ取引ニ於テ重要視セラルルモノトス是ヲ以テ本人ハ深ク代理人ヲ信頼スルニアラサレハ之ニ実印ヲ託セサルヲ通常ト為シ第三者ハ実印ヲ託セラレタル代理人カ其実印ヲ使用シテ取引ヲ為セル場合ニ於テ其取引ヲ為スヘキ権限ヲ有スルモノト信スルハ当然ナリトス従テ金百円ヲ借入ルル権限ヲ有スルAカ其借入ヲ為ス為メYノ実印ヲ使用スルニ際シXニ対シ金二百円ヲ借入ルル権限アリト称シタルトキハXハ之ヲ信スヘク信スルニ過失ノ咎ムヘキモノナキヲ以テAニ於テ右金円ヲ借入ルル権限アリト信スヘキ正当ノ事由ヲ有スルモノト謂フヘシ」と判示していた。この判旨は、正当理由を「普通の人が代理権があるものと信ずるのがもっともだと思われること」という事情があり、代理権の存在についての善意・無過失のことをいうと説明する我妻の見解になじみやすく、また、我妻は、代理権の授与とともに実印・印鑑証明書・権利証などを交付してあるときは、正当理由があるとみるべき場合が多いとしていたので、大判大正八年二月二四日の判旨は、「本人が他人に対し自己の実印を交付し、これを使用して或る行為をなすべき権限を与えた場合に、その他人が代理人として権限外の行為をしたとき、取引の相手方である第三者は、特別の事情のない限り、実印を託された代理人にその取引をする代理権があったと信ずるのは当然であり、かく信ずるについて過失があったということはできない。」と判示した最判昭和三五年一〇月一八日民集一四巻一二号二七六四頁を導いていくことになる。

次に、最判昭和二八年一二月三日民集七巻一二号一三一一頁は、Y小型運送有限会社の千住営業所の責任者として、YからY会社の運送契約締結並びに料金の受取について代理権を授与されていたAが、知人BのXに対する五万円余の青果物売渡代金の支払確保のため、「Y小型運送有限会社千住営業所主任A」の振出名義の額面四万円の小切手をXに交付したという事案において、本人Yには作為・不作為がないから相手方Xに正当理由は成立しないとの上告理由に対し、正当理由は、「必ずしも常に本人の作為または不作為に基くものであることを要しないと解するを相当とする。」と判示した。続いて、最判昭和三四年二月五日民集一三巻一号六七頁は、義兄Xから、東京都民銀行からの金融を受けることを依頼され、実印および本件土地の登記済証、本件建物の建築許可書の交付を受けていたAが、Xの代理人と称して、実印を使用し作成したX名義の委任状、印鑑証明書、登記済証などを見せて、金融業者Y_1から一三〇万円を借受け、本件建物の保存登記、本件土地建物につき抵当権設定登記、弁済期に弁済しないときは代物弁済として本件土地建物をY_1に移転する旨の所有権移転請求権保全の仮登記、賃借権の譲渡および賃借物の転貸をなし得る特約付の賃借権設定登記をしたという事案において、相手方Y_1には悪意または重大な過失があるが、本人Xには過失がなかったとの上告理由に対し、最判昭和二八年一二月三日を引用し、「民法一一〇条による本人の責任は本人に過失あることを要件とするものではないから、本件の場合上告人が所論のように無過失であったからといってその責を免れ得べきではない。」と判示したのである。

この二件の最高裁判決の判旨は、正当理由は代理人自身の行為のみで成立し、本人の行為に基づくことを必要としないと主張する、鳩山・我妻理論に添うものであり（鳩山流にいえば、最高裁は「原因主義」も「過失主義」も否定したということになろうが）、我妻によって評価されている（三七二頁）。

しかし、注意すべきことは、前者の最判昭和二八年一二月三日の場合、最高裁は続けて、YはAがY会社の千住営業所の責任者としてY会社千住営業所と記載した看板を掲げ、Y会社の自動車を使用し、Y会社のために運送契約を締結し、本件小切手に押捺したゴム印を使用し営業上の書類を作成すること等を許容してきたから、Yには作為・不作為があり、このような事情があればこそ、XはAの代理権を信ずるに至ったと判示している。従って、最高裁が、正当理由は「必ずしも常に本人の作為または不作為に基くものであることを要しない」と判示した部分は、事案の解決に不要な傍論である。また、後者の最判昭和三四年二月五日の場合、Y_1がAをXの代理人として、昭和二八年九月一〇日に、本件建物の保存登記、本件土地建物につき抵当権設定登記、弁済期（昭和二八年一二月末日）に弁済しないときは代物弁済として本件土地建物をY_1に移転する旨の所有権移転請求権保全の仮登記、賃借権の譲渡及び賃借物の転貸をなし得る特約付の賃借権設定登記をしてから、わずか七ヵ月の間に、本件土地建物に関する権利が、Y_1→Y_2→Y_3とめまぐるしく移転されている。原審が認定しているAの無権代理行為後の諸事実からすれば、この事件は、金融業者であるY_1がXの不知をよいことに、一三〇万円で土地建物を丸取りしようと意図し、代物弁済予約による所有権移転請求権保全の仮登記を付け、Y_2を介在させて、Y_2のもとで本登記に直させ、更にXの権利追及を困難にするためにY_3を登場させたのではないか、との疑いを抱かせる事案であった。無権代理行為時のY_1の悪意を窺わせる無権代理行為後の事情を、原審は認定しているのであるから、当然Aの無権代理行為時の事情も厳しく認定すべきところ、原審は、XはAに本件土地建物を担保に東京都民銀行から金融を受けるに付き代理権を授与し、それとともに実印、本件土地の登記済証、本件建物の建築許可書を交付したこと、AはXの代理人の如く装ってY_1に本件土地建物を検分させ、Xより預かった実印を使用して作成したX名義の委任状、印鑑証明書、登記済証等をY_1に持参したことのみをもって、Y_1の正当理由を肯定し、最高裁もそれを支持している。この最判昭和三四年二月五日は、最高裁が一一〇条の正当理由が成立するためには、本人の過失を要しないと判示した判例として引用されるが、通説的見解をもってしても、Y_1がAの代理権の存在について善意・無過失であったと判断できるか否か、疑わしい事案であったことを指摘しておきたい。

他にも、我妻の理論が判例に影響を与えたところは、多々あるが（競合型表見代理、日常家事行為と表見代理等）、総じて、判例の具体的事案とのかかわりで、取引の安全を保護し妥当な結論を導くために、我妻の理論が採り入れられたというよりも、具体的事案の解決のためには、我妻の理論は必要なかったにもかかわらず、判旨のなかでは我妻の理論が展開されたといえる。「取引の安全は、近代法の一理想である。しかも、代理は、近代取引の重要な制度であるから、取引の安全の理想は、とくに強く現われねばならない。表見代理の規定は、この意味において適当にその拡張をはかるべきである」(三六四頁)と考える我妻の思想が、資本主義経済形成期および高度経済成長期の我が国の裁判所に、受け入れられやすかったのであろう。

(四)　その後の学説

(1)　我妻が正当理由が認められる場合が多いとして、代理権の授与とともに実印などを交付した例をあげたこと及びその趣旨に添う大判大正八年二月二四日と最判昭和三五年一〇月一八日の判旨に、鳩山と我妻が、正当理由は代理人自身の行為のみで成立し、本人の行為に基づくことを必要としないと主張したこと及びその趣旨に添う最判昭和二八年一二月三日と最判昭和三四年二月五日の判旨が加味されて、「実印などを所持している者の代理権を信じて取引した相手方には、正当理由が認められる」というのが判例理論であるという通説的理解が形成されていく。(16)

確かに、代理人が本人の実印を所持している場合に、正当理由を肯定する判例は多いが、しかし、代理人が本人の実印を所持している場合でも、正当理由を否定する判例も多数存在する。例えば、Xが陸軍司政官としてスマトラに赴任して不在中、X家の家政一切を処理しXの実印を所持していたXの妻Aが、Xの母Bと協議し、Xを代理してX所有の土地家屋をYに売却したという最判昭和二七年一月二九日民集六巻一号四九頁、Xが戦争に応召して不在中、空襲必至の状況下で、Xの実印を所持していたXの妻Aが、Xを代理してX所有の建物をYに売却したという最判昭和二八年一二月二八日民集七巻一三号一六八三頁、X・A夫婦はXの病気療養と不和のため別居していたところ、貸間営業を営み家政一切を処理していたAが、Xの子どもたちの立ち会い協力を得て、Xの実印（らしきもの）を用いて、Xを代理してX所有の不動産をYに売却したという最判昭和三六年一月一七日民集一五巻一号一頁等、いずれも正当理由が否定されている。

また、最判昭和四二年一一月三〇日民集二一巻九号二四九七頁、最判昭和四五年一二月一五日民集二四巻一三号二〇八一頁、最判昭和五一年六月二五日民集三〇巻六号六六五頁、最判昭和五三年五月二五日判時八九六号二九頁等の正当理由否定判例では、①実印（ないし白紙委任状）の所持があれば、それは原則として正当理由を成立させる客観的事情であるとしながら、②「疑念を生ぜしめるに足りる事情」があるときは、③本人に代理権の有無・範囲について問い合せるべきであったとし、この調査確認義務を媒介項として、それを怠った相手方の過失を認定し、正当理由を否定するという三段構えの構成をとっている。

そこで、実印などの所持という、原則として正当理由を成立させる客観的事情がありながら、あるときは正当理由を肯定し、あるときは調査確認義務を媒介項として正当理由を否定するという、判例の結論の差異を有意味的に説明しようとして、我妻以降の学説は、正当理由を利益衡量論的に把握したり[17]、相手方に調査確認義務が課せられる場合を、判例の認定事実のなかから抽出・分類しようとしたり[18]、実印の盗用、偽造の場合には本人に帰責性がないから、正当理由は成立しないと論じたりしている[19]。

(2)　正当理由を利益衡量論的に把握する学説のひとつとして、幾代通『民法総則』（一九六九年）は、以下のように述べる。「『正当ノ理由』があるとは、客観的にみて行為者に代理権ありと考えるのがもっともだと思われる事情があること、をいう。すなわち、相手方についていえば、代理権の不存在について善意かつ無過失であることを要する。」正当理由が成立するためには、「本人の過失に基づいたものであることも、本人の行為（作為もしくは不作為）

に基因したものであることも必要でない。……現在においては、本人の過失などを必要としないというのが判例（大判大正三・一〇・二九民録八四六頁、最判昭和二八・一二・三民集一三一一頁、最判昭和三四・二・五民集六七頁）・通説である。正当の理由とは、結局は『当該行為の具体的諸事情に照らして法の保護に値すると判断すべきかどうか』に帰着するのであり（川島・三七六頁）、当然そこでは、代理行為の相手方と本人（とされた者）とのそれぞれの保護についての利益考量が実質的な決め手になる。そして、結論的に相手方の保護つまり取引の安全の確保ということのほうを重くみる価値判断が働く場合なのである。……本人の具体的・主観的な容態を問題にしないという解釈は、とくに、法定代理への本条の適用を肯定するための前提として意義をもつ。というのは、任意代理にあっては、基本権限の存在という点において本人の意思や過失は一般的・抽象的には視野にとりこまれている、ということもでき、また本人の過失や行為の有無は、多かれ少なかれ外部に反映し、無権代理行為の相手方の側の善意や無過失の成否を左右する場合が少なくない、と思われるからである。……具体的にいかなる場合に相手方の誤信に『正当ノ理由』があるとされるか否かは、結局のところは、具体的な諸事情の総合的判断によるのであって、過去の多くの判例から簡単かつ具体的な定式を帰納することは不可能である」（三八四頁、三八五頁）。

幾代は、当時の民法学界を席巻した利益衡量論を用いて、正当理由を説明しているが、説くところは、実質的には我妻と異ならない。すなわち、正当理由は本人の行為に基づくことを必要とせず、本人の行為の有無は、基本権限の存在で考慮される。しかし、幾代は、任意代理にあっては、本人の行為の有無は、相手方の善意や過失の有無を左右する場合が少なくないという。それは、その限りで、本人側の容態も正当理由の成否で考慮されているという意味であると思われるが、後述するように、そもそも、鳩山も我妻も、任意代理の事案で、正当理由が成立する場合としてあげている例には、すべて何らかの本人の行為が存在しており、本人の行為が全く存在していないのに、

正当理由が成立する場合を想定していないのである。(20)

「正当理由は本人の行為に基づくことを必要としない」ということの厳密な意味は、「代理人自身の行為のみで正当理由が成立することを認める」ということである。すなわち、本人が代理人に何か基本となる代理権を授与しており、本人の実印や白紙委任状などを所持している代理人が、相手方に対して、自分には当該取引についての代理権があると説明し、その言動や説明の手段が詐欺師的に巧妙であればあるほど（例えば本人の替え玉を使うなど）、相手方は代理人に当該取引についての代理権ありと信ずるのが、法律論を離れた一般的感覚では、もっともであるかもしれない。この場合、過度に取引の安全を保護しようとする鳩山、我妻の見解を一歩進めれば、正当理由の成立は肯定されるであろう。また、正当理由の成否については、「代理行為の相手方と本人（とされた者）とのそれぞれの保護についての利益考量が実質的な決め手」になるといってみても、「結論的に相手方の保護つまり取引の安全の確保ということのほうを重くみる価値判断が働く場合なのである」というように、利益衡量の基準が取引の安全に傾斜しているのであれば、やはり正当理由の成立を肯定することになる。従って、鳩山、我妻を基礎として発展した通説的見解と、川島、幾代らの利益衡量論との間には、説明の仕方に若干の差異はあるにせよ、実質的な差異はないと思われる。

(3)　本人に帰責性がない場合には、正当理由が成立しないとする見解がある。安永正昭「越権代理と帰責性」（『現代私法学の課題と展望　中』一頁以下、一九八二年）は、本人側の事情を考慮すべき「基本代理権」と、純粋に客観的事情によって決せられる『正当理由』という二要件構造は、実印や権利証の盗用、偽造などの本人側の事情に十分に対処できる体勢にはなっていないとして（三六頁、三七頁）、夫または妻が他方に無断で他方名義の不動産を処分したという事案を取り上げ、実印や権利証などの所持という客観的事情がありながら、多くのケースで判例が正当理由を否定しているのは、これらが実印の盗用あるいは偽造のケースであったからであり、もしこれが仮に「現実に妻に対し土地を担保に金銭を借りるよう授権し実印を預けたところが、越権して土地を処分してしまったという場合には、正当理由なしとはにわかに判断しないであろう。だとすれば、外観において差のない、つまり客観的判断を基礎とする『正当理由』において甲乙つけがたいこの二つのケースを別異に扱う実質的な根拠は、結局、直接当該越権行為に対する本人の関与の有無ということにならざるをえない。」（四〇頁、四一頁）と考える。そして、一一〇条の責任は「相手方の正当な信頼とそれに相応する本人の責任根拠の存在を前提とするものである（信頼責任）。そしてこの責任根拠は、結局、当該越権行為事項が代理権でおおわれていると信ずるに足る事情（代理権の外観）を知りつつあるいは知るべきであるのに知らないで、代理権授与の際代理人に手渡してしまったという意識的行為に求めざるをえまい。これは結局、授与した代理権をこえて代理人に余分の衣を着せることで、外部に対しそれに相応する代理行為の結果を負担するとの表示をなしたことに基づく責任ということになろう。」（五九頁）と自説をまとめる。

この見解が、代理人が実印や権利証など代理権の存在を徴表する道具を所持していれば、それは代理権ありと信ずべき客観的事情であると考えている点は、利益衡量論的見解と同じである。ただ、利益衡量論的見解は、同じ客観的事情（実印などの所持）があるのに、正当理由が肯定されたり否定されたりするのを、「代理行為の相手方と本人（とされた者）とのそれぞれの保護についての利益考量(21)」で判断し、「当該行為の具体的諸事情に照らして法の保護に値すると判断すべきかどうか(22)」で結論づけようとするのに対して、同じ客観的事情（実印などの所持）があるのに、正当理由が肯定されたり（本人の意思に基づく交付の例が多い）、否定されたり（盗用、偽造の例が多い）するのは、本人の関与の有無（本人の帰責性の有無）によるのであり、判例は、それを、正当理由の有無の判断の際に考慮しているのだと述べる点は、多少説明の仕方に差異があるといえる。

しかし、この説は、実印の盗用、偽造の場合には本人の関与がないから、正当理由は成立しないというが、この問題に関して重要なのは、具体的にいかなる場合に「直接当該越権行為に対する本人の関与」があり正当理由が成立するのかということである。論説では、正当理由を成立させる本人の関与の具体的内容についての論証は、明確ではないが、現実に夫が妻に対し土地を担保に金銭を借りるよう授権し実印を交付したところ、妻が越権して土地を処分してしまったという場合には、土地処分という越権行為についての本人の関与を肯定し、正当理由の成立を認めるようである。これでは、「直接当該越権行為に対する本人の関与」とは、「本人の意思に基づく実印の交付」にすぎないということになる。我妻は、本人が代理権の授与とともに代理人に実印などを交付した場合には、正当理由が認められる場合が多いと説いていた(23)が、それと異なるところはない。

この説は、一一〇条の責任の根拠を、「当該越権行為事項が代理権でおおわれていると信ずるに足る事情(代理権の外観)を知りつつあるいは知るべきであるのに知らないで、代理権授与の際代理人に手渡してしまったという意識的行為」に求め、それを、「授与した代理権をこえて代理人に余分の衣を着せることで、外部に対しそれに相応する代理行為の結果を負担するとの表示をなしたことに基づく責任」と説明する。本人が代理権授与の際、代理人に、本人名、代理人名、委任事項欄、相手方名を明記した委任状を手渡したが、内部的には代理権の範囲を制限していたという場合であれば、本人が代理人に着せた余分の衣の範囲は明確であり、その余分の衣の範囲に相応する代理行為の結果を負担するという表示をしたことに基づいて、責任を負うといってもよいであろう(但し、筆者はこのような場合、本人は一一〇条ではなく、一〇九条に基づいて責任を負うと考える)。しかし、本人が代理権授与の際、代理人に手渡したものが、実印の場合はどうか。実印は、何らかの代理権の存在についての徴表とはなり得ても、代理権の範囲を徴表するものではない。実印に白紙委任状や権利証が加わったとしても、代理権の範囲を明確には徴表しないという点では異なるところはない。このような場合でも、当該越権行為に対して、本人は責任を負うというのであれば、安永のいう「余分の衣」と、我妻のいう「普通の人が代理権があるものと信ずるのがもっともだと思われること」との差異を見い出し難い。

三　私見

(一)　学説の対立の出発点

(1)　通説的見解では、一一〇条の成立要件は、「基本代理権」と「正当理由」である。「基本代理権」とは、本人が代理人に何らかの代理権を授与していることであり、これを「本人の静的安全保護のための最少限度の要件」として位置づけ、本人側の事情をこの限りで考慮する。「正当理由」とは、相手方の立場から、無権代理行為当時の外部的事情を客観的に観察して、普通の人が代理権があるものと信ずるのがもっともだと思われることであり、そう信じたことに過失がないこと、すなわち代理権の存在についての善意・無過失のことをいうと説明される。

このような通説的見解の基礎は、鳩山、我妻によって形成された。先駆者となった鳩山は、一〇九条、一一〇条、一一二条は、「同一ノ立法趣旨ニ基キ同一ノ法律上ノ性質ヲ有スル規定」であって、「之等ノ場合ヲ一括シテ無権代理ノ特殊ノ場合ヲ示スカ為メニ表見代理（Scheinvollmacht, agency by estoppel）ト言フコト便利ナルヘシ」として中島「表見代理論」を引用しているが(24)、表見代理規定において本人が責任を負う根拠を、英米法の estoppel の法理に求める中島が、正当理由を「本人ノ行為ニヨリテ第三者ヨリ見レハ代理権ノ範囲ニ属スト見ラル可キ事実ノ存在」を指すとし、本人は自らの表見的行為（holding out）に基づいて責任を負うと解した[25]点を、「原因主義」とおよび強く批判した。鳩山によると、「表見代理ノ場合ニ於ケル本人ノ責任ハ原因主義ニ基ケルモノデハナイ」のであって、表見代理は「本人ノ故意又ハ過失ヲ要件トスルモノニアラズ代理取引ニ於ケル動的安全ヲ保護スルガ為メニ無過失責任ヲ認メタ」[26]ものなのであり、一一〇条の場合は「現在ニ他ノ関係ニ於テハ代理権アリト言フコトガ本人ト代理行為トノ連絡ヲ為シテ居ル」から、本人は責任を負うのである。では、なぜ「此ノ如キ寧ロ軽微ナル本人トノ連絡ヲ基礎トシテ本人ノ責任ヲ定メタルノデアルカ」といえば、それは「偏ニ代理取引ノ安全ヲ図リ代理制度ノ信用ヲ重厚ナラシメンガ為メ」[27]なのである。鳩山の弟子である我妻は、鳩山の理論を忠実に継承し、正当理由は、本人の過失に基づくことを必要としないし、本人の行為に基因することも必要ではないと述べ、判例が、最初「本人の過失」を要すると解し、ついで「本人の行為または不作為」を要するとしたのは、「本人に不利益を課するためには、少なくとも本人が原因を与えることを必要とするという思想に基づいたものである」が、「代理制度の信用を維持し取引の安全を保護するためには、さらに一歩前進すべきである」[28]と主張した。

判例も、この両者の見解に影響を受け、任意代理の事案において、最判昭和二八年一二月三日民集七巻一二号一三一一頁は、本人Yには作為・不作為がないから相手方Xに正当理由は成立しないとの上告理由に対し、正当理由は「必ずしも常に本人の作為または不作為に基くものであることを要しないと解するを相当とする」と判示し、続いて、最判昭和三四年二月五日民集一三巻一号六七頁は、相手方Y_1には悪意または重大な過失があるが、本人Xには過失がなかったとの上告理由に対し、最判昭和二八年一二月三日を引用し、「民法一一〇条による本人の責任は本人に過失あることを要件とするものではないから、本件の場合上告人が所論のように無過失であったからといってその責を免れ得べきではない。」と判示するに至った。

このように、鳩山、我妻、判例が、「正当理由は、本人の行為に基づくことを必要としない」と解したことと、実印に関して、最判昭和三五年一〇月一八日民集一四巻一二号二七六四頁は、「本人が他人に対し自己の実印を交付し、これを使用して或る行為をなすべき権限を与えた場合に、その他人が代理人として権限外の行為をしたとき、取引の相手方である第三者は、特別の事情のない限り、実印を託された代理人にその取引をする代理権があったと信ずるのは当然であり、かく信ずるについて過失があったということはできない。」と判示したことから、「代理人が実印を所持しているという事実は、原則として正当理由を成立させる客観的事情である」という、通説的理解が形成されるに至る。

(2)　ところが、「代理人が実印を所持しているという事実は、原則として正当理由を成立させる客観的事情である」はずなのに、代理人が本人の実印を所持している場合でも、正当理由を否定する判例は多数存在する（例えば、最判昭和二七年一月二九日民集六巻一号四九頁、最判昭和二八年一二月二八日民集七巻一三号一六八三頁、最判昭和三六年一月一七日民集一五巻一号一頁、最判昭和四二年一一月三〇日民集二一巻九号二四九七頁、最判昭和四五年一二月一五日民集二四巻一三号二〇八一頁、最判昭和五一年六月二五日民集三〇巻六号六六五頁、最判昭和五三年五月二五日判時八九六号二九頁など）。そこで、「代理人が実印を所持しているという事実は、原則として正当理由を成立させる客観的事情である」という通説的理解を前提とする学説は、実印の所持という原則として正当理由を成立させる客観的事情がありながら、あるときは正当理由を肯定し、あるときは正当理由を否定するという、判例の結論の差異を有意味的に説明しようとして、正当理由を利益衡量論的に把握したり、実印の盗用、偽造の場合には本人に帰責性がないから、正当理由は成立しないと論じたりしてきた。

(3)　確かに、鳩山も我妻も、「正当理由は、本人の行為に基づくことを必要としない」と力説した。その意味するところは、「代理人自身の行為のみで正当理由が成立することを認める」ということである。なぜなら、「正当理由は、本人の行為に基づくことを必要としない」という命題は、表見代理規定において本人が責任を負う根拠を、英米法の estoppel の法理に求める中島が、正当理由を「本人ノ行為ニヨリテ第三者ヨリ見レハ代理権ノ範囲ニ属スト見ラル可キ事実ノ存在」を指すとし、本人は自らの表見的行為（holding out）に基づいて責任を負うと解したことに対する、アンチテーゼだからである。estoppel による代理（holding out による代理）は、代理人自身の行為のみでは、決して成立しない。(29)

代理人自身の行為しか存在しないケースとしては、代理人が本人の実印や白紙委任状を盗用、偽造し、それらを相手方に提示しつつ、自らの代理権の存在や範囲について、言辞巧妙に説明する場合や、本人の替え玉を立てる場合などが考えられる。

そこで、鳩山や我妻が、どのような場合に、正当理由が成立すると考えていたのか、それを具体的に明らかにしよう。例えば、鳩山があげているのは、①「委任状ニ示シタル代理権ヨリ狭隘ナル代理権ヲ与ヘタル場合」、②「白紙委任状ノ受領者カ擅ニ権限ヲ記入シテ第三者ト法律行為ヲ為シタル場合」、③「平常代理人ノ行為ヲ黙許シテ履行ヲ拒マサリシニ代理人ニ対シテノミ爾後其事項ヲ禁止スル旨ヲ言渡シタルカ如キ」場合である。(30)いずれも「何らかの本人の行為が存在しており」、代理人自身の行為しか存在していないケースではない。我妻があげているのは、①「特定の財産の管理、事業の経営などに関する一般的な代理権を与え、そのうちの特定の行為については本人の同意を要するというような制限を加えたとき」、②「制限のない委任状、ことに白紙委任状を与え、その使用を一定の範囲に限ったとき」、③「代理権の授与とともに実印・印鑑証明書・権利証などを交付してあるとき」(31)である。やはりいずれも「何らかの本人の行為が存在しており」、代理人自身の行為しか存在していないケースではない。

鳩山も我妻も、少なくとも任意代理の事案では、代理人自身の行為しか存在していないのに、正当理由が成立する場合を想定していない。

また、大判大正八年二月二四日民録二五輯三四〇頁も最判昭和三五年一〇月一八日民集一四巻一二号二七六四頁も、代理人は代理権の授与とともに本人から実印を交付された事案であった。すなわち、我妻も判例も、「本人が代理人に代理権を授与するとともに、その意思に基づいて実印を代理人に交付した場合」を、念頭においていたのである。結局、鳩山や我妻が、「正当理由は、本人の行為に基づくことを必要としない」と力説し、代理人自身の行為のみで、正当理由が成立することを認めようとしたのは、直接的には、代理人自身の行為しか存在しない法定代理の事案に一一〇条を適用し、一一〇条の適用範囲を拡大しようとする意図に基づくものであった。そして、その背景に、取引の安全の保護を、過度に強調しようとする両者の姿勢をみることができる。

しかしながら、「正当理由は、本人の行為に基づくことを必要としない」との、鳩山及び我妻の記述、取引の安全の保護を過度に強調しようとする両者の姿勢、任意代理の事案である最判昭和二八年一二月三日民集七巻一二号一三一一頁及び最判昭和三四年二月五日民集一三巻一号六七頁の判旨などから、学説は、鳩山・我妻の見解を無自覚的に一歩前進させて、「代理人が実印を所持しているという事実は、原則として正当理由を成立させる客観的事情である」との通説的理解を、形成していくことになる。

従って、「代理人が実印を所持しているという事実は、原則として正当理由を成立させる客観的事情である」という通説的理解を前提とし、それを批判する学説（例えば、本人に何らかの関与がない場合には、正当理由は成立しないとする見解）が、「本人が代理人に代理権を授与するとともに、その意思に基づいて実印を代理人に交付した場合」には、正当理由が成立すると解するならば、それは説明の仕方に若干の差異があるだけで、その説くところは、鳩山・我妻が考えていたところと、実質的には異ならない。また、正当理由を利益衡量論的に把握する学説が、実印の盗用、偽造、本人の替え玉など、代理人自身の行為しか存在しないケースにまで、正当理由の成立を肯定するのであれば、それは、鳩山・我妻を基礎として発展した通説的見解と、実質的な差異はないのである。

(4)　では、起草者はどのように考えていたのか。梅は、相手方が代理人の代理権を信じて取引したが、実際には当該取引について本人の代理人に対する代理権授与がなかったとしても、相手方が必ず事前に代理人の代理権の有無や範囲について本人に問い合せをしていたならば、相手方は代理権のない代理人との取引を回避できたはずであるから、代理人に代理権がなかったことの不利益は、原則として問い合せをしなかった相手方が負担すべきであるが、例外的に一定の事実があるとき、すなわち一一〇条の「正当理由」が成立するときには、問い合せをしなかった相手方であっても保護されると考える。それは、「代理人が従来同種の法律行為をした場合に、本人がこれを承認しかつてその履行を拒んだ事がない場合」「慣習上同種の代理人が皆その権限を有する場合」である。いずれの場合にも、相手方は代理人の権限を調査していれば無権限であることはわかったはずであるが、しかしこのような場合にまで、権限を調査することは煩に耐えないから、特にこのような場合には、権限を調査しなかった相手方を保護することによって、取引の安全を保とうとしたのが一一〇条の趣旨であると述べている。(32)

「代理人が従来同種の法律行為をした場合に、本人がこれを承認しかつてその履行を拒んだ事がない」とは、代理人が相手方と従来同種の法律行為をしてきた場合に、本人がこれを承認しかつてその履行を拒んだことがなかったので、相手方は従来と同種の取引である今回の取引についても代理権があると信じたところ、本人は今回の取引については代理権の範囲を制限していたという場合である。今回の取引と同種の取引である従来の取引を、本人は承認してきたという事実が、正当理由を成立させる事実であり、当該の取引に関する委任を推定させる本人の行為が存在する。「慣習上同種の代理人が皆その権限を有する場合」とは、本人がある人を一定範囲の代理権を伴う地位につけたとの表示をしていたが、実際はそのような地位にはつけていなかったところ、その人が、本当にその地位についている代理人であれば、慣習上同種の代理人の誰でもが代理権を有するような取引をしたという場合である。本人がある人を一定範囲の代理権を伴う地位につけたと表示したことが、正当理由を成立させる事実であり、やはり当該の取引に関する委任を推定させる本人の行為が存在する。

このように、当該の取引に関する委任を推定させる本人の行為が、正当理由の内容であるとする見解においては、一一〇条の成立要件として重要なのは、正当理由の有無、すなわち「当該の取引に関する委任を推定させる本人の行為」の有無である。従って、「本人の静的安全保護のための最少限度の要件」である「基本代理権」が、正当理由に対峙する一一〇条の成立要件として位置づけられることはない。

(5)　以上の考察により、一一〇条に関する学説は、大きく二つに分類することができる。第一は、一一〇条の成立要件として重要なのは、正当理由の有無、すなわち「当該の取引に関する委任を推定させる本人の行為」の有無であるとする見解である。起草者や、正当理由を「本人ノ行為ニヨリテ第三者ヨリ見レハ代理権ノ範囲ニ属スト見ラル可キ事実ノ存在」を指すと述べた中島が、これに属する。第二は、本人側の事情を考慮する「基本代理権」を、「正当理由」に対峙する一一〇条の成立要件として位置づけ、「正当理由」を「普通の人が、代理権があるものと信ずるのがもっともだと思われること」という事情があり、代理権の存在についての善意・無過失のことをいうと把握する見解である。第二の見解はさらに二つに分類できる。ひとつは、本人が代理人に代理権を授与するとともに、実印、印鑑証明書、権利証などを交付している場合のように、実際は、本人の何らかの行為がなければ、正当理由は成立しないと考える見解である。任意代理についていえば、鳩山も我妻もこれに属する。ふたつは、本人の行為が何ら存在していなくても、代理人自身の行為のみで、正当理由が成立する場合を認める見解である。鳩山、我妻を基礎として発展した通説的見解や、利益衡量の基準が取引の安全に傾斜している利益衡量論的見解がこれに属する。

(二) estoppel による代理と表見代理

(1)　「表見代理」の由来となった英米法の estoppel の代理について述べる。日本法では、本人の代理人に対する代理権授与の有無によって、代理は先ず大きく二つに、つまり有権代理と無権代理とに峻別され、後者は表見代理と狭義の無権代理とに区別される。一般的に、表見代理は無権代理のなかに位置づけられているのである。

「表見代理」を英訳すれば、apparent agency になるであろうが、イギリス法においては、apparent authority という用語は用いられても、apparent agency という用語が用いられることは、あまりない。また、代理人の authorized acts や unauthorized acts を問題にしても、authorized agency とか unauthorized agency とはいわない。帰納的に考察すれば、AがPのためにTとの間でした行為に基づいて、TがPに責任を負わせることができるか否かが、結論として問題となっているのであるから、PがAの行為に基づいてTに責任を負うとき、代理が成立するといえば足りるのである(P＝本人、A＝代理人、T＝第三者)(33)。

そして当該の取引について、PはAに authority (actual authority) を与えていないにもかかわらず、Pが自らの言葉や行動でもって、当該の取引について、PはAに authority を与えていると、Tが推断することができるような行為をした場合に、それに導かれて、TがAをPの代理人として取引したときは、PとAとの間に本人と代理人の関係が存在するという合理的推断に基づいて行為したTを保護するために、estoppel の法理により、Pは後になって

Tの請求を拒絶することはできない。このようにして成立する代理を、estoppel による代理とよび、この場合に代理人がもつとされる authority が、apparent authority（ostensible authority ともいう）である。(34)

当該の取引について、AがPの代理人となることを、Pが同意していた場合に、PがAに与えた authority は、actual authority である。estoppel による代理が成立する場合、当該の取引について、AがPの代理人となることを、Pは同意していないから、Aのもつ authority は actual authority ではない。Pは自らの言葉や行動でもって、すなわち、当該の取引について、PはAに authority を与えていると、Tが推断することができるような行為（holding out）をしたことによって、Aの apparent authority をつくったのである。

このような holding out は、本人の行為でなければならない。代理人が自らの言葉や行動でもって、自分は本人のために行為する authority を本人から与えられていると、相手方に対して巧妙に表示したとしても、それは holding out ではない。そして、本人に何らかの行為があっただけでは不十分であり、当該の取引についての、本人から代理人への authority の授与に相当すると解釈できるような、本人の行為がなければならない。また、この holding out は、それを信頼する人に対して、なされなければならない。すなわち、その代理人と取引する特定の個人か、あるいは、その代理人と取引することが期待され得る事情の下で、公衆に対して、なされなければならないのである。(35)

(2)　では、holding out に相当する本人から相手方に対する行動とは、どのようなものか。

(i)　先ず、PがAを、一定範囲の authority をもつ地位にある代理人であると、一般的に holding out する場合がある。Freeman & Lockyer v. Buckhurst Park Properties (Mangal), Ltd. 事件(36)においては、P会社の取締役会は、Aを業務執行取締役（managing director）に任命していなかったが、Aが業務執行取締役として行為することを、是認し了解してきた。AはP会社のために、建築会社であるTに仕事を依頼した。TがP会社に対して、この仕事の代金の支払を請求したところ、P会社は、AはP会社のために契約する authority をもたないという理由に基づいて、Tの請求を拒絶した。Pの主張は認められず、Pは敗訴した。控訴院は、AはTと契約する actual authority はもっていないけれども、PはAが業務執行取締役として行為することを許容してきたという自らの行動によって、Aの apparent authority をつくったと、判示している。

PはAを業務執行取締役に任命していないから、AはPのためにTと取引する actual authority はもっていない。しかし、PはAが業務執行取締役として行為することを、従来認容してきたのであるから、PはAを業務執行取締役という地位に任命したと表示したことになる。つまり、PはAを、業務執行取締役という一定範囲の authority をもつ地位にある代理人であると、一般的に holding out した。それに導かれて、TがAを業務執行取締役と信頼して取引したならば、Tの請求を拒絶することは、estoppel によって禁止される。

しかし、当該の取引について、Aが、そのような地位に真実任命されている代理人が、普通、行為するであろうような方法で行為していなければ、estoppel は生じないことに注意すべきである。もし、本人が代理人を、一定の種類や範囲の取引や業務をする authority を普通に伴っている地位（例えば、業務執行取締役や支配人など）に、真実任命していたならば、その代理人は usual authority とよばれる actual authority をもっている。usual authority は、その地位にある代理人ならば、客観的にみて、同種の代理人の誰でもがもつことを期待される定型的な範囲の actual authority であり、その範囲は、彼らの営む営業、彼らの職種、彼らが行う取引や業務などに関する市場の慣行によって定まる。(37) PはAを業務執行取締役に任命していないが、業務執行取締役という地位につけたと holding out していた場合、問題となった当該の取引が、業務執行取締役の usual authority の範囲内であれば、PがTの請求を拒絶することは、estoppel によって禁止されるが、当該の取引が、業務執行取締役の usual authority の範囲を越えていれば、estoppel は生じない。何故なら、そのような場合には、ＴはＰの holding out に導かれて取引したと評価できないからである。[38]

(ii)　次に、Ａが当該の取引の相手方であるＴとの間において、過去にＰの代理人として取引した経験があり、Ｐが過去の取引を承認して、そこから生じた責任を引受けてきたならば、ＰはＴに対してＡを、そのような authority をもつ代理人であると holding out したことになる。例えば、Ｐは、彼の使用人Ａが、Ｐの信用を担保にして（Ｐのツケで）、Ｔから商品を購入することを、習慣的に承認し、Ｔからの請求に応じて異議なく支払ってきたならば、ＰはＴに対して、ＡはＰがこれまで承認してきたような取引をする authority をもつ代理人であると、holding out している。[39]

Swan & Edgar Ltd. v. Mathieson 事件[40]において、Bucknill 裁判官は、次のような事例を挙げて、holding out の有無を論じている。[41] 雇主Ｐは、彼の使用人である料理人Ａが、Ｐの信用を担保にして、Ｔから肉やその他の食料品を購入することを、一年間にわたって習慣的に承認し、Ａの注文に応じてＰの家に配達されてきた肉やその他の食料品の代金を、Ｔに支払ってきた。その後、ＡはＰから解雇された。しかし、Ａは、翌日その事実を知らないＴの店に行き、Ｐによって承認されてきた従来のやり方通りに、肉などを注文した。この場合には、従来のやり方通りに、Ｐの家に配達されてくる肉やその他の食料品については、ＡはＰの信用を担保にして食料を購入する authority をもつＰの代理人であることを、ＰはＴに対して holding out していたと判断され、ＰがＴの請求を拒絶することは、estoppel によって禁止される。しかし、この例で、Ａが従来の取引のやり方とは異なって、自分自身がたくさんの食料を持ち帰ったり、ＴにＡ個人の家に配達するように指示したならば、estoppel は生じない。すなわち、当該の取引のやり方や方法が、Ｐが承認してきた従来の取引のやり方や方法と同様であることが、重要である。

(3)　このようなＰのＴに対する行動が、holding out に相当すると判断される基礎には、次のような考え方がある。Debenham v. Mellon 事件の控訴院判決における Thesiger 裁判官の意見を要約することにする[42]（Debenham v. Mellon 事件は、ロンドンの洋服屋であるＴが、Ｐの妻Ａによって注文されたＡのドレスの代金を、Ｐに請求したという事案であり、ＰとＡはホテルの支配人と女支配人として、彼らの勤務先のホテルの部屋で、共同生活をしていた）。Ｐが特定の商人Ｔに対して、ＡがＰの信用で購入してきた商品の代金を、従来異議なく支払ってきたというような行動があれば、即ち holding out があれば、Ｔは holding out された内容とは反対の通知をＰから受けるまでは、Ａの authority は継続していると推断する権利をもっている。このようなケースでは、Ｐの不作為は同意に相当し、彼自身の行動がＴに推断することを招いたところの authority を否定することを、estoppel により禁止される。Ｐのために使用人が商品を注文する習慣があり、その使用人の authority をＰが内部的に撤回しても、その使用人の authority を否定することが禁止されるのと同様である。しかし、Ｐと一面識もないＴが、Ａと取引する際に、Ｐへのいかなる問い合せも、Ｐの認識もなしに、Ａは生活必需品を購入するために、Ｐの信用を担保にする authority をＰから与えられていると、推断する権利はない。なぜなら、Ｐと一面識もないＴが、Ｐの信用を担保にして買物しようとするＡと取引する際には、Ｐに問い合せればよいのであるし、問い合せをすることが困難なら、取引を避けることもできるのに対して、一面識もないＴに通知を与えようもないＰは、全くコントロールできないＡの行為に対して、初めてＡと取引するＴに対してさえも、責任を負わされることになるのは、矛盾しているからである。

相手方が信じて取引した代理人の authority が、実際には存在していなかったり、本人によって内部的に撤回されたり制限されたりしていた場合、代理人に authority がなかったことの不利益は、本人に問い合せることができたのに問い合せずに取引してしまった、または、問い合せをすることが困難なら取引を避ければよかったのに取引を避けなかった相手方が、原則として負担する。しかし、例外的に、holding out があるとき、すなわち、「当該取引について、本人は代理人に authority を与えていると、相手方が推断することができるような本人の相手方に対する行動」があるときには、その特定の相手方に通知を与えることができたのに、通知を与えることを怠った本人が、不利益を負担し、holding out に導かれて、代理人の authority を信頼して取引した相手方が保護される。すなわち、代理人に相手方が信じた authority がなかったことの不利益は、原則として、本人に問い合せをしなかった相手方が負担し、例外的に、本人の相手方に対する holding out の結果、相手方が代理人の authority を信頼して取引した場合には、本人に問い合せをしなかった相手方であっても保護され、通知を与えなかった本人が不利益を負担するというのが、estoppel による代理の基礎にある考え方である。

これは、起草者である梅や富井が、本人に問い合せをしなかった相手方は、保護されないが、「代理人が従来同種の法律行為をした場合に、本人がこれを承認しかつてその履行を拒んだ事がない場合」「慣習上同種の代理人が皆その権限を有する場合」のように、「当該の取引に関する委任を推定させる本人の行為」が存在するとき、すなわち一一〇条の正当理由が成立するときは、問い合せをしなかった相手方であっても保護されると考えたことと共通している。

(三) 小括

(1) 筆者は『表見代理理論の再構成』（一九九〇年）において、一一〇条の「正当理由」の内容は、「本人に代理権の有無・範囲について問い合せをすることが全く不要と感じさせるほどの客観的事情があり」それゆえに「代理権の存在を信じた」ことであると定式化できると提言した。相手方からみて、「本人に代理権の有無・範囲について問い合せをすることが全く不要と感じさせるほどの客観的事情があり」、それゆえに相手方が「代理権の存在を信じた」といえるときには、必ず相手方からみて、「当該取引について、本人は代理人に代理権を与えていると、相手方が推断することができるような本人の相手方に対する行動（holding out）」が存在する。(43) 具体的には、「相手方がこれまで代理人を通して本人と同種同量の取引をしてきたが、いずれもこれらの取引は本人によって承認され、つつがなく履行されてきた場合」や「これに準じるような本人の認容的言動がある場合」である。いずれにせよ、当該取引についての、本人から代理人への代理権の授与に相当すると判断できるような、本人の行為がなければならない。

代理人が言辞巧妙に、「自分は本人から当該取引についての代理権を授与されている」と相手方に説明したり、相手方に本人との面識がないことを利用して、代理人が本人の替え玉を立て、替え玉に「自分は当該取引については、この代理人に任せている」などと説明させたりしても、これら代理人自身の行為のみでは、決して正当理由は成立しない。また、本人が代理権の授与とともに、代理人に実印、印鑑証明書、白紙委任状、権利証などを交付しており、代理人がこれらを相手方に提示して、授与された範囲を越えた代理権の存在を説明したとしても、正当理由は成立しない。なぜなら、実印、印鑑証明書、白紙委任状、権利証などは、何らかの代理権の存在についての徴表とはなり得ても、具体的な代理権の範囲を徴表するものではないからである。もし、この場合に、相手方が代理人に当該取引についての代理権があると信じたならば、それは代理権の範囲についての代理人自身の説明を信じたにすぎず、当該取引についての、本人から代理人への代理権の授与に相当すると判断できるような、すなわち、代理権の範囲を具体的に示すような、本人の行為は存在していない。

このように考えるのは、筆者は、中島表見代理論における estoppel の法理によって、表見代理規定における本人の責任を根拠づけようとするからである。[44] 筆者の考え方は、また、起草者である梅、富井の見解とも共通する。

(2) 代理とは、ある人のした意思表示の効果を直接他の人に帰属せしめる制度である。代理制度が認められることにより、意思能力のない者や行為能力の制限されている者が具体的に権利を得、義務を負うことが可能となったし、また、人の活動範囲の拡大とともに、時間的、場所的、専門的知識などの観点から、自分だけでは処理できない事柄を、誰かに代わってやってもらうことが可能となった。制限行為能力者の能力の補充をはかる法定代理は、私的自治の補充という作用を営み、代理人の選任及び代理権の範囲が本人の意思によって定まる任意代理は、私的自治の範囲の拡張という作用を営むのである。従って、代理制度は、本質的には、私的自治の原則と相容れないものではなく、むしろそれを補充し、その範囲を拡張するものなのであって、私的自治の枠外にあるものではない。

近代私法の基本原理である私的自治の原則の根底にあるのは、自己決定、自己責任の原理である。人は自分のことは自分の意思で決定すべきであるし（自己決定）、自己決定し得る意思があるからこそ、それが可能であり、自己の意思で決定するがゆえに、それに拘束され、責任を負わされる（自己責任）。表見代理の成否が問題となる場合、本人は当該取引について、代理人に代理権を授与していないから、その効果が自己に対して生じることを欲していない。また、自己決定、自己責任の原理からすれば、人は他人の行為に対して、責任を負わされるべきではない。たとえ、その他人が本人の代理人であると称して、相手方と取引をし、代理人と称した他人の巧妙な言辞や手段（例えば、替え玉など）の結果、相手方が代理権の存在や範囲について信じたとしてもである。手形法や小切手法などのように、高度に取引の安全が要請される特別な法領域は別として、一般的には市民社会の枠内では、人は他人の行為に対して、責任を負わされないのが、大原則である。代理人自身の行為のみで、正当理由が成立する場合を認める見解は、過度に取引の安全を強調するあまり、自己決定、自己責任の原理を軽視しすぎているといわざるを得ない。

しかし、例外的に、人は欲していないにもかかわらず、責任を負わされることがある。例えば、本人が相手方との間で、その代理人を通して、当該取引と同種同量の取引をしたことがあり、これまではそれらの取引を承認し、異議を述べずに履行してきたような場合や、それに準じるような本人の認容的言動がある場合である。このように、「当該取引について、本人は代理人に代理権を与えていると、相手方が推断することができるような本人の相手方に対する行動（holding out）」が存在し、その結果、相手方が、当該取引についての代理人の代理権の存在や範囲を信じ、それに導かれて取引した場合には、代理人の代理権の存在や範囲を示すような本人の行為に導かれて取引した相手方を保護するために、estoppel の法理により、本人は後になって相手方の請求を拒絶することはできない。本人は欲していなかったにもかかわらず、相手方を当該取引に導いた自らの行為に基づいて、責任を負わされるのである。一一〇条の正当理由が成立する場合とは、そのような場合である。従って、当該取引についての、代理人の代理権の存在や範囲を示すような本人の行為が仮に存在していても、相手方がそれを知らずに取引した場合には、holding out に導かれて取引したとはいえないので、estoppel の法理は働かず、正当理由は成立しない。また、本人が代理権の授与とともに、代理人に実印、印鑑証明書、白紙委任状、権利証などを交付しており、代理人がこれらを相手方に提示して、授与された範囲を越えた代理権の存在を説明した場合も、それだけでは正当理由は成立しない。実印、印鑑証明書、白紙委任状、権利証などは、具体的な代理権の範囲を徴表するものではないから、これらを代理人に交付するという本人の行為が、相手方を当該の取引に導いたとは合理的に判断できないからである。

(3)　このように解することは、相手方にとって酷ではない。相手方は、目の前にいる人が代理人であることはわかっているのであるから、代理人が自称する代理権の有無や範囲について、本人に問い合せることが可能であるし、本人に問い合せることによって、無権代理の不利益を回避できる。問い合せることが不可能であれば、取引自体を回避することによって、リスクを回避することもできるのである。

また、代理制度が認められていることにより、相手方は取引の過程のいちいちにおいて、本人の意思を確認する必要はないが、その代理人を通して本人と取引することは、今回が初めてであったり、過去に取引があったとしても、今回の取引は、従来の取引とは質的量的に異なるという場合には、一度は本人に問い合せてみるのが、市民社会の通常の取引形態である。「相手方がこれまで代理人を通して本人と同種同量の取引をしてきたが、いずれもこれらの取引は本人によって承認され、つつがなく履行されてきた」とか「これに準じるような本人の認容的言動」というような「当該取引について、本人は代理人に代理権を与えていると、相手方が推断することができるような本人の相手方に対する行動（holding out）」も存在していないのに、代理権を有しているらしい外観を信じて、本人に問い合せもしないで取引した相手方を保護して、本人に責任を負わせることは、過度に取引の安全を強調するあまり、自己決定、自己責任の原理を軽視しすぎている。「当該取引について、本人は代理人に代理権を与えていると、相手方が推断することができるような本人の相手方に対する行動（holding out）」とは、すなわち、相手方からみれば、「本人に代理権の有無・範囲について問い合せをすることが全く不要と感じさせるほどの客観的事情」である。それゆえに、このような客観的事情が存在している場合に、相手方が「代理権の存在を信じ」、それに導かれて、取引した場合には、本人に問い合せずに取引した相手方であってもこれを保護して、取引の安全を図ろうとしたのが、一一〇条の趣旨である。このように解してこそ、通説的見解のように「取引の安全」の強調のみに傾斜することなく、静的安全と動的安全の真の調和が図られると考える。

なお、既に何度か公にされた論稿で指摘していることであるが(45)、一一〇条の「代理権ありと信ずべき正当理由」

と、一一七条二項の「代理権の不存在についての善意・無過失」とは、同一あるいは同程度のものではない。一一〇条と一一七条は、相手方保護という広い意味では同じ趣旨であるといってよいが、両者は互いに独立した規定であり、各々において要求される相手方保護の要件には、自ずと差異があり、もとより文言も異なる。筆者は、無権代理人の責任を、「法定の保証責任」として根拠づけるべきであると考えている。これは、法定追認（一二五条）の制度と同じく、代理人の一定の行為（事実）のありたることをもって、代理権の存在を代理人が保証したものと「看做す」（擬制する）ものである(46)（保証約束の責任、すなわち、効果意思に基づく保証責任ならば、相手方が保護を受けるために、少なくとも無過失である必要はない。保証約束の場合には、悪意の相手方に対しては約束者は責任を免れるが、過失ある相手方には責任を負うのが原則である）。法定の保証責任ならばこそ、相手方が代理権の不存在につき、善意・無過失の場合にはじめて、代理人が責任を負うのである。具体的には、代理人が実印、印鑑証明書、白紙委任状、権利証などを所持しており、疑念を生ぜしめるに足りる特段の事情がなければ、相手方は代理権の不存在について、無過失であったと判断してよいであろう。従って、一一〇条の正当理由が成立しない場合でも、代理権の不存在について無過失であったと判断され、相手方が無権代理人に一一七条の責任を追及できるケースは十分存在する。

四　結　語

以上考察してきたように、筆者は表見代理の思想を我が国に導入した中島「表見代理論」と同じ視点で、すなわち estoppel の法理によって、表見代理規定における本人の責任を根拠づける。起草者である梅や富井が、一一〇条を起草した際に、estoppel の法理を参照したという記述は残されていないが、前述したように、梅、富井の一一〇条に対する基本的な考え方は、estoppelによる代理と共通するから、筆者の見解は、起草者である梅、富井の見解とも共通するものである。そして、estoppelの法理によって、我が国の表見代理規定における本人の責任を根拠づけるためには、機能的比較法の手法を用いた。機能的比較法とは、同一の社会的要件事実（同一の事案）に対するイギリス法の法的処理及び法解決と日本法の法的処理及び法解決とをそれぞれの法体系の違いを考慮した上で、具体的に比較するものであり、これにより、両法の相互理解と新しい分析視角を得ようとするものである。すなわち、イギリスと我が国の判例のそれぞれの事実関係を重んじ、実質が同一の事案である両国の判例のratio decidendi（判決中の判決理由ではなく「真の判決理由」のことである。筆者の判例研究の方法論については、本書第一部第二章「イギリス代理法と表見代理」注(240)参照）を分析するものであり、本書においては、前著、高森＝高森『表見代理理論の再構成』における我が国の判例の考察を踏まえ、主に第二章において詳述した。

では表見代理三規定について、それぞれ考察結果を述べると、先ず、一一〇条の「第三者が代理人の権限があると信ずべき正当な理由があるとき」とは、「本人に代理権の有無・範囲について問い合せをすることが全く不要と感じさせるほどの客観的事情があり」それゆえに「代理権の存在を信じたこと」である。「本人に代理権の有無・範囲について問い合せをすることが全く不要と感じさせるほどの客観的事情」とは、「当該取引について、本人は代理人に代理権を与えていると、相手方が推断することができるような本人の相手方に対する行動（holding out）」であり、具体的には、「相手方がこれまで代理人を通して本人と同種同量の取引をしてきたが、いずれもこれらの取引は本人によって承認され、つつがなく履行されてきた場合」や「これに準じるような本人の認容的言動がある場合」(47)を指す。これは、一一〇条が、「善意・無過失」ではなく、「善意・無過失」と区別して「正当理由」と規定したその文言に忠実な解釈でもある。判例は、一見通説的見解を採っているようにみえるが、判例の具体的事実を凝視し、ratio decidendi と obiter dictum を厳格に峻別するという末弘厳太郎の判例研究の方法論(48)を用いて判例を検討すると、妥当な結論を導いている判例の多くは、筆者と共通する考え方を、実質的判断プロセスとして採用している。(49)

なお、筆者の基準に照らして、「正当理由」が成立する場合、何らかの代理権が存在することが実際は多いであろうが、「寧ロ軽微ナル本人トノ連絡」(鳩山)とか「基本代理権」(我妻)を、「正当理由」に対峙する一一〇条の成立要件とする必要はないと考える。「基本代理権」を「正当理由」に対峙する一一〇条の成立要件として位置づけることは、「取引の安全」の強調のみに傾斜する結果しか生み出さず、静的安全と動的安全との調和は得られないからである。イギリス法においても、estoppel による代理の成立要件の厳格さから、代理人がいかなる authority も決してもっていない場合には、estoppel による代理はめったに成立しないとされている。(50)しかし、Freeman & Lockyer v. Buckhurst Park Properties (Mangal), Ltd 事件(51)においては、代理人はいかなる actual authority ももっていなかったけれども、本人は自らの holding out のゆえに第三者に対して責任を負うと判断されている。「基本代理権」を一一〇条の成立要件と位置づけず、筆者のように「正当理由」の内容を具体的妥当性をも考慮して解釈してこそ、静的安全と動的安全との真の調和を得ることができよう。

他の表見代理規定について述べると、かつて筆者は、一〇九条の適用類型を、明示的外部的な授権表示がある場合(一〇九条の本来的適用類型)と、白紙委任状の交付や名板貸的な名義使用の場合(拡大された類型)とに、分けて考察していた。(52)しかし、一〇九条と一一〇条とを区別する基準を、基本代理権の有無に求める必要はないので、一〇九条の拡大された類型のうち、少なくとも白紙委任状の交付類型は、一一〇条でもって処理し、「正当理由」の有無により、一一〇条の適否を判断する。一〇九条が適用されるのは、本人Aが、一定事項についてBを代理人としたから、Bと取引してほしいと、相手方Cに申し向けたとか、AがCとの取引にかかる一定事項について、Bに代理権を授与した旨を記載した委任状をBに交付し、Bがこの委任状をCに提示したとかいうような、明示的外部的な授権表示があるが、内部的には代理権が全く与えられていないか制限されている場合である。

一〇九条と一一〇条は、授権表示が明示的であるか、そうではないかによって区別される。一〇九条は、当該取引について、本人は代理人に代理権を与えていると、委任事項を明示して、本人が相手方に対して表示しているのであるから、元来は、一〇九条の文言も相手方の善意・無過失を問題としていなかった（但し、一〇九条の場合でも、悪意・重過失の相手方は、本人の明示的な授権表示に導かれて、代理人と取引したとはいい得ないので、保護されないことは、いうまでもない）。それに対して、一一〇条の場合は、本人が相手方に対して、委任事項を明示して表示しているわけではないので、一一〇条の文言は、善意・無過失では足りず、「正当理由」を要求しているのである（次頁※参照）。

一一二条は、代理人がかつて代理権を有しており、代理行為時には、それが消滅していたことを要する。代理人がかつて有していた代理権は、必ずしも継続的なものであることを必要とせず、特定の不動産の売却などのように、個々的なものであってもよいと解するのが多数説である。(53) しかし、過去に一度でも代理権を与えて代理させたら、その後、常に、代理権消滅後の表見代理成立の可能性にさらされるというのでは、私的自治の範囲の拡張であるはずの代理制度は、本人にとって危険なもの以外の何物でもなくなってしまう。従って、一一二条は、本人によって一定範囲の代理権を伴う地位に任命されていた代理人（例えば、家政処理を任されている差配人、執事、支配人、集金人など）が、その地位を剥奪されるに伴って代理権も消滅したというときに、差配人や支配人などを止めさせられたということを、過失なくして知らない第三者が、従来通り、差配人、支配人などと思って、従来の職務の範囲内（すなわち、過去の代理権の範囲内）の行為について、取引した場合にのみ成立する。代理権の消滅についての相手方の善意・無過失とは、代理権の存続についての善意・無過失であり、以前代理権を有していたことを知っていた者が（代理権消滅前に、代理人と取引したことがあるかどうかは別として）、代理権が消滅したとは知らずに、知らないことに過失なく取引したことを要する。

一一〇条との違いは、本人AがBを、差配人や支配人などといった一定範囲の代理権を伴う地位に、決して任命していないが、差配人や支配人に真実任命されている代理人でなければできないような取引を、Bが行うことを認容していた場合が、一一〇条で処理すべき問題であり、本人AがBを、差配人や支配人などといった一定範囲の代理権を伴う地位に、真実任命していたが、地位の剥奪とともに代理権も消滅したという場合が、一一二条で処理すべき問題である。すなわち、一定範囲の代理権を伴う地位に任命したと表示したにとどまる場合が、一一〇条であるのに対して、一一二条の場合は、本人はかつて真実代理人を、一定範囲の代理権を伴う地位に任命していたのであるから、一一二条の文言は、「正当理由」ではなく、代理権の消滅についての善意・無過失で足りるとしているのである。

このように、一〇九条、一一〇条、一一二条は、同じく表見代理規定ではあるが、本人の相手方に対する授権表示が明示的であるか、そうではないかにより、また、本人は表示したにとどまるのか、真実その地位に任命していたかにより、各々において要求される相手方保護の要件に、差異があるのは当然である。表見代理規定であるからというだけの理由で、各々の規定の文言を無視して、相手方保護の要件を、一律に善意・無過失と解する必要はない。

※　二〇〇四年一二月の民法口語化に伴う改正によって、一〇九条の相手方保護の要件として「善意・無過失」であるこ

とが明文化された。本稿の初出（「表見代理理論の新展開」関西大学法学論集五三巻四・五号合併号四三九頁〜四九一頁）は二〇〇四年二月であるから、改正前の文言に従って本文は書かれている。しかし、筆者は一〇九条の適用範囲を明示的外部的な授権表示がある場合に限定すべきであると考えているので、明示的外部的授権表示がある場合の善意の相手方は、過失なしと判断されることが多いであろうと思う。また、白紙委任状の交付や名板貸的な名義使用のケースといった、いわば拡大された類型については、本文で述べたように一一〇条を適用し「正当理由」を要求すべきであって、一〇九条改正後の善意・無過失でも不十分であるといわざるを得ない。なお、一〇九条の相手方保護の要件として「善意・無過失」であることが明文化されたこと自体、今回の改正の基本方針の趣旨を逸脱するものであることも指摘しておきたい。

最後に、本文で述べたように本人の行動が全く存在しない「本人の替え玉」の事案では、いかなる意味においても、一一〇条の正当理由は成立しないと考えている。「替え玉」事案と一一〇条の正当理由については、稿を改めて論ずるつもりであるが、近時の不動産取引や金融取引では、本人に免許証やパスポートなど顔写真が載っている公的書類の提示を求めており、従来に比較すれば本人確認の姿勢を厳しくしてきている。我が国の資本主義もようやく円熟期に入り、実務が私見に添う動向を示しているのは望ましいことである。

注

（1）梅謙次郎『民法要義　巻之一総則編』（一八九六年初版）訂正増補版・三三版二七七頁〜二八九頁、富井政章『民法原論第一巻総論』（一九〇三年初版）大正一一年合冊版四九九頁〜五〇一頁、五一三頁〜五二〇頁。

（2）梅・同右二八三頁、二八四頁、富井・同右五一四頁、五一五頁。もっとも、富井は梅のあげる「慣習上同種ノ代理人カ皆其権限ヲ有スル場合」という例をあげず、「委任状ヲ訂正セスシテ委任事項ヲ制限シタル」場合という例をあげるが、いずれにせよ、起草者は、委任を推定させる本人の行為がなければ、正当理由は成立しないと考えていた点は同じである。

（3）Anson's Law of Contract（26th edn 1984）, pp. 533-534. 以下、Anson と略する。

(4) Armagas Ltd. v. Mundogas SA, [1985] 3 All E. R. 795 at 804 per Goff L. J.; on appeal [1986] 2 All E. R. 385 at 389 per Lord Keith.

(5) authority の定義、概念そのものが、イギリス人のイギリス代理法研究者の中でも一様ではないし、イギリス法における「代理」は、日本法におけるように「直接代理」に限定されないので、あえて authority を代理権とは置き換えない。拙稿「イギリス代理法入門（1）」光華女子短期大学研究紀要三四集一六三頁、一六八頁～一七〇頁。Fridman's Law of Agency (6th edn 1990), pp. 52–53. 以下、Fridman と略する。Powell, The Law of Agency (1952), pp. 5–6, 33, 49, 38, 63.

(6) Fridman, p. 101; Anson, p. 534.

(7) Farquharson Bros v. King & Co., [1902] A. C. 325 at 341 per Lord Lindley.

(8) 拙稿「イギリス代理法と表見代理（一）——妻の authority を中心に——」関西大学法学論集四三巻三号一三七頁。

(9) 拙稿「イギリス代理法入門（1）」光華女子短期大学研究紀要三四集一八四頁、一八五頁。

(10) 大判明治三九年五月九日民録一二輯七〇六頁および大判大正四年六月一九日民録二一輯九八七頁については、高森八四郎＝高森哉子『表見代理理論の再構成』五三頁～五七頁参照。

(11) 梅『民法要義　巻之一総則編』二八四頁、二八五頁、富井『民法原論　第一巻総論』五一四頁、五一五頁。

(12) 鳩山秀夫『法律行為乃至時効』三三八頁。

(13) 鳩山「民法第百十条の適用範囲」法協三四巻一号一一五頁。

(14) 鳩山『法律行為乃至時効』三三九頁、高森＝高森『表見代理理論の再構成』四九頁～五三頁。

(15) 鳩山「民法第百十条の適用範囲」法協三四巻一号一一六頁、一一七頁。

(16) 川島武宜『民法総則』（一九六五年）三八一頁、幾代通『民法総則』（一九六九年）三八七頁。

(17) 川島・同右三七六頁、幾代・同右三八五頁。

(18) 横浜弁護士会編『表見代理の判例と実務』（一九八四年）三三三頁以下。

(19) 安永正昭「越権代理と帰責性」『現代私法学の課題と展望　中』（一九八二年）四〇頁。

(20) 鳩山『法律行為乃至時効』三三九頁、我妻栄『新訂　民法総則』三七一頁、高森＝高森・前掲五〇頁～五三頁、五九頁～六四頁。

(21) 幾代・前掲三八五頁。

(22) 川島・前掲三七六頁。

(23) 我妻・前掲三七一頁。

(24) 鳩山『法律行為乃至時効』三二一頁、三二二頁。
(25) 中島玉吉「表見代理論」京都法学会雑誌五巻二号一八九頁、一九〇頁、一九六頁。
(26) 鳩山『日本民法総論』四五三頁。
(27) 鳩山「民法第百十条の適用範囲」法協三四巻一号一一四頁、一一五頁。
(28) 我妻・前掲三七二頁。
(29) Armagas Ltd. v. Mundogas SA, [1985] 3 All E. R. 795 at 804 per Goff L. J.; on appeal [1986] 2 All E. R. 385 at 389 per Lord Keith; Fridman, p. 101; Anson, p. 534.
(30) 鳩山『法律行為乃至時効』三一九頁。
(31) 我妻・前掲三七一頁。
(32) 梅・前掲二八三頁、二八四頁。
(33) 拙稿「イギリス代理法入門（1）」光華女子短期大学研究紀要三四集一六八頁。
(34) 拙稿・同右一八四頁、Fridman, pp. 98–99, 106–107.
(35) Fridman, pp. 101–103; Anson, p. 534.
(36) [1964] 2 Q. B. 480.
(37) Fridman, pp. 60, 66.
(38) Fridman, pp. 108–110.
(39) Anson, p. 535; Cheshire Fifoot & Furmston's Law of Contract (11th edn 1986), p. 460.
(40) (1910), 103 L. T. 832.
(41) Ibid., at 834.
(42) (1880), 5 Q. B. D. 394 (C. A.) at 403–404.
(43) 髙森＝髙森『表見代理理論の再構成』七九頁、一一一頁、一一二頁、一一七頁、一一八頁など。
(44) 拙稿「イギリス代理法における妻のauthority」比較法研究五四号七四頁～八〇頁（一九九二年）、同「イギリス代理法と表見代理（一）（二）——妻のauthorityを中心に——」関西大学法学論集四三巻三号一一四頁～一八六頁、四号二四六頁～三二〇頁（一九九三年）、同「イギリス代理法入門（1）（2）（3）」光華女子短期大学研究紀要三四集一六一頁～一九五頁、三五集六五頁～一〇三頁、三六集八九頁～一二二頁（一九九六、一九九七、一九九八年）。

(45) 高森＝高森「無権代理と二重相続」関西大学法学論集三九巻一号三四頁、三五頁（一九八九年）、拙稿「無権代理と相続――併存貫徹説の立場から――」『21世紀の民法』五五八頁、五五九頁（一九九六年）。
(46) 高森八四郎「無権代理人の責任」法学教室二一三号三五頁、三六頁（一九九八年）。
(47) 例えば、名古屋地判昭和五五年一一月一一日判時一〇一五号一〇七頁は、Yの妻AがB相互銀行からY名義で一五〇万円を借り受けたが、返済しなかったので、Bと損害保険契約を締結しBに代位弁済したX火災保険会社が、Yに対してその支払を求めたという事案である。ここでは、BはYの代理人と称するAと取引するのははじめてであるが、AがBに提出したYの給与証明書は、Bから予め交付された「この証明書は、借入申込書のみの際に提出して下さい。」と付記してある給与証明書用紙をAがYに手渡し、Yが自らその証明書用紙をもってその勤務先の証明を受けた上で、再びAに手渡したものであること、及びBはYの勤務先に電話し、その給与明細書はY自身発行を受けたものであることを確認しているから若干間接的ではあるが、当該借財についての本人の認容的言動があったと判断できる。
(48) 末弘厳太郎「判例民法大正十年度　序」「判例民法大正十一年度　序」「判例民事法大正十二年度　序」。「具体的事件に対してくだされた具体的判断を決定せしめた裁判官の法律意見」（末弘『法学入門』一五四頁）が、末弘博士による ratio decidendi の定義であると思われる。
(49) 高森＝高森『表見代理理論の再構成』一〇〇頁～一七五頁。
(50) Anson, p. 534.
(51) [1964] 2Q. B. 480.
(52) 高森＝高森『表見代理理論の再構成』一頁～三四頁。
(53) 我妻・前掲三七五頁、幾代・前掲三九三頁。

第二部　日常家事行為と表見代理

第一章　借財と日常家事行為

一　序

夫婦の一方が、他方に無断で他方を代理して、民法七六一条所定の日常家事行為の範囲を越えて行為をした場合、その行為について表見代理の規定が適用されるかについては議論の対立がある。

日常家事行為と表見代理に関して、最判昭和四四年一二月一八日民集二三巻一二号二四七六頁は、夫[1]Mが妻X所有の不動産を自己のYに対する債務を清算するために、Xに無断でYに売却してしまったという事案において、はじめて七六一条の日常家事行為の範囲の判断基準について述べ、七六一条に基づく夫婦相互の代理権を肯定した上で、これを基本代理権として一一〇条の表見代理の成立を肯定することは、夫婦の財産的独立をそこなうおそれがあって相当でないから、当該越権行為の相手方においてその行為が当該夫婦の日常の家事に関する法律行為の範囲内に属すると信ずるにつき正当の理由[2]のあるときに限り、一一〇条の趣旨を類推適用して、第三者の保護を図ればよい旨判示した。

右最高裁判旨は、我妻説に代表される一一〇条類推適用説の立場を採るものであるが、具体的に如何なる事実があれば「一一〇条類推の正当理由」が肯定されるのか、その内容は不明確であるし、日常家事行為と表見代理が問題となる同種の事案に対して、右最高裁判旨は先例たり得る具体的明確な基準を示していない。

この問題に関しては、既に前々稿(3)において私見を述べ、前稿(4)では問題を夫婦の一方が他方に無断で他方を代理して他方名義の不動産を処分した場合に限定して、私見に即して最高裁昭和四四年判決及びそれ以前とそれ以後の判例を検討した。そこで本稿では、夫婦の一方が自己名義で借財した場合及び夫婦の一方が他方に無断で他方を代理して他方名義で借財した場合を採り上げ(5)、日常家事行為の範囲の具体的判断基準と、日常家事行為と表見代理の関係を、私見に即した判例の分析を通して考察したい。

二　日常家事行為と表見代理に関する私見

(一)　民法七六一条の趣旨

(1)　民法七六一条は「夫婦の一方が日常の家事に関して第三者と法律行為をしたときは、他の一方は、これによって生じた債務について、連帯してその責任を負う。」と規定する。

現行法は、婚姻生活における両性の本質的平等の理念に従って、夫婦別産制の下で、婚姻費用は夫婦が分担するものとしている（七六〇条）が、この婚姻費用の分担責任に基づいて、日常の家事に関する支出は夫婦が共同して負担すべきものであるならば、日常の家事に関して生じた債務についても、夫婦が共同して責任を負うとするのが、夫婦共同体のきずなを強化することになり、かつ、日常の家事に関する事項について、その夫婦の一方と取引した第三者を保護することにもなる。これが、日常家事行為に関して生じた債務について夫婦の連帯責任を定めた七六一条の趣旨である。

(2)　次に、旧民法八〇四条は「日常ノ家事ニ付テハ妻ハ夫ノ代理人ト看做ス」として明確に代理権の存在を規定していたが、現行七六一条は法文上これを明らかにしていない。そこで、七六一条が、夫婦が相互に日常の家事に関する法律行為について他方を代理する権限を有することをも規定したと解することができるか否かについて、学説は否定説[(6)]と肯定説[(7)]に分かれ、肯定説は更に部分的代理権説、代表権説、管理権説、授権説等に分かれる[(8)]。

この学説の対立を反映して判例も肯定説と否定説に分かれていたが、最判昭和四四年一二月一八日は、民法七六一条は「その明文上は単に夫婦の日常の家事に関する法律行為の効果、とくにその責任のみについて規定しているにすぎないけれども、同条は、その実質においては、さらに、右のような効果の生じる前提として、夫婦は相互に日常の家事に関する法律行為につき他方を代理する権限を有することをも規定しているものと解するのが相当である」と判示し、肯定説の立場にたつことを明らかにした。

私見は、婚姻共同体の夫婦の実質的なありようを判断すれば、仮に七六一条という規定がなくても、夫婦は夫婦であるが故に、その共同生活を維持するために日常家事の範囲内で任意的に相互的に代理権を授与しあっていると考えるので、夫婦の共同生活の実態という観点から、任意代理権としての日常家事代理権を肯定してよいと考える[(9)]。

(3)　最判昭和四四年が日常家事代理権を肯定した結論を私見も支持するが、日常家事代理権は法定代理権とみるべきではない。何故なら七六一条の代理権は商業使用人（会社法一一条、一四条、一五条）と同じく客観的、画一的、包括的に代理権の範囲が法定されているだけで、性質上制限能力者のための法定代理とは異質のものと考えられるからである。従って、客観的にみて日常家事行為に属する行為を夫婦の一方が内部的に制限しても善意の第三者には対抗できず、夫婦の一方が七六一条の責任を免れようと思えば「第三者に対し責任を負わない旨を予告」しなければならない（七六一条但書）という構造になっている（髙森八四郎『石田編・民法総則』二二九頁）。また、日常家事代理権が法定代理権であるならば、七六一条但書は本人の意思で法定代理権である日常家事代理権の範囲を制限できることを認めたことになる（支配人の代理権の制限に関して規定する会社法一一条三項も同様である）。本人の意思で法定代理権の範囲を制限することはできない。七六一条但書が本人の意思による代理権の制限を認めていること自体が、日常家事代理権が任意代理権であることを示しているといえよう。

(二) 日常家事行為の範囲

(1) 日常家事行為とは「衣食住ニ関シ何レノ家ニ於テモ通常必要トスル法律行為ヲ謂フ例ヘハ米、塩、薪、炭、油ノ買入、衣服ノ調整、家賃ノ支払等ノ如キ即チ是ナリ」というのが立法者の見解である（梅謙次郎『民法要義（四）』一九一頁）。日常家事行為が抽象的には、個々の夫婦がそれぞれの共同生活を営むために通常必要とする法律行為を指すのであれば、どの家庭の家計簿の支出欄にも日々記入される事項の買入や支出は日常家事行為に当然含まれる。たとえば、食料品や燃料、衣類（但し相当範囲での）の買入、家賃・地代・水道・電気・ガス・電話・管理費などの支払、相当な範囲内での家族の保健・娯楽・医療・未成熟の子どもの養育・教育などに関する支出である。これらは、行為の種類・性質からして夫婦の共同生活を維持するために日常的に反復継続されることが、社会通念上当然予想される行為である。いいかえれば、「日常家事行為とは、行為の種類・性質からして夫婦の共同生活を維持するために日常的に反復継続されることが、社会通念上当然予想される行為である」と定義できよう。

(2) 日常家事行為の範囲について問題となるのは、その具体的判断基準である。最判昭和四四年一二月一八日は、

「その具体的な範囲は、個々の夫婦の社会的地位、職業、資産、収入等によって異なり、また、その夫婦の共同生活の存する地域社会の慣習によっても異なるというべきであるが、他方、問題になる具体的な法律行為が当該夫婦の日常の家事に関する法律行為の範囲内に属するか否かを決するにあたっては、同条が夫婦の一方と取引関係に立つ第三者の保護を目的とする規定であることに鑑み、単にその法律行為をした夫婦の共同生活の内部的な事情やその行為の個別的な目的のみを重視して判断すべきではなく、さらに客観的に、その法律行為の種類、性質等をも充分に考慮して判断すべきである。」と判示した。

多くの学説も右最高裁判旨に同調するが、夫婦の内部的事情（社会的地位、職業、資産、収入、地域社会の慣習等）や主観的意図（行為者の目的、動機）及び客観的事情（行為の種類、性質）の何に重点をおいて判断するかについては、論者の説くところにより差異がある。

我妻栄『親族法』一〇六頁は、「家族の食料・光熱・衣料などの買入、保健・娯楽・医療・子女の養育・教育・家具・調度品の購入などは当然に含まれる。問題となるのは、これらの目的のために資金を調達する行為――既存の財産の処分と借財――だが、これも、普通に家政の処理と認められる範囲内（例えば月末の支払のやりくりのための質入・借財など）においてはもとよりのこと、これを逸脱する場合でも、当該夫婦の共同生活にとくに必要な資金調達のためのものは、なお含まれると解すべきものと思う。」としており、これは日常家事行為の具体的範囲を判断するにあたって広範囲に行為者の主観的意図（目的・動機）を考慮する立場である。(10)

右最高裁判旨は我妻説にたつものと理解されているようであるが（右近「判批（大阪簡判昭和六一年八月二六日判タ六三五号七九頁）、しかし判旨を素直に読めば、日常家事行為の具体的範囲はその夫婦の資産・収入等の内部的事情により個別的に異なるが、七六一条が第三者保護の規定でもあることを考慮すれば単にそれのみを重視して判断すべきではなく、更に客観的に、その行為の種類、性質等を充分に考慮して判断すべきだと、最高裁は説いているのであり、この様に解するのが本判決の調査官の解説である奥村・前掲一六五六頁の記述[11]からも妥当であると思われる[12]。

(3)　私見は、日常家事行為が、行為の種類、性質からして夫婦の共同生活を維持するために日常的に反復継続されることが、社会通念上当然予想される行為であるならば、その具体的な範囲については、その夫婦の資産・収入・職業・社会的地位等の内部的事情と、その行為の種類、性質等の客観的事情を考慮して、社会通念に照らして客観的に判断すべきであると考える。夫婦の一方が他方の承諾を得ずになした行為が七六一条の日常家事行為と判断されれば他方は連帯責任を負わされるのであり、加えて七六一条が夫婦の一方と取引をした第三者保護の規定であることを考えあわせれば、日常家事行為の概念と範囲をあいまいにする行為の目的や動機といった主観的意図は考慮にいれるべきではない。従って本稿のテーマである借財についていえば、いかなる程度の借財が日常家事行為の範囲内に含まれるかは、その夫婦の資産・収入と債務額の観点から客観的に決定すべきである。一般的には月収の一〜三割程度の借財が他方の承諾をとる必要のない日常家事行為と認めるべきであろう（但しサラ金等から高利で借りる場合には、この程度内でも日常家事行為と認めるべきではない）。この範囲を越える場合には、通常の健全な家庭を営んでいる限り、他方の特別の承諾を得て相談の上借財するのが通常であると思われる。

三で検討するが借財についての近時の判例は、日常家事行為に該当するか否かの判断及び一一〇条類推の正当理由の有無の判断について、借受け時に相手方に説明した使途目的及び実際の使途を重要な判断基準とする傾向がある。これについて、消費者金融が著しく発達して家庭生活に入ってきている今日、一方で借財も日常の家事の範囲に含めるべき要請が強くなってきているとともに、他方で借財について安易に七六一条の連帯責任を認めるとサラ金問題にみられるように家庭生活の破壊がもたらされることを考慮して、抽象的に金額のみから判断せず、借受け目的を考慮して個別的に判断していく態度は妥当であるとする見解（齊木敏文「日常家事代理権と表見代理」判タ六五〇号六四頁）もある。しかしサラ金問題についていえば、サラ金業者が主婦に対して出費が何にあてられるかを問い、生活費にあてるとの言を得てから貸付け、のちに日常家事行為だから夫にも責任があると主張するケースがふえてきており（高森八四郎『石田編・民法総則』一三一頁）借受け目的を考慮することは、かえって弊害が多い。

夫婦の資産・収入・債務額を考慮して、月収の一～三割程度の借財であれば（但し、高利のものを除く）、借受け時に相手方に説明した使途目的及び実際の使途目的の如何を問わず現実には非日常家事行為的に費消されようとも、夫婦は七六一条により連帯責任を負うと解すべきである。(13)しかし右の基準に照らし客観的には日常家事行為である借財（高利ではなく月収の一～三割程度のもの）であっても、借主の非日常家事行為的使途目的を相手方が知っている場合には、悪意者排除の法理によって処理される。そして、月収の一～三割程度を越える借財は、借受け時に相手方に説明した使途目的及び実際の使途目的の如何を問わず日常家事行為には該らないと解するのが、夫婦別産制の尊重につながる。(14)

従前の判例の傾向について「金額からのみこれを判断し、しかもその額はいちじるしく低い」との批判がある（有地亨『注釈民法（二〇）』三五九頁）。しかし、日常家事行為とはそもそも、行為の種類・性質からして夫婦の共同生活を維持するために日常的に反復継続されることが、社会通念上当然予想される行為であるから、日常家事行為としてなされる借財も月々の生活費のやりくりのためになされる小額のもののはずであり、かかる批判はあたらないと解する。(15)

(三)　日常家事行為と表見代理

(1)　夫婦の一方が他方を代理して日常家事行為の範囲外と判断されるような行為をした場合、その日常家事行為外行為について七六一条の日常家事代理権を基本代理権として一一〇条の表見代理の規定の適用を肯定するのが、最判昭和四四年一二月一八日以前の学説の多数説(16)であった。

この多数説に対しては一一〇条の適用を直接肯定することは夫婦の財産的独立を侵害するおそれがあるとの批判があり、このように批判する学説は「日常の家事の範囲は、……各夫婦共同生活の事情により、またその行為をなす目的によって異なり、外部から正確に判断することは困難である。それにもかかわらず、内部的事情に従ってその範囲を限定することは、第三者を害するおそれが多いのみならず、——第三者に過当な警戒を強いることになって——ひいては夫婦共同生活の運営を妨げる。従って、表見代理の趣旨を類推適用して、日常の家事の範囲内と信ずるについて正当な事由がある場合には、第三者は保護されると解すべきである」(我妻・前掲一〇七頁)とし、「日常の家事の範囲を……広く解し、かつその範囲についてだけ表見代理の趣旨を適用し、それ以外の行為については、代理一般の法理に譲り、とくに代理権の授与があった場合にだけ、それを基礎として一一〇条を適用することが、夫婦の財産的独立の理想に近づくゆえんではあるまいか。」(同・前掲一〇九頁)と主張する。

この我妻説に従って最判昭和四四年一二月一八日は、「夫婦の一方が右のような日常の家事に関する代理権の範囲を越えて第三者と法律行為をした場合においては、その代理権の存在を基礎として広く一般的に民法一一〇条所定の表見代理の成立を肯定することは、夫婦の財産的独立をそこなうおそれがあって、相当ではないから、夫婦の一方が他の一方に対しその他の何らかの代理権を授与していない以上、当該越権行為の相手方である第三者においてその行為が当該夫婦の日常の家事に関する法律行為の範囲内に属すると信ずるにつき正当の理由のあるときにかぎり、民法一一〇条の趣旨を類推適用して、その第三者の保護をはかれば足りるものと解するのが相当である。」と判示し、この最高裁判決の判旨＝我妻説（一一〇条類推適用説）が、現在のところ日常家事行為と表見代理に関する見解の有力説[17]である。

(2)　(i)　最判昭和四四年一二月一八日は、七六一条の日常家事代理権を基本代理権として一一〇条を直接適用することは夫婦の財産的独立をそこなうことになるから、相手方に「日常の家事に関する法律行為の範囲内に属すると信ずるにつき正当の理由のあるとき」に限りという要件を附加して、第三者が保護される範囲を限定することにより（即ち一一〇条を類推適用することにより）夫婦の財産的独立と第三者の保護との調和が図られると説く。

しかし一一〇条を直接適用することが何故夫婦の財産的独立を侵害することになるのか、その理由は明らかでない。七六一条と表見代理との関係に関する最高裁の判旨は我妻説に依拠するものである。我妻説は日常家事行為の範囲を行為者の目的・動機等主観的意図を重視して広くとらえ、かつ一一〇条の正当理由を「普通の人が代理権があると信ずるのがもっともだと思われること」（我妻『新訂民法総則』三七一頁）という事情があり、代理権の存在についての善意・無過失のことをいうと余りにも漠然と規定するから、一一〇条をそのまま適用したのでは一一〇条の成立する範囲がかなり広くなり夫婦の財産的独立を侵害するおそれが強いので、一一〇条の適用についてはそこに何らかの制限的要件を附加して一一〇条の成立範囲をせばめる必要があったのであろう。そして一般的に一一〇条類推適用説の方が第三者の保護される範囲がせばまり夫婦の財産的独立に資するといわれる基礎には、一一〇条を直接適用すると一一〇条の「正当理由」はゆるやかに判断されるという半ば定式化した理解の仕方（筆者にいわせれば誤解であるが）があるようである[18]。

(ii)　結局日常家事行為と表見代理が問題となる事案においてまず考察されるべきは、一一〇条の正当理由の判断基準であり、具体的に如何なる事実があればその正当理由が肯定されるかを明らかにすることである。我妻説は、前述のように正当理由＝善意・無過失と定義し、代理権の授与とともに実印等を交付してあるときは、正当理由が認められる場合が多いとする（我妻『新訂民法総則』三七一頁）。判例も、実印の所持は原則として正当理由を成立させる客観的事情であるとし、「疑念を生ぜしめるに足りる事情」が存在するときは、代理権の有無について本人の意思を確認すべき注意義務即ち調査確認義務を相手方に課し、本人の意思を確認すべきであったのに確認しなかった相手方には過失があるとして、正当理由を否定するというプロセスをとる。

(iii)　しかしながら、実印の所持は、原則として正当理由を成立させる客観的事情とみるべきではない。何故なら、実印は夫婦間であれ他人間であれ、様々な理由によって本人から代理人に預託されたり交付されたりするものであるし、盗用や偽造もなされる可能性の高いものだからである。そして代理人が実印を所持するに至る内部的事情は様々であるが、そのような内部的事情を見知っていない相手方にとっては、実印の所持というひとつの客観的事実があるにすぎないから、実印の所持は、何らかの代理権の存在の徴表とはなりえても、代理権の範囲の徴表にはなり得ないから、代理人が自称する当該取引についての代理権の徴表とはなりえない。

また、相手方が代理人を通して本人と取引する際に、代理人の代理権の有無・範囲について、相手方が本人に問い合せなければならない義務（調査確認義務）はないと考える。相手方が代理人の代理権の有無・範囲について本人に問い合せずに代理人を通して本人と取引し、代理人に当該取引についての代理権がなかった場合には、相手方は無権代理の不利益を負うだけである。もちろん問い合せる義務がないということは、問い合せてはならないということではない。むしろ相手方が無権代理の不利益を負いたくなかったら、代理人の代理権の有無・範囲について本人に問い合せるのが、普通の市民社会の取引形態である。

しかし、相手方がこれまでも代理人を通して今回の取引と同種同量の取引をしたことがあり、これまでもそれらの取引が本人によって承認されつつがなく履行されてきたので、今回の取引についても本人に問い合せるまでもなく従来と同様に代理人には代理権があると相手方が信じたところ、今回は代理権がなかったというような場合には相手方に無権代理の不利益を負わせるのは酷である。一一〇条は、まさにこのような場合の相手方を保護するために代理権ありと信ずべき正当理由のあることを、相手方が保護されるべき要件であると定め、相手方に正当理由が成立するときに本人に責任を負わせることによって、取引の安全を得ようとしたのである。

従って相手方には本人に問い合せる義務はなく、しかし相手方が無権代理の不利益を負いたくなかったら問い合せるのが普通であるが「本人に代理権の有無・範囲について問い合せをすることが全く不要と感じさせるほどの客観的事情があり」それ故相手方が「代理権の存在を信じた」ときには、相手方に代理権がありと信ずべき正当理由が成立する。

これは、起草者たる梅・富井両博士の見解（梅謙次郎『民法要義（巻之一総則編）』訂正増補版二七七頁、二七八頁、富井政章『民法原論（第一巻総論）』訂正増補版五一四頁、五一五頁）、一一〇条の立法趣旨、一一〇条の文言の忠実な解釈、正当理由肯定否定判例の実質的判断プロセス（形式的推論のプロセスではなく）から導かれたものである（従って一一〇条の正当理由は単なる善意・無過失ではない）。

(iv)　そこでいかなる客観的事情が、本人に代理権の有無・範囲についての問い合せをすることが全く不要と感じさせるほどの客観的事情か、即ち、正当理由を成立させる主要な肯定的ファクターは何かが問題になる。私見は、一一〇条の立法趣旨からして、相手方がこれまで代理人を通して本人と同種同量の取引をしてきたが、いずれもこれらの取引は本人によって承認されつつがなく履行されてきた（梅・富井・第一類型）、あるいはこれに準じるような客観的事情（例えば本人の認容的言動）のあることが、正当理由を成立させる主要な肯定的ファクターであると考える。実印の所持は原則として正当理由を成立させる客観的事情ではなく、ひとつの肯定的ファクターにすぎず、しかも他の積極的な肯定的ファクターとあわさって、はじめて正当理由を成立させるところのそれ自体は弱い肯定的ファクターにすぎない。また代理人の詐欺師的言辞は肯定的ファククーとみるべきではない。「疑念を生ぜしめるに足りる事情」は否定的ファクターであるから、否定的ファクターが存在するときにはそれを凌駕するほどの積極的な肯定的ファクターが存在しなければ、正当理由は成立しない。

(v)　私見は、一一〇条の正当理由の有無を、右にのべた厳格な基準によって判断するので、一一〇条を直接適用することが、夫婦の財産的独立を侵害することにはならず、むしろ財産的独立を尊重する結果となるのである。むしろ、我妻説は、日常家事行為の範囲を行為者の目的・動機等主観的意図を重視して広くとらえ、その基準でもなおかつ日常家事行為とは評価できない行為について表見代理の適用を考えようとする。しかも我妻説の立場では実印等の交付があれば一一〇条の正当理由が成立する場合が多いとされているので、我妻説に従って一一〇条を直接適用すれば、その成立範囲はかなり広くなる。そこで我妻博士は自らの説をかえりみて一一〇条を直接適用すると夫婦の財産的独立を侵害するおそれがあると反省し、そこに何らかの制限的要件（即ち「日常の家事に関する法律行為の範囲内に属すると信ずるにつき正当の理由」）を附加しようと意図したのだと思われる。

(3)　次に具体的に如何なる事実があれば「日常の家事に関する法律行為の範囲内に属すると信ずるにつき正当の理由」があるといえるのか、その具体的内容は右最高裁判旨からは明らかではない。(19)

我妻説に従えば、普通の家政の処理と認められる範囲（私見によれば月収の一〜三割程度）を逸脱した借財でも、生計維持という目的がある時は日常家事行為の範囲に含まれることになる。その際妻が夫名義で借財するにつき生計維持という目的なら日常家事行為、妻の遊興費にあてるという目的なら非日常家事行為となるから、妻が相手方に生活維持費にあてると巧妙に説明し相手方がそれを信じたが実際は遊興費に費消していたという事案では、相手方は実際には日常家事行為ではなかったのにその範囲を誤信していたということになって、その目的・動機の誤信についての正当理由が一一〇条の類推適用という形で判断されることになるのであろう[20]。結局「日常の家事の範囲内と信ずるについての正当理由」とは、相手方が行為者の説明した目的から日常家事行為と誤信したが、このように誤信したのはもっともだと思われるかどうかという程度の内容でしかないと思われる。我妻説は日常家事行為の範囲を行為者の目的・動機といった主観的意図を重視して広くとらえた上で、その目的・動機に対する相手方の誤信がもっともだといえるかどうかを一一〇条類推の際の正当理由の内容で判断するのであるから、夫婦の財産的独立を侵害するおそれは二重に強いといわねばならない。そして日常家事行為の範囲を判断するにつき行為者の目的・動機といった主観的意図を考慮することは、日常家事行為の概念と範囲をあいまいにし、かえって夫婦の財産的独立を侵害する結果となると考える私見では、目的・動機についての相手方の誤信は、そもそも正当理由の判断については問題とならないのである。

(4)　借財に関して日常家事行為と表見代理が問題になった事案につき一一〇条類推適用説の立場にたつ判例が如何なる事実からその正当理由の有無を判断[21]したかといえば、①日常家事行為の範囲を判断する際に考慮した事実（主として金額と使途目的）と一一〇条を直接適用する際にその正当理由の有無を判断するのに考慮される事実（即ち実印の所持や本人名義の白紙委任状、印鑑証明書の交付など代理権ありと信ずべき正当理由の有無の判断に考慮される事実）から一一〇条類推の正当理由の有無を判断する、②代理権ありと信ずべき正当理由の有無の判断に考慮される事実を排除して日常家事行為の範囲を判断する際に考慮した事実のみから一一〇条類推の正当理由の有無を判断する、の二つに分かれる。このように分かれること自体一一〇条類推適用における正当理由の内容の不明確さをあらわすものであるが、②のように即ち、主として金額と使途目的とから正当理由の有無を判断するならば「日常の家事の範囲内と信ずるについての正当理由」とは、七六一条の拡張解釈を意味するものにすぎないであろう。そして、①のように解するにしても、日常の家事の範囲を判断する際に考慮した事実とは結局行為者の使途目的・借財の動機などであるから、これらは正当理由の判断基準としてはあいまいである（つまり無権代理行為の効果を本人に帰属させるための実質的判断基準としては機能しない）。そこで、①のような一一〇条類推適用説の立場にたつ判例も、実質的には一一〇条の正当理由の有無、つまり「本人に代理権の有無・範囲について問い合せをすることが全く不要と感じさせるほどの客観的事情があり」それゆえに「代理権の存在を信じた」といえるか否かを判断し、それが認められない時に「日常家事の範囲内に属すると信ずべき正当理由がない」という表現を最判昭和四四年一二月一八日の判旨に従って述べているにすぎないと思われる。逆に「本人に代理権の有無・範囲について問い合せをすることが全く不要と感じさせるほどの客観的事情があった」と判断できるとき、実質的には一一〇条の正当理由を肯定できるとき「日常家事の範囲内に属すると信ずべき正当理由がある」と判断することになる。(22) そこで次節では借財に関する判例を私見に即して考察する。

三　日常家事行為が問題とされた借財に関する判例の考察

本節では借財に関する判例を、自己名義（行為者のみの名義・Ⅰ型）と他方名義（行為者と他方配偶者との連帯名義を含む・Ⅱ型）に分け、後者（Ⅱ型）を基本代理権として日常家事代理権しかない場合（Ⅱα型）と他に基本代理権のある場合（Ⅱβ型）に分け、更にⅡα型を借財の場合（Ⅱαa型）、他人の債務についての連帯債務・連帯保証の場合（Ⅱαb型）、高利・サラ金の場合（Ⅱαc型）、復代理の場合（Ⅱαd型）、手形・小切手行為（Ⅱαe型）に分類して考察する。筆者は、第一部第三章「表見代理理論の新展開」で述べた（四結語）ように、「基本代理権」を、「正当理由」に対峙する一一〇条の成立要件とする必要はないと考えているが、本章のテーマに関して判例は、何らかの代理権の授与がなく、かつ行為者の説明した使途目的が日常家事的であるときは一一〇条類推適用で問題を処理し、他に何らかの代理権の授与があり、あるいは行為者の説明した使途目的が非日常家事的であるときは、一一〇条適用の問題としている。そこで本章で採りあげる他方名義の借財の判例の分析に際しては、基本代理権として日常家事代理権しかない場合（Ⅱα型）と、他に基本代理権がある場合（Ⅱβ型）とに分けて考察することとする。なお本章で考察する判例は以下判例番号で略するので、判例番号については、本章末尾図表Ⅰ・図表Ⅱを参照していただきたい。

㈠　**自己名義の場合**（Ⅰ型）

⑴　配偶者の一方（例えば妻）が自己名義で借財した場合、その借財が夫婦の資産・収入・債務額・利息等を考慮して、月収の一〜三割程度であれば（但し高利のものを除く）日常家事行為と判断され、夫は七六一条により連帯責任を負う。この場合妻の無権代理行為がなされたわけではないから夫の表見代理に基づく責任は、もとより問題とならない。但し妻が自己名義の借財について夫に無断で夫を代理し夫を連帯保証人とした時は、その借財行為自体は日常家事行為ではないと判断されて夫は七六一条による連帯責任を免れても、妻が夫を代理してなした連帯保証契約については、もし相手方に一一〇条の正当理由が成立するならば連帯保証人としての責任を負担しなければならない場合もあろう。

(2)　判例①（東京地判昭和三一年）は妻が自己名義で借財した事案で、その金額は原告（貸主）主張によれば一一回にわたり合計十三万七千円（利息月一割）であり、被告（夫）主張によれば九回にわたり合計九万五千円（利息月一割）である。夫の月収は認定されていないが昭和二五年当時では高額の債務額であり利息も月一割の高利であるから、本件借財は日常家事行為に該らない。東京地判が「原被告双方主張の金額から見て決して小額とはいえない金額の金銭消費貸借契約は、……日常の家事の範囲内に属するものということはできない。」と判示したのは正当である。(23)

(3)　判例⑯（松山簡判昭和五二年）は妻Wが不動産業及び金融を業とする会社Xから、三〇万円を自己名義で弁済期を定めず期限後の損害金は一〇〇円につき一日三〇銭の約定で借り受け、その際夫Yに無断でYの代理人として連帯保証契約を締結したという事案である。(24)認定された事実によればYはWに当時二〇万円位の生活費を渡していたのであるから、三〇万円の借財は判旨もいう通り高額であって日常家事行為ではない。

次にWはYの実印と印鑑証明書を所持し、自己の債務についてYを代理して連帯保証契約を締結している。そこでXに一一〇条の正当理由が成立するかであるが、本件における決定的否定的ファクターは、代理人（W）自身の債務の保証のために、代理人が本人を代理して連帯保証契約を締結したという事実である。これに対して肯定的ファクターとしては、実印と印鑑証明書の所持しか存在していない。前述したように、実印の所持はそれだけで正当理由を成立させる主要な肯定的ファクターではないし、否定的ファクターを凌駕するほどの肯定的ファクターの存在は本件では認定されていない。従ってXに一一〇条の正当理由は成立しない。松山簡判は一一〇条類推適用説の立場にたち本件のWの借財がX主張のようにYの入院費にあてたものであったにしても（現実に入院費に費消されたかは認定していない）、一一〇条類推の正当理由は認められないとしているが、認定された事実からはXに一一〇条の正当理由は成立しないのであって、あえて不要な一一〇条類推を言う必要はない。(25)

(4)　判例㉑（東京高判昭和五五年）は妻が九ヵ月間に二二回にわたり合計五二〇万円を自己名義で借り受けたという事案である。しかもその利息は、当初の借財については各々一ヵ月五分であったが（これ自体高利であるが）その後次第に借財を重ねるにつれ一ヵ月六分、七分、一割と高くなっていったのであるから、本件借財が日常家事行為に該らないことはいうまでもない。そして妻は借受金のほとんどを自分が夫に秘して他の第三者から高利で借り受けていた金員の利息の支払にあてたとのことであるから、夫は本件の貸金の返還につき七六一条に基づく連帯責任を負担することはない。

　ところで判時九七二号三二頁の本件についてのコメントによれば、貸主は妻に対して貸金の返還を求めるとともに夫に対しても七六一条に基づいて連帯支払を求め、仮に本件借財が日常家事行為の範囲を越えていたとしても、一一〇条の類推適用により夫の連帯責任を主張したとのことである。これに答えて東京高判は本件借財は日常家事行為ではないと判断した上で「自己の利益を目的として夫婦の一方に対し日常家事の範囲を越えて多額の金員を高利で貸し付けた第三者が該貸付けをもって夫婦の日常家事の範囲内のものであると信じ、かつ、かく信ずるにつき正当な理由ありとして、夫婦の他方に対し民法一一〇条の規定の趣旨の類推適用により連帯責任を追求しうるためには（傍点筆者）単に直接借受の衝に当った夫婦の一方の言を軽信したのみでは足りず、直接借受の衝に当らなかった他の配偶者が当該借受行為を容認するか又は第三者が夫婦の日常家事の範囲内の行為であると信ずるにつき右配偶者も原因を与えるなど特別の事情が存することを要するものというべきところ、本件においては、右特別事情の存在を肯認するに足る証拠はなく、」貸主には正当理由がないから夫に対して一一〇条の類推適用により連帯責任を追求できない旨判示した。これについて判時九七二号三三頁は「本件は……右判例（最判昭和四四年一二月一八日）の趣旨に従い正当理由の有無を具体的に判断した結果これを否定した具体例として、参考とされよう。」とコメントする。しかし、判時九七二号三三頁、三四頁、及び判タ四二四号九七頁に引用されている判旨には、本件借財について妻が夫に無断で夫を代理して連帯債務契約あるいは連帯保証契約を締結したという記述はない。

妻が自己名義で日常家事の範囲に含まれない借財をした場合、私見のように一一〇条を直接適用するにせよ最判昭和四四年一二月一八日のように一一〇条を類推適用するにせよ相手方の「正当理由」が問題とされるのは、妻が自己名義の借財について夫に無断で夫を代理して夫名義の連帯債務契約あるいは連帯保証契約を締結した場合だけのはずである。一一〇条直接適用説であれ一一〇条類推適用説であれ、「代理行為」のなかったところでは相手方の「正当理由」は問題とならない。本件でも判時九七二号三三頁、三四頁及び判タ四二四号九七頁に引用されている判旨には妻が無権代理行為をしたという事実は認定されておらず、従って、妻の自己名義の借財が非日常家事行為と判断されればそれで足り、それ以上に相手方の「正当理由」の有無を具体的に検討する必要は全くない事案であった。東京高判は、貸主の一一〇条類推適用の主張に対して「代理行為のなかった本件では貸主側の『正当理由』はそもそも問題とならない」と応答すればよかったのである。

一一〇条類推適用の「正当理由」の内容の不明確さから、それが夫婦の財産的独立を侵害するおそれが強いことは既に前章二㈢で指摘した通りであるが、一一〇条類推適用説が何らの代理行為もなかった本件のような場合にまで適用されるのであれば、それは一一〇条の類推というよりはむしろ七六一条の拡張解釈と呼ぶのが正確である。

夫婦の一方（例えば妻）が何らの代理行為もせずに、貸主には生活維持費にあてると説明して月収の一〜三割を越える（あるいはそれ以下でも高利の）自己名義の借財をし、その借受金を自己の遊興費に費消したとする。私見では妻のこの自己名義の借財は非日常家事行為であり、夫が七六一条の連帯責任を負わされることはなく、代理行為がない以上一一〇条の適用が問題とされる余地もない。日常家事行為の範囲を判断するにつき行為者の目的・動機といった主観的意図を重視する見解でも、現実に遊興費に費消されていれば非日常家事行為と判断されるであろうし、貸主が妻の言辞態度の巧妙さから目的・動機を誤信し日常家事の範囲内であると信じたにしても、つまり一見一一〇条類推の正当理由があるようにみえたにしても、やはり代理行為がない以上一一〇条の類推適用が問題とされる余地はなかったはずである。にもかかわらず右のように代理行為がなかった場合にまで、東京高判の採る一一〇条類推適用説のように相手方に「日常の家事に関する法律行為の範囲内に属すると信ずるにつき正当の理由」があれば夫は連帯責任を問われるというのであれば、夫婦の財産的独立が侵害される危険性は極めて大きくなる。東京高判の右の見解は「日常の家事の範囲を……広く解し、かつその範囲についてだけ表見代理の趣旨を適用」（我妻『親族法』一一〇九頁）するという一一〇条類推適用説自体がもつあいまいさに起因するものであろう。

(二) 他方名義の場合（Ⅱα型・Ⅱβ型）

(1)　夫婦の一方が他方名義（行為者と他方配偶者との連帯名義を含む）で非日常家事行為をした場合を、他方からの何らかの代理権授与がなく基本代理権として日常家事代理権しかない場合（Ⅱα型）と、日常家事代理権の他に基本代理権として他方からの何らかの代理権授与がある場合（Ⅱβ型）とに分類した。

判例は、基本代理権として日常家事代理権しかない場合で、かつ行為者が相手方に説明した使途目的を重視しそれが一見日常家事的であるときは一一〇条類推適用説を採りその正当理由の有無を判断し、他方からの何らかの代理権授与がある場合あるいは何らかの代理権授与がなくても使途目的が日常家事行為からかけはなれているときは一一〇条を直接適用する。私見はⅡα型、Ⅱβ型を通して一一〇条を直接適用し相手方に代理権ありと信ずべき正当理由があったか否かを、「本人に代理権の有無・範囲について問い合せをすることが全く不要と感じさせるほどの客観的事情があり」それ故に「代理権の存在を信じた」といえるか否かについて厳格に検討すべきであると考える。

本来ならば(三)においてⅡα型のみならずⅡβ型の判例についても私見の基準に照らして一一〇条の正当理由の有無を考察すべきではある。しかしⅡβ型については判例も一一〇条を直接適用しているし、紙数の関係もあるので、本章ではⅡβ型についてはそれに属する判例を末尾図表Ⅰ・図表Ⅱであげるにとどめ、私見の基準による一一〇条の正当理由の考察については稿を改めたい(但し、Ⅱα型の判例との対比において注記し考察した判例もある)。そこで、以下判例が一一〇条を類推適用したⅡα型について、判例が具体的に如何なる事実があるときに一一〇条類推の正当理由を肯定しあるいは否定したかを検討し、認定された事実から私見の基準に即して一一〇条の正当理由の有無を考察したい。

(2)　借財(Ⅱαa型)の場合

(i)　一一〇条類推適用説を採りその正当理由を肯定したのは判例④(東京高判昭和三七年)と判例㉒(名古屋地判昭和五五年)のみであり、また判例④は一一〇条直接適用説を採りその正当理由を肯定した判例③(浦和地判昭和三五年)の上告審判決である。(26)

判例③(判例④)は妻Wが夫Xと娘その他一名を連帯債務者として金融会社Yから三万円を借受けたが、その際Xの承諾を得ずにその印鑑を盗用して委任状を偽造し公正証書を作成したという事案である。浦和地判は、Xの収入が約三万五〇〇〇円、生活費は二万五〇〇〇円程度であるから三万円の借財は日常家事の範囲外であるとの前提にたち(この判断は正当である)、七六一条の日常家事代理権をもって一一〇条の基本代理権と解することができるとした上で、次のような事情から一一〇条の正当理由を肯定した。即ち妻WはYの専務取締役が調査のためX宅に赴いた際に、㋑自分は夫から家事一切を任され、以前に自分が他から借りた三・四〇万円についても夫が支払ってくれたことがあり、かつ今回の借財は家の新築費にあてるためのものだから夫は承知しており、夫の依頼により印鑑証明を採ってきた等と述べた上で、㋺印鑑証明と実印を差し出した。このような事情に㋩三万円という借財も比較的軽少の額であり、当時同居の妻がこの程度の借財について夫から代理権を授与されることはしばしばあることを根拠として、ＹがＷに本件消費貸借についてＸの代理権があったと信ずるについて正当な理由があると判断した。

これに対して東京高判は、日常家事行為と表見代理の関係について類推適用説を採ることを明らかにした上で、原審が確定した事実（㋑・㋺・㋩）から原審がＹにおいて本件消費貸借につきＷにＸを代理する権限があったと信ずべき正当の理由があると判断したのは是認できるし、また原審が認定した事実によればＷがＹの専務取締役に告げた借財の使途は家屋の新築にあてるためのものであるとのことであり、その説明を受けたＹの専務取締役が本件借財は日常家事の範囲に属するものと信ずべき正当の理由も存したと解せられるから、一一〇条の適用について制限（日常の家事の範囲に属するにつき正当の理由）を付しても、即ち表見代理の規定の適用の範囲に関する見解の相違は（一一〇条直接適用説か一一〇条類推適用説か）あっても、判決の結果に影響を及ぼすことはないとして上告を棄却した。

この同一の事案に対する二つの判例を比較してみると、一一〇条直接適用説では相手方が当該行為について自称代理人に代理権があったと信じたことについて正当理由があったか否かが問題となるから、浦和地判もこの点についての一応詳細な事実認定をしているが（但し、この認定された事実から一一〇条の正当理由を肯定したのは不当である）、一一〇条の類推適用説では相手方が当該行為が日常の家事の範囲内に属すると信じたことについて正当理由があったか否かが問題とされるから、東京高判も行為者の説明した使途目的に対する相手方の信頼を重視せざるをえないのである。(27)

私見に即して本件を考察すると、㋑でいう妻の詐欺師的な言辞は肯定的ファクターにならない。㋩でいう三万円の借財は月収三万五〇〇〇円の公務員であるXにとっては比較的軽少の額とはとてもいえないし、このような日常家事の範囲を越えた借財やそれについての公正証書を作成する権限を夫が妻に授与するのは社会通念上しばしばあることではない。とすると本件では㋺の実印等の所持しか肯定的ファクターは存在しないから（夫婦間では実印の盗用がなされやすいから、他人が本人の実印を所持した場合に比較すれば、夫婦の一方が他方の実印を所持することは、より微弱な肯定的ファクターにすぎないといえるであろう）、私見の基準からして本件は一一〇条の正当理由の成立しない事案である。従って、浦和地判が一一〇条直接適用説の立場にたってその正当理由を肯定したのは不当である。そして一一〇条類推適用説の立場にたった東京高判が、「上告人（X）がさして収入の多くない公務員であること、被上告人（Y）が上告人宅を訪れただけで、その勤務先において上告人本人に直接確かめる方法をとらなかったことその他所論の点は本件において右の結論を左右するに足らず」と判示し、Wの説明した使途目的を日常家事的なものとしてとらえ、それをもっぱら重視して「本件金銭借入が日常家事の範囲に属するものと信ずべき正当の理由も存したと解することができ、民法一一〇条の適用につき第一点に説示した制限を付しても（第三者において日常家事の範囲に属すると信ずるにつき正当の理由のあるときに限り表見法理を適用する）、なお原審が同条を適用したことはこれを是認すべきものと考えられる。」旨判断したのはまことに不当であるといわざるを得ない。行為者の説明した使途目的に対する相手方の誤信を重視することは、夫婦の財産的独立を侵害する結果となることを端的に示す判例である。

(ii)　次に判例㉒（名古屋地判昭和五五年）は最判昭和四四年一二月一八日以後一一〇条類推適用説を採りその正当理由を肯定した唯一の判例である。事案はYの妻WがA相互銀行からY名義で一五〇万円を借受けたが、右借受金を返済しなかったのでAと損害保険契約を締結しAに代位弁済したX火災保険会社がYに対しその支払を求めたというものである。名古屋地判は、本件の借入金がWの説明した様にYの家族の医療費や生活費の用途に費消されたとの事実を認めるに足りる証拠がないから日常家事行為には該らないと判断した上で、以下の理由からAが本件借入れをY夫婦の日常家事の範囲内であると信じたことは正当理由が認められると判示した。即ち、㋑WはAから一五〇万円を借入れる際、その名目上の使途を「医療費」と記入し、口頭でAの貸付担当員にY家族の医療費及び生活費の足しにすると述べたこと、㋺Yの月収は約三七万円であり、借入金一五〇万円の返済条件は毎月元利合計二万三三二〇円の割賦償還であること、㋩Wが予めAから交付された「この証明書は、借入申込書のみの《ママ》際に提出して下さい。」と付記してある給与証明書用紙をYに手渡し、Yが自ら右証明書用紙をもってその勤務先で発行を受けた給与証明書とY名義の印鑑登録証（但しWが勝手に届出て交付を受けたもの）をAに提出したこと、㋥AはYの借受意思を確認するためその勤務先会社に三回電話したが、いずれもYは不在であり、Yの所在とさきに提出された前記給与証明書がY自身発行を受けたことが間違いのないものであることの確認を得たこと、以上㋑㋺㋩㋥の事実からAがWの借入れをY夫婦の日常家事の範囲内であると信じたことは正当理由が認められると判断し、一一〇条の趣旨を類推してYはWの借り入れた一五〇万円につきAに対して債務者として弁済責任を負うとしたのである。

　本件を私見に即して検討すると、私見では当該の借財が日常家事行為に該るか否かは、その借入額と夫婦の資産・収入から客観的に判断されるから、月収三七万円というY夫婦において一五〇万円という借入れは日常家事行為ではないことは明白である。次にこのように客観的に非日常家事行為と判断されたWの借入れ行為についてAがWに代理権ありと信ずべき正当理由があったか否かが厳密に検討される。即ち「本人に代理権の有無・範囲について問い合せをすることが全く不要と感じさせるほどの客観的事情があり」それゆえに「代理権の存在を信じた」と判断できるか否かである。本件では、AはYの代理人と称するWと取引するのははじめてであるが、㋩WがAに提出したYの給与証明書は、Aから予め交付された「この証明書は、借入申込書のみの《ママ》際に提出して下さい。」と付記してある給与証明書用紙をWがYに手渡し、Yが自らその証明書用紙をもってその勤務先の証明を受けた上で再びWに手渡したものであること、㊁AはYの勤務先に電話しその給与証明書はY自身発行を受けたものであることを確認しているのであるから、若干間接的であるとはいうものの当該借財についての夫の認容的言動があり、この客観的事実を正当理由を成立させる主要な肯定的ファクターとして、私見に即しても本件はかろうじて一一〇条の正当理由を肯定し得る。

名古屋地判が一一〇条類推の正当理由を肯定するために認定した㋑㋺㋩㋥の事実のうち、㋑㋺は日常家事行為の範囲を判断する際に考慮した事実であり、㋩㋥はまさにAがWの代理権の存在を信じたことについて正当理由があったか否かを判断する際に考慮される事実である。本判決について原田・前掲二一一頁は「本判決は、七六一条への表見法理の類推適用における正当理由の認定の幅を必ずしも広げたものではなく、むしろ、その認定のためには一一〇条の通常の適用の場合（基本代理権さえあれば、㋩㋥の点は今日では要求されない）以上に厳格な要素が必要とされることを明らかにしたものということになる。」（傍点筆者）と評価している。

しかし一一〇条の通常の適用が問題となるケースでは判例は「本人の意思の確認」を要求することによって実質的には「本人に代理権の有無・範囲について問い合せをすることが全く不要と感じさせるほどの客観的事情があったか」を判断しているのであり、それが本件では㋩㋥の点である。もし本件で㋩㋥の事実が認定されておらず㋑㋺の事実のみであったならば、名古屋地判は一一〇条類推適用説を採りその正当理由を否定した判例（例えば東京地判昭和四七年一一月二二日判時七〇五号六七頁[28]、東京地判昭和四七年一二月一九日判時七〇八号五一頁[29]、判例㉔）と同様に「Yの意思を確認すべきであった」と判示したであろう。何故なら㋑㋺特に㋑の事実は、Wの嘘言からAが本件借財の使途目的を誤信したというだけのことであり、本人Yに責任を帰属させるための相手方の正当理由の有無の判断基準としては何ら実質的に機能しないからである（もっとも実質的に機能しないはずの使途目的に対する相手方の誤信を重視して、判例④のように代理権ありと信ずべき正当理由もないのに一一〇条類推の正当理由を肯定したことが、夫婦の財産的独立を極めて侵害するものであることは前述した通りである）。そして本件では㈧㈡の事実が認定され、AがWの代理権の存在を信じたことについて正当理由があると実質的に判断できたからこそ、名古屋地判は一一〇条の正当理由を肯定したのであって、本判決が一一〇条類推適用説にたてば一一〇条を直接適用した場合よりも厳格な要素が必要とされることを明らかにしたとは決して評価できない。むしろ本判決は一一〇条類推適用説にたって「日常の家事の範囲に属すると信じるについての正当理由」を判断する際に考慮される具体的事情は、実質的には一一〇条の「代理権ありと信ずべき正当理由」を判断する際に考慮される具体的事情と異ならないことを示している。

(iii)　判例⑬（東京地判昭和四六年）・判例⑳（東京地判昭和五五年）・判例㉔（高松高判昭和五六年）は一一〇条類推の正当理由を否定した判例である。まず判例⑬はYの内縁の夫MがXとの間に二〇〇万円の準消費貸借契約を結び、その際MはYに無断でYを代理して自己の右契約上の債務につきYがMと連帯して履行責任を負う旨を約束していたところ、Mが二〇〇万円を返済しないまま死亡したので、XがYにその支払を求めたという事案である。

東京地判は内縁の夫Mにも七六一条により日常家事代理権があると判示した上で、(30)㈠Mは繊維類のブローカーとして損益常ならず女遊び等のため浪費も激しかったこと、㈡MはYとの共同生活のための費用を支出したことは殆どなくその費用は専らYの芸妓置屋としての営業収益によって賄われ、本件の二〇〇万円についても共同生活のための費用に充てられていないこと、㈧Xは終戦の頃に死亡した自分の姪がMと内縁関係にあったため、古くからMを知り、戦後もM及びYと交際があったこと、㈡二〇〇万円という金額は（これは二、三年の間の何回かの借入金を合計したもの）YとMとの共同生活の費用に充てる金員としては高額すぎること、以上㋑㋺㋩㋥の事実から一一〇条類推の正当理由を否定した。

東京地判は専ら共同生活の費用を支出していたYの収入を認定していないが、二〇〇万円という金額は高額であって本件の準消費貸借契約が非日常家事行為であることはいうまでもない。そして二〇〇万円という金額は二、三年の間にMがXから何回か借入れた金員を合計したものであるから、本件の準消費貸借契約は実質的には、代理人（M）自身の債務の保証のために代理人が本人（Y）を代理して行為したものであるといえる。これは決定的否定的ファクターであり（例えば判例⑯）XはM・Yとは熟知の間柄（㋩）で、M・Yの共同生活の実態（㋑㋺）もよく知っていたのであるから、本件の準消費貸借契約のYの連帯名義はMの無権代理ではないかとの疑いをいだくのがむしろ通常である。従って本件は一一〇条類推をいうまでもなく、認定された事実からはXに一一〇条の正当理由は成立しない(31)。

(iv)　判例㉔（高松高判昭和五六年）の事案は以下の通りである。Yは昭和四九年九月一日ころ妻WとともにA金庫へ赴き、自己名義で三〇万円（利息年一割二分）を借り受けWを通じて昭和五〇年一〇月までに完済した（これを借財①とする）。Yは遠洋鮪漁船の機関員であり昭和五〇年一〇月二五日ころ出漁し同五二年三月帰宅した。Yが出漁してから五ヵ月余り後の昭和五一年四月五日ころWはYに無断でYを借主、自己を連帯保証人としてA金庫から用途を子供部屋の改築資金として三〇万円（利息年一割五厘）を借り受けた。その際WはYの雇主からかねて渡されていたYの昭和五〇年分給与所得の源泉徴収票（給与手取額合計約三三〇万円）をA金庫を差入れ、A金庫はYが遠洋漁業に出漁中であることをWから知らされていたが、Yに借入意思の確認をせず、家屋改築の調査もしなかった。この三〇万円の現実の使途は不明だが借出しから一ヵ月余り後の同年五月一五日ころWから一括完済された（これを借財②とする）。この一括完済から五日後にA金庫はWとの間にYを借主、Wを保証人とする本件一五〇万円の消費貸借契約を締結したが、借財②の際にWが差入れていた源泉徴収票等をそのまま使用し、Yへの意思確認をせず、貸付金の使途に関してはWから台所改修工事見積書を提出させたのみで他の調査をしなかった。Yは昭和五二年三月に帰宅し、A金庫からの電話ではじめて借財②と本件借財のことを知り、Wに使途を尋ねたが、Wは一五〇万円のうち約三〇万円を湯沸器の購入設置代及び台所内壁の補修代に使い、七万円余を長男の入院治療に費消したと告げたほかは、残一一〇万円余の使途を明さず、Y帰宅より約二〇日後に自己（W）名義部分を記載ずみの協議離婚届書をYのもとへ残して家出し、Yは同年六月三日Wと協議離婚した。YはA金庫より返済を催告されたがWの無権代理である旨を告げて催告に応ぜず、昭和五二年八月一五日ころA金庫はYに対する本件消費貸借契約上の債権をXに譲渡し、XがYに対して元利金未払分（一四六万九千円）の返済を求めたのが本件である。

高松高判はWの無権代理による一五〇万円の借財のうち日常家事的に費消された三七万円の借入れについては、Y夫婦の日常家事行為に該るのでYに連帯責任があると判示した上で、以下の理由で一五〇万円中三七万円を超える金銭の借入れについても、A金庫においてそれがY夫婦の日常家事の範囲に属すると信ずるとか、借財②を基本代理権としてWがYの代理人であると信ずるにつき正当の理由があったとか認めることはできないと判示した。即ち一五〇万円の使途目的につきWの説明を信用したとしても、一五〇万円はYの年間収入の約半分近くに該り、従来の貸付け額（借財①・借財②）の五倍であるのに、Wが早急な貸付方を申し入れるやA金庫はWからさえ緊急の出費の具体的事情を確かめず、出漁中のYが乗船する漁船が寄港する先へ、Yの意思を確認する方法も採らせなかったこと（イ）を鑑みると、借財①と借財②は完済されていること（ロ）、Wは本件借受け申込みにあたりYの印章と印鑑証明書をA金庫に持参したこと（ハ）等を考慮しても、正当理由は認められないと判断したのである。

本件を私見に即して検討すると、まず一五〇万円の借り受け行為そのものが、Y夫婦の資産・収入からして日常家事行為に該るか否かが客観的に判断されるべきであり、一五〇万円がYの年間収入の半分近くに該るという本件では、当該借受け行為は当然に日常家事行為ではない。判旨のように実際の使途を考慮して借受け行為の一部が日常家事行為に該るというのは不当である。

次にAに一一〇条の正当理由が成立するか否かを検討すると、本件における決定的否定的ファクターは、AはWよりYが出港から帰港予定時まで一年余という長期間の遠洋漁業へ出漁中（実際は約一年五ヵ月の出漁であった）であることを聞かされており、Yの長期不在を知っていたという点である。(32) Yが出漁中で長期不在であれば、WがYの印章や印鑑証明書を所持していたという事実(ハ)は、極めて弱い肯定的ファクターにしかならない。私見は他方配偶者が日常家事の範囲を越えた特定の行為について幾度か真実本人を代理して相手方と取引したことがあるという事実があれば、それは主要な肯定的ファクターになると考えるが（梅・富井・第一類型）、借財①は借受けの際WがYに同行し、またWを通じて完済されたとはいえY本人がAと締結したものであり、借財②はWの無権代理行為であるから(ロ)、やはり肯定的ファクターとはならない。それどころか本件では、借財②が借受けから一ヵ月余り後に（約定では一五回割賦であった）一括完済されてからわずか二日後に（契約締結は一括完済から五日後）、しかも五倍の借入額の本件借財の申込がなされたのであるから(イ)、むしろWの無権代理ではないかとの疑いをいだくのが当然だと思われる事情すら存在している。従って高松高判が認定した事実からは本件のAには一一〇条の正当理由は成立しない。結局本件の一五〇万円の借財は、Wの無権代理行為ということになる。

(v)　判例⑳（東京地判昭和五五年）は有限会社を経営する夫MがX信用金庫から妻Yを借主、自己を連帯保証人として二五〇万円を借り受けたが、その際MはXに使途目的を娘（当時二二歳）の結婚費用と説明したところ実際は自己の会社の営業資金に充てる意図であり現実にそのように費消されたという事案である。

東京地判は既に成熟した娘の結婚費用として、しかも二五〇万円もの多額の金員を借受ける行為は日常家事行為に該らないと判断した上で、Xの一一〇条類推による表見代理の主張に対しては、これは娘の結婚費用にあてるため借財することがY夫婦の日常家事行為に該ることを前提とするものであるから、「その余について判断するまでもなく理由がない」と判示した。

東京地判はY夫婦の収入を認定していないが債務額が二五〇万円という高額であることから本件借財は当然日常家事行為に該らない。そして私見の基準に照らしても認定された事実からは一一〇条の正当理由は成立しないが、東京地判の判旨のようにMの説明によりXが信じた使途目的がそもそも日常家事行為に該らないから、それ以外の事情を考慮する余地はないという態度は問題である。仮に本件でMが真実Yを代理して幾度かXと取引したことがあったという事情があるならば（梅・富井・第一類型）（判例㉗参照）、Mが使途目的を何と説明しようと、また何に借受金が費消されようと厳格な私見の基準に照らして一一〇条の正当理由が肯定される余地もあるのである。行為者の説明した使途目的に対する相手方の誤信を重視して一一〇条類推の正当理由を肯定した判例④（東京高判昭和三七年）のような態度にも問題は多いが、本件判旨のように行為者の説明した使途目的が非日常家事行為であるから他の事情を考慮しないという態度も事実認定があいまいになるという危険性を孕んでいるのである。
(vi)　判例⑭（東京高判昭和四八年）は妻WがY信用金庫から夫Xを借主として二〇万円を借受けたが、その際WはYに使途目的を長男の大学入学のための費用にあてると説明したところ、実際は自己の勤務先の上司との外泊費用を調達する意図であったという事案である。
Xの債務不存在確認の訴に対してYは、WがXから別箇の事項につき与えられていた代理権を基礎として一一〇条の表見代理の主張をした。これに対して東京高判はそのような基本代理権をWはXから与えられていなかったし、本件二〇万円の借財の前提としてXをYの会員とするためのX名義の普通預金口座の開設についても、WがXに無断でXの印章を冒用して行ったものであり、このような経過で本件借財が成立するまでの間、Yは如何なる方法によってもXの意思を確認するところが全くなかったから、YにおいてWに代理権があると信じたことについては重大な過失があると判断している。そしてWの実際の使途目的は上司との外泊費用を調達することにあったのであるから（現実に何に費消されたかは認定していない）本件借財は日常家事行為に該らず、また一一〇条類推による表見代理の主張立証をYは全くしていないと判示してYの控訴を棄却した。

東京高判はXW夫婦の収入を認定していないが昭和四四年当時の二〇万円は中流家庭の平均月収より高いと考えられるから、私見に即しても本件借財は日常家事行為に該らない。そして一一〇条の適用を検討すると、WがXの印章（実印及び認印）、印鑑証明書を所持したことは弱い肯定的ファクターにすぎず、本件借財の前提となるX名義の普通預金口座の開設もWの無権代理行為であるから[33]Yについて一一〇条の正当理由は肯定されない。

金判四〇五号一四頁の本件についてのコメントは、借財が日常家事の範囲に含まれるか否かは、WがYに対して説明した使途目的によって決まるのではなく借入の本当の目的によって決まるのであるから、相手方たるYがこの酷な結果を避けたいなら最判昭和四四年一二月一八日に基づいた表見代理の主張をすべきであったとしている。このコメントは、Yが一一〇条類推の主張をしていたならば、Wの説明した使途目的に対するYの誤信がもっともだといえるか否かが一一〇条類推の正当理由の有無の判断において考慮され、そしてWの説明した使途目的に対するYの誤信がもっともだということになれば、Yに一一〇条類推の正当理由が成立しYが保護される余地があるという趣旨であろう。しかし一一〇条を直接適用したならば、私見のみならず通常一一〇条を直接適用する際の判例の立場に即しても正当理由が否定される本件(34)において、一一〇条類推の主張をしたならばその正当理由が肯定される余地があるということは、私見がしばしば指摘する一一〇条類推適用説の問題点、即ち判断基準のあいまいさから夫婦の財産的独立を侵害する危険性が大きいということを、端的に示すものである。

(3)　他人の債務についての連帯債務・連帯保証（Ⅱαb型）の場合

(i)　夫婦の一方（例えば妻）が他人の債務について夫に無断で夫名義の連帯債務契約あるいは連帯保証契約を締結することは、金額の多寡にかかわらず日常家事行為ではない。何故なら他人の債務について連帯債務を負担したり連帯保証をするという行為が夫婦の共同生活を維持するために日常的に反復継続されるとは予想されないからである。

判例⑪（名古屋地判昭和四四年）はAが従前Yに対して負担していた債務を借替えるにつき、妻WがAの知人としてこれを保証すべく連帯債務者の形式を仮装し、夫Xに無断でAとともにX名義の四万円の金銭消費貸借契約を締結し、そこには執行認諾の意思表示をした旨の記載がなされていたという事案である。

名古屋地判は本件借財の債務額はわずか四万円であるがこれは実質上他人の借財に対する保証契約を締結したものであるから日常家事行為ではないと判断した上で、七六一条のいわゆる家事代理権は表見代理の基本代理権とはならないとして、七六一条の家事代理権を前提としてXが表見責任を問われることはない旨判示した。

本件のWがYに対する自己名義の債務についてXに無断でXを連帯債務者としたのであれば、四万円という債務額からして（Xの収入は不明であるが）日常家事行為の範囲内とされる可能性は高いが、本件では他人であるAのYに対する債務についてWがXに無断でXを連帯債務者としたのであるから債務額の多寡を問わず日常家事行為ではない。また認定された事実からは本人Yへの問い合せを全く不要と感じさせるほどの客観的事情（主要な肯定的ファクター）は何も存在していないからYに一一〇条の正当理由は成立しない。

(ii)　判例⑫（最判昭和四五年）は、妻Wが夫Yに無断でYの実印や印鑑証明書をX信用金庫の貸付係に呈示し、Aの手形貸付取引契約についてY名義で連帯保証契約を締結したが、その際Xの係員が電話によりYの保証意思を確かめようとしたところ、WからYは県庁勤務で電話による確認は困るからやめてくれとの申入れがあり、Xもこの申入れをもっともと考え、Yの保証の意思はまちがいないものと信じたという事案である。

最高裁はYを代理して手形貸付取引契約の連帯保証をなす権限がWの日常家事代理権の範囲内に属するものとは認められないし、一一〇条類推の正当理由も認められない旨判示した。WがAの手形貸付取引契約についてY名義の連帯保証をすることが非日常家事行為であることはいうまでもなく、この点に関する最高裁の判断は正当である。次に一一〇条の正当理由の有無であるが実印や印鑑証明書の所持は微弱な肯定的ファクターにすぎず、Wの本人への確認は困るとの申入れは、肯定的ファクターにならない。本件では本人YにWの代理権の有無・範囲について問い合せをすることが全く不要と感じさせるほどの客観的事情（主要な肯定的ファクター）は何ら存在していないから、一一〇条類推をいうまでもなくXに一一〇条の正当理由は成立しない。

(iii)　判例⑮（東京地判昭和四九年）は妻が自分の弟の債務につき夫に無断で弟が夫を代理して夫名義の連帯保証契約を締結することを承諾したという事案であるが、復代理の問題がからむので復代理（Ⅱαd型）のところで考察する。

(4)　高利・サラ金（Ⅱαc型）の場合

(i)　判例⑰（東京地判昭和五三年）は、妻Wが夫Yに無断で自己とYの連帯債務名義でXから一〇万円を利息日歩三〇銭で借受け、その際使途目的は長男の旅行費用であると説明していた事案である。

東京地判はYは昭和四七年頃からWと離婚を前提に別居し、別居後他の女性と同棲しながら月々の生活費をWと長男に仕送りしていた事実を認定し、本件借財当時（昭和五二年）YとWとの間には夫婦の共同生活関係の実体はなく婚姻関係は破綻に瀕していたと判断した上で、Xが主張するWの言による使途目的はたやすく措信し難く他にこれを認めるに足る証拠はないから本件借財は日常家事行為に該らない旨判示した。Xは、㋑Wが連帯借用書にYの署名・押印を代行したこと、㋺金額が小額であること、㋩使用目的を長男の旅行費用と説明したこと、㋥住所が府中市内であることと、㋭Wが自分の印鑑証明書を持参したこと、をあげて一一〇条類推の正当理由があることを主張したが、これに対して東京地判は㋑㋥㋭の事実はそもそも本件借財がY夫婦の日常の家事に関する法律行為の範囲内に属するとXが信じるにつき正当な理由とはなり得ないとし、Wが述べた使途目的の真偽をXが確かめた形跡はなく借入金が長男の旅行費用にあてるものであったことを認めるに足りる証拠もないから、Wの言は単なる口実であるかもしれず借入金が比較的小額であるにしても一一〇条類推の正当理由は成立しないと判断した。

本件のYとWは離婚を前提に別居していることから、かかる場合の妻にも日常家事代理権が肯定されるのかがまず問題となる。このような別居の場合ドイツ民法一三五七条三項は日常家事代理権の適用を排除する旨規定しており、我が国においても別居によって共同生活が消滅し夫婦が事実上全く別個独立の生活を営むようになった場合（いわば離婚の前段階）には、日常家事行為の範囲が著しく縮小すると考える学説（三島「日常家事債務の連帯責任」家族法大系Ⅱ二四四頁）がある。確かに日常家事行為が行為の種類・性質からして夫婦の共同生活を維持するために日常的に反復継続されることが社会通念上当然予想される行為である以上、内縁関係の当事者にはその共同生活の実体からして日常家事代理権を肯定すべきであるし、反対に共同生活の実体のない夫婦にはこれを否定すべきである。しかし別居状態にあるといっても、それがよくある長期単身赴任による別居なのか、共同生活の実体は既になくなり離婚の前段階としての別居なのかは、外部の第三者には容易に窺い知ることのできない夫婦のプライバシーの問題である。また婚姻関係が破綻に瀕して長期間別居していても妻が夫名義の家屋に居住してそれを管理し、夫名義で日常品を購入し、夫名義で公共料金や子どもの教育費等を支払っている（夫はそれを黙認している）という事情があれば、かかる場合の妻には日常家事代理権がないとは断定できないと思われる。本件判旨はYとWの婚姻関係は破綻に瀕していると判断しているが、右のような事情は認定していないので、本件判旨で認定された事実からはWの日常家事代理権の有無は判断できない（もっとも本件判旨はYとWの婚姻関係は破綻に瀕しているからWには日常家事代理権はないとはいっていない）。しかしいずれにせよ本件借財は日歩三〇銭（年利一〇九・五パーセント）の高利であるから、Wに日常家事代理権があるにしてもその範囲内の行為ではない。

次に本件判旨は一一〇条類推の正当理由の有無を判断する際に考慮される事実は金額㋺と使途目的㋩だけであるとし、これらの日常家事行為の範囲を判断する際に考慮した事実のみから一一〇条類推の正当理由を否定している。本件のXが主張する㋑㋺㋩㋥㋭の事実からは私見の基準に照らしてXに一一〇条の正当理由は成立せず本人Yが責任を問われることはないから、本件判旨の結論自体は妥当である。判例④（東京高判昭和三七年）、判例㉒（名古屋地判昭和五五年）の検討でも指摘した様に、Wの言からXが使途目的を誤認したことがもっともだといえるかどうかなどということは、本人Yに責任を帰属させるための相手方の正当理由の有無の判断基準としてはあいまいである。なお本件判旨はWの日常家事代理権の有無について判示していないので、それが消滅した場合でも一一〇条類推適用説で処理する趣旨なのか否かは不明である。(35)

(ii)　判例㉕（横浜地判昭和五七年）は妻Wが夫Yに無断で、自分とYの二個の印章を持参して、Xリース会社から自分とYの連帯債務名義で一一万七六〇〇円（遅延損害金日歩三〇銭）を借受けたが、その際WはXの貸付担当者に

Yは製あん会社に勤務し月給約三〇万円を得ているが給料日が月初めで生活費がなくなったと説明し、Xの貸付担当者は用途欄に「家事費用」と記載したという事案である。

横浜地判はWの言によるYの職業、収入、借受金の使途等についてこれを裏付けるに足りる証拠はないから、借受金額が一一万余円であっても本件借財は日常家事行為とは認められないと判断した上で、一般にXが貸付をする時は借受申込者から保険証の提示と給与明細書及び印鑑証明書の提出を求めるのを常にしているのに、本件の場合はWの言を軽信して給与明細書及び印鑑証明書の提出を受けていないこと、Xは他にWの言の真偽を確認する措置をとった形跡がないこと、一一万七六〇〇円は借受日の昭和五三年五月二九日から翌月初めの給料日までの当座の生活費としてはいささか高額すぎて使途につき疑念を挟む余地なしとしないこと等から、Wが二個の印章を持参したとしても一一〇条類推の正当理由は成立しない旨判示した。

本件借財の遅延損害金日歩三〇銭は年利一〇九・五パーセントに相当し、一方利息制限法によればこの場合の遅延損害金の限度は年三割六分（三六パーセント）であるから、債務額の多寡を問わず本件借財は非日常家事行為である。そしてWは保険証を提示し自分とYの二個の印章を持参したのみであり、本人YにWの代理権の有無・範囲について問い合せをすることが全く不要と感じさせるほどの客観的事情が何ら存在しない本件では、Wの言による使途目的や一一〇条類推をいうまでもなく、Xに一一〇条の正当理由は成立しない。

(iii)　今日サラ金の利用者は二〇〇万人とも四〇〇万人ともいわれている（「サラ金一一〇番――サラ金の返済と整理の為の実務――」一頁）。サラ金地獄とよばれる返済苦から家庭が崩壊するなどサラ金問題が重要な社会問題としてとりあげられてから既に久しいのに、日常家事行為とサラ金に関する判例は以外に少ない。それはサラ金業者の苛酷な取立てから、多くの人は支払義務はなくても泣く泣く支払わざるを得ないという実態があるからである。[36] サラ金と日常家事行為との関係についていえば、サラ金業者が主婦に対して出費が何にあてられるかを問い、生活費にあてるとの言を得てから貸付け、後に生活費にあてると言うから貸したのだから（つまり日常家事行為だから）何も知らなかった夫にも七六一条に基づき連帯責任があると主張するケースがふえてきており、七六一条はさながらサラ金業者の取立ての法律的道具として機能させられている。[37] 前掲「サラ金一一〇番」はサラ金利用者救済のために実務的視点からまとめられたものであるが、そこにおいてもサラ金業者からの借金であれ、使途によっては（家計費に使うなど）内緒にされた夫または妻も返済する責任がある、と七六一条をあげて説明している（前掲五一頁、五二頁）。[38]

当該借財が日常家事行為に該るか否かを判断するに際して使途目的を考慮することは、日常家事行為の概念と範囲をあいまいにし夫婦の財産的独立を侵害する危険性が高いということを既に幾度か指摘してきたが、高利・サラ金の場合はたとえ月収の一〜三割程度の借財であれ日常家事行為と認めるべきではない。日歩三〇銭で借財をすれば一年後には元利合計が借受額の二倍以上になるのであり、このような超高利の借財をする行為自体が、夫婦の共同生活を維持するために日常的に反復継続されることが社会通念上当然予想される行為とはいい得ないからである。判例も使途目的云々と言ったところで高利・サラ金の場合は結論として日常家事行為とは認めていないのであり、私見のように七六一条に規定する日常家事行為の本来の意義にたち返って、高利・サラ金の借財は非日常家事行為であると断言することが今日のサラ金問題に対するひとつの啓発にもなると考える。[39]

(5)　復代理（Ⅱαd型）の場合

(i)　判例⑮（東京地判昭和四九年）は妻Wが夫Yに無断で、自分の弟AのX信用株式会社に対する五〇万円（Aの営業資金）の債務につき、AがYを代理してY名義の連帯保証契約を締結することを承諾したという事案であり、その契約時にAはWより手渡されたYの実印を所持し、自分が交付を受けたYの印鑑証明書をXに提出し、XのY宅に対する確認の電話にはWがYの承諾（AのXに対する債務につき、AがYを代理してY名義の連帯保証契約を締結することに対するYの承諾）を得ている旨答えたという事情があった。

東京地判は、妻が夫を代理して他人の債務を保証することは特段の事情のない限り日常家事代理権の範囲外のことであり、本件はWが自己の意思でYに無断で日常家事代理権の範囲を越えてAに対してYの代理人として連帯保証契約締結の権限を与えたものと判断した上で、日常家事代理権は法定代理権であるから夫婦の一方はその責任において自由に復代理人を選任でき（もっとも本件の場合他人の債務を保証するという権限はW自身の日常家事代理権に属しないから、はたしてAが復代理人といえるのか疑問がないわけではないが）、権限踰越行為を妻自身がしたか、もしくはその復代理人がしたかということによって異別に解すべき理由はないから、本件のような場合にも一一〇条類推適用説が妥当する旨判示し、Xは金員の貸与（Aの営業資金）及びその連帯保証がYの日常の家事とは全く関係のないことを当然知っていたとみられるからXに一一〇条類推の正当理由は認められないと判断した。

本件では復代理と一一〇条適用の関係が問題となる。私見は日常家事代理権の本質を任意代理であると考えるので、夫婦の一方は他方の許諾がある時又はやむことを得ない事由がある時に復任権を有する（一〇四条）。本件のYは許諾していないしやむを得ない事情もないので、Wには復任権がない。一般に代理人に復任権がない場合にその復代理人がした行為について一一〇条の適用が検討されるケースとしては、①甲が乙に授与した代理権の範囲内の行為を乙が丙に委任し丙がその範囲を越えないで行為した場合（例　甲が乙に一〇〇万円の借財についての代理権を授与し乙が甲のための一〇〇万円の借財について丙に復任し、丙は丁から甲の代理人として一〇〇万円の借財をした）、②甲が乙に授与した代理権の範囲内の行為を乙が丙に復任したところ丙がその範囲を越えて行為した場合（例　甲が乙に一〇〇万円の借財についての代理権を授与し乙が甲のための一〇〇万円の借財について丙に復任し、丙は丁から甲の代理人として一〇〇万円を越える金額の借財をした）、③甲が乙に授与した代理権の範囲を越えた行為を乙が丙に復任したところ、丙も甲が乙に授与した代理権の範囲を越えて行為した場合（例　甲が乙に一〇〇万円の借財についての代理権を授与したところ乙は甲のための一〇〇万円を越える金額の借財について丙に復任し、丙も丁から甲の代理人として一〇〇万円を越える金額の借財をした）、が考えられる。本件のWは復任権がないのに、AにAのXに対する債務につきAがYの代理人としてY名義の連帯保証契約を締結することを承諾した。ⅡαＢ型で検討したように他人の債務を連帯保証する行為はWの日常家事代理権の範囲外の行為であり、その範囲外の行為をAがYの代理人としてすることをWはAに承諾しAが行為したのであるから、本件は右の③のケースに該当する。従ってXに一一〇条の正当理由が成立すればYは本人として責任を負わねばならない。

本件は代理人（復代理人A）自身の債務の保証のために代理人が本人（Y）を代理したケースであるから（判例⑯・判例⑬と同様）この事実は決定的否定的ファクターである。AはYの実印と印鑑証明書を所持していたが、これは弱い肯定的ファクターにすぎないし、XのY宅への確認の電話に対してはWがYの承諾を得ている旨答えたにすぎないから（肯定的ファクターにならない）、否定的ファクターを陵駕するほどの積極的な肯定的ファクターは存在せず、従ってXには一一〇条の正当理由は成立しない。

本件判旨（長きにわたるので注記する）(40)は、日常家事代理権を法定代理であるとしWには復任権があるとしながら、本件はWが自分自身の日常家事代理権の範囲外の事項についての権限をAに与えたという事案であるため、Aが復代理人であるか否かを明らかにせず、またAが復代理人であるとしても一一〇条適用の前提となる基本代理権があるのか否かを不明にしたまま、一一〇条類推適用説にたつ旨判示しその正当理由を否定している。私見は日常家事代理権を任意代理とみるので本件のWには復任権がない。しかし判旨のように日常家事代理権を法定代理とみるならば、一般的・抽象的には代理人に復任権があることになり、かような場合（一般的に代理人に復任権がある場合）にその復代理人がした行為について一一〇条の適用が検討されるケースとしては二つ考えられる。即ち先に述べた任意代理においてその復代理人がした行為について一一〇条の適用が問題とされるケースのうち、①の場合は乙に復任権があれば丙の行為は有権代理であり、一一〇条の適用は問題とならない。これに対して②と③の場合は乙に復任権があっても丙の行為は権限踰越の無権代理であり、一一〇条の適用が検討される。本件のWに仮に復任権があれば、Wは自らの日常家事代理権の範囲を越えた行為についてAに復任し、AもWの日常家事代理権の範囲を越えて行為したのであるから右の③の場合に該当する（いずれにせよXに一一〇条の正当理由は成立しない）。本件判旨は復代理と一一〇条の適用の関係についての判示のしかたが不明であり、一一〇条類推適用説を採った点にも問題はあるが(41)、Yの責任を否定した結論自体は妥当である。

(ii)　判例⑨（横浜地判昭和四二年）は事案は不明であるが判旨によれば、夫名義で賦課された所得税及び夫婦の居住する家屋の固定資産税を納付するために支払資金を借受ける行為（一〇万円）は日常の家事であるし、その借財のため夫名義の居住家屋を担保に供するほかない場合には、妻は第三者を夫の代理人に選任し他人からの借財や居住家屋を貸主のいう方法で担保に供し、貸主のいう履行確保方法（公正証書作成等）をとる行為につき夫の代理権を授与できるとのことである。

所得税や固定資産税を納付する行為が日常家事行為であることはいうまでもないが、そのための一〇万円の借財行為が日常家事行為であるか否かは夫婦の収入によって決せられる。しかし、その借財のために妻が夫名義の家屋に担保を設定したり公正証書を作成したりすることは日常家事行為ではない。本件は妻が自らの日常家事代理権の範囲を越える事項についての権限を第三者に復任した事案のようであるが、事実関係不明のため事案の分析は困難である。

(6)　手形・小切手行為（Ⅱαe型）の場合

判例⑩（大阪高判昭和四三年）の事案は以下の通りである。AはT保険会社に勤務し昭和三三年ごろから火災保険に加入してもらった関係でY宅に出入りしYの妻Wとも知合っていたが、昭和三六年一二月二五日AはWからWの先夫との間の連れ子についての費用や年末の資金並びに火災保険金の支払に必要であるとして二〇万円ほどの融資を申込まれたので、Xに紹介して同月二八日二〇万円の融資を受けさせた。その際WはYの印章等を冒用して同額のY名義の約束手形を担保として差入れたが、それは所定の期日までに決済されることなく、その後何度か手形は書替えられ最後に差入れられた手形に基づいてXがYに約束手形金請求訴訟を提起したのが本件である。

大阪高判は、夫婦間の共同生活の運営の必要上借財のために夫名義の約束手形を振出す等手形行為をすることは妻の日常家事代理権行使の一方法として有効であり、具体的には当該夫婦の社会的地位、職業、収入等を含めた現実的な共同生活の具体的な規模・状況に応じて、手形行為を相当とする必要性を、取引高（手形金額）の範囲内において個別的に、妻の夫名義による約束手形振出行為等手形行為を適式有効と做すかどうかを決するのが相当である旨判示した上で、Yは当時既に老齢（七三歳位）で専らアパート経営をして生計を立てていたこと、Y宅の家計は毎月七万円位で賄われていたこと、Yはアパート経営については火災保険契約の締結そのほか一切万端を自らの手で行いWにまかせたことはなかったこと、Wはそれ以前からしばしば勝手にY名義の借財をしたりYの財産を着服したりしてYの諫言を受けていたこと（それが原因で昭和三八年に離婚）、昭和三六年一二月当時Y方では他から二〇万円程の借財をしなければならない事情はなかったこと、昭和三六年ごろの二〇万円は通常の家計においては必ずしも小額でないこと等から、Wの二〇万円の借財及びその担保としての同額の手形振出行為はいずれもY方の家計においては日常家事行為の範囲を逸脱していると判断した。そしてXの一一〇条類推の主張に対しては、二〇万円という金額は一般家計上決して小額ではないこと、本件手形はいわゆる書替手形でWに対する融資金は早くから回収困難に陥っていたにもかかわらずXはYに最初から面会したことはなく、本件手形による借財に関してはすべてWとの間でAの仲介で事を運び、A自身も火災保険の件で日頃何回となくYに面談しながら本件借財の件については一度もYに確認せず、またXはYとは比較的近距離のところに居住し、三六年当時Y宅には電話があったこと等を認定した上で、「本件手形の振出発行は喜代子（W）の日常家事行為と倣すには困難があり、かつその回収もむずかしくなっていたわけであるから、控訴人（X）としては、本件手形差入前に、自ら或は松風洋三（A）を介し、被控訴人（Y）方に赴くか或は郵便電話を利用するかなどして、被控訴人本人に直接手形債務負担意思の有無を確かめる措置を講ずる必要が十分あり、かつ容易にかかる措置を講じうる状況下にあったにもかかわらず、それ相当の適切な措置を講じなかった（講じたという証拠はない）ことは、控訴人に過失があったものというに難しくはない。」からXに一一〇条類推の正当理由は成立しない旨判示した。

本件判旨は、妻が夫名義の約束手形を振出す等手形行為をすることも、取引高や必要性によっては日常家事代理権の範囲内であるとする(42)。しかし昭和三六年当時はもちろんのこと平成元年の今日においても、社会通念上手形行為が夫婦の共同生活を維持するために日常的に反復継続される行為であるとは言い難い。従って私見によれば手形行為は手形金額の多寡にかかわらず日常家事行為ではない。そして二〇万円の借財についても当時Y宅の家計は毎月七万円位で賄われていたのであるから、これも非日常家事行為である。

次に本件判旨はXの一一〇条類推の主張に対して、本件手形はいわゆる書替手形でWに対する融資金の回収は早くから困難に陥っていたのであるから、本件手形差入前にXはAを介して（Aは火災保険の件でしばしばYに面談している）あるいは自らＹ宅に赴くか（ＸはＹとは比較的近距離のところに居住）郵便電話（昭和三六年当時Ｙ宅には電話あり）を利用するなどして、Ｙ本人に直接手形債務負担意思の有無を確かめる措置を講ずる必要が十分あり、かつ容易にＹの意思を確認できたにもかかわらずそれをしなかったことには過失があるから、Ｘには一一〇条類推の正当理由がない旨判示している。即ち本件判旨は客観的事情からみてＸはＹ本人の意思を確認すべきであったのにそれをしなかったから一一〇条類推の正当理由は認められないと判断しているのである。これは、「本人の意思の確認」を要求して一一〇条の正当理由を否定する判例[43]がしばしばもちいる表現であり、本件判旨は実質的には一一〇条の正当理由の有無つまり「本人ＹにＷの代理権の有無・範囲について問い合せをすることが全く不要と感じさせるほどの客観的事情があり」それ故に「ＸがＷの代理権の存在を信じた」といえるか否かを判断し、それが認められないから、Ｘには一一〇条類推の正当理由はないと判示したのである。そうであるならばＹの責任を否定した本件判旨の結論自体は妥当であるが、端的にＸには一一〇条の正当理由がないといえば足りることであり、不要な一一〇条類推をもち出す必要は何らなかったと思われる。しかしいずれにせよ本件判旨は、配偶者の一方に他方配偶者の無権代理行為の効果を帰属させるべきか否かを判断する際に考慮される事実は、一一〇条の正当理由の有無を判断する際に考慮される事実と同一であることを明らかに示しているといえよう[44][45]。

四　小　括

(1)　三において日常家事行為と表見代理が問題となる借財に関する判例を、Ⅰ型とⅡα型を中心に私見の基準に照らして考察した。私見は日常家事行為を「行為の種類・性質からして夫婦の共同生活を維持するために日常的に反復継続されることが、社会通念上当然予想される行為」と定義する。そして、夫婦の一方が他方に無断でした行為も日常家事行為と判断されれば他方は連帯責任を負うのであるから、夫婦の財産的独立の保護のために日常家事行為の範囲は客観的に判断されるべきであり、日常家事行為の範囲と概念をあいまいにする行為者の目的・動機等主観的意図は日常家事行為の範囲の判断基準としては一切排除すべきであると考える。従って借財については夫婦の資産・収入・債務額を客観的に判断して月収の一〜三割程度のものが日常家事行為の範囲内と解すべきである。そして債務額の多寡にかかわらず高利（利息制限法所定の利息を超える）の借財やサラ金からの借財、借財担保のための手形・小切手行為、他人の借財についての連帯債務・連帯保証契約の締結等は、社会通念上夫婦の共同生活を維持するために日常的に反復継続される行為とは言い難いので非日常家事行為である。

判例は問題となった借財が日常家事行為に該るか否かを判断するについて、借受ける時に行為者が相手方に説明した使途目的及び証拠によって認定された現実の使途をかなり重視する傾向にあるが、結論においては右の基準で判断する私見と大体において一致している。しかし判例㉔のように現実の使途を考慮して借受け行為の一部が日常家事行為に該るというのは不当である。夫婦の資産・収入からして一五〇万円の借受け行為そのものが日常家事行為に該るか否かを客観的に判断すべきであった。

⑵　判例が採る一一〇条類推適用説に影響を与えた我妻説は行為者の使途目的・動機等主観的意図を重視して日常家事行為の範囲を広く解し、かつその範囲についてだけ表見代理の趣旨を適用し、それ以外の行為については特に代理権の授与があった場合だけ、それを基礎として一一〇条を直接適用しようとする学説である。しかし使途目的を重視する我妻説の立場では、借受金が現実に日常家事的に支出されたならば当該借財は日常家事行為であったと判断されるわけであるから、そこでは表見代理の趣旨を適用する余地などない。従ってその範囲についてだけ表

見代理の趣旨を適用する（即ち一一〇条類推の正当理由を問題にする）とは、行為者が相手方に日常家事的な使途目的を述べたが現実には日常家事的に支出されなかったという場合しか考えられない。そうだとすれば「日常の家事の範囲内と信ずるについての正当理由」とは、行為者が説明した使途目的から相手方は日常家事行為であると誤信したがそのように誤信したのはもっともだといえるかという程度の内容にすぎないと思われる。もっとも我妻説の記述からは一一〇条類推の正当理由の有無を判断する際に考慮されるべき具体的事実は不明であり、行為者の説明による目的・動機に対する相手方の誤信の他に、代理権ありと信ずべき正当理由の有無の判断の際に考慮される事実もあわせて、一一〇条類推の正当理由の有無を判断しようとするのか否かは不明のままである。

判例は右の我妻説に忠実であり、他に何らかの代理権の授与がなく、かつ行為者の説明した使途目的が日常家事的であるときは一一〇条類推で問題を処理し、他に何らかの代理権の授与があり、あるいは行為者の説明した使途目的が非日常家事的であるときは一一〇条適用の問題とする。そして判例⑬⑰⑳を除けば、一一〇条類推で問題を処理したほとんどの判例は行為者の説明した使途目的に対する相手方の誤信の他に、代理権ありと信ずべき正当理由の有無の判断の際に考慮される事実をあわせて一一〇条類推の正当理由の有無を判断している。右の立場は、一一〇条を直接適用する場合と比較して、使途目的に対する相手方の誤信を問題とする分だけ、正当理由が成立する余地が狭まるかのような印象を一見与える。しかし一一〇条類推の正当理由を肯定した判例④は、本来一一〇条の正当理由が成立しない事案であるのに家屋の新築費にあてるという詐欺師的な妻の言辞に対する相手方の誤信を重視して、夫婦の財産的独立を侵害する結果を招来している。逆に私見の基準に照らしても一一〇条の正当理由を肯定し得る判例㉒は、認定事実㈧㈡から「本人に代理権の有無・範囲について問い合せをすることが全く不要と感じさせるほどの客観的事情があり」それゆえに「代理権の存在を信じた」といえるから、名古屋地判は一一〇条類推の正当理由を肯定したのである。また手形・小切手行為につき一一〇条類推の正当理由を否定した判例⑩と一一〇条の正当理由を否定した判例⑲は、ともに「本人の意思の確認」を要求し、それをしなかった相手方には過失があるからとして本人の責任を否定している。即ち一一〇条類推の正当理由を否定する判例も、実質的には「本人に代理権の有無・範囲について問い合せをすることが全く不要と感じさせるほどの客観的事情」がないときに、その正当理由を否定しているのである。

行為者が自己名義でした借財については、行為者が他方名義で自己の借財について連帯債務契約や連帯保証契約を締結した場合を除き、代理行為がない以上一一〇条類推適用説の立場でも本来表見代理は問題とならないはずである。しかるに判例㉑は何らの代理行為がなかった妻の自己名義の借財につき、一一〇条類推の正当理由の有無を検討している。これは日常家事行為の範囲についてだけ表見代理の趣旨を適用するという我妻説の記述のあいまいさに起因するものであろう。何らの代理行為がなかった場合にまで、一一〇条類推の正当理由があれば他方配偶者は連帯責任を問われるというならば、夫婦の財産的独立が侵害される危険性は極めて大きくなる。我妻説は、その意図するところは夫婦の財産的独立の保護であったはずであるが、現実にはその意図したところとは逆の結果を招来しかねない危険性を孕んでいる学説である。

判例は一一〇条の適用につき、我妻説をベースとして一般に誤解されている程安易には一一〇条の正当理由を肯定していない。一一〇条類推で問題を処理する判例も、結論自体は判例④を除き妥当であるが、そこにおける実質的判断基準は一一〇条の正当理由の判断基準と異ならないといえよう。

五　結　語

判例に多大な影響を与えた我妻博士の一一〇条類推適用説が提唱されたのは昭和三六年頃である。この当時の日本は高度経済成長期に入っていたとはいうものの国民の生活はなお貧しく、既婚女性のほとんどは専業主婦であって、共同生活の費用に困窮した妻が働きに出ようとしても働き場所は少なく、借財しようとしてもその相手方は知人親類や質屋ぐらいしかなかったと思われる。このような社会状況の下では、七六一条の日常家事行為の範囲を使途目的や動機を考慮して広く解し、共同生活の費用に困窮した妻が容易に借財できるようにと考えた我妻博士の意図は理解できぬでもない。しかし平成元年の今日においては、既婚女性の過半数は有職主婦であり、家のローンや子供の教育費の高騰などで共同生活の費用に不足を感じる妻はパートタイマー労働者という形であれ働き場所を得ることができる。また消費者金融の著しい発達により容易に借財できる今日の社会状況の下では、使途目的によってはサラ金業者からの高利の借財でも日常家事行為に該るという解釈は、夫婦の財産的独立を侵害し家庭崩壊の一因ともなりかねない。今日の夫婦の婚姻生活を取りまく諸々の社会状況を考慮すれば、七六一条の日常家事行為の範囲を行為者の主観的意図を一切排除して客観的に判断し、客観的に非日常家事行為と判断された他方名義の行為については私見の判断基準に従って一一〇条の正当理由の有無を厳格に判断する解釈態度の方が、夫婦の財産的独立の保護に資することになる。配偶者の一方が、自己名義であれ他方名義であれ、他方配偶者に無断で第三者と法律行為をした場合、その法律行為が日常家事の範囲内に含まれる限り、予めその責任を負わない旨の予告をしていた場合を除き、他方配偶者は第三者に対して責任を免れない。無断でなされても第三者に対して責任を負わされるのが日常家事行為なのであるから、右のように解することが、七六一条の本来の趣旨に沿うことになろう。

※　本章の初出は、「借財と日常家事行為」関西大学法学論集四〇巻一号三八頁〜一〇五頁（一九九〇年）である。

注

（1）　夫婦の一方の無権代理行為が問題となった事案において、無権代理人が夫の場合にその夫をM、無権代理人が妻の場合にその妻をWと称する。

（2）　傍点部分を一一〇条の正当理由と対比させて、「一一〇条類推の正当理由」と呼ぶことにする。

（3）　高森八四郎＝高森哉子「夫婦の日常家事行為と表見代理」名城法学三八巻別冊本城武雄教授還暦記念論文集一九頁以下。これを以下高森①と略する。

（4）　高森八四郎＝高森哉子「他方名義の不動産処分と日常家事行為」関西大学法学論集三八巻四号一頁以下。これを以下高森②と略する。

（5）　クレジット・カードによる借財については稿を改めて（「クレジット契約と日常家事行為」）論ずるので本稿では除外する。

（6）　否定説　立石芳枝＝我妻栄『親族法・相続法コンメンタール』一一五頁、青山道夫『家族法論』一〇四頁、谷田貝三郎『親族法』六六頁、鍛冶良堅「日常家事債務に関する理論構成」法律論叢四八巻四〜六号三〇九頁、國府剛「判批（東京高判昭和三七年六月一九日）」同志社法学八一号六九頁。

（7）　肯定説　部分的代理権説—板木郁郎「判批（広島高判昭和二六年三月五日）」立命館法学二巻一一六頁。代表権説—中川善之助『新訂親族法』二四四頁、松坂佐一『民法提要・親族法相続法』五八頁、三島宗彦「日常家事債務の連帯責任」『家族法大系Ⅱ』二四八頁、同「判批（最判昭和四四年一二月一八日）」判例評論一四〇号二四頁、中川淳「家事債務と表見代理」Low School No. 34 一三三頁、遠藤浩「判批（最判昭和四四年一二月一八日）」民法の判例（第二版）一一八頁。管理権説—我妻栄『親族法』一一一頁注（四）。授権説—伊藤進「民法七六一条についての一考察」法律論叢四一巻四〜六号合併号四〇八頁。

(8)　各説の紹介として中川淳・前掲一三一頁以下、同「夫婦の家事代理権」『民法学7』一〇六頁以下、奥村長生「判批（最判昭和四四年一二月一八日）」曹時二二巻八号一六五五頁、右近健男「日常家事債務の連帯責任と表見代理」民法の争点Ⅰ二〇二頁、小野幸二「日常家事代理権と表見代理」法学教室第二期第7号一二四頁、各説に対する批判として伊藤・前掲三八九頁以下、鍛治・前掲三〇九頁以下。

(9)　日常家事の範囲内で、夫婦の一方が他方の個別的承諾を得ずに他方を代理してなした行為が、すべて無権代理行為であると解するのは、夫婦の共同生活の実態にそぐわないと思われる。また共同生活の実態を重視すれば、内縁関係の夫婦にも日常家事代理権を肯定してよい。幾代通『民法総則』三九一頁が「現行七六一条は、やはり、夫婦には（夫婦なるがゆえに）日常家事の範囲内で相互的に代理権を認めたものである（したがって、表見代理が問題になる余地がある）、と解するのが妥当と思われる。かりに民法中に同条がなかったと仮定しても、夫婦という実態のあるところ、一定事項については明示的または黙示的に代理権授与があると認定しうるのが通常であろうと思われるから、結局七六一条は……夫婦という特殊緊密な人間関係類型において右のような授権を定型化しているもの、と解するのが自然である。」とするのは、私見とほぼ同旨であると思われる。なお否定説及び肯定説の各説に対する検討は、髙森①二三頁～二七頁参照。

(10)　我妻説と同様に行為者の主観的意図を重視する見解として齊木敏文「日常家事代理権と表見代理」（判タ六五〇号六二頁）は、「行為の外観からは日常の家事に関する行為かどうかは必ずしも明らかでないような場合、換言すれば、目的いかんによって行為のもつ意味に大きな差が生じることがあらかじめ予想される場合（たとえば借財）、あるいは当該行為によって夫婦の他方にも債務を負担させるときには他方の了解を絶対に必要とする家庭もあるし、了解が不要な家庭もあるであろうと推認されるような場合（たとえば、二〇万円相当の服の購入）には、当該夫婦の資産・収入、当該行為の主観的目的を重視せざるをえないと考えるべきである。」とする。

(11)　奥村・前掲一六五六頁は、「社会通念上生活必需品とされる食糧・衣類・燃料の買入、夫婦の共同生活に不可欠な家賃、地代、電気水道料金の支払等の法律行為や、相当な範囲内での家族の保健、娯楽、医療、未成熟の子女の養育、教育等に関する法律行為は、その行為をする夫婦の主観的意思のいかんにかかわらず、民法七六一条所定の家事に関する法律行為であると解してよいであろうし、他方、日常の生活費としては客観的に妥当な範囲を越える借金をしたり、また、夫婦の一方の特有財産である不動産を担保に供したり、それを売却したりするような行為は、一般的には、日常の家事に関する法律行為には属しないものというべきであろう。」としている。これに対して齊木・前掲六二頁は、奥村説は夫婦の主観的目的をほとんど考慮しないか、しても重視はしないという趣旨ではないかと疑問視する。

(12)　最判昭和四四年一二月一八日が、日常家事行為の具体的範囲につき我妻説にたったと誤解されるのは、七六一条と表見代理規定との関係につき我妻説に従っていること、「単にその法律行為をした夫婦の共同生活の内部的な事情やその行為の個別的な目的のみを重視して判断すべきでなく、……」というくだりで我妻説にひきずられた形で「目的」ということばを使ったためではなかろうか。

(13)　但し飲屋のツケのようなものは、その行為の種類、性質からして夫婦の共同生活を維持するために日常的に反復継続されることが、社会通念上当然予想される行為とは言い得ないから、金額の如何を問わず、日常家事行為ではない。

(14)　非日常家事行為であると判断された借財であっても、例えば生活必需品を購入するなど現実に日常家事行為に支出された部分については、七六一条の趣旨に鑑みて、夫婦はその部分の返還債務につき連帯責任を負うと解釈する余地はあると思う。

(15)　私見では他方名義の不動産処分は原則として日常家事行為に該らない。これについては髙森②参照。

(16)　幾代通『民法総則』三九二頁、中川善之助・前掲二四四頁、松坂・前掲五八頁、三島「日常家事債務の連帯責任」『家族法大系Ⅱ』二五〇頁、椿寿夫『注釈民法』4巻一六四頁。

(17)　川井健「表見代理制度」『民法基本問題一五〇講Ⅰ』一八六頁、中川淳「家事債務と表見代理」Law School No. 34 一三六頁、遠田新一「夫婦相互の家事代理権と表見代理」『代理理論の基礎的研究』四五三頁、四宮・前掲二六八頁、齊木・前掲六七頁、原田純孝「日常の家事の範囲と表見法理の類推適用」ジュリスト七七二号二〇九頁、遠藤浩「判批（最判昭和四四年一二月一八日）」民法の判例（第二版）三二頁。

(18)　しかし現実には判例上一一〇条の正当理由は、一般に思い込まれている程ゆるやかには判断されていない。髙森八四郎「不動産取引業者と民法一一〇条の『正当理由』」法時五六巻三号一二〇頁以下参照。

(19)　最判昭和四四年一二月一八日の事案は私見に即してはもちろんのこと従来の判例の立場でも、一一〇条の正当理由が成立しないことは明白なケースであった。従って最高裁が判旨において展開した「一一〇条類推の正当理由」は、事案の解決に全く不要な抽象的理論であり、それゆえ以後の同種の事案に対して先例たりうる具体的明確な基準を示していない。最判昭和四四年一二月一八日の事案と考察は髙森②四三頁～五一頁、髙森＝髙森「民法七六一条と夫婦相互の代理権及び権限踰越の表見代理（最判昭和四四年一二月一八日の判批）」関西大学法学論集四〇巻三号一五一頁以下参照。

(20)　最高裁は日常家事行為の範囲は客観的に定まるとも判示しているのであるから、その客観的に定まるはずの日常家事行為の範囲を相手方が誤信するとは、結局目的・動機の誤信を念頭においているとしか考えられず、目的・動機の誤信についての正当理由が一一〇条の類推適用という形で判断されるということになる。

(21)　一一〇条類推適用説の立場に立ちその正当理由を肯定した判例は、東京高判昭和三七年六月一九日高民集一五巻六号四三〇頁と名古屋地判昭和五五年一一月一一日判時一〇一五号一〇七頁の二件だけである。それぞれの判例の事案と考察は高森①四三頁～五二頁参照。

(22)　高森①五〇頁～五二頁。名古屋地判昭和五五年一一月一一日の事案。

(23)　原被告双方の主張によれば一回の債務額は五千円から二万円程度であるが月一割の高利であるから、日常家事行為とはいい難い。

(24)　本件でXはWに対するほか予備的にYに対して連帯保証などを原因とする連帯責任を追求していたが、その訴訟係属中Wが死去したので、XはWの相続人であるY及び子供三人に対して訴訟の受継を申立てた。それ以前にYら相続人は家庭裁判所に相続放棄の申述をなしこれが受理されていたことから、相続放棄の申述前の相続人らによる相続財産の処分が九二一条一号の処分に該当するかが争われたが、松山簡判はこれを肯定し相続放棄申述の受理は無効と判断してXの受継の申立が認められた。

(25)　本件のYら相続人はWの借用額三〇万円について相続分に応じて支払義務があると判示された。

(26)　判例③・判例④・判例㉒の詳細な検討は高森①四三頁～五二頁参照。

なお拙稿「夫婦の日常家事行為と表見代理」（名城法学三八巻別冊本城武雄教授還暦記念号一九頁以下）（本稿における高森①）につき、三宅正男先生より大要次のようなコメントをいただいた。

「御論文は、判例理論の問題点を的確に解明し批判するもので、極めて有益で説得的だと考えます。

第一に、日常家事行為の範囲に関し、例えば借財の場合の使途が実際に家族の医療であれば、その借財が家事つまり夫婦共同生活のためであることは確かですが、一時に多額の借入れはやはり日常家事の範囲外であり、借入れに際し夫婦の一方が説明した使途を、日常家事行為と信ずるについての正当理由とする解釈は、―次の一一〇条の解釈と同じ趣旨から―全く不当と考えます。

次に一一〇条の正当理由に関し、委任された旨の代理行為者の説明は、たとい本人の実印や印鑑証明書を所持していても正当理由とならず、委任を推定させる本人の行為のみが正当理由となると考えます。御論文が東京高判昭和三七・六・一九（筆者注・本章における判例④）と名古屋地判昭和五五・一一・一一（筆者注・本章における判例㉒）を選択したのは上記観点から全く適切であり、御論文も上記観点とほぼ一致すると思います。」

右コメントは私見を適切かつ簡潔にまとめて下さったものなので、三宅先生の御了承を得て、掲載させていただきます。

(27)　本事案においては、家屋の新築費にあてるという目的自体がそもそも日常家事的なものであるとはいえない。何故なら家屋の新築という行為は「夫婦の共同生活を維持するために日常的に反復継続されることが社会通念上当然予想される行為」であるとはいえないからである（國府「本件判批」同志社法学八二号六五頁も新築は日常家事ではないとする）。東京高判は家屋の新築にあてるという目的は日常家事行為的なものであることを前提とした上で、その説明を受けた相手方が本件借財が日常家事の範囲に属すると信ずべき正当の理由があるとしたが、相手方がそのように信じたというのも、夫が勤務で不在中唯一度家を訪問し妻の詐欺師的な言辞を誤信したというだけのことである。

(28) 高森②五四頁～五七頁。

(29) 高森②五九頁～六二頁。

(30) 内縁関係への七六一条の準用については肯定するのが一般的である（我妻『親族法』二〇三頁、三島「日常家事債務の連帯責任」『家族法大系Ⅱ』二五三頁、太田武男『内縁の研究』二三五頁等）。

(31) YはMの死後本件と同時期に同様の様式でXとの間になされた一五万円の借財につき一部（八万円）を弁済しているが、これはMがYに無断で担保としてXに差入れたY所有の白檀の三味線（Yが大切に所持していたもの）の処置に困ったXが金員の返済を待たずにYに返済したのをYが恩義に感じて自らは返済義務のない八万円を支払ったもので、これだけでYが本件の連帯債務の負担の事実を承認していたとは即断できないと、東京地裁は判示している。

(32) 私見は、一般に、相手方が一方配偶者の長期不在中に、その不在者名義の財産について他方配偶者と取引する場合には、本人の不在を知っている相手方としては無権代理の危険を覚悟するか、本人の追認を期待して取引しているとみるべきだと考えるので、相手方に一一〇条の正当理由が成立するためには、よほど積極的な肯定的ファクターがなければならない。高森②二六頁～四二頁参照。

(33) 代理人がどんなに代理人らしく振舞っていても、すでに過去に何度か真実本人を代理して行為したという事実がないかぎり、相手方には本人への問い合せを不要ならしめる客観的事情があったとはいえない。無権代理行為は肯定的ファクターとはならないのである。本件判旨もこのことを暗黙に前提としており、従って前述のように、「Xの意思を確認するところが全くなかったから……重大な過失があった」と判示しているものと思われる。

(34) Yが如何なる任意代理権を基礎として一一〇条の表見代理の主張をしたのかは不明であるが、これに対して一一〇条の正当理由を否定した東京高判の判断は正当である。

(35) 本件のように婚姻関係が破綻し別居中の妻が夫名義の不動産を処分したという事案で、大阪高判昭和四九年一〇月二九日判時七七六号五二頁は、「夫婦の日常の家事に属する行為はありえない」としながら一一〇条類推適用説にたちその正当理由を否定している。高森②六四頁～六七頁参照。

(36)「サラ金一一〇番」三頁によればサラ金の貸付金の未回収率はわずか二％から三％にすぎないとのことである。

(37) 尼崎市市民法律相談員からの聴取に基づく。

(38) これは使途目的を考慮して当該借財が日常家事行為に該るか否かを判断するという判例・学説に従って書かれたのであろうが、判例も債務額がわずかであれ高利・サラ金の場合は結論としては非日常家事行為であると判断しているのであるから、このような記述の仕方はサラ金利用者救済のための啓発書としては問題がある。

(39) 私見によれば、生活上の必要からやむを得ずサラ金業者から借財をする場合は、夫婦相談の上返済計画をきちんと立ててから借りるべきであり、使途目的如何によっては夫または妻の無断のサラ金業者からの借財も日常家事行為になるという見解は、夫婦の財産的独立を侵害し家庭崩壊を招来する意見であるとしか思えない。

(40)「夫婦の日常家事代理権は、法定代理権というべきであるから、代理人たる夫婦の一方は、その責任において自由に復代理人を選任できるが、しかしそもそも復代理人とは、代理人がその権限内の行為をおこなわせる本人の代理人であるから、本件のように妻たる代理人自身が日常家事の権限に属しない事項、つまり他人の債務を保証するという権限を第三者たる栗原（A）に与えるような場合、はたして栗原が『復代理人』といえるのか疑問なしとせず、もしそう解しうるとしても、鈴子（W）が日常家事の代理権限の範囲を越える権限を栗原に与え、かつ、その栗原がまさにその与えられたとおりの法律行為をしているのだから、かかる場合、復代理人たる栗原には民法一一〇条の適用（もしくはその類推適用）の前提たる基本代理がなく、したがって右の表見代理の成立の余地はないのではないかとも考えられる。しかしながら、たとえば妻自身が日常家事に関する代理権の範囲を越えて法律行為をした場合、さらには妻から本来日常家事代理権に属する事項を処理する権限を授与された復代理人が、その権限を越える法律行為をした場合には、後記のとおり民法一一〇条類推適用があるのに、本件のような場合にはその類推適用を否定するというのでは、取引の相手方の保護に欠けることとなって妥当とはいえないであろう。したがって、もし栗原を鈴子の復代理人とみるとすれば、鈴子の本来有する日常家事に関する代理権をもって栗原の基本代理権と構成するか、もしくは栗原をして、鈴子の決定した意思表示（被告の代理人として本件連帯保証契約を締結する意思表示）を伝達する表示機関（使者）と解するかして、民法一一〇条を類推適用するのが相当である。」

(41) 夫婦の一方が他方を代理して相手方と取引する通常の場合でさえ一一〇条類推の正当理由の内容はあいまいであるが、本件のように夫婦の一方でない他人が復代理人として相手方と取引する場合には、一一〇条類推の正当理由の内容は一層あいまいになる。

(42)　事案は不明であるが判例⑧大阪地判昭和四一年も、妻が夫との共同生活にかかる日常の家事に関して夫の記名印及び印鑑を用いて約束手形を振出したときは夫は右約束手形について支払の義務を負うとする。

(43)　妻が夫に無断でなした夫名義の手形行為について一一〇条の正当理由を否定したものとして判例⑲東京地判昭和五四年がある。これは宝石・骨董品等の販売を目的とする会社S・D・Rを経営する妻Wが事業資金に行きづまったので、開業医である夫X（後に破産宣告を受ける）に無断でXの手形・小切手帳を使用しXのゴム印、実印を冒用してX名義の手形小切手を作成し、金融業者から右手形等の割引によって事業資金を得ていたところ、Yの本件貸付けもこれら一連の行為のなかでなされたという事案である。東京地判の認定するところによればXはWに何らの代理権も授与していないが、WはYに医院に必要な資金の調達は自分にまかされている旨説明しているところから、東京地判は一一〇条を直接適用して（一一〇条類推をせずに）Yの一一〇条の正当理由を否定している。それによればYは金融業者であり、Wへの貸付は本件が初めてであって紹介者も信用できないにもかかわらず貸付に際して、「孝男（X）に対して和子（W）に代理権等の権限を与えたものかどうかの確認手段をとっておらず、しかも、最初の二口の貸付はその弁済期である同年三月三一日と四月二八日には支払ができず、その結果、新たな貸付をなしてこれを弁済し、その後も数回このようなことが行われているのに拘らず、被告（Y）はこれらの機会にすら、孝男との連絡をとっておらず、しかも、数回の貸付けの間には株式会社S・D・Rの事務所に出向いているのであるから、和子が岡田医院の手伝い以外に事業していることを推知しえたのに、この段階でも破産者孝男との右貸付けについての何んらの折衝もしなかった。（傍点筆者）」という事実を認定して、Xの真意を確かめることなく漫然と貸付けを続けたYには一一〇条の正当理由はないと判示した。

(44)　判例⑩では妻が使途目的を越年資金等にあてると説明したのに対して判例⑲では夫の医院に必要な資金の調達と説明したらしいところから、判例⑲は日常家事行為を問題とせずに「本人の意思の確認」を要求して一一〇条の正当理由を否定している。判例⑲において一一〇条の正当理由を否定するのに認定された事実は、判例⑩において一一〇条類推の正当理由を否定するのに認定された事実と同一である。

(45)　夫が妻及び妻の父に無断でなした妻及び妻の父両名名義の手形行為について、妻との間には日常家事代理権しかないと認定した上でそれを基本代理権として一一〇条を直接適用し正当理由を肯定したものとして判例②函館地判昭和三四年がある。これは夫Mが昭和二九年一一月一日Xから利息一ヵ月七分、弁済期日昭和三〇年五月末日の約定で借り受けた事業資金一五万円の債務につき、弁済の猶予を受けるに際し、昭和二九年一一月一日以降同三〇年五月末までの月七分の割合による約定利息合計七三五〇〇円の支払を確保するために、Mにおいて昭和三〇年六月一日妻Y_2、Y_2の実父Y_1に無断で両名名義の額面七三五〇〇円の約束手形をXに振出交付したという事案であった。函館地判の認定した事実によれば、㋑Mは従前よりY_1の経営する漁業及び水産加工業の手伝いをしてきたが、昭和二二年頃には水産加工業の営業名義も移され、漁業及び水産加工業の経営に関する事実上、法律上の諸般の行為につきY_1・Y_2を代理する権限を与えられ、右事業に関し約束手形を振出すに当ってもY_1ら振出名義の約束手形を振出し得る権限を有していた、㋺昭和二九年、三〇年頃から前記営業の経営不振、手形の濫発、Mの女性関係等のためY_1らとの間に感情上の疎隔をきたし、本件手形振出当時は家庭内においてはY_1ら両名の事前の承諾なくしてY_1ら名義の手形を振出すことを差し止められていたが、手形振出行為以外の点においてはなお事業上の諸般の行為につき事実上、法律上Y_1を代理し得る権限を有していた、㋩XはY_1・Y_2・Mと同町内に住む同業者で、Y_1らと数年来の取引もありMがY_1らを代理し得る権限を有することを知っており、前記事業資金一五万円の貸付に際してはMがY_1・Y_2を代理してその衝に当りY_1・Y_2名義の約束手形を適法に作成交付した事実があった、とのことである。

この判例②は日常家事代理権を基本代理権として一一〇条を直接適用し正当理由を肯定した判例として事案を紹介することなくよく引用されるが、MとY_2との間には日常家事代理権の他に基本代理権があったと思われる。何故なら認定事実㋑㋺によればMは昭和二二年以降しばしば事業に関しY_1・Y_2名義の約束手形を適法に振出していたようであるし、㋩によれば事業資金一五万円の貸付に際してはMがY_1・Y_2を代理してその衝に当りY_1・Y_2名義の約束手形を適法にXに作成交付しているからである。これらの認定事実からすれば本件は妻との間で日常家事代理権しか基本代理権がない事案とみるべきではない（むしろⅡβ型である）。なお、本件は㋑㋩の事実（梅・富井・第一類型に該当する主要な肯定的ファクター）から、私見の基準に照らしても、一一〇条の正当理由が成立する事案である。

参考図表 I

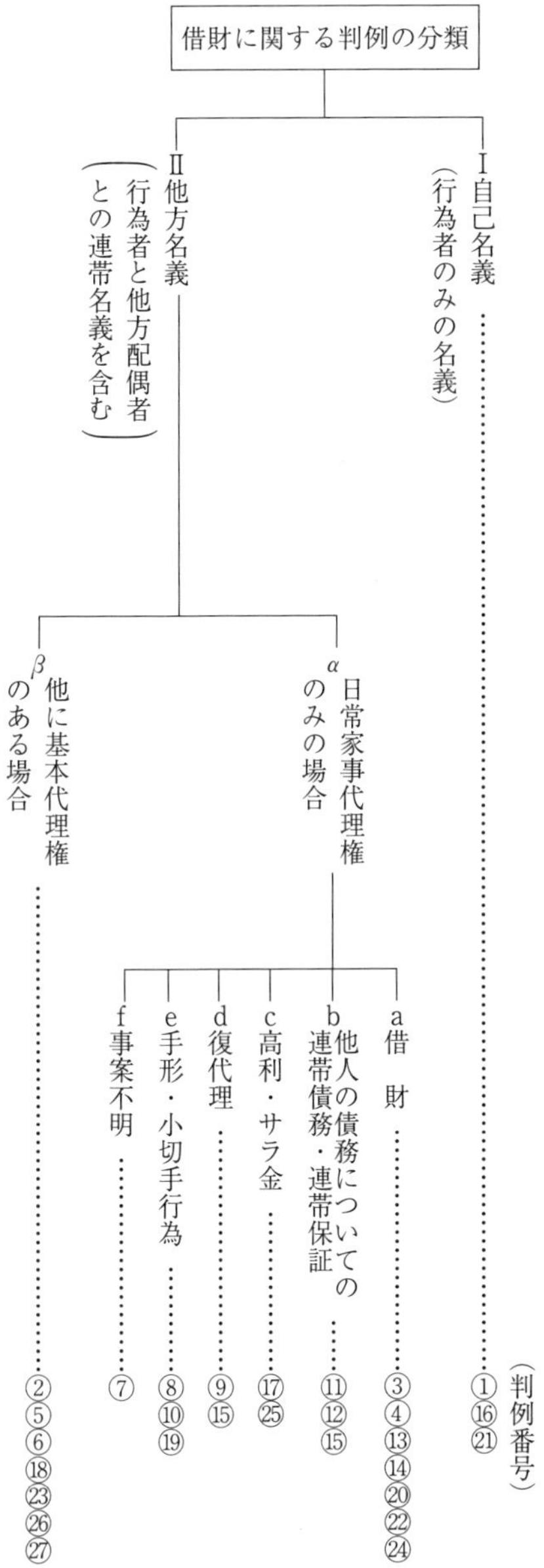
借財に関する判例の分類
I 自己名義
（行為者のみの名義）
II 他方名義
（行為者と他方配偶者との連帯名義を含む）
α 日常家事代理権のみの場合
β 他に基本代理権のある場合
a 借　財
b 他人の債務についての連帯債務・連帯保証
c 高利・サラ金
d 復代理
e 手形・小切手行為
f 事案不明
（判例番号）
①⑯㉑
③④⑬⑭⑳㉒㉔
⑪⑫⑮
⑰㉕
⑨⑮
⑧⑩⑲
⑦
②⑤⑥⑱㉓㉖㉗

参考図表　Ⅱ

番号	判決	出典	行為者	名義人	相手方	金額	使途目的等	判旨：日常家事行為の範囲について	判旨：表見代理について	分類
①	東京地判 昭三一・四・一二	下民集 七‐四‐九五八	妻	妻		一三七、〇〇〇円又は九五、〇〇〇円 利息月一割	借用金の一部は生活費として費消。	○原告被告双方の主張の金額からみて決して少額ではない。 ○範囲外。		Ⅰ
②	函館地判 昭三四・九・二九	下民集 一〇‐九‐二〇五一	夫	妻 妻の父	同町内に住む同業者	七三、五〇〇円の約束手形	夫が事業資金一五万円の債務につき、弁済の猶予を受けるに際し、その利息金の支払確保のため振出。		○妻との間にも日常家事代理権あり。 ○一一〇条の正当理由肯定。	Ⅱ β
③	浦和地判 昭三五・一二・二三	下民集 一一‐一二‐二七二四	妻	夫 娘 その他一名	金融会社	三万円	家の新築費にあてると説明。	○夫の月収は約三五、〇〇〇円、生活費は二五、〇〇〇円程度。 ○範囲外	○七六一条の日常家事代理権は一一〇条の基本代理権となる。 ○一一〇条の正当理由肯定。	Ⅱ α a
④	東京高判 昭三七・六・一九 （③の上告審判決）	高民集 一五‐六‐四三〇							○一一〇条類推の正当理由肯定。	Ⅱ α a
⑤	横浜地判 昭三六・二・七	金法 二六九‐九	夫	妻 夫の父	商工業協同組合	四〇〇万円抵当権設定	妻が代表者である会社の四〇〇万円の債務について、妻より会社の業務	○範囲外	○一一〇条の正当理由否定。	Ⅱ β

							一切を任されていた夫が、父と妻を代理して両名が個人として連帯債務を負担することを約する。			
⑥	東京地判 昭三八・二・一二	金法 三四五–一二	夫	夫 妻		六〇万円 抵当権設定	夫が妻に無断で妻の代理人と称して夫・妻連帯名義で借り受けた三〇万円につき返済をせまられたため。		○夫たることは当然妻の代理人たることを意味しない。○夫がかつて妻から授与された代理権消滅後、かつて存した代理権の範囲を越えて行為したものとして表見代理の成否を検討—正当理由否定。	Ⅱβ
⑦	大阪地判 昭四〇・一二・三	ジュリスト 三五九–三	妻	不明	不明	不明	不明		○七六一条は夫婦が互に相手方の代理人たる地位を有することを定めたものでない。	
⑧	大阪地判 昭四一・五・三一	ジュリスト 三七二–六	妻	夫	不明	不明	不明	○妻が夫との共同生活にかかる日常の家事に関して夫の記名及び印鑑を用いて約束手形を振出したときは、夫は右約束手形について支払の義務あり。		Ⅱαe
⑨	横浜地判 昭四二・一一・一五	判タ 二一九–一六六	妻	夫		一〇万円	夫名義で賦課された所得税及び夫婦	○上記の支払資金を借受ける行為は日常家事行		Ⅱαd

							の居住する家屋の固定資産税を納付するため。	為。 ○妻は第三者に夫の代理権を授与できる。		
⑩	大阪高判昭四三・五・三一	金法五一八-三一	妻	夫		二〇万円の約束手形	越年資金にあてると説明。	○家計は毎月七万円位。 ○範囲外。	○一一〇条類推の正当理由否定。	Ⅱαe
⑪	名古屋地判昭四四・一〇・一八	判時五七六-七四	妻	夫		四万円	妻の知人が従前貸主に対し負担していた債務を借り替えるにつき、妻が知人としてこれを保証するため。	○本件借財は実質上他人の借財に対する保証契約の締結にあたる。 ○範囲外。	○七六一条の家事代理権を前提として夫が表見責任を問われることはない。	Ⅱαb
※	最判昭四四・一二・一八	民集二三-一二-二四七六								
⑫	最判昭四五・二・二七	金法五七九-二八	妻	夫（連帯保証）	信用金庫	不明	不明	○妻が夫を代理して他人の手形貸付取引契約の連帯保証をなす権限は範囲外。	○一一〇条類推の正当理由否定。	Ⅱαb
⑬	東京地判昭四六・五・三一	判時六四三-六八	内縁の夫	内縁の妻 内縁の夫	知人（かつてその姪が内縁の夫と内縁関係にあった）	二〇〇万円		○内縁関係にも七六一条の適用あり。 ○範囲外。	○一一〇条類推の正当理由否定。	Ⅱαa

⑭	東京高判 昭四八・一二・三	金判 四〇五—一三	妻	夫 その他一名（連帯保証）	信用金庫	二〇万円	長男の大学入学のための費用にあてると説明したが、借受の実際の目的は上司との外泊費用の調達にあった。	○範囲外。	○夫は妻に表見代理の基礎となるべき基本代理権を授与していないし、貸主には妻に代理権があると信じたことに重大な過失がある。○貸主は一一〇条類推による表見代理に関する主張立証を全くしていない。	Ⅱαa
⑮	東京地判 昭四九・四・一五	判時 七五五—七七	妻の弟	夫（連帯保証）	信用株式会社	五〇万円	弟の事業の営業資金。	○妻が夫を代理して他人の債務を保証することは、範囲外。○妻の弟を「復代理人」といえるか疑問がないわけではない。	○一一〇条類推の正当理由否定。	Ⅱαbd
⑯	松山簡判 昭五二・四・二五	判時 八七八—九五	妻	妻 夫（連帯保証）	金融会社	三〇万円	夫の入院費（原告貸主の主張）。	○貸主の妻に対する訴訟係属中妻が死亡し、夫らが受継。○夫の連帯責任について—夫は当時二〇万円位の生活費を妻に渡す。三〇万円は高額であり範囲外。	○一一〇条類推の正当理由否定。	Ⅰ
⑰	東京地判 昭五三・一一・一	判時 九三一—七八	妻	妻 夫	サラ金業者	一〇〇万円 日歩三〇銭	長男の旅行費用と説明。	○本件借財当時婚姻関係は破綻に瀕していた。○上記の借財の目的はたやすく措信し難く、範囲外。	○一一〇条類推の正当理由否定。	Ⅱαc

⑱	東京地判 昭五四・四・一二	判タ 三九二-一一〇	妻	妻 夫（連帯債務者兼連帯保証人）		一五〇〇万円 根抵当権設定	妻が無給で手伝っていた知人経営の料亭の営業資金。	／	○被告（貸主）主張の基本代理権を認定（内容不明）。○一一〇条の正当理由否定。	Ⅱβ
⑲	東京地判 昭五四・九・二六	判タ 四二二-一二四	妻	夫	金融会社	手形・小切手、額面額不明	夫の医院に必要な資金の調達と説明したが、実際は妻の経営する会社の事業資金に費消。	／	○妻には夫を代理する権限がなかった（事実行為しか任されていなかった）。○一一〇条の正当理由否定。	Ⅱαe
⑳	東京地判 昭五五・三・一〇	判時 九八〇-八三	夫	妻 夫（連帯保証）	信用金庫	二五〇万円	娘（二二歳）の結婚費用に使用すると説明したが、実際は夫の経営する会社の営業資金にあてる意図であり、現実にそのように費消された。	○範囲外。	○夫の説明により貸主が信じた使途目的がそもそも日常家事に該らないから、それ以外の事情を考慮する余地もなく一一〇条類推適用否定。	Ⅱαa
㉑	東京高判 昭五五・六・二六	判時 九七二-三二 判タ 四二四-九七	妻	妻		九ヵ月間に二二回にわたり合計五二〇万円、利息は一ヵ月五分、七分、六分、一割と次第	借受金のほとんどは夫に秘して妻が第三者から高利で借受けていた金員の利息の支払いにあてられた。	○妻に対する請求は認容。○範囲外。	○貸主には正当理由がなく夫に対して一一〇条の規定の趣旨の類推適用による連帯責任を追求できない。	Ⅰ

に高くなっている。

㉒	名古屋地判 昭五五・一一・一一	判時 一〇一五-一〇七	妻	夫	相互銀行	一五〇万円	医療費及び生活費に使うと説明。	○夫の月収は約三七万円。○範囲外。	○一一〇条類推の正当理由肯定。	Ⅱαa
㉓	東京地判 昭五六・一一・二六	判タ 四六二-一一九	妻	夫	信用金庫	五〇〇〇万円 夫所有の土地建物に根抵当権設定	子供のためのホテル敷地購入代金及び店舗改装費にあてると説明したが、実際は知人に宝石買付資金を融通してやるため。		○妻は夫の営業に関し、日常的な範囲の業務執行について、夫を代理する権限を有していた ○妻らが巧妙な替玉偽装工作を行ない、担当者に偽装工作を見抜くことを要求するのは酷な状況にあった。 ○一一〇条の正当理由肯定。	Ⅱβ
㉔	高松高判 昭五六・一二・二三	金法 九九七-四二	妻（保証人）	夫	信用金庫	一五〇万円	台所改修及び諸設備購入とするローン融資申込書を提出したが、一五〇万円中三〇万円を湯沸器の購入設置代及び台所内壁の補修代に使い、七万円を長男の治療費に支出、残額の使途は不明。	○昭和五〇年度の夫の給与手取額合計は約三三〇万円。 ○一五〇万円の借入行為のうち少くとも三七万円の借入れについては、範囲内。	○借財時には夫は遠洋漁業で出漁中。 ○本件借財の一ヵ月くらい前、妻は本件貸主から夫に無断で夫を借主、自己を連帯保証人として三〇万円借受けている。この三〇万円は本件借財の直前に一括返済。 ○一五〇万円の借財がすべて同夫婦の日常家事	Ⅱαa

									に属するとか、通常の代理権ありとか信じたとすれば軽率。	
㉕	横浜地判 昭五七・一二・二三	判タ 四九二-一〇九	妻	夫 妻	リース会社	一一七、六〇〇円 遅延損害金日歩三〇銭	給料日が月初めで生活費がなくなったと説明。貸主の係員は用途欄に「家事費用」と記載。	○範囲外。	○一一〇条類推の正当理由否定。	Ⅱαc
㉖	京都地判 昭六〇・二・五	金法 一一一三-四一	夫	妻 夫	信用保証協会	一〇〇〇万円につき信用保証委託契約	信用保証委託申込書に、資金使途を酒店と酒場の改築資金及び商品増加仕入代と記載したが、実際は知人に融資するため。		○通常の営業の範囲内で互いに代理権あり。 ○原告の係員は、保証委託申込者の意思又は代理権存否の確認という原告にとって最も基本的な調査事務を怠った。 ○一一〇条の正当理由否定。	Ⅱβ
㉗	最判 昭六〇・二・一四	金法 一〇九三-四二	夫	妻	農業協同組合	農協取引契約及び消費貸借契約			○夫は本件契約前に、妻の実印を用いて妻名義で、本件農協(上告人)より八回にわたり金員を借り受け、七回にわたり前渡金を受領し上告人に対する妻名義の普通貯金から三一五回にわたり払戻又は引落決済を受け、かつ三回	Ⅱβ

夫名義の普通預金に振り替える等したが、妻は夫に対し上告人とこれら従前の取引をするための代理権を与えていた。

○上告人が夫に妻を代理して本件各契約を締結するための代理権があると信ずるについて正当の理由がある。

※1　最判昭四四・一二・一八民集二三-一二-二四七六については、高森②四三頁以下、高森＝高森「民法七六一条と夫婦相互の代理権及び権限踰越の表見代理（最判昭和四四年一二月一八日の判批）」関西大学法学論集四〇巻三号一五一頁以下参照。

※2　借財を担保するために他方名義の不動産に抵当権等が設定された事案で、高森②において検討した判例（東京地判昭四七・六・二〇金判三二七-一七、東京地判昭四七・一一・二一判時七〇五-六七、東京高判昭五〇・一・二九金判四六五-一八、東京地判昭四七・一二・一九判時七〇八-五一、東京高判昭四八・七・三一金判三七九-一四）については右記図表より割愛した。

第二章　クレジット契約と日常家事行為

一　序

(1)　現代はまさにクレジット時代であり、消費者が商品を購入するに際して、その代金を現金で支払うかわりに、信販会社等と立替払契約を締結して割賦購入のための融資を受けたり、あらかじめ銀行等との会員契約に基づいて銀行等から交付されていたクレジット・カードを利用したりすることは、日常生活においてしばしば行なわれる現象である。また、クレジット・カードを利用して、ＣＤ（現金自動支払機）やＡＴＭ（現金自動預入払出機）から容易に現金の貸付け（キャッシング・サービス）を受けることもできる。このようにクレジット契約が消費者の日常家庭生活に広く浸透しているところから、夫または妻がなした右のクレジット契約上の債務について、他方配偶者は民法七六一条を根拠にして連帯責任を問われるのかという問題が生じる。また、夫または妻が他方に無断で他方を代理して、他方名義のクレジット契約を締結した場合には、民法一一〇条の表見代理規定との関係が問題になる。

日常家事行為に関しては、従来より、主として他方名義の不動産処分や借財の事案において、七六一条は日常家事に属する法律行為につき夫婦相互の代理権を認めたものか否か、七六一条にいう日常家事行為の範囲とはいかなる範囲か、更に、夫婦の一方が日常家事行為の範囲を越えて、他方に無断で他方を代理して行為した場合における一一〇条との関係について、種々の議論がなされてきた。しかし、右の問題がクレジット契約のみに焦点をあてて論じられたことはなく、それゆえ、そもそもクレジット契約が日常家事行為の範囲に含まれるのか、含まれると解するならばその日常家事性の具体的判断基準は如何に設定されるべきか、あるいは、日常家事行為の範囲を越える他方名義のクレジット契約と表見代理規定との関係について論じることは、日常家事行為をめぐる諸問題の現代的局面として、意義があると思われる。(1)

(2)　(i)日常家事行為とは、起草者のひとりである梅謙次郎博士の見解によれば、「衣食住ニ関シ何レノ家ニ於テモ通常必要トスル法律行為ヲ謂フ例ヘハ米、塩、薪、炭、油ノ買入、衣服ノ調整、家賃ノ支払等ノ如キ即チ是ナリ」（梅『民法要義㈣』一九一頁）ということである。右を現代的にいえば、例えば、食料品や燃料、衣類（但し相当範囲のもの）の買入、家賃・地代・水道・電気・ガス・電話・管理費などの支払、相当な範囲内での家族の保健・娯楽・医療・未成熟の子どもの養育・教育などに関する支出等は、当然日常家事行為に含まれる。これらは、行為の種類・性質からして夫婦の共同生活を維持するために日常的に反復継続されることが、社会通念上当然予想される行為である。いいかえれば、「日常家事行為とは、行為の種類・性質からして夫婦の共同生活を維持するために日常的に反復継続されることが、社会通念上当然予想される行為である」と定義できよう。

(ii)　日常家事行為の範囲について問題となるのは、その具体的判断基準である。最判昭和四四年一二月一八日民集二三巻一二号二四七六頁は、夫Mが妻X所有の不動産を自己のYに対する債務を清算するために、Xに無断でXを代理してYに売却してしまったという事案において、「その具体的な範囲は、個々の夫婦の社会的地位、職業、(2)

資産、収入等によって異なり、また、その夫婦の共同生活の存する地域社会の慣習によっても異なるというべきであるが、他方、問題になる具体的な法律行為が当該夫婦の日常の家事に関する法律行為の範囲内に属するか否かを決するにあたっては、同条が夫婦の一方と取引関係に立つ第三者の保護を目的とする規定であることに鑑み、単にその法律行為をした夫婦の共同生活の内部的な事情やその行為の個別的な目的のみを重視して判断すべきではなく、さらに客観的に、その法律行為の種類、性質等をも充分に考慮して判断すべきである。」と判示した。(3)

最判昭和四四年判旨、及び、日常家事行為の範囲の判断基準に関する学説については、高森①(4)一八頁以下において検討したが、私見は、日常家事行為が、行為の種類、性質からして夫婦の共同生活を維持するために日常的に反復継続されることが、社会通念上当然予想される行為であるならば、その具体的な範囲については、その夫婦の資産・収入・職業・社会的地位等の内部的事情と、その行為の種類、性質等の客観的事情を考慮して、社会通念に照らして客観的に判断すべきであると考える。夫婦の一方が他方の承諾を得ずになした行為が七六一条の日常家事行為と判断されれば他方は連帯責任を負わされるのであり、加えて七六一条が夫婦の一方と取引をした第三者保護の規定であることを考えあわせれば、日常家事行為の概念と範囲をあいまいにする行為者の目的や動機といった主観的意図は、日常家事行為の範囲の判断基準として、考慮にいれるべきではない。(5)

(3)　(i)　夫婦の一方が他方に無断で他方を代理して、日常家事行為の範囲を越える行為をした場合、その家事行為外行為について、一一〇条の表見代理が成立するかについて、(6)最判昭和四四年は、一一〇条を直接適用することは、夫婦の財産的独立をそこなうおそれがあるから、(7)相手方が、「その行為が当該夫婦の日常の家事に関する法律行為の範囲内に属すると信ずるにつき正当の理由のあるときにかぎり、」一一〇条の趣旨を類推適用して、相手方の保護を図ればよい旨判示した。右最高裁判旨は我妻説に依拠するものであり、(8)これを一一〇条類推適用説と呼ぶことにする。

一一〇条類推適用説には、二つの重大な問題点があるが、その第一は、一一〇条を直接適用することが何故夫婦の財産的独立をそこなうことになるのか、その具体的内容が明らかではないという点であり[9]、右は結局、具体的にいかなる事実があれば一一〇条の正当理由が肯定されるのかという問題に帰着する。即ち、客観的に非日常家事行為と判断された無権代理行為に対して表見代理の法理を適用する際に、まさに問題となるのは一一〇条の正当理由の内容であり、具体的に如何なる事実があれば一一〇条の正当理由が成立するのか、一一〇条の正当理由の有無に関する具体的判断基準こそが、この問題の核心である。

一一〇条類推適用説の提唱者である我妻栄博士は、一一〇条の正当理由を「普通の人が代理権があると信ずるのがもっともだと思われること」（我妻『新訂民法総則』三七一頁）という事情があり、代理権の存在についての善意・無過失のことをいうと説明し、「代理権の授与とともに実印・印鑑証明書・権利証などを交付してあるとき」（我妻・同三七一頁）には正当理由が認められる場合が多いとする[10]。我妻説は、行為者の主観的意図（目的・動機）を重視して日常家事行為の範囲を広くとらえ[11]、そのように広くとらえた上でもなおかつ日常家事行為とは評価できない行為について、表見代理の適用を考慮する。他方、我妻説によれば実印等を所持していれば、それは「普通の人が代理権があると信ずるのがもっともだと思われる事情」である。そして、夫婦間では他人間よりも実印の盗用がなされやすいのは事実であり、実際に夫婦の一方が他方の実印を冒用するケースは多いが、我妻説の一一〇条の正当理由に関する理解の仕方を前提とすれば、これらの場合に広く一一〇条の正当理由が成立してしまうことになる。右の我妻説を前提とする限り、最判昭和四四年判旨及び我妻博士自身が指摘するように、日常家事代理権を基本代理権として一一〇条を直接適用することは、夫婦の財産的独立を侵害する危険性が高い。しかし、一一〇条を直接適用すれば夫婦の財産的独立を侵害する危険性が高くなるという結論は、我妻説に従って、一一〇条の正当理由の内容を漠然と理解することにこそ帰因するのである。

(ii)　私見は、起草者である梅謙次郎博士及び富井政章博士の見解（梅『民法要義（巻之一総則編）』二五五頁、二五六頁、富井『民法原論（第一巻総論）』五一四頁、五一五頁）、一一〇条の立法趣旨、一一〇条の文言の規定の仕方、正当理由の有無の判断に関する判例の実質的判断プロセス（形式的推論のプロセスではなく）から、「本人に代理権の有無・範囲について問い合せをすることが全く不要と感じさせるほどの客観的事情があり」それゆえ相手方が「代理権の存在を信じた」ときには、相手方に代理権ありと信ずべき正当理由が成立すると考える。(12)

そこでいかなる客観的事情が、本人に代理権の有無・範囲について問い合せをすることが全く不要と感じさせるほどの客観的事情か、即ち、正当理由を成立させる主要な肯定的ファクターは何かが問題になるが、私見は、相手方がこれまで代理人を通して本人と同種同量の取引をしてきたが、いずれもこれらの取引は本人によって承認されつつがなく履行されてきた（梅・富井・第一類型）(13)、あるいはこれに準じるような客観的事情（即ち本人の認容的言動）が、正当理由を成立させる主要な肯定的ファクターであると考える。実印の所持はそれだけで原則として正当理由を成立させる客観的事情ではなく、ひとつの肯定的ファクターにすぎず、しかも他の積極的な肯定的ファクターとあわさって、はじめて正当理由を成立させるところのそれ自体は弱い肯定的ファクターにすぎない。(14)また、代理人の詐欺師的言辞は肯定的ファクターにならない。

右に述べた基準に従って一一〇条の正当理由の有無を厳格に判断するならば、一一〇条を直接適用することは（我妻説に従って一一〇条を直接適用した場合とは異なり）夫婦の財産的独立を侵害することには決してならず、むしろ財産的独立を尊重する結果となるのである。また、客観的に非日常家事行為であると判断された無権代理行為につき、梅・富井・第一類型あるいはこれに準じるような客観的事情（一一〇条の正当理由を成立させる主要な肯定的ファクター）がある場合には、相手方の保護されるべき客観的利益状況は、代理人が本人の配偶者であるか配偶者以外の第三者であるかによって、区別されるべき合理的理由はない。右のような場合にまで、一一〇条を直接適用することを否定するのは、夫婦の財産的独立の保護の名の下に、相手方の利益を不当に侵害することになろう。

(4)　(i)　一一〇条類推適用説の第二の問題点は、具体的に如何なる事実があれば「日常の家事に関する法律行為の範囲内に属すると信ずるにつき正当の理由」があるといえるのか、その具体的内容は最判昭和四四年判旨からは明らかではないし(15)、我妻博士自身も明確に述べていないという点である(16)。

日常家事行為と他方名義の不動産処分、借財が問題となった判例については、既に髙森②、髙森③(17)において検討したが、一一〇条類推適用説にたつ判例は大体において、日常家事行為の範囲を判断する際に考慮した事実（主として金額と処分目的、使途目的、動機などの行為者の主観的意図）と、一一〇条を直接適用する際にその正当理由の有無を判断するのに考慮される事実（即ち実印、白紙委任状、印鑑証明書、権利証の所持など代理権ありと信ずべき正当理由の有無の判断に考慮される事実）、の両者から一一〇条類推の正当理由の有無を判断し(18)、二例（東京高判昭和三七年六月一九日高民集一五巻六号四三〇頁、名古屋地判昭和五五年一一月一一日判時一〇一五号一〇七頁）を除いてすべて一一〇条類推の正当理由を否定している。

(ii)　右のように書くと、一一〇条類推適用説の方が、行為者の処分目的・使途目的・動機など行為者の主観的意図を考慮する分だけ、その正当理由が成立する余地が狭まり、夫婦の財産的独立の尊重に資するのではないかと誤解されそうである。しかし、一一〇条類推の正当理由が否定された判例は、すべて私見の基準に照らして、そもそも一一〇条の正当理由が成立しない、即ち、「本人に代理権の有無・範囲について問い合せをすることが全く不要と感じさせるほどの客観的事情が存在しなかった」事案ばかりである。(19) 一一〇条の正当理由は成立するが、行為者の主観的意図、即ち行為者の説明した使途目的や動機に対する相手方の誤信が相当ではないと判断されて、一一〇条類推の正当理由が否定されたといえる判例は皆無である。

この意味で、行為者の主観的意図に対する相手方の誤信を考慮するという一一〇条類推適用説の附加的要件は、実質的判断基準として機能しておらず（実質的判断基準として機能していないという程度なら不要な要件であるとだけいえばよいが）、行為者の説明した使途目的や動機に対する相手方の誤信が重視されるときには、むしろ夫婦の財産的独立を侵害する危険性を極めて増大させる。右に指摘した点を端的に示す判例は、前掲東京高判昭和三七年（妻が夫に無断で家の新築費にあてると説明し、夫の印鑑を盗用した上委任状を偽造し公正証書を作成して、夫名義で三万円を借財したという事案、夫の月収は三万五千円）である。この事案では、私見の基準に照らして一一〇条の正当理由を成立させる主要な肯定的ファクターが存在せず、そもそも一一〇条の正当理由が成立しない事案であったが、(20) 東京高判は行為者（妻）の説明した使途目的（家の新築費にあてる）に対する相手方の信頼を重視して一一〇条類推の正当理由を肯定している。

(iii) 一一〇条類推適用説を採り、その正当理由を肯定したもうひとつの判例である前掲名古屋地判昭和五五年（妻が夫名義で医療費に使用するとの名目で一五〇万円を借財したという事案、夫の月収は三七万円）は、私見の基準に照らしても一一〇条の正当理由を肯定し得る判例である。この事案においては、妻が予め相手方から交付された「この証明書は、借入申込書のみ《ママ》の際に提出して下さい」と付記してある給与証明書用紙を夫に手渡し、夫が自ら右証明書用紙をもってその勤務先で発行を受けた給与証明書を妻に手渡し、妻がこれを相手方に交付し、相手方はこの給与証明書が夫自身発行を受けたことがまちがいないとの確認を得ているという認定事実が重要である。

右の事実は当該借財についての夫の認容的言動であり、この客観的事実を正当理由を成立させる主要な肯定的ファクター（梅・富井・第一類型に準じる客観的事情）として、私見の基準に照らしても、名古屋地判の事案においては、一一〇条の正当理由を肯定し得る。もしこの事案で右の事実が認定されていなかったならば、おそらく名古屋地判は夫の責任を否定したはずであり、(21)右の事実が認定できたからこそ名古屋地判は夫の責任を肯定したのである。(22)

(iv)　結局、行為者の説明した使途目的等に対する相手方の誤信がもっともであるといえるか否かを考慮するという一一〇条類推適用説の附加的要件は、非日常家事行為である一方配偶者の無権代理行為について、他方配偶者に表見代理責任を帰属させるか否かの判断基準としてはあいまいであり、具体的判断基準としては判例上機能していない。一一〇条類推適用説にたつといってみても、判例の実質的判断においては、一一〇条の正当理由が成立するか否かが重要なポイントになっている。即ち、判例は、実質的には一一〇条の正当理由が成立しないときに、形式的には最判昭和四四年判旨の表現に従って一一〇条類推の正当理由がないと判示するのであり、名古屋地判昭和五五年のように実質的には一一〇条の正当理由が成立するときに、形式的には一一〇条類推の正当理由があると判示するのである。そして、一一〇条の正当理由が成立しない事案であるにもかかわらず、東京高判昭和三七年のように、行為者の説明した使途目的に対する相手方の誤信を重視するならば、それは夫婦の財産的独立を侵害する結果を生ぜしめる。

なお行為者が自己名義でした非日常家事行為については、代理行為がない以上表見代理責任が問題となる余地はない。しかるに自己名義の借財の事案において一一〇条類推適用説を採る東京高判昭和五五年六月二六日判時九七二号三二頁は、代理行為がなくても日常家事の範囲内と信ずるにつき正当の理由があれば、相手方は夫婦の他方に対し一一〇条の趣旨の類推適用により連帯責任を追求しうる旨判示した(23)（結論は一一〇条類推の正当理由を否定）。これは日常家事行為の範囲についてだけ表見代理の趣旨を適用するという我妻説の記述のあいまいさ（我妻『親族法』一〇九頁）に起因するものであろうが、何らの代理行為がない場合にまで、一一〇条類推の正当理由があれば他方配偶者は連帯責任を問われるというのであれば、一一〇条類推適用説は、一一〇条の趣旨の類推というよりはむしろ七六一条の拡張解釈とよぶのが正確である。

(5)　(i)　私見は、不動産処分の場合であれ、借財の場合であれ、行為者の主観的意図（処分目的・使途目的・動機）を一切排除して日常家事行為の範囲を客観的に判断する。私見の基準に照らして、客観的に日常家事行為であると判断できる行為を、例えば妻が自己名義でしたときは、妻は本人としての責任を負い、夫は七六一条の連帯責任を負う。そして、右の行為（私見の基準に照らして、客観的に日常家事行為であると判断できる行為）を、妻が夫に無断で夫を代理して夫名義でしたときは、日常家事の範囲内では有権代理であるから、夫は本人としての責任を負い、日常家事行為である以上、行為者である妻は七六一条の連帯責任を負う。(24) すなわち、日常家事行為である以上、それが配偶者の一方により自己名義でなされたにせよ他方名義でなされたにせよ、夫婦は互いに第三者に対して責任（本人としての責任又は連帯責任）を負うことになる。

次に、私見の基準に照らして、客観的に日常家事行為の範囲を越える行為（非日常家事行為）を、例えば妻が自己名義でしたときは、代理行為がない以上一一〇条は適用されず、(25) 妻のみが本人としての責任を負う。そして、右の行為を、妻が夫に無断で夫を代理して夫名義でしたときは、客観的に非日常家事行為と判断された無権代理行為に対して、一一〇条を直接適用し、私見の基準に照らした一一〇条の正当理由の有無、即ち、「本人に代理権の有無・範囲について問い合せをすることが全く不要と感じさせるほどの客観的事情があり」それゆえに「代理権の存在を信じた」といえるか否かを厳格に判断する。右の基準に照らして、一一〇条の正当理由が成立する場合には夫のみが本人としての責任を負う。日常家事行為の範囲は客観的に定まり、一一〇条の正当理由が成立しても日常家事の範囲が拡張するわけではないので、七六一条の連帯責任は問題とする余地はない(26)。

(ii)　本章は、前章までに残された問題として(27)、右に述べた私見の基準に照らし、そもそもクレジット契約が日常家事行為の範囲に含まれるのか、含まれると解するならばその日常家事性の具体的判断基準を如何に設定すべきか、また非日常家事行為である他方名義のクレジット契約について一一〇条の正当理由が成立するのは具体的に如何なる客観的事情がある場合か、について考察するものである。なお、一口にクレジット契約といっても、その形態はさまざまであるが、本章では考察の対象を、日常家事行為が問題とされた判例（末尾図表参照）において主として争われたクレジット契約の形態（個品割賦購入あっせん、個品割賦販売、総合割賦購入あっせん）に限定するとともに、前章では除外した(28)クレジット・カードによる借財（キャッシング・サービス）について言及したい。

二　クレジット契約と日常家事行為

(一)　個品割賦購入あっせんの場合

(1)　(i)　個品割賦購入あっせんとは、信販会社等がカード等を発行せずに、加盟販売業者が購入者に指定商品を販売することを条件として、個々の販売ごとに購入者の信用を調査した上で、購入代金の全部又は一部に相当する金額を当該販売業者に立替払いし、当該購入者から二ヵ月以上の期間にわたり、かつ三回以上に分割して当該金額を受領することをいう（割賦販売法二条三項二号）。割賦購入あっせんの場合には、信販会社が加盟店と消費者との間の売買を「あっせん」するわけであり、個品割賦購入あっせんにおいては、カード等が発行されず、購入商品が指定商品に限定されている点が、総合割賦購入あっせんの場合（同法二条三項一号）と異なる。

クレジット契約と日常家事行為が問題とされた判例の多くは、個品割賦購入あっせんの事例である。消費者は、加盟店との間で売買契約を締結し、信販会社との間で立替払契約を締結するが、まず第一に、立替払契約の前提となった商品の売買契約自体が日常家事行為に該当するのか否か、第二に、売買契約自体は日常家事行為に該当するとしても、その代金支払のための立替払契約は日常家事行為に該当するのか否かが問題となる。

(ii)　判例の個々の事案は三において検討するが、判例は必ずしも、立替払契約の前提となった商品の売買契約自体の日常家事性の判断と、その代金支払のための立替払契約の日常家事性の判断とを明確に区別せず、立替払契約上の債務が日常家事行為の範囲内であるか否かを判断する傾向にある。

これに対して、信用供与においては、そもそも信用を誰に与えるかは重要な事項であるから、一般的に個品販売に伴うクレジット契約の締結は非日常家事行為と解すべきではないかとの見解（右近健男「判批（大阪簡判昭和六一年八月二六日）」判タ六三五号八一頁）もある。しかし、商品の売買契約自体は日常家事行為に該当する場合に、その商品が現金で購入されていればその代金債務について他方配偶者は七六一条により連帯責任を負うのに、たまたま代金支払のためにクレジット契約を利用した場合には、立替払契約上の債務について一般的に他方配偶者は七六一条の連帯責任を免れるというのでは、現金で商品を購入した場合と比較して妥当ではないと考える。(29)

(2)　(i)　まず第一に、立替払契約は商品の売買契約に付随するものであるから、立替払契約の前提となった商品の売買契約自体が日常家事行為に該当しなければ、その代金支払のための立替払契約も日常家事行為に該当しないことは、いうまでもない。従って、立替払契約の締結が日常家事行為に該当するか否かを判断するためには、まず商品の売買契約の締結自体が日常家事行為に該当するか否かを判断することが理論的前提になる。日常家事行為の範囲の判断基準については、一(2)において述べたが、商品の購入の場合には、買主夫婦の資産・収入・職業・社会的地位等の内部的事情と、購入商品の種類・性質・代金・社会的普及度等の客観的事情を考慮して、社会通念に照らして客観的に判断すべきである。

右の基準に照らして、商品の売買契約の締結自体が非日常家事行為であると客観的に判断された場合には、その代金支払のための立替払契約の締結も非日常家事行為である。従って、その立替払契約の締結が一方配偶者の自己名義でなされた場合には、他方配偶者は立替払契約上の債務について七六一条により連帯責任を負うことはない。また、右のように立替払契約の締結が非日常家事行為である場合に、その立替払契約の締結が、一方配偶者によって他方に無断で他方を代理してなされている場合には、それは無権代理行為であるから、他方配偶者は本人としての責任を負わされない。しかし、他方名義の立替払契約の締結が無権代理行為である場合でも（例えば妻がぜいたく品を購入し夫に無断で夫を代理して夫名義の立替払契約を信販会社との間で締結したというような場合）、当該信販会社はこれまでも何度も今回のような妻のぜいたく品の購入について、妻を夫の代理人として夫との間で立替払契約を締結したことがあり、これまでの取引は夫によって承認されつつがなく履行されてきた（梅・富井・第一類型）、あるいはこれに準じるような客観的事情（たとえば今回の取引についての夫の認容的言動）があった場合には、その客観的な事情を正当理由を成立させる主要な肯定的ファクターとして、信販会社について一一〇条の正当理由が成立する余地があり、この場合、夫は一一〇条により本人としての責任を負担する。

(ii)　次に、商品の売買契約自体は日常家事行為に該当する場合、その代金支払のための立替払契約も当然日常家事行為に該当すると安易に即断すべきではない。何故なら、たしかに立替払契約は売買契約上の代金支払のために締結されるのであるが、立替払契約には、多額の手数料の上乗せ、遅延損害金の定め、期限の利益の喪失、公正証書の作成、合意管轄の負担などのさまざまな購入者の義務が付随するからである。(30) しかし、前述したように、クレジット契約を利用せずに現金で（その購入が日常家事行為に該当する）商品を購入した場合との比較という観点や、現代社会においてはクレジット契約は消費者の日常生活に広く浸透しており、消費者もクレジット契約を適宜利用することによって、現実に商品を利用しながら代金はくりのべ支払の利益を得るという共同生活上の便益を得ているという現状を考慮するならば、商品の売買契約自体は日常家事行為に該当する場合には、その代金支払のための立替払契約も、その支払方法等が客観的にみて相当であると判断できる限り、日常家事行為に該当すると解すべきであろう。(31)

具体的には、信販会社と購入者との間で締結される立替払契約は、その実質において購入商品の現金販売価格相当額を元本とする一種の借財であるから、手数料（割賦販売価格と現金販売価格との差額）の実質的年利率が重要なポイントとなり、これが利息制限法所定の利率をこえるときには、(32) 商品の売買契約の締結自体は日常家事行為に該当する場合でも、立替払契約の締結については支払方法が客観的にみて相当ではないとして、非日常家事行為と解すべきである。

(iii)　立替払契約が一種の借財であるところから、通常の借財の場合と区別せずに立替金債務の日常家事性を判断しようとする見解（加藤美穂子「日常家事債務と第三者保護」『取引保護の現状と課題』一九三頁以下。右近「金銭借用と日常家事債務」金法一〇五一号八頁一〇頁、但し右近・前掲判批八一頁は一般的に個品販売に伴うクレジット契約の締結は非日常家事行為と解すべきではないかとする）もみられる（筆者が平成元年一二月二七日、京都の民事法研究会で「借財と日常家事行為」について報告した際にも、この見解に立つご質問が寄せられた）。しかし通常の借財の場合は、借主は様々な意図で金銭を借受け、その借受金は様々な用途に費消される。従って通常の借財の場合の日常家事性については、日常家事行為の範囲と概念をあいまいにする行為者の主観的意図（使途目的・借財の動機）を一切排除して、借主夫婦の資産・収入・債務額から客観的に判断し、高利（利息制限法所定の利率をこえる利息）でない限り、一般的には月収の一～三割程度の借財が日常家事行為の範囲内であると主張した(33)。

これに対して立替払契約は、実質においては一種の借財ではあるが、現実に購入された具体的な商品の代金支払のために締結されるのであり、この点が通常の借財の場合とは決定的に異なる。筆者が前章(34)においてクレジット契約を除外したのも右の趣旨によるものである。

従って、立替払契約の日常家事性の判断については、通常の借財の場合と同列に論ずべきではなく、まず第一に、立替払契約の基礎となった購入商品の売買契約自体の日常家事性を、買主夫婦の資産・収入・職業・社会的地位等の内部的事情と、購入商品の種類・性質・代金・社会的普及度等の客観的事情とを考慮して、社会通念に照らして客観的に判断し（商品の売買契約自体が非日常家事行為であると判断されれば、その代金支払のための立替払契約の締結も当然非日常家事行為である）、商品の売買契約自体は日常家事行為であると判断された場合には、次にその代金支払のための立替払契約の日常家事性を手数料の実質的年利率や遅延損害金の定め等を含む支払方法を考慮して客観的に判断すべきである。

(iv)　個品割賦購入あっせんが、信販会社・加盟販売業者・購入者の三当事者構造であるのに対して、購入者と販売業者との間で割賦販売契約が締結されるのが、個品割賦販売いわゆる自社割賦（割賦販売法二条一項一号）である。自社割賦における割賦販売契約は、購入商品の売買契約とその代金支払のための割賦契約とが合体したものであるから、日常家事行為との関係においては、個品割賦購入あっせんの場合と同様の判断基準が妥当すると思われる。

(二) 総合割賦購入あっせんの場合

(1) 総合割賦購入あっせんの場合には、個別的な商品の購入に先立って、利用者（クレジット・カードを利用して商品を購入しようとする者）が信販会社等にクレジット・カードの発行を申込み、信販会社が利用者の信用を調査した上で、利用者との間で会員契約を締結すると、利用者にはクレジット・カードが発行される。そして、利用者が加盟販売業者にクレジット・カードを呈示、署名して個別的な商品（指定商品制ではない）を購入すると、信販会社は当該利用者から当該商品の代金に相当する金額を二ヵ月以上の期間にわたり、かつ三回以上に分割して受領し、当該販売業者に当該金額を交付することになる（割賦販売法二条三項一号）。

なお、マンスリー・クリア方式（銀行系クレジット・カードや百貨店の自社カードのように、月々の支払を翌月〈場合によってはボーナス時〉に一括払いで清算する方式）の場合には、割賦ではないこともあり、割賦販売法の適用を受けないが[35]、支払方法が異なるだけで（一括払いか割賦払いか）、包括的な会員契約が締結されてクレジット・カードが発行される点及びクレジット・カードを利用して個別的な商品を購入する点は、総合割賦購入あっせんの場合と同様であるから、日常家事行為との関係においては、総合割賦購入あっせんの場合に含めて論ずることとする（従って本章で述べるクレジット・カードには銀行系カード等マンスリー・クリア方式のものを含む）。

(2) 総合割賦購入あっせんの場合には、日常家事行為との関係においては、包括的な会員契約の締結の問題と、クレジット・カードを利用した個別的な商品の購入の問題とは、区別して議論すべきである。先ず、銀行や信販会社等と利用者との間の包括的な会員契約の締結について考えると、会員契約の締結に伴なって発行されるクレジット・カードの大部分には利用限度額が設定されている。その額は個々の家庭の収入によって個別的にではなく、カードの保有者に一率に決められており、銀行系カードでは、概ね、一ヵ月四〇万円〜六〇万円程度とのことである[36]。

また、近時は全く利用限度額のない、いわゆるゴールド・カードも各カード会社から相次いで発行されている。このような購入する商品も金額も限定されていないような（限定されていたとしても四〇万円という金額は、通常の家庭において日常家事行為とは程遠いと思われる）クレジット・カードの交付を受けるために、会員契約を締結すること自体が日常家事行為とはいえないことは明白である。(37) 従って、配偶者の一方が他方に無断で他方を代理して他方名義の会員契約を締結した場合には、その会員契約の締結は一方配偶者の無権代理行為となる。

但し、例外的に、そのクレジット・カードで購入できる商品が日常的に使用する商品（例えば食料品や日用雑貨品等）に限定されており、かつその一ヵ月の利用限度額が利用者の月収の一〜二割程度に設定されているクレジット・カードが存在するならば、その場合の会員契約の締結は、例外的に日常家事行為であるといってよいと考える。(38)

(3)　次に、会員契約の締結自体は原則的に非日常家事行為であるが、このクレジット・カードを加盟店で呈示して個別的に商品を購入した場合には、日常家事行為との関係においては、個品割賦購入あっせんの場合と同様の問題が生じる。

原則をいえば、購入した商品の売買契約自体が日常家事行為に該当しない場合には、クレジット・カード契約上の具体的な債務も日常家事債務ではないが、購入した商品の売買契約自体が日常家事行為に該当する場合には（支払方法等が客観的にみて相当なものである限り、但しマンスリー・クリア方式のカードの場合には個別商品の購入ごとに手数料は徴収されない）、クレジット・カード契約上の具体的な債務も日常家事債務に該ると解すべきである。

何故なら、会員契約の締結自体は原則的に非日常家事行為であるにせよ、現代社会においてはクレジット・カードを利用して商品を購入することが消費者の家庭生活に広く浸透しているという現状を考慮し、クレジット・カードを利用せずに現金で（その購入が日常家事行為に該当する）商品を購入した場合と比較すれば、クレジット・カードを利用して個別的に商品を購入した場合におけるクレジット・カード契約上の具体的な支払債務については、個品割賦購入あっせんの場合と同様の判断基準が妥当すると思われるからである。

そこで、以下、配偶者の一方（たとえば妻）が自己名義（妻名義）のカードを利用して商品を購入した場合と、他方名義（夫名義）のカードを利用して商品を購入した場合とに分けて論ずることにする。

(i)　(a)　妻が銀行等と自己名義で会員契約（決済口座も妻名義）を締結し、妻名義のカードを利用して商品を購入した場合には、購入した商品の売買契約自体が日常家事行為に該当しないときは、クレジット・カード契約上の支払債務も日常家事債務ではないので、夫が七六一条の連帯責任を負担することはないし、妻の無権代理行為も存在しないので夫が表見責任を追求される余地もない。これに対して、購入した商品の売買契約自体が日常家事行為に該当する場合には（支払方法等が客観的にみて相当なものである限り）、クレジット・カード契約上の支払債務も日常家事債務であるから、夫は七六一条の連帯責任を負担する。

(b)　妻が自己名義のカードを利用して商品を購入した場合でも、その妻名義のカードが夫のカードのいわゆる「家族会員カード」である場合には、銀行等との会員契約上の名義人は夫（決済口座も夫の口座を指定されることが多い）である。(39)会員契約上の名義人である夫は、自己のカードの家族会員が家族会員カードを利用して商品を購入した場合、そのクレジット・カード契約上の支払債務につき、本人として（七六一条の連帯責任ではなく）責任を負担する。たとえ、その商品の売買契約自体は日常家事行為に該当しなくとも（従って妻が現金で購入した場合には七六一条の連帯責任を負担しない場合であっても）、夫は妻が自己のカードの家族会員となることを承諾した以上、自己のカードの利用限度額内であれば妻が購入した商品のクレジット・カード契約上の支払債務を負担することを、銀行等に対して承諾したとみられるからである。

(c)　右の(b)の場合に、妻が夫の承諾を得ずに夫を代理して夫のカードの家族会員になったときには、その部分の夫名義の会員契約は、妻の無権代理行為によりなされたことになる。従って、妻が自己の無権代理行為により発行を受けた自己名義の家族会員カードを利用して商品を購入した場合には、そのクレジット・カード契約上の支払債務につき、夫は本人としての責任を負担しない。しかし、右の場合、商品の売買契約は妻名義で有効に成立している。従って、その商品の売買契約が日常家事行為に該当するならば（支払方法等が客観的にみて相当なものである限り）、クレジット・カード契約上の支払債務も日常家事債務であるから、夫は七六一条の連帯責任を負担する。(40)

(d)　定職や定収入をもたない専業主婦である妻が、会員契約上の名義人となることを可能にするために、いわゆる「奥様カード会員制度」と呼ばれるものがある。この場合、妻自身ではなくその夫について信用調査が行われる点は、「家族会員カード制度」と同様であるが、(41)会員契約上の名義人はあくまでも（家族会員カードの場合とは異なって）妻自身であるから、日常家事行為との関係においては(a)の場合と同様に解すべきである。

(ii)　妻が夫に無断で夫名義のカードを不正利用して商品を購入した場合はどうか。多くの会員規約では、会員の家族によるカードの不正利用については、債務免除、損害塡補の除外事由となっている。しかし、カードは本来名義人だけが使用できるものであり、相手方（加盟販売業者）には、カードの署名と売上票の署名とを照合する義務がある。妻が夫名義のカードを不正利用しようとしたときには、これを拒否すべきであったのだから、夫は妻が夫名義のカードを不正利用して購入した商品のクレジット・カード契約上の支払債務を負わないと解すべきである。もっとも、その商品の売買契約が日常家事行為に該当するならば（支払方法等が客観的にみて相当なものである限り）、クレジット・カード契約上の支払債務も日常家事債務である。右の場合、商品の売買契約は妻名義で成立しているとき（相手方がカードの所持人である妻をカードの名義人であると誤認したような場合）[42]は、夫は七六一条の連帯責任を負担するし、商品の売買契約は夫名義で成立しているとき（相手方が妻が夫を代理してカードを使用していると認識したような場合）は、夫は本人として責任を負担する。

㈢　キャッシング・サービスの場合

(1)　クレジット・カードを利用して、CD（現金自動支払機）、ATM（現金自動預入払出機）から現金の貸付けを受けることを、「キャッシング・サービス」と呼び、借財の一種である。

キャッシング・サービスを除外した借財については、髙森③[43]において詳論したが、私見は一般的には（キャッシング・サービスの場合を除外して）債務額が月収の一〜三割程度の借財が日常家事行為の範囲内であると考える。何故なら、夫婦の一方が他方の承諾を得ずになした行為も、日常家事行為と判断されれば他方は七六一条により連帯責任を負わされるのであるから、日常家事行為の概念と範囲をあいまいにする行為者の主観的意図は考慮にいれるべきではないし、客観的にみて毎月の生活費のやりくりで何とか処理できる金額は、せいぜい月収の一〜三割程度であると思われるからである。

但し、右の範囲内でもサラ金等から高利（利息制限法所定の利率をこえる利息）で借りる場合には、日常家事行為と認めるべきではない。何故なら、日歩三〇銭（サラ金等でよくみられる約定利息である）で借財すれば一年後には元利合計が借受額の二倍以上になる。このような超高利の借財をする行為自体が、夫婦の共同生活を維持するために日常的に反復継続されることが社会通念上当然予想される行為とはいい得ないし、どうしてもサラ金等から借財をする家政処理上の必要がある場合には、通常の健全な家庭生活を営んでいる限り、他方の特別の承諾を得て返済計画を相談の上借財するのが通常であると思われるからである。[44]

(2)　それでは借財の一種であるキャッシング・サービスの場合にも、一般の借財の場合と同様に私見の右の基準が妥当するであろうか。

キャッシング・サービスの貸付限度額は一ヵ月一〇万円～三〇万円までとしているものが多く、利息は、銀行系カードの場合、借入金に対し、年二七・八％の利率により年三六五日で日割計算した金額となっている（例えば借入金を一〇万円として、毎月一五日締切り、翌月一〇日に口座引落しの方法をとると、最短二五日間の場合　10万円×27.8％×$\frac{25}{365}$＝1904円・最長五五日間の場合10万円×27.8％×$\frac{55}{365}$＝4189円・但し平成二年四月一六日現在）。これに対して信販系カードの場合には、実質的年利率は二五％～三五％の範囲内であるとされている（クレジット研究会編『Q＆Aカード・クレジット――消費者のためのトラブル解決法――』四九頁）。

債務額が一〇万円以上百万円未満の場合、利息制限法所定の年利率は一八％であるから（同法一条一項）キャッシング・サービスの実質的年利率はかなり高額であるといえる。またカード一枚あたりの一ヵ月の貸付限度額は一〇万円から三〇万円（これ自体日常家事行為との関係でいえば決して少額ではない）までであるとしても、ひとりが数枚のカードを保有するときは、かなり高額の借財が可能となる。それに対人関係の借財とは異なり、CD、ATMからの借財は、たとえ一回あたりの借受額は小額であろうとも、一枚あたりの一ヵ月の貸付限度額までは頻繁に（それこそ一日に何度でも）借受けることができるのである。

右のようなキャッシング・サービスの特殊性を考慮するならば、通常の対人関係の借財の場合とは異なり、たとえ一回あたりの借受額は月収の一～三割程度の範囲内であろうとも、一般にキャッシング・サービスによる借財は日常家事行為の範囲外であると解するのが、夫婦財産制の尊重に資する考え方である。[45]

三　日常家事行為とクレジット契約に関する判例の考察

(一)　札幌地判昭和四七年一一月一〇日判時六九五号九六頁——判例①

(1)　本件の事案は以下の通りである。Yの内縁の妻WはX（協同組合北海専門店会）との間で、昭和四四年一二月Yに無断でYを代理してY名義のお買物小切手帳による個人取引契約（以下、小切手帳利用契約と略す）及びスペシャル・カードによる取引契約（以下、スペシャル・カード利用契約と略す）を締結した。Xは、中小企業等協同組合法によって設立された法人であり、組合員たる加盟店の一般顧客に対する売掛金を全額立替払し、これに手数料を加算した金額を顧客から割賦払の方法で直接支払を受ける事業を行っており、WがYに無断でYの代理人としてY名義の小切手帳等を利用して、昭和四四年一二月から同四五年二月までの間に、各加盟店から購入した商品の代金（合計二七万五千円）を各加盟店に対して立替払した。ところが、Wは割賦金の支払を遅滞し、Xが小切手帳等利用契約に基づいて、Yに対して書面による支払の催告をしたが、二〇日以上の期間を経過しても支払がないので、その後の割賦金の支払についても期限の利益を喪失したとして、XがYに対して立替金（二七万五千円に手数料一万九四〇〇円を加えた立替金合計二九万四四〇〇円のうち未払の二四万六七五〇円）の支払を請求したのが本件である。

札幌地判は、日常家事について夫婦相互の代理権を定めた七六一条の規定は内縁の夫婦にも準用されるとした上で、小切手帳利用契約については「右契約によって発行される小切手帳は、二五〇の加盟店で利用できるものでその業種も多様ではあるが、主として、衣類、電気製品、靴、家具、宝石などの比較的日常生活に深い関係のある商品の購入に利用されるものであること、小切手帳を利用して購入できる額には一定の限度があって、二ケ月間で一〇万円の場合もあるが、本件では二ケ月間で五万円と定められていること（但し、それ以上の必要があるときのために、一万円までの限度超過購入券三枚が添付されている）、控訴人（X）に対する支払は割賦弁済の方法で行われ、取扱いとしては、一、三、五回の短期のものもあるが、本件では一〇回の長期割賦の約定がなされており、一回の支払額もさほど多くはないこと、一方、被控訴人（Y）は個人タクシーの運転手をして一八万円ないし二〇万円の月収があり、借地上に自己所有の家屋があって比較的恵まれた生活をしていることがそれぞれ認められ、このような小切手帳の利用契約の目的、内容、被控訴人の職業、生活程度のほか、今日の社会経済状況とくに割賦販売の隆盛や消費者金融制度の発達などを加味して考えれば、小切手帳の利用契約は、日常生活に必要な商品購入のため小額金融の便宜をはかるものとして、被控訴人の日常家事の範囲に属するものと解するのが相当である。」として、WがY名義でした小切手帳利用契約は有効に成立していると判断した。

次に、スペシャル・カード利用契約については「スペシャル・カードは、その利用できる商店や購入できる商品の点では小切手帳の場合と異なるところはないが、小切手帳では包摂できない高額な商品購入のための融資を目的とするもので、小切手帳とは違い、具体的な商品購入に際して個別的に発行されるものであること、その発行は小切手帳の利用者に対してのみ行なわれ、しかも利用者の経済状態の審査などの比較的厳しい手続の下で行なわれるものであって当然に発行されるものではないこと、融資の金額は五万円からあるが、本件では一五万円であってかなり高額であり、事実、ダイヤの指輪購入に際して融資されていること、控訴人に対する支払いも二四回の割賦弁済でそのために二年の長期間を要すること、割賦金の支払いを確保するために一般的に購入した商品の所有権を控訴人に移転するという特約条項が規定されていることがそれぞれ認められる。

そうすると、スペシャル・カードの利用契約は、その目的、内容のうえで小切手帳の利用契約とはいちじるしく異なることになり、前記認定の被控訴人の職業、生活程度から見てもなお被控訴人の家事においてその日常性を具有するものとは言えず、したがって日常家事の範囲外にあるものというほかない。」と判断した。

そして、WがYに無断でYを代理して締結したスペシャル・カード利用契約について、一一〇条の表見代理が成立するかについては、「本件のような日常家事代理についての表見代理は……実際はさほど富裕ではないにかかわらずあたかも高貴な社会的地位を有するかのような外見を表示して日常家事取引をしたとか、あるいは少なくとも一般的に云って、一般社会的には夫婦の日常家事に属する事項であっても、当該夫婦にとっては未だ日常家事に含まれるとは言えない取引の場合などが考えられる（が）……前記認定の同カードの性格および金額からみるときは今日の社会経済状況を勘案してもなお社会一般の夫婦の家事にとってその日常性を具有しないものといわなければならず、この意味からも日常家事代理の表見代理は否定されなければならない」と判断した。

Wが小切手帳を利用して購入した商品のうち、証拠によって具体的な商品名を認め得るのは、テレビ（現金販売価格五万三八〇〇円）と家具（現金販売価格二万一二〇〇円）のみであり、これらは、「その使用目的が一般に家庭で使用されるものであるうえ、その価額、一ケ月の割賦金額および前記認定の被控訴人の職業、収入などを総合すれば、これを購入することは被控訴人の日常家事の範囲に属すると認められる。（もっとも、《証拠略》によれば、右テレビ家具は実際には訴外小川某が使用し被控訴人方で使用した事実のないことがうかがわれるが、購入行為が客観的にみて当該夫婦の日常家事に入る以上、購入の際の主観的な目的や現実の使用状況いかんは右判断に影響をおよぼすものではない。）」ので、Yが七六一条に基づいてXに対して支払の義務を負うのは「テレビ一台五三、八〇〇円と家具一個二一、二〇〇円分のみでありその代金と手数料をあわせて合計七八、〇〇〇円になるところ、……被控訴人（Y）は、七八、〇〇〇円からすでに支払いのなされた八、七五〇円を差引いた六九、二五〇円と本件訴状送達の翌日である昭和四五年七月一四日から完済に至るまで商事法定利率年六分の割合による遅延損害金の支払い義務がある。」と判示した。

(2)(i)　本件は、Yの内縁の妻WがXとの間で、Yに無断でYを代理してY名義の小切手帳利用契約及びスペシャル・カード利用契約を締結し、これらを利用してWがYの代理人として加盟店から商品を購入したので、その代金全額を立替払いしたXがYに対してその支払を請求したという事案である。

札幌地判は、日常家事について夫婦相互の代理権を定めた七六一条の規定は内縁の夫婦にも準用されるとした上で、小切手帳利用契約は日常家事の範囲内に属するからY名義で有効に成立しているが、スペシャル・カード利用契約は日常家事の範囲外であり、これについて表見代理も成立しないと判断し、Wが小切手帳を利用して購入した商品のうち、その購入行為が日常家事行為に該当するところのテレビと家具の代金と手数料をあわせた金額につき、Yに七六一条に基づきXに対して支払義務を肯定した。

WがY名義で締結した契約のうち、スペシャル・カード利用契約について札幌地判は「スペシャル・カードは、……小切手帳とは違い、具体的な商品購入に際して個別的に発行されるものである」と認定しているから、これは個品割賦購入あっせんの一種であるのに対して、小切手帳利用契約は、総合割賦購入あっせんの場合に該当するので、これらの利用契約の締結が日常家事行為に該るか否かを判断するについては、両者を区別して議論する必要があることに注意しなければならない。

(ii)　まず、個品割賦購入あっせんの一種であるスペシャル・カード利用契約について考察すると、札幌地判は、本件のスペシャル・カードが一五万円のダイヤの指輪購入に際して発行されていること、割賦金の支払確保のために所有権をXに移転する旨の特約条項が規定されていること等を根拠に、Yの職業、生活程度からみても、スペシャル・カード利用契約は日常家事の範囲外であると判断している。

個品割賦購入あっせんの場合の私見による判断基準については二㈠⑵において述べたが、先ず立替払契約の前提となった商品の売買契約自体が、買主夫婦の資産・収入・職業・社会的地位等の内部的事情と、購入商品の種類・性質・代金・社会的普及度等の客観的事情を考慮して、日常家事行為に該当するか否かを社会通念に照らして客観的に判断し、商品の売買契約自体が非日常家事行為であれば、その代金支払のための立替払契約も非日常家事行為であると判断される。

本件においてWがY名義で購入したのは、一五万円のダイヤの指輪であった。Yは、個人タクシーの運転手をしており、借地上に自己所有の家屋があって比較的恵まれた生活をしているとはいうものの、月収一八万円ないし二〇万円のY夫婦において、一五万円のダイヤの指輪はぜいたく品であり、その売買契約が日常家事行為であるとは認められないから、その代金支払のためのスペシャル・カード利用契約も非日常家事行為である。従って、この点に関する札幌地判の判断は妥当である[48]。

(iii)　本件のY名義のスペシャル・カード利用契約はWの無権代理行為により締結されたものであるから、一一〇条の表見代理の成否が問題となる。本件において、Wがこれまでも一五万円程度のぜいたく品の購入に関してYを代理してY名義のスペシャル・カード利用契約を締結したことがあり、それがこれまではYによって承認されつつがなく決済されてきたというような客観的事情（梅・富井・第一類型）がある場合には[49]、それを正当理由を成立させる主要な肯定的ファクターとして、Xについて一一〇条の正当理由が成立する余地があるが、本件においてはそのような客観的事情は認定されていないから、Xについて一一〇条の正当理由は成立しない。従って、Yがスペシャル・カード利用契約上の支払債務を負担することはなく、この点に関する札幌地判の結論も妥当である。

(iv)　次に、総合割賦購入あっせんの場合に該当する小切手帳利用契約について考察すると、二㈡⑵で述べたように会員契約の締結は原則的に非日常家事行為であるが、例外的にそのクレジット・カード（本件では小切手帳）で購入できる商品が日常的に使用する商品（例えば食料品や日用雑貨品等）に限定されており、かつその一ケ月の利用限度額が利用者の月収の一〜三割程度に設定されているならば、その場合の会員契約（本件では小切手帳利用契約）の締結は、例外的に日常家事行為であるといってよい。

本件の小切手帳利用契約によって発行される小切手帳で購入できる商品は、札幌地判の判旨の表現によれば「比較的日常生活に深い関係のある商品」とのことであるが、具体的には衣類、電気製品、靴、家具、宝石等に及び、必ずしも食料品や日用雑貨品等の購入に限定されていないようである。しかし、その利用限度額は二ケ月間で五万円（添付されている一万円までの限度超過購入券三枚を全部利用しても八万円）であるから、一ケ月の利用限度額は二万五千円（ないし四万円）となる。他方、Ｙの月収は一八万円ないし二〇万円であるから、右の利用限度額はＹの月収の一三％ないし二三％に設定されていることになり、私見の基準に照らしても、本件の小切手帳利用契約の締結は、かろうじて（購入できる商品の点で若干疑問はあるが）日常家事行為であると判断できる。日常家事の範囲内では夫婦は相互に任意的に代理権を授与しあっているから、ＷがＹ名義でした小切手帳利用契約は有権代理であり有効に成立している。

(v)　Ｗが右の小切手帳を利用して購入した商品のうち、証拠によって具体的な商品名を特定できるのは、テレビ（五万三八〇〇円）と家具（二万一二〇〇円）のみであった。右二つの商品の購入は、その商品の種類・性質・代金・社会的普及度とＹの月収を考慮すれば日常家事行為であるといってよい。札幌地判が、右ふたつの商品の購入は日常家事行為であると判断した上で、「右テレビ家具は実際には訴外小川某が使用し被控訴人方で使用した事実のないことがうかがわれるが、購入行為が客観的にみて当該夫婦の日常家事に入る以上、購入の際の主観的な目的や現実の使用状況いかんは右判断に影響をおよぼすものではない。（傍点筆者）」と判示しているのは妥当である。Y名義の小切手帳利用契約は有効に成立しており、Wがこれを利用して購入した商品のうち、テレビと家具についてはその購入が日常家事行為に該当する。右二つの商品について小切手帳利用契約における手数料の率は年利率にして四・八％であるから支払方法も一応客観的に相当な範囲内とみることができ、従ってYは右ふたつの商品の小切手帳利用契約上の支払債務（購入代金に手数料を加算した金額）を本人として負担すると解すべきであろう。本件に対する札幌地判の判断は大概妥当であると評価できる。

なお齊木・前掲六六頁は「札幌地判ではお買物小切手帳による取引契約が日常の家事に関する法律行為であるとしながら、さらに個別的商品購入が日常の家事の範囲内であるかどうかについて検討して妥当な解決を図ろうとしているが、それには疑問を感ずる。」とするが、小切手帳で購入できる商品は、衣類、電気製品、靴、家具、宝石までに及び、小切手帳はその購入行為が日常家事行為には該当しない商品（例えば宝石）の購入に際しても利用できるのであるから、札幌地判が小切手帳利用契約自体の日常家事性を判断した上で、小切手帳を利用した個別的商品購入が日常家事の範囲内であるかどうかを検討したのは妥当であると考える。(51)

㈡　**武蔵野簡判昭和五一年九月一七日判時八五二号一〇五頁——判例②**

(1)　本件の事実は以下の通りである。Yの妻WはYに無断でYを代理してYを購入者、自己を連帯保証人として、昭和五〇年四月八日X（ナショナル製電気製品の月賦販売を業とする東京北ナショナルクレジット株式会社）から、ナショナル製電子レンジ一台（割賦販売価格一四万八三八円、一五回割賦、遅延損害金年一割四分六厘）を購入した。ところがYは頭金一万一千円と第一回分の割賦金五三三八円を支払ったのみで二回め（同年八月五日）以降の割賦金を支払わず、X

からの同年九月一一日までの催告期限を徒過したので、割賦弁済による期限の利益を喪失したとして、XがYに対して売掛残金一二万四五〇〇円とこれに対する同年九月一二日以降完済まで年一割四分六厘の割合による遅延損害金の支払を求めたのが本件である。

武蔵野簡判は、「右あつ(W)の本件電子レンジ購入が日常家事債務の範囲に入るかどうかであるが、諸種電気製品が普及し数多く家庭生活に入っている現在、大都市生活者の場合は電子レンジの購入をも日常家事債務の範囲に入るものと認めても差支えないものと考える。しからば(同情すべき点大であるけれど)[52]被告(Y)は本件債務の支払をまぬがれないことになる。」と判示してXの請求を認容した。

(2)　(i)　本件は個品割賦購入あっせんの事案ではなく、個品割賦販売いわゆる自社割賦(割賦販売法二条一項一号)に該当するが、日常家事行為との関係においては、個品割賦購入あっせんの場合と同様の判断基準が妥当すると思われる(二(一)(2)(iv)参照)。

そこで、まず電子レンジの購入が日常家事行為に該当するか否かであるが、武蔵野簡判は「大都市生活者の場合は電子レンジの購入をも日常家事債務の範囲に入るものと認めても差支えない」と判示している。平成二年の今日においては、電子レンジはほぼ各家庭に普及し、日々の食生活における必需品としての性質をもつ家電製品であるから、中流家庭が一四万円余の電子レンジを購入することは、日常家事行為に該当すると判断してもよいであろうが、昭和五〇年当時においては、電子レンジは各家庭に普及しかけていたとはいうもののその社会的普及度は今日ほどではないし、一四万円余の割賦販売価格に比較してYの月収が認定されていないので、判旨のように大都市生活者の場合は電子レンジの購入をも日常家事行為であるとは、必ずしも即断できない。しかし、武蔵野簡判が判例①と同様に、購入行為が日常家事行為に該当するか否かを客観的に判断するに際して、購入の際のWの主観的意図

（目的・動機）や購入後の使用状況[53]を考慮しなかった点は評価できる。

(ii)　次に武蔵野簡判は、電子レンジの購入行為が日常家事行為に該当するからYはクレジット契約上の支払債務を免れないと判断しているが、二(一)(2)で述べたように、商品の購入行為が日常家事行為に該当しても、手数料の率や遅延損害金の定めなどを含む支払方法が客観的にみて不相当な場合には、商品の購入行為に付随するクレジット契約の締結は非日常家事行為であると判断すべきである。[54]本件の遅延損害金の定め（年一割四分六厘）は相当であると思われるが、当該のナショナル電子レンジを現金で購入した場合の価格が認定されていないので、手数料の率が相当か否かは不明であり、従って仮に電子レンジの購入が日常家事行為に該当するにしても、Yがクレジット契約上の支払債務についても本人として責任を負担するか否かは、にわかに即断できない。

(iii)　本件の電子レンジの購入が非日常家事行為であれば、Y名義のクレジット契約の締結はWの無権代理行為によるものとなる。従って、Yは本人として責任を負担することもないし、七六一条の連帯責任も負担しない。但し、Wがこれまでも Yを代理してY名義で一四万円相当額程度の家電製品をXから購入したことがあり、これまではかかるY名義のクレジット契約上の支払債務は、Yの承認の下につつがなく弁済されてきたというような客観的事情（梅・富井・第一類型）があれば（本件ではそのような客観的事情は認定されていないが）、Xについて一一〇条の正当理由が成立する余地はある。

(三)　札幌地判昭和五八年一二月五日判タ五二三号一八一頁——判例③

(1)　本件はWがYに無断で子供の学習教材を購入し、Yの代理人としてX（株式会社セントラルファイナンス）との間で立替払契約（現金販売価格一八万九千円、割賦販売価格二二万五二〇〇円、手数料三万六二〇〇円）を締結したが、頭金を除いた割賦金が支払われなかったので、XがYに対して未払の立替金（二〇万一三〇〇円）の支払を請求したという事案である。

札幌地判は「控訴人（Y）は本件契約締結当時四六才で、北海道予備学園の常務理事の職にあり、月収は約三〇万円で、昭和五三年に新築した家屋と土地を所有し、右家屋に妻子と暮らしていたこと、……本件契約は子どもの教育のための教材に関するものであり、さきに認定した控訴人の地位、収入、資産等に照らすと、本件契約における立替金債務が控訴人夫婦にとって不相当に高価であるとは認め難く、……本件契約締結は日常家事代理権の範囲に属するものと認めるのが相当である」と判示して、Yの控訴を棄却した。

(2)　(i)　本件は個品割賦購入あっせんの事案である。札幌地判は本件立替払契約の前提となった現金販売価格一八万九千円の子供の学習教材の購入行為の日常家事性と、その代金支払のための割賦販売価格二二万五三〇〇円の立替払契約の日常家事性とを区別して判断せず、本件立替払契約は子供の学習教材に関するものであり、Yの地位、収入、資産等に照らすと、本件立替払契約における立替金債務がY夫婦にとって不相当に高価であるとは認め難いから、本件立替払契約の締結は日常家事行為であると判断している。しかし、立替払契約の前提となった商品の購入行為自体が日常家事行為に該当しなければ、その代金支払のための立替払契約も日常家事行為には該当しないのであるし、商品の購入行為が日常家事行為であっても立替払契約における支払方法等が相当でなければ、立替払契約の方は日常家事行為ではないのであるから、商品の購入行為の日常家事性と立替払契約の日常家事性とは区別して判断すべきである。

(ii)　では本件の一八万九千円の子供の学習教材の購入行為が日常家事行為に該当するであろうか。日常家事行為とは「行為の種類・性質からして夫婦の共同生活を維持するために日常的に反復継続されることが、社会通念上当然予想される行為である」から、未成熟の子どもの養育・教育などに関する支払も相当な範囲内では日常家事行為に含まれる。従って子供の学習教材の購入も、子供の年齢・学習教材の内容・販売価格等が買主夫婦の資産・収入・職業・社会的地位等に照らして、客観的に相当であると社会通念上判断できれば、日常家事行為に該当するが、子供の学習教材の購入であるからといって全部が全部日常家事行為に該当するわけではない。

本件では、Yの資産・収入・職業・社会的地位と販売価格とは認定されているが、子供の年齢や学習教材の内容は認定されておらず、「子供の学習教材の購入である」ということがいささか重視されすぎているきらいがある。

(iii)　また、たしかに一八万九千円という販売価格はY夫婦にとって「不相当に高価であるとは認め難い」であろうが、夫婦の一方が他方不知の間に他方に無断でした行為でも、その行為が日常家事行為と判断されれば、他方は七六一条により連帯責任を負わされるのであるから、ある行為が日常家事行為に該当するか否かを判断する際には、不知の他方が連帯責任を負わされても社会通念上仕方がないといえるような、即ち社会通念上相当か否かが問題とされるべきなのであって、本件判旨のように不相当に高額であるか否かという基準のたて方をすべきではない。

本件では子供の年齢・学習教材の内容は認定されていないが、Yの年齢(四六歳)・社会的地位(北海道予備学園常務理事)・資産(昭和五三年に新築した家屋と土地を所有)を考慮しても、一八万九千円という価格はYの月収(約三〇万円)の六割強に相当するから、相当な範囲内での教育費の支出とはいい難く、本件学習教材の購入は日常家事行為ではないと考える。従ってその代金支払のための立替払契約の締結も日常家事行為ではないから、本件Y名義の契約はWの無権代理行為によるものであり、Yは立替金債務について本人として責任を負担しないと解すべきである。

(四) 門司簡判昭和六一年三月二八日判タ六一二号五七頁――判例④

(1) 本件の事案は以下の通りである。Wは昭和五七年一〇月五日Aから太陽熱温水器（現金販売価格二九万八千円）を購入し、自己名義でX（株式会社大信販）と立替払契約（割賦販売価格四一万五七一〇円、手数料一一万七七一〇円、昭和五七年一一月から同六二年一〇月までの六〇回割賦、初回割賦金八六一〇円、次回以降六九〇〇円、遅延損害金年二九・二％）を締結し、その際夫Yに無断で右立替払契約につきY名義の連帯保証契約も締結した。右立替払契約には、Wが割賦金の支払を遅滞しXが二〇日以上の期間を定めた書面でその支払を催告しても、なおその期間内に支払がないときには残額につき期限の利益を失う旨の定めがあったが、Wは一度も割賦金を支払わず、XはWに対して昭和五八年四月一五日到達の書面で昭和五七年一一月分から同五八年三月分までの未払割賦金三万六二一〇円を昭和五八年五月六日までに支払うよう催告したが履行がないので、Wの期限の利益は喪失したとして、Xが立替払契約の連帯保証人Yに対して、右立替金から未経過期間手数料相当額を除外した立替金残額三〇万九八七〇円、及びその内の立替元金相当額たる二九万八千円に対する昭和五八年五月七日から完済に至るまで年二九・二％の割合による遅延損害金の支払を求めたのが本件である。

Yは、太陽熱温水器の購入自体が日常家事行為に該らないこと、仮にそれが日常家事行為に該るとしても「立替払契約に伴う購入者の義務は極めて複雑で、かつ極めて重大な内容を含むものである。それは、多額の手数料の上乗せ、遅延損害金の定め、期限の利益の喪失、公正証書の作成義務、合意管轄の負担などである。これらは、いずれも、本来契約当事者として個々具体的に吟味して契約すべき事柄である。このような複雑重大な義務を、立替払契約による債務は日常家事債務であるとして、契約に関与していない他方配偶者にまで負担させるのは、何人の目にも不当であることが明らかである。」として、その代金の立替払契約は日常家事行為に該らないと主張した。

門司簡判は「まず、本件の太陽熱温水器の購入代金が日常家事債務に該当するか否かについて検討することにする。太陽熱温水器は、通常、家族の日常生活に使用されるものではあるが、生活必需品とまではいかず、また一般に普及しているとも言い難いところである。そこで、本件温水器の購入代金が日常家事債務であるか否かの判断は、本件温水器が被告（Y）の家族の日常生活に与えた効用の程度、若しくは日常生活における温水器の必要性の程度と、被告家族の日常の家計に対して温水器の購入代金がもたらす負担の重さの程度とを総合判断して決するのが相当と考える。

被告本人の供述によると、本件温水器は浴室用に設置されたものであるが、もともと浴槽にはガス釜が設置されていたことが認められるので、温水器の必要性は低かったと認めざるを得ない。また、温水器使用によって節約される分のガス代が、温水器の立替代金の月賦金額と較べてどの程度であったのかはまったく明らかでない。要するに、代金の負担さえ重くなければ、有るに越したことはないという程度に過ぎないものであったと推認される。

次に、被告の家計の状況を見るに、被告本人の供述によると、昭和五七年一〇月頃は、被告の家族は被告夫婦と妻（W）の両親の四人暮しであったこと、被告の収入は一か月の手取りが七、八万円で、それは全部妻に渡していたこと、妻は小規模の食堂を経営していたことなどが認められるが、食堂の利益がどの程度であったのかは判らない。それにまた、被告本人の供述によると、被告は温水器の設置に反対していたのを、妻が敢えて設置したことが認められる。

右のような被告家族の生活状況の下で、立替手数料も入れて合計四一万五七一〇円の債務を負担するのは、極めて重い負担というべきである。前認定の必要性の低さとこの債務負担の重さを考えると、その頃の被告家族にとって、敢えて本件温水器を設置する理由はなかったと思われる。従って、本件温水器の購入は、民法七六一条の日常家事に関する法律行為には該当しない。

右のとおり、立替払契約の基となった温水器の購入代金債務が日常家事債務に該当しないのであるから、本件立替払契約による債務が日常家事債務となることはありえない。」と判示して、Xの請求を棄却した。

(2)　(i)　本件は個品割賦購入あっせんの場合に該当し、Wは太陽熱温水器（以下温水器と略する）を購入するに際し、Xとの間で自己名義の立替払契約を締結したが、同時にYに無断でY名義の連帯保証契約を締結したため、Xが連帯保証人であるYに立替金を請求したという事案である。Y名義の連帯保証契約はWの無権代理行為によるものであるが（Xから表見代理の主張はなされていない）温水器の購入行為及びその代金支払のための立替払契約が日常家事行為であると判断されれば、Yは七六一条に基づいて連帯責任を負うことになる。

そこで温水器の購入行為の日常家事性であるが、温水器はガス等のかわりに太陽熱を利用して浴槽の湯を沸かす装置であるが、社会的に普及している商品とはいい難く、しかもその現金販売価格は二九万八千円もするかなり高額の商品である。これに対してY家は四人家族でYの一ヵ月の手取収入は七、八万円、Wは小規模の食堂を経営している（食堂の利益は不明）とのことであるが、このようなY夫婦の収入状態からみて、社会的普及度の低いしかも高額の温水器を購入する行為は、日常家事行為であるとは判断できない。従って、その代金支払のための立替払契約も非日常家事行為であるから、(55) Yが連帯責任を負うことはない。

(ii)　門司簡判が、立替払契約の基礎となった温水器の購入行為自体の日常家事性の判断と、その代金支払のための立替払契約の日常家事性の判断とを区別して、前者が非日常家事行為であるから、後者が日常家事行為となることはありえないと判断した態度は評価できる。

しかし、門司簡判が温水器の購入行為の日常家事性を判断するに際し「本件温水器が被告（Y）の家族の日常生活に与えた効用の程度、若しくは日常生活における温水器の必要性の程度と、被告家族の日常の家計に対して温水器の購入代金がもたらす負担の重さの程度とを総合判断して決するのが相当と考え」、Y家の浴槽にはもともとガス釜が設置されていたから温水器の必要性は低く、温水器の使用によってどの程度Y家のガス代が節約されたかは不明であることや、Y自身は温水器の設置に反対していたこと等を考慮しているのは問題である。ある商品の売買契約が日常家事行為に該当するか否かは、売買契約締結時の買主夫婦の資産・収入・職業・社会的地位等の内部的事情と、その商品のもつ性質・代金・社会的普及度等の客観的事情を基礎として客観的に判断すべきなのであって、購入の際の主観的意図（Yは購入に反対していた）[56]や購入後の現実の使用状況（温水器によってどの程度ガス代が節約され、それが毎月の割賦金額と比較してどうか）等、客観的であるべき日常家事行為の範囲をあいまいにする要素を、日常家事性の判断において考慮すべきではない。

(五)　大阪簡判昭和六一年八月二六日判タ六二六号一七三頁――判例⑤

(1)　本件の事案は以下の通りである。Mは昭和五七年八月一〇日Aからふとん（現金販売価格一六万八四〇〇円）を購入し、自己名義でX（三洋電機クレジット株式会社）と立替払契約（割賦販売価格二二万六八九九円、手数料四万八四九九円、昭和五七年九月から同六〇年八月までの三六回割賦、初回割賦金六八九九円、次回以降六千円、遅延損害金年二九・二％）を締結した。右立替払契約には期限の利益の喪失の定めがあった。Mは昭和五八年七月二五日までに六万七七九九円を支払ったがその後支払をせず、XはMに対して昭和五八年九月一〇日到達の書面で、書面到達後二〇日以内に延滞金を支払うよう催告したが履行がないので、Mの期限の利益は昭和五八年九月三〇日の経過により喪失したとして、XがMの妻Yに対して、七六一条に基づく連帯責任を追求し、立替金残金一四万九一〇〇円から期日未到来の手数料二六九〇円を控除した一四万六四一〇円、及びその内の一一万五四七五円に対する期限後である昭和五八年一〇月三日から完済に至るまで年二九・二％の割合による遅延損害金の支払を求めたのが本件である。

大阪簡判は「そこで、百歩譲って、本件ふとんの購入、本件立替払契約時に被告（Y）は訴外人と同居していたとしても、〈証拠〉によると、当時訴外人（M）は仕事をせず、被告は当初は独身時代の貯金で生活をしていたが、その後は実家や兄弟の援助で生活をしていたことが認められ、本件立替金等合計金二一万六、八九九円は、被告夫婦にとって多額であり、〈証拠〉によると、被告は本件契約段階からふとん購入に反対していたことが認められ、このことを考え併せると、本件ふとん購入、本件立替払契約は被告の家族の共同生活に通常必要とするものではなく、右各契約は日常の家事の範囲を逸脱したものというべきである。」と判示して、Xの請求を棄却した。(57)

(2)　本件は個品割賦購入あっせんの場合に該当し、Mはふとんを購入するに際しXとの間で立替払契約を締結したところ、XはMの妻Yに七六一条に基づく連帯責任を追求したという事案である。

ふとんは日常生活における必需品であるから、価格が相当であればその購入は日常家事行為に該ると判断してよい（もちろん買主夫婦の収入による）が、本件のふとんの現金販売価格は約一七万円であってかなり高額の商品である。これに対してMは本件契約当時無職で無収入であり、M・Y夫婦の生活はYの独身時代の貯金あるいは実家や兄弟からの援助によって賄われていたのであるから、本件ふとんの購入行為が日常家事行為に該らないことは明白であり、従ってYがその代金支払のための立替払契約上の債務につき七六一条の連帯責任を負担することもない。

Yの連帯責任を否定した大阪簡判の結論自体は妥当であるが、その根拠のひとつとしてYが本件契約段階からふとんの購入に反対していたことをあげているのは問題である。Yの主張するように、Yが購入反対の意思をXに対して表示していたのであれば、それは七六一条但書の場合に該当するが、Yの意思が表示されていなかったのであれば、そのようなYの主観的意図を客観的であるべき日常家事性の判断において考慮すべきではない。

㈥　川越簡判昭和六二年一二月八日(58)（判例集未登載）――判例⑥

(1)　本件の事案は以下の通りである。Yの妻WはYに無断でYを代理してY名義で、Xクレジット会社の代理人であるA会社のセールスマンBから、子供の学習用教材（現金販売価格二三万六千円、割賦販売価格三二万六〇〇円、手数料七万四六〇〇円）を購入した。ところが割賦代金の一部の支払がなされたのみで残代金の支払がないので、XがYに対して、催告の上期限の利益を喪失したとして、残代金及び遅延損害金（商事法定利率年六分）の支払を求めたのが本件である。

川越簡判は「Yは、……一般的な会社員で、当時のYの収入は月収手取り約一八万円位であったこと、これで生活は賄えるがぎりぎりなのでWが内職で得た月二、三万円の収入を生活の足しにしていたこと、Yとしては事前に知っていれば本件のような高価な教材を絶対に買わなかったこと、が認められ、Yの家庭にとっては……仮に本件教材がすばらしいとしても『この金額があまり問題にならない』とは到底言い得ないものと認めるのが相当であって、AとWの本件教材購入契約は、日常家事の範囲を逸脱したものというべきである。」と判示して、Xの請求を棄却した。

(2)　本件は個品割賦購入あっせんの場合であり、購入商品は子供の学習用教材であるが、判例③と同様に子供の年齢や学習教材の内容は不明である。しかし、一ヵ月の手取り収入が約二〇万円ないし二一万円（Yの手取り月収約一八万円、Wの内職収入二、三万円）であるYW夫婦において、現金販売価格が月収を超える二三万六千円もする子供の学習用教材を購入する行為は、明らかに日常家事行為の範囲を逸脱している。従ってXの請求を棄却した川越簡判の結論は妥当である。

なお本件は訪問取引の事案である。訪問取引の場合、不意に家庭を訪問するセールスマンは、売り込もうとする当該商品について、夫名義のクレジット契約を締結する代理権を妻が夫から授与されていないのを承知の上で、妻に対して積極的なセールストークを展開するのであるから、妻の無権代理行為（当該商品の購入行為及びクレジット契約が非日常家事行為である場合）につき、むしろ夫の事後の追認を期待していたとみるべきであり、一一〇条の正当理由が成立する余地は通常考えられない。(59)

四　総合的考察

以上において日常家事行為が問題とされたクレジット契約に関する判例①〜⑥を、私見の基準に照らして考察した。判例①〜⑥をクレジット契約の形態で分類すると、判例①のお買物小切手帳利用契約のみが総合割賦購入あっせんであり、判例①のスペシャル・カード利用契約、判例③、判例④、判例⑤、判例⑥は個品割賦購入あっせん、判例②は自社割賦である。そのなかで、日常家事行為であることが肯定されたのは、判例①のお買物小切手帳利用契約の締結及びそれを利用して購入されたテレビと家具（両者あわせて割賦販売価格七万八千円）、判例②（電子レンジ、割賦販売価格一四万八三八円）、判例③（子供の学習教材、割賦販売価格二二万五三〇〇円）の三件であり、表見代理の成否が判断されたのは判例①のスペシャル・カード利用契約（一五万円のダイヤの指輪）のみで、札幌地判はこれを否定している。これら判例①〜⑥については項目を分けて整理したので、末尾図表を参照していただきたい。

(一)　個品割賦購入あっせんについて

(1)　個品割賦購入あっせんの事案において、判例は、必ずしも、立替払契約の前提となった商品の売買契約自体の日常家事性の判断と、その代金支払のための立替払契約の日常家事性の判断とを明確に区別せず、立替払契約上の債務が日常家事行為の範囲内であるか否かを判断する傾向にある（自社割賦の事案においても、割賦販売契約の前提となった商品の購入行為自体の日常家事性の判断と、その代金支払のための割賦契約の日常家事性の判断とは明確に区別されていない）。(60)

例えば、判例②においては、大都市生活者の場合は電子レンジの購入をも日常家事債務の範囲内に入るからYはクレジット債務の支払を免れないと判断されているし、判例③においては、本件の立替払契約は子供の学習教材に関するものであり、Yの地位、収入、資産等に照らすと、本件立替払契約における立替金債務がY夫婦にとって不相当に高価であるとは認め難いから、本件立替払契約の締結は日常家事行為であると判断されている。

日常家事行為を「行為の種類・性質からして夫婦の共同生活を維持するために日常的に反復継続されることが、社会通念上当然予想される行為」と定義する私見においては、クレジット契約が消費者の日常生活に広く浸透し、クレジット契約を適宜利用することによって消費者が共同生活上の便益を得ている現代社会の現状を考慮すると、一般的にクレジット契約の締結は日常家事行為ではないと断定することは（クレジット契約を利用せずに現金で商品を購入した場合との比較という観点からも）妥当ではないと考える。しかし、他方クレジット契約は購入者の共同生活に様々な便益を与える一面、手数料の上乗せ、遅延損害金の定め、期限の利益の喪失の定め、公正証書の作成、合意管轄の負担などの様々な義務を購入者に付随させる。右の義務は購入者にとって極めて重要な内容を含んでいるから、購入商品の売買契約自体は日常家事行為に該るから、その代金支払のための立替払契約も当然日常家事行為に該ると安易に即断することは、夫婦財産制を侵害する危険性を招来する。

そこで、購入商品の売買契約自体の日常家事性の判断と、その代金支払のための立替払契約の日常家事性の判断とを区別し、購入商品の売買契約自体が日常家事行為ではないときは、当然その代金支払のための立替払契約も日常家事行為ではないが、購入商品の売買契約自体は日常家事行為であるときは、次にその代金支払のための立替払契約の内容を検討し、その支払方法が客観的にみて相当であると判断できる場合のみ、立替払契約の締結も日常家事行為であると判断すべきである。右の意味において、判例④が立替払契約の基礎となった温水器の購入行為が非日常家事行為であるから、その代金支払のための立替払契約も日常家事行為となることはあり得ないと判断したのは評価できる。

(2)　(i)　購入商品の売買契約自体が日常家事行為に該るか否かについては、買主夫婦の資産・収入・職業・社会的地位等の内部的事情と、購入商品の種類・性質・代金・社会的普及度等の客観的事情を考慮して、社会通念に照らして客観的に判断すべきである。

判例①が個人タクシーの運転手をしており月収一八万円ないし二〇万円のY夫婦において一五万円のダイヤの指輪の購入を非日常家事行為であると判断したこと、判例④がYの一ヵ月の手取収入は七、八万円、Wは小規模の食堂経営をしているというYW夫婦において二九万八千円（現金販売価格）の温水器の購入を非日常家事行為であると判断したこと、判例⑤が無職無収入であるMにおいて一六万八四〇〇円（現金販売価格）のふとんの購入を非日常家事行為であると判断したこと、判例⑥が一ヵ月の手取収入が約二〇万円ないし二一万円であるYW夫婦において二三万六千円（現金販売価格）の子供の学習用教材の購入を非日常家事行為であると判断したことは、いずれも妥当である。

しかし、判例②が大都市生活者の場合は電子レンジの購入も日常家事行為であると判断したことは、昭和五〇年当時の電子レンジの社会的普及度や一四万八三八円の割賦販売価格に比較してYの月収が認定されていないことから疑問である。また判例③が現金販売価格一八万九千円、割賦販売価格二二万五三〇〇円の子供の学習教材の購入は、北海道予備学園の常務理事の職にあり月収約三〇万円で新築した家屋と土地を所有するY夫婦において不相当に高価であるとは認め難いから、日常家事行為の範囲内であると判断したことも不当である。未成熟の子供の教育に関する支出も相当な範囲内では日常家事行為に含まれるが、判例③では子供の年齢や学習教材の内容が不明であるし、Yの資産・収入・社会的地位からして一八万九千円という子供の学習教材は確かに不相当に高価であるとはいえないかもしれないが、ある行為が日常家事行為に該当するか否かを判断する際には、不知の他方が連帯責任を負わされても社会通念上仕方がないといえるような即ち社会通念上相当か否かが問題とされるべきである。右の観点からすれば、Yの月収の六割強に相当する価格の子供の学習教材の購入は、相当な範囲内での教育費の支出とはいい難く、私見の基準では日常家事行為ではない。

(ii)　なお、ある商品の売買契約が日常家事行為に該当するか否かを判断する際には、購入の際の主観的意図や購入後の現実の使用状況等を考慮すべきではない。具体的には、判例①における、テレビ・家具は実際には第三者が使用しY宅で使用した事実がない、判例②における、Wは電子レンジをYとの家庭生活に利用する意思はなく他に売却して遊興費に費消する意図であり、実際Yは電子レンジを見たことがない、判例④における、Yは温水器の購入に反対しており、現実に温水器によってY宅のガス代がどの程度節約されたかは不明である、判例⑤における、Yはふとんの購入に反対していた、等の事実である。(61)

行為の際の行為者の主観的使途目的や動機、現実の使途を重視するのは、借財の日常家事性を判断する際の判例の傾向であるが、(62)客観的であるべき日常家事性の判断に、日常家事行為の概念や範囲をあいまいにする購入者の主観的意図は考慮にいれるべきではないし、購入後の現実の使用状況も考慮すべきではない。右の意味において、これらを考慮しなかった判例①と判例②の態度は評価できるが、これらを考慮した判例④と判例⑤の態度は（日常家事性を否定した結論自体は妥当であるが）不当である。購入に際して他方配偶者が購入に反対していたという事情が相手方に予告されていれば、それは日常家事性の判断において考慮すべきではなく、七六一条但書の場合に該当するというべきである。

(3)　(i)　私見の基準に照らして、購入商品の売買契約自体は日常家事行為であるが、その代金支払のための立替払契約の支払方法が客観的にみて相当ではないから、立替払契約については日常家事行為ではないと判断できる事案は、判例①～⑥において存在しなかった（私見の基準では判例①～⑥はすべて商品の売買契約自体が日常家事行為ではない）。

従って、日常家事行為とは判断できない立替払契約の支払方法とは具体的に如何なる内容かは、判例の集積をまちたいが、立替払契約はその実質において購入商品の現金販売価格相当額を元本とする一種の借財方法であるから、手数料（割賦販売価額と現金販売価格との差額）の実質的年利率が重要なポイントになると思われる。手数料の年利率が高くても割賦回数が多ければ一回あたりの割賦金額は低くなるのであるから、一回あたりの割賦金額自体はあまり重視すべきではない。そして手数料の年利率が割賦販売法等で未だ規制されていない以上、やはり客観的な基準としては利息制限法の定めが参考とされるべきであり、手数料の年利率や遅延損害金の定めが利息制限法所定の利率をこえるときには、支払方法が客観的にみて相当でないとして、当該の立替払契約は日常家事行為ではないと判断すべきである。

右の場合（商品の売買契約は日常家事行為だが立替払契約は日常家事行為ではない場合）各契約が妻の自己名義でなされたときは、夫は現金販売価格について七六一条の連帯責任を負うが、割賦販売価格については連帯責任を負わない。

各契約が妻により夫に無断で夫名義でなされたときは、売買契約は有権代理であるから夫は現金販売価格について本人としての責任を負うが（妻は七六一条の連帯責任を負う）、立替払契約は一一〇条の表見代理が成立しない限り無権代理であるから、夫は割賦販売価格について本人としての責任を負わず、妻の無権代理人の責任のみが問題とされる。

(ii)　立替払契約が一種の借財であるところから、通常の借財の場合と区別せずに、立替金債務の日常家事性を判断しようとする見解もある。しかし、通常の借財の場合は、借主は様々な意図で金銭を借受け、その借受金は様々な用途に費消されるが、立替払契約の立替金債務は、現実に購入された具体的な商品の代金債務である点が決定的に異なる（筆者が前稿・高森③において立替金債務を除外したのもこの趣旨による）。それ故、通常の債務の場合は、借主夫婦の資産・収入・債務額からその日常家事性を客観的に判断し、高利でない限り一般的には月収の一〜三割程度の借財が日常家事行為の範囲内であると解するのに対し、立替金債務の場合は、まずその前提となった購入商品の売買契約自体の日常家事性を客観的に判断し、商品の売買契約自体は日常家事行為である場合に次に立替払契約の支払方法を検討するというわば二重の基準により、その日常家事性を判断すべきなのである。

(二)　総合割賦購入あっせんについて

(1)　総合割賦購入あっせん（但し、本稿では銀行系クレジット・カードのようなマンスリー・クリア方式のものも含めて論ずる）の場合には、日常家事行為との関係においては、包括的な会員契約の締結の問題と、クレジット・カードを利用した個別的な商品の購入の問題とは区別して議論すべきである。

まず、購入できる商品が限定されておらず、一ヵ月の利用限度額も四〇万円〜六〇万円程度に設定されているクレジット・カードの交付を受けるために会員契約を締結する行為は、原則的に非日常家事行為である。但し、例外的に、そのクレジット・カードで購入できる商品が食料品や日用雑貨品等日常的に使用する商品（その購入が明白に日常家事行為である商品）に限定されており、かつその一ヵ月の利用限度額が利用者の月収の一～三割程度に設定されているクレジット・カードが存在するならば、その場合の会員契約の締結は、例外的に日常家事行為であるといってよい。

総合割賦購入あっせんの事案は、判例①のお買物小切手帳利用契約のみであり、札幌地判はこれを日常家事行為であると判断している。私見の基準からすれば、お買物小切手帳利用契約の締結は、小切手帳で購入できる商品の点で若干疑問はあるが、一ヵ月の利用限度額がYの月収の一三%ないし二三%に設定されている点から、かろうじて日常家事行為であると判断してよいと考える。

(2)　(i)　次に、会員契約の締結により交付を受けたクレジット・カードを加盟店で呈示して個別的に商品を購入した場合には、個品割賦購入あっせんの場合と同様の問題が生じるが、原則的には個品割賦購入あっせんの場合と同じく、購入商品の売買契約が日常家事行為ではないときは、クレジット・カード契約上の支払債務も日常家事債務ではないが、購入商品の売買契約が日常家事行為であるときには、クレジット・カード契約上の支払方法等が客観的にみて相当なものである限り、クレジット・カード契約上の支払債務も日常家事債務であると解すべきである。但し、マンスリー・クリア方式のカードの場合は個別商品の購入ごとに手数料は徴収されず、例えば銀行系カードでは、毎月一五日締切り、翌月一〇日口座引落しの方法がとられているから、購入商品の売買契約が日常家事行為であるときは、クレジット・カード契約上の支払債務も日常家事債務であると判断されることになる。

(ii)　二㈡(3)(i)(ii)において、具体的に例えば妻がクレジット・カードを利用して個別的に商品を購入した場合を、

(i)妻が自己名義のカードを利用した場合と(ii)他方（夫）名義のカードを利用した場合とに分け、更に前者を、(a)会員契約の名義人（及び決済口座）も妻である場合、(b)会員契約の名義人（及び決済口座）は夫であるが、妻が夫の承諾を得て夫のカードの「家族会員」である場合、(c)(b)の場合で妻が夫の承諾を得ずに夫のカードの「家族会員」になった場合、(d)「奥様カード会員制度」の場合に分類して、それぞれ私見を述べた。

Wがお買物小切手帳を利用してテレビや家具等を購入した判例①の事案は、妻が夫名義のカードを利用した場合(ii)に該当する。二(二)(3)(ii)及び注(50)でも述べたが、一般にクレジット・カードは本来名義人だけが使用できるものであり、妻であれ代理行使を許さない性質のものである。しかし、お買物小切手帳が代理人による利用を許さない形態のものであるのか否かについて札幌地判は認定していないし、百貨店の自社カードのなかには、カードに名義人の自署欄がなく代理人（家族）による利用を許す形態のものも現実に存在する。そこで、札幌地判の判断に従い、WはYの代理人としてY名義の小切手帳を利用してテレビと家具を購入したとすると、私見の基準に照らしてテレビ（現金販売価格五万三八〇〇円）と家具（現金販売価格二万一二〇〇円）の購入は日常家事行為であると判断できるし、支払方法等も一応客観的にみて相当な範囲内であるとみることができるから、Yは右二つの商品の小切手帳利用契約上の支払債務を本人として負担すると解すべきであり、この点に関する札幌地判の結論は妥当である[63]。

(3)　クレジット・カードには「キャッシング・サービス」機能が付与されていることが多いが、キャッシング・サービスを利用したクレジット契約上の債務につき、日常家事行為との関係が問題とされた判例は現在のところ未だ存在していないようである。

キャッシング・サービスの貸付限度額は、クレジット・カード一枚あたり一ヵ月一〇万円～三〇万円までとされているものが多いが、その実質年利率は、信販系カードの場合には二五％～三五％の範囲内、銀行系カードの場合は二七・八％である。これは利息制限法所定の利率を超えた高利であるし（現代社会において公共的役割を担う銀行が、キャッシング・サービスにおいて、このような利息制限法所定の利率を超える高利息を約定しているのは不当というべきであろう）、ひとりが数枚のカードを保有するときは、かなり高利・高額の借財が可能となる。それに対人関係の借財とは異なり、CD・ATMからの借財は、たとえ一回あたりの借受額は少額であろうとも、一枚あたりの一ヵ月の貸付限度額までは頻繁に、それこそ一日に何度でも、いとも容易に借受けることができるのであるから、キャッシング・サービスによる借財は金額の多寡を問わず、非日常家事行為であると解すべきである。

同じクレジット・カード契約上の支払債務であっても、それが個別的な商品購入についての支払債務であるときは、現実に商品が購入され、その購入行為が日常家事行為であると判断できる場合には、その代金支払のためのクレジット・カード契約上の支払債務も日常家事債務であると判断できる余地があるが、キャッシング・サービスを利用したクレジット・カード契約上の支払債務は現実的商品購入の場合と比較して無個性であり、同様には論じられない。

(三)　表見代理について

(1)　個品割賦購入あっせん、自社割賦、総合割賦購入あっせんのすべての判例のなかで、表見代理の成否が判断されたのは、判例①のスペシャル・カード利用契約（一五万円のダイヤの指輪の購入）のみであり、札幌地判はこれについて一一〇条類推の正当理由を否定している。クレジット契約の場合には借財の事案とは異なって、表見代理の成否が争われた事例がほとんどない理由について、本田・前掲判批八二頁〜八四頁は、大要次の三つをあげる。

その第一は、借財の場合には借受金が行為者が相手方に説明した使途目的（日常家事用に借りる）とは実際には異なった用途（例えば会社の上司との不倫のための費用にあてる等）(64)に使われる場合が多く、それに伴って日常家事性の判断が困難である場合が多いが、商品購入の代金支払のためにクレジットが利用された場合には、表明した用途と現実の使途とが食い違っているというようなことがないから、日常家事性の判断が比較的容易であること、第二に、表明した目的と実際の使途が異なることがないことは、相手方が日常の家事の範囲内であると信じたという一一〇条類推の正当理由の主張をしにくくさせること、第三にクレジット契約においては訪問販売による取引が多いが、訪問販売で積極的に売り込む場合、契約のイニシアティブは売主側にあり、それが相手方（売主側）をして日常家事の範囲内と「信じた」という主張をしにくくさせており、以上の理由から、クレジット取引の場合に、表見代理法理の適用あるいは類推適用が理論上否定されるわけではないが、事実上日常家事の範囲外とされたものについて一一〇条の類推適用が認められる事例はかなり限定される。具体的には一一〇条の額推適用が認められるケースは、判例③のような場合に、中流家庭と思って売り込んだが、実は外観と異なりそうではなかったというような場合だけに限定されよう、と主張する。

(2)　(i)　本田教授のあげる理由のうち第一と第二は、我妻説を理解の基礎としている。我妻説は、日常家事行為の範囲を判断するにつき、行為者の使途目的や動機といった主観的意図を重視するから、我妻説によれば、普通の家政処理と認められる範囲（私見によれば月収の一〜三割程度）を逸脱した借財でも、生活維持という目的があるときは日常家事行為であると判断され、遊興費にあてるという目的なら非日常家事行為であると判断される。そこで、妻が夫名義で家政処理の範囲を越えた借財をするに際して、相手方には生活維持費にあてると巧妙に説明し、相手方も使途目的は生活維持費であると信じたが、実際には妻は遊興費にあてる意図であり現実に遊興費に費消されたという事案では、相手方は実際には日常家事行為ではなかったのにその範囲を誤信していたということになって、その使途目的、動機に対する相手方の誤信がもっともであるといえるか否かが、一一〇条類推の正当理由の内容として判断されることになる。(65)これに対して、クレジット契約の場合は、購入商品の代金支払のために締結されるものだから、表明された使途目的と現実の使途とがくい違うことはなく、その日常家事性の判断は容易であり、また、表明された使途目的と現実の使途とがくい違うことはないから、相手方が行為者の表明した使途目的をもっともであると思い、（現実の使途からすれば日常家事行為ではないのに）日常家事行為であると誤信したという状況は事実上予想できず、従って、クレジット契約の場合には、一一〇条類推の正当理由の成否が争われる余地は限定的にしか存在しない（判例③のような場合に、中流家庭と思って売り込んだが、実は外観と異なりそうではなかったというような場合）という趣旨で、本田教授は理由の第一、第二をあげられたのであろう。

(ii)　日常家事行為の範囲を判断する際に、表明された使途目的と現実の使途とを考慮し、それがくい違う場合には相手方の使途目的の誤信に対する相当性を、一一〇条類推の正当理由の内容で判断するという一一〇条類推適用説の立場にたっても、購入商品の代金支払のために締結されるクレジット契約の場合には、購入商品の種類や性質から使途目的が客観的に表明されており、現実にそのような使途で使用されるから、表明された使途目的と現実の使途とは一致し、通常一一〇条類推の正当理由の成否は問題にならないと、一般的に理解されているようである。

しかし、クレジット契約の場合にも、表明された使途目的と実際の使途とがくい違う場合は現実に生じ得る。例えば、判例①においてテレビと家具は実際には第三者が使用しY宅で使用した事実はないし、判例②において、Wは電子レンジをYとの家庭生活に利用する意思はなく他に売却して遊興費に費消する意図であり、実際Yは電子レンジを見たことがないとのことである。また、裕福そうな主婦が「夫は音楽が好きで毎日家庭において音楽を楽しむ」と言い、三〇万円相当のCDコンポを夫名義のクレジット契約を締結して購入したが、現実には妻はCDコンポを他に売却して自己の遊興費にあてる意図であり、実際に他に売却して遊興費に費消してしまった、というような例も考えられる。

これらは、いずれも表明された使途目的（購入者の家庭共同生活において使用する）と現実の使途（第三者に貸与、他に売却して遊興費に費消等）とがくい違う場合である。現実の使途で日常家事行為の範囲を判断する我妻説に従えば、これらは非日常家事行為であり、相手方の使途目的に対する誤信の相当性が、一一〇条類推の正当理由の内容において判断されることになる。

商品の種類・性質・代金・社会的普及度や購入者の資産・収入等から客観的に判断すれば、日常家事行為である商品の購入行為（たとえば判例①のテレビと家具）が、購入の際の購入者の主観的意図や購入後の現実の使途によっては非日常家事行為と判断され、相手方の使途目的に対する誤信の相当性が一一〇条類推の正当理由の内容において判断されるというのは、いかにもおかしな話しであり、表明された使途目的や現実の使途を考慮するという我妻説のあいまいさは、具体的な商品購入に際してその代金支払のために締結されるクレジット契約の事案において、借財の事案より一層明白に、露呈されるように思われる。

日常家事行為の範囲を判断する際に、日常家事行為の概念と範囲をあいまいにする行為者の主観的意図を一切排除して、その範囲を客観的に判断する私見では、相手方の使途目的に対する誤信が一一〇条の正当理由の内容として判断される余地はなく、この点は借財の事案であれクレジット契約の事案であれ、異なることはない。しかし、判例は最判昭和四四年一二月一八日民集二三巻一二号二四七六頁以降一貫して一一〇条類推適用説を採っており、またクレジット契約の場合には、表明された使途目的と現実の使途とがくい違うことが、借財の事案に比較すれば少ないのではないかとも思われる（くい違いがあったにせよ判例①と判例②はそれを日常家事性の判断において考慮していない）

ので、使途目的に対する誤信を問題とする一一〇条類推の正当理由を、相手方当事者が主張しにくいという傾向はあるのではないかと推測される。

(iii)　一(4)で述べたが、一一〇条類推適用説にたつ判例は大体において、日常家事行為の範囲を判断する際に考慮した事実（主として金額と処分目的、使途目的、動機などの行為者の主観的意図）と一一〇条を直接適用する際にその正当理由の有無を判断するのに考慮される事実の両者から一一〇条類推の正当理由の有無を判断するという形式をとる。しかし、行為者の説明した使途目的等に対する相手方の誤信がもっともであるといえるか否かを考慮するという一一〇条類推適用説の附加的要件は、非日常家事行為である一方配偶者の無権代理行為について、他方配偶者に表見代理責任を帰属させるか否かの判断基準としてはあいまいであり、具体的判断基準としては判例上機能していない。また、これが重視されるならば東京高判昭和三七年六月一九日高民集一五巻六号四三〇頁のように、夫婦の財産的独立を侵害する結果を生ぜしめる。一一〇条類推適用説を採る判例は、私見の基準に照らして一一〇条の正当理由を肯定しうる名古屋地判昭和五五年一一月一一日判時一〇一五号一〇七頁以外は、すべて一一〇条の正当理由が成立しない事案ばかりであった。一一〇条の正当理由は成立するが、行為者の説明した使途目的に対する相手方の誤信が相当でないと判断されて、一一〇条類推の正当理由が否定されたと評価できる事案は存在しない。結局、一一〇条類推適用説にたつといってみても、判例の実質的判断においては、一一〇条の正当理由が成立するか否かが重要なポイントになっている。

ところで、クレジット契約の場合訪問販売による取引が多いとされているが、訪問取引においては、不意に家庭を訪問するセールスマンは、売り込もうとする商品について妻に対して積極的なセールストークを展開するのであるから、妻が夫から当該商品について、夫名義のクレジット契約を締結する代理権を授与されていないことを、知っているのが通常である。これが、非日常家事行為であるクレジット契約について、相手方に表見代理の主張をしにくくさせている原因であり、本田教授があげる理由第三は、右の意味に理解して、正当であると考える。また、最判昭和四四年以降一貫して一一〇条類推適用説を採る判例も、実質的には一一〇条の正当理由が成立しないときに、形式的には最判昭和四四年判旨の表現に従って、一一〇条類推の正当理由がないと判示するのであるから、通常一一〇条の正当理由が成立しない訪問取引によるクレジット契約の場合には、仮に相手方から表見代理の主帳がなされても、それを否定する判断を下すであろう。

(3)　(i)　「本人に代理権の有無・範囲について問い合せをすることが全く不要と感じさせるほどの客観的事情があり」それゆえ相手方が「代理権の存在を信じた」ときには、相手方に代理権ありと信ずべき一一〇条の正当理由が成立すると考える私見では、クレジット契約において一一〇条の正当理由が成立し得るのは次のような場合である。即ち、配偶者の一方（例えば妻）が、同一加盟販売業者の店において、これまで何度も夫の承諾を得て夫を代理して、日常家事の範囲を越える商品を夫名義のクレジット契約を締結することによって購入していたが、今回の取引については夫から代理権を授与されていなかったところ、相手方は従前の取引と同種同額程度の今回の取引についても、従前の取引と同様に妻には夫からの代理権授与があると信じたような場合である。右の客観的事情は、梅・富井・第一類型に該当するところの正当理由を成立させる主要な肯定的ファクターであり、このような場合には私見の基準に照らしても、クレジット契約において一一〇条の正当理由が成立し得る。判例①のスペシャル・カード利用契約の場合、右のような客観的事情は認定されていないから、私見の基準に照らして一一〇条の正当理由は成立せず、従って表見代理の成立を否定した札幌地判の結論は妥当である。

(ii)　本田・前掲判批八四頁は、クレジット契約の場合一一〇条の類推が認められる事例は、判例③のような場合に「中流家庭と思って売り込んだら、実は外観と異なりそうではなかったというような場合だけに限定されよう。」とする。私見の基準からすれば、現金販売価格一八万九千円の子供の学習教材の購入が日常家事行為であると判断される家庭は、収入が中流程度の家庭であるとは思えないが、訪問販売にきたセールスマンが訪問家庭の家屋や調度品の立派さから、この家庭はかなり裕福な家庭であると思い、自分が売り込もうとしている商品（その購入が客観的に判断して日常家事行為とは判断されない商品）の代金額からして、この程度の金額の商品につき夫名義のクレジット契約を締結して購入する代理権を、裕福な家庭の妻は夫から授与されていると思ったところで、それだけの勝手な思い込みがあるだけでは、私見の基準に照らして一一〇条の正当理由は成立しない。

また(2)(ii)であげた三〇万円相当のＣＤコンポの購入の例（購入者夫婦が平均的な月収で家庭生活を営んでいるならば三〇万円相当のＣＤコンポの購入は日常家事行為ではない）のように、妻を夫の代理人としてはじめて取引する相手方が、妻の裕福そうな身なりや言辞態度の巧妙さから夫からの代理権授与があると信じたところで、代理人の詐欺師的な言辞態度は正当理由を成立させる肯定的ファクターではないので、一一〇条の正当理由は成立しない。

一一〇条類推適用説を採る学説が、判例の具体的な事案を離れて、観念的に一一〇条類推の正当理由が成立するとしてあげる例は、私見の基準からすれば一一〇条の正当理由が成立しない例ばかりである。私見のように、日常家事行為の範囲を客観的に判断した上で、客観的に非日常家事行為と判断された行為については、通常の無権代理行為の場合と同じく、正当理由を成立させる主要な肯定的ファクターの有無を検討し、「本人に代理権の有無・範囲について問い合せをすることが全く不要と感じさせるほどの客観的事情があり」それゆえ相手方が「代理権の存在を信じた」といえるときには、一一〇条の正当理由が成立すると判断すれば足りるのであって、夫婦間の無権代理行為の場合にのみ、内容が不明確な一一〇条類推の正当理由の成否を問題にすることによって、あえて夫婦の財産的独立を侵害する危険性を招来すべきではない。

五　結語

従来、日常家事行為の範囲や日常家事行為と表見代理との関係が問題とされたのは、主として他方名義の不動産処分や借財の事案であった。筆者は、我妻博士が、行為者の処分目的や使途目的や動機などの主観的意図を考慮して日常家事行為の範囲を広く捉えようとしたのは、ひとつは、共同生活の費用に困窮した妻が容易に借財できるようにとの配慮によるものであり、ひとつは、妻が夫の承諾なしでなし得る行為の範囲を拡大することが、戦後の婚姻生活の民主化の要請に添うと考えたからだ、と推測している。しかし、現代のように、便宜ではあるが購入者に様々な義務を負担させるクレジット契約が広く婚姻共同生活に浸透し、ＣＤやＡＴＭからいとも容易にキャッシング・サービスを受けられる社会状況の下では、行為者の主観的意図を重視して日常家事行為の範囲を拡大したのでは、夫婦の財産的独立を侵害し家庭崩壊を招きかねない。従って、不動産処分や借財の場合と同様に、極めて現代的問題であるクレジット契約についても、日常家事行為の概念と範囲をあいまいにする行為者の主観的意図を一切排除して、その範囲を客観的に判断し、キャッシング・サービスについては一律に非日常家事行為であると解するのが、七六一条の立法趣旨を現代の健全な家庭経営に生かす解釈であると考える。

夫婦の一方が他方に無断で他方を代理して客観的に非日常家事行為と判断されるクレジット契約を締結した場合には、表見代理との関係が問題となるが、夫婦間の無権代理行為の場合のみ、具体的内容が不明確な一一〇条類推の正当理由の成否を問題にすることによって、あえて夫婦の財産的独立を侵害する危険性を招来すべきではない。

一一〇条類推適用説を採る論者が一一〇条類推の正当理由が成立するとしてあげる例は、すべて私見の基準に照らして一一〇条の正当理由が成立しない例ばかりであり、一一〇条類推適用説を採る判例も実質的には一一〇条の正当理由の成否を重要なポイントとしているのである。そして、梅・富井・第一類型あるいはそれに準じるような客観的事情（一一〇条の正当理由を成立させる主要な肯定的ファクター）が認定されて、私見の厳格な基準に照らしても一一〇条の正当理由が成立する場合には、一一〇条を直接適用して相手方を保護すべきであり、右のように解してこそ、夫婦の財産的独立と相手方の保護との合理的な調和が図られよう。

※　本章の初出（「クレジット契約と日常家事行為」関西大学法学論集四〇巻四号一一五頁〜一八六頁）は一九九〇年一一月であり、本文であげた割賦販売法やキャッシング・サービスの実質的年利率などは、すべて当時のものである。

注

（1）　筆者はすでに、髙森八四郎＝髙森哉子「夫婦の日常家事行為と表見代理」名城法学三八巻別冊本城武雄教授還暦記念論文集一九頁以下（これを以下髙森①と略する）において、日常家事行為の範囲の具体的判断基準、及び、日常家事行為の範囲を越える行為について、一一〇条を直接適用した場合における、一一〇条の正当理由の有無に関する具体的判断基準について考察し、そこで記した私見の基準に照らして、髙森八四郎＝髙森哉子「他方名義の不動産処分と日常家事行為」関西大学法学論集三八巻四号一頁以下（これを以下髙森②と略する）において、夫婦の一方が他方に無断で他方を代理して他方名義の不動産を処分した場合の判例を検討し、髙森哉子「借財と日常家事行為」関法四〇巻一号三八頁以下（これを以下髙森③と略する）において、夫婦の一方が自己名義の借財をした場合、及び、夫婦の一方が他方に無断で他方を代理して他方名義の借財をした場合の判例を、分類し検討してきた（但し、髙森③四九頁以下では一一〇条の正当理由に関する私見を若干詳論した）。

（2）夫が無権代理人である場合の夫をM、妻が無権代理人である場合の妻をWと称する。

（3）最判昭和四四年一二月一八日に関しては、高森八四郎＝高森哉子「民法七六一条と夫婦相互の代理権及び権限踰越の表見代理（最判昭和四四年一二月一八日の判批）」関法四〇巻三号一五一頁以下参照。

（4）注（1）参照。

（5）日常家事行為の範囲を判断するにつき、行為者の目的や動機といった主観的意図を重視する我妻説が、日常家事行為に該ると解すべきだったとしてあげる判例に、東京地判昭和二六年一〇月六日（下民集二巻一〇号一一七二頁―夫が突如家出して子どもの養育と生活に困った妻が夫名義の土地を売却したという事案において、東京地裁は、夫が妻に黙示の代理権を授与していたと判断して、夫の所有権移転登記の抹消請求を棄却）、最判昭和二七年一月二九日（民集六巻一号四九頁―夫が陸軍司政官としてスマトラに赴任中、妻が夫名義の土地建物を売却した〈処分目的は不明〉という事案において、最高裁は、相手方において妻に代理権があると信じたことについて一一〇条の正当理由はないと判断）、仙台高判昭和三二年四月一五日（高民集一〇巻一〇号五三一頁―成年の息子が勤め先銀行で使い込んだ二七八万円余を賠償するため、妻が夫に無断で夫の不動産を譲渡担保に供したという事案において、仙台高裁は、七六一条は夫婦相互に代理権を認めた規定ではないから、相手方の表見代理の主張は認められないと判断）がある（我妻栄『親族法』一一〇頁注二、一一一頁注四）。右の三つの判例については、高森②二六頁、三〇頁、二一頁においてそれぞれ検討した。これらの判例では、いずれも他方名義の不動産処分が日常家事行為には該らないことが当然の前提とされていたのに対し、我妻説はこれら三つの判例の他方名義の不動産処分行為は、行為者の主観的意図を重視して、日常家事行為の範囲に含ませるべきだと主張する。

本文中に引用した最判昭和四四年判旨は右の我妻説にたつものと理解されているようである（右近健男「判批（大阪簡判昭和六一年八月二六日）」判タ六三五号七九頁）。しかし判旨を素直に読めば、日常家事行為の具体的範囲はその夫婦の資産・収入等の内部的事情により個別的に異なるが、七六一条が第三者保護の規定であることを考慮すれば単にそれのみを重視して判断すべきではなく、更に客観的に、その行為の種類、性質等を充分に考慮して判断すべきだと、最高裁は説いているのであり、この様に解するのが本判決の調査官の解説である奥村長生「判批（最判昭和四四年一二月一八日）」曹時二二巻八号一六五六頁の記述からも妥当であると思われる。

私見は、夫婦財産制の尊重という観点から、最判昭和四四年判旨の趣旨を更に徹底させて、日常家事行為の概念と範囲をあいまいにする行為者の主観的意図は、日常家事行為の範囲の具体的判断基準からは一切排除すべきであると考える。従って、他方名義の不動産処分は原則として日常家事行為に含まれず（高森②参照）、借財については一般的には月収の一～三割程度が日常家事行為の範囲内であるが、この程度内でもサラ金等から高利（利息制限法所定の利息を超える利息）で借りる場合には、日常家事行為と認めるべきではない（高森③参照）。

（6）この問題の前提として、日常家事代理権を肯定するか否定するかの議論の対立があるが、最判昭和四四年は、積極的な根拠を示さずにこれを肯定した。私見は右の問題は婚姻共同体の夫婦の実質的なありようから判断すべきであると考えている（高森①二六頁、高森②五頁、高森③四一頁）。これに対して、従来、日常家事代理権を肯定するか否定するかについての学説の対立は、七六一条に規定された連帯責任という効果を、どのように説明するかについての議論の対立であった。しかし、私見は、従来の代理権肯定説のように七六一条の連帯責任という効果を説明しようとする意図ではなく、夫婦の婚姻共同生活の実態という観点から、任意代理権としての日常家事代理権を肯定する。即ち、夫婦は他の人間関係には見られない強い精神的経済的紐帯でもって結びつき、運命共同体ともいうべき意識の下で、婚姻共同生活を共に営んでいるのであるから、仮に七六一条という規定が存在しなくても、夫婦は夫婦であるが故に、その共同生活を維持するために日常家事の範囲内で任意的に相互的に代理権を授与しあっていると考えるのである（高森③四一頁）。幾代通『民法総則』三九一頁が「現行七六一条は、やはり、夫婦には（夫婦なるがゆえに）日常家事の範囲内で相互的に代理権を認めたものである（従って、表見代理が問題になる余地がある）、と解するのが妥当と思われる。かりに民法中に同条がなかったと仮定しても、夫婦という実態のあるところ、一定事項については明示的または黙示的に代理権授与があると認定しうるのが通常であろうと思われるから、結局七六一条は……夫婦という特殊緊密な人間関係類型において右のような授権を定型化しているもの、と解するのが自然である。」と主張するのは、私見とほぼ同旨であると思われる。

右の観点からすれば、代理権否定説のように、日常家事の範囲内で、夫婦の一方が他方の個別的承諾を得ずに他方を代理してなした行為が、すべて無権代理行為であると解するのは、夫婦の共同生活の実態にそぐわないと思われる。また、代理権否定説の論者も、現実の夫婦関係における日常家事行為の相互的代理権を全く否定しようとするものではなく、事実上は夫婦相互間に委任があるとみるのであるから（國府剛「判批（名古屋地判昭和四四年一〇月一八日）」法時四二巻四号一三七頁）、あえて任意代理権としての日常家事代理権を否定する必要はないのではないかと考える。

（7）傍点部分を一一〇条の正当理由と対比させて「一一〇条類推の正当理由」と呼ぶことにする。

（8）我妻栄『親族法』一〇七頁は「日常の家事の範囲は、……各夫婦共同生活の事情により、またその行為をなす目的によって異なり、外部から正確に判断することは困難である。それにもかかわらず、内部的事情に従ってその範囲を限定することは、第三者を害するおそれが多いのみならず、―第三者に過当な警戒を強いることになって―ひいては夫婦共同生活の運営を妨げる。従って、表見代理の趣旨を類推適用して、日常の家事の範囲内と信ずるについて正当な事由がある場合には、第三者は保護されると解すべきである」とし、「日常の家事の範囲を……広く解し、かつその範囲についてだけ表見代理の趣旨を適用し、それ以外の行為については、代理一般の法理に譲り、とくに代理権の授与があった場合にだけ、それを基礎として一一〇条を適用することが、夫婦の財産的独立の理想に近づくゆえんではあるまいか。」（同・前掲一〇九頁）と主張する。

(9)　最判昭和四四年の事案は、そもそも私見の基準に照らしてはもちろんのこと、従来の最高裁の一一〇条の正当理由の有無に関する判断基準に照らしても、一一〇条の正当理由が成立しない事案であったことについては、高森八四郎＝高森哉子・前掲判批一六一頁、一七一頁以下参照。

(10)　一一〇条の正当理由に関する我妻博士の見解については、高森八四郎＝高森哉子「権限踰越の表見代理と『正当理由』」関法四〇巻二号六一頁以下参照。

(11)　注（5）参照。

(12)　詳細は、高森八四郎＝高森哉子「権限踰越の表見代理と『正当理由』」関法四〇巻二号一〇一頁以下参照。

(13)　梅・富井・第一類型については同右四二頁四五頁参照。

(14)　何故なら、実印は様々な理由によって本人から代理人に預託されたり交付されたりするものであるし、盗用や偽造もなされる可能性の高いものだからである。そして代理人が実印を所持するに至る内部事情は様々であるが、そのような内部事情を見知っていない相手方にとっては、実印の所持というひとつの客観的事実があるにすぎないから、実印の所持は何らかの代理権の存在の徴表とはなり得ても、代理人が自称する当該取引についての代理権の徴表とはなり得ない。また、夫婦間では実印の盗用がなされやすいという客観的事実を前提とするならば、夫婦の一方が他方の実印を所持しているという客観的事実は、より微弱な肯定的ファクターにすぎないと解すべきであろう。

(15)　高森八四郎＝高森哉子・前掲判批一六〇頁以下参照。

(16)　我妻説に従えば、例えば、普通の家政の処理と認められる範囲（私見によれば月収の一～三割程度）を逸脱した借財でも、生計維持という目的がある時は日常家事行為の範囲に含まれることになる。その際妻が夫名義で借財するにつき生活維持という目的なら日常家事行為、妻の遊興費にあてるという目的なら非日常家事行為となるから、妻が相手方に生活維持費にあてると巧妙に説明し相手方がそれを信じたが実際は遊興費に費消していたという事案では、相手方は実際には日常家事行為ではなかったのにその範囲を誤信していたということになって、その目的・動機の誤信についての正当理由が一一〇条の類推適用という形で判断されることになるのであろう。

結局我妻説に従えば「日常の家事の範囲内と信ずるについての正当理由」とは、相手方が行為者の説明した目的から日常家事行為と誤信したが、このように誤信したのはもっともだと思われるかどうかという程度の内容でしかないと思われる。我妻説は日常家事行為の範囲を行為者の目的・動機といった主観的意図を重視して広くとらえた上で、その目的・動機に対する相手方の誤信がもっともだといえるかどうかを一一〇条類推の際の正当理由の内容で判断するのであるから、夫婦の財産的独立を侵害するおそれは二重に強いといわねばならない。そして日常家事行為の範囲を判断するにつき行為者の目的・動機といった主観的意図を考慮することは、日常家事行為の範囲をあいまいにし、かえって夫婦の財産的独立を侵害する結果となると考える私見では、目的・動機についての相手方の誤信はそもそも正当理由の判断については問題とならないのである。

(17) 注（1）参照。

(18) 高森②六八頁、高森③五三頁、五四頁、九一頁以下参照。なお、一一〇条類推適用説を採る判例のなかにも、金額や使途目的・動機等日常家事行為の範囲を判断する際に考慮した事実のみから一一〇条類推の正当理由の有無を判断した判例（東京地判昭和四六年五月三一日判時六四三号六八頁、東京地判昭和四七年六月二〇日金判三二七号一七頁、東京地判昭和五三年一一月一日判時九三一号七八頁、東京地判昭和五五年三月一〇日判時九八〇号八三頁）や、一一〇条を直接適用する際にその正当理由の有無を判断するのに考慮される事実のみから一一〇条類推の正当理由の有無を判断した判例（東京地判昭和四七年一一月二一日判時七〇五号六七頁）もある。一一〇条類推の正当理由の有無を判断する際に考慮される事実が、一一〇条類推適用説を採る判例によって、右のように分かれること自体が、「日常の家事に関する法律行為の範囲内に属すると信ずるにつき正当の理由」の内容の不明確さをあらわすものといえる。私見の基準によるそれぞれの判例の分析については、高森③六七頁、高森②五二頁、高森③七五頁、高森③七〇頁、高森②五四頁を参照していただきたいが、これらはすべて私見の基準に照らして一一〇条の正当理由が成立しない事案である。

(19) 高森②五一頁以下、高森③五五頁以下参照。

(20) 東京高判昭和三七年の原審判決である浦和地判昭和三五年一二月二三日下民集一一巻一二号二七二四頁が、一一〇条を直接適用して正当理由を肯定したのは不当である。両判例の詳細な検討は高森③六一頁以下参照。

(21) 高森③六六頁参照。

(22) 名古屋地判昭和五五年についての詳細な検討は、高森③六四頁以下参照。なお高森③八五頁注（1）参照のこと。

(23) 詳細は高森③五七頁以下参照。

(24) 当該夫婦が、客観的に日常家事行為であると判断される範囲よりも、狭い範囲の代理権しか実際には授与しあっていなかったとしても、当該行為が客観的に日常家事行為であると判断されれば、相手方に七六一条但書の予告を与えていない限り、責任を負わなければならない。これをもって日常家事代理権を法定代理権と解すべきではない。日常家事代理権は任意代理権であり、その性質は第一部「第二章イギリス代理法と表見代理」でも述べたように（四　日本民法との比較法的考察）、会社法一一条の支配人の代理権と同じく usual authority だからである。

（25）一一〇条類推適用説を採る判例のなかには、このような場合にも一一〇条類推の正当理由があれば、相手方は夫婦の他方に対し連帯責任を追求しうる旨判示したものがあることについては、本文中において前述した。

（26）最判昭和四四年判旨、我妻説、及び一一〇条類推適用説を採る論者は、一一〇条類推の正当理由が成立するときに、行為の名義人は本人としての責任を負うのか、あるいは七六一条の連帯責任を負うのかについて、明確に論じていない。もし後者のように解するならば、行為者の説明した使途目的等に対する相手方の誤信の相当性が考慮されて、その範囲まで、客観的に定まったはずの日常家事行為の範囲が拡張されるということになろう。

（27）高森①、高森②、高森③。

（28）高森③四〇頁注（5）参照。

（29）齊木敏文「日常家事代理権と表見代理」判タ六五〇号六六頁、本田純一「判批（川越簡判昭和六二年一二月八日）」ジュリ九〇七号八三頁も同旨であると思われる。

（30）門司簡判昭和六一年三月二八日判タ六一二号五七頁における被告の主張。

（31）齊木・前掲六五頁も同旨であると思われる。

（32）手数料の率については割賦販売法等で未だ規制がなされていない。

（33）高森③参照。

（34）同右。

（35）沢井裕「クレジットをめぐる法と裁判」『法と政治の理論と現実下巻』八三頁。銀行系クレジット・カードには、政策的見地から、割賦弁済機能が付与されておらず、すべてマンスリー・クリア方式が採られているが、百貨店等が信販会社と提携してカードを発行する場合には割賦払いが採用される。

（36）小石侑子「クレジット・カードと夫婦財産関係」杏林社会科学研究一巻一号五六頁。

（37）高森①三七頁参照。

（38）小石・前掲五七頁、六三頁が、スーパーマーケットのカードのような場合には日常家事行為である可能性があるとするのは、私見と同旨であると思われる。

(39)　カードには妻の氏名が自署され、利用する際にも妻は自己の氏名を署名する点は(a)の場合と同様であるが、会員契約上の名義人が妻自身ではなく夫である点が(a)と異なる。

(40)　カードそのものは無権代理行為による無効なカードであるにせよ、妻が自己名義のカードを利用して購入した以上は、売買契約自体は妻名義でなされたとみるべきである。

(41)　小石・前掲五二頁参照。

(42)　夫の名前が男女いずれにおいても使用されるような名前であれば、相手方は妻が自己名義のカードを使用していると誤認するような事態もおこりうる。

(43)　注（1）参照。

(44)　詳細は髙森③七四頁以下。なお髙森③七八頁、七九頁、八七頁注（13）において、サラ金利用者救済のために実務的視点からまとめられた『サラ金一一〇番』五一頁、五二頁が、サラ金からの借財であれ使途によっては日常家事行為に該ると説明しているのは、サラ金利用者救済のための啓発書としては問題があると指摘したところ、サラ金問題研究会のメンバーである小松陽一郎弁護士よりお便りをいただいた。それによると、今日では実務上はサラ金からの借財は日常家事行為に該らないという考えが定着しているとのことである（『サラ金一一〇番 part2』一六八頁、一六九頁）。小松弁護士のご指摘を感謝するとともに、現実にサラ金問題を処理する実務界においては、筆者の主張が支持されていると知り、おおいに力付けられた。

(45)　齊木・前掲六六頁はキャッシング・サービスによる借財も、一般の借財と同様の基準で、日常の家事の範囲内かどうかを決するべきだとする。

(46)　内縁関係への七六一条の準用については肯定するのが判例・通説の見解である。髙森③八六頁参照。

(47)　齊木・前掲六五頁、右近・前掲八〇頁も同旨である。

(48)　札幌地判は、スペシャル・カード利用契約には所有権をXに移転する旨の特約条項等が規定されていること等を根拠にその日常家事性を否定しているが、本件のスペシャル・カードが、日常家事性を否定される一五万円のダイヤの指輪の購入代金支払のため発行されている以上、その支払方法等を問うまでもなく、スペシャル・カード利用契約という名称の本件の個品割賦購入あっせんは非日常家事行為である。

しかし、仮に本件のスペシャル・カードが、私見の基準に照らして日常家事性を肯定できる商品の購入代金支払のため発行されていたのならば、所有権をXに移転する旨の特約条項や手数料の実質的年利率などを含めたスペシャル・カード利用契約の内容が次に検討されねばならず、その結果スペシャル・カード利用契約の支払方法等が客観的にみて相当ではないと判断された場合には、商品の購入自体は日常家事行為であっても、スペシャル・カード利用契約上の立替金債務は日常家事債務ではないと判断される余地がある。従って、スペシャル・カード利用契約の支払方法等の検討は、右の意味において重要である。

(49) 札幌地判が「実際はさほど富裕ではないにかかわらずあたかも高貴な社会的地位を有するかのような外見を表示して日常家事取引をした」場合には権限踰越の表見代理が成立する余地があるとしているのは、実質的には本文で述べたような客観的事情を指すものと思われる。

(50) WがY名義でした小切手帳利用契約の締結は有権代理であるにしても、一般にクレジット・カードは本来名義人だけが使用できるものであり、加盟販売業者にはカードの署名と売上票の署名とを照合する義務があるから、妻が夫を代理して夫名義のカードを利用しようとしたときには、これを拒否すべきである(二(二)(3)(ii)参照)。しかし、本件の小切手帳の形態が、通常のクレジット・カードと同様に代理人による利用を許さない形態のものであるのか否かについて、札幌地判は認定しておらず判旨からは不明のままである。従って(疑問はあるが)札幌地判の判断に従い、WはYの代理人としてY名義の小切手帳を利用してテレビと家具を購入したことを前提に以下判断することにする。

(51) クレジット・カードで購入できる商品が食料品や日用雑貨品に明確に限定されており、かつその一ヵ月の利用限度額が利用者の月収の一〜三割程度に設定されているカードならば、会員契約の締結が日常家事行為であると判断できれば(私見の基準に照らして判断できると思われる)、それを利用した個別的商品購入の日常家事性を検討するまでもなく、他方配偶者は(妻が夫名義で締結したとき、夫は本人として、妻が自己名義で締結したとき、夫は七六一条の連帯責任として)クレジット・カード契約上の支払債務を負担すると解してよかろう。

(52) 本件契約は、Y不知の間にWがYの印鑑を盗用して締結したものであり、Yは品物を見たことがなく、Wは昭和五〇年六月中家出して所在不明であり、本件品物もYとの家庭生活に利用するためではなく、他に売却して遊興費に費消するためのものだったと推測されるとYが述べたことを、武蔵野簡判が斟酌した表現であると思われる。

(53) 右注(52)参照。

(54) この場合であれば、Yは割賦販売価格ではなく現金販売価格について責任を負う。

(55) 立替払契約の日常家事性に関するYの主張はもっともであると思われるが、本件ではその前提となる温水器の購入行為自体が非日常家事行為であるから、立替払契約の日常家事性を具体的に検討するまでもなく、本件立替払契約の締結も非日常家事行為である。

(56) Yが購入に反対であることを契約時にXに予告していれば七六一条但書の場合に該当する。

(57) Yが、本件契約当時Mとは別居しており夫婦間の共同の家事は存在していなかったと主張したのに対し、大阪簡判は「ある時期は別居したとしても、完全に別居したとは認められず、本件ふとんの購入、本件立替払契約等が訴外人（M）の別居中の契約であると断定するには、なお疑問の余地がある。」と判示している。別居中の夫婦の日常家事代理については高森③七五頁、七六頁参照。

(58) 本件は判例集未登載であるため、事案については本田「本件判批」ジュリスト九〇七号八一頁を参照させていただいた。

(59) 本田「消費者問題と契約法理」法時六〇巻八号二二頁は、訪問取引の場合には相手方は妻の無権代理責任をも追及できない（一一七条二項）と解するのが取引実態に適合するとする。

(60) 自社割賦にも、個品割賦販売と総合割賦販売とがあるが（割賦販売法二条一項一号）、判例②は個品割賦販売に該当する。個品割賦販売の場合、日常家事行為との関係においては個品割賦購入あっせんの場合と同様の判断基準が妥当することについては、二(一)(2)(ⅳ)で述べた。

(61) これらは総合割賦購入あっせんに該当するお買物小切手帳を利用して購入された商品であるが、日常家事性の判断において、購入の際の主観的意図や購入後の現実の使用状況等を考慮すべきではないのは、個品割賦購入あっせんの場合と同様である。

(62) 高森③参照。

(63) なお注（51）参照。

(64) これは、東京高判昭和四八年一二月三日金判四〇五号一三頁の妻が信用金庫から夫を借主として二〇万円を借り受けたが、その際妻は相手方に使途目的を長男の大学入学のための費用にあてると説明したところ、実際は自己の勤務先の上司との外泊費用を調達する意図であった（現実に何に費消されたかは認定されていない）という事案を、念頭においてあげられたと思われる。私見の基準による東京高判昭和四八年の考察は高森③七一頁以下参照。

(65) 注（5）、注（16）参照。

参考図表

番号	①	
判決	札幌地判昭四七・一一・一〇	
出典	判時六九五-九六	
行為者	内縁の妻	
購入商品名現金販売価格	テレビ五三、八〇〇円 家具二一、二〇〇円	ダイヤの指輪一五万円
購入者夫婦の資産・収入・職業・社会的地位等	個人タクシーの運転手 月収一八万円ないし二〇万円 借地上に自己所有の家屋有り	
クレジット契約の形態	総合割賦購入あっせん（お買物小切手帳利用契約）	個品割賦購入あっせん（スペシャル・カード利用契約）
クレジット契約の当事者	内縁の夫 協同組合北海専門店会	
クレジット契約の内容 ①割賦販売価格 ②手数料 ③割賦回数 ④期限の利益の喪失の定めの有無 ⑤遅延損害金 ⑥その他	①テレビと家具をあわせて七八、〇〇〇円 ②両者あわせて三、〇〇〇円 ③一〇回 ④有 ⑥利用限度額は二ヵ月間で五万円、但し一万円までの限度超過購入券三枚添付	③二四回 ④有 ⑥利用限度額は一ヵ月間で一五万円、所有権が協同組合に移転する旨の特約条項付き
判旨　日常家事行為の範囲について	○小切手帳利用契約の締結は範囲内 ○テレビと家具について範囲内	○スペシャル・カード利用契約の締結は範囲外
判旨　表見代理について		否定

②	武蔵野簡判 昭五一・九・一七	判時 八五二-一〇五	妻	電子レンジ		自社割賦	夫(名義人) 妻(連帯保証人) 東京北ナショナルクレジットK.K.	①一四〇、八三八円 ③一五回 ④有 ⑤年一割四分六厘	○電子レンジの購入は範囲内、従ってクレジット債務も範囲内	
③	札幌地判 昭五八・一二・五	判タ 五二三-一八一	妻	子供の学習教材 一八九、〇〇〇円	夫は四六歳 北海道予備学園常務理事 月収約三〇万円 昭和五三年に新築した家屋と土地所有	個品割賦購入あっせん	夫 K.K.セントラルファイナンス	①二二五、三〇〇円 ②三六、三〇〇円	○クレジット契約の締結は範囲内	
④	門司簡判 昭六一・三・二八	判タ 六一二-五七	妻	太陽熱温水器 二九八、〇〇〇円	四人家族 夫の手取月収七、八万円 妻は小規模の食堂経営	個品割賦購入あっせん	妻(名義人) 夫(連帯保証人) K.K.大信販	①四一五、七一〇円 ②一一七、七一〇円 ③六〇回 ④有 ⑤年二九・二%	○温水器の購入は範囲外、従ってクレジット債務も範囲外	

⑤	大阪簡判 昭六一・八・二六	判タ 六二六―一七三	夫	ふとん 一六八、四〇〇円	夫は無職、無収入 妻の貯金や実家、兄弟の援助で生活	個品割賦購入あっせん	夫 三洋電機クレジットK.K.	①二一六、八九九円 ②四八、四九九円 ③三六回 ④有 ⑤年二九・二%	○ふとんの購入、クレジット契約は範囲外	
⑥	川越簡判 昭六二・一二・八	判例集未登載	妻	子供の学習教材 二三六、〇〇〇円	夫は会社員 手取月収約一八万円 妻の内職収入月二、三万円	個品割賦購入あっせん（訪問取引）	夫 電機クレジットK.K.	①三一〇、六〇〇円 ②七四、六〇〇円	○教材購入は範囲外	

第二部参考文献一覧

論説

鍛治　良堅「日常家事債務に関する理論構成」法律論叢四八巻四～六号三〇九頁。
三島　宗彦「日常家事債務の連帯責任」家族法大系Ⅱ二四八頁。
中川　淳「家事債務と表見代理」Law School No. 34 一三〇頁。
同　「夫婦の家事代理権」『民法学7』一〇六頁。
同　「家事債務の連帯責任」『判例演習講座民法Ⅱ』五八頁。
伊藤　進「民法七六一条についての一考察」法律論叢四一巻四～六合併号四〇八頁。

右近　健男「日常家事債務の連帯責任と表見代理」民法の争点I二〇二頁。
同　「金銭借用と日常家事債務」金法一〇五一号六頁。
加藤　永一「家事債務と夫婦財産関係」『新民法演習5』四四頁。
於保不二雄「表見代理」『民法演習I』一六七頁。
齊木　敏文「日常家事代理権と表見代理」判例タイムズ六五〇号六一頁。
川井　健「表見代理制度」『民法基本問題一五〇講I』一八六頁。
同　「日常家事債務の連帯責任と表見代理」『演習民法（親族・相続）』九三頁。
松嶋由紀子「日常家事債務と表見代理」『演習民法（総則・物権）』二〇〇頁。
小野　幸二「日常家事代理権と表見代理」法学教室第二期第七号一二四頁。
広橋　次郎「日常家事債務の連帯責任」経済理論七三号五九頁。
沼　正也「家事債務と夫婦財産関係」『民法演習五』二七頁。
青木　康「不動産売却行為と日常家事行為」民事研修一四〇号一三頁。
小石　侑子「クレジット・カードと夫婦財産関係」杏林社会科学研究一巻一号五六頁。
高橋忠次郎「日常家事債務と表見代理」『現代社会と民事法』一四一頁。
人見　康子「夫婦間の日常家事代理権と表見代理」『新版・判例演習民法5』四三頁。
山口　純夫「日常家事債務の連帯責任」『民法講座7』一二五頁。
雨宮　孝子「日常家事債務と表見代理」『現代判例民法学の課題』七六二頁。
加藤美穂子「日常家事債務と第三者保護」『取引保護の現状と課題』一八七頁。
本田　純一「消費者問題と契約法理」法時六〇巻八号一七頁。
沢井　裕「クレジットをめぐる法と裁判」『法と政治の理論と現実（下）』七七頁。
髙森八四郎＝髙森哉子「夫婦の日常家事行為と表見代理」名城法学三八巻別冊本城武雄教授還暦記念論文集一九頁。

同　「他方名義の不動産処分と日常家事行為」関法三八巻四号一頁。
同　「権限踰越の表見代理と『正当理由』」関法四〇巻二号三六頁。
髙森　哉子「借財と日常家事行為」関法四〇巻一号三八頁。

判例批評

山田　晟「判批（大判昭和八年一〇月二五日）」『判民昭和八年度』一七九事件。
谷口　知平「判批（広島高判昭和二六年三月五日）」民商二八巻四号七〇頁。
板木　郁郎「判批（広島高判昭和二六年三月五日）」立命館法学二巻一一六頁。
我妻　栄「判批（広島高判昭和二六年三月五日）」ジュリスト四七号一九頁。
幾代　通「判批（最判昭和二七年一月二九日）」民商二八巻五号三三七頁。
加藤　一郎＝川井健「判批（最判昭和二七年一月二九日）」法協七二巻一号九二頁、『判民昭和二七年度』五事件。
西川　達雄「判批（最判昭和二七年一月二九日）」近大法学一巻一号。
最高裁民事調査官室「判批（最判昭和二七年一月二九日）」判例タイムズ一八号四九頁。
打田　畯一「判批（最判昭和二七年一月二九日）」『判例演習（民法総則）』一八五頁。
同　「判批（最判昭和二七年一月二九日）」家族法判例百選（第一版）四三頁。
谷口　知平「判批（最判昭和二八年一二月二八日）」民商三〇巻五号四五一頁。
大場　茂行「判批（最判昭和二八年一二月二八日）」判タ三七号四八頁。
倉田　卓次「判批（最判昭和三六年一月一七日）」『判解民昭和三六年度』1事件。
佐藤　邦夫「判批（東京高判昭和三七年六月一九日）」判タ一七二号八六頁。
谷口　知平「判批（東京高判昭和三七年六月一九日）」民商四九巻二号二四六頁。
國府　剛「判批（東京高判昭和三七年六月一九日）」同志社法学八二号四一頁。

広橋　次郎「判批（東京高判昭和三七年六月一九日）」法時三四巻一一号一〇〇頁。
國府　　剛「判批（東京地判昭和四一年五月九日）」法時三九巻二号一一七頁。
同　　　「判批（名古屋地判昭和四四年一〇月一八日）」法時四二巻四号一三四頁。
三島　宗彦「判批（最判昭和四四年一二月一八日）」判例評論一四〇号（判時六〇二号）一二三（一二九）頁。
浜上　則雄「判批（最判昭和四四年一二月一八日）」家族法判例百選（第三版）四四頁。
佐藤　聿代「判批（最判昭和四四年一二月一八日）」法協八八巻七・八号七六二頁。
滝沢　聿代「判批（最判昭和四四年一二月一八日）」家族法判例百選（第四版）一六頁。
遠田　新一「判批（最判昭和四四年一二月一八日）」民商六三巻三号一三二頁、『代理理論の基礎的研究』四四〇頁。
奥村　長生「判批（最判昭和四四年一二月一八日）」曹時二二巻八号一六〇頁、『判解民昭和四四年度』九七事件。
遠藤　　浩「判批（最判昭和四四年一二月一八日）」民法の判例（第二版）二八頁。
人見　康子「判批（最判昭和四四年一二月一八日）」昭和四五年度重要判例解説ジュリスト四八二号六九頁。
山畠　正男「判批（最判昭和四四年一二月一八日）」民法判例百選Ⅰ（第二版）八六頁。
奥田　昌道「判批（最判昭和四四年一二月一八日）」家族法判例百選（新版）五三頁。
松崎　康夫「判批（最判昭和四四年一二月一八日）」民事研修一五七号四五頁。
松本　　崇「判批（最判昭和四四年一二月一八日）」手形研究三三六号七二頁。
山本　敬三「判批（最判昭和四四年一二月一八日）」民法判例百選Ⅰ（第三版）七六頁。
高森八四郎＝高森哉子「判批（最判昭和四四年一二月一八日）」関法四〇巻三号一五一頁。
原田　純孝「判批（名古屋地判昭和五五年一一月一一日）」ジュリスト七七二号二〇九頁。
高森八四郎「判批（東京地判昭和五五年一二月二五日）」法時五六巻三号一一九頁。
右近　健男「判批（大阪簡判昭和六一年八月二六日）」判タ六三五号七八頁。
本田　純一「判批（川越簡判昭和六二年一二月八日）」ジュリスト九〇七号八一頁。

第三部　無権代理と相続

第一章　無権代理人の責任の本質

一　序

(一)　無権代理の意義と効果

無権代理とは、代理人が代理権もないのに代理行為（契約）をする場合であり、代理権を授与していない本人に効果は帰属しないし、代理人は代理意思を有していた以上、本人への効果帰属を欲していたのであり、自己への効果の帰属を欲していないので、代理人にも効果は帰属しない。すなわち、それは効果不帰属という意味において、いわゆる「無効」であるといわれている（一一三条は「本人に対して効力を生じない」と規定している）。無権代理行為がなされた場合、本人がこれを拒絶すれば、もちろん効力は生じないが、本人がこれを了として「追認」すれば、契約締結の時に遡って有効となる（一一六条）。ただし、第三者の権利を害してはならない（同条但書）。他方、相手方は、相当の期間を定めて本人に対して追認をするよう催告することができるし（一一四条）、代理権ありと信じていた（善意）相手方は本人による追認がなされない間ならば、いっそのことそれを取り消してしまうこともできる（一一五条）。ただし、相手方が、契約の時において代理人に代理権がないことを知っていたときは、取り消すことはできない（同条但書）。

㈡　無権代理人の責任の発生

しかし、代理人に代理権があると信じていた相手方にとっては、本人にも無権代理人にも責任を追及できないとなれば、いかにも気の毒であり、ひいては代理制度そのものの信用を根底から失うことにもなりかねない。そこで民法は、相手方の選択に従い、無権代理人は、相手方に対して「履行又は損害賠償」の「責任を負う」と定め（一一七条）、無権代理人に重い責任を課したのである。

二　無権代理人の責任の根拠

㈠　起草者の見解

起草者ことに梅謙次郎博士は一一七条の無権代理人の責任を過失責任と考えていたようである。「代理権ナク而モ代理人トシテ契約ヲ為ス者ハ大ナル過失アル者」といわざるをえない、相手方がこうむった損害は「全ク自称代理人ノ過失ニ因リテ生シタルモノ」というべし（梅・増補訂正『民法要義』巻之一　二九九頁）と述べている。そして純理からいえば、損害賠償責任のみを基礎づけるべきだが、相手方にとっては、有効だと思ったものが無効となるために損害をこうむるのだから、むしろそれよりも代理人をして（有効と同じく）履行の責任を負わせる方がよいのであるとしている。それゆえ、結局は、「履行又は損害賠償」責任は法定の特別責任であると解しているものといえる。この過失責任であるとする見解は、今日の学説の一部に承継されている（石田穣『民法総則』四五六頁（悠々社・一九九二年）、佐久間毅「無権代理人の責任」『民事法理論の諸問題(上)』三二一頁以下（成文堂・一九九三年））。

(二)　通説・判例

通説は鳩山秀夫博士（「無権代理人の責任を論ず」『民法研究』一巻二七一頁以下）の見解に由来する。鳩山博士は、無権代理人の責任は「代理権ありと主張し又は代理人なりと信ぜしむべき行為を為したるの事実に付て法律が特に規定したる特殊の責任」であるとする。鳩山説は、代理制度は取引安全の観点からみて、ある程度危険を合わせもつものであり、これを予防して代理制度に対する信用を維持するために表見代理と並んで無権代理人の特別の（重たい）責任を規定したものであるとの基本的認識に基づいている。過失責任の法理を超えた無過失の法定責任とする考え方が鳩山説以後確立し今日に至っている（前掲・佐久間論文一五頁参照）。四宮和夫『民法総則〔第四版〕』（二五五頁）は、「民法は、取引の安全をはかり、代理制度の信用を維持するため、善意無過失の相手方に対する無権代理人の無過失責任を認めた」と述べており、近時の学説を代表するものである（於保不二雄編『注釈民法(4)』二〇四頁〔中川淳〕（有斐閣・一九六七年））。

判例も民法一一七条による「無権代理人の責任は、無権代理人が相手方に対し代理権がある旨を表示し又は自己を代理人であると信じさせるような行為をした事実を責任の根拠として、相手方の保護と取引の安全並びに代理制度の信用保持のために、法律が特別に認めた無過失責任であ」ると鳩山説と同旨を明言している（最判昭和六二年七月七日民集四一巻五号一一三三頁）。

㈢　法定保証（私見）

筆者も鳩山説を結論的に支持したいと思う。ただし私は、無権代理人の責任を「法定の保証責任」として根拠づけるべきであると考える。これはイギリスでも主張されている考え方である（イギリスではimplied warrantyといわれている。これは黙示的保証と訳されることもあるが、法定保証と訳すべきである。同旨、長尾治助『表見代理論序説』七六頁（成文堂・一九七一年）。もっとも長尾氏は「擬制的権限担保」の訳語をあてておられる）。(2) これは法定追認（一二五条）の制度と同じく代理人の一定の行為（事実）のありたることをもって代理権の存在を代理人が保証したものと「看做ス」（「擬制」）ものである。法定ないし擬制するがゆえに代理人の保証意思すなわち効果意思に基づく責任ではなく、法定の一定の要件を具備してはじめて認められる一種の無過失の契約上の責任である。それゆえ不法行為責任ではない。過失責任説では損害賠償責任を基礎づけることはできても「履行責任」を根拠づけることはできない。明示的保証があっても無能力の無権代理人は責任を免れ得るのだから、重い無過失責任を課せられる一一七条の責任を制限能力者が免責される理由もそこにある（一一七条二項）。同様にして相手方が代理権の不存在につき、善意・無過失の場合にはじめて代理人が責任を負う理由も法定の保証責任だからである。効果意思に基づく保証（約束の）責任ならば、相手方が保護を受けるために少なくとも無過失である必要はないからである（保証約束（すなわち、代理権の存在を保証する効果意思に基づく）の場合には悪意の相手方に対しては約束者は責任を免れるが、過失ある相手方には責任を負うのが原則である）。以上によって法定の無過失責任であるとの通説・判例の結論は支持されてよいと思う。

三　無権代理人の責任の発生要件

無権代理行為が本人の追認を得られない場合には、無権代理人は、相手方に対して、無過失で「履行」責任又は「損害賠償」責任のいずれかを相手方の選択によって負わなければならない（一一七条）。

(1)　「他人の代理人として契約をした者は、自己の代理権を証明することができず、かつ、本人の追認を得ることができなかったとき」（一一七条一項）。

「代理権を証明することができず」の意味は、自称代理人が代理権の存在したことを証明しなければならないということであり（ドイツ民法一七九条一項の表現にならったもの）、相手方は、代理権の不存在を特に証明する必要はない。本人の追認があれば、代理人の責任が問われる必要はないのはいうまでもないが、本条は、契約関係の存在を前提としているから、相手方が契約（無権代理行為）を取り消した場合には（一一五条）、契約関係が消滅するので、本条の責任は発生しない（近江幸治『民法講義1』二一七頁以下（成文堂、一九九一年））と解されている。

(2)　相手方が無権代理人に代理権のないことにつき善意・無過失のとき（一一七条二項前段）。

相手方の善意・無過失の立証責任も無権代理人側にある。これは、七二二条二項を排除する趣旨であろうか（幾代通『民法総則』三六五頁（青林書院新社、一九七二年）参照）。

(3)　無権代理人が「行為能力を有しない者」でないこと（一一七条二項後段）。

無権代理人は、自らの無能力を立証して本条の責任を免れ得る。行為能力を有しない者が法定代理人の同意を得て無権代理行為をした場合には、本条の責任を免れないと考えるべきであろう（ドイツ民法一七九条三項は同旨を規定している)。本条における無能力者(以下行為能力を有しない場合の制限能力者を指すものとする)の免責は、不法行為法上の一般原則(七一二条・七一三条)とどのような関係に立つであろうか。幾代・前掲書(三六六頁)は、本条で免責されても、無権代理人の故意・過失で損害を受けたことを相手方が立証した場合に無能力者でも責任能力のある場合があり、それがあることを要件に、無能力者たる無権代理人(例えば、一八歳〜一九歳の未成年者や被補助人等を想定すればよい)は相手方に対して賠償義務を負うとする学説を紹介しつつ(梅・前掲書三〇一頁等)、次のように論ずる。「しかしながら、一一七条の責任は一種の法定責任ではあるが、それはなお、法律行為に関連した責任(履行責任またはそれに代わるべきもの)である(だからこそ、そこでは無能力者は免責される)。したがって、無能力者が本来自己の取引として行なった行為を取消した場合に、それによる相手方の損失は不法行為法では救済されえない」(一二一条但書を救済の限度とすることになる)と解するのがよく、そうであれば、ここでも同様に「一一七条二項は一般不法行為法の適用を排除する趣旨と解する余地があ」り、じっさい「不法行為の成立は別論ということになると本条二項は実際上大幅にその意義を失うのではあるまいか」と述べているが、筆者も全面的にこの意見に賛成したい。

四　無権代理人の責任の内容

責任の内容としては、無権代理人は、相手方の選択に従い、履行又は損害賠償の責任を負わなければならない(一一七条一項)。

㈠　履行責任

ここでいう履行責任とは、有権代理ならば、本来、本人との間で発生すべきものであった法律関係が、そのまま相手方・無権代理人間の法律関係となるということである。したがって義務だけでなく権利も取得する（売買で売主側なら代金支払請求権を目的物引渡義務と引換えに取得する）ことはいうまでもない。さらに例えば、本人と相手方がともに商人であったならば、無権代理人が商人でなくても、相手方は商人間売買に関する商法上の権利を無権代理人に行使することができる（大判昭和八年一月二八日民集一二巻一〇頁）。

㈡　損害賠償責任

この損害賠償は法文が「履行又は」と表現していることからも明らかなように、信頼利益ではなく、履行利益の賠償である（大判大正四年一〇月二日民録二一輯一五六〇頁。無権代理人から土地を買った者が無権代理人に対して損害賠償を請求した事件。地価は売買当時三五二〇円、訴提起時には四〇五〇円余で買主はこの差額を請求し、認められた）。信頼利益とは、契約が無効である場合に、その契約を有効であると信じたことによってこうむった損害（利益）のことである。例えば、契約締結のための調査その他の準備費用、契約書作成費用などがこれに属する。履行利益とは、契約が有効であることを前提に、契約が履行されたなら得たであろう利益（履行されなかったがゆえにこうむった損害）のことである（近江・前掲書二一八頁）。目的物の転売利益などが典型的にこれに属する。ドイツ民法一七九条二項は、代理人が代理権なきことを知らずに、すなわち善意のときは、履行利益の限度を超えない範囲で、信頼利益を賠償すべしと規定している。したがって悪意のときは、履行利益の賠償を負い、代理人の善意・悪意で区別しているが、わが民法はこの区別を設けていないわけである。

(三) 相手方の選択

無権代理人が「履行」責任か「損害賠償」責任か、いずれの責任を負うかは、相手方の選択に従う（一一七条一項）。したがって相手方の債権は一種の選択債権であり、四〇六条の規定の趣旨（選択権は債務者に属す）は本条によって排除される（四〇七条以下は適用がありうる）。

(四) 無権代理人と本人との間の関係

既に述べたところは、無権代理人と相手方との関係であったが、本人との関係はどうなるのか。無権代理行為は、本人の追認がない限り、本人・相手方間のみならず、本人・無権代理人間においても当然にはなんの法律関係も生ぜしめない。本人が現実に損害をこうむれば、無権代理人の不法行為責任が生じ得る。もし本人が追認をしたときは、本人と無権代理人の間には原則として事務管理（六九七条以下）が成立すると解されている（幾代・前掲書三六八頁、川島武宜『民法総則』三九八頁（有斐閣、一九六五年））。ただしこれは無権代理そのものの効果ではない。

五　本人・無権代理人の地位の同化

(一) 無権代理と本人からの権利取得

無権代理人が、権利譲渡（本人との贈与・交換・売買等による権利取得）などにより、本人から権利を取得した場合、行為の時に遡って当然有効になってしまうかという問題がある。これについて検討する。判例は、本人Aの無権代理人BがCに対してAの土地を賃貸した後（正しくは賃貸借に関する和解を無権代理した）、BがAから土地所有権を取得した場合、Bについて賃貸借の効力が生じるとしているし（最判昭和三四年六月一八日民集一三巻六号七三七頁）[3]、本人Aの無権代理人BがAの不動産を無権代理でCに売却した場合、BがAから不動産の所有権を取得すれば、B・C間に売買契約が結ばれたのと同じになるとする（最判昭和四一年四月二六日民集二〇巻四号八二六頁）[4]。すなわち、一種の処分行為の追完が生じると解しているようである。しかし他人の物の売買（五六〇条以下）の場合と異なり、追完は生じないと考えるべきである。何故ならば、Bの無権代理行為について善意のCは取消権を行使し得るし（一一五条）、取消しをしない場合にも、必ずしも履行責任を求めるとは限らず、損害賠償を求めるかもしれず、右のように当然の追完（当然有効化）を認めれば、Cの右の選択の余地を封じてしまうからである。さらにBの無権代理人の責任は、相手方Cの善意・無過失の場合に限られるのに、右当然の追完を認めれば、Cが悪意・有過失にもかかわらず、Bの責任が完遂されてしまう。それゆえ、当然有効になると解する必要はないのではあるまいか。ただし、善意・無過失の相手方が一一七条に従って履行を選択したならば、いまや権利を取得した無権代理人は履行の責に任じなければならないことはいうまでもない。

(二)　無権代理と相続

次に相続によって無権代理人が本人の地位を承継したり（無権代理人相続型）、逆に、本人が無権代理人の地位を取得することがある（本人相続型）。また無権代理人が本人を相続したのち死亡し、さらに相続人が無権代理人を相続したり、逆に本人が無権代理人を相続したのち、さらに本人の死亡により相続人が本人を相続して地位を二重に承継する場合もある（いわゆる二重相続型）。これらの場合に、本人たる地位ないし資格と無権代理人たる地位ないし資格を各々使い分けることができるであろうか[5]。

(1)　無権代理人相続型（無権代理人が本人の地位を相続した場合）

無権代理人Bが、本人Aが追認または追認拒絶をせぬまま死亡して、本人Aの地位を相続によって取得した場合に、BはAの立場において追認の拒絶をすることができるか。判例は、無権代理人と本人の資格が同一人に帰した以上、本人が自ら法律行為をしたと同様の法律上の地位を生じたものとみなして、Bの追認拒絶を認めず、無権代理行為が当然有効になるとしている（大判昭和二年三月二二日民集六巻一〇六頁・第二章判例【1】、最判昭和四〇年六月一八日民集一九巻四号九八六頁・第二章判例【5】）。このような当然有効説（ないし資格融合説）につき、学説は、あるいは、人格ないし法律上の地位の承継または資格の融合と構成し（穂積重遠・判民昭和二年度二一事件、四宮和夫・判民昭和一七年度一二事件評釈）、あるいは代理権の追完と構成し（於保不二雄・民商法一巻四号七〇六頁、川島・前掲書四〇〇頁）、あるいは、資格の使い分けを信義則違反と構成したりして（杉之原舜一・民商法九巻五号八七五頁、他の文献につき幾代・前掲書三六四頁）、かつては前記判例の見解を支持しているものが多かった。ただし、無権代理人が本人を他の相続人とともに共同相続した場合においては、「他の共同相続人全員の追認がない限り、無権代理行為は、無権代理人の相続分に相当する部分においても、当然に有効となるものではない」とする判例がある（最判平成五年一月二一日民集四七巻一号二六五頁・第二章判例【10】）。

しかしこれに対して当然有効説を否定して、無権代理人には本人から承継した追認権・追認拒絶権が帰属し、両資格は融合することなく、資格の使い分けは可能であり、しかも決して信義則に反するものではないとの有力な見解も主張されている（幾代・前掲書三六三頁、なお三六五頁注㈥掲記の文献参照。高森八四郎＝高森哉子「無権代理と二重相続」関西大学法学論集三九巻一号一頁、石田・前掲書四六二頁）。石田説によれば、「相続がなければ本人は追認を拒絶でき、また、無権代理人は第三者が善意無過失の場合に限って履行責任を負うのに、相続があると無権代理人は無条件に履行責任を負うとすることには疑問がある」。「一一七条によれば無権代理人は悪意過失ある第三者に対し責任を負わなくてよいのであり、本人の承継人の立場に立って追認を拒絶しても信義誠実の原則に反しない」と述べられている。また筆者はすでに「相続という偶然の事情により、無権代理人の責任が一一七条の責任より増減させられる必要はないし、相手方に望外の利益を与える必要もない……可能なかぎり本人と無権代理人との地位の併存を貫徹」する方が合理的かつ衡平であるとも主張している（拙稿「無権代理と相続 ―併存貫徹説の立場から―」『21世紀の民法（小野幸二教授還暦記念論集）』五六二頁（法学書院・一九九六年））。その理由としては、㈠において述べたところと同じである。すなわち、相手方の取消権と履行又は損害賠償請求の選択権行使の機会を封ずる必要がないこと及び無権代理人は自己の行為につき相手方の善意・無過失の場合にのみ責任を負い相続という偶然の事情により悪意・有過失者にまで責任を負ういわれはないからである。

(2)　本人相続型（本人が無権代理人の地位を相続した場合）

本人Aが無権代理人Bを相続し、その地位を承継した場合、AはBの無権代理人の一一七条の履行責任を相続するが、相手方CはAにその履行責任を追及することができるか。判例①（最判昭和三七年四月二〇日民集一六巻四号九五五頁・第二章判例【6】）は、応召中の息子A（本人）の不動産を勝手に処分しCに移転登記した父親BをAが相続した事案において「相続人たる本人が被相続人の無権代理行為の追認を拒絶しても、何ら信義に反するところはないから、被相続人の無権代理行為は一般に本人の相続により当然有効となるものではない」と判示して資格の併存を認めている。本人は無権代理行為の追認を拒絶できるとするものであろう。右判例①は単独相続の場合であったが、次の判例②（最判昭和四八年七月三日民集二七巻七号七五一頁・第二章判例【7】）は、共同相続の例で、息子A（本人）に無断で、娘婿の手形貸付債務につき連帯保証をした父親BをAが他の共同相続人七人と共に相続した事案において、

「本人は相続により無権代理人の右債務（筆者注・一一七条の責任）を承継するのであり、本人として無権代理行為の追認を拒絶できる地位にあったからといって右債務を免れることはできない」と判示している。判例①（第二章判例【6】）は、無権代理行為は当然有効となるものではないと判示するにとどまり、一一七条の責任の承継についてまで判断していなかったが、判例②（第二章判例【7】）は、事案上Aら相続人がBの責任の承継を否定したので、本人Aと共に無権代理人を相続した他の相続人も無権代理人の債務（責任）を免れない旨判断したのである。右二判例は共に資格併存を認め、無権代理行為の追認拒絶をも認めた上で、本人（他の共同相続人も）は一一七条の責任をその要件に従い承継することを判示しているとみるべきである。

(3)　二重相続型（本人と無権代理人を共に二重に相続した場合）

無権代理人の地位と本人の地位とが同一相続人に帰属するという場合、各々の資格の使い分けは可能であろうか。判例は、無権代理行為をなしたる者の家督相続人が隠居をなしたる後、さらに他家の家督相続をして本人の地位に就いた場合には、「本人自ラ法律行為ヲ為シタルト同様其ノ行為ノ効果ノ自己ニ帰属スルヲ回避シ得」ざることは、無権代理人が本人の相続をした場合となんら異なるところはない、と判示している（大判昭和一七年二月二五日民集二一巻一六四頁・第二章判例【4】、なお東京高判昭和六〇年六月一九日判タ五六五号一〇七頁・第二章判例【8】参照）。これらは、相続人が無権代理人を単独相続した後、本人を単独相続したことによって、無権代理人の地位と本人の地位とが同一相続人に帰属した事案であったが、判旨は、無権代理人相続型と同一の処理（本人自らが法律行為をしたとの法理）、すなわち、相続人は追認の拒絶はできず、資格の使い分けをなし得ないとしている。さらに判例は、無権代理人Bを本人Aとともに相続し、無権代理人の地位を承継したX_1・X_2・X_3が後に本人Aを共同相続して本人の地位も承継したという事案において同旨を明らかにし、「本人以外の相続人は、共同相続であるとはいえ、無権代理人の地位を包括的に承継していることに変わりはないから」、「本人の資格において追認を拒絶する余地はなく」、「本人が自ら法律行為をしたと同様の法律上の地位ないし効果を生ずるもの」であるとしている（最判昭和六三年三月一日判時一三一二号九二頁・第二章判例【9】）。

これとは逆に本人を相続した者がのちに無権代理人をも二重に相続した事案は、判例上現れていないようである。右の判例の傾向からうかがうならば、本人相続型とみなして、二重相続人は本人的地位に従い、追認拒絶できると判断するように思われる。

私見は、いずれの場合でも本人的地位と無権代理人的地位を相続人は使い分けることができ、本人的地位で追認を拒絶しても無権代理人的地位を包括的に承継する以上、一一七条の要件に則り、無権代理人の責任を負担すればよいと考える。このことは、無権代理人相続型、本人相続型、二重相続型のいずれにも妥当し、かつ各々の型における単独相続・共同相続の如何を問わず妥当するであろう。

注

（1）　もう一人の起草委員富井政章は、法典調査会において、無権代理人は相手に対して代理権があると信じさせた過失の責めに任じなければならないと説明している（民法議事速記録二巻二頁、六頁）。ただしこの説明が無権代理人の責任の根拠を過失責任とする趣旨であったとはいいきれない。

（2）　長尾氏によれば（前掲書七八頁以下）、擬制的権限担保の法理（Doctrine of Implied Warranty of Authority）がイギリス法上確立したのは、一八五七年のCollen v. Wright事件（8 E. & B. 647）である。事案は次の通りであった。被告ライトはガードナーが所有する土地の管理人であると称して原告コルンと一二年六ヵ月に及ぶ土地の賃貸借契約を締結した。コルンがこの土地を使用し始めたところ、ガードナーは、ライトにはその賃貸借契約を締結する権限を有しないとしてコルンの土地使用を拒絶した。コルンは特定履行をガードナーに対して訴求したが、ライトは先の行為についての代理権を有していなかったから、無権代理人による契約であるとの理由で敗訴した。そこで、コルンはライト（当時ライトは死亡していたので遺言執行者）を相手に損害の賠償を請求したのが本件である。女王座裁判所は原告の請求を認容し、財務控訴裁判所もこれを支持して、次のように判示した。「何等の条件をつけることなくある行為をするについて、ある者から権限を授けられていると表示し、その者の代理人として他人と契約を締結した者は、存在しない代理人の権限を存在すると表示したことによって契約の相手方がこうむる損害を賠償する責任がある」。

(3)　事案は、土地所有者たる本人Aが相手方Cと土地賃貸借契約を締結し、のち、賃料不払い等を理由に契約を解除したと主張するAとの間で、紛争を生じてしまったCが、土地上の工事の続行につき、仮処分を申請したところ、当日都合により裁判所に出頭できなかったAに代わり、妻Bが裁判所に出頭したときに、裁判所の勧告により、代理権もないのに、AC間の賃貸借の存在についての確認を含む、裁判上の和解をしたというものであった。一審・原審とも、Bは無権代理人であること、Aの追認はないこと、さらに和解後Aから本件土地をBが譲り受けていることを認定して、「本件土地につきCとの間に成立した和解は、叙上のように原告（B）の無権代理行為によるもので、本人（A）に対して何等の効果も生じないにもかかわらず、その後Bが土地の所有権を取得することによって、和解条項を履行し得べき状態になるから、本件和解は、その成立の当初に遡り原告に対し完全に有効となるものと解すべきである」と判示している。最高裁は、右第一審の判文を引用している原審を是とし「判示のような事実関係の下では上告人（B）はその（本件和解）効力を否定できない」と判示した。結局、B・C間の当然の有効化を認めたものである。ただ、本件裁判上の和解に際しては、裁判所も相手方Cも代理権の不存在については、善意・無過失だったと推定しうる。

(4)　事案は、無権代理人Bが本人Aの所有する不動産（建物）を相手方Cに売却したのち、Aから本件不動産の譲渡を受けて所有権を取得し中間省略登記の方法でAから直接Cに登記をしたものであった。原審はその後にAがBの無権代理行為を追認したかのような外形があることに惑わされ、かつ大判昭和二年三月二二日（第二章判例【1】）を引用して、BがCとの間の契約の有効を前提に代金不払いにつき債務不履行を理由に解除し所有権に基づき明渡請求をしたものを、Bは本件売買契約の売主ではないと判断してBの請求を棄却した原判決を破棄差戻して次のように判示したものであった。

「右の事実によれば、前記売買契約は、上告人（B）の無権代理行為に基づくもので無効であるが、無権代理人たるBは、民法一一七条の定めるところにより、相手方たる被上告人（C）の選択に従い履行又は損害賠償の責に任ずべく、相手方が履行を選択し無権代理人が前記不動産の所有権を取得するにいたった場合においては、前記売買契約が無権代理人自身と相手方との間に成立したと同様の効果を生ずると解するのが相当である」と判示している。右判示によれば、単純な処分行為の追完を認めているのではないようである。相手方が一一七条の履行を請求した場合で、無権代理人が本人から所有権を取得したときには、無権代理人と相手方との間に（無権代理人による売買契約が）成立したと同様の効果を生ずるという見解である。

（5）　無権代理と相続の問題については、第二章以下で詳細に判例・学説を検討する。ここでは、素描的叙述にとどめたい。

第二章　無権代理と相続

一　序

無権代理行為の後、本人が死亡して無権代理人が本人を相続する場合、または、無権代理人が先に死亡して、本人が無権代理人を相続する場合のように、本人たる地位と無権代理人の地位が同一人に帰属してしまうことがある。このように本人の地位と無権代理人の地位の同化が生じる事案には、いくつかの類型が存在するが、それぞれの類型において、当該の無権代理行為の効果、本人の地位と無権代理人の地位との併存が認められるのか、地位の併存が認められるとして本人としての地位に基づいて追認拒絶権を行使できるのか、また無権代理人の相続人としての地位に基づき承継した一一七条の無権代理人の責任の内容、単独相続の場合と共同相続の場合とでは差異があるのか、限定承認がなされた場合はどうか、などが議論されてきた。

(1)　判例は、無権代理と相続が問題となった事案を、無権代理人が本人を相続した場合（無権代理人相続型）と、本人が無権代理人を相続した場合（本人相続型）とに分けて考察する。

前者の無権代理人相続型の場合、単独相続であれば「本人が自ら法律行為をしたのと同様な法律上の地位を生じたものと解するのが相当」(1)であるから、当該の無権代理行為は相続とともに当然有効になる。これを、「本人と同一の法理」とよぶことができる。相続とともに無権代理行為は当然有効となるのであるから、地位の併存は認められず、無権代理人は本人を相続しているのに、本人のもつ追認拒絶権を行使することはできない。相続による一種の「追完」を認めているのである。また、無権代理人を本人とともに相続した者が、その後さらに本人を二重相続した場合でも、本人以外の相続人は、共同相続であるとはいえ無権代理人の地位を包括的に承継していることに変わりはないから、やはりこの場合も、相続人は本人の地位で追認拒絶できる余地はなく、「本人が自ら法律行為をしたと同様の法律上の地位ないし効果を生ずるものと解するのが相当である」(2)として、無権代理人が単独で本人を相続した場合と同様の判断を下している。しかし、無権代理人が本人を他の相続人とともに共同相続した場合においては、無権代理人の相続分に相当する部分についても「本人と同一の法理」を採らず、「他の共同相続人全員の追認がない限り、無権代理行為は、無権代理人の相続分に相当する部分においても、当然に有効となるものではない」(3)として、地位の併存を肯定した。

後者の本人相続型の場合は、本人が無権代理人を単独相続した場合でも、「無権代理行為は一般に本人の相続により当然有効となるものではない」(4)から、地位の併存が認められ、本人は被相続人の無権代理行為の追認を拒絶できる。本人が無権代理人を他の相続人とともに共同相続した場合も同様である。もっとも、一一七条の無権代理人の責任が相続の対象となることは明らかであるから、本人は相続により無権代理人の責任を承継し、「本人として無権代理行為の追認を拒絶できる地位にあったからといって右債務を免れることはできない」(5)と解している。

(2)　学説もこの問題を、無権代理人が本人を相続した場合と、本人が無権代理人を相続した場合とに分けて考察し、それぞれの判例に対する判例批評という形で、種々の議論を展開してきた。筆者は、既に「無権代理と相続」に関して、髙森八四郎＝髙森哉子「無権代理と二重相続」関西大学法学論集三九巻一号一頁（一九八九年四月）において、大判昭和二年三月二二日民集六巻一〇六頁から最判昭和六三年三月一日判時一三一二号九二頁までの九件の判例について、時の推移に即して、それぞれの事案・判旨とその判批という形で展開されてきた学説とを対比して論じ、そのような形では紹介できなかった若干の学説の検討も踏まえた上で、「併存貫徹説」に立つことを明らかにした。

併存貫徹説とは、無権代理人が本人を相続した場合、本人が無権代理人を相続した場合、二重相続の場合（逐次的に無権代理人の地位の相続と本人の地位の相続とが行われた場合）とを通じて、単純・単独相続であるか単純・共同相続であるかを問わず、可能な限り、本人と無権代理人との地位の併存を貫徹しようとする見解である。すなわち、いずれの場合であっても、本人の地位と無権代理人の地位とは相続によって融合帰一せず、無権代理人相続型では、無権代理人は相続によって承継した本人の地位を主張して追認を拒絶できるが、相手方が善意・無過失のときは、一一七条によって無権代理人は履行又は損害賠償の無過失責任を負う。本人相続型では、本人は本人たる地位で追認を拒絶できるが、相続によって承継した無権代理人の責任を免れることはできないので、一一七条に従い善意・無過失の相手方の選択に応じて、履行又は損害賠償責任を負うことになる。

学説も、地位の併存を認める見解が現在では一般的であるようだが、無権代理人相続型の場合に、自ら無権代理行為をした者が本人の地位で追認を拒絶することは「信義則」に反して許されないが、本人相続型では、無権代理人を相続した本人が追認を拒絶しても、自らは無権代理行為をしたわけではないので、何ら信義則に反することはないと解するものが多いように思われる。もっとも、このような「信義則説」の内容も論者により一様ではない。

無権代理人相続型及びそれに類する二重相続型の場合に、無権代理人ないしそれに類する相続人が、本人としての地位で追認を拒絶することが信義則に反し許されないのは、矛盾行為禁止に違反するからであり、ここでいう信義則とは、無権代理人の矛盾的態容そのものを咎める点に主眼が置かれている、と解する見解もある。[6] この信義則説は併存貫徹説を、「相手方の利益状況に着目して立論している[7]」と評するが、併存貫徹説は相手方の利益状況に着目して立論されているわけではない。

また、無権代理と相続という問題の原点が、一一七条二項の法政策的な意味（むしろ欠陥）にあるという見解もあり、「ここでは、『無権代理人の信義則違反』と『相手方の有責性』のいずれを『より悪なるもの』と評価するかが、信義則説と併存貫徹説の分岐点をなすといえよう[8]」との指摘がある。しかし、無権代理人と相手方のいずれが「より悪なるもの」かという視点は、信義則説の立場からは依って立つ基盤であるかもしれないが、私見の併存貫徹説の立場からは、いずれが「より悪なるもの」かという視点は、併存貫徹説の依って立つ基盤ではない。

拙稿「無権代理と相続―併存貫徹説の立場から―」『21世紀の民法（小野幸二教授還暦記念論集）』五四一頁以下（一九九六年一二月）では、紙数の制限もあったが、併存貫徹説の立場から信義則説を批判的に検証した。その後、無権代理人を相続したその妻と子らが限定承認の後、妻が本人（無権代理人の母）の後見人に就任し追認を拒絶したが、子らが代襲相続により本人を相続することになったという事案における無権代理行為の効力について、最高裁判決がなされた（最判平成一〇年七月一七日民集五二巻五号一二九六頁）こともあり、本章では、改めて、無権代理と相続をめぐる問題を、網羅的に考察したい。

二　判例の考察

(一)　無権代理人（単独）相続型

(1)　無権代理人が本人を単独相続（家督相続）した場合、その無権代理行為は当然有効となるとするのが、大審院判例の確定した立場であるが、その先例となった判例が、**【1】大判昭和二年三月二二日民集六巻一〇六頁**である。

事案としては、本人Aの債権者Xが、本人を家督相続した無権代理人Bに代位して、本人の追認拒絶権を相手方Yに対して代位行使したところに特徴がある。Bが祖父Aの代理人と称してY銀行と当座貸越契約を締結し、そのための根抵当として、Aの土地をYに抵当に入れ登記も済ませたところ、Aは右無権代理行為を追認も追認拒絶もしないまま死亡し、Bが家督相続した。ところでXはAに貸金があり、Aの生前Aより弁済を受けていなかったので、その債権の強制執行にかかったが、その債務の相続人であるBには、Yの抵当に入っている本件不動産の外財産がなかった。そこでXは、Y銀行が前記の債権及び抵当権を得ているのは、Bの無権代理行為によるものであり、その行為はまだ追認されていないから、Bは無権代理の本人の相続人として、それを追認拒絶する権利があると主張し、Bの追認拒絶権を民法四二三条により代位行使し、Yに対して、債権及び抵当権の無効確認並びに登記の抹消を請求した。一審・二審ともXが勝訴したが、大審院は「無権代理人カ本人ヲ相続シ本人ト代理人トノ資格カ同一人ニ帰スルニ至リタル以上本人カ自ラ法律行為ヲ為シタルト同様ノ法律上ノ地位ヲ生シタルモノト解スルヲ相当トス恰モ権利ヲ処分シタル者カ実際其ノ目的タル権利ヲ有セサル場合ト雖其ノ後相続其ノ他ニ因リ該処分ニ係ル権利ヲ取得シ処分者タル地位ト権利者タル地位トカ同一人ニ帰スルニ至リタル場合ニ於テ該処分行為カ完全ナル効力ヲ生スルモノト認メサルヘカラサルト同様ナリト謂フヘク之ニ反シ単ニ無権代理行為ナリトノ理由ニ基キ叙上ノ如ク無権代理人カ本人ヲ相続シタル場合ト雖同人ハ其ノ本人タル資格ニ基キ追認ヲ拒絶シ得ヘク従テ又無権代理人タル資格ニ於テ損害賠償ノ責ニ任スルコトヲ得ヘシト謂フカ如キハ徒ニ相手方ヲ不利益ナル地位ニ陥ルル結果ヲ生スルコトヲ免レ難ク其ノ許スヘカラサルコト言ヲ竢タサル所」であると判示して、破棄差戻の判決をした。

この判例【1】で説かれた、無権代理人が本人を相続した場合には、本人が自ら法律行為をしたのと同様の法律上の地位を生じるという論理、「本人と同一の法理」は、その後の判例を貫く基本的立場となった。そして、この判例【1】においては、「本人と同一の法理」に続けて、無権代理人が本人を相続した場合は、非権利者が権利を処分した後、相続その他により権利を取得した場合に、処分行為が完全な効力を生じるのと同様であると判示している。これは、無権代理人が本人を相続することによって、一種の処分行為の追完が生じるといっているようにもみえる。

判例【1】の判批として、穂積重遠・判民昭和二年度二一事件八六頁がある。同八八頁は、相続は人格すなわち法律上の地位の承継であるから、相続により無権代理行為は当然有効になると解すべきであって（人格承継説）、本判決が「本人カ自ラ法律行為ヲ為シタルト同様」と明言したのは注目すべきだが、それに続けて、自己の有しない権利を処分した者が後にその権利を取得した場合と同様である旨判示したのは、見当違いの議論であると批判している。

判例【1】を併存貫徹説の立場で考察すると、本人の地位と無権代理人の地位とは相続によって融合帰一せず、無権代理人は相続によって承継した本人の地位を主張して追認拒絶できるから、本人Aの債権者Xは無権代理人B

に代位して、追認拒絶権を相手方Yに代位行使できる。Bの代理権の不存在についてYが善意・無過失であった場合には、Bは一一七条によりYに対して履行又は損害賠償責任を負うことになる。信義則説に立てば、自ら無権代理行為をしたBが、本人の地位で追認拒絶することは、信義則に反して許されない。しかし、本人Aの債権者Xが追認拒絶権を代位行使することは、信義則に反しないと筆者は考えるが、信義則説では信義則上Bが追認拒絶できない以上、Aの債権者XもBの追認拒絶権を代位行使できないといわざるを得ないのではないか。信義則説に立てば、本人の債権者よりも、無権代理行為の相手方を不当に利する結果となろう。

(2)　(i)　**【2】大判昭和九年九月一〇日民集一三巻一七七七頁**は、無権代理人の破産管財人Xが無権代理の無効を主張したところに事案上の特徴がある。Yは昭和四年五月一六日Aから本件不動産を買受け同日所有権移転登記をした。ところが、Aはその当時脳症のため精神錯乱の状態にあり、本件売買及び登記は、Aの養子BがAから代理人選任の委任を受けたもののように装って、A名義の委任状を偽造し、Cを代理人に選任してなさしめたものであった。その後、Aは右無権代理行為を追認も追認拒絶もしないまま同年八月三一日に死亡し、Bが家督相続したが、Bは昭和六年一一月二六日破産宣告を受け、Xがその破産管財人となった。そこでXは、YはBの行為によって本件不動産の所有権を取得すべき筈はないし、仮にBはその無効を主張し得ないとしても、Xは破産管財人として右売買について第三者の地位にあるから、Bの地位に拘束されないと主張して、Yに対して無効な売買に基づく登記の抹消を求めた。一審・二審ともY勝訴。大審院は、「無権代理人カ本人ヲ相続スルトキハ本人カ自ラ法律行為ヲ為シタルト同一ノ法律上ノ地位ヲ生スルモノト為スコト」は、既に判例【1】の判決によって是認された法理であり、相続人である無権代理人の破産管財人も、「無権代理人ノ意思表示カ本人ノソレト認メラルルニ至リタル事由ソノモノハ破産財団ノ減少ト適切ナル関係ナク破産債権者保護ノ為メニ相手方タル被上告人ヲシテ其ノ結果ニ付キ責ヲ負ハシムヘ可キ喫緊恰当ナル理拠」がない旨判示して、Xの上告を棄却した。

(ii) 判例【2】の判批として、於保不二雄・民商一巻四号三一〇頁がある。於保判批は、判例【2】が無権代理行為が相続により有効になると判示した根拠については、判例【1】を引用するのみで、別に説明するところがないから、判例【1】に遡って考察する必要があるとし、判例【1】が無権代理人が本人を相続した場合は、非権利者が処分の後相続その他により権利を取得した場合と同様である旨判示している点に注目して、判例【1】は、「無権代理人が本人を相続した場合にも所謂非権利者の処分の追完（Konvaleszenz）が為されるとして追完の理論に拠って無権代理行為も本人自ら法律行為を為したると同様有効となる」（於保・前掲三一三頁）ことを認めたものだとする（追完説）。

於保説によれば、無権代理人が本人を相続した場合は、非権利者の行為の追完の一場合として追完の理論に従って説明すべきであり、「本人カ自ラ為シタルト同様」という説明の如きは単なる比喩的な説明にすぎず、むしろ「本人が自ら追認したると同様」の効力を生ずるものと説明すべきであったということになる。

右のように追完説に立つ於保判批は、人格承継説に対して次のように批判する。例えば、無権代理人が無能力者であった場合は無権代理人としての責任を負わないが（一一七条二項後段）、人格承継説に立つときは、かかる場合の無権代理行為も当然有効ということになって、無能力者の取消権が奪われるという不当な結果を生じる。また、遺言執行者の任命があった場合や無権代理人が共同相続人の一人である場合など、相続人は相続財産について管理処分権を有しないにもかかわらず、偶々前に無権代理行為をなしていたというのみで、その行為が確定的に有効になるのは不当であると主張する。追完説の立場では、これらの場合、無権代理人が本人を相続しても、相続財産を拘束すべき債務行為をなし又は処分する権限を有していないから、相続したからといって直ちに無権代理行為は追完されない。能力者となるか、遺言の執行が終了し、あるいは特別の授権を得た場合にはじめて追完される。但し無能力者の場合には、特に取消権の保護がある。無権代理行為の相手方は、かかる不確定の状態に長くあることを欲しなければ、一一五条又は一一七条の方法を選べばよい、ということになる。

(iii)　筆者は後述するように、無権代理人が本人を相続した場合と非権利者が権利を処分した後、相続その他の事由により権利を取得した場合とは同視できないと考えるので、「追完説」を採らない立場である。もっとも、追完説といっても、論者によりその説く内容は一様ではないが、仮に、於保説のいうように、無権代理人が本人を相続した場合も、権利者が非権利者の処分行為を追認した場合と同様に、処分の追完がなされて有効になるというのであれば、追完が生じないいくつかの例外的場合（無権代理人が無能力者である場合とか遺言執行者の任命がある場合など）を挙げるのは背理ではないかと思う。

判例【2】の事案では、無権代理行為を直接したのはCであって、相続人のBは本人Aから代理人選任の委任を受けたもののように装って、A名義の委任状を偽造し、Cを代理人に選任することによってCに無権代理行為をなさしめたのであるが、後にBがAを相続したことにより無権代理行為の効果が問題とされる場合には、BとCを同視してよいと考える。併存貫徹説の立場では、本人の地位と無権代理人の地位とは相続によって融合帰一しないから、Bは本人の地位を主張して追認を拒絶できるが、相手方Yが善意・無過失のときには、一一七条によりBは履行又は損害賠償責任を負わなければならない。本件の場合、Bの破産管財人XはBの追認拒絶権を代位行使できるが、YがBに対して一一七条の履行請求を選択した場合には、Yの悪意を立証することによって不動産の取戻しを請求することになる。このように解することによって、無権代理行為の相手方と無権代理人の破産管財人との間の衡平も図られよう。(9)

(3)　(i)　**【3】大判昭和一三年一一月一六日民集一七巻二二一六頁**は、いわゆる無権代理人が相続後、無権代理行為の無効を主張したという事案ではない。AはYの連帯保証の下にCに対して、大正一一年中に各々一〇〇〇円の金員（合計二〇〇〇円）を貸付けていたが、昭和一〇年五月一八日に死亡したので、Aの嫡孫でありAの法定推定家督相続人であったB（当時未成年者）が、その家督を相続すると同時にその債権も相続した。ところで、Aはその生前中、将来Bを廃嫡してX（Bの父の実弟）を自己の家督相続人とする意図の下に、XとBの母を婚姻させていた（すなわち、Bの叔父であったXは、Bの母との婚姻によりBの継父となった）。このような事情があったので、昭和一〇年五月二四日Aの遺志を尊重しようとする親族協議の結果により、XはBの法定代理人としての資格において、二〇〇〇円の金銭債権を含む相続財産全部を自己に対して贈与した。この金銭債権の贈与については、Xが同月末主債務者Cに通知し、その承諾を得ている。昭和一一年八月一二日BはXをその家督相続人に指定し隠居した結果、Xがその家督を相続した。そこでXは主債務者Cが弁済しないので、連帯保証人であるYに貸金の請求をしたのが本件である。一審・二審ともX勝訴。

大審院は、Bの法定代理人であったXが、未成年者Bを代理して本件債権の贈与を受けた行為は、利益相反行為であり法律上無権代理行為と解される旨判示した上で、「後日右未成年者Bの隠居ニ因リ自ラ其ノ家督相続ヲ為シ右無権代理行為ノ追認権ヲモ承継シタル結果右贈与行為ヲ以テ結局有効ニ帰シタルモノト判断シタルモノナレハ被上告人Xカ右贈与ニ因リ有効ニ本件債権ヲ取得シタル趣旨ナルコト原判文上明白ナリトス」と判示して、Yの上告を棄却した。

(ii)　判例【3】の判批として、杉之原舜一・民商九巻五号一〇二二頁がある。杉之原判批は、無権代理人が本人を相続した場合に、その無権代理行為は原則として追認をまたずに有効になるとすることは、取引の実際からみて極めて妥当な結果であり、その意味において従来の判例及び本判決は正当であると評価できるが、本判旨が無権代理人が相続により本人の追認権を承継したという理由で、本件無権代理行為は当然有効になると判断しているようであるのは疑問であると評する。何故なら、「無権代理行為を追認するや否やは本人の自由であるから（民一一三条一項参照）、かかる本人の追認権を相続により承継した無権代理人も亦その追認権を行使するや否やは自由であるともいえるのであるから、追認権の承継ということだけで直ちに無権代理行為が当然有効となるというのは少くともその説明に於て不十分といわねばならぬ」（杉之原・前掲一〇二七頁）からである。

そして、杉之原判批は、追完説（判例【2】であげた於保説による追完説）が人格承継説に対してなした批判はまことに正当であるとしながらも、追完説が、「無権代理人が本人を相続することによりその無権代理行為が追認を要せずして確定的に有効とされるのは、理論的には相続によるのではなく、相続によって例えば本件の如く無権代理行為の目的たる物又は権利に対し処分権を取得するためであるとすることには疑いが存する」（杉之原・前掲一〇二九頁）と、追完説を批判する。すなわち、追完説の立場に立てば、「例えば甲の相続人乙が代理権なくして甲所有の或不動産を丙に譲渡した場合、後日甲が乙に対して当該不動産を贈与するならば、乙はその無権代理行為の目的たる右不動産の処分権を取得するのであるから、右無権代理行為は本人甲の追認をまたず当然有効と確定され、本人甲はその追認なきにかかわらず右乙の無権代理行為の効果を帰属せしめられるという不当な結果を生ずる」（杉之原・前掲一〇二九、一〇三〇頁）からである。

このように追完説を批判する杉之原説は、追認をまたず無権代理行為は追完され当然に有効と確定される根拠を、無権代理人のその行為に対する完全なる追認権の取得によるものと解し、「無権代理人が本人を相続しその追認権を承継取得しその行為を追認し確定的に有効ならしむることを得る地位にある場合、その追認権を行使するや否やは権利者たる無権代理人の任意であり、無権代理人はその行為を拒絶し得るとするならば、形式的概念的にはともかく、実質的には無権代理人をして自己が欲してなしたる法律行為の効力の発生を自ら阻止し得ることを認めることとなり、私的自治の精神に反し信義則にもとるところ大なるものがある」（杉之原・前掲一〇三一頁）と説明する（信義則説）。もっとも信義則説の立場でも、無権代理人が無能力者である場合、遺言執行者の任命がある場合、無権代理人が共同相続人の一人である場合など、自ら単独であるいは有効に追認権を行使できない場合は除かれる。杉之原判批による信義則説は、無権代理人が相続によりその行為に対する完全な追認権を取得したときは、私的自治の精神ないし信義則により追認を拒絶できないから、その無権代理行為は相続により追認をまたず当然有効に確定されると説き、本判旨もそのような趣旨に理解してこそ、従前の判例より理論的説明において数歩前進していると評する。

(iii)　判例【3】において、大審院は、Bの法定代理人であったXが、未成年者Bを代理して本件債権の贈与を受けた行為は、利益相反行為であるとしているが、これは利益相反行為というよりは、民法一〇八条の自己契約である。通説・判例では、一〇八条に違反する行為は、全然無効なのではなく無権代理行為であり、本人の追認により完全な代理行為とすることができると解されている。[10] そして、後にBが隠居し、Xがその家督を相続することによって、確かに本人の地位と無権代理人の地位は、同一人であるXに帰属している。しかし、Xが本人の地位に基づいて追認する、あるいは追認を拒絶するといっても、無権代理行為である贈与の相手方は相続人Xであるから、Xがする追認、あるいは追認拒絶の相手方もX自身である。したがって、双方代理の場合は別としても、一〇八条違反の自己契約において、相続によって代理人が本人の地位を承継したなら、その自己契約は有効になると解すべきであろう。大審院が、「後日右未成年者Bの隠居ニ因リ自ラ其ノ家督相続ヲ為シ右無権代理行為ノ追認権ヲモ承継シタル結果右贈与行為ヲ以テ結局有効ニ帰シタルモノト判断シタルモノナレハ被上告人Xカ右贈与ニ因リ有効ニ本件債権ヲ取得シタル趣旨ナルコト原判文上明白ナリトス」と判示して、Yの上告を棄却したのも、その趣旨であると理解できる（Yの上告を棄却した結論も妥当である）。いわゆる無権代理と相続の問題は、無権代理人相続型の場合、無権代理人は相続によって承継した本人の地位に基づいて、相手方に対して追認拒絶できるか否かが問われているのであるから、判例【3】は、いわゆる無権代理と相続の問題として取り上げられるべき事案類型ではないと思われる。

(iv)　筆者は後に詳述するように「信義則説」を採らないが、杉之原説は、無権代理人が相続によりその行為に対する完全な追認権を取得したときは、私的自治の精神ないし信義則により追認を拒絶できないから、その無権代理行為は相続により追認をまたず当然有効に確定されると説く信義則説であり、その立場から判例【3】の判旨を評価する。したがって、後の信義則説、すなわち本人の地位と無権代理人の地位との併存を認めつつ、無権代理人相続型の場合には、自ら無権代理行為をした者が本人の地位で追認を拒絶することは、信義則に反して許されないと説く見解とは異なる。もっとも、本件のXの無権代理行為は一〇八条違反の自己契約によるものであったという特殊性がある他、Xは自らなした無権代理行為に基づき、連帯保証人Yに弁済の請求をしているのであるから、矛盾的な容態は存在しない。信義則を論じる余地のない事案である。なお、杉之原説が、追完説の立場に立てば、「例えば甲の相続人乙が代理権なくして甲所有の或不動産を丙に譲渡した場合、後日甲が乙に対して当該不動産を贈与するならば、乙はその無権代理行為の目的たる右不動産の処分権を取得するのであるから、右無権代理行為は本人甲の追認をまたず当然有効と確定され、本人甲はその追認なきにかかわらず右乙の無権代理行為の効果を帰属せしめられるという不当な結果を生ずる」（杉之原・前掲一〇二九頁、一〇三〇頁）として、追完説を批判している点は妥当

であると考える。(11)

(4)　(i)　【4】大判昭和一七年二月二五日民集二一巻一六四頁は、Aの相続財産管理人であるBがAの所有不動産について、Y_3・Y_4となした裁判上の和解が無権代理行為であると判断され、Bの死後Bの家督を相続しBの無権代理人としての責任を承継することになったXが、隠居後今度はAの家督を相続し本人としての地位に就くことになったという事案であるから、二重相続型である。しかし、大審院が「本人と同一の法理」に続けて、無権代理人の責任を負う者が本人の地位に就いたからといって、追認を拒絶することは信義則上許されない旨を、はじめて判示しているので、無権代理人（単独）相続型のところで考察することとする。

Aは、昭和三年一月二九日に死亡し、親族会は昭和三年三月二五日Aの戸籍上の妻であるY_1を家督相続人に選定した。これに対してAの次兄BはY_1に対して婚姻無効確定判決を得ている。また、Aのもう一人の兄Xは、これとは別に親族会決議に対する不服の訴えを提起し、Y_1がAの家督相続人として戸主権を行使することを停止し、Bをしてこれを代行せしめAの相続財産を管理せしむべしとの仮処分決定を申請し、昭和三年五月二三日その旨の仮処分決定を得た。ところが、B（Aの相続財産管理人）が昭和七年一〇月三日に死亡し、Bの選定相続人であるXがBの家督を相続した。その後、昭和八年三月一日Xは親族会の選定によりAの家督相続人になったので、昭和八年三月九日B家を隠居、Xは昭和九年三月二八日Y_1に対する家督相続回復の訴に勝訴の判決を得これが確定したので、同年五月二五日その旨の届出をしてAの家督を相続した。

ところで、Aには不動産があったが、Y_1はAの家督相続人に選定されたのを奇貨として、これらの不動産をY_2に移転し、あるいはY_2のためにY_3・Y_4に抵当権を設定し、Y_3・Y_4がこれを競落するに至った。そこで、BはAの相続財産管理人として、昭和六年一〇月一五日Aの家督相続人たるべき者のために訴を提起し、Y_1に対しては家督相続による所有権取得登記・所有権保存登記の抹消、Y_2・Y_3・Y_4に対しては所有権取得登記の抹消をそれぞれ請求し、Bの家督を相続したXが昭和八年一二月一二日Bの訴訟を承継したのが本件である。Y_3・Y_4は抗弁して、Y_3・Y_4及びBの示談交渉の結果、昭和七年五月七日Bは両名が競落によって所有権を取得したことを認め、その代償として両名より金八〇〇〇円をBに交付する旨の裁判上の和解が成立し、両名において同金額をBに支払ったと主張した。

原審は、Y_3・Y_4主張の右事実を認め、BにはAの相続財産を処分する権限はないから、BがY_3・Y_4となした和解はBの無権代理行為であるが、XはBの家督を相続した後隠居しAの家督を相続したのであるから、XはBの無権代理行為の本人たる地位に就いたものと判断され、XはY_3・Y_4に対してBの無権代理を主張できないとして、Y_3・Y_4に対するXの請求を棄却した。

Xは上告して、原審の右の判断は昭和二年三月二二日の大審院判決（判例【1】）と同様の考察によるものであるが、無権代理人が本人を相続した場合は、あたかも追認があったと同様に考察しようとする判例【1】の趣旨は、純法理論の導く不当な結果を排除しようとする倫理的性質を多分に包含するものであり、本件のように、無権代理人Bの家督を相続しその地位を承継する一方、偶然的に本人Aの家督相続人に選定され本人の地位に就くことになったXには、何ら倫理的に非難されるべき理由がないから、原審の判断は不当であると主張した。

大審院は、「無権代理行為ヲ為シタル者ノ家督相続人カ隠居シタル後更ニ他家ノ家督相続ヲ為シテ本人ノ地位ニ就キタル場合ニ於テハ別段ノ事情ナキ限リ本人自ラ法律行為ヲ為シタルト同様其ノ行為ノ効果ノ自己ニ帰属スルヲ回避シ得サルコト彼ノ無権代理人カ自ラ本人ノ相続ヲ為シ其ノ地位ヲ承継シタル場合ト何等択フトコロナキモノト解スルヲ相当トス蓋シ無権代理人ハ其ノ為シタル代理行為カ本人ニ依リ追認セラレサル限リ原則トシテ相手方ニ対シ損害賠償其ノ他ノ債務ヲ負担スヘク此ノ債務ハ無権代理人ニ付家督相続開始セラルルトキハ其ノ相続人ニ依リテ承継セラレ相続人カ其ノ後隠居ヲ為シテ他家ニ入ルコトアルモ依然之カ履行ノ責ヲ免レ得サルハ民法第九八九条第一項ノ規定ニ照シ疑ヲ容レサルトコロナルヲ以テ斯ル債務ヲ負担セル者カ本人ノ地位ニ就キタル場合ニ於テハ寧ロ相手方ニ対シ無権代理行為ノ追認ヲ為スヘキコソ相当ナレ今更追認ヲ拒絶シテ代理行為ノ効果ノ自己ニ帰属スルコトヲ回避セムトスルカ如キハ信義則上許サルヘキニ非サレハナリ」と判示して、Xの上告を棄却した。

(ii)　本件のXは、上告理由において、無権代理人が本人を相続した場合、その無権代理行為は当然有効になるとする判例【1】の趣旨は、法理論の導く不当な結果を排除しようとする倫理的意味をもつもので、本件のように偶然に無権代理人と本人の両者の地位を相続した場合には、相続人には倫理的に非難されるところがないから、判例【1】の適用されるところでないと主張している。それに対して大審院は、本件のような場合も、無権代理人が自ら本人を相続した場合と異ならないと判断している。その理由は、相続により無権代理人の責任を承継した者は、隠居して他家に入っても依然その責任を負担するのであり、それが他家に入ったというのではなく本人の地位に就いたというのであるから、むしろ相手方に対して無権代理行為の追認をすることこそが相当なのであって、今更追認を拒絶して代理行為の効果が自己に帰属することを回避しようとするのは信義則上許されない、というのである。大審院は、無権代理人を家督相続した者が、さらに本人を家督相続した場合にも、判例【1】の「本人と同一の法理」を貫こうとしており、判旨が信義則に言及しているのは、Xの上告理由に対応したものと思われる。ここで大審院は、「自ら無権代理行為をした者が、本人として追認を拒絶するのは信義則に反する」といっているのではなく、「無権代理行為の責任を相手方に対して負う者が、本人の地位に就くことによって追認できるのに追認を拒絶するのは信義則に反する」と解している。

ところで、本件のXは、無権代理行為の相手方Y_3・Y_4に対して、無権代理人の責任を負担しているのであろうか。

Bは、Aの相続財産管理人である。相続財産管理人は、不在者の財産管理人と同じく一〇三条の範囲を越える行為をする権限を有しないから、処分行為はできない。BがY_3・Y_4となした行為は、「Bは両名が競落によって所有権を取得したことを認め、その代償として両名より金八〇〇〇円をBに交付する旨の裁判上の和解」であり、これは相続財産の処分行為であるから無権代理行為である。しかし、相続財産管理人の権限の範囲は法定されているから、Y_3・Y_4が仮にそれについて不知であったとしても、Bの代理権の不存在について無過失であるといえるかは疑問である。もっとも、この和解は裁判上の和解であり、裁判官の関与の下になされているから、Y_3・Y_4に過失ありというのは酷のようにも思える。また、大審院は、XがBの無権代理行為の責任を家督相続によって承継していることを前提として判示している。そこで疑問はあるが、Y_3・Y_4はBの代理権の不存在について無過失であり、XはBの無権代理人の責任を相続によって承継していると仮に仮定して論ずることとする。

併存貫徹説の立場では、Xは本人としての地位に基づいて追認拒絶できるが、無権代理人としての地位に基づいて、善意・無過失のY_3・Y_4に対して一一七条の無権代理責任を負う。本件のY_3・Y_4がXに対して履行請求を選択した場合には、その内容は、「裁判上の和解の効力を認めよ」ということになるであろう。したがって、Xは本人として追認を拒絶したとしても、無権代理人の責任を負わなければならないから、結局、Xの上告は棄却されざるを得ない。信義則を論じる余地のない事案である。

(iii)　判例【4】の判批として、四宮和夫・判民昭和一七年度一二事件四二頁がある。判例【4】は、すでに検討してきたように、二重相続型の事案である点が判例【1】【2】【3】とは異なるし、また、信義則を論じる余地のない事案でもあった。しかし、四宮判批は、「通常の場合と同様に論じて差支ないことは、まさに判旨のいうとおりであり、この点は本判旨にとってあまり重要ではない。注目すべきことは、判旨がかかる場合に代理行為が有効となる根拠として、従来の判例理論に従うことなく、『信義則』を採用したという事実である」（四宮・前掲四四頁）と評する。四宮判批は、判例【1】の判旨を、「本人カ自ラ法律行為ヲ為シタルト同様ノ法律上ノ地位ヲ生シタルモノ」という第一の根拠と、「権利ヲ処分シタル者カ実際其ノ目的タル権利ヲ有セサル場合ト雖其ノ後相続其ノ他ニ因リ該処分ニ係ル権利ヲ取得シ処分者タル地位ト権利者タル地位トカ同一人ニ帰スルニ至リタル場合ニ於テ該処分行為カ完全ナル効力ヲ生スルモノト認メサルヘカラサルト同様ナリ」という第二の根拠、「無権代理人カ本人ヲ相続シタル場合ト雖同人ハ其ノ本人タル資格ニ基キ追認ヲ拒絶シ得ヘク従テ又無権代理人タル資格ニ於テ損害賠償ノ責ニ任スルコトヲ得ヘシト謂フカ如キハ徒ニ相手方ヲ不利益ナル地位ニ陥ルル結果ヲ生スル」という第三の根拠に分類し、人格承継説は第一の根拠、追完説は第二の根拠、信義則説は第三の根拠にそれぞれ対応するもので、判例【4】の判旨も、この第三の信義則説に従うものであるとする。

しかし、信義則説の根拠からだけでは、追認拒絶を禁止できても、無権代理行為が相続と同時に当然有効になるという結論を導きだせない。そこで、四宮判批は、「無権代理人が本人を相続して本人たる資格と無権代理人たる資格とが同一人格に融合したとすれば（相続によって「人格の承継」を生ずると説くまでもなくただ当該代理行為において、無権代理人が本人たる資格を承継し、そこに本人たる資格と無権代理人たる資格とが同一人格に融合すると考えれば足りるのである）本人と代理人とはもはや他人ではなく、したがって『代理権』の媒介を必要とせずして理論上当然に法律行為の効果がその人格に帰属することに確定し、通常の――自己のためになされた――法律行為となると考えられる」（四宮・前掲四六頁）と主張する（資格融合説）。この資格融合説は、一種の追完を説くものであるが、第二の根拠より第一の根拠に該当する。ただし、人格承継説とは異なって、無権代理人が無能力者である場合、遺言執行者のある場合、無権代理人が共同相続人の一人である場合などは、資格融合説というのは、「相続の開始と同時に当然確定的に無権代理行為が通常の法律行為になるというにとどまり、やはり管理権（処分権を含む）の制限せられた範囲内では当該行為の効果の帰属が排斥せられるのであるから、不当の結果を生じる虞れは存しないのである。」（四宮・前掲四七頁）と説く。

四宮説のいうように、仮に信義則により追認拒絶を禁止したとしても、無権代理行為が相続により当然有効になるという結論までは、信義則説からは導きだせないはずである。そこで四宮説は、無権代理行為が相続により当然有効になるという結論を根拠づけるため、「資格融合説」を提唱する。この説は、人格承継説をベースにしながら、人格承継説に対する批判、すなわち、無権代理人が無能力者である場合、遺言執行者がいる場合、無権代理人が共同相続人の一人である場合などは、無権代理行為が相続により当然有効になるというのは不当だという批判を避けるため、人格承継説に於保説による追完説を加味しようとするものであるが、その主張せんとする内容は不明確である（四宮教授は後に改説されている）。

(5) (i) 無権代理人が本人を相続した場合の無権代理行為の効果が、はじめて最高裁で争われたのが、**【5】最判昭和四〇年六月一八日民集一九巻四号九八六頁**である。Xは昭和三三年五月頃父であるAに無断でAの印鑑を使用し、A所有の本件土地を担保に差入れてA名義で他から金融を得た。その後同年八月頃、Xは右の金融の仲介をしたBにすすめられて、右債務の借替えをするつもりで、書面の内容もよく確かめぬままに、再びAの印鑑を無断で使用して、本件土地の売渡証書にAの記名押印をし、Aに無断でA名義の委任状を作成してAの印鑑証明書の交付を受け、これらの書類を一括してBに交付した。ところが、Bは右の書類を使用して、同年八月八日本件土地をY_1に対し代金二四万五〇〇〇円で売渡す旨の契約を結び、同年同月一一日にY_1に所有権移転登記をした。Y_1は即日Cに売買による所有権移転の仮登記をしたが、不安を覚えたCより同日契約が解除され仮登記が抹消されると、同月一三日Y_2に本件土地を売渡し所有権移転登記を経由した。

ところで、昭和三五年三月一九日Aが死亡し、Aの妻とXを含むAの子八人が相続人となったが、X以外の全員が相続を放棄し、XがAを単独相続する形となった。そこで、XからY_1・Y_2に対して、所有権移転登記の抹消を請求した。一審・二審ともX敗訴。Xは上告して、①原審は、無権代理人が本人を相続して、本人と代理人の資格が同一に帰したときは、自ら法律行為をなしたのと同一の法律上の地位を生じる旨判示するが、仮にそうであるとしても、それはXの本来の相続分である一二分の一についてだけで、他の相続人が放棄した一二分の一一については及ばないこと、②XはY_1・Y_2に対して移転登記をしない旨申し入れていたのであるから、Y_1・Y_2においてBをAの代理人と信ずべき正当の理由はないことを主張した。

最高裁は、「無権代理人が本人を相続し本人と代理人との資格が同一人に帰するにいたった場合においては、本人が自ら法律行為をしたのと同様な法律上の地位を生じたものと解するのが相当であり（大判・大正一五年（オ）一〇七三号昭和二年三月二二日判決、民集六巻一〇六頁参照）、この理は、無権代理人が本人の共同相続人の一人であって他の相続人の相続放棄により単独で本人を相続した場合においても妥当すると解すべきである。したがって、原審が、右と同趣旨の見解に立ち、前記認定の事実によれば、上告人XはBに対する前記の金融依頼が亡Aの授権に基づかないことを主張することは許されず、Bは右の範囲内においてAを代理する権限を付与されていたものと解すべき旨判断したのは正当である。そして原審は、原判示の事実関係のもとにおいては、Bが右授与された代理権の範囲をこえて本件土地を被上告人Y_1に売り渡すに際し、同被上告人においてBに右土地売渡につき代理権ありと信ずべき正当の事由が存する旨判断し、結局、上告人が同被上告人に対し右売買の効力を争い得ない旨判断したのは正当である」と判示して、Xの上告を棄却した。

(ii)　判例【5】は、無権限のXが父Aの代理人として、Bに対してA所有の土地を担保に他から金融を受けることを依頼したところ、Bはその土地をY_1に売却し（Y_1はさらにY_2に売却それぞれ移転登記を経由）、後にA死亡後、他の共同相続人全員の相続放棄によりAを単独相続するにいたったXが、Y_1・Y_2に対して所有権移転登記の抹消を求めたという事案である。無権代理人が本人を相続した場合の無権代理行為の効果が、はじめて最高裁で問題となったが、最高裁は判例【1】の判旨を引用し、「無権代理人が本人を相続し本人と代理人との資格が同一人に帰するにいたった場合においては、本人が自ら法律行為をしたのと同様な法律上の地位を生じたものと解するのが相当であり（大判・大正一五年（オ）一〇七三号昭和二年三月二二日判決、民集六巻一〇六頁参照）、この理は、無権代理人が本人の共同相続人の一人であって他の相続人の相続放棄により単独で本人を相続した場合においても妥当すると解すべきである。」と判示した上で、右の判断の結果、BはAの土地を担保にして他から金融を受けることを依頼されていた範囲内では、Aを代理する権限を付与されていたと解した。ところが、Bは授与されたと判断された代理権の範囲を越えて、その土地をY_1に売却してしまったので、民法一一〇条の正当理由の成否が争われ、これも肯定されたという点に特徴がある。

(iii)　判例【5】に先行する**最判昭和三七年四月二〇日民集一六巻四号九五五頁**（判例【6】）は、本人が無権代理人を相続した事案ではあるが、最高裁は、「無権代理人が本人を相続した場合においては、自らした無権代理行為につき本人の資格において追認を拒絶する余地を認めるのは信義則に反するから、右無権代理行為は相続と共に当然有効となると解するのが相当であるけれども、本人が無権代理人を相続した場合は、これと同様に論ずることはできない」と判示していた。そこで、無権代理人が本人を相続した場合でも、以後の判例は従来の判例【1】の理由づけである「本人と同一の法理」を棄て、信義則により無権代理人の追認拒絶権を否定するのではないかと推測されていた（谷口友平「判例【6】判批」民商四七巻六号九六七頁、平井宜雄・法協八三巻二号二七六頁）ところから、判例【1】の判旨を引用した本件判旨には批判が多い（岡本坦・家族法判例百選（第三版）一八三頁、中川淳・民商五四巻二号一八〇頁など）[12]。平井・前掲二七七頁は、判例【1】の理由づけが妥当するのは、本件のように相続放棄によって単独で相続がなされた場合に限る、と本判決は解しているのであり、将来の判例が判例【6】の示唆する「信義則」による理由づけを採ることもまた十分予測できるとしている。

本件最高裁判旨を批判する見解に共通しているのは、無権代理人が本人を相続した場合その無権代理行為が当然有効になると解すると、共同相続が原則である今日では、他の共同相続人の追認・追認拒絶権の行使の自由を奪うことになるし、相手方の保護のためには無権代理人の追認拒絶権を信義則上否定するだけで十分であり、無権代理行為が当然有効ということになれば相手方の取消権も否定される結果になって不当であるという認識である。右のような認識に基づいて、本件最高裁判旨を批判する学説は、無権代理人が本人を相続しても、当該無権代理行為は当然には有効にも無効にもならず、無権代理の本人の地位が、無権代理人を含む共同相続人全員に承継されると解する。つまり本件の事案で他の共同相続人（これを仮にX_1・X_2とする）が相続放棄をしなかったとすると、X・X_1・X_2は相続によってAの追認権・追認拒絶権を相続する。自ら無権代理行為をしたXが追認拒絶をすることは信義則に反するから、Xは追認を拒絶できない。しかし、X_1・X_2はXの無権代理行為とは無関係であるから、X_1・X_2は追認することも、追認を拒絶することも自由である。そこで、X_1・X_2が共に追認すれば、Xの無権代理行為は有効になる。しかし、X_1・X_2のいずれか一方でも追認を拒絶すれば、Xの無権代理行為は無効となり、Xは善意・無過失の相手方に対して一一七条の無権代理人の責任を負う。また、相手方は、X・X_1・X_2全員の追認があるまでは、取消権を有するということになる（中川・前掲一八〇頁、平井・前掲二七九頁）。これらは、本人の地位と無権代理人の地位との併存を認めつつ、無権代理人相続型の場合には、自ら無権代理行為をした者が本人の地位で追認を拒絶することは、信義則に反して許されないと説く「信義則説」である。筆者は、この意味における信義則説も採らないことは、後に詳述する。

(iv)　本件のXは、Bにすすめられて、父Aに無断でA所有の土地を担保にA名義の債務の借替えをするつもりで、必要種類を一括してBに交付した。ところが、Xがその内容もよく確かめぬままA名義の記名押印をした書類の中には、本件土地の売渡証書が含まれており、Bはそれらの書類を使用して、Aを代理して本件土地をY_1に売却したのである。したがって、本件無権代理行為をした代理人はBであり、XはAに無断で、本件土地を担保に債務の借替えをする代理権をBに授与したのであるから、BはAに無断でXによって選任された復代理人とみることもできないわけではない。また、XはA所有の土地を担保にA名義の債務の借替えをするつもりで、Bを代理人に選任する意思であったところ、売渡証書に記名押印させられているから、法律行為の種類について意思欠缺があり、Xによる復代理人の選任には錯誤があったとみれなくもない。しかし、そもそもXは、本件土地を担保にA名義の債務の借替えをするについての代理権をAから全く授与されていないのであるから、疑問はあるが、本件無権代理行為について、XとBを同視して考えることとする。

そこで、併存貫徹説の立場では、Xは本人としての地位に基づいて追認拒絶できるが、Y_1が善意・無過失のときには、一一七条により履行又は損害賠償責任を負わなければならない。Y_1が一一七条の善意・無過失であったかどうかについては認定されていないが、本件無権代理行為を誘導したのはBであった。BがXに本件土地を担保にA名義の債務の借替えをする話を持ちかけ、BはXから必要書類の交付を受けるやいなや本件土地をY_1に売却し、Y_1はさらに即日Cに転売している。しかし、不安を覚えたCが同日Y_1との売買契約を解除すると、Y_1はその二日後Y_2

に本件土地を転売した。このような認定事実を考慮すると、Y_1は本件無権代理行為の事情を察しており、代理権の不存在について少なくとも過失があったのではないかと思われる。Y_1に過失があったなら、XはY_1に対して無権代理人の責任を負わないから、XのY_1・Y_2に対する所有権移転登記の抹消請求は認められてよいことになる。その意味で、本件の最高裁判決は、結論においても疑問が残る。

(v)　本件では、他の共同相続人が相続放棄をした結果、XがAを単独相続することとなり、そのためか最高裁も当然有効説の立場を維持した。筆者は、人格承継説、追完説、信義則説、そのいずれも当然有効説を根拠づけるものではないと考えている。また、当然有効説を採れば、共同相続が原則の今日では、他の共同相続人の追認権・追認拒絶権行使の自由を奪ってしまうことになる。無権代理行為の相手方にしても、当然有効ということになれば、取消権を否定される。代理権の不存在について悪意の相手方は、無権代理人に対してさえ責任追及できないのに、当然有効説の下では、相続という偶然の事情により不当に利されることになる点も問題である。この当然有効説は、無権代理人が本人を他の相続人とともに共同相続した場合における、無権代理人の相続分に相当する部分についての無権代理行為の効果が問題とされた、**最判平成五年一月二一日民集四七巻一号二六五頁**（判例【10】）において、ようやく棄てさられることとなる。

さて、最高裁は、当然有効説を採り、BはAの土地を担保にして他から金融を受けることを依頼されていた範囲内では、Aを代理する権限を付与されていたと解した上で、その範囲を越えて本件土地をY_1に売却した行為について、民法一一〇条の正当理由を肯定している。原審及び最高裁が正当理由を肯定するに際して認定した事実は、BがAの記名押印のある本件土地の売渡証書、A名義の委任状、Aの印鑑証明書を所持していたという事実のみである。しかも、これらはXがAの印鑑を盗用して作成しBに交付したものであった。

併存貫徹説の立場では、本件の事案で一一〇条の成否が問題とされることはないが、仮に一一〇条の正当理由の成否が問題とされると仮定しても、これだけの事実で、正当理由を肯定したのは、いかにも杜撰である。筆者は、一一〇条の「正当理由」の内容は、「本人に代理権の有無・範囲について問い合せをすることが全く不要と感じさせるほどの客観的事情があり」それゆえに「代理権の存在を信じた」ことであると定式化できると提言している。具体的には、「相手方がこれまで代理人を通して本人と同種同量の取引をしてきたが、いずれもこれらの取引は本人によって承認され、つつがなく履行されてきた場合」や「これに準じるような本人の認容的言動がある場合」であり、いずれにせよ、当該取引についての、本人から代理人への代理権の授与に相当すると判断できるような、本人の行為がなければ、正当理由は成立しないと考えている（高森八四郎＝高森哉子『表見代理理論の再構成』三三五頁以下　一九九〇年一一月、拙稿「表見代理理論の新展開」関西大学法学論集五三巻四・五合併号四三九頁以下　二〇〇四年二月）。したがって、筆者の立場では、本件において仮に一一〇条の正当理由の成否が問題とされるとしても、これだけの事実で、正当理由は成立しない。

また、一一〇条の正当理由の成否が問題とされた場合の判例の立場からみても、本件の事案で、正当理由の成立を認めてよいかどうかは疑問である。判例は、①実印（ないし白紙委任状）の所持があれば、それは原則として正当理由を成立させる客観的事情であるとしながらも、②「疑念を生ぜしめるに足りる事情」があるときは、③本人に代理権の有無・範囲について問い合わせるべきであったとし、この調査確認義務を媒介項として、それを怠った相手方の過失を認定し、多くの場合、正当理由を否定しているからである（最判昭和四二年一一月三〇日民集二一巻九号二四九七頁、最判昭和四五年一二月一五日民集二四巻一三号二〇八一頁、最判昭和五一年六月二五日民集三〇巻六号六六五頁、最判昭和五三年五月二五日判時八九六号二九頁など多数）。本件の場合は、前述したように、Y_1は無権代理行為の事情を察していたらしく思われるから、判例の立場を採るにしても、正当理由の成立を否定すべきであったと考える。

(二) 本人相続型

(1) (i) 大審院時代、無権代理と相続が問題となった判例は、すべて無権代理人が本人を家督相続したという事案であったが（但し、判例【4】は無権代理人を家督相続した後隠居して本人を家督相続したという二重相続の事案）、【6】**最判昭和三七年四月二〇日民集一六巻四号九五五頁**において初めて本人が無権代理人を相続（但し家督相続）した場合の、その無権代理行為の効果が問題とされた（なおこの判例【6】は、無権代理人単独相続型の判例【5】に、時期としては先行する判例である）。

Yの父Aは昭和一三年一二月二六日自己の借財整理のため、自己所有の本件家屋の敷地をXの先代に売渡した際、Yを代理する権限がないにもかかわらずYの代理人としてY所有の本件家屋をも同時に売渡した（Yは当時応召中）。その翌日X名義で右不動産の移転登記が行われたが、A夫婦はXからその家屋を賃借し、引続きその家屋に居住していた。昭和一五年一〇月一四日Aは死亡しYがその家督を相続したが、Aの死亡までの間に、YはAの無権代理行為の追認も追認拒絶もしていない。終戦後、XはYより本件家屋の階下部分の返還を受け、その家屋に接続したY所有の約一坪の建物を無償で使用する代わりに、Yは引続き階上部分を無償で使用することになった。

その後、X・Y間で、この相互の使用関係について紛争が生じ、昭和二二年三月一〇日YはXに対して、本件家屋はYの所有であり、Yの父Aが何らの権限なくこれをXに売渡したものであるとして、右家屋の所有権移転登記の抹消登記手続請求の訴を提起し、昭和二七年七月二五日Y勝訴の判決が確定した（これを前訴とする）。これにより、YよりXへの所有権移転登記は抹消され、改めてYが右家屋の所有者として登記された。

そこで今度は、XがYに対して、本件家屋の売買はAがXに対していわゆる第三者の物を売渡したもので、その債務は未だ履行されておらず、Aの死亡によってYが右債務を相続によって承継したので、Yは右債務を履行すべきところ、Yは本件家屋を所有し、その階上部分を占有していると主張して、占有部分の引渡しと所有権移転登記請求を求めて訴を提起した。これが本件である。Yは本訴につき、Xの請求棄却を求めるとともに、反訴を提起し、本件家屋の売買は、第三者の物の売買ではなく、Aの無権代理によるものであり、この点についてはすでに前訴においてY勝訴の判決が確定しているから、Xの本訴請求は既判力に抵触していると主張して、Xがいまなお占有している階下部分の明渡しを求めた。第一審は、Xの請求を全部棄却し、Yの反訴請求のうち階下部分の明渡しを認めた。Yが勝訴したわけである。

Xは控訴して、①第一審における本位的請求原因を撤回し新請求原因として、Aは一一七条所定の無権代理人として履行責任を負うべきで、Aを相続したYは、承継したAの債務を履行すべきだとし、②予備的な請求原因として、Aの無権代理によってなされた売買契約に対して、本人Yの追認も追認拒絶もないうちにAが死亡し、YがAを相続したのであるから、この相続とともに、売買契約は完全なものとなり、そのときにXは本件家屋の所有権を取得したと主張した。

原審は、「本人による追認の拒絶のないまま無権代理人が死亡し本人によって相続せられた場合には本人たる資格と無権代理人たる資格とが同一人に帰属するに至るわけであるから、このような場合には本人は一方では無権代理人たる資格で民法一一七条の責に任じ、他方では本人たる資格で追認を拒絶するという風に両方の資格を分離主張することは許されず、そしてこのことは無権代理人が本人を相続した場合と何等異らないものと解する。よって本件家屋の所有権は、A・X間の売買契約に基き相続開始と同時に、YからXへと移転したものというべきである」

と判示して、Xの一一七条に基づく請求（前記①）は棄却したが、予備的な請求原因である②に基づく請求を認めた。Y上告。

最高裁は、「原判決は、無権代理人が本人を相続した場合であると本人が無権代理人を相続した場合であるとを問わず、いやしくも無権代理人たる資格と本人たる資格とが同一人に帰属した以上、無権代理人として民法一一七条に基いて負うべき義務も本人として有する追認拒絶権も共に消滅し、無権代理行為の瑕疵は追完されるのであって、以後右無権代理行為は有効となると解するのが相当である旨判示する。

しかし、無権代理人が本人を相続した場合においては、自らした無権代理行為につき本人の資格において追認を拒絶する余地を認めるのは信義則に反するから、右無権代理行為は相続と共に当然有効となると解するのが相当であるけれども、本人が無権代理人を相続した場合は、これと同様に論ずることはできない。後者の場合においては、相続人たる本人が被相続人の無権代理行為の追認を拒絶しても、何ら信義に反するところはないから、被相続人の無権代理行為は一般に本人の相続により当然有効となるものではないと解するのが相当である。

しかるに、原審が、本人たる上告人Yにおいて無権代理人亡Aの家督を相続した以上、原判示無権代理行為はこのときから当然有効となり、本件不動産所有権は被上告人Xに移転したと速断し、これに基いて本訴および反訴につきY敗訴の判断を下したのは、法令の解釈を誤った結果審理不尽理由不備の違法におちいったものであって、論旨は結局理由があり、原判決中Y敗訴の部分は破棄を免れない」と判示して、本件を控訴審に差戻した。

(ii) 判例【6】は、Yの父Aが自己の債務の整理のため、Yに無断でYを代理して本件建物をXの先代に売却し（X名義で移転登記された）、Xからその家屋を賃借して引続き居住していたが、そのAの無権代理行為に対するYの追認も追認拒絶もないままAが死亡、Aを家督相続したYもその家屋の階上部分を使用していたところ、X・Y間でその家屋などの使用関係について紛争が生じ、YはAの無権代理を主張してXに対して、本件建物の所有権移転登記の抹消登記手続請求の訴を提起、Y勝訴の判決が確定したが（前訴、これによりXへの所有権移転登記は抹消され、Yが本件建物の所有者として登記された）、今度は、XがYに対して右家屋の占有部分の引渡しと所有権移転登記を求めたという事案である。

一審・二審において、YはXの本件請求は前訴の既判力に抵触する旨主張しているが、原審は、Xの所有権移転登記請求は前訴確定判決の既判力に抵触しないと判断した上で、(13) 本件のように本人が無権代理人を相続した場合も、無権代理人が本人を相続した場合と何ら異ならず、無権代理人たる資格と本人たる資格とが同一人に帰属した以上、相続と同時に無権代理行為の瑕疵は追完されて、その時以降無権代理行為は有効になる旨判示した。これに対して最高裁は、無権代理人が本人を相続した場合には、自らした無権代理行為につき本人の資格において追認を拒絶する余地を認めるのは信義則に反するから、無権代理行為は相続と共に当然有効となると解するのが相当であるけれども、本人が無権代理人を相続した場合には、相続人たる本人が被相続人の無権代理行為の追認を拒絶しても、何ら信義に反するところはないから、被相続人の無権代理行為は一般に本人の相続により当然有効となるものではないと判示したのである。

本件の判批として、川添利起・判民昭和三七年度四七事件一四三頁、鈴木禄弥・法学二八巻一号一三〇頁、谷口知平・民商四七巻六号九六〇頁、高野竹三郎・民法の判例（第一版）三六頁がある。右各判批は、「被相続人の無権代理行為は一般に本人の相続により当然有効となるものではない」とする判旨の理解の仕方について、見解の対立がある。

先ず一方の見解として、無権代理人において一一七条の責任を負うべき要件（相手方の善意・無過失など）がそなわっている場合には、相続により無権代理行為は当然有効となると解する見解である（川添・前掲一三二頁）。その根拠は、「原審で、Xは、①相続債務の履行を求める第一次請求と、②無権代理行為が相続の結果有効となったことを理由とする予備的請求とをした。原判決は、①を棄却し、これに対するXの上告はなかったのだから、この点に関する原判決は、すでに確定している。他方、原判決は、②を認容したが、最高裁は、Yの上告を入れて、『被相続人の無権代理行為は一般に本人の相続により当然有効となるものではない』として、原判決を破棄したのである。しかし、この最高裁判例は、本人が無権代理人を相続したことにより、無権代理行為が当然に有効になる場合もあることを、否定したわけではなく、『もし、Aが民法一一七条の責任を負うべき場合には、本人YがAを相続することにより、無権代理行為は有効になるから、Aが一一七条の責任を負うべき場合だったかを検討せよ』という趣旨に解すべきである。けだし、もしそうでなく、X勝訴の可能性を全面的に否定する立場に最高裁が立つとしたら、差戻をする余地はなく、破棄自判をすれば足りたはずだからである（同旨、川添後揭）」という点にある。(14)

他方の見解は、「本人が無権代理人を相続した場合にも、相手方が善意無過失だと本人として追認を拒絶しても、無権代理人としての責任を相手方に対して負わねばならぬのであり、相手方が悪意有過失の場合にその責を免れうるわけである。本判決の判示は、信義則に反せぬことを理由に本人としての追認拒絶を認め、相続による当然有効説を否定したが、これによって、当然有効となるものとして売却不動産所有権の相手方への移転を即断した原審を破棄したのであるから、当然無効というのではなく、相手方は善意無過失を主張して無権代理人の責任を問いうることを認めているものと思う」（谷口・前掲九六九頁、九七〇頁）と解する見解である。(15)

なお谷口判批は、本判旨が、「無権代理人が本人を相続したときは信義則上追認拒絶を認めず、したがって当然無権代理行為が有効となると解するように読まれるが、相手方が善意無過失で、行為の有効性を主張するときは、本人として追認を拒絶しえても無権代理人として責めを負うべく、ただ相手方の悪意の場合に、この責任がなく、追認を拒絶しうると解すべく、信義則により常に追認を拒否しえず当然有効となるとすることは疑問である」（谷口・前掲九六九頁）とする。何故なら、無権代理人が本人を相続した場合に当然に有効になるという解釈は、共同相続が原則である今日では、無権代理人が共同相続人の一人であった場合、他の共同相続人に不当に不利益を課する結果となるからである。追認するや否やは処分に関するから共同相続人全員の同意を要するべきであり、これを得られぬときは、無権代理行為をなした者が単独にその責任を問われればよい。「要するに、『地位の承継』が直ちに人格承継或は資格融合だとして、無権代理行為が相続によって本人が為したと同様に当然有効になるというのは論理の粗雑ないし飛躍の批判を免れない。『地位の承継』は無権代理関係より生ずる法律関係（一定の条件の下に生ずる形成権並びに、その行使の結果を認容すべき義務ともいえる）の承継であり、それ以上のものではないというべきである」（谷口・前掲九六九頁）。

谷口説の立場では、相続によって無権代理人の地位と本人の地位とが同一人に帰属した場合の、人格承継あるいは資格融合の理由に基づく当然有効説を排除する。そして本件のように本人が無権代理人を相続した場合には、本人は本人としての地位に基づき追認拒絶できるが（本人は自ら前に意思表示をしたわけでないので、追認拒絶することは信義に反しない）、無権代理人の法上の地位を承継した以上、相手方が善意・無過失の場合には無権代理人としての責任を負い、相手方が悪意の場合には無権代理人としての責任を免れる。これに対して、無権代理人が本人を相続した場合にも、相続人たる無権代理人は本人の追認拒絶権を承継しているが、「無権代理人が自らなした無権代理行為を、本人を相続してその処分目的財産を取得したに拘らず、本人より承継した追認拒絶権を行使するという矛盾した態度が信義則に反するゆえに、その行使が阻止される（一種のエストッペルの理論）ということによって、相手方が悪意、有過失の場合でも有効とすることが考えられるわけである」（谷口・前掲九六八頁）。但し、右のようにいうことは、無権代理人が共同相続人の一人である場合には、他の共同相続人に不当に不利益を課する結果となる。そこで、無権代理人が本人を単独相続した場合や、共同相続の場合でも相続放棄や遺産分割などの結果により無権代理人が処分目的財産を取得した場合は、無権代理人たる相続人は自らなした無権代理行為を信義則上追認拒絶できないので、その無権代理行為は有効となる。しかし、無権代理人が本人を他の相続人とともに共同相続した場合には、追認を拒絶できる（その無権代理行為は有効とはならない）が、追認を拒絶しても、善意・無過失の相手方に対しては無権代理人としての責任を負う、ということになる。

(iii)　本件のXは原審において、①相続債務の履行を求める第一次請求と、②無権代理行為が相続の結果有効となったことを理由とする予備的請求をしていたが、原判決は①を棄却、これに対してXは上告しなかったので、①に関する原判決は確定した。他方、②を認容した原判決を最高裁は破棄して、「被相続人の無権代理行為は一般に本人の相続により当然有効となるものではない」と判示したが、破棄自判せず、破棄差戻をしたところから、「被相続人の無権代理行為は一般に本人の相続により当然有効となるものではない」という最高裁判旨は、「もし、Aが民法一一七条の責任を負うべき場合には、本人YがAを相続することにより、無権代理行為は有効になるから、Aが一一七条の責任を負うべき場合だったかを検討せよ」という趣旨に解すべきであるとの主張がある（前掲・川添判批、鈴木判批）。また、このように解することが、訴訟理論には適うという意見（注15参照）もあるが、はたしてそうであろうか。

認定されている事実によれば、Aの生前中、YはAの無権代理行為の追認も追認拒絶もしていないが、終戦後、

Xは Yより本件家屋の階下部分の返還を受け、その家屋に接続したY所有の約一坪の建物をXが無償で使用する代わりに、Yは引続き階上部分を無償で使用することになった、とのことである。本件家屋の所有者はもともとYであったのだから、Yが本件家屋の階下部分をXに返還するにあたっては、Aの無権代理行為により右家屋がXに売却されたという事実をYは認識し、その上で、その家屋に接続したY所有の約一坪の建物をXが無償で使用する代わりに、Yは引続き階上部分を無償で使用することを合意したのではないかと思われる。すなわち、Aの無権代理行為について、Aの死後、Yは明示とまではいえなくとも黙示の追認をXに対してしていた、と判断できなくもないのである。もし、Yが追認拒絶をしないという行動をとっていたならば、後になって追認を拒絶するという矛盾した行動をとることは、信義則に反すると判断される余地がある。本件において、最高裁は、相続債務（無権代理人の地位に基づく履行債務）の履行が認められなかった点が既に確定していることを前提として、「相続人たる本人が被相続人の無権代理行為の追認を拒絶しても、何ら信義に反するところはないから、被相続人の無権代理行為は一般に本人の相続により当然有効となるものではないと解する」と判示し、破棄自判をせずに破棄差戻をした。確かに、川添判批、鈴木判批の指摘するように、「X勝訴の可能性を全面的に否定する立場に最高裁が立つとしたら、差戻をする余地はなく、破棄自判をすれば足りたはず」である。そうだとすれば、認定事実からして、Yがすでに黙示の追認をしていたと判断される余地もある本件においては、「相続人たる本人が被相続人の無権代理行為の追認を拒絶しても、何ら信義に反するところはない」といえるかどうかを明らかにするために、最高裁は破棄自判をせずに破棄差戻をしたのではないかと思われる。したがって、「被相続人の無権代理行為は一般に本人の相続により当然有効となるものでない」とは、「相続人たる本人が被相続人の無権代理行為の追認を拒絶することが、信義に反するような特段の事情があったかどうか検討せよ」という趣旨であろう。川添判批、鈴木判批のいうように、

「もし、Aが民法一一七条の責任を負うべき場合には、本人YがAを相続することにより、無権代理行為は有効になるから、Aが一一七条の責任を負うべき場合だったかを検討せよ」という趣旨に解するべきではないと考える。

(iv)　本件最高裁判旨や谷口説のように、無権代理人が本人を相続した場合においては、自ら行った無権代理行為につき本人の資格において追認を拒絶する余地を認めるのは信義則に反するが、本人が無権代理人を相続した場合は、相続人たる本人が被相続人の無権代理行為の追認を拒絶しても、何ら信義に反するところはないという見解に対しては、「常識的には、前の場合には、当の行為をした者自身が生きていて、その行為の効力を自ら否定するのであるから、信義に反する感じが後の場合より強いことは、たしかである。しかし、法的に問題にさるべき信義則は、このようなペルゼーンリッヒなものではなく、相手方と被相続人との間に存した信義則は、相続により、相続財産に附着して、相手方と相続人の間の信義則に移行する。相続により、相続人固有の義務も、被相続人から伝来した義務も、いまや等しく相続人の義務となっているのだから、本人が無権代理人を相続した場合と、無権代理人が本人を相続した場合とを区別し、まえの場合にだけ、追認拒絶ができる、とするのは、不当ではないかと、思う。もし、本人＝相続人が、無権代理の効果をうけることをあくまで欲しないなら、相続放棄をすべきであって、相続による利益のみを享受し、相続により生ずる不利益は免れようというのは、いささか身勝手というべきではないだろうか」（鈴木・前掲一三三頁、一三四頁）という指摘がある。この指摘は、筆者と同様の視点に立つものである。併存貫徹説の立場からする信義則説批判は、拙稿「無権代理と相続 ―併存貫徹説の立場から―」（『21世紀の民法』五四一頁以下）において述べたが、改めて後に詳述する。

併存貫徹説の立場では、本人たる地位と相続によって承継した無権代理人の地位とが併存するから、Yは本人たる地位に基づいて追認拒絶できる。もっとも本件では、前述したように、Yは、Aの死後、Aの無権代理行為について、明示とまではいえなくとも黙示の追認をXに対していた、と判断できなくもない。もし、Yが追認拒絶をしないという行動をとっていたならば、後になって追認を拒絶するという矛盾した行動をとることは、信義則に反して許されないであろう。筆者は、信義則説が、追認拒絶権行使の可否を判断するのに、事案の個別具体的事情を考慮せずに、「本人を相続した無権代理人が追認を拒絶するのは信義則に反する」として、信義則という一般条項を一般的基準として用いることを批判しているのであって、事案の個別具体的事情を考慮して信義則を適用することを何ら批判するものではない（しかし、信義則説の論者は事案の個別具体的事情を考慮した上で、この場合には追認を拒絶することは信義則に反する、という議論はしない）。

Yが追認を拒絶することが許されないような特段の事情がない場合（追認拒絶をしないという行動をとっていたとは判断できない場合）、Yは追認拒絶できるが、相続により承継した無権代理人の責任を負うから、Xの先代がAの代理権の不存在について善意・無過失であれば、YはXが請求している履行請求を免れない。しかし、本件は、Yが応召中に、Aが自己の借財整理のため、A所有の本件家屋の敷地をXの先代に売却すると同時に、Y所有の本件家屋も売却してしまったというのであるから、Xの先代はAの代理権の不存在について少なくとも過失があったのではないかとも思われる。

(2)　(i)　本人が無権代理人を他の相続人とともに共同相続した場合における無権代理人の責任の相続が問題とされたのが、**【7】最判昭和四八年七月三日民集二七巻七号七五一頁**である。Xは昭和三一年一一月一三日、Bに対して手形貸付の方法で合計金九九万円を、弁済期昭和三二年一月一一日、期限後の損害金日歩五銭と定めて貸付けた。同日、Bの妻の父Aは、実子Y_1の代理人であるとして、Xに対して右貸付に基づくBのXに対する債務について連帯保証をした。Bは右の弁済期を徒過したが、期限後一部は弁済し、一部はXのBに対する強制執行の結果、昭和三四年五月二九日の段階で債務額は、残元金七〇万七〇〇〇円と損害金を合わせて合計約九三万五六〇〇円となった。ところで、Aは右貸借の連帯保証につき、Y_1の代理権を有していたことを証明できず、Y_1の追認も得ることができないまま、昭和三四年四月二三日に死亡し、Y_1ら八人の子どもが各八分の一の割合でAを相続した。そこで、XがY_1ら八人に対し、右九三万五六〇〇円の八分の一ずつの金員と、残元金七〇万七〇〇〇円の八分の一ずつの金員に対する昭和三四年五月三〇日から各支払済までの日歩五銭の割合による金員の支払を求めたのが本件である。第一審X勝訴。

Y_1らは控訴して、①本件のように無権代理人の相続人に本人が含まれている場合は、単独相続と共同相続とを問わず、無権代理人の損害賠償債務は相続の対象とならないこと、②Xは銀行であって金銭貸借業務について精通し、業務に関連ある法規についても習熟しているはずであるから、金銭貸借について要求される注意義務は一般通常人に比して高度のものであるというべきところ、Xの係員は本件取引の折衝当初AをY_1本人と誤認しており中途でY_1の父であることを知ったのであるが、親が子の印鑑などをほしいままに使用する例は極めて多いのであるから、その際当然本人たるY_1に通知または問い合せをなすべきは当然であり、このことは代理行為の内容が連帯保証契約にとどまらず、物上保証行為にも及ぶ本件においては尚更のことというべきである。しかるにXはY_1に対し何らの照合、問い合せをもなさずして、AがY_1の代理権を有するものと誤信したのであるから、右代理権のないことを過失によって知らなかったものというべく、それゆえAが無権代理人としての責を負ういわれはない。そしてその結果Y_1らもまた無権代理人の責を相続することもない、と主張した。

原審はY_1らの②の主張に対して、本件連帯保証契約の締結にあたり、Xの係員は、印鑑証明に記載された生年月日がAの年齢とかけはなれていたことから、AがY_1の実父であり、Y_1を代理して契約をするものであることを知るにいたったが、「AがY_1の印鑑、印鑑証明書、担保物件の権利証等の書類一式を携さえ且つ主債務者たる娘婿Bを同道して手続を依頼したのでAにY_1の代理権があると信じY_1にその旨確かめないまま同人との間の連帯保証契約を締結したこと及び右契約に際し当初A自身もその所有にかかる更地を目的物として物上保証をするとの意思を表明したが、Xから更地は後日他人が無断で建物を建てたりして紛争の種を残すから出来れば建物を目的物として欲しいと要請されたので、結局建物（Y_1の所有である）を担保とすることにしたため、A自らはBの前記消費貸借について何らこれを保証する立場にたたなかったこと並びにX銀行における金銭貸付の取扱として保証人たるべき者の代理人として他人が契約の折衝にあたる場合には直接保証人にその真意を確かめるけれども折衝者が親又は子の間柄にある場合には必ずしも保証人に直接真意を確認していなかったことをそれぞれ認めることができるから、右に認定した本件契約締結に至りたる経緯、締結時の状況等を考えれば、いまだXが、AにおいてY_1の代理権を有しなかったことを知らなかったことにつき過失あるものというを得ない」と判示した上で、Y_1らの①の主張に対して、「次にY_1らは本件の如き無権代理人の責任は相続の対象となるものではないと主張するが既に被相続人について無権代理人としての損害賠償責任が発生している以上財産権に属する損害賠償債務は当然相続の対象となるものであって、このことは相続人の一人または全員が無権代理人たる被相続人に対する関係で本人の立場にあることによって何ら影響を受けるものではない。Y_1らが引用する最高裁判決（昭和三七年四月二〇日判決）は、本人が無権代理人を相続した場合被相続人の無権代理行為が当然有効となるものではない旨判示したにとどまり無権代理人として被相続人が負うべき責任に基づく損害賠償債務の相続性を否定したものでないこと判文に徴し明らかである。それ故この点に関するY_1らの主張もまた採用し得ない」と判示して、Y_1らの控訴を棄却した。

Y_1らは上告して、①原判決は損害賠償債務について云々しているが、本件は一一七条一項の履行請求の事件であり、履行義務の相続性が争点となっていること、②昭和三七年四月二〇日判決（判例【6】）は、本人が無権代理人を相続した場合に、相続人たる本人が被相続人の無権代理行為の追認を拒絶しても、何ら信義に反しない旨判示しているが、このように本人に追認拒絶権を認める以上、被相続人たる無権代理人の一一七条一項による責任を本人に相続させるのは、本人に追認拒絶権を認めることと矛盾し、したがって本人が無権代理人を相続する場合には無権代理人の責任は相続されない、と解するのが理論的結論であり、この理は本件のように本人が追認を拒絶した後無権代理人が死亡した場合にも等しく妥当すると主張した。

最高裁は、「民法一一七条による無権代理人の債務が相続の対象となることは明らかであって、このことは本人が無権代理人を相続した場合でも異ならないから、本人は相続により無権代理人の右債務を承継するのであり、本人として無権代理行為の追認を拒絶できる地位にあったからといって右債務を免れることはできないと解すべきである。まして、無権代理人を相続した共同相続人のうちの一人が本人であるからといって、本人以外の相続人が無権代理人の債務を相続しないとか債務を免れうると解すべき理由はない。

してみると、これと同旨の原審の判断は正当として首肯することができる（原判示のいう損害賠償債務、責任は履行債務、責任を含む趣旨であることが明らかである）。

なお、所論引用の判例（最高裁昭和三五年（オ）第三号同三七年四月二〇日第二小法廷判決・民集一六巻四号九五五頁）は、本人が無権代理人を相続した場合、無権代理行為が当然に有効となるものではない旨判示したにとどまり、無権代理人が民法一一七条により相手方に債務を負担している場合における無権代理人を相続した本人の責任に触れるものではないから、前記判示は右判例と抵触するものではない」と判示して、Y_1らの上告を棄却した。

(ii)　判例【7】は、Y_1～Y_8の八人の子の父であるAが、Y_1に無断でY_1の代理人としてB（Aの娘婿）のX銀行に対する貸付債務について連帯保証契約を締結し、Y_1の追認を得られないまま死亡した後、Xが無権代理人Aを共同相続したY_1（本人）を含む八人の相続人に対して、各相続分（八分の一）に応じて連帯保証債務の履行を請求したという事案である。判例【7】は、本人相続型の判例としては、判例【6】に続くものであるが、両判例の間には、判例【6】が家督相続、判例【7】が共同相続の事案であったという以上の、事案上の差異があったのではないかと思われる。すなわち、判例【6】は、本人による追認拒絶がないまま無権代理人が死亡し本人によって相続されたという事案であるが、判例【7】は、無権代理人の生前中に本人が追認拒絶し、その後無権代理人が死亡したという事案ではないかという点である。

判例集に記載された原審の事実認定によれば、「AはY_1の追認をも得ることができなかったことを認めることができる」とのことであり、原審はこの認定事実に基づいて「次にY_1らは本件の如き無権代理人の責任は相続の対象となるものではないと主張するが既に被相続人について無権代理人としての損害賠償責任が発生している以上財産権に属する損害賠償債務は当然相続の対象となるものであって、このことは相続人の一人または全員が無権代理人たる被相続人に対する関係で本人の立場にあることによって何ら影響を受けるものではない。」と判示しているからである。また、判例【7】に対する田尾桃二調査官の解説（法曹時報一六巻六号九六頁）によると、「右貸金の弁済期は昭和三二年一月一一日に到来したが、A（筆者注・筆者の表記では主債務者Bのこと）がその弁済をしなかったので、XがY_1に連帯保証債務の履行として右貸金の支払を求めたところ、Y_1は右連帯保証契約はB（筆者注・筆者の表記では無権代理人Aのこと）の無権代理行為であるといって、これについての追認を拒絶した。そこで、Xは、B（無権代理人）に無権代理人の責任としてその履行を求めていたが、昭和三四年四月二三日B（無権代理人）が死亡し、その子であるY_1…Y_8において相続したので、昭和三八年XはY_1…Y_8を相手方として本訴を提起し、同人らに右連帯保証債務の履行を求めた」とある。

この解説にあるように、無権代理人Aの生前中に、本人Y_1がXに対して追認拒絶をしていたならば、その時点で無権代理行為の本人への効果不帰属が確定するから、後は無権代理人に対する一一七条の責任が残るだけであり、その後無権代理人が死亡したなら、相続人に無権代理人の責任が承継されるだけである（但し、相続によって承継される無権代理人の責任の内容については議論が残る）。本人が追認も追認拒絶もしないまま無権代理人が死亡し、無権代理人を相続した本人が、本人の地位に基づいて追認拒絶をしたとしても、無権代理人の責任の相続はどうなるのかという問題とは異なる。

本訴の場合、XはY_1に対して連帯保証債務の履行を求めず、最初からY_1ら八人の相続人に対して履行請求をしているから、田尾調査官の解説にあるような事実経過をたどったとみる方が、経験則に照らして自然である。しかしながら、判例集に記載されている原審の事実認定によれば、「AはY_1の追認をも得ることができなかったことを認めることができる」とはあるが、原審も最高裁も、「Aの生前中、Y_1はXに対して追認拒絶をした」とは認定していない。追認または追認拒絶は相手方に対してだけではなく、無権代理人に対してしたのでもよい。しかし、相手方に対してなす追認または追認拒絶は、追認または追認拒絶として完全な効力を有するが、無権代理人に対してなされた追認または追認拒絶は、相手方がこれを知るまでは、相手方に対して、その効果を主張することはできない（一一三条二項）[16]。そこで、はなはだ疑問はあるが、本件では、無権代理人Aの生前中、本人Y_1は相手方Xに対して、追認も追認拒絶もしていなかったと仮定して、以下考察することとする。

(iii)　判例【6】において、最高裁は、「相続人たる本人が被相続人の無権代理行為の追認を拒絶しても、何ら信義に反するところはないから、被相続人の無権代理行為は一般に本人の相続により当然有効となるものではないと解するのが相当である」と判示した。この判旨の「被相続人の無権代理行為は一般に本人の相続により当然有効となるものではないと解するのが相当である」という部分に対する理解の仕方として、最高裁は、本人が無権代理人を相続したことにより、無権代理行為が当然に有効になる場合もあることを、否定したわけではなく、「もし、Aが民法一一七条の責任を負うべき場合には、本人YがAを相続することにより、無権代理行為は有効になるから、Aが一一七条の責任を負うべき場合だったかを検討せよ」という趣旨に解すべきであって、無権代理人において一一七条の責任を負うべき要件（相手方の善意・無過失など）がそなわっている場合には、相続により無権代理行為は当然有効となると解する見解があった（川添・前掲一四六頁、鈴木・前掲一三三頁）。しかし、これについては前述したように、判例【6】は、認定事実からして、本人Yがすでに黙示の追認をしていたと判断される余地のある事案であったから、「相続人たる本人が被相続人の無権代理行為の追認を拒絶しても、何ら信義に反するところはない」といえるかどうかを明らかにするために、最高裁は破棄自判をせずに破棄差戻をしたのではないかと思われ、したがって、「被相続人の無権代理行為は一般に本人の相続により当然有効となるものでない」とは、「相続人たる本人が被相続人の無権代理行為の追認を拒絶することが、信義に反するような特段の事情があったかどうか検討せよ」という趣旨に解すべきであろう。

判例【6】においては、相続債務の履行を求める第一次請求が原審において棄却されており、これに対して相手方Xが上告せず確定してしまったので、最高裁は、本人が追認を拒絶した場合に、無権代理人の責任について相続するのかどうかについては判断していなかった。この点に関する最高裁の立場を明らかにしたのが、判例【7】である（但し、前述したように、疑問はあるが、無権代理人Aの生前中、本人Y_1は相手方Xに対して追認も追認拒絶もしていなかったと仮定して、のことである）。最高裁は、「民法一一七条による無権代理人の債務が相続の対象となることは明らかであって、このことは本人が無権代理人を相続した場合でも異ならないから、本人は相続により無権代理人の右債務を承継するのであり、本人として無権代理行為の追認を拒絶できる地位にあったからといって右債務を免れることはできないと解すべきである。まして、無権代理人を相続した共同相続人のうちの一人が本人であるからといって、本人以外の相続人が無権代理人の債務を相続しないとか債務を免れうると解すべき理由はない」と判示した。すなわち、最高裁は、無権代理人を相続した本人は、本人として追認を拒絶できるが、追認を拒絶しても、相続によって承継した一一七条の無権代理人の責任（履行責任及び損害賠償責任）を免れることはできず、他の共同相続人と同様に右責任を負担する、と判断したのである。判例【6】【7】において、本人相続型の事案においては、最高裁は、本人たる地位と相続によって承継した無権代理人の地位が併存することを認めたと評価できる。

(iv)　さらに問題となるのは、本人たる地位と無権代理人たる地位との併存を認め、本人が本人たる地位に基づいて追認を拒絶した後、相続によって承継した無権代理人の責任を負担する場合、その責任の内容は何かということである。判例【7】は履行責任を含むと判示しているが、この解釈については争いがある。つまり、無権代理人の履行責任を本人が承継するといっても、その履行債務の内容が判例【7】のように金銭債務である場合や、あるいは不特定物の給付義務である場合には、履行が可能であるが、特定物の給付義務の場合には共同相続人全員の同意がなければ履行は不能となるから、結局、相手方は損害賠償責任の追及によって満足するしかないという指摘である（川井健『説例民法学1』一一九頁、泉久雄「無権代理と相続」『判例と学説2』一一九頁）。この点を指摘する見解は、特定物の給付が問題となっている場合には、履行義務は免責されて、相手方は損害賠償責任のみを請求できると解する（星野英一「本件判批」法協九二巻九号一二三四頁、中井美雄「本件判批」『新版・判例演習民法（1）』二七一頁、奥田昌道「本件判批」家族法判例百選（第三版）一八一頁）。すなわち、判例【6】において、原審が相続と同時に無権代理行為は有効になると解し、相手方から本人に対する建物引渡・所有権移転登記手続の請求を認容したのを最高裁が破棄し、判例【7】において、原審が無権代理人の債務を相続した相続人に八分の一ずつの金銭債務を認め相手方の請求を認容したのを最高裁が肯定したのは、特定物債務と金銭債務との差異の反映であって、両判決の間には矛盾はないと解している。さらに、他人の不動産の売主をその権利者が相続したという事案で、最（大）判昭和四九年九月四日民集二八巻六号一一六九頁が、「権利者は、相続によって売主の義務ないし地位を承継しても、相続前と同様その権利の移転につき諾否の自由を保有し、信義則に反すると認められるような特別の事情のない限り、右売買契約上の売主としての履行義務を拒否することができるものと解するのが相当である。」と判示したところから、判例【7】は金銭債務の事案として意味があり、特定物の履行の場合にはその射程範囲外であると修正されたと解する学説もある（五十嵐清「最大判昭和四九年九月四日の判批」家族法判例百選（第三版）一九九頁）。

最大判昭和四九年九月四日は、他人の物の代物弁済予約の事案であり、他人物売買の事案ではないが（しかし、最高裁はこれを他人物売買と同視している）、確かに、他人物売買において権利者が売主の地位を相続する場合と、無権代理において本人が無権代理人の地位を相続する場合とでは、外観上似ているところもないわけではない。しかし、無権代理は、本人の代理人と称して代理行為をした者に実は代理権がなかった場合であり、無権代理行為はもともと無効であって、本人への効果は本来的に不帰属である。それに対して、他人物売買は、他人のものを自分のものとして売買する場合であり、他人物売買はもともと有効である。売主が権利者から追認ないし同意を得られず、または、権利者から権利を譲り受けられなかったとしても、売買の効力には依然影響がなく、単に五六一条以下の規定に従い担保の義務を負うにすぎない。無権代理と他人物売買とでは、外観上の類似性以上に本質的な相違があるので、それぞれに相続が生じた場合の法的処理の仕方も自ずと異なる（これについては、第三章において述べる）。したがって、最（大）判昭和四九年九月四日が、「権利者は、相続によって売主の義務ないし地位を承継しても、相続前と同様その権利の移転につき諾否の自由を保有し、信義則に反すると認められるような特別の事情のない限り、右売買契約上の売主としての履行義務を拒否することができるものと解するのが相当である」と判示したからといって、判例【7】は金銭債務の事案として意味があり、特定物の履行の場合にはその射程範囲外であると修正されたと解する必要はなかろう。

判例【6】と【7】の関係であるが、前述したように、判例【6】においては、相続債務の履行を求める第一次請求が原審において棄却されており、これに対して相手方Xが上告せず確定してしまったので、最高裁は、本人が追認を拒絶した場合に、無権代理人の責任について相続するのかどうかについては判断していなかった。この点に関する最高裁の立場を明らかにしたのが、判例【7】である（但し、無権代理人Aの生前中、本人Y[1]は相手方Xに対して追認も追認拒絶もしていなかったと仮定してのことである）。最高裁は、無権代理人を相続した本人は、本人として追認を拒絶できるが、追認を拒絶しても、相続によって承継した一一七条の無権代理人の責任（履行責任及び損害賠償責任）を免れることはできず、他の共同相続人と同様に右責任を負担する、と判断した。したがって、判例【6】と【7】との間には別段矛盾はない。確かに、判例【6】は特定物債務の事案であり、【7】は金銭債務の事案であるが、両判例がその差異を反映したものとみることにより、両判例の間の整合性が図られるというのは、逆に両事案に対する考察を欠いているのでなかろうか。

本人たる地位と無権代理人たる地位との併存を貫徹する併存貫徹説の立場では、本人は本人たる地位に基づいて追認を拒絶できることはいうまでもないが、相続によって承継した無権代理人の地位に基づいて、一一七条の無権代理人の責任を負担する。すなわち、相手方が代理権の不存在について善意・無過失であれば、相手方の選択に従い、履行又は損害賠償責任を負担する。右は、相手方が選択した履行請求の内容が、特定物の給付であったとしても異ならない。このように解すると、一方で本人としての地位に基づき追認を拒絶できたとしても、他方で無権代理人としての地位に基づき履行請求に応じなければならないことになり、追認拒絶を認めた意味がなくなるようにみえるかもしれない。しかし、履行請求に応じなければならないのは、相手方が代理権の不存在について善意・無過失であり、かつ履行請求を選択した場合であるから、追認拒絶がそもそも認められない場合とは、法的に全く異なる。実際の事案では、相手方が代理権の不存在について悪意・有過失であるというケースも結構存在する。また、相手方が代理権の不存在について善意・無過失であり、かつ履行請求を選択したときは応ぜざるをえないが、相続人がそのような事態を回避しようと思えば、限定承認（九二二条）をすべきであった。限定承認をすれば、自己の固有財産と相続財産とは分離され、相続人は相続財産の範囲で被相続人の債務を弁済すればそれでよい。相続人としては、単純承認をして自己の固有財産と相続財産とを混同させてしまったのであるから、外的事象のみ見れば一方で与えられたものが他方で奪われる結果になったとしても、やむを得ないと考える。

以上は、本人が追認も追認拒絶もしない間に相続が開始し、本人たる地位と無権代理人たる地位が相続人に帰属した結果、相続人が本人たる地位に基づく追認権・追認拒絶権と、無権代理人たる地位に基づく相手方善意・無過失の場合の一一七条の無権代理人の責任を、併せもった場合の議論である。これに対して、無権代理人の生前中すなわち相続前に、本人が明示的に追認拒絶をしていた場合には、善意・無過失の相手方は無権代理人に対して一一七条の無権代理人の責任を追及できるのみであり、後に無権代理人を相続した本人は、一一七条の無権代理人の責任のみを承継する。この場合、無権代理行為が特定物の給付を内容とするものであれば、無権代理人の責任は、実際上損害賠償責任のみと解すべきである。何故なら、相続前に本人が明示的に追認拒絶をした時点で、無権代理行為の本人への効果不帰属が確定しており、相手方としては無権代理人に対して履行請求をすることは、もはや期待できなかったのであるから、相続という偶然の事情で相手方に過分に利益を与える必要はないと考えるからである。

(v)　判例【7】では、Xは本人Y_1を含む八人の相続人に対して、一一七条の履行請求をしている。Xの請求が認められるためには、XはAの代理権の不存在について、善意・無過失でなければならない。

筆者は、一一七条二項の「代理権を有しないことを相手方が知っていたとき、若しくは過失によって知らなかったとき」と、一一〇条の「代理人の権限があると信ずべき正当な理由」とは、同一あるいは同程度のものではないと考えている（拙稿「表見代理理論の新展開」関西大学法学論集五三巻四・五合併号四八〇頁以下）。一一〇条と一一七条は、相手方保護という広い意味では同じ趣旨であるといってよいが、両者は互いに独立した規定であり、各々において要求される相手方保護の要件には、自ずと差異があり、もとより文言も異なる。まず、筆者は、一一〇条の表見代理規定における本人の責任を、中島玉吉表見代理理論における estoppel の法理によって根拠づけるので、一一〇条の「正当理由」が成立するときには、相手方からみて、「当該取引について、本人は代理人に代理権を与えていると、相手方が推断することができるような本人の相手方に対する行動（holding out）」が存在する。具体的には、「相手方がこれまで代理人を通して本人と同種同量の取引をしてきたが、いずれもこれらの取引は本人によって承認され、つつがなく履行されてきた場合」や「これに準じるような本人の認容的言動がある場合」である。

これに対して、一一七条における無権代理人の責任は、「法定の保証責任」として根拠づける。効果意思に基づく保証責任ではなく、法定追認（一二五条）の制度と同じく、代理人の一定の行為（事実）のありたることをもって、代理権の存在を代理人が保証したものと「看做す」（擬制する）ものである。これは、イギリス法における implied warranty of authority と共通する考え方である。implied warranty of authority とは、自らを代理人であると称した代理人の側の擬制的な約束（implied promise）であり、契約を結んだ他方当事者の立場を考慮して、「自分には本人が存在しており、自分は本人から授与された authority の範囲内で契約している」ということを保証したと看做されるのである。(17) 具体的にいかなる事実があれば、一一七条二項の無過失と判断してよいかであるが、代理人が実印、印鑑証明書、白紙委任状、権利証などを所持しており、疑念を生ぜしめるに足りる特段の事情がなければ、相手方は代理権の不存在について無過失であったとしてよいだろう。

そこで本件であるが、確かにAは、Y_1の印鑑、印鑑証明書、担保物件の権利証等の書類一式を所持していたが、Xの係員は本件取引の折衝当初AをY_1本人と誤認しており、中途で印鑑証明書に記載された生年月日から、AはY_1の父であることを知ったという事情があった。Xは金銭貸借業務に精通している銀行であり、親が子の印鑑などをほしいままに使用する例は極めて多いことを考慮すれば、これはAの代理権について疑念を生ぜしめるに足りる事情とみてよいであろう。にもかかわらず、Xは本人Y_1の意思を確認しないまま、Aを代理人としてY_1を連帯保証人とする連帯保証契約を締結したのであるから、XはAの代理権の不存在について無過失であったとは言い難い。したがって、XのY_1らに対する無権代理人の責任追及は認められず、Y_1らの上告を棄却した最高裁の結論は不当であると考える。(18)

(三)　二重相続型

(1)　(i)　大判昭和一七年二月二五日民集二一巻一六四頁は二重相続型の事案であるが、判例【4】として、無権代理人単独相続型のところで、既に考察した。さて、相続人が無権代理人を相続した後、本人を代襲相続した場合における無権代理行為の効果が問題とされたのが、**【8】東京高判昭和六〇年六月一九日判タ五六五号一〇七頁**である。Xの父Aは、昭和五〇年三月五日訴外B会社がY銀行から四五〇〇万円を借受けた際、同居の父C（Aの実父でありXの祖父・当時七九歳）に無断でCの代理人と称して、C所有の本件土地につき、極度額五〇〇〇万円の根抵当権設定契約を締結し、同年同月七日その旨の登記を経由した。当時、AとCは長年にわたり同居しており、別段仲の悪いことはなく、CとAの妻が本件土地で農業を経営し、Aは他の仕事に従事して、AはB会社の代表者とは仕事上密接な関係にあった。Aは本件契約に先立ち、現地調査に来たY銀行支店長代理を案内し、自分が一家の家政を処理し、土地を管理している趣旨の言動をとり、本件契約に際しては、Aは本件土地の登記済証やCの実印、印鑑証明書を所持しており、本件契約書のCの記名、捺印を代行し、登記済証や印鑑証明書をBを介してYに提出している。

その後同年六、七月ころ、AはCを同道してY銀行を訪れ、B会社との間でBに提供した担保が短期間の約であったことを理由に、貸付係長に対し、本件土地についての根抵当権がどうなっているかを尋ねるとともに、「登記の抹消をしてもらえないか」と要請したところ、同係長は、YとB会社との取引は継続的なものであり、B社に対する運転資金として貸付残があることを理由に、「登記を抹消するわけにはいかない。B社と交渉したらいいのではないか」などと説明して、Aらに帰ってもらったが、右話し合いの間、CはAと同席し、そのやりとりを傍らで一部始終聞いていながら、本件契約が無断でされたことの異議、弁疎の申立はもちろんのこと、何らの発言もせず、その後もCは死亡に至るまで、本件登記についてYに何らの異議も述べずに放置した。

Aは昭和五三年二月一日に死亡し、相続人XはAの無権代理人の地位を承継したが、ついで同年四月二二日Cが死亡し、Xは本件土地を代襲相続するとともに本人Cの地位を承継した。そこでXは、本件根抵当権設定契約はAの無権代理によるもので無効であると主張し、Yに対して根抵当権設定登記の抹消登記手続を請求したのが本件である。

第一審X勝訴。Yは控訴して、①CはAに本件契約を締結する代理権を与えていたこと、②仮にそうでないとしても、AはCから本件土地に関し少なくとも管理権限を与えられており、これを基本代理権として一一〇条の表見代理が成立すること、③以上がいずれも認められないとしても、CはAの無権代理行為を追認していること、④XはAの無権代理人の地位を相続して後、代襲相続により本人Cの地位を相続しているから、結局、無権代理人が本人を相続した場合と同じく、本件無権代理行為は法律上当然に有効と確定すると主張した。

控訴審は、Yの①・②の主張を排斥した上で、③の主張に対して、「昭和五〇年六、七月頃Cが、本件根抵当権設定登記について、Yの担当者からその抹消を断わられたのを聞きながら、それでも本件契約が無権限でなされたなどと異議を述べることもなく帰ったという事実によれば、その際Cは、Yに対し、Aの本件無権代理行為をやむを得ないものとして容認し、本件無権代理行為に有効な代理行為と同様な法律効果を生ぜしめる旨の黙示の意思表示をして、追認したものと認めるのが相当である」と判示した。その上で、Yの④の主張に対して、「Aが昭和五三年二月一日死亡し、Xが同人の権利義務一切を相続により承継したことは当事者間に争いがなく、これと前記一のXによるCの代襲相続の事実によれば、Xは、無権代理行為をなしたAの地位を相続により承継し、しかる後に、本人であるCの地位を代襲相続により承継し、両者の地位ないし資格を同一人格において有するに至ったことになるところ、このような場合には、本人が自ら法律行為をしたのと同様の法律上の地位ないし効果が生じ、無権代理行為は当然有効となるものと解すべきであって、この理は、無権代理人が自ら本人の相続をなしその地位を承継した場合と何ら択ぶところがないというべきである。蓋し、無権代理人は本人を相続することにより本人が自ら法律行為をしたと同様の法律上の地位ないし効果を生ずる筈のものであるから、そのような無権代理人を相続した者がさらに本人を相続した場合にも右同様の地位ないし効果を生ずるものと解すべきであり、信義則上からいっても、斯かる相続人にその相続した本人の地位を用いて追認を拒絶する余地を認めるのは相当ではない（大審院昭和一七年二月二五日判決・民集二一巻四号一六四頁参照）。この点に関するXの主張は採用しない」と判示し、原判決を取消して、Xの請求を棄却した。

(ii)　判例【8】は、無権代理人Aを相続した後、本人Cを代襲相続したXが、AがCを代理してした根抵当権設定契約は、Aの無権代理によるもので無効であると主張して、Yに対して根抵当権設定登記の抹消登記手続を請求したという事案である。判例【8】の特徴は、本人Cの黙示の追認が認定されているところにある。すなわち、「昭和五〇年六、七月頃Cが、本件根抵当権設定登記について、Yの担当者からその抹消を断わられたのを聞きながら、それでも本件契約が無権限でなされたなどと異議を述べることもなく帰ったという事実によれば、その際Cは、Yに対し、Aの本件無権代理行為をやむを得ないものとして容認し、本件無権代理行為に有効な代理行為と同様な法律効果を生ぜしめる旨の黙示の意思表示をして、追認したものと認めるのが相当である」と判示している。Cの黙示の追認があったのであれば、Aの無権代理行為は契約のときに遡って有効になるから（一一六条）、XのYに対する根抵当権設定登記の抹消登記請求が認められないことはいうまでもない。確かに、Xは、無権代理人Aと本人Cとを二重相続しているから、無権代理人の地位と本人の地位とが同一人に帰属したことにはなったが、相続前のCの追認によりAの無権代理行為が最初に遡及して有効になっている以上、Xは一一七条の無権代理人の責任と本人としての地位に基づく追認権・追認拒絶権を併せもつことはなく、いわゆる無権代理と相続の問題は生じない。にもかかわらず、判例【8】が、Cの黙示の追認を認定したのに続けて、「Xは、無権代理行為をなしたAの地位を相続により承継し、しかる後に、本人であるCの地位を代襲相続により承継し、両者の地位ないし資格を同一人格において有するに至ったことになるところ、このような場合には、本人が自ら法律行為をしたのと同様の法律上の地位ないし効果が生じ、無権代理行為は当然有効となるものと解すべきであって」、と判示しているのは、追認の効果（一一六条）を無視した判断であって理解に苦しむ。

もっとも判例【8】が、Cの黙示の追認を認定したこと自体に疑問がある。当時Cは八〇歳の高齢者であり、CがAに同行してY銀行を訪れた際、Aは根抵当権設定登記の抹消をY銀行の貸付係長に要請したのであるから、そのやりとりを傍らで聞いていたCが何らの異議を述べなかったとしても、はたしてCがその法律的な意味を理解した上で、Aの無権代理行為を追認する意思であったか否かは、はなはだ不明であるといわざるを得ないからである。(19) そこで、Cは黙示の追認をしていなかったとして、判旨を考察することにする。

(iii)　無権代理人単独相続型の事案では、判例は一貫して、相続とともに無権代理行為は当然有効になるという立場を採っている。例えば、判例【5】では、最高裁は、「無権代理人が本人を相続し本人と代理人との資格が同一人に帰するにいたった場合においては、本人が自ら法律行為をしたのと同様な法律上の地位を生じたものと解するのが相当であり（大判大正一五年（オ）一〇七三号昭和二年三月二二日判決、民集六巻一〇六頁参照）、この理は、無権代理人が本人の共同相続人の一人であって他の相続人の相続放棄により単独で本人を相続した場合においても妥当すると解すべきである。」と判示している（本人と同一の法理）。これに対して、本人相続型の事案では、判例【6】は、「無権代理人が本人を相続した場合においては、自らした無権代理行為につき本人の資格において追認を拒絶する余地を認めるのは信義則に反するから、右無権代理行為は相続と共に当然有効となると解するのが相当であるけれども、本人が無権代理人を相続した場合は、これと同様に論ずることはできない。後者の場合においては、相続人たる本人が被相続人の無権代理行為の追認を拒絶しても、何ら信義に反するところはないから、被相続人の無権代理行為は一般に本人の相続により当然有効となるものではないと解するのが相当である」と判示して、「本人と同一の法理」を採らなかった。同じく本人相続型の事案である判例【7】は、判例【6】が示した判断を前提にして、「本人として無権代理行為の追認を拒絶できる地位にあったからといって右債務（筆者注・無権代理人の債務）を免れることはできないと解すべきである。まして、無権代理人を相続した共同相続人のうちの一人が本人であるからといって、本人以外の相続人が無権代理人の債務を相続しないとか債務を免れうると解すべき理由はない」と判示して、本人の地位と無権代理人の地位との併存を明確に承認した。

もっとも、【6】も【7】も、事案の個別具体的な事情を認定した上で、「この場合に本人が追認を拒絶するのは『信義則』に反しない」とかいうように判断しているわけではない。「信義則」の内容として判旨から読み取れるのは、せいぜい「自ら無権代理行為をしたか、しなかったか」という程度のことである。そうであるならば、判例【8】のような二重相続の事案では、相続人は「自ら無権代理行為をしていない」から、本人相続型の事案と同様に、相続人に本人たる地位と無権代理人の地位との併存を認めてもよいようにみえる。しかし、東京高裁は、相続人が無権代理人を相続した後本人を相続した場合であっても、無権代理人が自ら本人を相続した場合と何ら異ならず、「本人が自ら法律行為をしたのと同様の法律上の地位ないし効果が生じ、無権代理行為は当然有効となるものと解すべき」であって、「信義則上からいっても、斯かる相続人にその相続した本人の地位を用いて追認を拒絶する余地を認めるのは相当ではない（大審院昭和一七年二月二五日判決・民集二一巻四号一六四頁参照）」と判示したのである。東京高裁が引用した大審院昭和一七年二月二五日判決は、判例【4】として考察したが、無権代理人を家督相続した後隠居して本人を家督相続したという二重相続の事案であった。判例【4】では、信義則について、大審院は、「自ら無権代理行為をした者が、本人として追認を拒絶するのは信義則に反する」といっているのではなく、「無権代理行為の責任を無権代理人を相続することによって相手方に対して負担する者が、本人の地位に就くことによって追認できるのに追認を拒絶するのは信義則に反する」と判断していた。これに対して、東京高判は、無権代理人は本人を相続することにより本人が自ら法律行為をしたのと同様の法律上の地位ないし効果を生ずるはずのものであるから、そのような無権代理人の地位を相続した者がさらに本人を相続した場合に、本人の地位を用いて追認を拒絶する余地を認めるのは、信義則上相当ではない、と判断している。すなわち、そのような無権代理人の地位を最初に相続したことが、信義則違反を生じさせる根拠ということになる。

それならば、本件とは逆に、相続人が最初に本人を相続した後、無権代理人を二重相続したら、どうなるのであろうか。判例【6】【7】によれば、無権代理行為は当然には有効にならず、無権代理人を相続した本人は追認を拒絶することができ、相続人には自らの本人の地位と相続により承継した無権代理人の地位とが併存する。そのような本人の地位を最初に相続していたら、後に無権代理人の地位を相続した相続人は、追認を拒絶できるということになりそうである。これでは、二重相続の事案においては、相続人がいずれを先に相続したかによって、無権代理行為の効果が異なり、偶然の事情によって無権代理人を先に相続してしまった相続人は、地位の併存を認められず追認を拒絶できないが、偶然の事情によって本人を先に相続した相続人は、地位の併存を認められ追認を拒絶できるという結論になる。これは、いかにも不当である。

本件判批として、中舎寛樹・法時五八巻九号一〇六頁と内田勝一・ジュリスト八六四号九七頁がある。中舎判批は、本判決は信義則の内容を相続人が無権代理人と本人のいずれを先に相続したかということと理解しており、従来の信義則説では必ずしも明らかでなかった信義則の内容が、二重相続の事案において問題にされざるを得なくなったが、しかし、この判決のいう信義則の内容は、はたして追認拒絶権の有無を判断する基準となり得るのかについて疑問が生じるとした上で、「本判決のように相続の先後で区別をすることは、無権代理人と本人のいずれが先に死亡するかという相続人にとっては偶然の事情によって差を設けるものであって妥当なように思われない。相続人のしたことは、無権代理人と本人を相続したということのみであり、両者の立場をそっくり承継するという点では、先に本人を相続した場合と何ら異ならないのに、相続の前後によって一方が追認拒絶できず、他方ができるとする根拠は乏しいように思われる」（中舎・前掲一〇八頁）と、本判決を批判する。また、内田判批は、無権代理と二重相続が問題となる場合を詳細に分類した上で、本判決の「論理は一回めの相続が生じたときの法律的な地位と接続する素直な考え方ではあるが、相続の順序、あるいは誰が本人（または無権代理人）であるかによってC（相続人（筆者注・筆者の表記では相続人Xのこと））の法的地位が異なり、偶然の要素に左右され、Cにとって予測可能性がないという問題が残る」（内田・前掲一〇〇頁）と評する。

両判批は、相続の順序という偶然の事情により相続人の法的地位を区別しようとする本判決を批判しており、私見と同旨である。また、本判決のように、形式的に第一回目の相続の時点における相続人の法的地位（いずれを先に相続したか）を基準にして、無権代理行為の効果を左右するのであれば、例えば無権代理人と本人が事故に遭遇し同時死亡の推定（三二条の二）が働き相続人が同時に両者を相続したような場合には、如何に処理するのであろうか。

(iv)　本件では、本人Cが無権代理人Aより二ヵ月余りの後に死亡しているが、仮に本人Cが無権代理人Aより先に死亡していたならば（Cは八〇歳を越える高齢であったから、このような事態が生じても不自然ではない）、代理人が本人を相続した事案になっていた。無権代理人単独相続型における判例の立場では、第一回目の相続の時点でAの無権代理行為は当然有効となるから（但しAの単独相続になったか否かは認定された事実から明らかではない）、後にAを相続したXは、Aの無権代理行為の無効は主張できないという結論になる。にもかかわらず、本件のように無権代理人Aが先に死亡し、Aの無権代理人の地位を承継したXが、後に本人Cの死亡によりCの本人の地位を承継したからといって、そういう相続の偶然の事情により、本人の地位に基づく追認拒絶をXに認めるのは不当であるという実質的配慮が本件判決にはあったのかもしれない。

しかし、いずれが先に死亡したかによって、その結論に不当さを感じたりするのは、もともとは、判例が無権代理人単独相続型の場合に当然有効説を採り、地位の併存を認めないことに由来する。併存貫徹説の立場では、相続人がいずれを先に相続したかにかかわりなく、相続人に本人たる地位と無権代理人たる地位が併存し、相続人は本人たる地位に基づいて追認を拒絶できるが、代理権の不存在について善意・無過失の相手方の選択に従い履行又は損害賠償責任を負担する。相続人がいずれを先に相続したかにより、不公平な結果が生じることはない。

本件の場合、東京高裁はCの黙示の追認を認定しているが、前述したようにCの行動をAの無権代理行為に対する黙示の追認とは評価しがたいと考えるので、相続前に本人の追認がなかった場合として考察する（相続前にCが追認をしていれば、追認の遡及効によりAの無権代理行為は有効になるので、XのYに対する請求は認められない）。XはYに対して、追認を拒絶できるが、YがAの代理権の不存在について善意・無過失であるならば、無権代理人の責任を負担する。そこで、本件のYであるが、本件契約に際して、Aは本件土地の登記済証やCの実印、印鑑証明書を所持し、かつ本件契約に先立ち、現地調査に来たY銀行支店長代理を案内して、自分が一家の家政を処理し土地を管理している趣旨の言動をとったのであるから、一応一一七条二項の過失はなかったといってよいのではないか。したがって、Xは追認拒絶しても、Yに対して無権代理人の責任を負担しているので、結局、XのYに対する本件請求は認められない。Xがそのような事態を回避しようとすれば、限定承認（九二二条）をすべきであった。限定承認をすれば、自己の固有財産と相続財産とは分離され、相続人は相続財産の範囲で被相続人の債務を弁済すればそれでよい。X

が無権代理人Aの死亡後限定承認をし、本人C死亡後単純承認すれば、本件土地についてのXのYに対する根抵当権設定登記の抹消請求は認められる。Xとしては、Aの相続財産の範囲でYに対して損害賠償債務を負担すればよい。XがAの死後限定承認をせず、単純承認をして自己の固有財産と相続財産とを混同させてしまった場合には、XのYに対する本件請求が認められないという結論も、やむを得ないと考える。[20] なお、二重相続型の事案で、無権代理人死亡後限定承認がなされたのが、後述する**最判平成一〇年七月一七日民集五二巻五号一二九六頁**（判例【11】）である。

(2)　(i)　無権代理人を本人とともに相続した者が、さらに本人を二重相続した場合における無権代理行為の効果が問題とされたのが、**【9】最判昭和六三年三月一日判時一三一二号九二頁**である。昭和三五年七月頃、Aの妻BはA所有の本件分筆前の土地（農地）を、Aの代理人として、所有権移転仮登記手続に要する所有者A名義の委任状とAの印鑑証明書を添付してCに売却した（右土地は、大正六年一〇月三〇日婿養子であったAがBの父から家督相続したものである）。当時Aは精神分裂病のため措置入院中（昭和二七年一一月二六日から昭和二八年四月一三日まで及び同年九月二日から昭和四八年六月一八日まで）であり、Aへの面会は看護婦である次女X_1が時々行く程度で、Bは健康な時でさえほとんど面会に行かず、殊に昭和三五年頃以降高血圧症に悩まされるようになってからは、全く病院を訪れなくなった。Bは本件土地のCへの売却以前、昭和三五年初め頃、遠縁にあたり住所も五〇〇メートル位しか離れておらず、たびたび家庭内の問題などについて相談していたYの父に、本件土地の売却の話をもちかけたが、Yにより断わられていた。Yは当時右土地はAの所有だが、Aは精神分裂病のため長期にわたり入院中であることを知っていたという事情があったのである。

本件土地は、Cへの売却後CからDへ買主たる地位の譲渡がなされ、分筆されて、E・F・G云々らにさらに買主たる地位の譲渡があり、それぞれに仮登記がなされたが、最終的にYがそれぞれの仮登記権利者から本件土地について買主たる地位の譲渡を受け、昭和四二、三年頃農地法三条による知事の許可があったので、Yは本件土地について所有権移転登記を得た。その際、昭和四三年三月三一日不動産売渡証書が作成されているが、そこに記載されている売渡人Aの記名はBの委任を受けた司法書士が記載したものであり、その名下の印はBが押捺したものである。

その後、Bは昭和四四年三月二二日に死亡し、夫Aと次女X_1・三女X_2・次男X_3が相続したが、Aも措置入院中の病院で昭和四八年六月一八日に死亡した。そこで、X_1・X_2・X_3が本件土地を相続したとして、共有持分権に基づき、Yに対して抹消登記手続を請求したのが本件である。第一審X_1・X_2・X_3勝訴。

Yは控訴して、AはBに対して本件土地を売却する代理権を授与していたこと、仮にBがいかなる代理権も有していなかったとしても、X_1・X_2・X_3はBの死亡により本人AとともにBの無権代理人たる地位を承継し、その後Aの死亡により本人たる地位も承継したのであるから、結局無権代理人が本人を相続した場合と同一であり、その後無権代理行為は本人自らなしたのと同様の効果を生じ、X_1らは無権代理行為の追認を拒絶しえないと主張した。

原審は、本件分筆前の土地の売買について、Bは無権代理人であったことを認定した上で、無権代理人を相続した後本人を相続したX_1らは無権代理行為の追認を拒絶することができないというYの主張に対して、「そもそも無権代理人が本人を相続した場合に追認を拒絶することが信義則上許されないとされるのは、当該無権代理行為を無権代理人自らがなしたという点に存するというべきところ（最高裁判所昭和三五年（オ）第三号、同三七年四月二〇日第二小法廷判決・民集一六巻四号九五五頁参照）、無権代理行為を自らなしていないという点においては、無権代理人を相続した者が本人であっても、本人以外の相続人であっても異なるところはないから、無権代理人を相続した本人に追認拒絶権を認める以上、無権代理人を相続した後本人を相続した相続人についてのみ追認拒絶権を認めないとする根拠は見出し難いといわなければならない。それ故、相続人が無権代理人を相続した後本人を相続しようとも、また本人を相続した後無権代理人を相続しようとも、いずれの相続人の場合も同列に論ずべきものである。そして、無権代理人及び本人をともに相続した相続人に追認拒絶権を認めるのであれば、少なくとも特定物の給付義務に関しては、無権代理人の履行義務についての拒絶権もこれを認めるべきである。けだし、これを反対に解するとすれば、一方で与えたものを他方で奪う結果となるからである。一方、相手方としても、本人の追認がない以上、無権代理人の相続人が本人を相続したという偶然の事情がなければ、本来特定物の給付を受け得なかったのであるから、相続人に履行義務の拒絶権を与えたからといって、不測の不利益を蒙るというわけではない。もっとも、無権代理人の負担した義務が金銭債務の場合には、相続人に履行義務の拒絶権を認めるとしても損害賠償義務が残存することは前示のとおりであり、しかもその義務の内容は履行利益の賠償であると解すべきであるから、履行義務の拒絶権を認める実益に乏しいといわざるを得ない。それ故、金銭債務の場合には、相続人に追認拒絶権も履行義務の拒絶権も認められないと解してよいであろう（最高裁判所昭和四六年（オ）第一三八号、同四八年七月三日第三小法廷判決・民集二七巻七号七五一頁参照）。これを要するに、無権代理人及び本人をともに相続した相続人は、相続の時期の先後を問わず、特定物の給付義務に関しては、無権代理人を相続した本人の場合と同様に、信義に反すると認められる特別の事情のない限り、無権代理行為を追認するか否かの選択権及び無権代理人の履行義務についての拒絶権を有しているものと解するのが相当である」と判示した。そして、X_1・X_2・X_3には、本件分筆前の土地の売買について、Bとともにそれに関与したとか、右売買を承諾していたという事情はなく、むしろYは右売買に関しBに代理権が存しないことを知っていたというべきであるから、X_1・X_2・X_3が追認拒絶権ないし履行拒絶権を行使することが信義に反すると認められる特別の事情はないとして、Yの控訴を棄却した。Y上告。

最高裁は、「無権代理人を本人とともに相続した者がその後さらに本人を相続した場合においては、当該相続人は本人の資格で無権代理行為の追認を拒絶する余地はなく、本人が自ら法律行為をしたと同様の法律上の地位ないし効果を生ずるものと解するのが相当である。けだし、無権代理人が本人を相続した場合においては、本人の資格で無権代理行為の追認を拒絶する余地はなく、右のような法律上の地位ないし効果を生ずるものと解すべきものであり（大審院大正一五年（オ）第一〇七三号昭和二年三月二二日判決民集六巻一〇六頁、最高裁昭和三九年（オ）第一二六七号同四〇年六月一八日第二小法廷判決民集一九巻四号九八六頁参照）、このことは、信義則の見地からみても是認すべきものであるところ（最高裁昭和三五年（オ）第三号同三七年四月二〇日第二小法廷判決民集一六巻四号九五五頁）、無権代理人を相続した者は、無権代理人の法律上の地位を包括的に承継するのであるから、一旦無権代理人を相続した者が、その後本人を相続した場合においても、この理は同様と解すべきであって、自らが無権代理行為をしていないからといって、これを別異に解すべき根拠はなく（大審院昭和一六年（オ）第七二八号同一七年二月二五日判決民集二一巻一六四頁参照）、更に、無権代理人を相続した者が本人と本人以外のものであった場合においても、本人以外の相続人は、共同相続であるとはいえ、無権代理人の地位を包括的に承継していることに変わりはないから、その後の本人の死亡によって、結局無権代理人の地位を全面的に承継する結果になった以上は、たとえ、同時に本人の地位を承継したものであるとしても、もはや、本人の資格において追認を拒絶する余地はなく、前記の場合と同じく、本人が自ら法律行為をしたと同様の法律上の地位ないし効果を生ずるものと解するのが相当であるからである」と判示して、原判決を破棄し、本件を原審に差戻した。

(ii)　判例【9】は、無権代理人Bを本人Aとともに相続し無権代理人の地位を承継したX_1・X_2・X_3が、後に本人

Aを相続して本人の地位も承継したという二重相続の事案である。X_1・X_2・X_3が共有持分権に基づいて、本件土地について所有権移転登記を得ていたYに対し、抹消登記手続を請求したところ、Yは二重相続の場合には相続人がいずれを先に相続したかによって区別する必要があるとし、本人を相続した後に無権代理人を相続した場合には、結局本人が無権代理人を相続した場合と同一であり、相続人は追認拒絶できるが、本件のように無権代理人を相続した後に本人を相続した場合には、結局無権代理人が本人を相続した場合と同一で、その無権代理行為は本人が自らなしたのと同様の効果を生ずるから、X_1・X_2・X_3は追認拒絶できないと主張した。

これに対して、原審である名古屋高裁は、無権代理人が本人を相続した場合に追認を拒絶することが信義則上許されないとする根拠を、当該無権代理行為を無権代理人が自らなしたという点に求め、無権代理行為を自らなしていないという点においては、二重相続の場合にいずれを先に相続した相続人についても等しく妥当するから、無権代理人を相続した後本人を相続した相続人についてのみ追認拒絶権を認めないとする根拠は見出し難いとした上で、このように二重相続した相続人に追認拒絶権を認める以上、これを実効あらしめるためには少なくとも特定物給付義務に関しては、相続人に無権代理行為の履行義務についての拒絶権も、信義に反すると認められる特別の事情がない限り認めるべきである旨判示した上で、X_1・X_2・X_3には、本件分筆前の土地の売買について、Bとともにそれに関与したとか、右売買を承諾していたという事情はなく、むしろYは右売買に関しBに代理権が存しないことを知っていたというべきであるから、X_1・X_2・X_3が追認拒絶権ないし履行拒絶権を行使することが信義に反すると認められる特別の事情はないと判断した。すなわち、原審判決の特徴は、①追認拒絶権行使の可否の判断基準を信義則に求め、その内容を無権代理行為を自らなしたか否かであるとしたこと、②信義に反すると認められる特別の事情がない限り、本人としての地位に基づく追認拒絶権を行使できることはもちろんのこと、少なくとも特定物給付義務については、無権代理人としての地位に基づく履行義務についても拒絶権が認められると判断したこと、③その上で、Ｂの無権代理行為の直接の相手方でないＹの悪意の認定により、X_1らは追認拒絶も履行拒絶もできると判断した点にある。

併存貫徹説の立場では、X_1らにはＢから承継した無権代理人の地位とＡから承継した本人の地位とが併存し、X_1らは本人としての地位に基づいて追認拒絶できるが、同時にＢの代理権の不存在について相手方が善意・無過失であれば、無権代理人としての地位に基づき一一七条の履行又は損害賠償責任を負担する。特定物給付義務であっても、限定承認をせず相続財産と固有財産とを混同させてしまった以上は、善意・無過失の相手方の選択に従い履行責任を負わなければならない。この立場からすれば、原審の①②の判断に問題があることはいうまでもない。①は信義則説の多くの論者にみられる主張であるが、筆者は、信義則説が、事案の個別的具体的な検討をせずに、「自ら無権代理行為をした相続人が追認を拒絶するのは、信義則に反して許されない」と主張することにより、信義則という一般条項を追認拒絶権行使の可否に関する一般的基準として用いることを批判している（後述する）。また、②については、判例【7】【8】に対する考察のところで述べた。

そこで、ここでは、原審の③の判断について述べると、確かにＹは昭和三五年初め頃、Ｂから本件土地の売却の話をもちかけられた際、Ａが精神分裂病のため長期にわたり入院中であることを知っており、Ｂに代理権が存しないことについて悪意であったといえる。しかし、ＢはＹに断わられ、昭和三五年七月頃、Ｃに本件土地を売却したのであるから、本件のＢの無権代理行為の相手方はＣであって、Ｙではない。昭和四二、三年頃農地法三条による知事の許可があり、Ｙが本件土地について所有権移転登記を受けるに際して、昭和四三年三月三一日Ａ名義の売渡証書がＢの偽造により作成されているが、これは昭和三五年七月の本件分筆前の土地のＣへの売買に関する義務の履行であり、Yが本件分筆前の土地の売買（Bの無権代理行為）の相手方になったわけではない。原審は、少なくとも特定物給付義務に関しては、相続人に無権代理行為の履行義務についての拒絶権も、信義に反すると認められる特別の事情がない限り認めるべきである旨判示しているが、履行義務は一一七条に基づく無権代理人の責任であるから、履行義務拒絶云々をいう前に先ず、そもそもX_1らが無権代理人の責任を負担しているのか、すなわち、相手方CはBの代理権の不存在について、善意・無過失であったのかを問題とすべきであった。原審判決は、不動産会社の仲介により本件分筆前の土地がCに売却されたこと、その際所有権移転仮登記手続に要するA名義の委任状及びAの印鑑証明書が添付されたことは認定しているが、それ以上にCがAの措置入院の事実などを知っていたか否かについては認定していない。仮に、CがBの代理権の不存在について善意・無過失であったならば、転輾譲渡の末、最終的に本件土地について買主たる地位の譲渡を受けたYも前者の地位を承継するから、Y自身はBの代理権の不存在について悪意であったにせよ、X_1・X_2・X_3はYに対して無権代理人の責任を負担せざるを得ない。すなわち抹消登記請求は認められないということになる。

また、筆者は前述したように、原審の判断とは異なり、特定物給付義務であっても、限定承認をせず相続財産と固有財産とを混同させてしまった以上は、善意・無過失の相手方の選択に従い履行責任を負わなければならないと考えるが、Cが善意・無過失であった場合でも、事案の個別的具体的事情によっては、X_1らがYに対して、信義則上、無権代理人の責任の履行を拒絶できる余地もあるであろう。例えば、Yが、何も事情を知らないC、D、E、F、Gらを「わら人形」のように介在させることにより最終的に買主たる地位の譲渡を受けたというような場合である。しかし、本件では、そのような特段の事情は認定されていない。ただ単に、YがBの代理権の不存在について悪意であったというだけでは、X_1らはYに対して無権代理人の責任の履行を拒絶できない。(21)

(iii)　判例【9】において最高裁は、原審の判断を否定し、判例【8】の東京高判と同じく、第一回目の相続があった時点の相続人の法的地位を基準として、無権代理行為の効果を定める立場を採った。すなわち、本件では、X_1らは第一回目の相続において、無権代理人Bの法律上の地位を承継しており、その後に本人Aを相続したのであるから、これは無権代理人が本人を相続した場合と同様であって、相続人は、本人が自ら法律行為をしたと同様の法律上の地位ないし効果を生ずるものと解するのが相当であり、二重相続の事案で相続人自らは無権代理行為をしていないからといって、これと別異に解する根拠はなく、相続人は本人の地位で追認拒絶できる余地はないと判断した。

また、本件は共同相続の事案であり、無権代理人Bの法的地位を、X_1・X_2・X_3の他に本人Aが承継している。本人が無権代理人を相続した場合、判例の立場（判例【6】【7】）では、本人が追認を拒絶するのは信義則に反しないから無権代理行為は本人の相続により当然有効とはならず、本人は追認を拒絶できるが、追認を拒絶しても無権代理人の責任は免れない、ということになる。したがって、本件でもBの死亡の時点で、本人AはBの無権代理人の責任を承継するとともに、本人として追認を拒絶できる地位を有しており、後にAが死亡した場合のAの相続人は、そのようなAの地位を承継したはずであるが、本件のAの相続人であるX_1・X_2・X_3はすでにBの無権代理人の地位を承継していたため、結局、本人自ら法律行為をしたのと同様の法律上の地位ないし効果が生じ、X_1らは本人としての地位に基づいて追認拒絶できないと判断されたわけである。

そして、無権代理人が本人を相続した場合の唯一の最高裁判例であった【5】は、単独相続の事案であったが、本件のように共同相続人が無権代理人の地位を承継している場合にも、後に本人を相続することによって、本人が自ら法律行為をしたのと同様の法律上の地位ないし効果が生じることが、本判決によって確認された。

このような場合にも「本人と同一の法理」を採ることが「信義則」に適う、と判旨は積極的に表明しているわけではない。しかし、「無権代理人を相続した者は、無権代理人の法律上の地位を包括的に承継するのであるから、一旦無権代理人を相続した者が、その後本人を相続した場合においても、この理は同様と解すべきであって、自らが無権代理行為をしていないからといって、これを別異に解すべき根拠はなく（大審院昭和一六年（オ）第七二八号同一七年二月二五日判決民集二一巻一六四頁参照）」と判示しているところから、最高裁は、信義則の内容について、「自ら無権代理行為をしていない者が、本人として追認を拒絶しても信義則に反しない」と、解しているわけではない。確かに、最高裁は判例【6】において、「しかし、無権代理人が本人を相続した場合においては、自らした無権代理行為につき本人の資格において追認を拒絶する余地を認めるのは信義則に反するから、右無権代理行為は相続と共に当然有効となると解するのが相当であるけれども、」と判示しているが、判例【6】は本人相続型の事案であるから、この部分の判旨は傍論である。本件の判旨からは、最高裁は、信義則の内容を、「無権代理人を相続し、無権代理人の地位を包括的に承継した以上、後に本人を相続したからといって、本人の地位に基づいて追認を拒絶するのは信義則に反する」と解しているようである。もっとも、判旨が引用している大審院昭和一七年二月二五日判決（判例【4】）は、無権代理人を家督相続した後隠居して本人を家督相続したという二重相続の事案であって、大審院は、「無権代理行為の責任を無権代理人を相続することによって相手方に対して負担する者が、本人の地位に就くことによって追認できるのに追認を拒絶するのは信義則に反する」と判断していた。両判例の間には、信義則のとらえ方において、差異があるように思われる。

右のような最高裁の立場を前提にして、もし、本件において、先に本人Aが追認も追認拒絶もしないまま死亡し、後に無権代理人Bが死亡したとしたら、どうなるのか。A死亡時の相続人がX_1・X_2・X_3だけであったとすると、第一回目の相続でX_1らは本人の地位を包括的に承継するから、後に無権代理人Bを相続したとしても、それは本人が無権代理人を相続した場合と同様ということになり、無権代理行為は当然に有効とはならず、X_1らは本人の地位に基づいて追認を拒絶できるが、善意・無過失の相手方に対して無権代理人の責任を負担するという結論になる。相続の順序という偶然の事情により、相続人の法的地位は左右される。さらに、A死亡時の相続人が無権代理人BとX_1・X_2・X_3であったとすると、無権代理人Bの相続分については、「本人と同一の法理」が働くのかどうか、無権代理人ではない相続人X_1らの追認拒絶権はどうなるのかという問題が生じる。これについては、**最判平成五年一月二一日民集四七巻一号二六五頁**（判例【10】）が、無権代理人が本人を他の相続人とともに共同相続したという事案において、無権代理人の相続分に相当する部分についても「本人と同一の法理」を採らず、「他の共同相続人全員の追認がない限り、無権代理行為は、無権代理人の相続分に相当する部分においても、当然に有効となるものではない」と判示して、地位の併存を肯定している。このようにみると、判例【9】は、共同相続の事案ではあるが、たまたま、共同相続人の中に無権代理人が含まれていなかったので、最高裁も「本人と同一の法理」を採れたのであろう。

(iv)　併存貫徹説の立場から、本件の事案に対する結論を要約すると、X_1らにはBから承継した無権代理人の地位とAから承継した本人の地位とが併存し、X_1らは本人としての地位に基づいて追認を拒絶できるが、同時にBの代理権の不存在について相手方Cが善意・無過失であれば、無権代理人としての地位に基づき一一七条の履行又は損害賠償責任を負担する。特定物給付義務であっても、限定承認をせず相続財産と固有財産とを混同させてしまった以上は、善意・無過失の相手方の選択に従い履行責任を負わなければならない。本件では、不動産会社の仲介により本件分筆前の土地がCに売却されたこと、その際所有権移転仮登記手続に要するA名義の委任状及びAの印鑑証明書が添付されたことは認定しているが、それ以上にCがAの措置入院の事実などを知っていたか否かについては認定していない。仮に、CがBの代理権の不存在について善意・無過失であったならば、転輾譲渡の末、最終的に本件土地について買主たる地位の譲渡を受けたYも前者の地位を承継するから、Y自身はBの代理権の不存在について悪意であったにせよ、X_1・X_2・X_3はYに対して無権代理人の責任を負担せざるを得ない。すなわち抹消登記請求は認められないということになる。

この、併存貫徹説からする結論を批判する見解がある。辻正美「本件判批」私法判例リマークス一号二一頁は、「この問題（筆者注・無権代理と相続に関する問題）の原点は、むしろ、悪意又は過失ある相手方に対する無権代理人の責任を無権代理人の主観的事情の如何を問わず一律に排除する民法一一七条二項の法政策的な意味（むしろ欠陥）にあるように思われる。」との立場から、「自ら代理権のないことを知りながら、しかも、本人の追認を得られる見込みもないのに、あえて行為に及んだような無権代理人……いわば悪意の無権代理人（実際、大部分の無権代理人はこれに該当するであろう）は、相手方に過失があっても、信義則上、一一七条二項前段の規定による免責を主張しえない」（辻「無権代理・他人物売買と相続」法教一三一号四三頁）として、「当時Aは精神分裂病のため措置入院していたのであり、Bとしては、Aに対する禁治産の宣告を申立てたうえで、後見人としてA所有の財産を適法に処分することができたのであり、また、本件土地をCに売り渡した後でも、Aに対する禁治産の宣告を申立てたうえ、その後見人として先の行為を追認すべき立場であったにもかかわらず、そのいずれの措置もとらず、しかも、自ら売買代金の全額を受領しているのであり、かようなBが、民法一一七条二項を援用して同条一項による責任（履行義務）を免れることは、信義則上許されないというべきである。さすれば、かかるBの履行義務が、その死亡によりA及びX_1～X_3に相続されることは明らかであり、その後さらにAの死亡により右履行義務の全部がX_1～X_3に相続される一方、履行義務の目的である土地もAからX_1～X_3に相続されるから、この履行義務の効果として、本件土地の所有権は確定的にCないしYに移転することになる。この結論は、本件最高裁判決の結論と一致する」（辻・私法判例リマークス一号二二頁）と述べる。

併存貫徹説から辻説に対する考察は後述するが、ここでは辻説の立場からする本件事案の検討について考察したい。先ず、Aは精神分裂病のため長期間にわたって措置入院しており、当時の民法の規定に従いBが禁治産の中立をすれば、妻Bが後見人に選任され、Bは後見人として、利益相反行為（八六〇条）や代理権の濫用にならない限り、A所有の財産を適法に処分できたであろう。しかし、本件の無権代理行為の後、後見人に就任したBが、辻説のいうように「後見人として先の行為を追認すべき立場であったにもかかわらず、」とは、いうことはできない。

確かに、後見人は、被後見人の財産を管理し、その財産に関する法律行為について被後見人を代理する権限をもつから（八五九条）、無権代理行為の追認権、追認拒絶権も、後見人の代理権の範囲に含まれる。したがって、無権代理人が後見人に就任すると、自らの無権代理行為について、追認権あるいは追認拒絶権を行使することになる。しかし、無権代理人が本人を相続した場合とは、根本的に異なる問題がある。すなわち、無権代理人相続型において、追認によって生じる本人の責任を負担するのは、無権代理人自身であるが、後見人の場合に、後見人の追認によって生じる本人の責任が帰属するのは、被後見人であり、無権代理人は後見人として追認することによって、相手方に対する関係で、自らの無権代理人の責任を免れる結果となるからである。また、後見人は、もっぱら被後見人の利益のために、善良なる管理者の注意をもって、後見事務を処理する義務を負っているのであるから（八六九条、六四四条）、追認権、追認拒絶権も、被後見人の利益に合致するように行使しなければならない点が、無権代理人相続型の場合とは大きく異なる。

もちろん、制限能力者の保護を重視するという民法の基本的価値判断を尊重してもなお、後見人がその就任前に自らなした無権代理行為の追認を拒絶することが、信義則上許されないと判断される場合もあり得るが、そのように判断されるためには、少なくとも、当該の無権代理行為が積極的に制限能力者の利益を図る目的でなされており、その無権代理行為から得られた利益が、制限能力者の療養看護や生活費など制限能力者の利益のために現実に費消されていることが、絶対に必要であると考える（拙稿「就職前の無権代理行為に対する後見人の追認拒絶」『新世紀へ向かう家族法』三〇九頁以下　一九九八年一一月）。本件のBが、仮に売買代金の全額を受領していたとしても、それが現実に何に費消されたのかは認定されておらず（Aの入院費用などAの療養看護に費消されたのかもしれない）、Bが本件無権代理行為の後に後見人に就任していたとしても、先の行為を追認すべきであったとは即断できない。

また、認定事実からは、A・B夫婦は不仲であったらしいことは窺えるが、もともと本件土地はBの父が所有していたものであり、婿養子であったAがBの父から家督相続したものであるから、Bの意識としては（法律的には誤っているにしても）、「家」の財産を「家付娘」の自分が処分したというようなものであったかもしれない。他方、相手方CがBの代理権の不存在について無過失であったか否かについては認定されていないが、不動産会社の仲介により本件分筆前の土地がCに売却されたこと、その際所有権移転仮登記手続に要するA名義の委任状及びAの印鑑証明書が添付されたことなどから、他に疑念を生ぜしめるに足りる特段の事情がなければ、Aは無過失であったと判断される可能性も高い。したがって、本件事案では、辻説の主張するような信義則違反をもたらす個別具体的事情を見出すことはできず、「かようなBが、民法一一七条二項を援用して同条一項による責任（履行義務）を免れることは、信義則上許されないというべきである」とは、軽軽に判断できない。

無権代理人の主観的容態は、いわゆる非難性の高いものから逆に被害者的なものまで、様々である。他方、相手方も、善意・無過失のものから逆に無権代理行為を誘導するものまで、その容態は様々である。一一七条の無権代理人の責任は、代理人のそのような主観的容態を問わず、代理人が自らの代理権を証明することができず、かつ、本人の追認を得られなかったときには、相手方が代理人の代理権の不存在について善意・無過失であったことを要件として、代理人は相手方に対して、履行又は損害賠償責任を負うということを、保証していたと法が擬制する責任である。したがって、本件のBの主観的容態は不明だが、相手方Cが善意・無過失であれば、無権代理人の責任を負えば、それで足りると考える。(22)

(四)　無権代理人（共同）相続型

（i）　無権代理人が本人を他の相続人とともに共同相続した場合の無権代理行為の効果が問題とされたのが、【10】**最判平成五年一月二一日民集四七巻一号二六五頁**である。Yは入院加療中であったYの父Aから、A所有の山林をB（不動産業者）に売買する件、及びそれに付随してBの資金都合により三ヵ月未満の短期決済を目途に二〇〇〇万円の銀行融資を受けるについてその保証をする件についても、代理権を授与されていた。売買契約締結にあたって手付金二〇〇〇万円がBからAに支払うこととされたが、Bはその二〇〇〇万円の融資をCから受けるために、昭和五七年二月二日、売買最終交渉の席にCを同席させていた。Cは既に三〇件以上の融資を経験し数年間金融業に従事している業者である。Cは二〇〇〇万円を融資する条件として、CのBに対する未回収債権（六〇〇〇万円）及びその利息を含めた八五〇〇万円について改めてBが借用証書を書換え、Aがそれに連帯保証人として署名、捺印することを求めた。その条件が充たされなければCは融資に応じない態度であったので、BはYに懇願し、YはBが短期間内にその責任で債務全額を処理し、Aが連帯保証人としての責任を問われることが現実化することはあるまいとの期待のもとに、Aの了解を得ずにBの頼みに応じた。このようにして、その場で、貸金額八五〇〇万円、借主B、弁済期昭和五七年四月二〇日、遅延損害金年三割、公正証書を作成すべきことなどを内容とする借用証書に、Yは連帯保証人としてAの名を記載し、預かっていたAの実印を押捺し、Aが右貸金債務について連帯保証する旨の契約を締結した。なお、CはBから融資の依頼を受けた際、予め公正証書の作成を意図し、融資前に仙台法務局所属の公証人に指導を受け、公正証書作成嘱託のための準備をしてきており、YがAの名を代書し捺印した公正証書作成嘱託の委任状をも、同日Yから手に入れている。

昭和五七年五月一一日、CはBに対する前記八五〇万円の貸金債権を、当時Cの妻であったX（後に離婚）に譲渡した。そこで、Aは無権代理を理由として、公正証書の執行力の排除を求める請求異議の訴（昭和五七年（ワ）第一三二五号、原告A、被告X）を提起した。他方、XはYに対し、一一七条に基づく履行の請求として、前記貸金八五〇万円及びこれに対する遅延損害金の支払を求めた。

第一審、請求棄却。その直後（昭和六二年四月二〇日）Aが死亡し、Y及びD（Aの妻）が、Aの権利義務を各二分の一の割合で相続により承継した。原審において、Xは主張の一部を変更し、Yに対して、連帯保証債務の二分の一については連帯保証契約に基づき、残余の二分の一については一一七条の無権代理人の責任に基づき、八五〇万円及びこれに対する遅延損害金の支払を求め、原審は、Xの請求額の二分の一の四二五万円及びこれに対する遅延損害金の支払をYに命じた。その理由は、無権代理人が単独で本人を相続した場合に限らず、「無権代理人と他の者とが共同で本人を相続した場合であっても、その無権代理人が承継すべき『被相続人』（本人）の法的地位の限度では、本人自らしたのと同様の効果が生ずべきことは異なることはない」ので、YがAから相続により承継した二分の一の部分については、Yがその連帯保証責任を負うからである。

なお、Xは残余の二分の一（Dの相続分）について、Yに対して無権代理人としての責任を追及していたが、これについて原審は、Cに一一七条二項の過失を認定しXの請求を棄却している。すなわち、Cは経験のある金融業者であり印鑑証明書の有する重大性を十分に認識していたとみられること、本件は不動産の売主が買主のために融資について保証をするという取引形態であり、関与当事者の権限の有無については慎重に検討すべきであったところ、Cは、Aの印鑑証明書に記載されているAの生年月日について関心を抱かなかったということは、金融業者であるCが専門家としての検討を怠った過失があるというべきであり、もし、印鑑証明書の生年月日について検討していれば、Aとして行為を担当した者がAではなく、Aの息子Yであり、Aが入院中であることは極めて容易に判明したことは明らかである、との理由による。Y上告。

最高裁は、「無権代理人が本人を他の相続人と共に共同相続した場合において、無権代理行為を追認する権利は、その性質上相続人全員に不可分的に帰属するところ、無権代理行為の追認は、本人に対して効力を生じていなかった法律行為を本人に対する関係において有効なものにするという効果を生じさせるものであるから、共同相続人全員が共同してこれを行使しない限り、無権代理行為が有効となるものではないと解すべきである。そうすると、他の共同相続人全員が無権代理行為の追認をしている場合に無権代理人が追認を拒絶することは信義則上許されないとしても、他の共同相続人全員の追認がない限り、無権代理行為は、無権代理人の相続分に相当する部分においても、当然に有効となるものではない。そして、以上のことは、無権代理行為が金銭債務の連帯保証契約についてされた場合においても同様である」と判示し、無権代理行為の追認があった事実についてXの主張立証がないので、Yの二分の一の相続分に相当する部分においても、連帯保証契約が有効になったということはできないと判断して、原判決中Y敗訴部分を破棄し、その部分につきXの控訴を棄却した。なお、三好達裁判官の反対意見がある。

(ii)　判例【10】は、山林の買主B（不動産業者）が売主Aに交付すべき手付金二〇〇万円のために銀行融資を受けるについて、売主Aが保証をすることに同意し、その旨の代理権を山林売買の代理権とともに息子Yに授与していたが、金融業者CがBに対する従前の未回収債権（六〇〇万円）及びその利息も含めた八五〇万円についてAが連帯保証しなければ、Bへの融資に応じない態度にでたので、YはAの了解を得ずにBの懇願に応じ公正証書の作成までを内容とする連帯保証契約を締結した。CはBに対する八五〇万円の貸金債権を、当時Cの妻であったX（後に離婚）に譲渡した。その事実を知ったAがYの無権代理を理由として、公正証書の執行力の排除を求める請求異議の訴（別訴）を提起し、他方、XはYに対し、一一七条に基づく履行請求として、貸金八五〇万円及びこれに対する遅延損害金の支払を求めたという事案である。第一審判決（X敗訴）直後Aが死亡し、Yが母DとともにAを共同相続したので、Xは主張の一部を変更した。YがAから相続により承継した二分の一の部分については、本人としての連帯保証責任を追及し、残余の部分（Dの相続分）については、一一七条の無権代理人の責任を追及したのである。

大審院及び最高裁は、無権代理人が本人を単独相続した場合（判例【1】【2】【3】【4】【5】）、「本人が自ら法律行為をしたのと同様な法律上の地位を生じたものと解するのが相当」（本人と同一の法理）であるから、当該無権代理行為は相続とともに当然有効になると解し、地位の並存や、相続人が本人の地位に基づいて追認拒絶することを認めなかった。また、無権代理人を本人とともに共同相続した相続人が、その後さらに本人を共同相続した場合（判例【9】）でも、「無権代理人を相続した者は、無権代理人の法律上の地位を包括的に承継するのであるから、一旦無権代理人を相続した者が、その後本人を相続した場合においても、この理は同様と解すべきであって、自らが無権代理行為をしていないからといって、これを別異に解すべき根拠はなく（大審院昭和一六年（オ）第七二八号同一七年二月二五日判決民集二一巻一六四頁参照、筆者注判例【4】）、更に、無権代理人を相続した者が本人と本人以外のものであった場合においても、本人以外の相続人は、共同相続であるとはいえ、無権代理人の地位を包括的に承継していることに変わりはないから、その後の本人の死亡によって、結局無権代理人の地位を全面的に承継する結果になった以上は、たとえ、同時に本人の地位を承継したものであるとしても、もはや、本人の資格において追認を拒絶する余地はなく、前記の場合と同じく、本人が自ら法律行為をしたと同様の法律上の地位ないし効果を生ずるものと解するのが相当であるからである」と判示して、「本人と同一の法理」を採り、当該無権代理行為は相続とともに当然有効になると解し、地位の並存や、相続人が本人の地位に基づいて追認拒絶することを認めなかった。

判例【9】も本件【10】も、ともに共同相続の事案であり、最高裁は【9】を無権代理人相続型に分類しているが、【9】では相続人のなかに無権代理人が含まれていないのに対して、【10】では相続人のなかに無権代理人が含まれているという違いがある。しかし、一貫した判例の立場（当然有効説）からすれば、無権代理人が本人を他の相続人とともに共同相続した【10】においても、少なくとも、無権代理人の相続分に相当する部分については、「本人が自ら法律行為をしたと同様の法律上の地位ないし効果を生ずるものと解するのが相当である」と判示して、その部分については無権代理行為は有効になると判断してもよさそうであり、現に原審は、「無権代理人と他の者とが共同で本人を相続した場合であっても、その無権代理人が承継すべき『被相続人』（本人）の法的地位の限度では、本人自らしたのと同様の効果が生ずべきことは異なることはない」と判示している。

しかし、最高裁は、「無権代理人が本人を他の相続人と共に共同相続した場合において、無権代理行為を追認する権利は、その性質上相続人全員に不可分的に帰属するところ、無権代理行為の追認は、本人に対して効力を生じていなかった法律行為を本人に対する関係において有効なものにするという効果を生じさせるものであるから、共同相続人全員が共同してこれを行使しない限り、無権代理行為が有効となるものではないと解すべき」であり、「他の共同相続人全員の追認がない限り、無権代理行為は、無権代理人の相続分に相当する部分においても、当然に有効となるものではない」と判示し、共同相続の事案において、地位の併存を認めた。学説の多くはかねてから判例の当然有効説に否定的であり、その批判の根拠の一つとして、当然有効説では共同相続が原則である今日においては、他の共同相続人の追認・追認拒絶権の行使の自由を奪うことになる、ということを挙げていた。最高裁は、このような批判を考慮して、追認権の帰属とその効果という観点から、共同相続人全員が共同して追認権を行使しない限り無権代理行為は有効とはならず、他の共同相続人全員の追認がない限り、無権代理行為は、無権代理人の相続分に相当する部分においても、当然有効にはならないと判断して、当然有効説を採らなかった。最高裁が今後、無権代理人単独相続型の事案や、二重相続の事案で最高裁が無権代理人相続型と分類する事案（相続人が無権代理人を相続した後に本人を相続する事案）においても、当然有効説を棄て去るかどうかは、本判決で示された判断だけでは不明であるが、併存貫徹説の立場からは、地位の併存を認めた本判決は支持できるし、最高裁はその方向で一歩を踏み出したと評価したい。

(iii)　最高裁は、「他の共同相続人全員が無権代理行為の追認をしている場合に無権代理人が追認を拒絶することは信義則上許されないとしても」と判示している。これまで、大審院及び最高裁が、判旨において「信義則」に言及しているのは、判例【4】【6】【9】であった。判例【6】では、最高裁は、「しかし、無権代理人が本人を相続した場合においては、自らした無権代理行為につき本人の資格において追認を拒絶する余地を認めるのは信義則に反するから、右無権代理行為は相続と共に当然有効となると解するのが相当であるけれども、」と判示しており、自ら無権代理行為をした者が本人の地位で追認を拒絶することは信義則に反するとの判断を示したようにみえるが、判例【6】は本人相続型の事案であるから、この部分の判旨は傍論である。大審院及び最高裁が、関係当事者間の個別具体的な事情を認定した上で、かかる無権代理人が本人の地位に基づいて追認を拒絶することは信義則に反するとの判断を下したことは一度もない。判例【4】は、無権代理人を家督相続した後隠居して本人を家督相続したという二重相続の事案であり、大審院は、「無権代理行為の責任を無権代理人を相続することによって相手方に対して負担する者が、本人の地位に就くことによって追認できるのに追認を拒絶するのは信義則に反する」との判断を示している。そして、判例【4】を引用する判例【9】は、無権代理人を本人とともに共同相続した相続人が、後に本人を二重相続するという事案であるが、最高裁は信義則の内容を、「無権代理人を相続し、無権代理人の地位を包括的に承継した以上、後に本人を相続したからといって、本人の地位に基づいて追認を拒絶するのは信義則に反する」と解しているようであり、自らは無権代理行為をしていないという事情は考慮に入れる必要はないとしている。判例【4】【9】でいう信義則は、当然有効説を前提とし、いわばそれを補強することを意図して用いられた信義則であったといえよう（当然有効説を補強するのに役立ったかどうかは甚だ疑問であるが）。

それに対して、判例【10】では、最高裁は少なくとも当然有効説と決別しており、そこでいう信義則の内容は、これまでとは異なる。しかし、最高裁は、「他の共同相続人全員が無権代理行為の追認をしている場合に無権代理人が追認を拒絶することは信義則上許されないとしても」と述べているが、他の共同相続人Dの追認の事実について主張立証がない本件では、無権代理人Yの追認拒絶が信義則上許されない、と最高裁が判断したわけではない。この部分の判旨は、傍論である。また、この事案で、仮に他の共同相続人Dが追認したとしても、後述するように本件の相手方Cは無権代理行為を誘導した、いわば加害者的な相手方であり、そのようなCに対して、いわば被害者的なYが追認を拒絶することが、信義則に反するとはいえないと考える。したがって、関係当事者間の個別具体的事情も考慮せずに、「他の共同相続人全員が無権代理行為の追認をしていること」が、「無権代理人の追認拒絶が信義則上許されない場合である。」というように、定式化して誤解すべきではないということを指摘しておきたい。

(iv)　無権代理人相続型の事案で、最高裁ははじめて地位の併存を認めたが、学説は概ね地位の併存を肯定しているようであり、地位の併存を認めた上で、無権代理人が本人の地位で追認を拒絶することは信義則に反するという信義則説と、可能な限り地位の併存を貫徹しようとする併存貫徹説とに分かれる。信義則説と併存貫徹説との相違について、信義則説は、「無権代理人に注目して相手方との間での矛盾的態度（本人に効果が帰属するとして代理行為をしたのに後になって反転して本人として効果帰属を拒絶する態度）を咎める趣旨であるのに対して、併存貫徹説は相手方の利益状況に着目して立論している点にある。いずれを妥当とみるかである」（安永正昭「本件判批」民法判例百選Ｉ（第五版）八三頁）というが、併存貫徹説が問題にしているのは、そういうことではない。無権代理人の主観的容態も相手方の事情も、事案により様々であるにもかかわらず、追認拒絶権行使の可否を判断するのに、事案に対する何らの具体的検討もなしに、信義則という一般条項を一般的基準として用いることの不当さを問題としているのである。

無権代理人の主観的容態は様々である。不法行為的に自分には代理権があると称する代理人もいれば、自分には代理権があると思っていた代理人とか、今はないにせよ追認してもらえると思っていた代理人も存在する。代理人が本人から家政処理を任されていたり、何度か本人のために代理行為をした経験があるなら、本人の追認を期待して行為することも多い。逆に相手方が無権代理行為を誘導し、代理人の方がいわば被害者的にそれに乗せられてしまったというケースも存在する。

例えば、本判決と同日に言い渡された最高裁第一小法廷判決（判タ八一五号一二一頁、金判九二〇号三頁）の事案がそれである。略述すると、本人Ａは七八歳の土地持ちだが、耳が不自由で文字もほとんど読めず、物事に対する判断能力や記憶力が通常人に比べかなり劣っていた。Ａの長男Ｘは土木会社を経営していたが、資金繰りに苦しんでいる。この状況を知っていた相手方Y_1はXに、五〇〇〇万円の斡旋料を自分に支払うことや、A所有土地を担保に入れるため、その土地の所有名義や処分をY_1に委ねることなどを条件に融資先を探してやると話をもちかけ、XがAの授権を得ることなく担保提供承諾書の作成に応じると、Y_2を紹介したが、Y_2が弁済期限に強い催促(七〇〇〇万円)をするや否や、すかさずY_1は、「Y_2がA名義の白紙委任状及び印鑑登録証明書などを所持しており、これを悪用して所有権移転登記をしてしまうおそれがあるので、先に形式的に登記名義を他に移してY_2の企みを防止する必要がある」などと述べ、自分への移転登記を得た直後、Y_3に二億円で売却し登記も移転してしまった。Y_3は二億円の売買代金をY_1に支払うために、Y_4信用組合から二億五〇〇〇万円の融資を受け、根抵当権設定登記も経由している。AはY_1に各登記の抹消を請求し、第一審で勝訴判決を得た後死亡、Xら一一人がAを共同相続したので、無権代理人が本人を共同相続した場合の無権代理行為の効力が第二審及び最高裁で問題とされ、最高裁は本判決と同じ法理を示して、Y_4の上告を棄却し、抹消登記請求を認容している。この事件のXはいささか思慮分別にかけるが、Xの無権代理行為を誘導したのは、相手方のY_1である。無権代理人Xは被害者的、相手方Y_1は加害者的ということができよう。

素人的な感覚では、「無権代理人は悪者」というイメージがあるかもしれないが、実際の事件においては、無権代理人の主観的容態は、いわゆる非難性の高いものから低いものまで様々であり、相手方も代理権の不存在について善意・悪意や過失の有無に至るまで様々であって、両者の組み合わせは多様に存在する。にもかかわらず、具体的事案を検討せず、「無権代理人に注目して相手方との間での矛盾的態度を咎める趣旨で、無権代理人が本人の地位で追認を拒絶するのは信義則に反する」というのでは、衡平に反する結果を招くであろうし、そもそも信義則という一般条項を、具体的判断基準を挙げずに、一般的基準として用いることに疑問を感じる。代理人の主観的容態は、加害者的なものから被害者的なものまで様々であるが、代理人がその代理権を証明することができず、本人の追認を得ることもできなかった場合には、相手方の善意・無過失を要件として一一七条の責任を負えばよいというのが民法の定めるところである。相続という偶然の事情により、無権代理人の責任が一一七条の責任より増減させられる必要はないし、相手方に望外の利益を与える必要もないという視点を維持して、可能な限り本人と無権代理人との地位の併存を貫徹してこそ、個々の場合に衡平であり、かつ、単独相続か共同相続か、いずれが先に死亡したかなどを問わずに、すべての場合に統一的な結論を導き出せると考える。

(v)　本件は、不動産の買主Bが売主Aに交付すべき手付（二二〇〇万円）のために、Bが金融業者Cから融資を受けるについて、売主Aが連帯保証するという取引形態であり、CのBに対する従前の未回収債権（六〇〇万円）及びその利息も含めた八五〇万円についてAが連帯保証しなければ、Bへの融資に応じないという態度にでたのは、相手方Cである。原審は、この取引形態の特殊性を考慮した上で、金融業者Cが印鑑証明書に記載されているAの生年月日について関心を抱かず、Y（Aの息子、代理人）をAと認識していたことなどを根拠に、Cに一一七条二項の過失ありと認定している。しかし、Cは一一七条二項の過失ありというより、むしろ悪意であったとみるべきであろう。何故なら、Yとしては、Aから、山林売買とそれに付随して三ヵ月未満の短期決済を目途に二〇〇〇万円の銀行融資を受けるBの債務についてその保証をする件についても代理権を授与されていたのであるから、Cに対して本人Aのふりをする必要はないからである。むしろ授与された代理権の範囲を越えるCからの申出に対して、Yは困惑し最初は拒絶したであろうが、Cの強い態度とBの懇願により、「YはBが短期間内にその責任で債務全額の処理をし、Aが連帯保証人としてその責任を問われることはあるまいとの期待のもとに、Aの了解を得ずにBの頼みに応じた」のである。この事情を考慮すれば、Cは自己のもちかけた取引について、Yには代理権がないことを知っていたと判断すべきであろうし、少なくともCがYの無権代理行為を誘導している。このCとの関係でYの追認拒絶が信義則に反するというのであれば、それはかえって衡平の理念に反することになろう。

(vi)　並存貫徹説の立場では、本件の場合、もしAが追認も追認拒絶もしないまま死亡し、YとDがAを相続したのであれば、Yに本人たる地位と無権代理人の地位とが併存し、Yは本人の地位に基づいて追認を拒絶できるし、本件のCに対しては無権代理人の責任も負わないので、結局、前主の地位を承継したXのYに対する請求は認められない。その意味で、本件最高裁判決の結論も支持できる。しかし、本件最高裁判決に非常に問題があるのは、本件は相続開始以前にすでに本人Aの追認拒絶があったのではないかという点である。本人の追認拒絶があれば、その時点で無権代理行為の本人への効果不帰属が確定する。その後に本人が死亡し相続が開始したとしても、無権代理行為の効果が改めて問題となることはなく、追認拒絶した本人を共同相続した無権代理人の責任が問題となるだけのはずである。

本件では、公正証書の執行力の排除を求めて、本人AからXに対して請求異議の訴が提起されており、原審は「右請求異議訴訟においては、公正証書及びその基本となった金員消費貸借についての連帯保証契約に関するYの代理権の有無（Yの無権代理をも含めて）が重要な争点となっていることは、当裁判所に顕著なところである」と認定している。また、前述した本判決と同日に最高裁第一小法廷が判決した事件についても、第一審で本人Aは相手方Y_1らに各登記の抹消を請求しており、AのY_1に対する移転登記や登記原因となった売買はAの意思に基づくものではないこと、Xが関与した担保提供承諾書の作成もAの授権によるものではないこと（これが第一審において、Xの無権代理による譲渡担保契約であるとしても、相続により当然に有効になるものではないと判断された）などが認定され、A勝訴の判決がなされている。にもかかわらず、最高裁はあたかも本人の追認または追認拒絶がないまま相続が開始した場合のごとく、無権代理行為の効果について判旨を展開している。前述したが、最高裁は、かつて、本人相続型の判例【7】においても、相続開始前に本人の追認拒絶があったのではないかとみられる事案であるにもかかわらず、それには触れず、本人が追認拒絶をしないまま相続が開始した場合のごとく、無権代理人を相続した本人は、本人として追認を拒絶できるが、追認を拒絶しても、相続によって承継した一一七条の無権代理人の責任を免れることはできない旨判示している。

このような最高裁の態度は、それぞれの認定事実だけからでは未だ本人の追認拒絶があったとは評価できないと判断したのか、あるいは、追認拒絶があったにせよ相続が生じれば無権代理と相続の問題として処理するという消極的意思表明なのか、不明であるといわざるを得ない。最高裁は、それぞれの認定事実を本人の追認拒絶と評価したのか否かを明確にするべきであるし、もし、追認拒絶と評価したのなら、それでもなおかつ無権代理と相続の問題とする理論的根拠を積極的に表明すべきであった。なお、最判平成一〇年七月一七日民集五二巻五号一二九六頁（判例【11】）は、本人が相手方に対し無権代理によりなされた登記の抹消を求める訴を提起したことを、本人の追認拒絶と評価した上で、これにより無権代理行為は本人に対して効力を生じないことに確定したから、その後に相続が開始されても、すでに本人がした追認拒絶の効果に影響はない旨判示している。(23)

(五)　二重相続（限定承認）型

(i)　本人による追認拒絶後の無権代理行為の効果が問題とされたのが、【11】最判平成一〇年七月一七日民集五二巻五号一二九六頁である。これは二重相続の事案（相続人らが無権代理人を共同相続した後本人を二重相続）であるが、最初の相続について限定承認がなされているという特徴がある。Aは、布綿の製造販売を目的とする甲有限会社を経営していたが、昭和五一年に一線を退き、それからは、Aが先夫（昭和二〇年に戦死）との間にもうけた長男Bが、実質的に甲有限会社の経営者となった。Aは、昭和五八年八月一三日、脳循環障害（健忘症候群）と判断され、同年一一月一八日には、Aの夫（昭和二五年に再婚）が死亡したが、Aは夫が死亡したことを理解することができず、遅くともこの頃には、意思能力を喪失した状態に陥っていた。

ところで、昭和六〇年一月二一日から同六一年四月一九日までの間に、BはAの意思に基づくことなくその代理人として、A所有の各物件に、以下の根抵当権ないし抵当権を設定して登記を経由した。Y_1信用保証協会の甲有限会社に対する信用保証委託契約に基づく一切の債権を被担保債権とし、極度額を三五〇〇万円とする根抵当権設定登記、Y_2銀行のAに対する銀行取引、手形債権、小切手債権を被担保債権とし、極度額を二〇〇〇万円とする根抵当権設定登記、Y_3のBに対する二〇〇〇万円を被担保債権とする抵当権設定登記及び条件付賃借権設定仮登記、Y_4会社の甲有限会社に対する商品売買取引、手形債権、小切手債権を被担保債権とし、極度額を三〇〇〇万円とする根抵当権設定仮登記などである。また、Bは、昭和六一年四月一九日、Aの意思に基づくことなくその代理人として、Y_4会社との間で、Aが甲有限会社のY_4会社に対する商品売買取引などに関する債務を連帯保証する旨の契約を締結した。

その後、Bが経営していた甲有限会社の経営状態はさらに逼迫し、昭和六一年九月一日、Bは自殺したが、その相続人であるBの妻C及び子X_1・X_2・X_3は、限定承認をした。Aは昭和六二年五月二一日、神戸家庭裁判所において禁治産者とする審判を受け、右審判は、同年六月九日、確定した。そして、Aは、Aの後見人に就任したC（昭和六〇年三月二〇日からAと同居）を法定代理人として、同年七月七日、Y_1・Y_2・Y_3・Y_4に対する各登記の抹消登記手続を求める本訴を提起し、Y_4は、反訴により、連帯保証債務の履行と仮登記の本登記手続を請求した。ところが、第一審継続中の昭和六三年一〇月四日、Aが死亡し、Aの孫であるX_1らが代襲相続により、A所有の本件各物件を取得するとともに、本件訴訟を承継した。

一審、二審とも、ほぼ同様の理由により、X_1らの請求を棄却し、Y_4の反訴請求を認容した。すなわち、X_1らが、Bの相続について限定承認をしたから、その後にAを相続したとしても、本人が自ら法律行為をしたのと同様の効果は生じないし、根抵当権設定契約等がX_1らに対し効力を生じないと主張することは、信義則に反しない等と主張したことに対しては、限定承認の場合も、被相続人の権利義務や法律上の地位を包括的に承継することに変わりはなく、本人と代理人の資格が同一人に帰したことにより、本人が自ら法律行為をしたのと同様の法律上の地位を生ずる点では、単純承認の場合と異なるところはなく、無権代理行為は当然に有効となるものと解すべきである、と判断した。また、Aが訴訟承継がなされる前の旧原告として、昭和六二年七月七日に、Y_1らを被告として、本件各登記の抹消登記手続を求める本件訴訟を提起したことは、AがY_1らに対し、本件無権代理行為につき追認拒絶の意思を表明しているものと認めることができるが、本人と代理人の資格が同一人に帰するにいたった場合には、信義則上、本人が自ら法律行為をしたのと同様の法律上の地位を生じ、もはや本人の資格において無権代理行為の追認を拒絶する余地はなく、無権代理行為は当然に有効になるものであるから、本人が訴訟上の攻撃防御方法のなかで追認拒絶の意思をも表明していると認められる場合であっても、その訴訟係属中に本人と代理人の資格が同一人に帰するにいたった場合、無権代理行為は当然に有効となるものと解すべきであるとした。しかし、Y_2・Y_4の表見代理の主張に対しては、AはY_2・Y_4の主張する表見代理の成立時点以前に意思能力を喪失していたから、Y_2らの主張は前提を欠くと判断した。X_1ら上告。

最高裁は、「本人が無権代理行為の追認を拒絶した場合には、その後に無権代理人が本人を相続したとしても、無権代理行為が有効になるものではないと解するのが相当である。けだし、無権代理人がした行為は、本人がその追認をしなければ本人に対してその効力を生ぜず（民法一一三条一項）、本人が追認を拒絶すれば無権代理行為の効力が本人に及ばないことが確定し、追認拒絶の後は本人であっても追認によって無権代理行為を有効とすることができず、右追認拒絶の後に無権代理人が本人を相続したとしても、右追認拒絶の効果に何ら影響を及ぼすものではないからである。このように解すると、本人が追認拒絶をした後に無権代理人が本人を相続した場合と本人が追認拒絶をする前に無権代理人が本人を相続した場合とで法律効果に相違が生ずることになるが、本人の追認拒絶の有無によって右の相違を生ずることはやむを得ないところであり、相続した無権代理人が本人の追認拒絶の効果を主張することがそれ自体信義則に反するものであるということはできない。

これを本件について見ると、Aは、Y_1らに対し本件各登記の抹消登記手続を求める本訴を提起したから、Bの無権代理行為について追認を拒絶したものというべく、これにより、Bがした無権代理行為はAに対し効力を生じないことに確定したといわなければならない。そうすると、その後にX_1らがAを相続したからといって、既にAがした追認拒絶の効果に影響はなく、Bによる本件無権代理行為が当然に有効になるものではない。そして、前記事実関係の下においては、その他にX_1らが右追認拒絶の効果を主張することが信義則に反すると解すべき事情があることはうかがわれない」と判示して、X_1らの請求を棄却した原審判決を破棄した。

(ii)　本件は、甲有限会社の実質上の経営者であるBが、意思能力を喪失した状態に陥っている母Aの代理人として、A所有の不動産に、甲有限会社の債務（あるいは名義上はAまたはBの債務であっても、実質的には甲有限会社の債務と認められる債務）を担保するため、Y_1～Y_4らと根抵当権ないし抵当権設定契約を締結し、各登記を経由した後に死亡（自殺）、Bの相続人である妻C及び子X_1～X_3は、Bの相続について限定承認をし、次いで、禁治産宣告の審判を受けたAの後見人に就任したCは、Aの法定代理人として、Y_1らに各登記の抹消登記手続を求める訴訟を提起したところ、第一審継続中に今度はAが死亡したので、無権代理人Bを限定承認により相続した後本人Aを代襲相続することになったX_1ら（Aの孫）が、A所有不動産を相続するとともに、本件訴訟を承継したというものである。事案上の特徴としては、①相続人X_1らは、無権代理人Bを相続した後、代襲相続により本人A（Bの母）を二重相続していること、②Bの相続について、Bの妻C及び子X_1らは限定承認をしていること、③限定承認の後に、禁治産宣告の審判を受けたAの後見人に就任したCが、Aの法定代理人としてY_1らに各登記の抹消手続を求める訴訟を提起したこと、が挙げられる。

先ず、③について、同種の事案として、判例【10】及び同日判決の最判平成五年一月二一日判タ八一五号一二一頁がある。前者においては、本人AはYの無権代理を理由として、公正証書の執行力の排除を求める請求異議の訴（別訴）を提起しており、そこにおいては、「公正証書及びその基本となった金銭消費貸借についての連帯保証契約に関するYの代理権の有無（Yの無権代理をも含めて）が重要な争点になっていることは、当裁判所に顕著なところである」と原審は認定している。後者においては、一審で本人Aは相手方Y_1らに所有権移転登記等各登記の抹消を請求しており、その原因となった売買はAの意思に基づくものではなく、Xが関与した担保提供承諾書の作成もAの授権によるものではないことなどが認定されていた。両者は共に一審で本人A勝訴の判決がなされた後にAが死亡し、前者では無権代理人Yが母とともにAを共同相続、後者では無権代理人Xら一一人がAを共同相続したので、無権代理人が本人を共同相続した場合の無権代理行為の効力が、二審及び最高裁で問題とされた。

両判決において最高裁が、無権代理人の相続分についても当然有効説の立場を採らずに、本人の地位と無権代理人の地位との併存を認めた点は、筆者の採る併存貫徹説の立場から支持できるものであった。しかし、両判決とも、本人の追認拒絶があったとは評価せず、あたかも、本人の追認拒絶がないまま相続が開始した場合のごとく無権代理行為の効果について判旨を展開したのは、極めて問題であった。すなわち、これだけの認定事実があっても未だ本人の追認拒絶とは評価できないと判断したのか、あるいは、追認拒絶があったにせよ相続が生じれば、無権代理と相続の問題として処理するという消極的意思表明なのか不明だったからである。

もっとも、本件の原審判決は、Aが訴訟承継がなされる前の旧原告として、昭和六二年七月七日に、Y_1らを被告として、本件各登記の抹消登記手続を求める本件訴訟を提起したことを、AがY_1らに対し、本件無権代理行為につき追認拒絶の意思を表明しているものと評価した上で、本人と代理人の資格が同一人に帰するにいたった場合には、本人が自ら法律行為をしたのと同様の法律上の地位を生じ、もはや本人の資格において無権代理行為の追認を拒絶する余地はなく、無権代理行為は当然に有効になるものであるから、本人が訴訟上の攻撃防御方法のなかで追認拒絶の意思をも表明していると認められる場合であっても、その訴訟係属中に本人と代理人の資格が同一人に帰するにいたった場合、無権代理行為は当然に有効となるものと解すべきであると判断している。この原審判決の判断は、この問題に対する最高裁の意見を付度したものかとも思われる。しかし、最高裁の立場でも、本人相続型の事案では、「本人と同一の法理」は働かないはずであるが、最高裁は本人相続型の判例【7】において、相続開始以前に本人の追認拒絶があったとみられる事案であったにもかかわらず、それには触れないで、本人が追認拒絶をしないまま相続が開始した場合のごとく、判旨を展開している。したがって、この問題に対する、最高裁の意見は不明のままであった。

しかるに、本件判決【11】において、最高裁は、判例【10】及び同日判決の最判平成五年一月二一日判タ八一五号一二一頁について触れることはなかったものの、AがY_1らに対し本件各登記の抹消登記手続を求める本訴を提起したことを、Bの無権代理行為に対する本人の追認拒絶であると評価した。追認拒絶があれば、その時点で無権代理行為の本人への効果不帰属が確定する。したがって、その後に本人が死亡して相続が開始したとしても、無権代理行為の効果が改めて問題となることはなく、後は相続人が承継した無権代理人の責任が問題となるだけである。相続人が承継した無権代理人の責任の内容について、本判決は触れていないが、追認拒絶による無権代理行為の本人への効果不帰属を明らかにした点は、自明のことであるとはいえ意義深い。

(iii)　次に、本件の事案上の特徴①は、相続人X_1らは、無権代理人Bを相続した後、代襲相続により本人A（Bの母）を二重相続していることであった。二重相続型の事案としては、判例【4】は、無権代理人を家督相続した後隠居して本人を家督相続したという事案であり、判例【9】は、無権代理人Bを本人Aとともに相続し無権代理人の地位を承継したX_1らが、後に本人Aを相続して本人の地位を承継した事案であった。いずれも、本人は追認も追認拒絶もしないまま死亡しており、判決においては、「本人と同一の法理」が採られている。そして、事案上の特徴②として、第一回目のBの相続について、Bの妻C及び子X_1らは限定承認をしている。無権代理と相続をめぐる判例は、これまですべて、「単純承認」の事案であり、「限定承認」がなされたのははじめてのケースである。限定承認が、「本人と同一の法理」にどのような影響を及ぼすかについて、原審は、「限定承認の場合も、被相続人の権利義務や法律上の地位を包括的に承継することに変わりはなく、本人と代理人の資格が同一人に帰したことにより、本人が自ら法律行為をしたのと同様の法律上の地位を生ずる点では、単純承認の場合と異なるところはなく、無権代理行為は当然に有効となるものと解すべきである」と判示した。しかし、最高裁では、追認拒絶による無権代理行為の本人への効果不帰属が明らかにされたにとどまり、限定承認が無権代理行為の効果に対して及ぼす影響については、判断が示されなかった。もともと、「本人と同一の法理」は、家督相続になじみやすい理論であり、かたや「限定承認」がなされれば、相続財産と相続人の固有財産は分離される。今後、無権代理人相続型の事案において、本人の追認も追認拒絶もないまま相続が開始し、その相続について限定承認がなされた場合に、最高裁が、「本人と同一の法理」を棄て去るかどうかが興味深い。

(iv)　本件において、最高裁が、「相続した無権代理人が本人の追認拒絶の効果を主張することがそれ自体信義則に反するものであるということはできない」と判示したのは、併存貫徹説の立場を採る筆者にとっては妥当な判断であるし、後述するように事案の解決からも妥当であった。この点に関して、信義則説の立場から、「無権代理であることが発覚した後に（あるいは、本人による追認拒絶後になお）、無権代理人が相手方に、何とかして履行（がなされたのと同様の結果）を得させる旨を約束していたのに、本人を相続した後に追認拒絶の効果を主張する場合、この主張は信義則に反すると判断されるのではないか、と考えられる。」との意見がある（佐久間毅「本件判批」（民法判例百選Ⅰ（第五版新法対応補正版）八五頁）。

筆者がかねてから信義則説に対して問題としているのは、無権代理人の主観的容態も相手方の事情も、事案により様々であるにもかかわらず、追認拒絶権行使の可否を判断するのに、事案に対する具体的検討もなしに、信義則という一般条項を一般的基準として用いることの不当さである。事案の個別具体的事情を検討した結果、一般条項である信義則が適用されることを否定するものではない。したがって、事案の個別具体的事情によっては、相続した無権代理人が本人の追認拒絶の効果を主張することが、例外的に信義則に反すると判断される場合もあるであろうが、しかし、それは佐久間判批の挙げるような例ではないであろう。仮に、本人による追認拒絶後、相続以前の段階で、無権代理人が相手方に対して履行あるいは履行と同様の効果を得させると約束したとしても、本人が追認拒絶をした以上、相手方が履行あるいは履行と同様の効果を得る可能性は極めて低く、相手方が無権代理人の約束を先行行為として、それに基づいて、自らの法的立場や地位を形成するということは先ず考えられない。そうであればこそ、民法は一一七条において、無権代理人の主観的容態を問わず、代理人の代理権の不存在についての相手方の善意・無過失を要件として、無権代理人に履行または損害賠償責任を負わせているのである。したがって、そのような約束をした無権代理人が、本人を相続後に追認拒絶の効果を主張したとしても、善意・無過失の相手方は無権代理人に一一七条に基づき履行または損害賠償請求をすればよいのであり、無権代理人が当該の無権代理行為の目的たる権利を相続により取得していれば、相手方は履行を得られるのであるから、一般条項である信義則を持ち出す必要はないであろう。

もし、相続した無権代理人が本人の追認拒絶の効果を主張することが、例外的に信義則に反すると判断される場合があるとしたら、それは、佐久間判批の想定するような場面ではなく、相続後に無権代理人が相手方に対して、本人の追認拒絶の効果を主張しない旨の言動をし、相手方がそれに基づいて無権代理人に対する一一七条の責任追及を放棄したにもかかわらず、一転して、本人の追認拒絶の効果を主張したような場合が考えられるのではないかと思う。

(v)　また、本件において、Aの後見人に就任したCが、Aの法定代理人として、夫Bの無権代理行為につき追認を拒絶したことが、最判平成六年九月一三日民集四八巻六号一二六三頁において、最高裁が示した判断基準に照らして、信義則に反しないかという指摘もある（磯村保「本件判批」平成一〇年重判五七頁）。禁治産者の後見人が、その就任前に禁治産者の無権代理人によって締結された契約の追認を拒絶することが、信義則に反するか否かを判断するために、最判平成六年が示した五つの要素には問題が多い（拙稿「就職前の無権代理行為に対する後見人の追認拒絶」『新世紀へ向かう家族法』三二七頁以下）。筆者は、無権代理人が積極的に制限能力者の利益を図る目的で行為し、その無権代理行為から得られた利益が制限能力者の療養看護や生活費など制限能力者の利益のために現実に費消され、相手方も終始制限能力者の利益を考慮して行動していたといえる場合であるならば、制限能力者の保護を重視するという民法の基本的価値判断を尊重してもなお、追認拒絶は信義則に反して許されないと判断できる余地もあると考える。しかし、本件（判例【11】）の無権代理行為は、Ｂが実質的に経営する甲有限会社の債務の担保のためになされたものであり、その無権代理行為から得られた利益が、Ａの療養看護や生活費に現実に費消されたという事情もない。したがって、ＣがＡのためにした追認拒絶は、信義則に反するものではない。

さて、追認拒絶がなされた時点で、Ｂの無権代理行為の本人Ａへの効果不帰属が確定するから、後はＢの無権代理人の責任が残るのみである。ところが、本件はY_1らに対する抹消登記手続訴訟であるし、Y_1らは、無権代理行為が有効になると主張していたため、X_1らに対し無権代理人の責任を追及しておらず、最高裁も、X_1らがＢを相続することによって承継した無権代理人の責任について触れていない。Ｂは、Y_1らがＢの代理権の不存在について善意・無過失であったならば、Y_1らの選択に従い、履行または損害賠償責任を負わなければならなかった。もし、本件において、X_1らがＢの相続について単純承認をし、相続財産と固有財産とを混同させていれば、X_1らはＡを相続することにより、本件各不動産を取得しているから、善意・無過失のY_1らが履行請求を選択したら、それに応ぜざるを得ない。しかし、本件のX_1らは、Ｂの相続について限定承認をし、相続財産と固有財産とを分離させているから、Ｂの相続財産を限度とする責任を負うのみであり、Y_1らが善意・無過失であったとしても、Ｂの相続財産を限度とする損害賠償責任を負担するにとどまる。このような結果となったのは、Ｃ及びX_1らがＢの相続について限定承認をし、Ａの後見人に就任したＣがＢの無権代理行為を追認拒絶、そしてＡの相続については単純承認したためであるが、そうであるからといって、X_1らが、本人Ａの後見人Ｃがした追認拒絶の効果をY_1らに主張することが、信義則に反すると判断されるような具体的事情も、本件の認定事実からは見つけることができない。

なお、磯村・前掲五七頁は、本件と類似の問題として、「たとえば、相続人が被相続人の所有物を自己の物として売却し、被相続人が権利移転を確定的に拒絶した後に死亡し、この結果相続人が当該目的物の所有権を取得したという場合に、買主は、相続人に対しては依然として当該売買契約に基づく所有権取得を主張できるだろうか。本判決の趣旨をどこまで推及しうるのか、判例の展開が待たれるところである」と述べる。この想定された例において、論者がどのように考えているのかは不明であるが、筆者は、無権代理と他人物売買とでは、外観上の類似性以上に本質的な相違があるので、それぞれに相続が生じた場合の法的処理の仕方も自ずと異なり、本判決の趣旨を他人物売買の場合に波及させられるものではないと考えている。すなわち、無権代理は、本人の代理人と称して代理行為をした者に実は代理権がなかった場合であり、無権代理行為はもともと無効であって、本人への効果は本来的に不帰属であり、本人の追認拒絶によって本人への効果不帰属が確定する。あとは、善意・無過失の相手方に対する無権代理人の責任が残るにすぎない。それに対して、他人物売買は、他人のものを自分のものとして売買する場合であり、他人物売買はもともと有効である。売主が権利者から追認ないし同意を得られず、または、権利者から権利を譲り受けられなかったとしても、売買の効力には依然影響がなく、単に五六一条以下の規定に従い担保の義務を負うにすぎない。そして、権利者が確定的に追認を拒絶したとしても、相続によって売主が目的たる権利を所得すれば、ドイツ民法一八五条にいう「追完」が生じ、買主は目的たる権利を取得する。したがって、磯村判批が想定するような事案が問題になったとしても、それは、最高裁が本件において示した法理とは、異なる法理により処理されるべきである。(24)

三　学説の検討

(一)　当然有効説

(1)　無権代理人が本人を家督相続した事案（判例【1】【2】【3】）、無権代理人を家督相続した後隠居して本人を家督相続したという二重相続の事案（判例【4】）、無権代理人が本人の共同相続人の一人であったが他の相続人の相続放棄により単独で本人を相続した事案（判例【5】）、無権代理人を本人とともに共同相続した者がさらに本人を二重相続した事案（判例【9】）において、大審院及び最高裁は、「本人が自ら法律行為をしたのと同様な法律上の地位を生じたものと解するのが相当」であるから、当該の無権代理行為は相続とともに当然有効になると判断している（本人と同一の法理）。しかし、無権代理人が本人を他の相続人とともに共同相続した事案（判例【10】）においては、最高裁は、無権代理人の相続分に相当する部分についても「本人と同一の法理」を採らず、「他の共同相続人全員の追認がない限り、無権代理行為は、無権代理人の相続分に相当する部分においても、当然に有効となるものではない」として、無権代理人たる相続人に本人の地位が併存することを肯定している。また、家督相続の場合でも本人が無権代理人を相続した事案（判例【6】）では、「無権代理行為は一般に本人の相続により当然有効となるものではない」が、一一七条の無権代理人の責任が相続の対象となることは明らかであるから、本人が無権代理人を他の相続人とともに共同相続した事案において（判例【7】）、本人は相続により無権代理人の責任を承継し、「本人として無権代理行為の追認を拒絶できる地位にあったからといって右債務を免れることはできない」と判示し、本人たる地位と相続によって承継した無権代理人の地位が併存することを認めている。

大審院及び最高裁が、無権代理人が本人を家督相続・単独相続した事案や、判例【9】のように共同相続であっても相続人のなかに無権代理人が含まれていなかった二重相続の事案において、なぜ、「本人と同一の法理」を採るのかという根拠が、それぞれの判例の判旨のなかに積極的に表明されているとはいい難い。学説のなかで、当然有効説を根拠づけようとするものとして「人格承継説」がある。穂積重遠「判例【1】の判批」判民昭和二年度二一事件八八頁は、相続は人格すなわち法律上の地位の承継であるから、相続により無権代理行為は当然有効になると解すべきであって（人格承継説）、判例【1】が「無権代理人カ本人ヲ相続シ本人ト代理人トノ資格カ同一人ニ帰スルニ至リタル以上本人カ自ラ法律行為ヲ為シタルト同様ノ法律上ノ地位ヲ生シタルモノト解スルヲ相当トス」と明言したのは注目すべきだが、大審院がそれに続けて、「恰モ権利ヲ処分シタル者カ実際其ノ目的タル権利ヲ有セサル場合ト雖其ノ後相続其ノ他ニ因リ該処分ニ係ル権利ヲ取得シ処分者タル地位ト権利者タル地位トカ同一人ニ帰スルニ至リタル場合ニ於テ該処分行為カ完全ナル効力ヲ生スルモノト認メサルヘカラサルト同様ナリト謂フヘク」と判示し、自己の有しない権利を処分した者が後にその権利を取得した場合と同様である旨述べているのは、見当違いの議論であると批判している。

(2)　この人格承継説は、家督相続の下での当然有効説を説明するためには最も素朴な議論であったとは思うが、於保不二雄「判例【2】の判批」民商一巻四号三一〇頁は、追完説の立場から人格承継説を批判する。「於保・追完説」は、判例【1】が無権代理人が本人を相続した場合は、非権利者が処分の後相続その他により権利を取得した場合と同様である旨判示している点に注目して、判例【1】は、「無権代理人が本人を相続した場合にも所謂非権利者の処分の追完（Konvaleszenz）が為されるとして追完の理論に拠って無権代理行為も本人自ら法律行為を為したると同様有効となる」（於保・前掲三一三頁）ことを認めたものだとする。すなわち、無権代理人が本人を相続した場合は、非権利者の行為の追完の一場合として追完の理論に従って説明すべきであり、「本人カ自ラ為シタルト同様」という説明の如きは単なる比喩的な説明にすぎず、むしろ「本人が自ら追認したると同様」の効力を生ずるものと説明すべきであったということになる。於保・追完説の人格承継説に対する批判は、無権代理人が無能力者であった場合、遺言執行者の任命があった場合、無権代理人が共同相続人の一人である場合などでも、人格承継説の立場では無権代理行為が相続により確定的に有効となってしまうのは、不当であるというものであった。於保・追完説の立場では、これらの場合、無権代理人が本人を相続しても、相続財産を拘束すべき債務行為をなし又は処分する権限を有していないから、相続したからといって直ちに無権代理行為は追完されない。能力者となるか、遺言の執行が終了し、あるいは特別の授権を得た場合にはじめて追完される。無権代理行為の相手方は、かかる不確定の状態に長くあることを欲しなければ、一一五条又は一一七条の方法を選べばよい、ということになる。

確かに、無権代理人が無能力者であった場合、遺言執行者の任命があった場合、無権代理人が共同相続人の一人である場合などに、無権代理行為が相続により確定的に有効となってしまうのは、不当であるというのはそのとおりであるが、「無権代理人が本人を相続した場合にも所謂非権利者の処分の追完が為されるとして追完の理論に拠って無権代理行為も本人自ら法律行為を為したると同様有効となる」（於保・前掲三二三頁）と解するならば、追完が生じないいくつかの例外的場合（無権代理人が無能力者である場合とか遺言執行者の任命がある場合など）を挙げるのは背理ではないかと思う。また、杉之原舜一「判例【3】の判批」民商九巻五号一〇二九頁は、於保・追完説が人格承継説に対してなした批判はまことに正当であるとしながらも、於保・追完説が、「無権代理人が本人を相続することによりその無権代理行為が追認を要せずして確定的に有効とされるのは、理論的には相続によるのではなく、相続によって例えば本件の如く無権代理行為の目的たる物又は権利に対し処分権を取得するためであるとすることには疑いが存する」とし、これでは、「例えば甲の相続人乙が代理権なくして甲所有の或不動産を丙に譲渡した場合、後日甲が乙に対して当該不動産を贈与するならば、乙はその無権代理行為の目的たる右不動産の処分権を取得するのであるから、右無権代理行為は本人甲の追認をまたず当然有効と確定され、本人甲はその追認なきにかかわらず右乙の無権代理行為の効果を帰属せしめられるという不当な結果を生ずる」（杉之原・前掲一〇二九頁、一〇三〇頁）と於保・追完説を批判する。この批判は正当である。そもそも、「追完」の理論は、他人のものを自分のものとして売買した他人物売買において、非権利者（売主）が処分した目的を取得したときに、処分行為の追完がなされ、買主は権利を取得するというものであって、その法理を、本人の代理人として代理行為をしたが、実は代理権がなかったという場合に適用しようとすること自体に、無理があると思われる。

(3)　当然有効説を根拠づけようとする第三の学説として、「信義則説」がある。杉之原・前掲一〇三一頁は、追認をまたず無権代理行為が相続により当然に有効と確定される根拠を、無権代理人のその行為に対する完全なる追認権の取得によるものと解し、「無権代理人が本人を相続しその追認権を承継取得しその行為を追認し確定的に有効ならしむることを得る地位にある場合、その追認権を行使するや否やは権利者たる無権代理人の任意であり、無権代理人はその行為を拒絶し得るとするならば、形式的概念的にはともかく、実質的には無権代理人をして自己が欲してなしたる法律行為の効力の発生を自ら阻止し得ることを認めることとなり、私的自治の精神に反し信義則にもとるところ大なるものがある」と説明する。もっとも信義則説の立場でも、無権代理人が無能力者である場合、遺言執行者の任命がある場合、無権代理人が共同相続人の一人である場合など、自ら単独で或いは有効に追認権を行使できない場合は除かれる。杉之原・信義則説は、無権代理人が相続によりその行為に対する完全な追認権を取得したときは、私的自治の精神ないし信義則により追認を拒絶できないから、その無権代理行為は相続により追認をまたず当然有効に確定されると説くものであり、後の信義則説、すなわち本人の地位と無権代理人の地位との併存を認めつつ、無権代理人相続型の場合には、自ら無権代理行為をした者が本人の地位で追認を拒絶することは、信義則に反して許されないと説く見解とは異なる。

しかし、この信義則説の根拠からだけでは、信義則上、仮に追認拒絶を禁止できるとしても、無権代理行為が相続と同時に当然有効になるという結論を導きだすことはできない。そこで、四宮和夫「判例【4】の判批」判民昭和一七年度一二事件四六頁は、「無権代理人が本人を相続して本人たる資格と無権代理人たる資格とが同一人格に融合したとすれば（相続によって「人格の承継」を生ずると説くまでもなくただ当該代理行為において、無権代理人が本人たる資格を承継し、そこに本人たる資格と無権代理人たる資格とが同一人格に融合すると考えれば足りるのである）本人と代理人とはもはや他人ではなく、したがって『代理権』の媒介を必要とせずして理論上当然に法律行為の効果がその人格に帰属することに確定し、通常の──自己のためになされた──法律行為となると考えられる。」と「資格融合説」を主張した。この資格融合説は、一種の追完を説くものであるが、於保・追完説よりも人格承継説に近い。ただし、人格承継説とは異なって、無権代理人が無能力者である場合、遺言執行者のある場合、無権代理人が共同相続人の一人である場合などは、資格融合説というのは、「相続の開始と同時に当然確定的に無権代理行為が通常の法律行為になるということにとどまり、やはり管理権（処分権を含む）の制限せられた範囲内では当該行為の効果の帰属が排斥せられるのであるから、不当の結果を生じる虞れは存しないのである」（四宮・前掲四七頁）とする。いわば、この説は、人格承継説をベースにしながら、人格承継説に対する批判、すなわち、無権代理人が無能力者である場合、遺言執行者がいる場合、無権代理人が共同相続人の一人である場合などは、無権代理行為が相続により当然有効になるというのは不当だという批判を避けるため、人格承継説に於保・追完説を加味しようとするものである。(25)

(4)　信義則説に対する批判は後述するところであるが、筆者は、そもそも、無権代理人は代理人として行為をしているのであり、無権代理人が本人を相続し追認権を行使できる立場になったとしても、かつて無権代理行為をしたということそれ自体が、信義則上、本人としての地位に基づく追認拒絶を禁止する根拠になるものではないと考えている。また、資格融合説の内容は不明確であるが、当然有効説を根拠づけようとする四説のうち、人格承継説以外の三説はいずれも、無権代理人が無能力者である場合、遺言執行者がいる場合、無権代理人が共同相続人の一人である場合などは、無権代理行為が相続により当然有効になるものではないと考える点は共通している。無権代理行為は相続により当然有効になるといってみても、これらの場合を除外しなければならないこと自体が、当然有効説には、そもそも、その根拠において無理があることを露呈するものであろう。

無権代理人と取引した相手方は、本人の追認を得られなければ、結局、代理権の不存在についての善意・無過失を要件として、無権代理人に一一七条の責任を追及するより他手段はないのであって、このような善意・無過失の相手方を保護するために、民法は無権代理人の主観的容態を問わずに、一一七条において相手方の選択に従い無権代理人に履行又は損害賠償責任を負わせているのであるから、当然有効説を採ることにより、相続という偶然の事情によって、無権代理人の責任が一一七条の責任より増減させられることを肯定する必要はない。もともと、無権代理人に対してさえ責任を追及できなかった、代理権の不存在について悪意の相手方を、相続という偶然の事情により不当に利することはないのである。無権代理をした相続人としては、本人の地位で追認を拒絶すれば、後は法が定めた一一七条の無権代理人の責任を負担すれば足りる。

最高裁も、判例【10】において、「無権代理人が本人を他の相続人と共に共同相続した場合において、無権代理行為を追認する権利は、その性質上相続人全員に不可分的に帰属するところ、無権代理行為の追認は、本人に対して効力を生じていなかった法律行為を本人に対する関係において有効なものにするという効果を生じさせるものであるから、共同相続人全員が共同してこれを行使しない限り、無権代理行為が有効となるものではないと解すべき」であり、「他の共同相続人全員の追認がない限り、無権代理行為は、無権代理人の相続分に相当する部分においても、当然に有効となるものではない」と判示し、共同相続の事案において、当然有効説を採らずに、無権代理人の地位と相続により承継した本人の地位との併存を認めている。最高裁は、追認権の帰属とその効果という観点から、共同相続人全員が共同して追認権を行使しない限り無権代理行為は有効とはならず、他の共同相続人全員の追認がない限り、無権代理行為は、無権代理人の相続分に相当する部分においても、当然有効にはならないと判断したわけである。最高裁が今後、無権代理人単独相続型の事案や、二重相続の事案で最高裁が無権代理人相続型と分類する事案（相続人が無権代理人を相続した後に本人を相続する事案）においても、当然有効説を棄て去るかどうかは、【10】判決で示された判断だけでは不明であるが、最高裁自体も、地位の併存という方向で一歩を踏み出したといえよう。

(二)　代理権追完説

三宅正男『契約法（各論上巻）』一二一四頁以下は、次のように説く。本人Aが追認または追認の拒絶をせずに死亡し、無権代理人BがAの相続を単純承認し、相続財産を固有財産と混同させた場合には、Bは相続財産のためにAの相続人の資格において追認を拒絶する権利を失い、Bの代理行為が代理権を伴ったと同じ責任を負わなければならない。Bが単純承認をするならば、Bの行為につき相続財産のため追認を拒絶することは、Bの単独相続により当然できなくなるのであり、このことは、相手方CがBに代理権のないことを知り、または知らないことに過失があった場合でも変わりはない。Bの債権者（判例【1】）、Bが相続の後破産した場合の破産管財人（判例【2】）も同じである。つまり、Bが単純・単独の相続をしたならば、Bは「本人が自ら法律行為をなしたると同一の地位を有する」ことになると説く。これを三宅説は「代理権の追完」と呼ぶ。次に、単純承認だが、共同相続の場合に、Bは売買目的物の持分に関し、無権代理の主張をなし得ないが、他の共同相続人はその相続分に応じる持分に関し当然追認の自由を有する。さらに、限定承認の場合には、Bが単独相続した時にも、その固有財産と相続財産とを混同させなかったのだから、相続人の資格において、Bの行為が無権代理であることを主張し、追認を拒絶することができると説いている。

右のように、本人の固有財産と相続財産との混同・分離の観点から問題を処理しようとする三宅説は、本人Aが無権代理人Bを相続した場合には、AはBの無権代理行為の追認を拒絶することができる。Aが追認しない場合、AはBの相続人の資格において無権代理の責任を免れない。この場合相手方Cは、履行を選択することができる。Aが単純にかつ単独で相続した場合、Cが履行を選択すれば、Aは固有財産と相続財産とを混同させたため、履行の責任をAが単独で全部負担するから、Aに固有の追認の自由は間接的に実際上全く無意味になる。その結果単純かつ単独相続により、いわば代理権の追完を生じるようにみえる。しかし、この場合には、あくまでも無権代理責任に媒介されているから、CがBに代理権がないことを知り又は過失により知らなかったときは、Aは責任を負わない。だから、BがAを単純にかつ単独で相続した場合と同じではない。つまり「追認の自由と無権代理の責任が併存し相関係する」(三宅・前掲一二六頁)。なお、単純承認で共同相続の場合には、Aが追認しなければ、無権代理の責任を他の共同相続人と分割して相続する。すなわち、判例【7】のように貸金の連帯保証の無権代理のときは、履行の責任を分割負担し、特定物売買の無権代理では、AはCの選択により、相続分の割合に応じ、持分の履行または損害賠償の分割負担の責を負うから、Aの追認の自由が無意味になることはない。限定承認の場合には、たとえAが単独で相続したときでも、追認しなければ相続財産でのみ無権代理の責任（損害賠償責任）を果たせばよいから、追認の自由は意味を失わない、このように説明している。

㈢　**併存貫徹説**

⑴　併存貫徹説を採る学説として、幾代説がある。幾代説は、無権代理人が相続などにより、本人の地位を承継した場合に、本人であるという資格の使い分けを主張して追認を拒絶する自由を有するかについて、相続による本人と無権代理人との「地位の同一人帰属が共同相続人の一人としてのそれであることを考えると、判例などの当然有効説の結果の簡明さというものは、かなり減殺される、ということを考えなければなるまい。また、資格の使いわけを認める場合にも、本人としては効果帰属を否定し得ても、無権代理人としての責任（一一七条。特に履行責任）を追及されれば結局は本人として効果を受けるのと実質的には同じような結果になる、という点が当然有効説を支える心理的支柱のひとつかと思われるが、まれにもせよ無権代理人として責任を負わない場合があり得るし、この場合に、たまたま後に本人を相続したという一事をもって当然に責任を負わせることには問題があるように思われる。さらに、無権代理行為は一種の不確定・不動的な効力を有し、それを確定させる権能は、本人にも認められるが（追認権）、同時に相手方にも認められ（一一五条の取消権）、このような相手方の権利ないし利益は、無権代理人による本人の相続という偶然事によって当然に失われると解してよいものであろうか、以上の諸点を考慮すると、無権代理人が本人を相続しても、地位の混同ないしは両資格の融合は生ずることなく、両資格それぞれに基づく権利義務が発生しあるいは承継されると、解するほうが妥当だと思われる」（幾代通『民法総則』三六三頁、三六四頁）と説き、「したがって、相手方は、本人がわ（無権代理人を含む相続人全員）の追認のある前なら一一五条の取消をなしう

るし、追認を拒絶されても、一一七条の責任を問いうる場合なら、履行請求のほうを選択して、有権代理化を主張するのとほぼ同じ効果をあげることもできる。なお、一一七条の責任を問いえない場合には、資格使いわけを貫徹すれば、相手方は完全に泣寝入りになろうが、本来かかる場合の相手方は自己の危険において行動したか、または無能力者保護という民法のたてまえが貫徹せざるをえないか、のいずれかであり、結局やむをえないのではあるまいか」（幾代・前掲三六五頁注（七））とする。

「本人が無権代理人を相続した場合については、判例は、無権代理行為は当然に有効になることはない（資格の使いわけは自由）とする。さきの（a）の場合（筆者注・無権代理人相続型の場合）について当然有効説をとる学説からすれば、これは判例の理論的不徹底にほかならないという批判が加えられると思われるが、（a）の場合について資格使いわけは自由であると解する立場からすれば、ここでの判例の結論は当然ということになる」（幾代・前掲三六四頁）。

以上から、無権代理人が本人を相続した場合も、本人が無権代理人を相続した場合も、いずれも地位の混同ないしは両資格の融合は生ずることなく、両資格それぞれに基づく権利義務が発生しあるいは承継され、両資格の使い分は可能であるということになる。この幾代説は、私見とほぼ同旨である。

併存貫徹説の個別的内容を論じる前に、併存貫徹説を要約すると、併存貫徹説とは、無権代理人が本人を相続した場合、本人が無権代理人を相続した場合、二重相続の場合（逐次的に無権代理人の地位の相続と本人の地位の相続とが行われた場合）とを通じて、単純・単独相続であるか単純・共同相続であるかを問わず、可能な限り、本人たる地位と無権代理人たる地位との併存を貫徹しようとする見解である。すなわち、いずれの場合であっても、本人の地位と無権代理人の地位とは相続によって融合帰一せず、無権代理人相続型では、無権代理人は相続によって承継した本人の地位を主張して追認を拒絶できるが、相手方が無権代理人の代理権の不存在について善意・無過失のときは、一一七条によって、無権代理人は相手方の選択に従い履行又は損害賠償の無過失責任を負う。本人相続型では、本人は本人たる地位で追認を拒絶できるが、相続によって承継した無権代理人の責任を免れることはできないので、一一七条により代理権の不存在について善意・無過失の相手方の選択に応じて、履行又は損害賠償責任を負うことになる。

(2)　(i)　併存貫徹説の具体的内容について論じていくと、先ず、本人の追認も追認拒絶もないまま相続が開始し、無権代理人が本人を単純承認で相続した場合、当該無権代理行為は相続によって当然有効となることはなく、相続人に無権代理人たる地位と相続によって承継した本人たる地位が併存する。つまり、無権代理人は本人たる地位に基づいて追認を拒絶できる。しかし、追認を拒絶しても、自己の無権代理人たる地位に基づき一一七条の無権代理人の責任を当然負わなければならないから、相手方の選択に従い、履行又は損害賠償責任を負うが、それは相手方が代理権の不存在について善意・無過失であった場合に限られる。単純かつ単独相続で履行責任を負う場合には、追認拒絶は実質上意味を失うようにみえるが、相手方の善意・無過失が必要とされるから、当然有効説と異なり無意味となるわけではない。また、この点が、相手方が悪意・有過失でも、「代理権の追完」によって無権代理行為は当然有効になるとする三宅説と異なる。それは、無権代理人は、あくまでも代理人として行為しており、自己に効果を帰属せしめる意思をもたず、相手方もそれを承認して行為をしているから、処分行為の追完の理論は認めがたいということである。この点、他人の物の売主が権利者を相続した場合と決定的に異なる。

(ii)　学説も、今日では、地位の併存を認める見解が一般的であるようだが、なかでも「信義則説」を採る学説が多いように思われる。信義則説とは、本人相続型の場合には、無権代理人を相続した本人が追認を拒絶しても、自らは無権代理行為をしたわけではないので、何ら信義則に反することはないが、無権代理人相続型の場合に、自ら無権代理行為をした者が本人の地位で追認を拒絶することは「信義則」に反して許されないとするものである（もっとも、「信義則説」の内容も論者により一様ではないが、それについては、信義則説に対する批判のところで述べることとする）。

このような信義則説に対して、鈴木禄弥・法学二八巻一号一三三頁、一三四頁は、「常識的には、前の場合（筆者注・無権代理人相続型の場合）には、当の行為をした者自身が生きていて、その行為の効力を自ら否定するのであるから、信義に反する感じが後の場合（筆者注・本人相続型の場合）より強いことは、たしかである。しかし、法的に問題にさるべき信義則は、このようなペルゼーンリッヒなものではなく、相手方と被相続人との間に存した信義則は、相続により、相続財産に附着して、相手方と相続人の間の信義則に移行する。相続により、相続人固有の義務も、被相続人から伝来した義務も、いまや等しく相続人の義務となっているのだから、本人が無権代理人を相続した場合と、無権代理人が本人を相続した場合とを区別し、まえの場合にだけ、追認拒絶ができる、とするのは、不当ではないかと、思う。もし、本人＝相続人が、無権代理の効果をうけることをあくまで欲しないなら、相続放棄をすべきであって、相続による利益のみを享受し、相続により生ずる不利益は免れようというのは、いささか身勝手というべきではないだろうか。」と指摘する。これは信義則説に対する的を射た批判である。また、石田穣『民法総則』四六二頁、四六三頁が、併存貫徹説の立場から、「判例は、無権代理人が本人を相続した場合、本人が自ら法律行為をしたのと同じ法律効果が生じるとし、学説も結論としては同旨の見解が多い。しかし、相続がなければ本人は追認を拒絶でき、また、無権代理人は第三者が善意無過失の場合に限って履行責任を負うのに、相続があると無権代理人は無条件に履行責任を負うとすることには疑問がある。そこで、無権代理人は、民法一一七条の要件のもとに同条の履行責任を免れないが、本人の承継人の立場に立って追認を拒絶することができると解するのが妥当であろう。無権代理人は信義誠実の原則上追認を拒絶できないとも考えられるが、しかし、民法一一七条によれば無権代理人は悪意過失ある第三者に対し責任を負わなくてよい（本人の追認を得る義務を負わず、追認を得る努力をしなくてもよい）のであり、本人の承継人の立場に立って追認を拒絶しても信義誠実の原則に反しないというべきである」と述べているのは、筆者の見解と同じ視点に立つものである。

(iii)　信義則説の内容は論者により一様ではないが、自ら無権代理行為をしていない本人が無権代理人を相続した場合に、本人の地位で追認を拒絶することは信義則に反しないとする点は、一致している。無権代理人を相続した本人が追認を拒絶する場合と比較して、自ら無権代理行為をした相続人が、本人の地位で追認を拒絶することは、確かに、信義に反するような印象を与えるかもしれない。しかし、そもそも、無権代理人は代理人として行為をしているのであり、無権代理人が本人を相続し追認権を行使できる立場になったとしても、かつて無権代理行為をしたということそれ自体が、信義則上、本人としての地位に基づく追認拒絶を禁止する根拠になるものではないと考える。逆に、自らは無権代理行為をしていない本人であっても、無権代理人を相続した後の個別具体的事情によっては、本人の地位で追認を拒絶することが信義則に反するという場合もあろう。例えば、本人相続型の判例【6】において認定されている事実によれば、無権代理人Aの生前中、本人YはAの無権代理行為の追認も追認拒絶もしていないが、終戦後、XはYより本件家屋の階下部分の返還を受け、その家屋に接続したY所有の約一坪の建物をXが無償で使用する代わりに、Yは引続き階上部分を無償で使用することになった、とのことである。本件家屋の所有者はYであったのだから、Yが本件家屋の階下部分をXに返還するにあたっては、Aの無権代理行為により右家屋がXに売却されたという事実をYは認識し、その上で、その家屋に接続したY所有の約一坪の建物をXが無償で使用する代わりに、Yは引続き階上部分を無償で使用することを合意したのではないかと思われる。すなわち、

Aの無権代理行為について、Aの死後、Yは黙示の追認とみられるような言動をXに対してしていた、と判断できなくもない。もし、無権代理人を相続した本人が相手方に対して追認拒絶権を行使しない旨の言動をし、相手方がそれに基づいて本人に対する一一七条の無権代理人の責任追及を放棄したというような事情があれば、仮に「追認した」とは認定しきれないような場合でも、後になって追認を拒絶するという矛盾した行動をとることは、信義則に反するであろう。

信義則は一般条項であるから、事案の個別具体的事情によっては、自らは無権代理行為をしていない本人の追認拒絶が信義則に反すると判断される場合もあるであろうし、自ら無権代理行為をした無権代理人であっても、本人の地位で追認を拒絶することを認めることが、信義に適う場合もあるのである。にもかかわらず、「自ら無権代理行為をした者が本人を相続した場合に、本人の地位で追認を拒絶することは信義則に反する」といわば定式化することは、信義則という一般条項は、本来は個別具体的な関係当事者間の人的関係を考慮して個別具体的に適用すべきなのに、それを抽象的定式的な基準として用いることになり、不当であるといわざるを得ない。

(iv)　無権代理人と取引した相手方は、本人の追認を得られなければ、結局無権代理人に一一七条の責任を追及するより他手段はないのであって、このような相手方保護のために、民法は一一七条で無権代理人の責任を規定している。ところで、無権代理人の主観的容態は一様ではない。不法行為的に自分には代理権があると称する代理人もいれば、自分には代理権があると思っていた代理人とか、今はないにせよ追認してもらえると思っていた代理人も存在する。代理人が本人から家政処理を任されていたり、何度か本人のために代理行為をした経験があるなら、本人の追認を期待して行為することも多い。逆に相手方が無権代理行為を誘導し、代理人の方がいわば被害者的にそれに乗せられてしまったというケースも存在する。このように、無権代理人の主観的容態は、いわゆる非難性の高いものから逆に被害者的なものまで様々であり、他方、相手方も、善意・無過失のものから逆に無権代理行為を誘導するものまで、その容態は様々である。一一七条の無権代理人の責任は、代理人のそのような主観的容態を問わず、代理人が自らの代理権を証明することができず、かつ、本人の追認を得られなかったときには、相手方が代理人の代理権の不存在について善意・無過失であったことを要件として、代理人は相手方に対して、履行又は損害賠償責任を負うということを保証していた、と法が擬制する、「法定保証」責任である。したがって、無権代理人と取引した相手方は、本人の追認が得られなければ、代理権の不存在についての善意・無過失を要件として、無権代理人に一一七条の責任を追及すればそれでよいというのが、民法の採る建前である。

相続という偶然の事情によって、本人たる地位と無権代理人たる地位とが同一人に帰することになっても、無権代理人は本人の地位で追認を拒絶すれば、後は法が定めた一一七条の無権代理人の責任を負担すれば足りる。もし、「信義則説」のいうように、無権代理人が信義則上本人の地位で追認を拒絶できないとすると、悪意の相手方は、相続という偶然の事情がなければ、履行請求が認められることはほとんど期待できなかったにもかかわらず、それが可能になってしまう。この結論は不当であろう。相続という偶然の事情により、当事者間の関係は有利にも不利にも取り扱われるべきではない。

また、判例【1】から【11】までのなかには、無権代理人が相手方に契約の履行を請合っていたというような事案は存在しなかった。もし、「請合」とみられる事案ならば、相手方は代理人の代理権の不存在について悪意であり、無権代理人が本人の地位で追認を拒絶すれば、相手方は一一七条の責任も追及できないであろうが、このような場合には、効果意思に基づく保証責任の追及を、相手方に認めればよい。一一七条の無権代理人の責任は、代理人の保証意思すなわち効果意思に基づく責任ではなく、一定の要件を具備してはじめて認められる一種の無過失の法定の保証責任である。代理人が相手方に契約の履行を請合い、保証の効果意思を有する場合に、相手方が代理人に対して、効果意思に基づく保証責任を追及することを、一一七条は排除するものではない。

(v)　無権代理行為の効力や本人としての地位に基づく追認拒絶が問題となるのは、本人を相続した無権代理人が無権代理行為の効力の無効を主張する場合や相手方が無権代理人に履行請求する場合だけではない。例えば、判例【1】においては、本人Aの債権者Xが、本人を家督相続した無権代理人Bに代位して、本人の追認拒絶権を相手方Yに対して代位行使しているし、判例【2】においては、無権代理人の破産管財人Xが無権代理行為の無効を主張している。このような場合においても、併存貫徹説による処理の仕方は、これまで述べてきたところと何ら異ならない。判例【1】を併存貫徹説の立場で考察すると、本人の地位と無権代理人の地位とは相続によって融合帰一せず、無権代理人は相続によって承継した本人の地位を主張して追認拒絶できるから、本人Aの債権者Xは無権代理人Bに代位して、追認拒絶権を相手方Yに代位行使できる。Bの代理権の不存在についてYが善意・無過失であった場合には、Bは一一七条によりYに対して履行または損害賠償責任を負うことになる。信義則説に立てば、自ら無権代理行為をしたBが、本人の地位で追認拒絶することは、信義則に反して許されない以上、Aの債権者XもBの追認拒絶権を代位行使できないといわざるを得ないのではないか。信義則説に立てば、本人の債権者よりも、無権代理行為の相手方を不当に利する結果となろう。判例【2】については、併存貫徹説の立場では、本人の地位と無権代理人の地位とは相続によって融合帰一しないから、相続人Bは本人の地位を主張できるが、相手方Yが善意・無過失のときには、一一七条によりBは履行または損害賠償責任を負わなければならない。Bの破産管財人XはBの追認拒絶権を代位行使できるが、YがBに対して一一七条の履行請求を選択した場合には、Yの悪意を立証することによって不動産の取戻しを請求することになる。このように解することによって、無権代理行為の相手方と無権代理人の破産管財人との間の衡平も図られよう。

また、右に述べてきたところは、無権代理人が他の相続人とともに本人を共同相続した場合においても同様である。本人の地位と無権代理人の地位とは相続によって融合帰一せず、無権代理人は相続によって承継した本人の地位に基づいて追認を拒絶できるが、相手方が無権代理人の代理権の不存在について善意・無過失のときは、一一七条によって、無権代理人は相手方の選択に従い履行又は損害賠償の無過失責任を負う。最高裁も判例【10】において、「無権代理人が本人を他の相続人と共に共同相続した場合において、無権代理行為を追認する権利は、その性質上相続人全員に不可分的に帰属するところ、無権代理行為の追認は、本人に対して効力を生じていなかった法律行為を本人に対する関係において有効なものにするという効果を生じさせるものであるから、共同相続人全員が共同してこれを行使しない限り、無権代理行為が有効となるものではないと解すべき」であり、「他の共同相続人全員の追認がない限り、無権代理行為は、無権代理人の相続分に相当する部分においても、当然に有効となるものではない」と判示し、共同相続の事案において、地位の併存を認めた。もっとも、最高裁は、「他の共同相続人全員が無権代理行為の追認をしている場合に無権代理人が追認を拒絶することは信義則上許されないとしても」と述べているが、他の共同相続人Dの追認の事実について主張立証がない本件では、無権代理人Yの追認拒絶が信義則上許されない、と最高裁が判断したわけではない。この部分の判旨は、傍論である。また、判例【10】の事案で、仮に他の共同相続人Dが追認したとしても、相手方は無権代理行為を誘導した、いわば加害者的な相手方であり、そのようなCに対して、いわば被害者的なYが追認を拒絶することが、信義則に反するとはいえない。したがって、事案の個別具体的事情も考慮せずに、「他の共同相続人全員が無権代理行為の追認をしていること」が、「無権代理人の追認拒絶が信義則上許されない場合である」というように、誤解すべきではない。したがって、「自ら無権代理行為をした者が本人を相続した場合に、本人の地位で追認を拒絶することは信義則に反する」という定式を立ててみたところで、無権代理と相続が問題となる様々な事案類型において、衡平かつ妥当な結論が導き出されるわけではないし、共同相続が原則の今日においては（実際争われるのも、共同相続の事案ばかりである）信義則説はほとんど意味をもたないといえよう。

(3)　(i)　次に、本人の追認も追認拒絶もないまま相続が開始し、本人が無権代理人を単純承認で相続した場合にも、当該無権代理行為は相続によって当然有効となることはなく、相続人に本人たる地位と相続によって承継した無権代理人たる地位が併存する。つまり、本人は自らの本人たる地位に基づいて追認を拒絶できる。しかし、追認を拒絶しても、無権代理人たる地位に基づき一一七条の無権代理人の責任を当然負わなければならないから、相手方の選択に従い、履行又は損害賠償責任を負うが、それは相手方が代理権の不存在について善意・無過失であった場合に限られる。これは、特定物給付義務であっても同様であると解する。

学説のなかには、無権代理人の履行責任を本人が承継するといっても、その履行債務の内容が判例【7】のように金銭債務である場合や、あるいは不特定物の給付義務である場合には、履行が可能であるが、特定物の給付義務の場合には共同相続人全員の同意がなければ履行は不能となるから、結局、相手方は損害賠償責任の追及によって満足するしかないという指摘がある（川井健『説例民法学1』一一九頁、泉久雄「無権代理と相続」『判例と学説2』一一九頁）。つまり、特定物の給付が問題となっている場合には、履行義務は免責されて、相手方は損害賠償責任のみを請求できると解するのである（星野英一・法協九二巻九号一一三四頁、中井美雄『新版・判例演習民法（1）』一七一頁、奥田昌道・家族法判例百選（第三版）一八一頁）。判例【6】において、原審が相続と同時に無権代理行為は有効になると解し、相手方から本人に対する建物引渡・所有権移転登記手続の請求を認容したのを、最高裁が破棄し、判例【7】において、原審が無権代理人の債務を相続した相続人に八分の一ずつの金銭債務を認め相手方の請求を認容したのを、最高裁が肯定したのは、特定物債務と金銭債務との差異の反映であって、両判決の間には矛盾はないと解する。さらに、他人の不動産の売主をその権利者が相続したという事案で、最（大）判昭和四九年九月四日民集二八巻六号一一六九頁が、「権利者は、相続によって売主の義務ないし地位を承継しても、相続前と同様その権利の移転につき諾否の自由を保有し、信義則に反すると認められるような特別の事情のない限り、右売買契約上の売主としての履行義務を拒否することができるものと解するのが相当である」と判示したところから、判例【7】は金銭債務の事案として意味があり、特定物の履行の場合にはその射程範囲外であると修正されたと解する学説もある（五十嵐清「最大判昭和四九年九月四日の判批」家族法判例百選（第三版）一九九頁）。

最大判昭和四九年九月四日は、他人の物の代物弁済予約の事案であり、他人物売買の事案ではないが（しかし、最高裁はこれを他人物売買と同視している）、確かに、他人物売買において権利者が売主の地位を相続する場合と、無権代理において本人が無権代理人の地位を相続する場合とでは、外観上似ているところもないわけではない。しかし、無権代理は、本人の代理人と称して代理行為をした者に実は代理権がなかった場合であり、無権代理行為はもともと無効であって、本人への効果は本来的に不帰属である。それに対して、他人物売買は、他人のものを自分のものとして売買する場合であり、他人物売買はもともと有効である。売主が権利者から追認ないし同意を得られず、または、権利者から権利を譲り受けられなかったとしても、売買の効力には依然影響がなく、単に五六一条以下の規定に従い担保の義務を負うにすぎない。無権代理と他人物売買とでは、外観上の類似性以上に本質的な相違があるので、それぞれに相続が生じた場合の法的処理の仕方も自ずと異なる。したがって、最大判昭和四九年九月四日が、「権利者は、相続によって売主の義務ないし地位を承継しても、相続前と同様その権利の移転につき諾否の自由を保有し、信義則に反すると認められるような特別の事情のない限り、右売買契約上の売主としての履行義務を拒否することができるものと解するのが相当である」と判示したからといって、判例【7】は金銭債務の事案として意味があり、特定物の履行の場合にはその射程範囲外であると修正されたと解する必要はないと考える。

(ii)　特定物の給付義務の場合でも、代理権の不存在について善意・無過失の相手方が一一七条の履行責任の追及を選択した場合には応ぜざるを得ないと解すると、本人たる地位に基づいて追認拒絶を認めた意味がなくなるようにみえるかもしれない。しかし、履行請求に応じなければならないのは、相手方が代理権の不存在について善意・無過失であり、かつ履行請求を選択した場合であるから、追認拒絶がそもそも認められない場合とは、法的に全く異なる。実際の事案では、相手方が代理権の不存在について悪意・有過失であるというケースも結構存在する。また、相手方が代理権の不存在について善意・無過失であり、かつ履行請求を選択したときは応ぜざるを得ないが、相続人がそのような事態を回避しようと思えば、限定承認（九二二条）をすべきであった。限定承認をすれば、自己の固有財産と相続財産とは分離され、相続人は相続財産の範囲で被相続人の債務を弁済すればそれでよい。相続人としては、単純承認をして自己の固有財産と相続財産とを混同させてしまったのであるから、外的事象のみ見れば一方で与えられたものが他方で奪われる結果になったとしても、やむを得ないと考える。石田・前掲四六四頁が、「しかし、本人が不代替物の履行義務を承継しないという根拠が十分でないと思われる。本人が過大な責任を負うのを回避するという意図は理解できるが、相続人が相続により過大な責任を負うに至ることはこの場合に限らないのであり、この場合に限って相続法の原則を適用しないのは疑問である。しかも、相続人には過大な責任を避けるために相続の放棄（九三八条以下）や限定承認（九二二条以下）という手段が与えられているのである。したがって、本人は本人の立場に立って追認を拒絶できるが、債務の内容を問わず民法一一七条の責任を承継すると解すべきであろう」と述べるのは、筆者の見解と同旨である。

(4)　(i)　さらに、本人の追認も追認拒絶もないまま相続が開始し、相続人が本人の地位と無権代理人の地位とを単純承認で二重相続した場合にも、相続人がいずれの地位を先に相続したかにかかわりなく、相続人において本人たる地位と無権代理人たる地位とが併存する。つまり、相続人は本人たる地位に基づいて追認を拒絶できる。しかし、追認を拒絶しても、無権代理人たる地位に基づき一一七条の無権代理人の責任を当然負わなければならないから、相手方の選択に従い、履行又は損害賠償責任を負うが、それは相手方が代理権の不存在について善意・無過失であった場合に限られる。これは、特定物給付義務であっても同様である。

(ii)　最高裁は、判例【9】において、判例【8】の東京高判と同じく、第一回目の相続があった時点の相続人の法的地位を基準として、無権代理行為の効果を定める立場を採っている。判例【9】では、相続人X_1らは第一回目の相続において、無権代理人Bの法律上の地位を承継しており、その後に本人Aを相続した。これは無権代理人が本人を相続した場合と同様であって、相続人は、本人が自ら法律行為をしたと同様の法律上の地位ないし効果を生ずるものと解するのが相当であり、二重相続の事案で相続人自らは無権代理行為をしていないからといって、これと別異に解する根拠はなく、相続人は本人の地位で追認拒絶できる余地はないと判断したのである。

このような最高裁の立場を前提にして、もし、判例【9】において、先に本人Aが追認も追認拒絶もしないまま死亡し、後に無権代理人Bが死亡したとしたら、どうなるのか。A死亡時の相続人がX_1・X_2・X_3だけであったとすると、第一回目の相続でX_1らは本人の地位を包括的に承継するから、後に無権代理人Bを相続したとしても、それは本人が無権代理人を相続した場合と同様ということになり、無権代理行為は当然に有効とはならず、X_1らは本人の地位に基づいて追認を拒絶できるが、善意・無過失の相手方に対して無権代理人の責任を負担するという結論になる。相続の順序という偶然の事情により、相続人の法的地位は左右される。

さらに、A死亡時の相続人が無権代理人BとX_1・X_2・X_3であり、後に無権代理人Bが死亡し、X_1らは無権代理人の地位を二重相続したとすると、第一回目の相続は、無権代理人が他の相続人とともに本人を共同相続した場合ということになる。判例【10】によれば、無権代理人の相続分に相当する部分についても「本人と同一の法理」は採られず、「他の共同相続人全員の追認がない限り、無権代理行為は、無権代理人の相続分に相当する部分においても、当然に有効となるものではない」ということになり、第一回目の相続の時点における地位の併存が肯定される。このようにみると、判例【9】は、共同相続の事案ではあるが、たまたま、共同相続人のなかに無権代理人が含まれていなかったので、最高裁も「本人と同一の法理」を採れたのであろう。しかし、最高裁は、判例【10】におけるように無権代理人相続型においても地位の併存を肯定する方向で一歩を踏み出しており、相続は共同相続が原則であること、実に様々なバリエーションが生じうることを考えれば、今後、最高裁が、判例【9】において示した、第一回目の相続があった時点の相続人の法的地位を基準にして、無権代理行為の効果を定めるという立場をいつまで維持し続けるかは疑問である。相続の順序という偶然の事情により相続人の法的地位は左右されるべきではないことを考慮すれば、二重相続の場合にも、併存貫徹説の立場を貫くことによって、個々の事案に具体的に妥当な、かつすべての場合に簡明にして合理的な結論を導き出せると考える。

(5) 以上、本人の追認も追認拒絶もないまま相続が開始し、無権代理人が本人を単純承認で相続した場合、本人が無権代理人を単純承認で相続した場合、相続人が本人の地位と無権代理人の地位とを単純承認で二重相続した場合について、併存貫徹説の内容を具体的に述べてきた。それぞれの場合において、単純承認ではなく限定承認で相続がなされたとしても、地位の併存が肯定される点は、単純承認の場合と異ならない。

先ず、無権代理人が本人を限定承認で相続した場合、無権代理人は本人たる地位に基づいて追認を拒絶できる。しかし、追認を拒絶しても、自己の無権代理人たる地位に基づき、善意・無過失の相手方に対して、一一七条の無権代理人の責任を負わなければならない。この場合、相続人たる無権代理人は、限定承認により、自己の固有財産と相続財産とを分離させており、無権代理人の責任は自己の固有の責任であるから、無権代理人は自己の固有財産により一一七条の責任を負う。したがって、履行責任の内容が特定物の給付義務である場合には、無権代理人は自己の固有財産により損害賠償責任のみを負担することになる。

次に、本人が無権代理人を限定承認で相続した場合、本人は本人たる地位に基づいて追認を拒絶できる。しかし、追認を拒絶しても、相続により承継した無権代理人たる地位に基づき、善意・無過失の相手方に対して、一一七条の責任を負わなければならない。この場合、相続人たる本人は、限定承認により、自己の固有財産と相続財産とを分離させており、無権代理人の責任は相続により承継した責任であるから、本人は相続財産の範囲内で一一七条の責任を負う。したがって、履行責任の内容が特定物の給付義務である場合には、本人は相続財産の範囲内で損害賠償責任のみを負担することになる。

結局、無権代理人相続型においても、本人相続型においても、相続人は限定承認をすれば、特定物給付義務を免れることができる。二重相続の場合には、両方の相続について限定承認がなされた場合、一方の相続のみ限定承認がなされた場合など、いろいろな組合せが考えられるが、限定承認に関する相続の法理に従い、右に述べた基準を適用して分析すべきである。例えば、判例【11】では、相続人は無権代理人の相続について限定承認をし、本人の相続については単純承認をしている。この場合、相続人は本人たる地位に基づいて追認を拒絶できるが、追認を拒絶しても、無権代理人たる地位に基づき、善意・無過失の相手方に対して一一七条の責任を負う。この場合、相続人は無権代理人の相続について限定承認をしているから、無権代理人の相続財産の範囲内で損害賠償責任のみを負担する。

(6)　(i)　右に述べてきた併存貫徹説の内容は、本人が追認も追認拒絶もしない間に相続が開始し、本人たる地位と無権代理人たる地位とが相続人に併存して帰属した結果、相続人が本人たる地位に基づく追認権・追認拒絶権と、無権代理人たる地位に基づく相手方善意・無過失の場合の一一七条の無権代理人の責任を、併せもった場合の議論である。これに対して、相続開始以前に、本人の追認拒絶があれば、その時点で無権代理行為の本人への効果不帰属が確定するから、後は無権代理人に対する一一七条の責任（履行又は損害賠償責任）が問題となるにすぎない。また、相続開始以前に、本人の追認があれば、追認の遡及効により、無権代理行為は行為がなされた時に遡って有効となり（一一六条）、無権代理人の責任を問題とする余地はない。

(ii)　しかるに、この点に関する判例の態度が不明確であった時代が、しばらく続いた。先ず、本人相続型の判例【7】において、判例集に記載された原審の事実認定によれば、「A（無権代理人）はY_1（本人）の追認をも得ることができなかったことを認めることができる」とのことであり、原審はこの認定事実に基づいて「次にY_1らは本件の如き無権代理人の責任は相続の対象となるものではないと主張するが既に被相続人について無権代理人としての損害賠償責任が発生している以上財産権に属する損害賠償債務は当然相続の対象となるものであって、このことは相続人の一人または全員が無権代理人たる被相続人に対する関係で本人の立場にあることによって何ら影響を受けるものではない」と判示している。また、判例【7】に対する田尾桃二調査官の解説（法曹時報二六巻六号九六頁）によると、「右貸金の弁済期は昭和三二年一月一一日に到来したが、A（筆者注・筆者の表記では主債務者Bのこと）がその弁済をしなかったので、XがY_1に連帯保証債務の履行として右貸金の支払を求めたところ、Y_1は右連帯保証契約は

Ｂ（筆者注・筆者の表記では無権代理人Ａのこと）の無権代理行為であるといって、これについての追認を拒絶した。そこで、Ｘは、Ｂ（無権代理人）に無権代理人の責任としてその履行を求めていたが、昭和三四年四月二三日Ｂ（無権代理人）が死亡し、その子であるＹ1…Ｙ8において相続したので、昭和三八年ＸはＹ1…Ｙ8を相手方として本訴を提起し、同人らに右連帯保証債務の履行を求めた」とある。

この解説にあるように、無権代理人Ａの生前中に、本人Ｙ1がＸに対して追認拒絶をしていたならば、その時点で無権代理行為の本人への効果不帰属が確定するから、後は無権代理人に対する一一七条の責任が残るだけであり、その後無権代理人が死亡したなら、相続人に無権代理人の責任が承継されるだけである。本人が追認も追認拒絶もしないまま無権代理人が死亡し、無権代理人を相続した本人が、本人の地位に基づいて追認拒絶をしたとしても、無権代理人の責任の相続はどうなるのかという問題とは異なる。

判例【7】の場合、ＸはＹ1に対して連帯保証債務の履行を求めず、最初からＹ1ら八人の相続人に対して履行請求をしているから、田尾調査官の解説にあるような事実経過をたどったとみる方が、経験則に照らして自然である。しかしながら、判例集に記載されている原審の事実認定によれば、「ＡはＹ1の追認をも得ることができなかったことを認めることができる」とはあるが、原審も最高裁も、「Ａの生前中、Ｙ1はＸに対して追認拒絶をした」とは認定していない。その上で、最高裁は、「民法一一七条による無権代理人の債務が相続の対象となることは明らかであって、このことは本人が無権代理人を相続した場合でも異ならないから、本人は相続により無権代理人の右債務を承継するのであり、本人として無権代理行為の追認を拒絶できる地位にあったからといって右債務を免れることはできないと解すべきである」と判示している。相続開始以前に、本人が追認を拒絶していたという事実を認定することを避けることによって、相続開始以前に本人の追認も追認拒絶もなかった場合（いわゆる無権代理と相続の問題）

と、相続開始以前に本人の追認拒絶があった場合との法的効果の違いについて、言及するのを避けるかのごとき態度である。

(iii) 二重相続型の判例【8】においては、東京高裁は、相続開始以前の本人Cの黙示の追認を認定している。これは、無権代理人Aを相続した後、本人Cを代襲相続したXが、AがCを代理してした根抵当権設定契約は、Aの無権代理によるもので無効であると主張して、Yに対して根抵当権設定登記の抹消登記手続を請求したという事案であった。東京高裁は、「昭和五〇年六、七月頃Cが、本件根抵当権設定登記について、Yの担当者からその抹消を断わられたのを聞きながら、それでも本件契約が無権限でなされたなどと異議を述べることもなく帰ったという事実によれば、その際Cは、Yに対し、Aの本件無権代理行為をやむを得ないものとして容認し、本件無権代理行為に有効な代理行為と同様な法律効果を生ぜしめる旨の黙示の意思表示をして、追認したものと認めるのが相当である」と判示している。

もっとも、東京高裁が、Cの黙示の追認を認定したこと自体に問題がないわけではない。何故なら、当時Cは八〇歳の高齢者であり、CがAに同行してY銀行を訪れた際、Aは根抵当権設定登記の抹消をY銀行の貸付係長に要請したのであるから、そのやりとりを傍らで聞いていたCが何らの異議を述べなかったとしても、はたしてCがその法律的な意味を理解した上で、Aの無権代理行為を追認する意思であったか否かは、はなはだ不明であるといわざるを得ないからである。したがって、筆者はこの認定に疑問を感じるが、仮に、Cの黙示の追認があったのであれば、Aの無権代理行為は契約のときに遡って有効になるから（一一六条）、XのYに対する根抵当権設定登記の抹消登記請求が認められないことはいうまでもない。確かに、Xは、無権代理人Aと本人Cとを二重相続しているから、無権代理人の地位と本人の地位とが同一人に帰属したことにはなったが、相続前のCの追認によりAの無権代理行為が最初に遡及して有効になっている以上、Xは一一七条の無権代理人の責任と本人としての地位に基づく追認権・追認拒絶権を併せもつことはなく、いわゆる無権代理と相続の問題は生じない。にもかかわらず、判例【8】が、Cの黙示の追認を認定したのに続けて、「Xは、無権代理行為をなしたAの地位を相続により承継し、しかる後に、本人であるCの地位を代襲相続により承継し、両者の地位ないし資格を同一人格において有するに至ったことになるところ、このような場合には、本人が自ら法律行為をしたのと同様の法律上の地位ないし効果が生じ、無権代理行為は当然有効となるものと解すべきであって」、と判示しているのは、追認の効果（一一六条）を無視した判断であって理解に苦しむ（高森八四郎＝高森哉子「無権代理と二重相続」関西大学法学論集三九巻一号五七頁）。

(iv)　さらに、判例【10】においては、Yの無権代理行為によりなされた公正証書の執行力の排除を求めて、本人AからXに対して請求異議の訴が提起されていた。原審は「右請求異議訴訟においては、公正証書及びその基本となった金員消費貸借についての連帯保証契約に関するYの代理権の有無（Yの無権代理をも含めて）が重要な争点となっていることは、当裁判所に顕著なところである」と認定している。また、判例【10】と同日に最高裁第一小法廷が判決した事件（判タ八一五号一二二頁、金判九二〇号三頁）においても、第一審で本人Aは相手方Y_1らに各登記の抹消を請求しており、AのY_1に対する移転登記や登記原因となった売買はAの意思に基づくものではないこと、Xが関与した担保提供承諾書の作成もAの授権によるものではないこと（これが第一審において、Xの無権代理による譲渡担保契約であるとしても、相続により当然に有効になるものではないと判断された）などが認定され、A勝訴の判決がなされている。これらの事実は、相続開始以前の本人の追認拒絶と評価されるべきであるが、いずれの事件においても、最高裁はあたかも本人の追認も追認拒絶もないまま相続が開始した場合のごとく、無権代理行為の効果について判旨を展開している。

このような最高裁の態度は、それぞれの認定事実だけからでは未だ本人の追認拒絶があったとは評価できないと判断したのか、あるいは、追認拒絶があったにせよ相続が生じれば無権代理と相続の問題として処理するという消極的意思表明なのか、不明であるといわざるを得ない。最高裁は、それぞれの認定事実を本人の追認拒絶と評価したのか否かを明確にするべきであるし、もし、追認拒絶と評価したのなら、それでもなおかつ無権代理と相続の問題とする理論的根拠を積極的に表明すべきであった。

このように、相続開始以前に本人の追認拒絶があったとみられる事案における法律効果について、最高裁の不明確な態度が続いたが、ついに判例【11】において、最高裁は、判例【10】及び同日判決の最判平成五年一月二一日判タ八一五号一二一頁について触れることはなかったものの、本人Aが相手方Y_1らに対し、無権代理によりなされた登記の抹消登記手続を求める訴を提起したことを、Bの無権代理行為に対する本人の追認拒絶であると評価した。その上で、「これにより、Bがした無権代理行為はAに対し効力を生じないことに確定したといわなければならない。そうすると、その後にX_1らがAを相続したからといって、既にAがした追認拒絶の効果に影響はなく、Bによる本件無権代理行為が当然に有効になるものではない。そして、前記事実関係の下においては、その他にX_1らが右追認拒絶の効果を主張することが信義則に反すると解すべき事情があることはうかがわれない」と判示している。最高裁が、本人が相手方に対し無権代理によりなされた登記の抹消を求める訴を提起したことを、本人の追認拒絶と評価した上で、これにより無権代理行為は本人に対して効力を生じないことに確定したから、その後に相続が開始されても、すでに本人がした追認拒絶の効果に影響はない旨判示したのは、自明のことであるとはいえ意義深い。

(v) なお、判例【11】において、最高裁が、「相続した無権代理人が本人の追認拒絶の効果を主張することがそれ自体信義則に反するものであるということはできない」と判示したのは、併存貫徹説の立場を採る筆者にとっては妥当な判断であるし、事案の解決からも妥当であった。この点に関して、信義則説の立場から、「無権代理であることが発覚した後に（あるいは、本人による追認拒絶後になお）、無権代理人が相手方に、何とかして履行（がなされたのと同様の結果）を得させる旨を約束していたのに、本人を相続した後に追認拒絶の効果を主張する場合、この主張は信義則に反すると判断されるのではないか、と考えられる」との意見がある（佐久間毅・民法判例百選Ⅰ（第五版新法対応補正版）八五頁）。

筆者がかねてから信義則説に対して問題としているのは、信義則という一般条項は、本来は個別具体的な関係当事者間の人的関係を考慮して個別具体的に適用すべきなのに、事案に対する個別具体的な検討もなしに、信義則を抽象的定式的な基準として用いていることに対する不当さである。したがって、事案の個別具体的事情によっては、相続した無権代理人が本人の追認拒絶の効果を主張することが、例外的に信義則に反すると判断される場合もあるであろう。しかし、それは佐久間・前掲八五頁の挙げるような例ではない。仮に、本人による追認拒絶後、相続以前の段階で、無権代理人が相手方に対して履行あるいは履行と同様の効果を得させると約束したとしても、本人が追認拒絶をした以上、相手方が履行あるいは履行と同様の効果を得る可能性は極めて低く、相手方が無権代理人の約束を先行行為として、それに基づいて、自らの法的立場や地位を形成するということは先ず考えられない。そうであればこそ、民法は一一七条において、無権代理人の主観的容態を問わず、代理人の代理権の不存在についての相手方の善意・無過失を要件として、無権代理人に履行又は損害賠償責任を負わせているのである。したがって、そのような約束をした無権代理人が、本人を相続後に追認拒絶の効果を主張したとしても、善意・無過失の相手方は無権代理人に一一七条に基づき履行又は損害賠償請求をすればよいのであり、無権代理人が当該の無権代理行為の目的たる権利を相続により取得していれば、相手方は履行を得られるのであるから、一般条項である信義則をもち出す必要はないであろう。

もし、相続した無権代理人が本人の追認拒絶の効果を主張することが、例外的に信義則に反すると判断される場合があるとしたら、それは、相続後に無権代理人が相手方に対して、本人の追認拒絶の効果を主張しない旨の言動をし、相手方がそれに基づいて無権代理人に対する一一七条の責任追及を放棄したにもかかわらず、一転して、本人の追認拒絶の効果を主張したような場合が考えられるのではないかと思う。

(vi)　相続開始以前に、本人の追認拒絶があれば、その時点で無権代理行為の本人への効果不帰属が確定し、後は無権代理人の責任が問題となるにすぎない。この場合、無権代理人の生存中に、本人が追認拒絶をしていた場合には、後に無権代理人を相続した本人は、無権代理行為が特定物の給付を内容とするものであれば、一一七条の損害賠償責任しか負担しないと解すべきである。何故なら、相続前に本人が追認拒絶をした時点で、無権代理行為の本人への効果不帰属が確定しており、相手方としては無権代理人に対して履行請求をすることは、もはや期待できなかったのであるから、相続という偶然の事情で相手方に過分に利益を与える必要はないと考えるからである。

しかし、本人が生前に追認拒絶をしており、後に無権代理人が本人を相続した場合には、このように解する必要はない。何故なら、無権代理人が相手方の選択に応じて負担する無権代理人の責任は、相続により承継した責任ではなく、自己の固有の責任だからである（本人相続型の場合に、本人が負担する無権代理人の責任は、相続により承継した責任である）。したがって、本人の生存中は、本人の追認拒絶により相手方への履行は事実上不可能であったとしても、相続により目的物の所有権を取得し相手方への履行が可能になったならば、それは本人からの贈与や売買によって目的物の所有権を取得した場合と何ら異なることはないから、相手方の選択に従い履行に応じるべきである。

㈣　信義則説批判

⑴　(i)　信義則説に対しては、㈢併存貫徹説において、その問題点をいくつか指摘した。信義則説は、本人相続型の場合には、無権代理人を相続した本人が追認を拒絶しても、自らは無権代理行為をしたわけではないので、何ら信義則に反することはないが、無権代理人相続型の場合に、自ら無権代理行為をした者が本人の地位で追認を拒絶することは「信義則」に反して許されない、とする見解であると一般的に理解されている。しかし、判例は、無権代理と相続をめぐる問題に関して、「信義則」の内容を、必ずしもそのようなものと考えているわけではない。

例えば、判例【6】では、最高裁は、「しかし、無権代理人が本人を相続した場合においては、自らした無権代理行為につき本人の資格において追認を拒絶する余地を認めるのは信義則に反するから、右無権代理行為は相続と共に当然有効となると解するのが相当であるけれども」と判示しており、自ら無権代理行為をした者が本人の地位で追認を拒絶することは信義則に反するとの判断を示したようにみえるが、判例【6】は本人相続型の事案であるから、この部分の判旨は傍論である。むしろ、判例【4】（無権代理人を家督相続した後隠居して本人を家督相続したという二重相続の事案）で、大審院は、「無権代理行為の責任を無権代理人を相続することによって相手方に対して負担する者が、本人の地位に就くことによって追認できるのに追認を拒絶するのは信義則に反する」との判断を示しており、判例【4】を引用する判例【9】（無権代理人を本人とともに共同相続した相続人が、後に本人を二重相続するという事案）では、最高裁は信義則の内容を、「無権代理人を相続し、無権代理人の地位を包括的に承継した以上、後に本人を相続したからといって、本人の地位に基づいて追認を拒絶するのは信義則に反する」と解しているようであり、自らは無権代理行為をしていないという事情は考慮に入れる必要はないとしている。判例【4】【9】でいう信義則は、当然有効説を前提とし、いわばそれを補強することを意図して用いられた信義則であったといえよう。したがって、判例【9】の判旨には批判が多い。例えば、辻正美・私法判例リマークス一号二二頁が、「本件最高裁判決は、X_1～X_3が先に無権代理人の地位を承継した以上、信義則上、その後に承継した本人の資格に基づいて追認を拒絶する余地はないと断言するが、これでは、X_1～X_3が先に本人の地位を承継した場合には追認の拒絶が許されることになり、相続の順序という偶然の事情によって相続人の法的地位が左右される結果となるのみならず、自らに咎むべき点のないX_1～X_3において追認を拒絶することが何故に信義則に反するのか、筆者には理解し難いところである」と述べるのが、その一例である。

(ii)　しかし、信義則説のなかには、「信義則違反と判断するにつき厳格に無権代理人個人における行為矛盾に限定しなくてもよい」という見解（安永正昭「『無権代理と相続』における理論上の諸問題」曹時四二巻四号一九頁）もある。安永説によれば、無権代理人が本人の地位で追認を拒絶することが信義則に反するという場合の「信義則」とは、「行為が先行行為と矛盾するという要素が主となっている場合であり……相手方の信頼という要素が希薄となっている。……すなわち、代理権がないのにあると相手方を誤信させた場合の相手方保護の問題は、民法では本人の表見代理、および、無権代理人の責任として特別な規定が置かれている。ここでは、このような信頼保護を問題としているのではなくして、無権代理人の矛盾的態容そのものを咎める点に主眼が置かれているのである。それはいかなる意味においてかというと、相手方との関係では『本人』に効果を帰属せしめるものとして代理行為をなしたにもかかわらず、『本人』としての地位をも併有するや、『本人』としての追認拒絶権を行使する態度は矛盾的であり許されないと評価されるということである」（同一七頁）。「しかし、相手方において信義則を援用して無権代理人の矛盾行為違反を咎めることができるためには、相手方においても相当の事情が要求されなくてはならないと考える。そういう観点から、ここでは、相手方が当初から無権代理について悪意であった場合には、本人に効果が帰属しないことを知っていたわけであるから、特別の事情が認められない限り、信義則を援用することはできないとすべきである」（同一八頁）。このように考えるので、「信義則違反と判断するにつき厳格に無権代理人個人における行為矛盾に限定しなくてもよい…そこで、双方相続型でも、第三者が単独で無権代理人を相続し、しかる後本人を相続したというケース（筆者注・判例【4】【8】）では、当該無権代理行為に関する諸問題については、第三者はいわば無権代理人の地位に入りこみ、その地位で本人を相続したゆえに、追認拒絶はなお信義則に反すると判断する。ただし、第二の、第三者が無権代理人を本人とともに相続し、後、本人を相続したというケース（筆者注・判例【9】のケース）では、一旦本人相続型が顕在化したわけであり、かかる本人の地位をも受けついだ第三者には、追認拒絶は信義則に反することなく許されるものと考える」（同一九頁）。

(iii)　安永説によれば、ここでいう「信義則」とは、「無権代理人の矛盾的態容そのものを咎める点に主眼が置かれて」おり、それは、「相手方との関係では『本人』に効果を帰属せしめるものとして代理行為をなしたにもかかわらず、『本人』としての地位をも併有するや、『本人』としての追認拒絶権を行使する態度は矛盾的であり許されないと評価される」ことであるという。確かに、自己の先行行為と矛盾する態度を主張することが、信義則違反と判断されることはあるし、代理人は本人に効果を帰属せしめる意思で行為していたことも事実である。したがって、法的評価を離れた素朴な感情からいえば、「『本人』としての地位をも併有するや、『本人』としての追認拒絶権を行使する態度は矛盾的であり許されない」といえるかもしれない。しかし、代理人は相手方に対して、顕名せず本人として行為していたわけではない。代理人は相手方に対して、あくまでも代理人として、背後に本人が存在することを開示して行為していたのである。相続によって無権代理人の地位と本人の地位とが同一人に帰属したとしても、人格や地位が融合帰一せず、両者の地位の併存を認めるということは、すなわち、無権代理人が相続によって承継した本人の地位に基づいて追認を拒絶することを認めること（追認を拒絶することが信義則違反ではないことを認めること）に他ならない。

もちろん、信義則は一般条項であるから、事案の個別具体的事情によっては、無権代理人が本人の地位に基づいて追認を拒絶することが信義則に反すると判断されることもあるであろう。例えば、相続後に無権代理人が相手方に対して、本人としての地位に基づいて追認を拒絶しない旨の言動をし、相手方がそれに基づいて無権代理人に対する一一七条の責任追及を放棄したにもかかわらず、一転して、本人としての地位に基づいて追認を拒絶したような場合が考えられるのではないかと思う。しかしながら、無権代理人として行為したこと、それ自体が直ちに信義則違反をもたらすものではない。また、「悪意の相手方に対して、無権代理人が本人の地位で追認を拒絶することは信義則に反しないが、過失ある相手方に対して、追認を拒絶することは信義則に反する」というような抽象的形式的基準を定立することも、本来は個別具体的な関係当事者間の人的関係を考慮して個別具体的に適用されるべき信義則の本質に反するものと考える。加えて、二重相続の判例【4】や【8】のケースにおいて、相続人の追認拒絶がなお信義則に反するというのであれば、安永説のいうところの「咎められるべき相続人の矛盾的態容」とは何か、ということが明確に説明されるべきであろう。

また、安永説では、ここでいう「信義則」には「相手方の信頼という要素が希薄」となっており、「矛盾的態容そのものを咎める点に主眼が置かれている」とのことである。しかし矛盾的容態が咎められて信義則違反となるのは、AのBに対する先行行為に基づいて、Bが一定の推断をもち、その推断を信頼して、それに導かれてBがAとの間で利害関係を形成するからこそ、その後になっての自らの先行行為に矛盾するAの行動が咎められるのであろう。かかる場合のBの信頼は、保護に値する合理的信頼だからである。「相手方の信頼という要素が希薄」であるならば、なぜそもそも矛盾的容態そのものが咎められねばならないのか、はなはだ疑問であるといわざるを得ない。

(2)　(i)　信義則説の立場からいえば、自説と併存貫徹説との違いは、信義則説が「無権代理人に注目して相手方との間での矛盾的態度を咎める趣旨であるのに対して」、併存貫徹説は「相手方の利益状況に注目して立論している点にある」（安永・民法判例百選Ｉ（第五版新法対応補正版）八三頁）とのことである。併存貫徹説は、これまで詳説してきたとおり、相手方の利益状況に注目して立論されているわけではないが、これがいわんとするところは、安永・信義則説では、無権代理人は過失ある相手方に対しては信義則上追認を拒絶できないが、併存貫徹説では、過失ある相手方に対しても追認を拒絶できることを指しているらしい。また、併存貫徹説を基本的に支持する立場も、「自ら代理権のないことを知りながら、しかも、本人の追認を得られる見込みもないのに、あえて行為に及んだような無権代理人が、相手方に過失があるからといって、その責任を免れてよいものであろうか」（辻「無権代理・他人物売買と相続」法教一二二号四三頁）という。

無権代理と相続をめぐる問題を考えるとき、論者には一般的に次のような認識があるらしい。無権代理人は、自分に代理権がないことや、本人の追認を得られる見込みもないことを知りながら、不法行為的に代理権があると称した、いわば「悪者」である。その無権代理人の詐欺的言辞にだまされて取引してしまった相手方は、いわば「被害者」であるが、過失があったと判断されてしまったら、一一〇条の表見代理も成立しないし、一一七条の責任を追及することすらできない。そんな無権代理人が本人を相続したのなら、過失ある相手方に対して、追認拒絶できないというのが妥当ではないか、との思いである。

(ii)　まず、素朴な感覚では、「無権代理人は悪者」というイメージがあるかもしれないが、実際の事件においては、無権代理人の主観的容態は様々である。不法行為的に自分には代理権があると称する代理人もいれば、自分には代理権があると思っていた代理人とか、今はないにせよ追認してもらえると思っていた代理人も存在する。代理人が本人から家政処理を任されていたり、何度か本人のために代理行為をした経験があるなら、本人の追認を期待して行為することも多い。逆に相手方が無権代理行為を誘導し、代理人の方がいわば被害者的にそれに乗せられてしまったというケースも存在する。

無権代理人の主観的容態が積極的に認定されることは少ないが、例えば、判例【10】では、不動産の買主Bが売主Aに交付すべき手付（二〇〇万円）のために、Bが金融業者Cから融資を受けるについて、売主Aが連帯保証するという取引形態であり、CのBに対する従前の未回収債権（六〇〇万円）及びその利息も含めた八五〇万円についてAが連帯保証しなければ、Bへの融資に応じないという態度にでたのは、相手方Cである。原審は、この取引形態の特殊性を考慮した上で、金融業者Cが印鑑証明書に記載されているAの生年月日について関心を抱かず、Y（Aの息子、代理人）をAと認識していたことなどを根拠に、Cに一一七条二項の過失ありと認定している。しかし、Cは一一七条二項の過失ありというより、むしろ悪意であったとみるべきであろう。何故なら、Yとしては、Aから、山林売買とそれに付随して三ヵ月未満の短期決済を目途に二〇〇万円の銀行融資を受けるBの債務についてその保証をする件についても代理権を授与されていたのであるから、Cに対して本人Aのふりをする必要はないからである。むしろ授与された代理権の範囲を越えるCからの申出に対して、困惑し最初は拒絶したであろうが、Cの強い態度とBの懇願により、「YはBが短期間内にその責任で債務全額の処理をし、Aが連帯保証人としてその責任を問われることが現実化することはあるまいとの期待のもとに、Aの了解を得ずにBの頼みに応じた」のである。この事情を考慮すれば、Cは自己のもちかけた取引について、Yには代理権がないことを知っていたと判断すべきであるし、少なくともCがYの無権代理行為を誘導している。このCとの関係でYの追認拒絶が信義則に反するというのであれば、それはかえって衡平の理念に反することになろう。

また、判例【10】と同日に言い渡された最高裁第一小法廷判決（判タ八一五号一二一頁、金判九二〇号三頁）も同様である。本人Aは七八歳の土地持ちだが、耳が不自由で文字もほとんど読めず、物事に対する判断能力や記憶力が通常人に比べかなり劣っていた。Aの長男Xは土木会社を経営していたが、資金繰りに苦しんでいる。この状況を知っていた相手方Y_1はXに、五〇〇〇万円の斡旋料を自分に支払うことや、A所有土地を担保に入れるため、その土地の所有名義や処分をY_1に委ねることなどを条件に融資先を探してやると話をもちかけ、XがAの授権を得ることなく担保提供承諾書の作成に応じると、Y_2を紹介したが、Y_2が弁済期限に強い催促（七〇〇〇万円）をするや否や、すかさずY_1は、「Y_2がA名義の白紙委任状及び印鑑登録証明書などを所持しており、これを悪用して所有権移転登記をしてしまうおそれがあるので、先に形式的に登記名義を他に移してY_2の企みを防止する必要がある」などと述べ、自分への移転登記を得た直後、Y_3に二億円で売却し登記も移転してしまったのである。Xはいささか思慮分別にかけるが、Xの無権代理行為を誘導したのは、相手方のY_1である。無権代理人Xは被害者的、相手方Y_1は加害者的ということができよう。

このように被害者的な無権代理人も存在するなど無権代理人の主観的容態は様々であるが、一一七条の無権代理人の責任は、代理人のそのような主観的容態を問わず、代理人が自らの代理権を証明することができず、かつ、本人の追認を得られなかったときには、相手方が代理人の代理権の不存在について善意・無過失であったことを要件として、代理人は相手方に対して、履行又は損害賠償責任を負うということを保証していた、と法が擬制する、「法定保証」責任である。したがって、無権代理人と取引した相手方は、本人の追認が得られなければ、代理権の不存在についての善意・無過失を要件として、無権代理人に一一七条の責任を追及すればそれでよいというのが、民法の採る建前である。

(iii)　では、次に、具体的にいかなる事実があれば、一一七条二項の「過失」が認定され、無権代理人は免責されるのであろうか。筆者は、一一七条二項の「代理権を有しないことを相手方が知っていたとき、若しくは過失によって知らなかったとき」と、一一〇条の「代理人の権限があると信ずべき正当な理由」とは、同一あるいは同程度のものではないと考えている（拙稿「表見代理理論の新展開」関西大学法学論集五三巻四・五合併号四八〇頁以下）。一一〇条と一一七条は、相手方保護という広い意味では同じ趣旨であるといってよいが、両者は互いに独立した規定であり、各々において要求される相手方保護の要件には、自ずと差異があり、もとより文言も異なる。先ず、筆者は、一一〇条の表見代理規定における本人の責任を、中島玉吉表見代理論における estoppel の法理によって根拠づけるので、一一〇条の「正当理由」が成立するときには、相手方からみて、「当該取引について、本人は代理人に代理権を与えていると、相手方が推断することができるような本人の相手方に対する行動（holding out）」が存在する。具体的には、「相手方がこれまで代理人を通して本人と同種同量の取引をしてきたが、いずれもこれらの取引は本人によって承認され、つつがなく履行されてきた場合」や「これに準じるような本人の認容的言動がある場合」である。

これに対して、一一七条における無権代理人の責任は、「法定の保証責任」として根拠づける。効果意思に基づく保証責任ではなく、法定追認（一二五条）の制度と同じく、代理人の一定の行為（事実）のありたることをもって、代理権の存在を代理人が保証したものと「看做す」（擬制する）ものである。これは、イギリス法における implied warranty of authority と共通する考え方である。implied warranty of authority とは、自らを代理人であると称した代理人の側の擬制的な約束（implied promise）であり、契約を結んだ他方当事者の立場を考慮して、「自分には本人が存在しており、自分は本人から授与された authority の範囲内で契約している」ということを保証したと看做されるのである。具体的にいかなる事実があれば、一一七条二項の無過失と判断してよいかであるが、代理人が実印、印鑑証明書、白紙委任状、権利証などを所持しており、疑念を生ぜしめるに足りる特段の事情がなければ、相手方は代理権の不存在について無過失であったとしてよいだろう。

したがって、一一〇条の正当理由が成立しない場合でも、代理権の不存在について無過失だったと判断され、無権代理人に一一七条の責任を追及できるケースは十分存在する。また、「自ら代理権のないことを知りながら、しかも、本人の追認を得られる見込みもないのに、あえて行為に及んだような無権代理人」は、自らの代理権の存在を相手方に信じさせようとするのであるから、通常は実印、印鑑証明書、白紙委任状、権利証など代理権を徴表する道具を所持しているであろうし、疑念を生ぜしめるに足りる事情が生じないような言辞も弄するであろうから、一一七条二項に関しては、相手方は無過失であると判断されるケースも多いのではなかろうか。もちろん、これは、実際の事案の個別具体的事情をみなければ判断できないことであるが、そうであればこそ、「無権代理人が本人の地位に基づいて、過失ある相手方に対して追認を拒絶することは信義則に反する」とか、「自ら代理権のないことを知りながら、しかも、本人の追認を得られる見込みもないのに、あえて行為に及んだような無権代理人が、相手方に過失があるからといって、その責任を免れてよいものであろうか」などと、抽象的に論ずる必要はないと考える。

四　結　語

「二　判例の考察」において、一一件の判例を、無権代理人（単独）相続型、本人相続型、二重相続型、無権代理人（共同）相続型、二重相続（限定承認）型に分類し、併存貫徹説の立場から、それぞれ事案と判旨を考察した。次いで、「三　学説の検討」において、当然有効説、代理権追完説、信義則説を、併存貫徹説の立場から検討した上、自説の併存貫徹説について詳論した。特に、信義則説に対しては、併存貫徹説を詳論する上で必要な範囲で批判した上に、別に信義則説批判の一節を設けた。そこで、本節では、結びにかえて、併存貫徹説の内容を要約しておきたい。

併存貫徹説とは、無権代理人が本人を相続した場合、本人が無権代理人を相続した場合、二重相続の場合（逐次的に無権代理人の地位の相続と本人の地位の相続とが行われた場合）とを通じて、単純・単独相続であるか単純・共同相続であるかを問わず、可能な限り、本人たる地位と無権代理人たる地位との併存を貫徹しようとする見解である。

(1)　先ず、本人の追認も追認拒絶もないまま相続が開始し、無権代理人が本人を単純承認で相続した場合、当該無権代理行為は相続によって当然有効となることはなく、相続人に無権代理人たる地位と相続によって承継した本人たる地位が併存する。つまり、無権代理人は本人たる地位に基づいて追認を拒絶できる。無権代理人は顕名をして代理人として行為をしているのであるから、無権代理人が本人を相続し追認権を行使できる立場になったとしても、かつて無権代理行為をしたということそれ自体が、信義則上、本人としての地位に基づく追認拒絶を禁止する根拠になるものではない。信義則は一般条項であるから、事案の個別具体的事情によっては、自らは無権代理行為をしていない本人の追認拒絶が信義則に反すると判断される場合もあるであろうし、自ら無権代理行為をした無権代理人であっても、本人の地位で追認を拒絶することを認めることが、信義に適う場合もある。にもかかわらず、「自ら無権代理行為をした者が本人を相続した場合に、本人の地位で追認を拒絶することは信義則に反する」などといわば定式化することは、信義則という一般条項は、本来は個別具体的な関係当事者間の人的関係を考慮して個別具体的に適用すべきなのに、それを抽象的形式的な基準として用いることになり、不当である。

無権代理人は、追認を拒絶しても、自己の無権代理人たる地位に基づき一一七条の無権代理人の責任を当然負わなければならないから、相手方の選択に従い、履行又は損害賠償責任を負うが、それは相手方が代理権の不存在について善意・無過失であった場合に限られる。無権代理人の主観的容態は、いわゆる非難性の高いものから逆に被害者的なものまで様々であり、他方、相手方も、善意・無過失のものから逆に無権代理行為を誘導するものまで、その容態は様々である。一一七条の無権代理人の責任は、代理人のそのような主観的容態を問わず、代理人が自らの代理権を証明することができず、かつ、本人の追認を得られなかったときには、相手方が代理人の代理権の不存在について善意・無過失であったことを要件として、代理人は相手方に対して、履行又は損害賠償責任を負うということを保証していた、と法が擬制する、「法定保証」責任である。したがって、無権代理人と取引した相手方は、本人の追認が得られなければ、代理権の不存在についての善意・無過失を要件として、無権代理人に一一七条の責任を追及すればそれでよいというのが、民法の採る建前である。相続という偶然の事情によって、無権代理人の責任が、一一七条の責任より増減させられる必要はないし、また、相手方に過分の利益を与える必要もないのである。

なお、無権代理人が相手方に「契約の履行を請合っていた」というような事情が存在していれば、相手方は代理人の代理権の不存在について悪意の場合もあり、無権代理人が本人の地位で追認を拒絶すれば、相手方は一一七条の責任も追及できないであろうが、このような場合には、効果意思に基づく保証責任の追及を、相手方に認めればよい。一一七条の無権代理人の責任は、代理人の保証意思すなわち効果意思に基づく責任ではなく、一定の要件を具備してはじめて認められる一種の無過失の法定の保証責任である。代理人が相手方に契約の履行を請合い、保証の効果意思を有する場合に、相手方が代理人に対して、効果意思に基づく保証責任を追及することを、一一七条は排除するものではない。

(2)　次に、本人の追認も追認拒絶もないまま相続が開始し、本人が無権代理人を単純承認で相続した場合にも、当該無権代理行為は相続によって当然有効となることはなく、相続人に本人たる地位と相続によって承継した無権代理人たる地位が併存する。つまり、本人は自らの本人たる地位に基づいて追認を拒絶できる。しかし、追認を拒絶しても、無権代理人たる地位に基づき一一七条の無権代理人の責任を当然負わなければならないから、相手方の選択に従い、履行又は損害賠償責任を負うが、それは相手方が代理権の不存在について善意・無過失であった場合に限られる。これは、特定物給付義務であっても同様である。善意・無過失の相手方が履行請求を選択したときは、本人たる地位に基づいて追認拒絶を認めた意味がなくなるようにみえるかもしれないが、相続人（本人）がそのような事態を回避しようと思えば、限定承認（九二二条）をすべきであった。限定承認をすれば、自己の固有財産と相続財産とは分離され、相続人は相続財産の範囲（無権代理人から相続した財産の範囲）で被相続人の債務（無権代理人の債務）を弁済すればそれでよい。相続人としては、単純承認をして自己の固有財産と相続財産とを混同させてしまったのであるから、外的事象のみみれば一方で与えられたものが他方で奪われる結果になったとしても、やむを得ないと考える。

(3)　二重相続の場合にも、相続人はいずれを先に相続しようとも、右の理が等しく妥当し、相続人は本人としての地位に基づいて追認を拒絶できるが、代理権の不存在について善意・無過失の相手方に対して、無権代理人としての地位に基づき、履行又は損害賠償責任を負担する。以上のように、可能な限り本人たる地位と無権代理人たる地位との併存を貫徹しようとしてこそ、個々の場合に衡平であり、かつ、すべての場合に合理的、統一的な結論を導き出せると考える。

(4) 右のそれぞれの場合において、単純承認ではなく限定承認で相続がなされたとしても、地位の併存が肯定される点は、単純承認の場合と異ならない。本人を相続した無権代理人は追認を拒絶できるが、善意・無過失の相手方に対して、自己の固有財産により、一一七条の無権代理人の責任を負う。履行責任の内容が特定物の給付義務である場合には、無権代理人は自己の固有財産により損害賠償責任のみを負担することになる。無権代理人を相続した本人は追認を拒絶できるが、善意・無過失の相手方に対して、相続財産の範囲内で、一一七条の責任を負う。この場合も、履行責任の内容が特定物の給付義務である場合には、本人は相続財産の範囲内で損害賠償責任のみを負担することになる。結局、無権代理人相続型においても、本人相続型においても、相続人は限定承認をすれば、特定物給付義務を免れることができる。二重相続の場合には、両方の相続について限定承認がなされた場合、一方の相続のみ限定承認がなされた場合など、いろいろな組合せが考えられるが、限定承認に関する相続の法理に従い、右に述べた基準を適用して分析すべきである。

(5) 最後に、右に述べてきた併存貫徹説の内容は、本人が追認も追認拒絶もしない間に相続が開始し、本人たる地位と無権代理人たる地位とが相続人に併存して帰属した結果、相続人が本人たる地位に基づく追認権・追認拒絶権と、無権代理人たる地位に基づく相手方善意・無過失の場合の一一七条の無権代理人の責任を、併せもった場合の議論である。これに対して、相続開始以前に、本人の追認拒絶があれば、その時点で無権代理行為の本人への効果不帰属が確定するから、後は無権代理人に対する一一七条の責任（履行又は損害賠償責任）が問題となるにすぎない。また、相続開始以前に、本人の追認があれば、追認の遡及効により、無権代理行為は行為がなされた時に遡って有効となり（一一六条）、無権代理人の責任を問題とする余地はないことを、指摘しておきたい。

注

(1) 大判昭和二年三月二二日民集六巻一〇六頁、最判昭和四〇年六月一八日民集一九巻四号九八六頁。
(2) 最判昭和六三年三月一日判時一三一二号九二頁。
(3) 最判平成五年一月二一日民集四七巻一号二六五頁。
(4) 最判昭和三七年四月二〇日民集一六巻四号九五五頁。
(5) 最判昭和四八年七月三日民集二七巻七号七五一頁。
(6) 安永正昭「『無権代理と相続』における理論上の諸問題」曹時四二巻四号一七頁以下。
(7) 安永「無権代理人が本人を共同相続した場合」民法判例百選I（第五版新法対応補正版）八三頁。
(8) 辻正美「無権代理人を本人とともに相続した者がさらに本人を相続した場合における無権代理行為の効力」私法判例リマークス一号二一頁。
(9) 本件の判批として他に実方謙二・法学四巻七号二頁がある。
(10) 我妻栄『新訂民法総則』三四三頁、大判大正一二年五月二四日民集二巻三二三頁。
(11) 最高裁は、本人Aの無権代理人BがAの不動産を無権代理でCに売却した場合、BがAから不動産の所有権を取得すれば、B・C間に売買契約が結ばれたのと同じになるとする（最判昭和四一年四月二六日民集二〇巻四号八二六頁）。無権代理人が無権代理により処分した権利を取得したときは、一種の処分行為の追完が生じると解しているようである。しかし、筆者は他人物売買の場合とは異なり、追完は生じないと考えるべきだと思う。
(12) 但し、谷口・家族法判例百選（第二版）二〇八頁は、本件のように家督相続と同じような関係が生じている場合には、従来の家督相続・単独相続の場合における昭和二年の判決（判例【1】）の法理が妥当することになるという本判決は正当であると考えられると評する。
(13) 前訴の訴訟物は、Yの所有権に基づく抹消登記請求権であり、本件の訴訟物は、Xの所有権に基づく移転登記請求権である。前訴確定判決においては、Xに対し、登記抹消を命ずることだけが主文に明示されているにすぎなく、既判力は主文に包含された点についてだけしか生じない。この確定判決によってXの移転登記請求権の不存在が確定したわけではなく、またこの請求権の前提としてのXの本件家屋の所有権の不存在が確定されたわけでもないことを、理由とする。
(14) 鈴木判批は、本人Yが本人としての資格において追認拒絶すれば、Aの相続人としての資格で履行責任（一一七条一項）を負担するのであり、Xとしては②を認容した原審判決が上告審で破棄されるかもしれぬ危険をおもんばかって、①を棄却する原審判決につき、念のため付帯上告をしておかなかったため、思わざる敗訴の結果に陥ったとする（鈴木・前掲一三四頁）。

(15) 谷口判批は、訴訟理論の上からは川添判批の指摘するような意味に解するほかないのかもしれないとする。また、高野判批は、川添判批、鈴木判批の見解の方が本件に関しては訴訟理論に適うが、本人が無権代理人を相続した場合として一般的に考えれば、むしろ谷口判批の見解によるべきだとする。すなわち、信義則に反しないことを理由に本人に追認拒絶権を認め、あとは相続法の一般理論に従って無権代理人の責任が単独または複数の相続人に承継されて、相手方に対して一一七条の責任を負うものとし、相手方が悪意・有過失の場合には、右責任が解除されると解する（高野・前掲四〇頁）。

(16) 我妻・前掲三七七頁、三七九頁。

(17) Anson's Law of Contract（26th edn 1984）, p. 561. Collen v. Wright（1857）, 8 E. & B. 647.

(18) 本件判批として本文に引用したもののほか、遠田新一・民商七〇巻六号九八五頁、山本新一＝上井長久・判タ三〇四号七四頁、潮見佳男・家族法判例百選（第六版）一二二頁、高野竹三郎・民法判例百選Ⅰ（第三版）八六頁、安永正昭・民法判例百選Ⅰ（第五版）八〇頁などがある。

(19) 内田勝一「本件判批」ジュリスト八六四号九九頁も、「追認を肯定した点は本件の具体的な事実からすれば、かなり微妙である」と指摘する。

(20) 中舎寛樹「本件判批」法時五八巻九号一〇八頁が、「単純承認をすれば、それは相続財産と相続人の固有財産との融合を生ずるのであるから（川井・注釈民法（二五）三六三頁）、その後に無権代理人が生前行った無権代理行為を本人として追認拒絶しても、他方で無権代理人の地位の承継人として、融合した財産のなかから民法一一七条の履行義務をはたさなければならなくなるのは当然で」あり、「しかし、限定承認をしていれば、無権代理人の財産を相続しても相続人の固有財産との融合を生ぜず、本人として無権代理行為を追認拒絶した後も、民法一一七条の履行義務をはたす必要がないことになろう。相続人は、相続によって得た財産の限度でのみ被相続人の債務の責任を負えば足りるからである。」とした上で、本件のXは限定承認をしていないから、地位の併存説に従って追認拒絶できるが、一一七条の履行義務は免れないとする（中舎・前掲一〇九頁）のは、基本的に私見と同旨であると思われる。

(21) 原審判決の判批として、伊藤進＝橋本真・法時五六巻一〇号一二六頁がある。

(22) 判例【9】の判批として、山本敬三・民商九九巻二号二六四頁、石田喜久夫・昭和六三年度重要判例解説六二頁。石井眞司・判タ七〇七号四八頁、菅野佳夫・判タ七〇八号五二頁、本田純一・判タ七一三号四頁、山口純夫・法セ三四巻一〇号一一五頁、

野田宏・金法一一三七号一五頁、右近健男・金法一一五一号一二頁などがある。

(23) 判例【10】の判批として、道垣内弘人・法教一五二号一四二頁、井上繁規・ジュリ一〇三九号九七頁、同・曹時四六巻四号八三六頁、奥田昌道・リマークス八号一八頁、大江忠・NBL五四三号五六頁、安永正昭・金法一三九六号四〇頁、潮見佳男・平成五年度重判解七〇頁、塚原朋一・担保法の判例Ⅱ三三二頁、長尾治助・民法の基本判例（第二版）三七頁、拙稿・法時七一巻一号七六頁などがある。

(24) 判例【11】の判批として、山本敬三・リマークス一九号一〇頁、佐久間毅・法教二三一号一二〇頁、右近健男・判例評論四八四号二三頁、山口純夫・判タ九九五号六五頁、春日通良・ジュリ一一五〇号一〇六頁、安永正昭・判例セレクト九八　一二頁、拙稿・法時七二巻一三号二七五頁などがある。

(25) 四宮説は、判例【4】の判批のなかで、資格融合説を主張していたが（四宮・前掲四二頁）、後に改説された。相続によって無権代理人の地位と本人的地位が同一人に帰属した場合、事態を本人的地位（追認権、追認拒絶権）、無権代理人の地位（一定の要件のもとでの責任）、相手方の地位（取消権）に分析し、それらが一応併存することを前提とした上で、当該事態の利益状況を考察し（分析的立場）、無権代理人が相続によって本人の地位を承継しながら追認を拒絶するのは、信義則に反するから追認せざるをえないが、単独相続またはこれに準じる場合には、本人の資格と無権代理人の資格とが同一人に帰属するので、追認をまつまでもなく、追完の効果が生じることを認める（四宮『民法総則（第四版）』二四三頁）。逆に、本人が無権代理人を相続した場合には、生存者はいわば被害者的立場にあるので、無権代理人が本人を相続した場合のように生存者が信義則上追認拒絶を禁止されることにはならず、したがって単独相続の場合でも追完の効果は生じない。そして、本人が追認を拒絶すれば、無権代理人の地位を相続したものとして、無権代理人の責任を負うべきかが問題となるが、相手方の保護のためにはこの責任を認める必要があり、それを認めたとしても、この責任が生じるには相手方の善意・無過失が必要なので、追認拒絶を認めた実効を失わせることにはならない（四宮・前掲二五四頁）。この「分析的立場」は、無権代理人相続型で、単独相続又はこれに準じる場合には、本人の資格と無権代理人の資格とが同一人に帰属するので、追認をまつまでもなく、追完の効果が生じることを認める、というところ以外は、現在の信義則説のなかに位置づけてよいであろう。

判例一覧

相続の型	判例番号及び判例	判旨
無権代理人(単独)相続型	判例【1】大判昭和二年三月二二日民集六巻一〇六頁 判例【2】大判昭和九年九月一〇日民集一三巻一七七七頁 判例【3】大判昭和一三年一一月一六日民集一七巻二二一六頁 判例【5】最判昭和四〇年六月一八日民集一九巻四号九八六頁	「本人が自ら法律行為をしたのと同様な法律上の地位を生じたものと解するのが相当」(「本人と同一の法理」)
本人相続型	判例【6】最判昭和三七年四月二〇日民集一六巻四号九五五頁	「本人が被相続人の無権代理人を相続した場合は、…相続人たる本人が被相続人の無権代理行為の追認を拒絶しても、何ら信義に反するところはないから、被相続人の無権代理行為は一般に本人の相続により当然有効になるものではない。」
本人相続型	判例【7】最判昭和四八年七月三日民集二七巻七号七五一頁	「民法一一七条による無権代理人の債務が相続の対象となることは明らかであって、このことは本人が無権代理人を相続した場合でも異ならないから、本人は相続により無権代理人の右債務を承継するのであり、本人として無権代理行為の追認を拒絶できる地位にあったからといって右債務を免れることはできないと解すべきである。まして、無権代理人を相続した共同相続人のうちの一人が本人であるからといって、本人以外の相続人が無権代理人の債務を相続しないとか、債務を免れうると解すべき理由はない。」
二重相続型	判例【4】大判昭和一七年二月二五日民集二一巻一六四頁 判例【8】東京高判昭和六〇年六月一九日判タ五六五号一〇七頁 判例【9】最判昭和六三年三月一日判時一三一二号九二頁	「本人と同一の法理」
無権代理人(共同)相続型	判例【10】最判平成五年一月二一日民集四七巻一号二六五頁	「他の共同相続人全員の追認がない限り、無権代理行為は、無権代理人の相続分に相当する部分においても、当然に有効となるものではない。」
二重相続(限定承認)型	判例【11】最判平成一〇年七月一七日民集五二巻五号一二九六頁	「本人が無権代理行為の追認を拒絶した場合には、その後に無権代理人が本人を相続したとしても、無権代理行為が有効になるものではないと解するのが相当である。けだし、無権代理人がした行為は、本人がその追認をしなければ本人に対してその効力を生ぜず(民法一一三条一項)、本人が追認を拒絶すれば無権代理行為の効力が本人に及ばないことが確定し、追認拒絶の後は本人であっても追認によって無権代理行為を有効とすることができず、右追認拒絶の後に無権代理人が本人を相続したとしても、右追認拒絶の効果に何ら影響を及ぼすものではないからである。」

第三章　他人物売買と相続
――無権代理と相続の問題と比較して――

一　序

「無権代理と相続」の問題と類似の問題として「他人物売買と相続」の問題がある。前者においては、無権代理人が本人の地位を相続する場合（無権代理人相続型）と本人が無権代理人の地位を相続する場合（本人相続型）とに分かれるが、後者においても、他人の物を売却した売主が権利者（所有権者）の地位を相続する場合（売主相続型）と権利者（所有権者）が売主の地位を相続する場合（権利者相続型）とに分かれる。二つの問題には共通した論点を含んでおり、両者を比較して論ずることは大変興味深いものがある。(1)

既に無権代理と相続の問題について、①無権代理人が本人を相続した場合（無権代理人相続型）と②本人が無権代理人を相続した場合（本人相続型）のいずれにおいても、本人と無権代理人との地位が共に併存し、両者は共にそれぞれの地位から生ずる権利を相手方に主張することができ、かつ、その地位から生ずる責任を相手方に対して負担すると解することにより、すべての無権代理と相続の問題を妥当に解決することができるとする自説を展開してきた。右の私見を「併存貫徹説」と呼ぶことにする。この併存貫徹説を「他人物売買と相続の問題」にどこまで生かすことができるかを本章で論じたい。まずは「併存貫徹説」を再述することにしたい。

二　無権代理と相続の問題

併存貫徹説の立場から右の問題について要約的に述べることとする。

(一)　無権代理人が本人を相続した場合

本人と無権代理人の責任が併存すると考えるべきである。すなわち、本人を相続した無権代理人は本人の追認拒絶の自由をなお保有しており、本人の立場で追認を拒絶することができると解する。しかし無権代理人は、自己の行った無権代理行為の責任を民法一一七条の要件に従い当然負わなければならない。それゆえ、無権代理行為の当時、行為能力を有していた限り、善意・無過失の相手方の選択に従い、履行又は損害賠償の責任を負担しなければならない。これは、単純かつ単独相続で責任を負う場合には、本人の立場での追認拒絶は実質上意味を失うかのようにもみえるが、相手方の善意・無過失を必要とするから、当然有効説（人格融合説、追完説、信義則説）と異なり法的に無意味になるわけではない。本人を相続した無権代理人に対して民法一一七条により善意・無過失の相手方が履行を請求してきたときに、無権代理人がそれを拒否したければ、本人を相続するときに単純承認ではなく、限定承認をするべきであった。限定承認によって相続財産と固有財産とを分離しておけば、相手方の請求に対して無権代理人は、本人の立場で追認を拒絶しつつ、なお無権代理人の責任を追及して来る相手方に対して固有財産でのみ責任を負うことを主張しうべく、結局、相手方は無権代理人の固有財産から損害賠償を得ることができるのみである。この点が無権代理人が本人を単純・単独相続した場合（相続財産と固有財産を混同させた場合）、相手方の善意・無過失を問わず、無権代理行為は「代理権の追完」によって当然有効となるとする三宅正男説（代理権追完説）と異なる(2)。それは、無権代理人は、あくまでも代理人として行為しており、自己に効果を帰属せしめる意思をもたず、相手方もそれを承認して行為をしているから、たとい相続によって本人の地位を承継しても本人的立場で追認を拒絶しつつ、無権代理人の固有責任を負えばよいと考えるからである。処分行為の追完の理論は、無権代理人が本人を相続した場合にはあてはまらないというべきである(3)。

さらに、無権代理人は信義則上、本人の追認拒絶権を行使し得ないとする多数の学説は、単純・単独相続の場合当然有効になると考えているようにも思えるが、筆者は、無権代理人はあくまでも代理人として行為をしているのであるから、本人を相続したとしても本人の立場で追認を拒絶することができ、これは必ずしも信義則に反するとはいえないと考える。何故ならば、相手方は無権代理人が代理権を有しないことを知っている場合も知らなかったことに過失のある場合も時には嫌がる代理人を誘導して無権代理させる場合もあるのに、それらを一切問題とせずに、本人への効果帰属を意図していた代理人が本人を相続したら一転、本人への効果帰属を否定することは、先行行為に矛盾するもので、信義則に違反するということはいきすぎだと思う。しかも無権代理人が制限行為能力者の場合もあり得るのである。この場合信義則説といえども、無権代理人が信義則に反すると断ずることはできないであろう。他方、私見によれば、本人を相続した無権代理人が本人の立場で追認を拒絶しつつ、相手方の選択に従い、履行を請求されたならば、相手方が善意・無過失（かつ無権代理人が行為当時行為能力者であること）である限り、本人を（単純）相続することによって目的物の所有権を取得した無権代理人は履行の責めを負わなければならない。その結果、実際上、追認を拒絶できないのと同様の結果を生ずるが、しかしこれは法的に無意味になるのではなくて、相手方の善意・無過失の場合にのみ無権代理人の立場で責任を負うのであるから、当然有効になるとか、信義則上追認を拒絶できないという見解とはあくまでも異なるものである。

私見によれば、代理権の追完や信義則をもちだして当然有効になるとか追認を拒絶し得ないと解する必要はないといわなければならない。この考え方は幾代説・石田穣説とほぼ同旨といってよいと思われる(4)。

(二) 本人が無権代理人を相続した場合

(1) この場合にも両者の責任の併存を貫徹させるべきである。この場合、本人Aは、無権代理人Bの無権代理行為の追認を拒絶できる。Aが単純かつ単独で相続した場合、Aが本人の立場で追認を拒絶しても、Bの無権代理人の責任を相続するから相手方Cの選択に従い、履行又は損害賠償の責任を負うがあくまでもそれは相手方の善意・無過失（無権代理人が行為当時行為能力者であった）の場合に限る。

単純承認かつ共同相続の場合には、Aは無権代理人の責任を負うが、この場合は他の共同相続人と分割して負担する。この場合、特定物の売買で相手方が履行を選択することは実際上考えられないから、損害賠償責任を相続分の割合に応じて他の共同相続人と分割負担の責めを負うことになろう。判例も同旨であるので、以下において検討する。

(2) 本人が無権代理人を相続した事案としては第二章判例【6】最判昭和三七年四月二〇日と第二章判例【7】最判昭和四八年七月三日の二判例が公にされている。

判例【6】は破棄差戻判決であったために、（しかも原審で相手方Xが無権代理人を相続した本人たるYに対して民法一一七条の責任を追及していたのに、原審判決が相続により当然有効になるから無権代理人の責任は問題にならないとしてその主張を退けており、Xがこの点について上告していなかったことも関係しているが）、本人（息子）所有の建物を売却した、無権代理人たる亡父Aの地位を相続（但し、家督相続）した本人たるYの無権代理責任の具体的帰趨は判然としていない。そこで私見たる併存貫徹説の立場から解説するならば、相続開始前に追認も追認拒絶もしていないとして、YはXの請求に対して本人の立場で追認を拒絶しつつ、次いでXが無権代理人Aの地位を単純・単独相続によって承継したYに対して、民法一一七条に従い、無権代理人の責任を追及してきたならば、Xが善意・無過失である限りXの選択に従い履行責任か損害賠償責任を負わねばならない、と考える。本事案では履行責任を追及していたのであるから、Xが善意・無過失であるならばYはいったん本人的立場で追認を拒絶し、履行を拒否し得たとしても、相続した無権代理人の立場で一一七条により履行責任を負わねばならない。このような併存貫徹説の具体的帰結を「一方で与え、他方で奪う」と評する向もあるが、決して法的に無意味ではなく、具体的にも妥当であると思う。

Yが、あくまでも履行を拒否したければ、相続放棄か限定承認の手続をとり、自己の固有財産と相続財産とを分離しなければならないであろう。ただし本件の事案はYが応召中の父親Aによる無権代理であったから、相手方Xが善意・無過失であったとは考えられないケースであったことに注意すべきである。

判例【7】は無権代理人たる父親Aが息子Y_1に無断でY_1の代理人として、B（Aの娘婿）が借りていたX銀行からの借受債務について連帯保証契約を締結し、Y_1の追認を得られないままAは死亡したが、この無権代理人Aを本人たるY_1が他の相続人（Y_2〜Y_8）と共同相続した事案である。相手方X（銀行）が無権代理人を共同相続したY_1〜Y_8に対して各相続分（$1/8$）に応じた連帯保証債務の履行を一一七条によって請求したのであるから、本人が無権代理人の地位を他の相続人と共に共同相続した場合であり、最高裁は無権代理人を相続した本人は、本人として追認を拒絶できるが追認を拒絶しても一一七条の無権代理人の責任を免れることはできず、他の共同相続人と同様に右責任を負担すべしとの見解を明らかにしている。併存貫徹説の帰結と全く同一である。もちろん、本人並びに他の共同相続人に対して、相手方Xが無権代理人の責任を追及するためには、自らが無権代理について善意・無過失でなければならない。判例【7】は原審も最高裁もそれを肯定しているが、息子の印鑑を持参し、必要書類を携さえ、主債務者たる娘婿を帯同したからといって無過失を認定した態度には違和感を覚えざるをえない。本人に問い合せもしなかった銀行に過失があったというべきであろう。

判例【6】は、不動産売買の無権代理における単純・単独相続の場合で、判例【7】は、連帯保証契約の無権代理における単純・共同相続の場合であり、最高裁はいずれも、本人が本人的立場で追認拒絶することを認めた上で、相手方による一一七条の無権代理責任の追及を、本人に全部責任（判例【6】）か分割責任（判例【7】）かを問わず肯定している。私見も全く同様に考える。

以上、無権代理人相続型、本人相続型を通じて、単独・共同相続を問わず、二つの責任の併存を貫徹するのが具体的に妥当な結論を導き出し得ると考える。

三　他人物売買と相続

無権代理と相続の問題について、併存貫徹説ともいうべき私見を展開してきたが、他人の物の売買と相続の問題についてはいかに考えるべきであろうか。確かに類似の諸点は多い。しかし代理行為と他人物売買とは外観上の類似性以上に質的相違の方が際だっているように思われる。何故ならば、無権代理行為はもともと無効であって本人への効果は本来的に不帰属であるのに対し、他人物売買は、もともと有効であり、売主が権利者から追認ないし同意を得られず、または権利者から権利を譲り受けられなかったとしても、依然契約の効力には影響がなく、単に五六一条以下の規定に従い担保の義務を負うにすぎないのである。

したがって、他人の物の売買における権利者が売主を単純承認で相続した場合にも右の義務を当然そのまま承継するはずであり、他人の物の売主が権利者を単純承認で相続した場合は、相続によって他人の権利を売主は取得するのであるからドイツ民法一八五条二項にいうところの「非権利者の処分行為の追完」の理論が妥当すると思われる。

㈠　権利者が売主を相続した場合

(1)　判例の展開　(i)　大審院時代の二判決がこの問題を取り扱っている。まず**①大判大正八年七月五日民録二五輯一二五八頁**の事案は次の通りである。戸主Aの死亡後、誰が家督相続人になるかはっきりしない時点で、Aの私生児Xの実母Bが自分が正当家督相続人であると誤信して相続財産たる本件土地をY_1に譲渡し所有権移転登記も了した（その後転々としてY_{14}まで転売）が、その後Bは死亡し、XがBの遺産相続人となった。ところがさらにその後にはXはAの家督相続人となるという形となった。大審院は、他人の権利の売主の義務を相続した者が次に権利者の地位を相続したものと解して、XがY_1～Y_{14}に対して本件土地の移転登記の抹消を訴求し、原審においてXが勝訴したものを破棄して次のように判示した。「他人ノ物ヲ自己ノ所有ニ属スルモノト誤信シ之ヲ第三者ニ売却シタル場合ハ民法第五六二条ニ規定セル売主カ契約ノ当時其売却シタル権利ノ自己ニ属セサルコトヲ知ラサリシ場合ニ該当スルカ故ニ同法第五六〇条ニ従ヒ売主ハ其権利ヲ取得シテ之ヲ買主ニ移転スル義務ヲ有スルモノニシテ而シテ其売買ノ目的タル物カ他人所有ノ特定物ナル場合ニ売主カ後日其物ノ所有権ヲ取得スルニ至リタルトキハ当事者ニ於テ更ニ何等ノ意思表示ヲ為スコトヲ要セス其物ハ当然直ニ買主ノ所有ニ帰スルモノトス」と述べ、本件では、Bは本件不動産を自己の所有に属するものと誤信してY_1に売却したのであるから、この権利を取得してY_1に移転する義務を負担し、XはBの遺産相続人としてBの義務を継承するが、後日自らAの家督相続人となってその権利を取得したので、本件不動産は何等の意思表示をなすことなく当然Y_1の所有に帰属し、所有権の侵害を理由とするXの本訴の請求は理由がないとしてXの請求を認容した原判決を破棄して差戻したのである。ただ注意すべきは、破棄の理由を原審がXはBの遺産相続人として「単純承認ヲ為シタルヤ否ヤノ真実ヲ審理シ以テ本訴ノ曲直ヲ判スベキモノナルニ原判決ハ此ヲ看過シテ漫然Xノ請求ヲ認容シタ」点を失当としていることである。すなわち、単純承認したか限定承認したかで結論が異なり得ることを暗示しているわけである。それゆえ判旨もこの含みで理解しなければならない。

次に②**大判大正一一年六月二九日新聞二〇三一号一七頁**がある。売主Aが真実には息子Bの不動産を買主Y_1に売却し所有権移転登記をも了した後に死亡し、BがAを相続した。その後さらにBは死亡しXが相続した。XからY_1に対しかつY_1からの転得者Y_2・Y_3・Y_4に対して登記抹消登記手続を請求した（事実を少し単純化している）。右の事案において、大審院は、「他人ノ物ヲ以テ売買ノ目的トナシタル場合ニ売主ガ後日其ノ物ノ所有権ヲ取得スルニ至リタルトキハ当事者ニ於テ更ニ何等ノ意思表示ヲナス事ヲ要セズ其ノ物ハ当然直ニ買主ノ所有ニ帰スベキモノナルガ故ニ……」と判示して、上告理由で引用された前記大判大正八年七月五日の一般理論を踏襲しつつ、「本訴ニ於テ其ノ物ノ所有権ヲ有スルガ故ニ其物ハ何等ノ意思表示ヲ要セズ直ニY_1ノ所有ニ移転スル事是亦論ヲ俟タザル所ナリ」と説示し、原審が本件AY[1]間の売買は第三者の物を目的とした売買であったとしても、Aの相続人Bが特に所有権移転の意思表示をしない限り、Y[1]は所有権を取得できないと判示したのは、違法であるとして破棄差戻した。以上①・②二つの判決によって、他人の物の売買において権利者が売主の地位を単純承認で相続した場合には何らの意思表示の必要なく所有権は直ちに買主に移転するという一般理論が明らかにされたのである。そして、①は明らかに売主は自己の所有物と誤信して買主に売却した、したがって、他人の物を自己の物と思って売買した場合であったが、②は、この点の事情があいまいで、他人の物であるのにいかにして所有権移転登記が可能であったか不明であり、（おそらく保管中の印鑑を用いてなしたものであろう）Y側がAの不法行為を云々し、B・A間の売買による所有権移転登記は「Aガ擅ニ為シタルモノナリトスルモ」と主張しているところから辛うじて売主Aが自己の物として売買したらしいとうかがうことができるという相違がある。

その後この種の事案を取り扱ったのは、時代が下がって③**最判昭和三八年一二月二七日民集一七巻一二号一八五四頁**であった。しかしこの間に無権代理と相続の問題につき、前記【6】最判昭和三七年四月二〇日民集一六巻四号九五五頁があり、無権代理人を本人が相続した事案において、無権代理行為は当然有効とならない旨を判示していたところから、「最高裁は、他人の権利の売買において権利者が売主を相続した場合にも、前記大判大正一一年を変更して、相続人に対し売主の義務の履行の拒否の自由を認めるものと期待されたが、この期待は、翌年同じ第二小法廷によりみごとに裏切られることとなった(5)」と評されたのが、③**判例**なのである。

(ii)　さて③最判昭和三八年一二月二七日の事案は次の通りである。Yの母AはYとの共有建物（Aの持分1/3、Yの持分2/3）をXに売却した。その際AはXに対してYの持分を取得してこれを移転し建物全部について所有権移転登記及び明渡しをすることを約束していた。しかしAはその義務を履行する前に死亡し、YがAを相続したので、X

はYに対してYはAの義務を承継していたから所有権移転登記手続をなすべき義務があるとして、これを求めて訴を提起し、一審、原審とともにXの請求が認容され、Yが上告した。最高裁は「売主およびその相続人の共有不動産が売買の目的とされた場合において、売主が死亡し、相続人が限定承認しなかったときは……相続人は、無限に売主である被相続人の権利義務を承継するから、右売買契約成立当時、共有者の一員として、当該不動産に持分を有していたことを理由とし、その持分について右売買契約における売主の義務の履行を拒みえないものと解するのが相当である」、と判示して、Yの上告を棄却した。この結論は多数意見であって、さらに、補足意見（山田作之助裁判官）および反対意見（奥野健一裁判官）があった。このうち、奥野反対意見は後に最（大）判昭和四九年九月四日の判旨となるので紹介すれば、(1)Y所有⅔の持分権はもとより相続の対象ではなくYは依然第三者として自己の持分権の移転を承認するかあるいはこれを拒否するかの諾否の権利を有しており、この自己固有の権利まで奪われるものではない。かかる諾否の権利は相続人たる地位とは無関係に自己本来の権利として主張し得るものであり、債権者も被相続人に対して有する以上の権利を相続人に対して主張することは許されない。(2)もしXがYの持分を知っていたとすれば、Xは、Yが持分権の移転に応じない限り、契約の解除ができるだけであって、損害賠償の請求権すらない（民法五六一条）。しかるに相続という偶然の事実のため、Yの持分が当然Xに移転してしまうならば、被相続人に対して主張できなかった権利まで相続人に対して新たに取得することになる。第二章判例【6】最判昭和三七年四月二〇日によれば、本人が無権代理人を相続しても、無権代理行為は一般に有効とならず、本人は自己の資格において追認をなすか否かの諾否の自由を有するとされたが、本件においてAがYの代理人としてYの持分権を売却したと仮定すれば、Yを拘束しなかったはずである。しからば、始めから第三者の持分としてこれを売却した本件においては、一層強い理由で、本件売買契約は第三者たるYを拘束しないものといわねばならない。以上である。

③**判例**の事案上の特色は、売主・買主双方ともに共有物の売買であることを認識しており、その上で売主がYの持分$2/3$を取得して買主に移転すると約束していた点である。これは他人の物の他人の物としての売買であるので、他人の物の自己の物としての売買の事案たる①、②**判例**と事案上の相違がある。ただこの事案上の相違が権利者が売主を単純承認で相続した場合に結論上のちがいとして現れるかは別問題であって①・②・③の三判例はいずれも権利者は相続人として何らの意思表示なくして当然買主に権利を移転する義務を有するとしたのである。①・②はすでに所有権移転登記が完了していたケースで、権利者から登記抹消請求として訴が提起され、所有権は当然直ちに買主に帰属するとされ、③は、いまだ所有権移転登記がなされていなかったから、買主から相続人たる権利者に対して移転登記請求と明渡請求として訴が提起され、相続人は売主の義務の履行を拒み得ないと判断されたわけである。

(iii)　以上の判例、特に③**判例**に対する学説の対応については、むしろ奥野反対意見に賛同するものが多い(6)。かような学説の影響を受けたのであろうか、奥野反対意見を正面から採用し、③を変更したのが④**最（大）判昭和四九年九月四日民集二八巻六号一一六九頁**であった。XはY_1の妻Aに対して金八〇万円を貸付け、その債権の担保として登記簿上A名義になっていた本件土地建物に抵当権を設定し、同時に代物弁済の予約をして仮登記を済ませた。その後Aは弁済期を徒過したので、Xは予約完結の意思表示をした上で本登記になおした。そこでXはAに対し本件宅地建物の明渡を求めて訴を提起したが、Aは死亡してしまいY_1のほかY_2～Y_4（いずれも未成年の娘）が共同相続人として本件訴を承継した。第一審・第二審ともにY側が敗訴したので、Y_1らが上告した。上告理由によれば、本件紛争について、別にY_1側からXらを相手として土地・建物所有権移転登記の抹消を請求する別訴が提起されており、第二審福岡高裁第二民事部は、本件事案を本人（Y_1）が無権代理人（A）を相続したものととらえ、相続人たる本人が被相続人の無権代理行為の追認を拒絶しても何ら信義に反するところはないから、無権代理行為は当然有効となるものではないものとして、Y_1側勝訴の判決を下している。最高裁は大法廷で「ところで、他人の権利の売主が死亡し、その権利者において売主を相続した場合には、権利者は相続により売主の売買契約上の義務ないし地位を承継するが、そのために権利者自身が売買契約を締結したことになるものではないことはもちろん、これによって売買の目的とされた権利が当然に買主に移転するものと解すべき根拠もない。また、権利者は、その権利により、相続人として承継した売主の履行義務を直ちに履行することができるが、他面において、権利者としてその権利の移転につき諾否の自由を保有しているのであって、それが相続による売主の義務の承継という偶然の事由によって左右されるべき理由はなく、また権利者がその権利の移転を拒否したからといって買主が不測の不利益を受けるというわけでもない。それゆえ、権利者は、相続によって売主の義務ないし地位を承継しても、相続前と同様その権利の移転につき諾否の自由を保有し、信義則に反すると認められるような特別の事情のない限り、右売買契約上の売主としての履行義務を拒否することができるものと解するのが、相当である。

このことは、もっぱら他人の属する権利を売買の目的とした売主を権利者が相続した場合のみでなく、売主がその相続人たるべき者と共有している権利を売買の目的とし、その後相続が生じた場合においても同様であると解される。それゆえ、売主及びその相続人たるべき者の共有不動産が売買の目的とされた後相続が生じたときは、相続人はその持分についても右売買契約における売主の義務の履行を拒みえないとする当裁判所の判例（昭和三七年〈オ〉第八一〇号同三八年一二月二七日第二小法廷判決・民集一七巻一二号一八五四頁）は、右判示と抵触する限度において変更されるべきである。

そして、他人の権利の売主をその権利者が相続した場合における右の法理は、他人の権利を代物弁済に供した債務者をその権利者が相続した場合においても、ひとしく妥当するものといわなければならない」と判示して破棄差戻した。本件は他人の物の売買ではなく、他人の権利を代物弁済予約に供した事件である。この点に従来の先例と本質的に異なるところがある。しかし最高裁は判示にあるように、これを全く他人の物の売買と同視している。それはともあれ、この大法廷判決によって③**最判昭和三八年**は明確に変更された訳であり、他人の物の売主の地位を権利者たる当の他人が相続した場合には、たとえ単純承認であっても、売主の地位と権利者の地位とは混同帰一せず、売主の義務を承継しつつ、他面において権利者たる地位においてその権利の移転につき諾否の自由を保有することが認められたのである。すなわち両責任の併存が認められたのである。

かような判例の立場に対して学説はいかに対処しているであろうか。

(2)　学説の展開　(i)　③**最判昭和三八年**において、奥野裁判官の反対意見があり、これが④**最（大）判昭和四九年**において判例変更という形で採用されたことは既に述べた。右③**判例**に対する学説の対応については、注(5)の五十嵐説のコメントがある。それによると多数意見に賛成の学説として桝田調査官（法曹時報一六巻三号四三五頁）、柚木馨『注釈民法』一四巻一三六頁、我妻栄『新版民法案内X債権各論』[一一二]などが挙げられている。

また三宅正男『契約法（各論上巻）』一二〇頁～一三六頁によれば、一般に他人の物の「売買」と呼ばれているもののはつぎの四類型に区別すべきである。

[1]他人の物を売主の物として売買する場合（売主乙のものとして買主丙に売買したが権利者甲の物であった場合）　乙の丙に対する履行義務としての引渡義務と登記の義務があり、その他にそれと異なる五六一条が適用される担保責任がある。

［2］他人の物の、他人の物としての売買　乙・丙間の契約は甲の同意を取付けるという為す債務。甲・乙間には、乙が甲の同意を取付けた場合、売買・交換・贈与などの関係が生ずる。乙・丙間は厳密には売買ではない。

［3］他人の売買の「請合」の場合　乙・丙間の契約は、甲・丙間の売買についての甲の追認を取付けるという債務が発生。追認によって甲乙間に事務管理類似の関係が生ずる。甲丙間には売買が成立。

［4］他人の物の、条件付または前提付売買　乙は甲から権利を取得するという為す債務を負う意思がなく、乙が将来その物を取得できるという期待に基づいて丙に対して引渡・登記の義務を負う売買。

そうして、**③最判昭和三八年**は［2］の類型に属し、「始めから第三者の持分としてこれを売却」した場合（母親が息子の持分を取得してこれを買主に移転すると約束していた）である。にもかかわらず、判旨も奥野裁判官も「売主およびその相続人の共有不動産が売買の目的物とされた場合」といい、これは右類型［1］に属するもので「両者は区別すべきなのに区別せず、**③判例**も**①判例**と同様五六一条に含まれるとする立場」で三宅説によれば、正当でないと批判され得る。しかしこの二つの契約は契約以後・他人（権利者）が売主を単純承認で相続する場合（他人から売主が物を取得した場合も同じ）には、外見上類似の結果に帰着するという。すなわち、「甲が乙を相続した場合は限定承認をすれば、甲は一面その固有の資格において目的物が現在も（甲の）固有財産であることを主張できるが、半面甲は乙の相続人の資格において、相続財産をもって『売主』としての債務を負う。しかし単純承認をして、甲が固有財産と相続財産を混同させたならば、乙の相続人が目的物を取得したのと異ならない。加えて甲が単独で相続する場合には、甲は『売主』乙の債務を全部承継するから……乙自身が甲から目的物を取得した場合と同じく、甲丙間に通常の売買と同様の効力を生ずる」すなわち、乙は丙に対して引渡（及び登記手続）の債務を負い、その債務の効力を介して所有権は乙が目的物の所有権を取得すると同時に丙に移転するのと同様に、甲が乙を単純承認で単独相続をすれば、甲は乙の義務の履行を拒みえず、所有権は直ちに丙に移転せざるを得ない、ということになる。③判例は前記［1］類型と［2］類型とを区別しないきらいはあるが右と同旨を述べる点で賛成されてよいものである。続けて三宅説は、それゆえ奥野裁判官の反対意見、すなわち甲が自分の持分権の移転を承認するか拒否するかの諾否の権利は、甲の固有の権利であり、相続のためこの自己固有の権利まで奪われるものではない、との見解に対しては、甲が売主を相続する際に単純承認を選ぶことによって、単独相続の場合全面的、共同相続の場合部分的に「自己固有の権利」を失うのが当然である（一二三四頁）と批判している。

(ii)　他方、注（5）の五十嵐説によれば、③判例の多数意見に反対する学説としては、泉久雄・専修大学論集三五号九二頁、谷口知平・民商五一巻四号六四一頁を挙げている。泉説は、奥野裁判官と同じく、権利者は自己の権利を売主に移転すると否との自由を保有すると考え、この関係は、権利者が処分者を相続することによって変化するものではない、というのが相続法理の示すところであり、限定承認をしても、被相続人の売主としての財産権移転義務は相続人にそのまま承継されるというものであった。谷口説は、限定承認につき権利者Yの固有の持分権を実母の売主Aへ、したがってまた買主Xへ移転するや否やを自らの意思に基づき決する権利までをも放棄する意思を限定承認をしなかったということのなかに含ましめることは、どうかと思われる、と多数意見に反対する見解を示している（この見解も後述するように三宅説と全く対立する）(7)。

さらに来栖三郎『契約法』六四頁は、③最判昭和三八年に関して「売主の善意・悪意で区別し、売主が善意であったときは相続人は契約を解除し得るが、悪意であったときは売主の義務の履行を拒み得ないと解釈することも十分可能であろう。そして他人に属する権利を他人に属する権利として売買した場合も、もし契約の趣旨が売主が権利を取得して移転することを請け合ったのであれば、やはり、相続人は売主の義務の履行を拒み得ないことになろう」

との折衷説とでもいうべき見解を明らかにしている。来栖説は、売主の善意・悪意で区別する点は別として、③判例を他人の物を売主の物として売買したケースではなく、他人の物を他人の物として売買し、売主が権利取得を請け合ったケースと解し、結論的には三宅説と同じく、③判例に賛成しているものである。

(iii)　③判例に対する学説の反応からみて、この判例をまっこうから変更した④最（大）判昭和四九年に対する学説の傾向をうかがい知ることができる。③判例の奥野少数意見を是とし、多数意見に反対する学説の代表として五十嵐説の④判例に対する批評をみることにする。五十嵐説は⑴他人の権利の売買に際し、無権限の売主を権利者が相続した場合、売主の義務履行を相続人が承継するか否かにつき③判例の多数意見を承継説（ないし融合説）、少数意見を非承継説（併存説）と呼び、両説の実際上の相違点を問題とし、第一に、買主が直接権利者に対し権利を主張できる場合、例えば、目的物が動産の場合の即時取得（一九二条）が成立するとき、不動産の場合でも表見代理（一一〇条）、虚偽表示規定（九四条）の類推適用などが成立するときなどは、両説の差は現実化しないこと、第二に、他人の権利の売買の規定自体からみても、売主善意のときは売主に解除権があり（五六二条）、承継説が、売主を相続した権利者に解除権を否定するのはあまりに不当な解釈というべきであり（この点来栖説を評価する）、したがって、問題は、悪意の売主から善意で買受けた、しかも買主に他の保護手段が与えられない場合に生ずる。⑵右の場合にはじめて両説に差が生じ、権利者にとっては非承継説が有利になる、その具体的利益は、第一に、不動産の値上りによる利益、第二に、不動産利用の維持による利益であるが、権利者たる相続人が損害賠償をなし得ないときは、買主によって強制執行されることになる。⑶そこで問題は損害賠償請求権だが、売主の損害賠償義務は、買主善意のときにのみ生ずる（五六一条・五六二条一項・五六三条三項）、この賠償義務は相続の放棄または限定承認のない限り、両説いずれも権利者に無制限に承継され、善意買主は経済的に損失はない、両説の差は少ない。⑷それなら、承継説を採り、相続人は放棄か限定承認をなすべしとの見解如何をみるに、限定承認については、三ヵ月過ぎれば限定承認のチャンスがなくなるという点で現実的ではない。(5)以上を考慮するなら、若干とはいえ知らぬ間に権利を処分された権利者がより保護される非承継説がベターであり、無権代理人を本人が相続した場合の判例（最判昭和三七年四月二〇日、最判昭和四八年七月三日）との整合性からいっても、大法廷判決は歓迎されるべきものだ、と述べている。

しかし他方、奥野反対意見を批判する三宅説は、④判例について、「大法廷判決を、判旨の通り売買に関する判決とみた場合、その理解は困難である」としつつ、推測を交え判決の考え方を再説すれば、「他人の物の売買において、後に売主が所有権を取得すれば、買主への所有権移転の効力が生ずるが、所有者が売主を相続しても、所有者がもともと売買に関係せず、従って権利の移転につき諾否は自由である立場に、変りは生じない」ということになろう。しかし「本人が無権代理人を相続する場合には、本人は一方で追認の自由を有するが、他方で無権代理人の責任……を承継し、両者が併存し相関係する」。これに反し「他人の物の売主を所有権者が相続する場合には、もともと売買には無関係であったが、当然に、他人の物の売主としての義務を承継する。……大法廷判決は……『（相続した）権利者がその権利の移転を拒否したからといって買主が不測の不利益を受けるというわけでもない』、と判示するところからみれば、所有者が権利の移転を拒否し売主としての履行義務を拒否することを認め、別に所有者は他人の物の売主としての義務を負担するが、それは代金返還及び善意の買主に対する損害賠償に限られるという趣旨であろう……。確かに、所有者が売主を相続しただけでは、もともと売買に関係せず、従って所有権の移転を拒否できる立場に変りはなく、別に他人の物の売主としての代金返還の義務を果せば足りる。しかし所有者がこのような処置を望むならば、売買目的物を含む固有財産と相続財産とを分離し、相続財産をもって売主の義務を果たし、買主が不測の不利益を受けないようにしなくてはならない。つまり限定承認の手続をとらねばならない」（三宅・前掲二三二頁）。このように三宅説は、他人の物の売主の法的地位を論じている。三宅説は、他人の物の売主の法的地位と相続人たる権利者の地位との併存を認めるが、それは相続人が限定承認の手続をとって固有財産と相続財産とを分離し両者の混同を避けるのでなければならないと説いているわけである。それゆえ、泉説が、両責任の併存を認め、限定承認をしても被相続人の売主としての財産権移転義務は相続人にそのまま承継されるとして、単純承認における両責任の融合を「理論的不備」だと指摘した（五十嵐・判例評論一九一号二五頁）点は批判されて然るべきであり、同様に谷口説の、限定承認をしなかったということのなかに、権利の移転についての権利者の諾否の自由を放棄する意思まで含めることは不都合ではないかとの見解に対しても、「権利移転の諾否の自由は、二つの財産の混同・分離の自由という形態の下でのみあ」り、「所有者がもともと売買に無関係という立場を貫くには、相続した売主の財産を分離し保存しなくてはならない」（三宅・前掲二三二頁）との三宅説に照らすならば、やはり疑問視されるように思われる。(8)

(iv)　確かに無権代理人の地位を本人が相続した場合と他人の物の「売主」の地位を他人が相続した場合とは異質なものがあり、単純承認によって、ことに単独で相続した場合には、相続人は売主の履行義務すなわち目的物引渡義務（登記の義務を含む）を全部承継するのであるから権利移転拒否の自由を失ってしまうことになろう。相続法理を問題にする限り、三宅説が理論的にすぐれていると思われる。この三宅説に対して「現実的でない」(9)として批判する見解もある。売買について全くあずかり知らなかった権利者が、売主を相続したら、全く権利移転諾否の自由を奪われてしまうのは、若干酷な気がしないでもない。しかし権利者が自己固有の諾否の自由を確保したかったのならば、相続につき単純承認をすべきではなく、相続放棄か限定承認をすべきなのである。やはり、「権利移転諾否の自由は、二つの財産の混同・分離の自由という形態の下でのみ」（三宅・前掲）あるといわなければならない。無権代理人を本人が単純相続した場合と同一視することはできない。結局、判例④**最（大）判昭和四九年九月四日**の判旨には反対することになる。右判例の事案の特色としてはまず第一に、他人物売買ではなく、他人の物を代物弁済予約（変則的担保権の設定）するケースであったことであり最高裁大法廷はこれを他人物売買と同視している点に疑問を覚える。第二に夫たるY_1の所有物なのに妻たる売主Aの名義になっていた点である。仮装名義の作出に関してY_1の関与の仕方次第では九四条二項の適用が問題となりえた事情もうかがえる。第三に本件には、同一事実につき別訴が提起されており、福岡高判は、本件事案をAによる無権代理と把握し、本人たるY_1が無権代理人Aを単純・共同相続（Y_2〜Y_4とともに）したものと認定して相続人たる本人が被相続人の無権代理行為の追認を拒絶しても何ら信義に反するところはないから、無権代理行為は当然有効となるものではないとして、Y側勝訴の判決を下しているのである。大法廷は、この別件との整合性を意識していたのかもしれない。

(二)　売主が権利者を相続した場合

他人の物の売主が権利者から権利を取得して買主に移転する前に、権利者が権利移転を承認するか拒否するかの意思を表明せぬままに死亡し、その地位を売主が相続した場合をいかに考えるべきであろうか。この場合はもはや他人の物の売主自身が後に他の理由、例えば贈与、売買、交換等によって所有権を取得した場合と同じく、処分行為の追完の法理によって所有権は何らの意思も要せず、直ちに買主に移転すると考えるべきであろう。たとえ売主が限定承認をしても単独相続である限り目的物の所有権を取得する以上、事態は変わらないというべきであろう。共同相続の場合は相続分に応じた分割責任を負うことになる。この種の事案につき適切な判例を見出すことができないが、売主の相続人が後に権利を取得した場合ならば、前記①**大判大正八年七月五日**の事案は大審院の立場からはこれに属するとみてよいものであった。再説すれば、私生子Xの実母Bが、戸主Aの死亡後に相続財産を自己が相続したものと考えYに譲渡した後、Bは死亡しXが遺産相続人となり、その後にXはAの家督相続人となって目的物の権利を取得したものであった。大審院は、本件を、他人の権利の売主の義務を相続した者がつぎに権利者を相続して権利を取得したと解して、「他人ノ物ヲ自己ノ所有ニ属スルモノト誤信シ之ヲ第三者ニ売却シタル場合ハ……売主ガ後日其物ノ所有権ヲ取得スルニ至リタルトキハ当事者ニ於テ更ニ何等ノ意思表示ヲ為スコトヲ要セズ其物ハ当然直ニ買主ノ所有ニ帰スルモノトス」という一般理論を述べ、Yの権利取得を肯定している。ただこの事件は、家督相続の効果が先代Aの死亡時の当初に遡及するので、Xの所有物件をBが処分し、その後にXがBを相続したと解され得る事案で、権利者が売主を相続した場合の先例と目されるべきものであった、という特殊性を有している。しかし、この大審院が判示した一般理論は今日でも通用するであろう。⑤**大阪高判昭和五〇年六月一七日判時七九二号四五頁、判タ三二八号二六五頁**は、Yの先代Aが国に所有農地を買収されたが、将来被買収者は国から買収農地の売却を受け得る可能性が大きいことを知り、小作人Xらに対して国有の買収地を目的とする売買契約を結び代金を受領したところ、国より売払を受ける前に死亡し、Yが相続してから予想どおり右農地の売却を受けたので、XらはYに対して右売買契約の履行として農地法三条の許可申請手続及び許可を条件とする所有権移転登記を求めたという事案において、「他人の権利の売主を相続した者がその相続後に他人からその権利を取得した場合、右相続人は、信義則に反しないと認められるような特別の事情がないかぎり、売主としての履行義務を拒否することができない、と解するのが相当である」、と判示し、YはXらに対して売主としての履行義務を拒否することができない、とした。拒否を認めない理由を明示してはいないが、①**判例**の一般理論に連なるものと評することができるであろう。なお、三宅・前掲一三二頁によれば、本件は、他人の物を自分のものとして売買したのではなく、特定物を特定の第三者（国）の物と前提して売買したケースで、しかもAが将来国から農地を取得したときという条件付の売買と認めるのが相当である（最判昭和五五年二月二九日民集三四巻二号一九七頁も同じ）、とのことである。条件付の売買で後に条件が具備すれば、売買ははじめから有効であり、判旨の結論が妥当とされるのは動かないであろう。

四　結　語

以上、「無権代理」及び「他人物売買」と相続との問題につき、被相続人の地位ないし責任と相続人の地位ないし責任の併存を比較して論じてきた。無権代理と相続の問題では「併存貫徹説」が妥当すると考える。しかし他人物売買と相続の問題では、「非権利者の処分行為の追完の理論」（ドイツ民法一八五条）を無視することはできないと考える。

他人の物の売買において権利者が売主を単純承認で相続した場合には、「権利者が非権利者を相続しかつ遺産債務につき無限責任を負うとき」（ドイツ民法一八五条二項）にあたり、所有権は直ちに買主に移転するであろうし、同じく他人物売買において売主が権利者を単純承認で相続し権利を取得した場合は、売主が権利者から贈与、売買、交換等によって権利を取得した場合と同じく「処分をなしたる者が目的を取得したるとき」（ドイツ民法一八五条二項）にあたり処分行為の追完の理論によって所有権は直ちに買主に移転すると考えるべきであろう。そしてこの法理は、売主の相続人が後に権利者を相続した場合にもいささかも異ならないと解すべきであろう。

（1）　この両者の問題を比較して論じた論稿としては、髙森八四郎「無権代理及び他人物売買と相続」関西大学法学論集三七巻五・六号合併号二六〇頁があり近時のものとしては松久三四彦「他人物売買および無権代理等と相続・取得―管理権優先の視角―」『著作権法と民法の現代的課題』半田正夫先生古稀記念論集（法学書院二〇〇三年）一頁、がある。

（2）　三宅正男『契約法（各論上巻）』（青林書院新社、一九八三年）一二四頁以下。

（3）　ドイツ民法一八五条は「処分行為の追完」についてつぎのように規定している。

非権利者が権利者の同意を得て目的につきなしたる処分は有効である。

非権利者がなしたる処分は権利者がそれを追認したとき又は処分をなしたる者が目的を取得したるとき又は権利者が非権利者を相続しかつ遺産債務につき無限責任を負うときは有効となる。後の二つの場合において目的につき互に相容れさる数個の処分を加えたるときは最初の処分のみ有効となる。

（4）　幾代通『民法総則』（青林書院新社、一九六九年）三六三頁、三六四頁、石田穣『民法総則』（悠々社、一九九二年）四六二頁、四六三頁。

（5）　五十嵐清・最大判昭和四九年九月四日判批・判例評論一九一号（判時七五九号）二三頁（二四頁）。

（6）　詳細は五十嵐・前掲注（5）参照。③判例に対する学説の反響を適切にまとめている。

（7）　さらに中川淳編『判例相続法』九七頁【山下末人】、森泉章「家族法判例百選（新版）」二二四頁、我妻＝唄『判例コンメンタール相続法』六六頁、中川＝泉『相続法（新版）』一七二頁注（五）などが注目される。

（8）　このあたりの叙述、特に三宅説の要約については、髙森・前掲注（1）論文に依拠している。

（9）　五十嵐・前掲注（5）二六頁。

第四章　就任前の無権代理行為に対する就任後の後見人による追認拒絶の許否

一　序

(1)　無能力者の事実上の後見人による無権代理行為の後、その無権代理人が後見人に就任することによって、無権代理人の地位と後見人の地位とが同一人に帰属することがある。これに一見類似する問題として、いわゆる無権代理と相続の問題がある。相続により、無権代理人の地位と本人の地位とが同一人に帰属することによって生じる諸問題（当該無権代理行為の効果、無権代理人の地位と本人の地位との併存が認められるのか、本人の地位に基づく追認拒絶権行使の可否、相続によって承継した無権代理人としての地位に基づく一一七条の責任の内容など）は、従来より判例・学説において議論されており、筆者は併存貫徹説に立つことを明らかにしている。併存貫徹説とは、無権代理人が本人を相続した場合、本人が無権代理人を相続した場合、二重相続の場合（逐次的に無権代理人の地位の相続と本人の地位の相続とが行われた場合）とを通じて、単純・単独相続であるか単純・共同相続であるかを問わず、可能な限り、本人たる地位と無権代理人たる地位との併存を貫徹しようとする見解である。(1)

無権代理人相続型の場合、無権代理人は本人としての地位に基づき、自らの無権代理行為について、追認権あるいは追認拒絶権を行使することができる（一一三条）。他方、後見人は、被後見人の財産を管理し、その財産に関する法律行為について被後見人を代理する権限をもつから（八五九条）、無権代理行為の追認権、追認拒絶権も、後見人の代理権の範囲に含まれる。したがって、無権代理人が後見人に就任すると、自らの無権代理行為について、追認権あるいは追認拒絶権を行使することになる。しかし、両者の問題は根本的に異なる。何故なら、無権代理人相続型において、追認によって生じる本人の責任を負担するのは、無権代理人自身であるが、後者の場合に、後見人の追認によって生じる本人の責任が帰属するのは、被後見人であり、無権代理人は後見人として追認することによって、相手方に対する関係で、自らの無権代理人の責任を免れる結果となるからである。また、後見人は、専ら被後見人の利益のために、善良なる管理者の注意をもって、後見事務を処理する義務を負っているのであるから（八六九条、六四四条）、追認権、追認拒絶権も、被後見人の利益に合致するように行使しなければならない点も、無権代理人相続型の場合とは大きく異なる。(2)

(2)　未成年者の事実上の後見人であった叔父が後見人に就任した場合の無権代理行為の効果が、はじめて最高裁で問題とされたのは、最判昭和四七年二月一八日民集二六巻一号四六頁である。最高裁は「無権代理人たるBは、後見人に就職する以前においてもAのため、叔父として事実上後見人の立場でその財産の管理に当っており、これに対しては何人からも異議がでなかったのであって、しかも、本件売買契約をなすについてAとの間に利益相反の事実は認められないというのであるから、このような場合には、後にBが後見人に就職し法定代理人の資格を取得するに至った以上、もはや、信義則上自己がした無権代理行為の追認を拒絶することは許されないものと解すべきである。したがって、……追認の事実がなくても、無権代理行為をなしたBが後見人に就職するとともに、本件売買契約はAのために効力を生じた」と判示した。この種の問題が、無権代理人相続型の問題とは異なるということは、既に指摘した通りであるが、最高裁は一定の限定を付したとはいうものの、無権代理人の資格と後見人の資格とが同一人に帰属し、後見人が信義則上追認拒絶できない結果、就職とともに無権代理行為の効力が確定するとした点は、無権代理人相続型の判例(3)の影響を受けたといえる。

その後、同旨の下級審判決もなされたが、(4)最判平成六年九月一三日民集四八巻六号一二六三頁は、禁治産者の後見人は、その就職前に禁治産者の無権代理人によって締結された契約の追認を拒絶することができるが、例外的場合には追認拒絶が信義則に反して許されないことがあり、それは「(1)右契約の締結に至るまでの無権代理人と相手方との交渉経緯及び無権代理人が右契約の締結前に相手方との間でした法律行為の内容と性質、(2)右契約を追認することによって禁治産者が被る経済的不利益と追認を拒絶することによって相手方が被る経済的不利益、(3)右契約の締結から後見人が就職するまでの間に右契約の履行等をめぐってされた交渉経緯、(4)無権代理人と後見人との人的関係及び後見人がその就職前に右契約の締結に関与した行為の程度、(5)本人の意思能力について相手方が認識し又は認識し得た事実、など諸般の事情を勘案し、右のような例外的な場合に当たるか否かを判断して、決しなければならない」と判示した。

最判平成六年判旨を最判昭和四七年判旨と比較してみれば、後見人が追認拒絶をすることが信義則に反するか否かを判断するについて考慮すべき要素を例示している点で、最判平成六年の方が、被後見人の利益に考慮を払っているようにみえる。しかし、両判決には、いくつかの重要な事案上の差異があるし、被後見人の財産管理や処分について、被後見人の利益のために善管注意義務を尽くすべき職責を負っている後見人が、被後見人の利益保護のために追認を拒絶したことが、信義則に反すると判断される場合もあるのかという根本的な問題もある。そこで、本章では、二つの最高裁判例及び関連する判例の事案の分析を通して、就任前の無権代理行為に対する就任後の後見人による追認拒絶の許否について考察したい。

二　事実上の後見人が正式に後見人に就任した場合

事実上の後見人が正式に後見人に就任した場合として、はじめに最二小判昭和四七年二月一八日民集二六巻一号四六頁を検討し、次いでその後の下級審判決を検討することとする。

(一)　事案及び判旨

(1)　Yは、昭和二五年一二月頃Aの後見人と称するBから本件建物を、代金二五万円、うち二〇万円は即時支払い残金五万円は所有権移転登記と同時に支払う約束で買受けることとし、その旨の売買契約を締結した。当時Aは未成年（一七年一〇ヵ月）であって、昭和二五年七月三一日Aの父の死亡により親権を行う者がなく後見が開始したが、BがAの後見人に就職したのは二六年一二月二四日（二七年二月一二日届出）のことであり、したがって右売買契約時には、BはAを代理して契約を締結する権限はなかった。しかし、BはAの父の死亡後、後見人に就職する以前においても、Aのため、叔父として事実上後見人の立場でAの財産の管理や整理をしており、このことに対しては何人からの異存もなかったと推認される。本件建物の所有権登記はA名義のままであったが、Yは二六年二月頃から占有使用し豆腐屋を営み、順次増改築もした。その増改築については三〇年頃には終了していたが、三四年四月二二日Y名義で増築部分の保存登記がなされている（但し、増築部分は独立の建物とは認め難いので、その保存登記は実体にそわないものである）。

他方、Xは、昭和三四年二月二日Aに対し二〇万円を返済期同年三月頃と定めて貸渡し、同時に、右金員を期日に返済しないときは、Aにおいて本件建物を右債務の代物弁済とする旨の予約をした。Aは期日に弁済せず、Xは同年四月末予約完結権を行使して、右建物の所有権を取得する旨の意思を表示している。もっとも、契約書の作成、登記にあたって、代物弁済予約の目的物件（豆腐屋、すなわちYの占有する本件建物）と登記簿の記載との関係を十分調査しなかったため、本件建物の北側に存在した建物（三五年四月四日消滅）の登記をもって、目的物件の登記であると誤信し（目的物件に錯誤があったわけではない）、その北側建物について、三四年五月二日所有権移転登記がなされたという事情があった（したがって、本件建物について、X・Y両者とも所有権移転登記を経由していない）。

Xは Yに対して、本件建物の明渡しと、昭和三四年五月三日から明渡しに至るまでの損害賠償を求めて、訴を提起した。第一審、X敗訴。Xは控訴して、BがAの後見人と称してYとの間で売買契約を締結したのは、Bが自己の製材事業の不振のため作った借財を、本件建物の売却代金をもって弁済する意図であり、その売買は、事実上後見人の立場にあるBと未成年者Aとの利益が相反する行為であるなど主張した。しかし、原審は、利益相反の事実を認めず、無権代理人であったBが後見人に就職し、無権代理人と後見人の資格が同一人に帰属するに至った以上は、Bは後見人自ら売買契約をしたのと同様の法律上の地位を生じたと解するのが相当であるから、後見人就職後の追認の事実がなくても、右売買はBの後見人就職とともにAのために効力を生じたと判断した上で、本件はAがX及びYに同一建物を二重譲渡した事案であり、両者とも登記を経由していないから、XはYに対して、代物弁済予約完結による所有権移転の効果を互いに対抗できないとして、Xの控訴を棄却した。X上告。

(2)　最高裁は「未成年者のための無権代理行為の追認は、該未成年者が成年に達するまでは、後見人がこれをなすべきものであり、したがって、無権代理行為をした者が後に後見人となった場合には、……追認されるべき行為をなした者と右行為を追認すべき者とが同一人となったものにほかならない。……無権代理人たるBは、後見人に就職する以前においてもAのため、叔父として事実上後見人の立場でその財産の管理に当っており、これに対しては何人からも異議がでなかったのであって、しかも、本件売買契約をなすについてAとの間に利益相反の事実は認められないというのであるから、このような場合には、後にBが後見人に就職し法定代理人の資格を取得するに至った以上、もはや、信義則上自己がした無権代理行為の追認を拒絶することは許されないものと解すべきである。したがって、原審の確定した事実関係のもとにおいては、追認の事実がなくても、無権代理行為をなしたBが後見人に就職するとともに、本件売買契約はAのために効力を生じたのであって、これと結論を同じくする原審の判断は正当である」と判示し、上告を棄却した。

(二) 考　察

(1)　無権代理人（単独）相続型において、最高裁は「無権代理人が本人を相続し本人と代理人との資格が同一人に帰するにいたった場合においては、本人が自ら法律行為をしたのと同様な法律上の地位を生じたものと解するのが相当(5)」であるから、当該無権代理行為は相続とともに当然有効になると判断している。無権代理人が後見人に就職した本件においても、原審及び最高裁は、無権代理人と後見人の資格が同一人に帰属するにいたった以上は、Bは後見人自ら売買契約をしたのと同様の法律上の地位を生じたと解するのが相当であるから、追認の事実がなくても、無権代理行為をなしたBが後見人に就職するとともに、本件売買契約はAのために効力を生じると、判断している。無権代理人相続型と後見人就任型とを比較すれば、確かに、追認されるべき行為をした者とその行為を追認すべき者とが同一人となった点は共通しているかもしれないが、しかし、「一　序」で指摘した通り両者は根本的に異なる。すなわち、無権代理人相続型において、追認によって生じる本人の責任を負担するのは、無権代理人自身であるが、後者の場合に、後見人の追認によって生じる本人の責任が帰属するのは、被後見人であり、無権代理人は後見人として追認することによって、相手方に対する関係で、自らの無権代理人の責任を免れる結果となるのである。最判昭和四七年が、両者の根本的な相異を看過した点は、先ず批判されなければならない。それに、追認の事実がなくても、就職とともに無権代理行為の効力が確定すると解すると、被後見人に対して善管注意義務を負っている後見人の職責上、追認を拒絶した方が被後見人の利益に合致すると判断される場合でも、後見人は追認拒絶できなくなる。この結論が不当なことはいうまでもない(6)。

(2)　次に、最高裁は、①無権代理人Bは、後見人に就職する以前においてもAのため、叔父として事実上後見人の立場でその財産の管理にあたっており、これに対しては何人からも異議がでなかったこと、②本件売買契約をなすについてAとの間に利益相反の事実は認められないこと、を理由に挙げて、後に後見人に就職したBが、自己の無権代理行為の追認を拒絶することは、信義則上許されないと判断している。

しかし、いくらBが事実上の後見人として財産管理などをしていたとしても、それらがすべて無権代理行為であることに変わりはない。叔（伯）父が、父を亡くした未成年の甥・姪の財産を食い物にすることは世上よくあることであり、その叔（伯）父が横暴であればあるほど、他の親戚が見て見ぬふりをすることもまた、よくあることであるから、事実上の後見人としての叔父の財産管理（無権代理行為）に何人からの異議もなかったことなど、信義則違反か否かの判断基準にはならない。

本件のXは、BがAの後見人と称してYとの間で売買契約を締結したのは、Bが自己の製材事業の不振のため作った借財を、本件建物の売却代金をもって弁済する意図であり、その売買は、事実上後見人の立場にあるBと未成年者Aとの利益が相反する行為であると主張している。しかし、原審は「利益相反の事実もこれを認めるに足る証拠はない」というのみであり、BがYから受領した二〇万円が何に費消されたのか、未成年者Aの生計を支える資産として利用されたのか、一切不明のままである。したがって、判旨に述べられた①②からは、Aの利益のために追認あるいは追認拒絶をすべきBが、追認を拒絶することが信義則に反するか否かは、判断できない。

(3)　そもそも、本件は、無権代理行為の相手方であるYが、残金五万円と引換えに、Bあるいは成年後のAに所有権移転登記を求めたところ、追認拒絶されたという事件ではないし、AがBの無権代理を理由として、Yに対して建物の明渡しを求めたという事件でもない。Aが成年となって六年後、本件建物をXに代物弁済として譲渡し、そのXがYに対して明渡しを請求したという事件である。

Xは Aから所有権移転登記を得たつもりであったが、目的物件の表示を誤って登記してしまい、結局本件建物について未登記であった。かたやYも登記を得ていない。このYとXを二重譲渡の譲受人の地位に置き、未登記のXのYに対する明渡請求を斥ける前提として、A・Y間の売買を有効という必要があり、そのために前記最高裁判旨が述べられたと推測される。では、本件の事実関係に基づいて、最高裁判旨とは異なる理論構成で、AY間の売買の有効性を根拠づけることができるであろうか。

(i)　先ず、黙示の追認があったとみることはできないか。「後見人就職後長年月無効の主張等なしに放置されていた場合には、この黙示の追認があったとみられる場合が多いであろう」[7]という見解がある。確かに、そのような場合、黙示の追認があったと判断できる場合もあるであろうが、しかし、ただ単に長年月放置していたというだけでは、不充分である。例えば、無権代理行為から得られた金員が、専ら無権代理人の個人的利益のために費消されており、無権代理人が後見人に就任したのを奇貨として、自らの無権代理人としての責任を免れる意図で、長期間放置したというような場合には、黙示の追認があったと判断することはできない。本件の場合、Bが後見人であったのは、一年二ヵ月ばかりであるし、前述したように、BがYから受領した二〇万円が何に費消されたのかも不明であるから、Bの黙示の追認を認めることはできない。

(ii)　次に、Aは成年に達して後、本件建物をXに代物弁済として譲渡するまでの六年間、Yに対してBの無権代理を理由とする無効の主張等していないことが、黙示の追認と判断されるであろうか。本件では、AがいつBの無権代理によるYへの譲渡を知ったのか不明であるし、二〇万円が未成年者Aの生計を支えるために利用される等したので、AがBによる財産管理を承認していたとかいうような事情があったのかも不明である。したがって、ただ単に成年後六年間無効の主張等しなかったことをもって、Aの黙示の追認を認めることもできない。

(iii)　Aが本件建物をXに代物弁済として譲渡したことは、信義則に反するか。「この事案では、成人した後、六年余もの間、当該建物で豆腐屋を営んでいたYに対し、何ら異議を唱えなかったAが、登記名義が自己にあることを奇貨として、これを債務の弁済に代えてXに譲渡したことこそ、信義則違反というべきであり、弁論主義の制約があるとはいえ、かかる見地からAY間の売買の有効性を結論付けるべきであった。現に、事実上の後見人が未成年者の所有する土地を売却した場合に、その後の事情から、成人した本人が無権代理行為を理由としてその売買契約の効力を否定することは、信義則上許されないとして、相手方の権利取得を認めた判決（最判平成三年三月二二日）も現われているのである」(8)との見解がある。

本件のXは、昭和三四年二月二日Aに対し二〇万円を返済期同年三月頃と定めて貸し、同時に、右金員を期日に返済しないときは、Aにおいて本件建物を右債務の代物弁済とする旨の予約をしており、Aが期日に弁済しなかったので、Xは同年四月末予約完結権を行使して、右建物の所有権を取得する旨の意思を表示している。目的物件の表示を誤って登記してしまったので、結局Xは未登記ということになってしまったが、このやり方をみれば、Xとしては最初からAの弁済を期待せず、二〇万円で本件建物を丸取りする意図であったことが窺える。他方Aも、最初から踏み倒すつもりで、金融業者であるX（おそらく高利貸）から、二〇万円を借りたと推測される。何故なら、AがBの無権代理行為を追認してYへの移転登記に応じてやったとしても、AはYから残金五万円しか手に入れることができないが、Xから手に入れた二〇万円（昭和三四年当時、二六歳のAにとっては、それなりの大金である）を弁済せず、Xに本件建物を代物弁済として譲渡することになっても、Aにとっては痛くも痒くもないからである。

しかし、(ii)で問題としたような事情が不明である以上、最判平成三年三月二二日判時一三八四号四九頁の場合とは同一に論じることはできない。最判平成三年においては、無権代理行為をしたのは本人の実父母であり、未成年者であった本人の利益が損なわれたわけでもなく、本人は成年に達した後においても、両名の財産管理を事実上承認していた等の事情（他にも無権代理による無効の主張が、信義則に反すると判断される具体的事情があり、この判例については後述する）が、認定されているからである。したがって、Aが本件建物をXに代物弁済として譲渡したことが信義則に反するとは、未だ判断できない。

(iv)　以上の考察の結果、本件においては、A・Y間の売買を有効と判断できるだけの事実が認定されていないので、A・Y間の売買は、Bの無権代理により無効といわざるを得ない。そうすると、二重譲渡の構成は採れないから、XのYに対する明渡請求は認めざるを得ないということになる。しかし、そのような結論は不当である。Aは当時二六歳の青年であるが、Xは金融業者である。Aの行為に咎められる余地があるというならば、その知恵をつけたのは、Aから事情を聞いたXであろう。本件建物は商店に囲まれ、通りに面しており、昭和二五年当時の売買価格が二五万円であったならば、昭和三四年当時には、二〇万円をかなり上回る価値があったと思われる。また、Xは、本件建物で豆腐屋が営まれていることも知っていたようである。その建物に代物弁済の予約を付けて、二〇万円をAに貸したXは、前述したように、最初からAの弁済を期待せず、二〇万円で本件建物を丸取りしようと意図した。そのようなXが、A・Y間の売買はBの無権代理により無効であると主張することは、信義則に反するというべきである。したがって、XがA・Y間の売買の無効を主張できない結果、XのYに対する明渡請求も認められない。原審の事実認定の不十分さと最高裁の理論構成には問題があるものの、XのYに対する明渡請求を斥けた結論は妥当である。

(三)　その後の下級審判決

(1)　名古屋高判昭和五五年三月二七日判時九七三号一〇一頁は、最判昭和四七年とは異なり、本人Yは未成年者ではなく、禁治産宣告を受けていなかった意思無能力者である。昭和三九年Yの妻Aは、Bの仲介により、Y所有の土地をXに譲渡し、所有権移転請求権保全仮登記がなされた。その後Yが禁治産宣告を受けた（Aが後見人に就職した）ことから、X側から右売買契約の効力を確固たるものとしておきたいとの申出がなされ、Aの依頼を受けた弁護士が受任の上、昭和四〇年六月九日名古屋簡易裁判所において、右売買契約が有効である趣旨の即決和解がなされた（その際Bも同席している）。XがYに対して、所有権移転登記手続等を請求して、訴を提起し、原審はXの請求を認容した。Y控訴。後見人であるAは、右売買契約は、BのAに対する欺罔によって作成された書面等の不正使用により締結されたものであり、AがYを無権代理した事実はなく、即決和解がなされた当時もAはBに欺罔され続けていた状態にあった等主張した。

しかし、名古屋高裁もAの主張を斥け、AがYを無権代理して売買契約を締結したことや、即決和解がなされた経緯を認定した上で、「ところで、禁治産者の後見事務は、禁治産者の利益のためになされるべきものであるから、追認されるべき行為をなした者と右行為を追認すべき者とが同一人となったという事実のみによっては直ちに後見人が追認を拒絶することが信義則に反すると解することは相当でないが、本件の如く無権代理人が後見人に就職する以前において事実上後見人の立場で禁治産者の財産管理に当ってきて、しかもこのことにつき周囲の何人からも異論がなく、また後見人と本人との間に利益相反の事実も認められない場合には、右の禁治産者の利益の保護についても考慮が払われていたものといい得るのであるから、このような場合には取引の相手方の保護の面をも考慮して、後見人が追認を拒絶することは信義則に反し許されないと解するのが相当である。すなわち、追認を拒絶することが信義則に反し許されないか否かを決するうえにおいて、事実上の後見において無能力者の利益の保護について考慮が払われていたか否かが大きな意味合いをもつものと解されるのであって、右の法理の適用に当り無能力者が意思能力を有していたか否かの点はかかわりはないものというべきである」と判示して、控訴を棄却した(9)。

名古屋高裁判旨（引用部分）と最判昭和四七年判旨とを比較すれば、名古屋高裁の方が、被後見人の利益に考慮を払っているかのような表現にはなっているが、無権代理行為をした後見人が追認拒絶をすることが信義則に反すると判断された際に考慮したとされる要素は、ほぼ同一である。しかし、名古屋高裁の認定した事実によれば、Aが後見人に就職して後、X側から売買契約の効力を確固たるものとしておきたいとの申出がなされ、Aの依頼を受けた弁護士が受任の上、昭和四〇年六月九日名古屋簡易裁判所において、売買契約が有効である趣旨の即決和解がなされているから、この時点でAの追認がなされたとみるべきである。この即決和解の効力が何らかの理由で生じなかった場合には、後のAの追認拒絶が信義則に反し許されないと判断される余地もある。しかし、即決和解が有効である以上、Aの追認により売買契約の効力は有効に確定している。したがって、名古屋高裁判旨（引用部分）は、傍論にすぎない（控訴を棄却した結論は妥当である）。

(2)　東京高判昭和五九年六月二七日東高民時報三五巻六・七号一二八頁の本人Aは昭和四七年に脳卒中で倒れ、その後は判断力をほとんど全く欠く寝たきりの状態となっていた。そのAの土地を、Aの妻XがAを無権代理して、昭和四七年から四八年にかけて、数回にわたり代金合計七〇〇〇万円以上で売却処分する等していたところ、同様にXはAの土地についてYのために抵当権を設定した。その後、Aは禁治産宣告を受け、Xが後見人に就職した。さらに、Aが死亡し、Xは子らとともにAを相続したが、XらはYに対して抵当権設定登記の抹消を請求して、訴を提起した。東京高裁は「禁治産制度は、禁治産者の財産保護のための制度であり、後見人の代理権も禁治産者の利益のために行使されるべきものであるから、単なる無権代理人が本人の後見人に就職したことにより、当然にその無権代理行為が追認されたとみなされるべきでもない」と判示しつつ、XがAの実印や登記済権利証を保管して財産を管理し、数回にわたり無権代理行為をしていたことをもって、XはAの事実上の後見人たる立場にあったと判断し、その財産管理や無権代理行為について、Aの推定相続人らから何らの異議もでなかったこと、本件取引についてAとXとの間に利益相反はなかったこと、を理由に挙げて、XがAの後見人に就職した以上は、追認拒絶をすることは信義則上許されず、本件契約の効力は、XがAの後見人に就職するとともに、Xのために生じたとした。

Aが脳卒中に倒れて以来、かなり短期間の間に、Xは無権代理行為を繰り返し、七〇〇〇万円以上の売却代金を手にしている。この売却代金が何に費消されたのかは不明である。Aの療養看護や生活費に費消されたので、Aの推定相続人らから異議がでなかったという場合も考えられるし、これ幸いとXを含むAの推定相続人らのために費消されたので異議もでなかったという場合も考えられる。それに無権代理行為は何度繰り返しても無権代理行為にすぎず、何らの法的効果を生じるものではない。本件取引についてAとXとの間に利益相反はないというが、抵当権が設定されるにいたった経過も不明であり、Aの利益のために追認あるいは追認拒絶をすべきXが、追認の拒絶をすることが信義則に反するとは、これだけの事情では判断できない。

(3)　東京地判昭和五九年一二月二六日判タ五五四号二二八頁の本人Xは、昭和五五年一月一日脳梗塞を発症し、それ以来「言葉が喋れず周囲の状況がよく理解できず右半身は麻痺し、自身の名前住所も答えられない状態」が四年余も継続した。その間、昭和五五年一一月一三日、Xの妻AはB会社とYとの取引を担保するために、Xを無権代理して、X所有の不動産についてYとの間に根抵当権設定契約を締結し、さらに翌年一月二八日、同変更契約を締結したりした。その交渉の過程で、Aは入院中のXを外泊させて、二回にわたり、Xを同伴してY方を訪れている。昭和五九年二月一四日、Xは心神喪失の常況にある旨の鑑定がなされ、三月二二日、禁治産宣告の審判が確定し、Aが後見人に就職した。XのYに対する根抵当権設定登記抹消請求について、東京地裁は、AはXの実印や権利証を所持して財産管理にあたり、事実上後見人としての役割を果たしていたが、これに対して何人からも異論がでなかったこと、本件契約についてXと利益相反になるとは認められないこと、Yは善意・無過失であったこと等を考慮すると、Aが後見人に就職した以上、もはや信義則上自己がした無権代理行為の追認を拒絶することは許されないと判断して、Xの請求を棄却した。

本件契約についてXと利益相反になるとは認められないというが、A及びXとB会社との関係は不明であり、B会社とYとの取引を担保するために、X所有の不動産について、AがXを代理して、Yとの間に根抵当権を設定するにいたった経過も不明である。また、Yは善意・無過失であったと認定しているが、Aは交渉の過程で、入院中のXを外泊させて、二回にわたり、Xを同伴してY方を訪れており、「言葉が喋れず周囲の状況がよく理解できず右半身は麻痒し、自身の名前住所も答えられない状態」にあるXに会ったYが、Aの無権代理について無過失であったとは言い難い。Yは後見人Aの追認が得られなければ、無権代理人Aに対して、一一七条の責任を追及することさえ困難であった。したがって、Xの利益のために追認あるいは追認拒絶をすべきAが、追認を拒絶することが信義則に反するとは、これだけの事情では判断できない。

(4)　これら三件の本人は、いずれも（無権代理行為当時）禁治産宣告を受けていなかった意思無能力者であり、無権代理人は事実上の後見人の立場にあった妻である。妻は後見人就任後、自らの無権代理行為の効果が本人に帰属することを否定しようとしたが、三件とも最判昭和四七年が示した判断基準に照らして、後見人が自らの無権代理行為の追認を拒絶することは、信義則に反し許されないと判断している。しかし、最判昭和四七年の事案において、事実上の後見人であった叔父が受領した二〇万円の売買代金が、はたして何に費消されたのかが不明であったのと同様に、いずれの事案においても無権代理行為がなされた経緯や、無権代理行為の結果得られた金員が、本人の療養看護や生活費に費消されたのかどうかも不明のままである。したがって、最判昭和四七年が示した判断基準は、被後見人の利益のために善管注意義務を尽くすべき職責を負っている後見人が、被後見人の利益保護のために追認を拒絶したことが、信義則に反すると判断される場合もあるのかという根本的な問題に答えるものではない。

三　後見人が就任前に無権代理行為に関与していた場合

後見人が就任前に無権代理行為に関与していた場合として、最三小判平成六年九月一三日民集四八巻六号一二六三頁を検討することとする。

㈠　事案及び判旨

（1）　Yは、生まれつき聴覚等の障害があり、成長期に適当な教育を受けられなかったため、精神の発達に遅滞があり、知能年齢は六歳程度の意思無能力者である。昭和四〇年三月二日、Yの父が死亡し、Yの将来の生活の資に充てるため、木造二階建店舗（旧建物）の所有権及びその敷地の借地権をYが相続することとなったが、Yと同居していたYの母とYの長姉AがYの身の回りの世話をし、主としてAが旧建物を管理することになった。昭和四三年五月、YはXに旧建物を賃貸したが、賃貸借契約の締結、賃料の受領、その後の賃料の改定、契約の更新等の交渉には、Aがあたっていた。昭和五五年、旧建物の敷地及びそれに隣接する土地上に等価交換方式によりビルを建築する計画が持ち上がり、そのためには旧建物を取り壊すことが必要になった。そこで、Aの交渉により、旧建物において食肉店を経営していたXがいったん立ち退き、新築後のビルの中にYが取得することになる専有部分の建物（本件建物）を改めてXに賃貸する旨のY・X間の合意書が作成された。さらに昭和五六年二月一七日、AとB（Yの次姉）が依頼したC弁護士の事務所において、A、B、Xが集まり、C弁護士が予め用意していた文書に基づき、Y・X間の本件建物についての賃貸借の予約が成立したが、その予約には、Yの都合で賃貸借の本契約を締結することができないときは、YはXに対し四〇〇〇万円の損害賠償金を支払うという条項が含まれていた。昭和五七年八月にビルは完成したが、AはXに対し、ビル完成前の四月頃賃貸借の本契約の締結を拒む意思を表明し、同年六月一七日付けで、本件建物を借入金の担保としてDに譲渡してしまった。そこで、XはYに対して、賃貸借の予約中の合意に基づき、四〇〇〇万円の損害賠償を求める訴を提起した。

第一審X勝訴。Yは控訴したが、この間、Aは禁治産宣告の申立をし、Bを後見人とする禁治産宣告がなされた。控訴審は、Yによる訴状等の送達の受領及び訴訟代理権の授与が意思無能力者の行為であり無効であるとして、第一審判決を取消した上、事件を第一審に差戻した。

差戻後の第一審は、「無能力者の後見人に選任された者は、過去にどのような行為を行ったかには関係なく改めて無能力者本人の利益保護のために追認権を行使する義務を負い、その時点で何が無能力者にとって利益であるかを考えて行動すべきである。後見人が過去の行為と矛盾するような行為を行うことが信義則上許されないとすると、その不利益は、そのことに何ら責任のない無能力者に帰することになるのであり、このようなことは、無能力者制度の趣旨を没却するものである」と判示して、Xの請求を棄却した。X控訴。

原審は、YがAに対し、本件予約に先立って、自己の財産の管理処分について包括的な代理権を授与する旨の意思表示をしたとは認められないから、AがYの代理人として本件予約をしたことは無権代理行為であるが、AはYの事実上の後見人として旧建物についてXとの間の契約関係を処理してきており、本件予約もAが同様の方法でしたものであるところ、本件予約は、その合意内容を履行しさえすればYの利益を害するものではなく、Y側には本契約の締結を拒む合理的理由がなく、また、後見人に選任されたBは、本件予約の成立に関与し、その内容を了知していたのであるから、本件予約の相手方であるXの保護も十分考慮されなければならず、結局、後見人のBにおいて本件予約の追認を拒絶してその効力を争うことは、信義則に反し許されないと判断して、Xの請求を認容した。Y上告。

(2)　最高裁は、「後見人は、禁治産者を代理してある法律行為をするか否かを決するに際しては、その時点における禁治産者の置かれた諸般の状況を考慮した上、禁治産者の利益に合致するよう適切な裁量を行使してすることが要請される。但し、相手方のある法律行為をするに際しては、後見人において取引の安全等相手方の利益にも相応の配慮を払うべきことは当然であって、当該法律行為を代理してすることが取引関係に立つ当事者間の信頼を裏切り、正義の観念に反するような例外的場合には、そのような代理権の行使は許されないこととなる。

したがって、禁治産者の後見人が、その就職前に禁治産者の無権代理人によって締結された契約の追認を拒絶することが信義則に反するか否かは、（1）右契約の締結に至るまでの無権代理人と相手方との交渉経緯及び無権代理人が右契約の締結前に相手方との間でした法律行為の内容と性質、（2）右契約を追認することによって禁治産者が被る経済的不利益と追認を拒絶することによって相手方が被る経済的不利益、（3）右契約の締結から後見人が就職するまでの間に右契約の履行等をめぐってされた交渉経緯、（4）無権代理人と後見人との人的関係及び後見人がその就職前に右契約の締結に関与した行為の程度、（5）本人の意思能力について相手方が認識し又は認識し得た事実、など諸般の事情を勘案し、右のような例外的な場合に当たるか否かを判断して、決しなければならない」と判示した上で、長年にわたってYの事実上の後見人として行動してきたAが、本件予約をしながら、その後Dに対して本件建物を借入金の担保として譲渡したこと、特に、本件予約における四千万円の損害賠償額の予定が、Dに対する譲渡の対価（実質的対価は二〇〇〇万円であったことがうかがわれる）等に比較して、Xにおいて旧建物の賃借権を放棄する不利益と合理的な均衡が取れたものであるか否か等について十分に検討することなく、後見人のBが本件予約の追認を拒絶してその効力を争うことは、信義則に反し許されないと原審が判断したことは、法令の解釈適用を誤った違法があるとして、原判決を破棄し、本件を原審に差戻した。

(二) 考　察

(1) 本件の本人Yは、無権代理行為当時、禁治産宣告を受けていなかった意思無能力者であり、無権代理人Aは、長年Yと同居し身辺の世話をしていたYの長姉であって、事実上の後見人としてYの生活の資に充てるためYが父から相続した旧建物を管理していた。Aの無権代理行為に関して、相手方Xから訴が提起され、Y敗訴の第一審判決の直後、Aから禁治産宣告の申立がなされたが、後見人に選任されたのは、Aではなく、Yの次姉Bであった。しかし、後見人に就任したBも、Aの無権代理行為に関与していたところから、就任前の無権代理行為に対する追認拒絶が、信義則に反するか否かが問題とされたのである。

原審判決は、後見人のBがAの無権代理行為の追認を拒絶することは、信義則に反して許されないと判断した。その根拠となったのは、主として、①Y・X間の旧建物についての権利関係は、長年にわたりAがYの事実上の後見人として処理してきており、本件において後見人に選任されたのが、無権代理人のAではなくBであるにしても、Bも事実上の後見人と同じ立場で行動してきたとみられる（B自身も本件予約については、その交渉段階から関与し締結の際にも立ち会って、その内容を十分了知していたと認められる）から、実際に後見人に選任されたのがAであれBであれ、あえて区別して論じるほどの差異はないこと、②本件予約は、Yが等価交換方式により、旧建物の代わりに本件建物の所有権を取得するための前提として、Xに旧建物をいったん明渡してもらうためになされたものであり、その内容もAが依頼したC弁護士に検討してもらった上で合意したものであるから、決してYの利益を害するものではなく（むしろYにとって利益となる面も多い）、違約金の定めも、賃借人であったXが後に本件建物を賃借することができないような場合に備えて、X側の権利を確保する上で必要であったからにほかならず、この部分だけをとらえてYの不利益とみるのはあたらないし、Yとしては、約束を守れば何の不利益もなく済んだことであるから、約束どおりのことを実行しないでおいて無能力者の利益保護をいうのは信義にもとる、という点である。

原審判決は、Bも無権代理行為に関与していたことから、Bを事実上の後見人と同視した上で、本件予約はYの不利益にならないのにBが追認を拒絶することは、信義則に反するという。従来の判例が、無権代理行為がなされた経緯等について十分に事実認定しないまま、本人との間に利益相反の事実はないと断じてしまったのに比較すれば、少しはマシな印象を与えるが、①②の判断は、共に問題がある。

(2)　最高裁は原審の①②の判断は是認できないとした上で、禁治産者の後見人が、その就職前に禁治産者の無権代理人によって締結された契約の追認を拒絶することが信義則に反するか否かは、（1）から（5）の五つの判断要素を考慮して決すべきだとした。

(i)　まず、「（4）無権代理人と後見人との人的関係及び後見人がその就職前に右契約の締結に関与した行為の程度」という判断要素についてであるが、無権代理人と後見人との間に人的関係があるとか、後見人が就職前に無権代理行為に関与していたとかいうような事情は、考慮すべきでない。(10) 何故なら、後見人は、専ら被後見人の利益のために、善良なる管理者の注意をもって、後見事務を処理する義務を負っているので、差戻後の第一審判決が判示したように、「無能力者の後見人に選任された者は、過去にどのような行為を行ったかには関係なく改めて無能力者本人の利益保護のために追認権を行使する義務を負い、その時点で何が無能力者にとって利益であるかを考えて行動すべきである」からである。そのように解しなければ、「後見人が過去の行為と矛盾するような行為を行なうことが信義則上許されないとすると、その不利益は、そのことに何ら責任のない無能力者に帰することになるのであり、このようなことは、無能力者制度の趣旨を没却するものである」。したがって、後見人に選任されたのが、無権代理人のAであれ、無権代理行為に関与したBであれ、そのような事情は、後見人の追認拒絶が信義則に反するか否かを判断するについて考慮されるべきではない。

(ii)　次に、（1）の後段部分「無権代理人が右契約の締結前に相手方との間でした法律行為の内容と性質」も、直接的には判断要素とならない。何故なら、無権代理行為は何度繰り返されても無権代理行為にすぎず、何らの法的効果を生ぜしめるものではないし、相手方に正当な期待を抱かせる行為でもないからである。しかし、（1）の前段部分「右契約の締結に至るまでの無権代理人と相手方との交渉経緯」や「（3）右契約の締結から後見人が就職するまでの間に右契約の履行等をめぐってされた交渉経緯」は、判断要素として考慮すべきである。すなわち、当該の無権代理行為の目的、誰の利益を図ってなされたのかとか、その無権代理行為の結果得られた利益は、本人の療養看護や生活費に費消されたのかとかいう事情は、後見人が追認あるいは追認拒絶のいずれを選択することが、本人の利益のためになるのかを判断する上で重要だからである。

(iii)　では、「（2）右契約を追認することによって禁治産者が被る経済的不利益と追認を拒絶することによって相手方が被る経済的不利益」という判断要素はどうか。最高裁が、本件予約はYの不利益にならないと判断した原審判決に対して、本件予約における四〇〇〇万円の損害賠償額の予定が、Dに対する譲渡の対価（実質的対価は二〇〇〇万円であったことがうかがわれる）等に比較して、Xにおいて旧建物の賃借権を放棄する不利益と合理的な均衡が取れたものであるか否か等について十分に検討していない、と批判しているのは、この判断要素を考慮したものである。しかし、禁治産者の利益のために善管注意義務を尽くすべき職責を負っている後見人が、その就任前に禁治産者の無権代理人によって締結された契約の追認を拒絶することが信義則に反するか否かを判断する際に、禁治産者が被る経済的不利益と相手方が被る経済的不利益とを比較衡量すべきであろうか。いうまでもなく、禁治産者は、恒常的に心神喪失状態にあるために禁治産宣告を受けた者であり、禁治産者が単独でなした行為は、いつでも取消すことができた（改正前の七条、九条）。これによって、民法は、財産管理能力に欠ける無能力者を取引社会を貫く苛酷さから保護しているのであり、相手方が経済的不利益を被ることがあるのも承知した上で、無能力者を保護するという基本的価値判断を下しているのである。また、後見人が禁治産者の利益のために追認拒絶したならば、相手方には一切の保護がないのかといえばそうではなく、相手方は無権代理人に対し履行又は損害賠償を求めることができ（一一七条、現に本件のXもAらに対し無権代理の責任を求めて別訴を提起している）、追認拒絶により禁治産者が利益を受け相手方が損失を被るときは、禁治産者に対して不当利得の返還を求めることもできる（七〇三条）。そうであるならば、民法が下した基本的価値判断を尊重すべきであり、相手方が被る経済的不利益とか、禁治産者が被る経済的不利益との比較衡量などは、ここでの判断要素に入れるべきではないと考える。(11)

(iv)　「(5)本人の意思能力について相手方が認識し又は認識し得た事実」は考慮すべきか。例えば、前記東京地判昭和五九年一二月二六日の事案では、相手方Yは、「言葉が喋れず周囲の状況がよく理解できず右半身は麻痺し、自身の名前住所も答えられない状態」であるXに二回会っており、Aの無権代理について無過失であったとは言い難く、無権代理の責任を追及することさえ困難な状況にあった。このような相手方を保護する必要はないから、相手方が本人の意思無能力について認識し又は認識し得たならば、後見人は追認拒絶しやすいようにみえる。しかし、そうであるからといって、逆に相手方が本人の意思無能力について認識していなかった場合には、後見人は追認拒絶しにくいと考えるべきではない。何故なら、相手方は本人に問い合せをしていれば、本人の意思能力の有無について認識し得たはずだからである。このような場合に限らず、相手方が代理人を通して本人と取引する際には、一度は代理人の代理権の有無・範囲について本人に問い合せをするのが、通常の取引形態であり、本人に問い合せずに代理人と取引した相手方は、その代理人に代理権がなければ、本人に責任を追及できないという不利益を負担するというのが、民法の基本構造なのである。(12)したがって、「本人の意思能力について相手方が認識し又は認識し得た事実」は、相手方が無権代理人に無権代理の責任を追及する際には重要であるが、本人に問い合せないまま、本人が意思無能力者であるとは気づかないで、相手方が無権代理人と取引した場合でも、相手方が本人の意思無能力を認識していなかったという事実が、後見人の追認拒絶を妨げる方向で働くものではない。

(3)　(i)　本件の事案を検討すると、本件の無権代理行為は、Aがした賃貸借の予約であった。それは、Yが等価交換方式により、旧建物の代わりに本件建物の所有権を取得するための前提として、Xに旧建物をいったん明渡してもらうためになされたものであり、Aとしては、当初は、新築後の本件建物を改めてXに賃貸することによって、継続的なYの生活の資を得るつもりであったと推察される。しかし、この予約はAが依頼したC弁護士の検討に基づくものであったにもかかわらず、実質的対価の二倍にもあたる四〇〇〇万円の損害賠償額の予定が合意されていた。四〇〇〇万円という金額は、Xからすれば、本契約を締結してもらうよりも、拒絶してもらった方が得をするといえるほどの高額である。したがって、現在認定されている事実からは、四〇〇〇万円の損害賠償額の予定が合意されている本件賃貸借の予約が、Yの利益を図る目的でなされたとは判断できない。

次に、AがXに対し本契約の締結を拒絶して、Dに対し本件建物を借入金の担保として譲渡した経緯が不明である。具体的にいえば、その借入金はいくらだったのか、誰のための借入金だったのか、その借入金は誰の手元にあるのか、Yの生活費や療養看護に費消されたのか、といった事情である。このDに対する譲渡も、Aの無権代理行為であるから、後見人のBが、追認あるいは追認拒絶したのかということも重要である。上告理由には、Dへの譲渡はXらのしかけた罠であったかのようなことが述べられているが、原審においてもY側からそのような主張がなされていたのか否かは不明である。したがって、最高裁がそのあたりの事情について審理を尽くさせるために、原判決を破棄し、本件を原審に差戻した結論は妥当である。

(ii)　しかし、最高裁が示した判断要素には、前述したように問題が多い。(1)の前段部分「右契約の締結に至るまでの無権代理人と相手方との交渉経緯」と「(3)右契約の締結から後見人が就職するまでの間に右契約の履行等をめぐってされた交渉経緯」は考慮すべきであるが、それは、当該の無権代理行為の目的、誰の利益を図ってなされたのか、及びその無権代理行為の結果得られた利益が、本人の療養看護や生活費に費消されたのかという事情を検討するためにである。「(4) 無権代理人と後見人との人的関係及び後見人がその就職前に右契約の締結に関与した行為の程度」や（1）の後段部分「無権代理人が右契約の締結前に相手方との間でした法律行為の内容と性質」は、当該の無権代理行為がなされた経緯を知るためという意味では必要であるが、独立の判断要素となるものではない。ましてや、これが「長年事実上の後見人の立場で財産管理にあたっており、これに対しては何人からも異議がでなかった」という判断を、事実上導くための要素とされてはならない。「(5) 本人の意思能力について相手方が認識し又は認識し得た事実」も、当該の無権代理行為がなされた経緯を知るためという意味では必要であり、本件のXもYの意思無能力について認識し得たと思われる。しかし、仮に相手方が本人の意思無能力について認識し得なかったとしても、そのことが、後見人の追認拒絶を妨げるものではないという意味で、これも独立の判断要素ではない。そして、相手方は後見人の追認が得られなくとも、無権代理人に無権代理の責任を追及できるし、無能力者に対して不当利得返還請求も可能なのであるから、無能力者の保護を重視するという民法の基本的価値判断を尊重して、「(2) 右契約を追認することによって禁治産者が被る経済的不利益と追認を拒絶することによって相手方が被る経済的不利益」は、ここでの判断要素に入れるべきではない。

四　結　語　——最二小判平成三年三月二二日判時一三八四号四九頁の分析を通して——

(1)　一般条項である信義則を安易に適用することによって、無能力者の保護を重視するという民法の基本的価値判断を軽視する結果を招いてはならない。しかし、後見人あるいは成人後の本人の追認拒絶を認めることが、正義の観念に反するような具体的事情があるのならば、例外的に、追認拒絶が信義則上許されない場合があることも否定できない。

参考になる判例として、成人後の本人の追認拒絶が信義則上許されないと判示した最判平成三年三月二二日判時一三八四号四九頁がある。(13) 事案を略述すると、Yは昭和三一年三月二六日、A男とB女の長男として出生し、昭和三二年一一月九日祖父C（Bの父親で神官であった）の養子となったが、同月一三日Cが死亡したことにより、Yは相続により本件各土地（神社の由緒ある土地で、YはCの養子として将来神官職を継ぐ予定で、本件各土地を相続したものであった）の所有権を取得した。それとともにYについて後見が開始し、Yの戸籍には、A・Bの両名が昭和三六年三月二二日、後見人に就職した旨が記載された。その後、昭和四四年一一月一八日、A・BはYの後見人として当時未成年者だったYを代理して、X（農協）との間で、本件各土地について売買契約を締結した。本件各土地には、本件売買契約前に、債権額一〇〇〇万円の物上保証による抵当権設定登記がなされており、抵当権者がいわゆる暴力金融であったところから、至急返済の必要を感じたBらがXに金策の相談をもちかけ、XはBらの必要とする金額が本件各土地の評価額の八割までであれば、これを担保に融資することも考慮したが、八割を超える金額であったため、必要額の八一二万円で前記売買契約が締結されたという経緯があった。その売買代金により、被担保債権等の弁済がなされ、本件各土地の一部につき所有権移転仮登記（農地のため本登記できず）が、残部につき所有権移転登記が経由された。売買契約締結後、Xは買受土地の本登記及び引渡しを求めたが、Bらは、いずれは買戻すつもりであるとして猶予を請いつつ、その占有使用を継続し、引渡しを拒んでいた。ところが、その後、Yも成年に達したのち、本件仮登記の土地につき、Bを債務者として第三者のために根抵当権を設定し、昭和五二年一月二〇日その登記も経由した。このような事情があったので、本件売買契約成立後約八年経って、XはYに対して、仮登記のなされているものにつき本登記手続の請求及び本件各土地全部の引渡しを訴求したのである。

一審、原審では、Yから、本件契約は譲渡担保契約であるとか、実質上Bの負担する債務の担保のために設定された本件各土地の抵当権を抹消するために、Yの不動産を売買したものであるから、利益相反行為にあたる等の抗弁がだされたが、いずれも否定され、Xの請求が認容された。

Y上告。その理由は、後見人は民法八四三条（改正前の八四三条）によれば、一人でなければならず、二人以上の後見人は許されていないところ、二名以上の者が後見人として未成年者のためになした法律行為はいわゆる無権代理行為であって、未成年者が追認をなし得る時において追認しなければ、当該法律行為は効力を生じない、というものであった（この理由は、一審でも原審でも全く主張されておらず、おそらく上告するまで気づかなかったものであろう）。

最高裁は、上告理由を容れて、民法八四三条（改正前の八四三条）は、「後見人は、一人でなければならない」旨規定しているから、二名以上の者が後見人として未成年者を代理してした法律行為は無権代理行為に該当し、未成年者である本人が成年に達した後これを追認しない限り、効力を生じないものと解すべきである（大判明治三九年一二月七日民録一二輯一六二二頁）としながらも、「Yは、信義則上、A及びBがした無権代理行為の追認を拒絶することは許されず、換言すれば、右の無権代理行為を理由として本件売買契約の効力を否定することは許されない」と判示して、上告を棄却した。その理由とされたのは、①本人の実父母が、正当な後見人となったものと考えて、Yの財産管理にあたってきており、八四三条が看過されていなければ、両名のうちいずれかが後見人に選任されていたにちがいないこと、②本件売買契約により本件各土地の抵当権の負担が消滅し、その他A及びBが後見人として関与したことにより、Yの利益が損なわれたわけでもなく、Yも成年に達した後において、両名の財産管理を事実上承認していたこと、③本件売買契約は、Yが成年に達してから本件訴訟が提起され、原審の口頭弁論終結時にいたるまで、その無効を問題としなかったこと、である。

(2)　最高裁は、Yは成年に達した後、本件仮登記の土地につき、Bを債務者として第三者のために根抵当権を設定し、昭和五二年一月二〇日その登記も経由しているから、少なくともその時点で本件仮登記の存在を知り得たものと推認されるし、原審の口頭弁論終結時に至るまで、その無効を問題としていないから、A・Bの財産管理を事実上承認していたと判断している。確かに、通常のケースならば、そのように判断してもよいであろう。しかし、本件のA・BはYの実父母（かつては親権者であった）であり、家庭裁判所の審判により両名とも後見人に選任され、Yの戸籍にもその旨が記載されていたのであるから、Yが本件売買契約の存在を認識していたとしても、それが無権代理行為により無効であるとは認識しておらず、上告するまで、A・Bが家庭裁判所により適法に後見人に選任されたと確信していたであろうから、YがA・Bの無権代理行為の存在を認識しながらも、事実上それを承認していたと判断するのは、Yにとって酷である。

そうすると本件において、Yの追認拒絶が信義則に反し許されないという結論を根拠づけるものとして、①本件売買契約は、Yの相続した本件各土地に設定登記されていた、いわゆる暴力金融を抵当権者とする抵当権を消滅させる目的でなされ、売買代金によりその目的が達成されたこと、②相手方Xは、Bらから金策の相談をもちかけられ、Bらの必要額で本件各土地を買取り、引渡しを求めたが、Bの懇願を受け入れて（おそらく本件各土地が神社の由緒ある土地であることも考慮したのであろう）、猶予していたところ、Bを債務者として第三者のために根抵当権が設定されるに至ったので、ついに売買契約成立後約八年経って、引渡しを訴求したものであること、③通常のケースの無権代理人は、自分が後見人に選任されていないのを知っているが、本件のA・Bは自分たちが正当な後見人であると確信しており、Xもそう思っていたこと、④家庭裁判所が八四三条を看過していなかったならば、A・Bのうちいずれかが後見人に選任されており、そもそも無権代理であるという問題は生じなかったこと、が考えられる。①から④のような具体的事情があればこそ（Yにとって酷な面もないわけではないが）、本件は追認拒絶が信義則上許されない例外的なケースに該当すると判断してよいであろう。

最判平成三年の事案には、③④のような特徴的な事情があり、最判平成三年の分析のみから、追認拒絶が信義則上許されない例外的なケースに該当すると判断するための基準を導き出すことは難しい。しかし、少なくとも、当該の無権代理行為が、積極的に無能力者の利益を図る目的でなされており、その無権代理行為から得られた利益が、無能力者の療養看護や生活費など無能力者の利益のために現実に費消されていることが、絶対に必要である。その意味において、従来の判例の多くが、無権代理行為がなされた経緯を認定する際に、無権代理行為から得られた利益の使途に言及していないのは問題である。次に、相手方の事情であるが、最判平成三年の事案では、売買契約締結後、Xは買受土地の本登記及び引渡しを求めたが、Bらは、いずれは買戻すつもりであるとして猶予を請いつつ、その占有使用を継続し引渡しを拒み、Xもおそらく本件土地が神社の由緒ある土地であること等を考慮して、約八年間Bの懇願を受け入れていた。このように、相手方が終始無能力者の利益を考慮して行動していたことが重要である。無権代理人は積極的に無能力者の利益を図る目的で行為し、無権代理行為から得られた利益もその目的のために費消され、相手方も終始無能力者の利益を考慮して行動していたといえる場合であってこそ、無能力者の保護を重視するという民法の基本的価値判断を尊重してもなお、追認拒絶は信義則に反して許されないと判断できる余地もある。なお、後見人や成年に達した後の本人に、法定追認に準じるような行為があった場合にも、追認拒絶は信義則に反して許されないといってよいであろう。

※　本章の初出は、「就職前の無権代理行為に対する後見人の追認拒絶」『新世紀へ向かう家族法』（日本加除出版、一九九八年）三〇九頁～三三六頁である。

注

（1）　高森八四郎＝高森哉子「無権代理と二重相続」関西大学法学論集三九巻一号一頁、拙稿「無権代理と相続―併存貫徹説の立場から―」『21世紀の民法（小野幸二教授還暦記念論集）』五四一頁。

（2）　学説も一般に、無権代理と相続の問題とは区別して議論している。新井誠「最判平成六年九月一三日評釈」平成六年度重要判例解説五九頁、田中豊「同」ジュリ一〇六二号八七頁、中舎寛樹「同」私法判例リマークス一二号七頁、安永正昭「東京高判平成四年六月一七日（最判平成六年の原審判決）評釈」判例評論四一二号（判時一四五二号）三六頁、武田政明「同」ジュリ一〇二九号一五二頁、宇佐見大司「同」私法判例リマークス七号一二頁等。

（3）　大判昭和二年三月二二日民集六巻一〇六頁・第二章判例【1】、大判昭和一七年二月二五日民集二一巻一六四頁・第二章判例【4】、最判昭和三七年四月二〇日民集一六巻四号九五五頁・第二章判例【6】（但し傍論）、最判昭和四〇年六月一八日民集一九巻四号九八六頁・第二章判例【5】。

（4）　名古屋高判昭和五五年三月二七日判時九七三号一〇一頁、東京高判昭和五九年六月二七日東高民時報三五巻六・七号一二八頁、東京地判昭和五九年一二月二六日判タ五五四号二二八頁、宇佐見・前掲注（2）一三頁。

（5）　最判昭和四〇年六月一八日民集一九巻四号九八六頁・第二章判例【5】。

（6）　この点は、最判昭和四七年に関するいくつかの判例評釈が指摘するところである。例えば、谷口知平・判例評論一六三号（判時六七三号）二三頁、宮井忠夫・民商六七巻三号四二二頁、鈴木ハツヨ・家族法判例百選（第三版）一四七頁。

（7）　鈴木・同右。

（8）　辻正美「無権代理・他人物売買と相続」法教一三一号四二頁。

（9）　Y側から上告されたが、最判昭和五五年一一月一三日（判例集未登載）は上告を棄却した。宇佐見・前掲注（2）一三頁。

（10）　後見人が無権代理行為に関与した程度などは考慮すべきでないとする論者として、中舎・前掲注（2）九頁、新井・前掲注（2）六〇頁等。

(11) 中舎・前掲注（2）九頁、新井・前掲注（2）六〇頁も同旨であると思われる。
(12) 高森八四郎＝高森哉子『表見代理理論の再構成』九〇頁以下。
(13) 判時一三八四号四九頁の事案の紹介には一部不備なところがあり、高森八四郎「最判平成三年三月二二日判例紹介」民商一〇七巻二号二七三頁を参照した。

あとがき

本書に収録された論稿のうち、初出のあるものについては、各章本文末尾に記した。はしがきにも記したが、本書は、二〇〇七年三月に、私が千葉大学から授与された法学博士の学位論文『代理法の研究』を、「千葉大学学位請求論文審査等に関する細則」に基づき公表しようとするものである。「第一部　イギリス代理法と表見代理」、「第二部　日常家事行為と表見代理」に、拙著『無権代理と相続』(法律文化社、二〇〇六年三月)から判例研究と書評を除いたものを、「第三部　無権代理と相続」として付け加え、『代理法の研究』という表題で学位申請をし、それに対して学位が授与された。そのような経緯で、本書「第三部　無権代理と相続」の各章は、拙著『無権代理と相続』所収となっている。

平成一九年九月二三日

高森哉子

大阪地判昭和41年５月31日ジュリスト372号６頁……365
横浜地判昭和42年11月15日判タ219号166頁……347,365
名古屋地判昭和44年10月18日判時576号74頁……366
東京地判昭和46年５月31日判時643号68頁……333,366,430
東京地判昭和47年６月20日金判327号17頁……371,430
札幌地判昭和47年11月10日判時695号96頁……393,435
東京地判昭和47年11月21日判時705号67頁……332,371,430
東京地判昭和47年12月19日判時708号51頁……332,371
東京地判昭和49年４月15日判時755号77頁……340,344,367
東京地判昭和53年11月１日判時931号78頁……340,367,430
東京地判昭和54年４月12日判タ392号110頁……368
東京地判昭和54年９月26日判タ422号124頁……368
東京地判昭和55年３月10日判時980号83頁……91,333,336,368,430
名古屋地判昭和55年11月11日判時1015号107頁
……53,91,230,231,306,330,342,358,369,378,422
東京地判昭和56年11月26日判タ462号119頁……369
横浜地判昭和57年12月22日判タ492号109頁……91,342,370
札幌地判昭和58年12月５日判タ523号181頁……401,436
東京地判昭和59年12月26日判タ554号228頁……632,640,647
京都地判昭和60年２月５日金法1113号41頁……370

【簡易裁判所】

武蔵野簡判昭和51年９月17日判時852号105頁……399,436
松山簡判昭和52年４月25日判時878号95頁……324,367
門司簡判昭和61年３月28日判タ612号57頁……404,431,436
大阪簡判昭和61年８月26日判タ626号173頁……407,437
川越簡判昭和62年12月８日判例集未登載……409,437

最大判昭和49年９月４日民集28巻６号1169頁…………501,502,567,606,607,609.612,615
最判昭和51年６月25日民集30巻６号665頁……………276,283,483
最判昭和53年５月25日判時896号29頁……………276,283,483
最判昭和55年２月29日民集34巻２号197頁……………617
最判昭和55年11月13日判例集未登載……………647
最判昭和60年２月14日金法1093号42頁……………52,230,231,370
最判昭和62年７月７日民集41巻５号1133頁……………445
最判昭和63年３月１日判時1312号92頁……………455,461,514,592,595
最判平成３年３月22日判時1384号49頁……………627,628,642,643
最判平成５年１月21日民集47巻１号265頁……………452,482,523,527
最判平成５年１月21日判タ815号121頁……………542,543,576
最判平成５年１月21日民集47巻１号265頁……………592,595
最判平成６年９月13日民集48巻６号1263頁……………546,621,633
最判平成10年７月17日民集52巻５号1296頁……………462,514,538,595

【高等裁判所】

仙台高判昭和32年４月15日高民集10巻10号531頁……………427
東京高判昭和37年６月19日高民集15巻６号430頁……………337,342,358,364,378,422
大阪高判昭和43年５月31日金法518号31頁……………348,366
東京高判昭和48年７月31日金判379号14頁……………371
東京高判昭和48年12月３日金判405号13頁……………337,367,434
大阪高判昭和49年10月29日判時776号52頁……………359
東京高判昭和50年１月29日金判465号18頁……………371
大阪高判昭和50年６月17日判時792号45頁、判タ328号265頁……………616
名古屋高判昭和55年３月27日判時973号101頁……………629,647
東京高判昭和55年６月26日判時972号32頁、判タ424号97頁……………325,368
東京高判昭和55年６月26日判時972号32頁……………380
高松高判昭和56年12月22日金法997号42頁……………333,334,369,647
東京高判昭和59年６月27日東高民時報35巻６・７号128頁……………505,595,631
東京高判昭和60年６月19日判タ565号107頁……………454

【地方裁判所】

東京地判昭和31年４月12日下民集７巻４号958頁……………324,364
函館地判昭和34年９月29日下民集10巻９号2051頁……………364
浦和地判昭和35年12月23日下民集11巻12号2724頁……………91,364,430
横浜地判昭和36年２月７日金法269号９頁……………364
東京地判昭和36年７月４日下民集12巻７号23頁……………250
東京地判昭和38年２月22日金法345号31頁……………365
大阪地判昭和40年12月３日ジュリスト359号３頁……………365

判例索引

【大審院】

大判明治36年 7 月 7 日民録 9 輯888頁 ……262,266
大判明治39年 5 月 9 日民録12輯706頁 ……263,304
大判明治39年12月 7 日民録12輯1621頁 ……644
大判大正 3 年10月29日民録20輯846頁 ……264-266,268,277
大判大正 4 年 6 月19日民録21輯987頁 ……265,266,304
大判大正 4 年10月 2 日民録21輯1560頁 ……449
大判大正 8 年 2 月24日民録25輯340頁 ……271,272,275,285
大判大正 8 年 7 月 5 日民録25輯1258頁……603,604,616
大判大正11年 6 月29日新聞2031号17頁 ……604
大判昭和 2 年 3 月22日民集 6 巻106頁 ……452,456,461,463,478,479,509,517,592,595,647
大判昭和 8 年 1 月28日民集12巻10頁 ……449
大判昭和 9 年 9 月10日民集13巻1777頁 ……465,595
大判昭和13年11月16日民集17巻2216頁 ……468,595
大判昭和17年 2 月25日民集21巻164頁 ……454,472,505,508,510,517,522,530,595,647

【最高裁判所】

最判昭和27年 1 月29日民集 6 巻 1 号49頁……283,427,275
最判昭和28年12月 3 日民集 7 巻12号1311頁 ……272,273,275,277,282,285
最判昭和28年12月28日民集 7 巻13号1683頁 ……275,283
最判昭和34年 2 月 5 日民集13巻 1 号67頁 ……273-275,277,282,285
最判昭和34年 6 月18日民集13巻 6 号737頁……451
最判昭和35年10月18日民集14巻12号2764頁 ……272,275,283,285
最判昭和36年 1 月17日民集15巻 1 号 1 頁 ……276,283
最判昭和37年 4 月20日民集16巻 4 号955頁
……453,479,484,496,515,517,592,595,600,605,606,613,647
最判昭和38年12月27日民集17巻12号1854頁 ……605,608-611
最判昭和40年 6 月18日民集19巻 4 号986頁 ……452,477,517,592,595,647
最判昭和41年 4 月26日民集20巻 4 号826頁 ……451,592
最判昭和42年11月30日民集21巻 9 号2497頁……276,283,483
最判昭和44年12月18日民集23巻12号2476頁
……85,90,209,249,252,309-312,316,317,322,325,326,330,338,357,366,371,374,421,427
最判昭和45年 2 月27日金法579号28頁 ……340,366
最判昭和45年12月15日民集24巻13号2081頁……276,283,483
最判昭和47年 2 月18日民集26巻 1 号46頁 ……620,622
最判昭和48年 7 月 3 日民集27巻 7 号751頁 ……453,493,516,592,595,600,613

著者紹介

高森哉子（たかもり ちかこ）

略 歴

1992年3月 関西大学大学院法学研究科博士課程後期課程単位取得退学

1996年4月 光華女子短期大学専任講師

2001年4月 京都光華女子大学短期大学部助教授

2004年4月 追手門学院大学経営学部助教授

2006年4月 追手門学院大学経営学部教授（現在に至る）

2007年3月 千葉大学より博士（法学）の学位取得

主要著書・論文

『無権代理と相続』（法律文化社・2006年）

『表見代理理論の再構成』（共著）（法律文化社・1990年）

『ゼミナール婚姻法改正』（共著）（日本評論社・1995年）

『注解法律学全集10 民法Ⅰ〔総則(2)〕』（共著）（青林書院・1995年）

『物権法講義〈第1分冊〉―物権法総論―』（共著）（関西大学出版部・1998年）

『物権法講義〈第3分冊〉―担保物権法―』（共著）（関西大学出版部・2001年）

「借財と日常家事行為」関西大学法学論集40巻1号（1990年）

「イギリス代理法における妻のauthority」比較法研究54号（1992年）

「イギリス代理法と表見代理―妻のauthorityを中心に―（一）（二）」関西大学法学論集43巻3号、4号（1993年）

「無権代理と相続―併存貫徹説の立場から―」『21世紀の民法』（法学書院・1996年）

「イギリス代理法入門(1)(2)(3)」光華女子短期大学研究紀要集34集、35集、36集（1996年・1997年・1998年）

「就職前の無権代理行為に対する後見人の追認拒絶」『新世紀へ向かう家族法』（日本加除出版・1998年）

「表見代理理論の新展開」関西大学法学論集53巻4・5号合併号（2004年）

2008年2月10日 初版第1刷発行

代理法の研究

著 者 高森哉子

発行者 秋山 泰

発行所 株式会社 法律文化社

〒603-8053 京都市北区上賀茂岩ヶ垣内町71

電話 075(791)7131 FAX 075(721)8400

URL:http://www.hou-bun.co.jp/

印刷：西濃印刷㈱／製本：㈱兼文堂

ISBN978-4-589-03068-9